ARCOS Y ALAMEDAS

Scott, Foresman Spanish Program **Book 3**

Bernadette M. Reynolds
Montbello High School
Denver, Co

Carol Eubanks Rodríguez
Glen Crest Junior High School
Glen Ellyn, Il

Rudolf L. Schonfeld
Parsippany High School
Parsippany, NJ

ARCOS Y ALAMEDAS

ScottForesman
A Division of HarperCollins*Publishers*
Editorial Offices: Glenview, Illinois

Regional Offices: Sunnyvale, California • Atlanta, Georgia
Glenview, Illinois • Oakland, New Jersey • Dallas, Texas

ISBN: 0-673-21623-3

678910 RRC 999897969594

Acknowledgments of illustrations appear on page 587. The acknowledgments section should be considered an extension of the copyright page.

The authors and editors would like to express their heartfelt thanks to the following team of reader consultants. Each of them read the manuscript of all three levels of the Scott, Foresman Spanish Program. Chapter by chapter, each offered suggestions and provided encouragement. Their contribution has been invaluable.

Senior Reader Consultants

Estella M. Gahala, Ph.D.
National Foreign Language Consultant
Scott, Foresman and Company
Glenview, IL

Barbara Snyder, Ph.D.
Parma Public Schools
Parma, OH

Reader Consultants

Sheila Starr Ashley
Radnor High School
Radnor, PA

Elaine W. Baer
Foreign Language Dept. Chairperson
John Bartram High School
Philadelphia, PA

Barbara M. Berry, Ph.D.
Foreign Language Dept. Chairperson
Ypsilanti Public Schools
Ypsilanti, MI

Anna Budiwsky
Cardinal O'Hara High School
Springfield, PA

Susan R. Cole
San Francisco USD
San Francisco, CA

J. Patricio Concha
Foreign Language Dept. Chairperson
Overbrook High School
Philadelphia, PA

Judith A. Dean
Mount Tabor High School
Winston-Salem/Forsyth Co. Schools
Winston-Salem, NC

Louis P. Díaz
Foreign Language Dept. Chairperson
Kirkwood High School
Kirkwood, MO

Marta Fernández, Ph.D.
Evanston Township High School
Evanston, IL

Raúl Fernández
Foreign Language Dept. Chairperson
Shiloh High School
Gwinnett Co., GA

Eugenio V. González
Eagle Pass ISD
Eagle Pass, TX

Cordelia R. Gutiérrez
Costa Mesa High School
Costa Mesa, CA

Karen L. James
Hilton Head High School
Hilton Head Island, SC

Sister Magdalena Kellner
Nazareth Academy High School
Rochester, NY

Mary Ann Kindig
Foreign Language Dept. Chairperson
Nimitz High School
Irving, TX

Walter Kleinmann
Foreign Languages Coordinator
Sewanhaka Central High School District
Long Island, NY

Argelia Krohn
Foreign Language Dept. Chairperson
Roosevelt High School
San Antonio, TX

Mark S. Levine
Foreign Language Dept. Chairperson
Garden City High School
Garden City, NY

Virtudes López
Foreign Language Dept. Chairperson
Miller Place High School
Miller Place, NY

María A. Montalvo-Sisneros
Albuquerque Public Schools
Albuquerque, NM

Cecilia Silva de Rodríguez, Ph.D.
Foreign Language Dept. Chairperson
Arlington ISD
Arlington, TX

Ursula F. Sihocky
Glenbard South High School
Glen Ellyn, IL

Sharon A. Smith
Frick International Studies Academy
Pittsburgh, PA

Nancy H. Strickland
Foreign Language Dept. Chairperson
Newman Smith High School
Carrollton-Farmers Branch ISD
Carrollton, TX

Susan L. Thompson
Bridgewater-Raritan Regional School District
Bridgewater-Raritan, NJ

Ralph P. Vander Heide, Ph.D.
Supervisor of Foreign Language Education
Bethlehem Central Schools
Delmar, NY

Helen P. Warriner-Burke, Ph.D.
Associate Director
Foreign Languages, ESL & Bilingual Education
Virginia Department of Education

Rosemary Weddington
Franklin County High School
Frankfort, KY

Gwendolyn Jones Williams
Bishop McDevitt High School
Wyncote, PA

Catherine L. Wilson
Crestwood High School
Atlanta, GA

Jo Anne S. Wilson
Foreign Language Consultant
Michigan Department of Education

Marcia Payne Wooten
Yadkin County Schools
Yadkin Co., NC

Jacqueline G. Yandle
Massapequa High School
Massapequa, NY

TABLA DE MATERIAS

CAPÍTULO 1

CAPÍTULO 2

CAPÍTULO 3

CAPÍTULO 6

CAPÍTULO 7

CAPÍTULO 8

CAPÍTULO 9

CAPÍTULO 10

CAPÍTULO 11

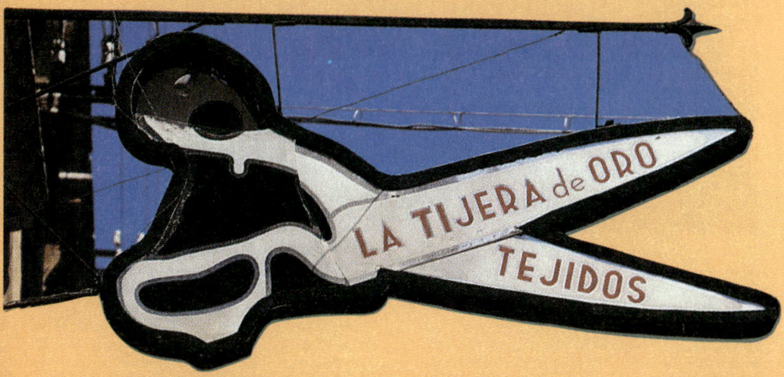

CAPÍTULO 12

CAPÍTULO 13

1250
CLASICOS DEL ARTE · NOGUER · RIZZOLI EDITORES
La obra pictórica completa de
Velázquez
CLASICOS DEL ARTE · NOGUER · RIZZOLI EDITORES
1250
ESPAÑA
HERMANOS BLASSI
LUIS CARANDELL
INCAFO
7000
A.M.C

2200
1250
2200
TÀPIES
GOYA
2200
2200
3000
HISTORIA DE LA ARQUITECTURA
Luciano Patetta

CAPÍTULO 14

CAPÍTULO 15

CAPÍTULO 16

REPASO

REPASO

A **¿Cómo somos?** Usa el verbo *ser* y los adjetivos de la lista para describir a las personas siguientes.

1. tú
2. un buen amigo
3. una buena amiga
4. tú y tu mejor amigo(a)
5. tus padres

alto	elegante	gracioso	optimista	pesimista
atlético	enérgico	guapo	ordenado	serio
bajo	estricto	impaciente	nervioso	simpático
desordenado	fuerte	inteligente	paciente	tímido
distraído	generoso	listo	perezoso	valiente

Unos amigos en Quito, Ecuador

B **¿Cómo están las cosas?** Usa el verbo *estar* y los adjetivos de la lista para describir estos dibujos. Sigue el modelo.

el escritorio
El escritorio está desordenado.

abierto	desordenado	mojado
aburrido	despierto	quemado
cansado	dormido	sucio
cerrado	lleno	vacío
descompuesto		

1. el pan

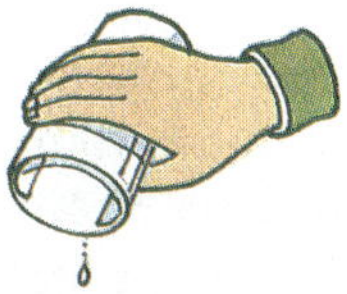

2. el vaso

3. la taza

4. la ventana

5. esta ventana

6. el motor de mi coche

7. esta niña

8. la otra niña

9. el perro

10. los niños

11. este atleta

12. esta mujer

C ***¿Ser o estar?*** Usa estos sustantivos y adjetivos con la forma correcta de *ser* o *estar* para formar frases. Sigue el modelo.

señor / tacaño
El señor es tacaño.

1. novela / aburrido
2. (tú) / valiente
3. sopa / caliente
4. chicos / pálido
5. autores / español
6. (nosotros) / cansado
7. (yo) / contento
8. maleta / pesado
9. (nosotras) / pelirrojo

D **¿Qué tienen?** Lee estas pequeñas historias y después contesta las preguntas.

1. José acaba de ganar el campeonato de natación. Su amiga Sara acaba de perder su permiso de manejar. ¿Cuál de los dos tiene mala suerte?
2. Miguel generalmente saca muy buenas notas, pero anoche no estudió para su examen de historia. Su amigo Francisco acaba de chocar el coche de su mamá con un parquímetro. ¿Quién probablemente tiene más miedo?
3. Raquel dice que Bogotá es la capital de la Argentina y Susana dice que es la capital de Colombia. ¿Quién tiene razón?
4. Jorge siempre recibe multas de tráfico porque estaciona mal el coche. ¿Debe tener cuidado o prisa?
5. Marta salió de casa sin desayunar esta mañana y tampoco almorzó. ¿Tiene hambre o no? ¿Qué crees tú?
6. Anita y su amiga Beatriz acaban de tomar dos exámenes, uno en la clase de español y el otro en la clase de álgebra. También escribieron una composición para la clase de historia. Después de las clases ayudaron a la Sra. Moreno a limpiar su casa. En tu opinión, ¿tienen las dos chicas ganas de trabajar más o de divertirse un poco? Si tienen mucho sueño, ¿qué deben hacer?
7. José y Lidia estudiaron juntos para el examen de inglés. José sacó la mejor nota de la clase pero Lidia no salió bien. ¿Quién probablemente tiene celos de quién?
8. Carmen es muy lista y siempre trabaja mucho. Ahora va a abrir una tienda de ropa. En tu opinión, ¿va a tener éxito o no?

Unas estudiantes en Santiago, Chile

E **¿Haces eso a menudo?** Imagina que quieres saber si tus compañeros hacen algunas cosas a menudo. Haz preguntas y usa las expresiones de la lista para contestarlas. Sigue el modelo.

a menudo	cuando tengo tiempo	nunca	todas las semanas
a veces	frecuentemente	siempre	todos los días

ir al cine

ESTUDIANTE A *¿Vas al cine a menudo?*

ESTUDIANTE B *Sí, voy cuando tengo tiempo.*

o: *No, nunca voy al cine.*

1. hacer ejercicio
2. salir por la noche
3. poner tu cuarto en orden
4. decir la verdad
5. perder tus cosas
6. pensar en los deportes
7. empezar a hacer cosas y no terminarlas
8. probar comida nueva
9. volver a casa después de la medianoche
10. dormir hasta el mediodía
11. pedir prestado dinero a tus amigos
12. repetir chismes
13. saber las respuestas en los exámenes de español
14. darle regalos caros a la gente

En Toledo, España

F **¿Una cosa o una persona?** Di si haces las cosas siguientes. Escribe dos frases con cada verbo. Decide si tienes que usar la *a* personal. Por ejemplo:

> visitar: exposición de arte / mis tíos
> *A veces visito las exposiciones de arte en el museo de mi ciudad.*
> *Nunca visito a mis tíos en las vacaciones.*

1. escuchar: noticias / profesor
2. escribir: cartas / tarjetas
3. esperar: mis amigos / autobús
4. oír: despertador / ruidos en la noche
5. ver: bibliotecario(a) / director(a) de la escuela
6. comprender: dos idiomas / mis padres
7. conocer: actores famosos / barrio
8. necesitar: mis amigos / diccionario

G **¿Qué haces por tu amigo(a)?** ¿Haces algunas de estas cosas por tu mejor amigo(a)? Sigue el modelo.

> decorar el cuarto
> *Le decoro el cuarto.*
> o: *No le decoro el cuarto.*

1. preparar su plato favorito
2. prestar mis discos
3. contar chistes
4. presentar a otros amigos
5. dar mis apuntes
6. prestar atención
7. dar regalos
8. enseñar a hacer cosas
9. arreglar la bicicleta
10. explicar las lecciones

Tres jóvenes en Mérida, México

H **Mejores amigos.** ¿Qué hace tu amigo(a) por ti? Pregunta y contesta según el modelo.

prestar libros
ESTUDIANTE A *¿Te presta libros?*
ESTUDIANTE B *Sí, a veces me presta libros.*
o: *No, nunca me presta libros.*

1. dar regalos
2. hablar en español
3. explicar la tarea
4. contar sus problemas
5. escribir tarjetas postales cuando viaja
6. prestar sus apuntes
7. traer cosas cuando estás enfermo(a)
8. decir lo que debes hacer

Recibiendo un regalo en Cali, Colombia

I **El profesor ideal.** Describe a tu profesor(a) ideal. Usa las siguientes frases y di lo que esta persona ideal hace o no hace por Uds. Sigue el modelo.

explicar la tarea
El profesor ideal nos explica la tarea.

1. dar pocos exámenes
2. devolver los exámenes pronto
3. dar buenas notas
4. comprender bien
5. mostrar diapositivas
6. ayudar con lecciones difíciles
7. explicar todo con cuidado
8. dar miedo
9. hablar muy rápidamente
10. hacer muchas preguntas

J Mi mejor amigo. Pregunta y contesta sobre las siguientes personas y cosas usando los dos verbos. Usa el complemento directo *lo, la, los* o *las*.

tu mejor amigo: ver todos los días / invitar a tu casa

ESTUDIANTE A *¿Ves a tu mejor amigo todos los días?*
ESTUDIANTE B *No, no lo veo todos los días.*
ESTUDIANTE A *¿Lo invitas a tu casa?*
ESTUDIANTE B *Sí, lo invito a mi casa.*

1. tu profesor(a) favorito(a): admirar mucho / conocer bien
2. tu primo(a) favorito(a): visitar frecuentemente / llamar por teléfono
3. tu mejor amiga: llevar a los conciertos / ver todos los fines de semana
4. películas de ciencia ficción: ver / entender
5. el coche de tu familia: manejar / pedir prestado a menudo
6. la tarea de matemáticas: hacer siempre / tratar siempre de hacer
7. los discos de tu grupo de rock favorito: comprar / escuchar todos los días
8. la televisión: mirar todos los días / apagar cuando estudias

K Cómo disfrutar del baile. Imagina que un amigo está nervioso porque va a un baile con una chica que no conoce bien y quiere dar una buena impresión. Dile qué debe y no debe hacer. Sigue el modelo.

sentirse nervioso
No debes sentirte nervioso.

1. cepillarse los dientes
2. afeitarse con cuidado
3. vestirse bien
4. ponerse una corbata bonita
5. limpiarse los zapatos
6. limarse las uñas
7. quejarse de la música
8. quitarse los zapatos
9. irse del baile de repente
10. divertirse mucho

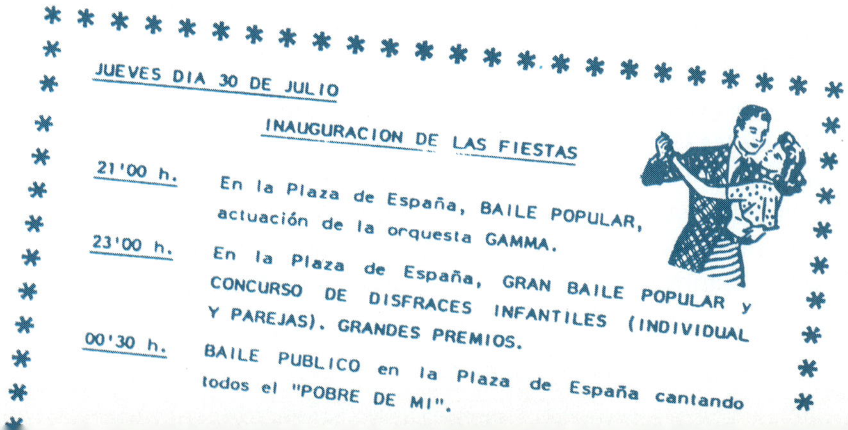

L ¿Qué le duele? Di qué les duele a estas personas. Sigue el modelo.

Arturo

A Arturo le duele la pierna.

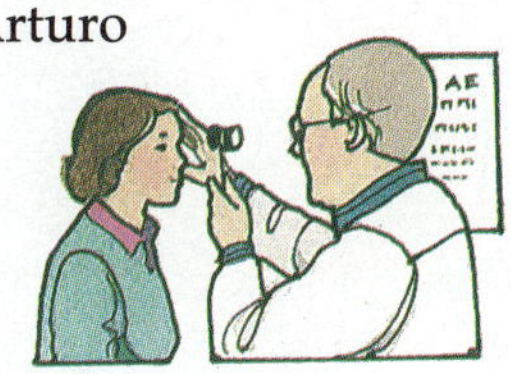

1. Marta

2. Ángel

3. Olga

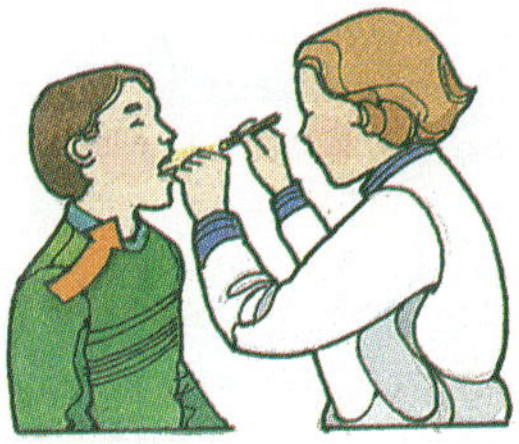

4. José

5. Enrique

6. los músicos

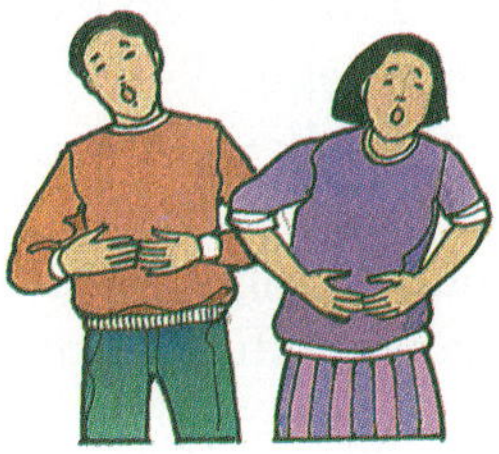

7. Víctor y Yolanda

8. Sara

9. ¿Y a ti? ¿Qué te duele?

M **Después de la carrera.** María y Guillermo acaban de terminar una carrera de dos kilómetros. Ahora les duele cada parte del cuerpo. Les duele la cabeza y les duelen los pies. ¿Y qué más?

N **¿Les gusta o no?** Lee las descripciones de las siguientes personas. Después, escribe una frase sobre cada una usando las palabras entre paréntesis. Sigue el modelo.

Óscar es muy tacaño. (gustar / el dinero)
Le gusta el dinero.

1. Julia es una buena deportista y su estación favorita es el invierno. (gustar / patinar sobre hielo)
2. José siempre empieza tarde su tarea. (faltar / tiempo para terminarla)
3. No puedo ir al partido contigo. (faltar / una entrada)
4. A Uds. les gusta la música de las bandas, ¿verdad? (sí / encantar / los desfiles)
5. Alberto y yo siempre comemos en ese restaurante. (encantar / la comida mexicana)
6. Otra vez llegas con media hora de retraso. (¿no importar / llegar a tiempo?)
7. Pablo quiere ser veterinario. (interesar / todos los animales)
8. Eres una persona muy paciente. (no importar / esperar el autobús)
9. ¿Qué piensa Ud. de estas fotos? (¿parecer / un poco oscuras?)

O **¿Para quién?** Dos hermanos están organizando sus cosas. El mayor va de camping y el menor va a pasar el fin de semana estudiando. Decide para quién es cada cosa. Sigue el modelo.

la linterna	el cuaderno
La linterna es para mí.	*El cuaderno es para ti.*

1. la tienda de acampar
2. el sacapuntas
3. los apuntes
4. la olla
5. el traje de baño
6. el diccionario
7. las cucharas y los tenedores
8. el abrelatas
9. el saco de dormir
10. los anteojos de sol

La Sierra de Gredos en España

P **¿Con quién voy yo?** Unos estudiantes y su profesor hacen planes para una excursión. Ahora discuten sobre quién va a ir con quien. Sigue el modelo.

Luisa
Luisa va conmigo.

En los Picos de Europa, España

1. Alicia

2. Uds.

3. Óscar

4. mi hermana

5. Juan y José

6. ellos

7. Ana y Raquel

8. Jorge

9. nadie

Q ¿De quién es? Unos estudiantes están poniendo la clase en orden. Preguntan de quién es cada cosa. Sigue el modelo.

cuadernos

ESTUDIANTE A	*¿De quién son estos cuadernos?*
ESTUDIANTE B	*Son míos, ¿no?*

1. carteles

2. lápices

3. mochilas

4. apuntes

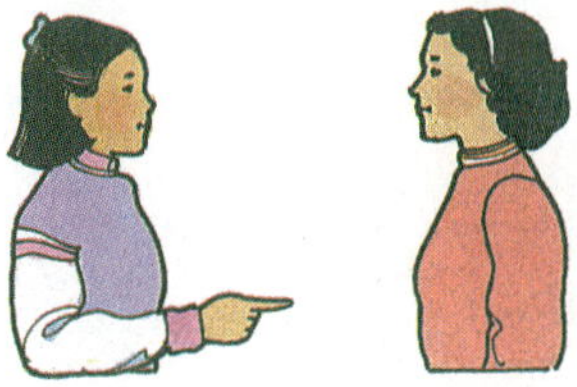

5. papel

6. grapas

7. calculadoras

8. grapadora

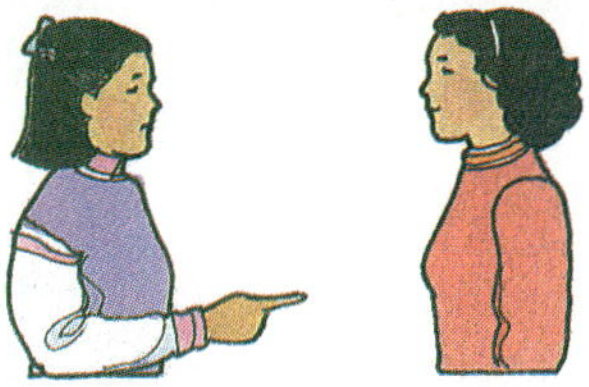

9. sujetapapeles

R ¿Éste, ése o aquél? Contesta las preguntas que hacen los dependientes. Usa la forma correcta de *éste, ése* o *aquél* según el modelo.

¿Qué suéter quiere Ud.?
el rojo / el azul / el blanco
Ése, el azul.

1. ¿Cuál de los vestidos prefiere Ud., señorita?
el verde / el rojo / el amarillo

2. ¿Cuál de las cámaras le gusta?
en sus manos / en la vitrina / en el estante

3. ¿Qué corbata quiere Ud?
la verde / la marrón / la blanca

4. ¿Cuál de los relojes le interesa, señor?
el moderno / el viejo / el pequeño

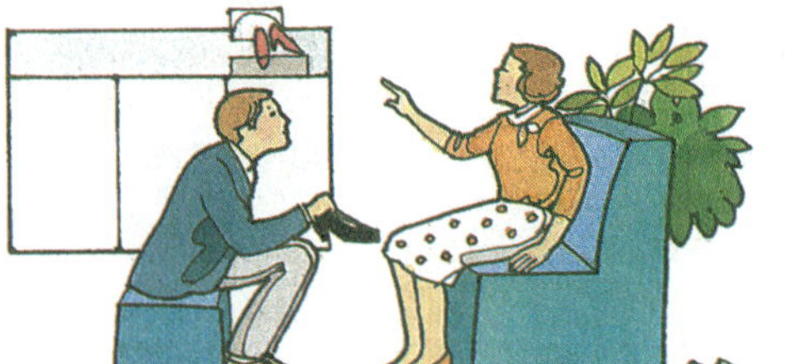

5. ¿Cuáles quiere Ud., señora?
los rojos / los blancos / los negros

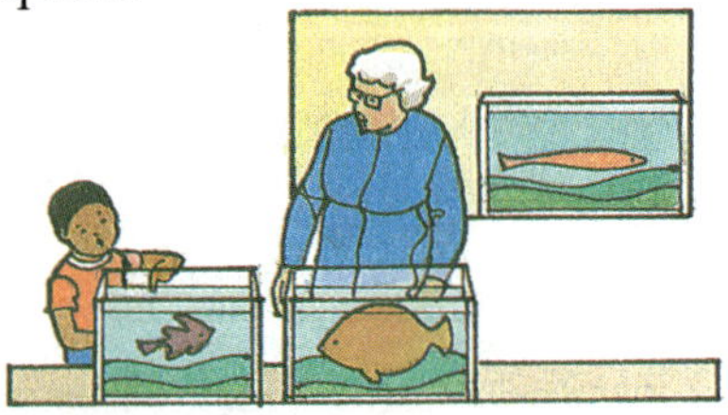

6. ¿Qué pez piensas comprar?
el largo / el grande / el morado

S ¿Qué hiciste el verano pasado? Pregunta y contesta según el modelo.

jugar al béisbol / (¿con quiénes?)

ESTUDIANTE A *¿Jugaste al béisbol el verano pasado?*

ESTUDIANTE B *Sí, jugué al béisbol con . . .*

o: *No, no jugué al béisbol con nadie.*

1. visitar a alguien / (¿a quién?)
2. ayudar a alguien / (¿a quién?)
3. arreglar algo / (¿qué?)
4. trabajar / (¿dónde?)
5. sacar algunas fotos / (¿de quién?)
6. mandar algunas cartas / (¿a quién?)
7. manejar un coche / (¿adónde?)
8. probar algo nuevo / (¿qué?)
9. aprender a hacer algo / (¿qué?)
10. asistir a algunos conciertos / (¿con quién?)
11. celebrar tu cumpleaños / (¿cuándo?)
12. escribir algunas tarjetas postales / (¿a quién?)

El Paseo de Las Ramblas en Barcelona, España

T **Nunca hacen lo que dicen.** Durante el fin de semana todos cambiaron sus planes. Forma frases negativas y afirmativas según el modelo.

> Carlos / estudiar para su examen / mirar la televisión
> *Carlos no estudió para su examen. Miró la televisión.*

1. mi padre / llevarme al partido de béisbol / arreglar su coche
2. Carmen y mi madre / cocinar el pollo / preparar sandwiches
3. mi hermano y yo / limpiar el sótano / escuchar música todo el tiempo
4. mi madre / barrer la cocina / mirar una telenovela
5. Carlos y yo / lavar la ropa / caminar por el centro
6. mis padres / comer con nosotros / salir con unos amigos suyos
7. Carlos / comprar una bicicleta / dejar todo su dinero en casa
8. mi padre / enseñarme a manejar / trabajar en su oficina

U **La Isla de la Libertad.** Marcos escribe sobre su viaje. Completa la composición con el pretérito de *ir, ser, dar* o *ver.*

El 4 de julio pasado (yo) _____ con mi familia a la Isla de la Libertad en Nueva York. (Nosotros) _____ en el barco que va de Manhattan a la pequeña isla donde está la enorme Estatua de la Libertad. Esta estatua _____ un regalo que los franceses le _____ a la gente de los Estados Unidos.

Después de llegar a la isla, (nosotros) _____ un paseo por el pequeñísimo parque y luego subimos las escaleras dentro de la estatua. Mi madre no _____ con nosotros porque le asusta estar en lugares altos. Desde la cabeza de la estatua (nosotros) _____ todos los edificios grandes de la ciudad. _____ una vista maravillosa.

Cuando mis abuelos llegaron a América la primera cosa que _____ _____ aquella estatua. Ella les _____ una bienvenida muy distinta y fabulosa.

En el Parque de Chapultepec, México

V La semana pasada. ¿Hiciste las siguientes cosas la semana pasada? Por ejemplo:

comprar algo / pagar mucho

ESTUDIANTE A *¿Compraste algo la semana pasada?*
ESTUDIANTE B *Sí. Compré una cinta.*
ESTUDIANTE A *¿Pagaste mucho?*
ESTUDIANTE B *No, pagué muy poco. Sólo tres dólares.*
O: ESTUDIANTE A *¿Compraste algo la semana pasada?*
ESTUDIANTE B *No, no compré nada.*

1. comenzar un libro / terminarlo
2. jugar al básquetbol o a algún otro deporte / divertirse mucho
3. comprar un regalo para alguien / envolverlo en seguida
4. tomar algún examen / sacar una buena nota
5. prometer hacer algo para alguien / olvidarse de hacerlo
6. empezar un nuevo año escolar / gustar eso
7. almorzar en un restaurante / dejar una buena propina
8. practicar gimnasia / correr mucho
9. despertarse tarde / llegar a la escuela con retraso
10. romper algo / arreglarlo o tirarlo

W ¿Qué crees tú? Pregunta y contesta según el modelo.

leer / el profesor / el periódico de hoy

ESTUDIANTE A *¿Leyó el profesor el periódico de hoy?*
ESTUDIANTE B *No, no lo leyó.*
O: *Sí, lo leyó.*

1. creer / tus amigos / todo lo que / oír / este año
2. oír / *(nombre de un(a) compañero(a) de clase)* / el partido de béisbol anoche
3. leer / tú y tu familia / todos los artículos en la revista *(nombre)* la semana pasada
4. oír / tus padres / las noticias por la radio ayer
5. leer / *(nombre de dos personas)* / el pronóstico del tiempo para mañana
6. creer / *(nombre de un(a) compañero(a) de clase)* / los anuncios comerciales que / oír / o que / leer / ayer

X Buenos consejos. Imagina que tienes un amigo que a mucha gente le parece un poco antipático. Ahora quiere ser más popular. Dile cómo hacerlo. Sigue el modelo.

tratar de ser más amable
Trata de ser más amable.

1. ayudar a la gente
2. almorzar con tus amigos
3. escuchar cuando hablan
4. llamar a tus amigos por teléfono
5. invitar a la gente a salir
6. participar en sus actividades
7. asistir a sus partidos
8. contar chistes
9. repetir los chistes que te dicen a ti
10. saludar a la gente cuando entras en un cuarto
11. sonreír más

Y El aguafiestas *(killjoy).* Roberto y Anita hablan de la fiesta de la familia Moreno. Anita es siempre muy optimista pero Roberto es un aguafiestas. Para él todo es malo. Usa las palabras de la lista para completar su conversación.

algo	nada	nunca
alguien	nadie	siempre
algunos	ninguno	tampoco

ANITA Tengo muchas ganas de ir a la fiesta de los Moreno. _____ invitan a mucha gente interesante.

ROBERTO No lo creo. No va a ir _____ interesante. Sólo gente tonta y aburrida.

ANITA Los hijos cocinan muy bien. Estoy segura de que van a preparar _____ delicioso.

ROBERTO Creo que no. _____ comemos _____ sabroso en esa casa.

ANITA Pero te van a gustar _____ de sus discos.

ROBERTO No. No me gusta _____ de sus discos y _____ me gusta bailar.

ANITA Ay, Roberto, ¡qué aguafiestas eres! Voy a invitar a _____ más divertido.

Z ¿Más o menos? Lee las siguientes situaciones y escribe una frase sobre cada una usando la forma correcta de las palabras entre paréntesis. Por ejemplo:

> La novela italiana es de 1300 páginas. La novela inglesa tiene 375 páginas. (largo / corto)
> *La novela italiana es más larga que la inglesa.*
> o: *La novela inglesa es más corta que la italiana.*

1. Marta juega sólo al tenis y al golf. Susana practica esos deportes con ella y está en el equipo de básquetbol de su escuela. También esquía en el invierno. (atlético)
2. A Raúl y a su novia les gusta patinar. Raúl casi nunca se cae pero su novia siempre se cae. (bien / mal)
3. Paco tiene 16 años, Paula tiene 17 años y Julia tiene 18 años. (joven / viejo)
4. Los anteojos de sol amarillos cuestan 15 dólares, los azules cuestan ocho dólares y los negros cuestan 22 dólares. (barato)
5. Jorge va al gimnasio los jueves y los sábados. Felipe va casi todos los días. (frecuentemente)
6. En el último examen, María sacó una A y Pedro y Graciela sacaron una B. (bueno)

Dos hermanos en Santander, España

CAPÍTULO 1

PRÓLOGO CULTURAL | ACTIVIDADES AL AIRE LIBRE

La gran cordillera *(range)* de los Andes ofrece un poco de todo: montañas fáciles o difíciles de subir, aire puro, pocas avalanchas, ríos de agua clara y el lago Titicaca, conocido como el más alto del mundo. Estos tres chicos siguieron un estrecho sendero antiguo para llegar a Machu Picchu, Perú. Como premio, recibieron un "asiento de primera clase" para ver las ruinas de esta famosa ciudad perdida de los incas.

La foto de arriba
Estos ciclistas, cerca de Mar del Plata, Argentina, practican un deporte muy popular entre los hispanos. En España, por ejemplo, una carrera que se llama la "Vuelta" dura casi tres semanas y cubre *(covers)* 4.000 kilómetros.

La foto de abajo
Cuando la nieve desaparece en la América del Norte, los sudamericanos se están poniendo los esquís. Esta esquiadora baja por una de las conocidas pistas *(slopes)* de la estación *(resort)* de Portillo, Chile.

PALABRAS NUEVAS I

◆ COMMUNICATIVE OBJECTIVES

To express enthusiasm
To offer alternatives
To refer to distances
To warn
To hurry someone
To ask someone to wait
To ask for and give advice
To offer help
To express homesickness
To find out how much of something one has left

CONTEXTO VISUAL

Por las montañas

CONTEXTO COMUNICATIVO

1 ANDREA — Veo que estás **entusiasmado con** la idea de viajar a España.
DANIEL — Sí. Sé que voy a **pasarlo bien.**
ANDREA — ¿Vas a quedarte mucho tiempo?
DANIEL — **A lo mejor.** Después de tres semanas voy a ver cuánto dinero me **queda.**

Variaciones:

- estás entusiasmado con → te gusta
- pasarlo bien → divertirme
- a lo mejor → quizás

entusiasmado, -a (con / por) *excited (about)*

pasarlo bien = divertirse

a lo mejor = quizás, tal vez

quedar here: (+ person) *to have (something) left*

2 JOSÉ — **En vez de** ir al campo, este año vamos a un hotel en la cordillera que **está a dos mil metros de altura.** Voy a aprender a esquiar.

MARÍA — Si es la primera vez que esquías, no seas demasiado **atrevido.**

- esquiar → patinar sobre hielo
  esquías → patinas
- no seas demasiado atrevido → no trates de **impresionar** a todo el mundo

en vez de *instead of*
estar a + measure + **de altura** *to be* + measure + *high*
el metro here: *meter*
la altura *height, altitude*
atrevido, -a *daring, adventurous*
impresionar *to impress*

3 ALICIA — Debemos **prepararnos para** el examen de biología.

JAVIER — No tengo ganas de estudiar ahora.

ALICIA — Si piensas **así,** no vas a sacar una buena nota.

JAVIER — A lo mejor tenemos suerte y no hay examen.

ALICIA — Pues, Javier, hay que estar **listo** para todo.

- debemos prepararnos → hay que estudiar
- piensas así → no estudias

prepararse para *to get ready for, to prepare for*
así *like that/this, in that/this way*
listo, -a (with **estar**) *ready*

4 DIANA — Vamos, David. Tienes que **apurarte.**

DAVID — Un momento. No estoy listo todavía.

DIANA — Pues, lo siento. No puedo esperar. **Nos vemos.**

DAVID — No, Diana, **no te vayas.** Espérame un minuto.

- tienes que apurarte → tenemos que apurarnos
- nos vemos → hasta luego

apurarse = darse prisa
nos vemos = hasta luego, hasta la vista
no te vayas = no salgas

5 EUGENIO — ¡Ay, qué susto!

ÁNGEL — ¿Se rompió la cadena de tu bicicleta?

EUGENIO — Sí. ¿Y qué hago ahora? Yo no sé **reparar**la y **estamos a 15 kilómetros del** próximo pueblo.

ÁNGEL — No hay problema. Yo te ayudo.

- reparar → arreglar
- kilómetros → **millas**

reparar = arreglar
estar a + distance + **de** *to be* + distance + *from*
el kilómetro *kilometer*
la milla *mile*

6 CARLOTA Hace dos años que vivo aquí.

GUSTAVO Debes **extrañar** mucho tu país. **Sobre todo** a tu familia y a tus amigos.

CARLOTA Sí. Y también extraño la comida y la lengua. Pero no extraño la nieve. **Aunque** aquí hace bastante calor, allá hace muchísimo frío.

- allá → en mi país

extrañar *to miss (someone or something)*

sobre todo = especialmente

aunque *though, although, even though*

7 LEONARDO **Al** volver de la Argentina quiero visitar el Brasil, Colombia y Panamá.

LUCÍA Me parece que quieres ir a todas partes.

LEONARDO Sí, pero siempre **en dirección al** norte.

- de la Argentina → del Ecuador
  el Brasil, Colombia y Panamá → el Perú, Bolivia y el Paraguay
  al norte → al sur
- ir a → estar en

al + inf. *when, on, upon* + verb + *-ing*

en dirección a *toward, in the direction of*

la dirección here: *direction*

En la Región de los Lagos, Chile

PRÁCTICA

A Unos días más. ¿Cuántos días de vacaciones les quedan a estos amigos? Hoy es el 3 de agosto. Mira el calendario para averiguar cuándo tiene que volver a casa cada uno. Contesta según el modelo.

Andrés
Andrés sale el 7. Le quedan cuatro días.

1. Bárbara
2. Carlos
3. Diana
4. Ana y Elena
5. Felipe
6. Uds.
7. nosotros
8. tú

B Un paseo en bicicleta. Unos amigos montan en bicicleta por el campo, cerca de Madrid. Usa las palabras correctas de la lista para completar las frases.

al	atrevido	de altura	en vez de
se apura	aunque	en dirección	listos
así	cubierto de	entusiasmados con	lo pasamos

Nos levantamos temprano y preparamos las bicicletas. Pronto estamos _____ para salir. Nos sentimos muy _____ la idea de pasar el día en el campo, que está _____ flores. _____ hace viento, no hace mucho frío. Pensamos ir _____ al norte, a El Escorial. Está a 1.000 metros _____. Jaime, que es muy _____, se cae varias veces de su bicicleta. No se lastima, pero termina el viaje cubierto de polvo de pies a cabeza. _____ llegar allí, Julia va a quedarse en casa de sus primos _____ regresar con nosotros. Todos nosotros _____ bien. Mucho sol, buenos amigos, paisajes hermosos. Todas las vacaciones deben ser _____. ¡Qué agradable es la vida cuando nadie _____!

C Lejos de tu casa. Imagina que hace mucho tiempo que estás de vacaciones lejos de tu casa. ¿Qué es lo que extrañas y lo que no extrañas? Puedes usar *mucho, un poco, más* y *menos.* Sigue el modelo.

de tus amigos
Extraño mucho los chistes.
Extraño más los chismes.

1. de tu familia
2. de tu ciudad
3. de tu mejor amigo(a)
4. de tu barrio
5. de tu cuarto
6. de la escuela

D Hablemos de ti.

1. ¿Te gusta montar en bicicleta? ¿Adónde vas en bicicleta?
2. ¿Qué cosas hace una persona atrevida? ¿Te gusta hacer cosas atrevidas? ¿Cuáles?
3. ¿Qué haces para divertirte? ¿Lo pasas bien cuando practicas deportes? ¿Estás entusiasmado(a) por algún deporte? ¿Cuál? ¿Con quién lo juegas?
4. ¿Hay un bosque cerca de tu casa o tu barrio? ¿Cómo es? ¿Dónde prefieres hacer un picnic, en la playa o en el bosque? ¿Por qué?
5. ¿Eres un buen mecánico o una buena mecánica? ¿Qué sabes reparar en un coche o en una bicicleta?
6. ¿A cuántas millas vives del centro? ¿Vives a más de una milla de la escuela? ¿Cómo vas a la escuela? ¿Cuánto tiempo tardas en llegar?

(arriba) Cerca de Cali, Colombia;
(derecha) Cerca de Machu Picchu, Perú;
(abajo) En los Picos de Europa, España

APLICACIONES

Subiendo la montaña

Dos jóvenes españoles están de excursión en bicicleta en las montañas del norte de su país.

Federico Martín Bahamontes

ÓSCAR Vamos, David. Debemos apurarnos. Nos quedan diez kilómetros. ¿Corremos[1] un poco?

DAVID ¿Cómo? ¿Mientras subimos una montaña? Estás loco, chico.

ÓSCAR ¿Por qué no? Todos los grandes ciclistas españoles somos campeones en las montañas. Es una tradición.

DAVID Entre los profesionales, quizás. Pero nosotros somos dos chicos casi muertos de hambre, cubiertos de polvo y con quince kilos de equipo.[2]

ÓSCAR *(empezando a correr)* El águila[3] de Toledo* está buscando la oportunidad de escapar del grupo. ¡Y allí va!

DAVID ¡Ten cuidado! El centro de la carretera no es lugar para bicicletas.

ÓSCAR Por aquí no hay mucho tráfico.

DAVID ¡Ojo,[4] allí viene un coche!

ÓSCAR Lo veo. Adiós, chico. A lo mejor nos vemos en la parte más alta de la montaña.

DAVID Tú me verás si tienes hambre. Olvidas que soy yo quien lleva la comida.

---

[1]**correr** here: *to race* [2]**el equipo** here: *equipment* [3]**el águila** *eagle*
[4]**¡ojo!** *watch out*

* Federico Martín Bahamontes, un gran ciclista español, se llamaba "El águila de Toledo." Ganó la carrera de bicicletas más conocida del mundo, el *Tour de France,* en 1959, gracias a su increíble velocidad al subir montañas.

Unos ciclistas en los Picos de Europa, España

Continuación

1. ¿Qué dice Óscar que quiere hacer? ¿Por qué? ¿Qué piensas tú de esa idea? 2. ¿Qué cosas deben llevar los muchachos si hacen un viaje de varios días? 3. Cuando Óscar se describe como "el águila de Toledo" escapando del grupo, ¿qué quiere decir? ¿En qué voz crees que habla? 4. ¿Viajas a veces en las montañas? ¿Adónde vas? ¿Montas en bicicleta en las montañas? ¿Hay muchas colinas donde vives? ¿Cómo te sientes cuando caminas o montas en bicicleta en las colinas? 5. ¿Qué clase de persona es Óscar? ¿Y David? Usando tu imaginación, trata de describirlos. ¿A quién te pareces más?

Participación

Con un(a) compañero(a) de clase continúa el diálogo entre Óscar y David sobre si deben parar para comer algo o si deben continuar hasta llegar al campamento. ¿Cuál de ellos quiere comer ahora? ¿Por qué?

EXPLICACIONES I

Mandatos afirmativos con *tú*

◆ COMMUNICATIVE OBJECTIVES

To tell someone what to do

To give advice

To explain why someone should do something

To give clear directions

To list priorities

Review affirmative commands that you would give to someone you address as *tú*.

1 The affirmative *tú* command for regular and stem-changing verbs is the same as the *Ud. / él / ella* form of the present tense.

Juan come muy poco.	*Juan eats very little.*
Su madre dice:—**Come** más, Juan.	*His mother says: "**Eat** more, Juan."*
Eva no empieza su examen.	*Eva is not starting her test.*
Su profesor le dice:—Eva, **empieza** ahora.	*Her teacher says: "Eva, **start** now."*

2 Some verbs have irregular forms for affirmative *tú* commands. You already know the following:

decir → **di**	ir → **ve**	salir → **sal**	tener → **ten**
hacer → **haz**	poner → **pon**	ser → **sé**	venir → **ven**

Ven aquí y **haz** esto.	***Come** here and **do** this.*
Sé buena y **pon** la leche en el refrigerador.	***Be** good and **put** the milk in the refrigerator.*

3 When we use an affirmative *tú* command with a direct or indirect object pronoun, we attach the pronoun to the verb.

Hazlo en seguida.	***Do it** immediately.*
Dime la verdad.	***Tell me** the truth.*

Remember that if a command form has more than one syllable, we place a written accent over the stressed syllable when we add an object pronoun.

Ayúdanos, por favor.	*Please **help us.***
Cómprame el periódico.	***Buy me** the paper.*
Me gusta esa canción. **Cántala.**	*I like that song. **Sing it.***

4 We also attach reflexive pronouns to affirmative *tú* commands. If the reflexive command has more than two syllables, we place a written accent over the stressed syllable.

Llueve. **Ponte** el impermeable.	*It's raining.* ***Put on*** *your raincoat.*
Lávate la cara.	***Wash*** *your face.*
Prepárate para salir.	***Get ready*** *to leave.*

PRÁCTICA

A Problemas y soluciones. Dales consejos a estas personas. Escoge frases de la derecha y usa mandatos. Sigue el modelo.

Mañana José tiene que levantarse a las cinco.
José, ven a casa temprano.

1. Marta se pelea con todo el mundo.
2. Felipe va a esquiar mañana por primera vez.
3. Óscar no debe llegar tarde al aeropuerto.
4. Isabel no puede salir si no termina su tarea.
5. Juan siempre da excusas.
6. Todos los invitados de Ana tienen mucha sed.
7. Miguel tiene hambre y no hay nada para comer en casa.
8. Marta quiere ver una película de terror.

decir la verdad
hacer la tarea temprano
ir a comprar comida
poner más refrescos en la mesa
salir ahora mismo
ser más amable
tener cuidado
venir a casa temprano
venir al cine conmigo

B ¡Ten cuidado! Algunas personas no prestan ninguna atención al tiempo. Usa mandatos con *tú* para decirle a un(a) compañero(a) de clase qué debe hacer. Luego dile qué tiempo hace. Sigue el modelo.

llevar abrigo

ESTUDIANTE A { *No voy a* / *No quiero* / *No sé si debo* / *No me gusta* / *etc.* } *llevar abrigo.*

ESTUDIANTE B *Llévalo. Hace frío.*

1. llevar paraguas
2. buscar mi chaqueta
3. llevar guantes
4. llevar botas
5. traer mi traje de baño
6. beber el chocolate
7. encender la calefacción
8. abrir las ventanas

Cruz Roja Mexicana ayudando en el terremoto de 1985

C **Ahora que nos vamos . . .** Los padres de Horacio se van de viaje. Para completar las instrucciones que le dan, cambia los infinitivos a mandatos y usa los pronombres apropiados. Sigue el modelo.

> *(Explicarle)* a la directora que no puedo reunirme con ella
> *Explícale a la directora que no puedo reunirme con ella.*

1. *(Darles)* de comer a los perros y *(cambiarles)* el agua a menudo
2. *(Decirle)* a tu tío que volvemos el viernes
3. *(Llamarnos)* por teléfono sólo si es necesario
4. El martes cumple años la tía Flora. *(Llamarla).*
5. *(Pagarle)* al señor que nos vendió las sillas
6. *(Pedirle)* otras dos para el patio
7. *(Mandarnos)* una tarjeta postal y *(decirnos)* qué recomendó el dentista
8. Sobre todo *(escribirle)* a tu abuela

D **Consejos.** Mañana es el primer día de clases para Anita. Su hermana mayor le dice lo que debe hacer para prepararse.

1. despertarse temprano
2. levantarse en seguida
3. bañarse
4. lavarse el pelo
5. cepillarse los dientes
6. vestirse
7. ponerse la ropa nueva
8. apurarse para no llegar con retraso

E **Hablemos de ti.**

1. ¿Cuáles de los siguientes mandatos te dan todos los días tus amigos, tus profesores, tus entrenadores o tus padres? Indica quiénes te dicen estas cosas y cuándo: Corre más rápidamente. Prepárate para tus clases. ¡Apúrate! Pon tu cuarto en orden. Sé más ordenado(a). Quédate aquí. Diviértete. Lávate las manos. Ponte la chaqueta. Hazlo en seguida. Pórtate bien. ¡Ten cuidado! Termínalo ahora.
2. Imagina que un(a) amigo(a) se va a mudar a otra ciudad. Dile tres cosas que debe hacer.
3. Si un(a) compañero(a) de clase te pregunta qué debe hacer para ser un(a) mejor estudiante, ¿qué le dices?
4. ¿Qué te dicen tus padres cuando sales por la noche? ¿Y cuando tienes que hacer algo en casa? ¿Qué te dicen cuando manejas? ¿Y cuando sacas una mala nota?

ACTIVIDAD

Por aquí y allí Write a detailed set of instructions for someone who is riding a bicycle from point A to point B. Every sentence should begin with an affirmative *tú* command. Here are some words you might find useful.

a la izquierda (derecha)	en dirección a
a la vuelta de la esquina	enfrente de
cerca de	parar
cruzar	por aquí
dar la vuelta	seguir derecho
doblar	tomar

PALABRAS NUEVAS II

◆ COMMUNICATIVE OBJECTIVES

To describe the results of a poll

To relate an experience in some detail

Vacaciones y deportes

CONTEXTO NARRATIVO

1 Algunos estudiantes escriben para una revista que se llama *La vida* ***escolar.*** Ellos hicieron, **a principios del** verano pasado, una encuesta para averiguar cuándo y cómo prefieren los estudiantes pasar sus vacaciones. **Resulta** que, **a pesar de que** hay muchísima gente por todas partes, la mayoría de los estudiantes prefieren tomar las vacaciones **a mediados del*** verano y **al aire libre. Entre** los deportes de verano, los más populares son la natación y el esquí acuático.

2 Hay algunos que prefieren tomar las vacaciones **a fines de** la primavera, para **aprovechar** el buen tiempo. **Los demás** dicen que prefieren irse de vacaciones en invierno para poder esquiar y patinar sobre hielo. Muchos dicen que no hay nada más emocionante que **deslizarse** a gran **velocidad** sobre el hielo o la nieve.

escolar adj. *school*

a principios de *at the beginning of*

resultar *to turn out, to result*

a pesar de + noun / inf.; **a pesar de que** + verb *in spite of*

a mediados de *halfway through, in the middle of*

al aire libre *outdoors*

el aire *air*

entre here: *among*

a fines de *at the end of*

aprovechar *to take advantage of*

los (las) demás = los otros, las otras

deslizarse *to slide, to slip*

la velocidad *speed*

* We use this expression with time periods: *a mediados del año / de la semana,* etc.

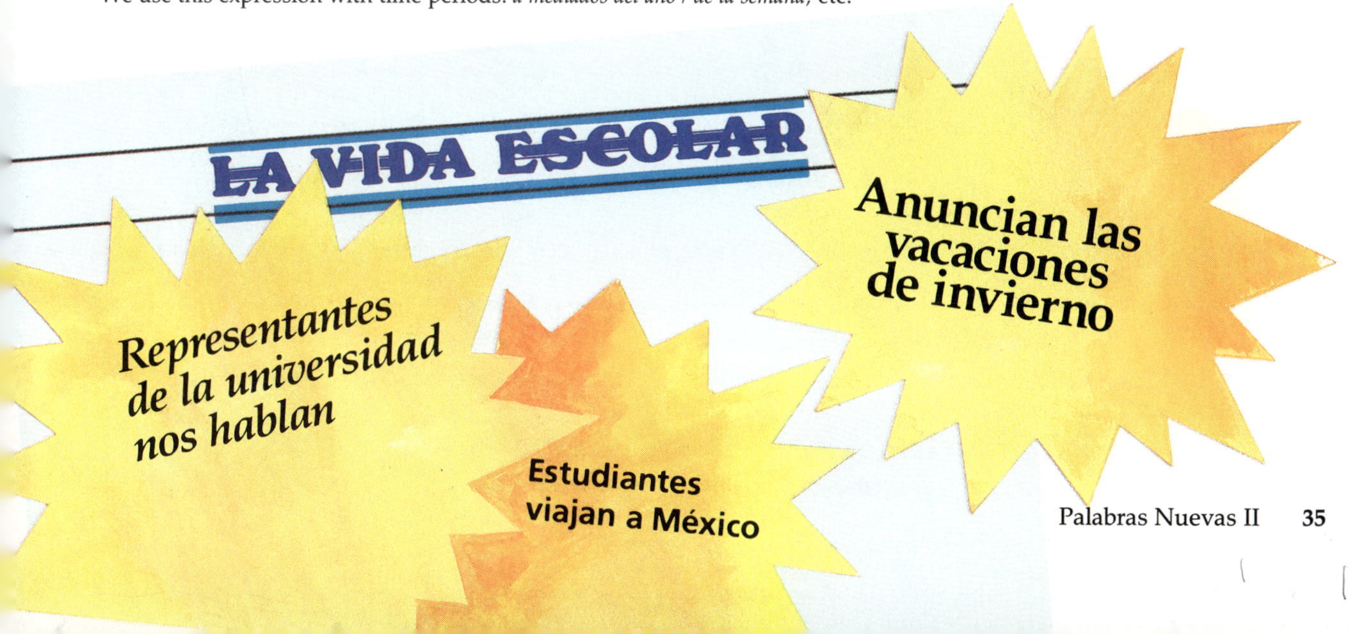

PRÁCTICA

A La carrera. Este año la carrera de bicicletas del pueblo de Matamoscas fue un desastre. Nadie la terminó. Según el dibujo, ¿cuándo dejó de participar cada persona? Usa la expresión *a principios de, a mediados de* o *a fines de* para contestar. Sigue el modelo.

ESTUDIANTE A *¿Cuándo se escapó Marcos del toro?*
ESTUDIANTE B *A mediados de la carrera.*

B **La suerte de los demás.** Roberto siempre se queja de su mala suerte. Usa la forma apropiada de las palabras y expresiones de la lista para completar la carta que le escribió a su amiga.

a principios de(l)	al aire libre	aprovechar	los demás
el aire	a pesar de que	deslizarse	resultar

Querida Concepción:

_____ trato de hacer las cosas bien, tengo mala suerte. Tú sabes que para _____ mejor mis vacaciones, _____ verano hice una reservación en este hotel. _____ que alguien tiene el mismo nombre y apellido que yo, y le dieron mi cuarto. Sabes que me gusta _____ fresco, ¡pero no quiero dormir _____! Por fin, tres horas después, me dieron otro cuarto. ¡Qué desorden!

Por la mañana, Carlos, que sabe esquiar muy bien en el agua, decidió enseñarme el esquí acuático. Bueno, parece increíble pero, al llegar a la playa, me caí sobre una piedra y me lastimé la pierna. Ahora, en vez de _____ sobre las olas, estoy mirando cómo _____ se divierten. Escríbeme, por favor. Sobre todo, mándame algunas noticias buenas.

Tu amigo,
Roberto

En Madrid, España

APLICACIONES

Una carta de Miguel

ANTES DE LEER: Responde a las siguientes preguntas que te van a preparar para la lectura.

1. ¿Sabes que es posible esquiar en Chile y en la Argentina? ¿Cómo se llama la cordillera que está entre esos países? ¿Cuáles son los meses de invierno allá?
2. ¿Sabes esquiar? ¿Qué palabras sabes en español para hablar del esquí? Por ejemplo, ¿cómo describes el tiempo? ¿Y el lugar?
3. Imagina que das clases de esquí a personas que no saben esquiar. ¿Qué les dices a tus alumnos?

Una clase para esquiadores en Chile

Bariloche, Argentina
15 de agosto

Querida Raquel:

Te escribo desde un fabuloso club de montaña en los Andes de la Argentina. Es un lugar hermosísimo al pie de una montaña enorme. Todo el paisaje está cubierto de una nieve casi azul. ¿Quieres saber cómo llegué a estar[1] en un sitio tan estupendo?

Bueno, quería esquiar pero no tenía dinero. Un tío mío me ayudó a encontrar un trabajo como ayudante del instructor de esquí para niños. Todo parecía perfecto hasta que[2] empecé a trabajar con él. Se llama Osvaldo y tiene 18 años. Pero resulta que tiene un problema: le molesta mucho que yo esquíe mejor y tenga más experiencia que él en este deporte. Y aunque esquía muy bien, no es un buen profesor. Es muy impaciente y continuamente les da órdenes[3] a los alumnos: "No hagas eso, mueve[4] esa pierna, no muevas así las rodillas, deslízate más rápido, levanta la cabeza," etc., etc. ¡Y nunca les muestra cómo! Después de la segunda clase traté de darle algunas sugerencias,[5] y ¿sabes lo que me dijo? "¡Tú, sigue mis instrucciones y no digas nada delante del grupo!"

Más tarde le hablé otra vez del problema. "Osvaldo," le dije, "si quieres que el grupo aprenda más, tienes que ser más paciente." ¿Y qué hizo? ¡Se

---

[1]**llegar a estar** *to manage to be* [2]**hasta que** *until* [3]**la orden** = el mandato
[4]**mover (o → ue)** *to move* [5]**la sugerencia** *suggestion*

enojó conmigo! Ahora no quiere que yo trabaje con él. ¿Lo puedes creer? Me alegro de que sólo me queden dos semanas más.

Bueno, Raquel, nos vemos en el colegio en septiembre. Pero antes, escríbeme. Tengo ganas de tener noticias tuyas. Tu amigo de siempre,

Miguel

Continuación

1. ¿Qué trabajo tiene Miguel?
2. ¿Por qué está trabajando?
3. ¿Cuál es el problema de Osvaldo con Miguel?
4. Después de oír los consejos de Miguel, ¿cómo se siente Osvaldo? ¿Cómo se siente Miguel?
5. En tu opinión, ¿cómo aprende mejor la gente? Indica por qué.
   a. Si escuchan a los profesores.
   b. Si escuchan y ven lo que hacen los profesores.
   c. Si practican lo que hacen los profesores.
6. Para aprender, ¿prefieres trabajar solo(a) o en grupo? ¿Por qué?
7. ¿Crees que un estudiante debe darles sugerencias a sus profesores sobre cómo enseñar? Explica.
8. Describe a tu instructor(a) o entrenador(a) ideal.
9. Imagina que eres Raquel. Escríbele una carta a Miguel y ofrécele consejos sobre su problema.

EXPLICACIONES II

Mandatos negativos con *tú*

◆ COMMUNICATIVE OBJECTIVES

To tell someone not to do something

To elicit cooperation

To warn someone

To give advice

To comfort someone

We use negative *tú* commands to tell someone *not* to do something.

Haz esto, Juan. **No hagas** eso. — *Do this, Juan.* ***Don't do*** *that.*

Remember that we form negative *tú* commands by dropping the *o* of the present-tense *yo* form and adding the appropriate endings. For *-ar* verbs we add *-es;* for *-er* / *-ir* verbs we add *-as.*

INFINITIVE	PRESENT TENSE	NEGATIVE TÚ COMMAND
hablar	hablo	no habl**es**
beber	(yo) bebo	no beb**as**
escribir	escribo	no escrib**as**

1 Stem-changing verbs and verbs that have an irregular present-tense *yo* form follow the same rule.

INFINITIVE	PRESENT TENSE	NEGATIVE TÚ COMMAND
cerrar (e → ie)	cierro	no cierr**es**
volver (o → ue)	(yo) vuelvo	no vuelv**as**
pedir (e → i)	pido	no pid**as**
hacer	hago	no hag**as**
venir	vengo	no veng**as**
incluir	(yo) incluyo	no incluy**as**
producir	produzco	no produzc**as**

2 Remember that verbs ending in *-car, -gar,* and *-zar* have the following spelling changes in order to maintain the original sound: *c → qu, g → gu,* and *z → c.*

INFINITIVE	PRESENT TENSE	NEGATIVE TÚ COMMAND
tocar	toco	no to**ques**
apagar	(yo) apago	no apa**gues**
cruzar	cruzo	no cru**ces**

Remember also that verbs ending in *-ger* and *-gir* already have a consonant change in the present-tense *yo* form.

INFINITIVE	PRESENT TENSE	NEGATIVE TÚ COMMAND
escoger	(yo) escojo	no esco**jas**
dirigir	(yo) dirijo	no diri**jas**

3 These verbs have irregular negative *tú* commands.

dar	No **des** nada a nadie.
ir	No **vayas** otra vez.
estar	No **estés** allí mucho tiempo.
ser	No **seas** así.

PRÁCTICA

A **Sonríe, por favor.** Cristóbal tiene una nueva cámara y quiere sacar una foto de sus amigos. Pero lo encuentra muy difícil. Da un mandato negativo para decirle a cada persona que no debe hacer lo que está haciendo. Sigue el modelo.

Gustavo
Gustavo, no cantes.

1. Carmen
2. Guillermo
3. Olga
4. Manuel
5. Eva
6. Pilar
7. Mateo
8. Alicia

*AR→ES
*ER/IR→AS

B ¡Ir de camping no es fácil! Imagina que tú y tus amigos van de camping y que tú eres la única persona que sabe qué hacer. Usa mandatos negativos según el modelo.

encender / el fuego así
No enciendas el fuego así.

1. calentar la comida ahora
2. probar el agua del lago
3. volver solo por el bosque
4. hervir agua en esa olla
5. perder la mochila
6. cerrar la tienda de acampar
7. servir la cena todavía
8. despertar a los demás
9. dormir al aire libre
10. sonreír si la tienda se cae

C La próxima vez. Ahora imagina que tú y tus amigos acaban de volver de su expedición de camping. Dile a tu amigo(a) lo que *no* debe hacer la próxima vez según el modelo.

hacer tanto ruido por la mañana
No hagas tanto ruido por la mañana.

1. traer más de una mochila
2. tener tanto miedo de los animales
3. venir sin chaqueta

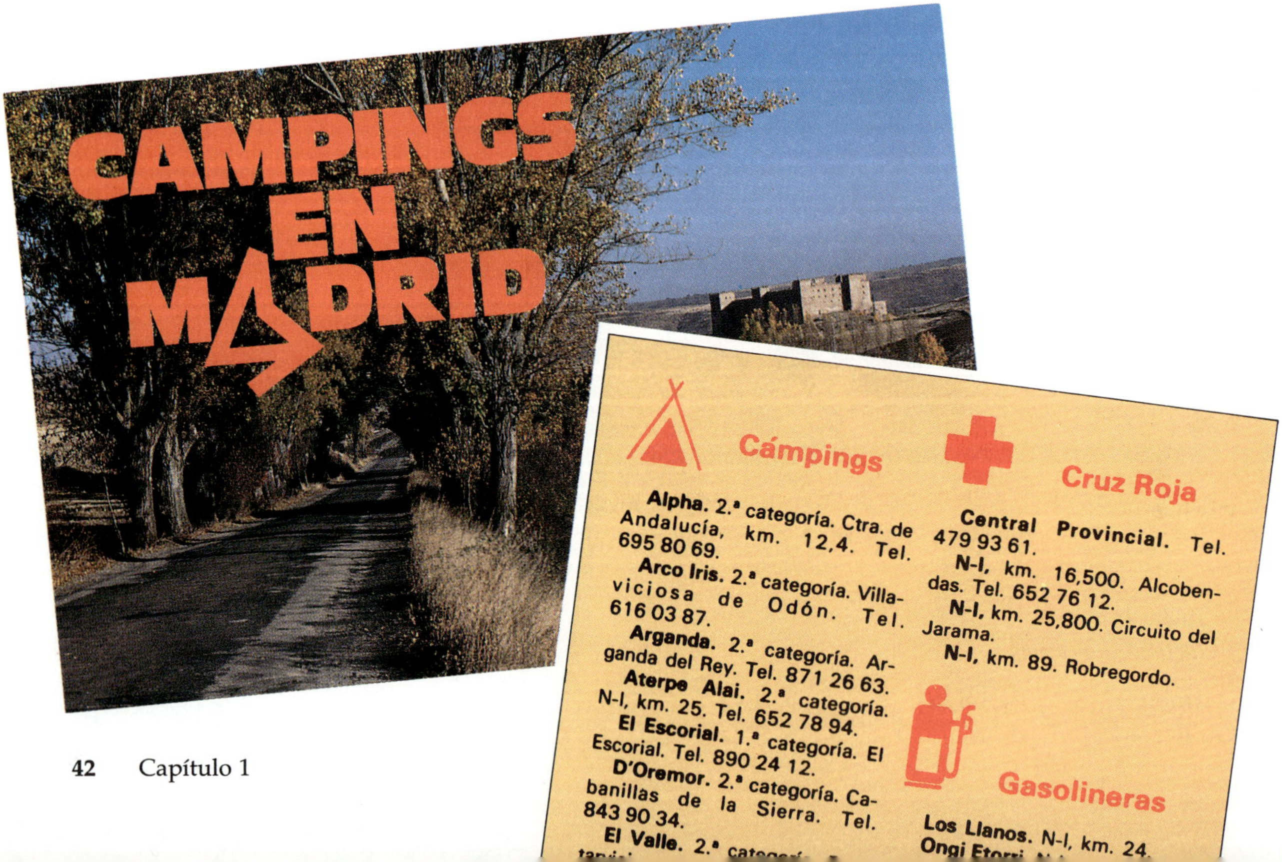

4. decir a los demás que hay fantasmas
5. salir sin el saco de dormir
6. poner tanta sal en la comida
7. hacer tantas preguntas al llegar al campamento
8. ofrecer nuestra comida a los animales
9. destruir las flores mientras buscas un sendero

D **¿Sí o no?** Los padres de la pequeña Andrea le dan muchos consejos. ¿Qué le aconsejan en las siguientes situaciones? Usa mandatos afirmativos o negativos.

1. bostezar cuando alguien te habla
2. jugar en la calle
3. sacar buenas notas
4. cruzar la calle sin mirar
5. empezar tu tarea a las once de la noche
6. almorzar sin lavarte las manos
7. pagar cinco dólares por una hamburguesa
8. escoger a personas tacañas como amigos
9. mascar chicle con la boca abierta
10. colocar tu dinero en el banco
11. recoger la ropa sucia del suelo
12. navegar sin salvavidas
13. abrazar a tus padrinos
14. colgar el teléfono al terminar la llamada

E **Pepe quiere impresionar.** Pepe invitó a Julia a comer en un restaurante muy elegante. Está muy preocupado porque quiere impresionarla. Usa las siguientes palabras para darle mandatos afirmativos o negativos. Sigue el modelo.

ser: distraído
No seas distraído.

ser: tacaño / tímido / cariñoso / atrevido
estar: cansado / entusiasmado / nervioso / listo
ir: sin afeitarte / con traje y corbata / en tu cacharro / en taxi
dar: flores a su hermana / un paseo con ella / una buena propina al camarero / dar la mano al camarero

Mandatos negativos con los complementos directos e indirectos

◆ COMMUNICATIVE OBJECTIVES

To tell someone what to do for someone else

To give advice

To contradict

You know that when we use an object pronoun with an affirmative command we attach the pronoun to the command. When we use an object pronoun with a negative command, we place the pronoun right *before* the command.

No lo hagas ahora.	***Don't do it*** *now.*
No me digas nada.	***Don't say*** *anything* ***to me.***

We also place a reflexive pronoun right before a negative command.

No te duermas ahora.	***Don't fall asleep*** *now.*
No te vayas todavía.	***Don't leave*** *yet.*

PRÁCTICA

A **¡Haz! ¡No hagas!** Susana tiene dos hermanos mayores que siempre le dicen lo que debe hacer—y ellos nunca están de acuerdo. ¿Cuáles son los mandatos que ellos le dan? Usa el complemento directo o indirecto apropiado. Sigue el modelo.

mostrar (a mamá) el artículo
ESTUDIANTE A *Muéstrale el artículo.*
ESTUDIANTE B *No, no le muestres el artículo.*

1. invitar (a las chicas) a la fiesta
2. pagar (a la camarera) la cuenta
3. llamar (a María) en vez de llamar a las demás
4. prometer (a nosotros) que lo vas a hacer
5. decir (a Roberto) que lo pasaste bien
6. escribir (a Marta y a Clara) una carta
7. explicar (a tus amigos) el problema
8. esperar (a nosotros) después de la clase
9. dar (a papá) el periódico de hoy
10. devolver (a Jorge) los discos

B **Buenos consejos.** Imagina que un(a) amigo(a) quiere hacer las siguientes cosas. Dale consejos según el modelo.

impresionar al profesor / dormirse en clase
ESTUDIANTE A *Quiero impresionar al profesor.*
ESTUDIANTE B *No te duermas en clase.*

1. aprovechar el buen tiempo / levantarse demasiado tarde
2. pasarlo bien / irse temprano del baile
3. caminar sobre ese hielo / deslizarse
4. subir a la parte más alta de la colina / caerse
5. jugar al fútbol americano / romperse ningún hueso
6. estar guapísimo(a) para el baile / cortarse el pelo entonces
7. reparar este cordón eléctrico / apurarse a terminarlo
8. dormir al aire libre / olvidarse de llevar la linterna
9. ver el resto de la película / darse prisa para salir
10. divertirme más / quejarse de la vida

C Hablemos de ti.

1. Según tus profesores, ¿qué debes hacer para prepararte mejor en tus clases? Di tres cosas.
2. Según tus padres, ¿qué tienes que hacer en casa? Di tres cosas.
3. ¿Cuáles son algunas cosas que tú haces que no les gustan a tus padres? ¿Qué te dicen?
4. ¿Cuáles son algunas cosas que hacen los otros que te molestan mucho? Di tres cosas que no deben hacer (en tu opinión, ¡por supuesto!). Cuando un amigo(a) tuyo(a) hace una de estas cosas, ¿qué le dices?

ACTIVIDAD

¡Ten cuidado! With a partner, imagine that you are opening a park for small children. Write down the park rules: three do's and three don'ts. (Be creative! You might even make a poster.) For example:

Tira la basura en el basurero.
¡Ten cuidado! No te deslices en las piedras.

APLICACIONES

REPASO

Mira con cuidado las frases modelo. Luego cambia las frases que siguen al español según los modelos.

1. *Te queda sólo un año de escuela. ¡Qué alivio!*
   (She has only one gold chain left. What luck!)
   (I have only two months of work left. How marvelous!)
   (We have only two boxes of candy left. What a shame!)
2. *Llámalos pronto y diles si quieres ir de compras con ellos.*
   (Speak to him soon and tell him if you want to go fishing with him.)
   (Write to us soon and tell us if you want to go camping with us.)
   (Visit them (fem.) *soon and tell them if you want to go on vacation with them.)*
3. *Viaja a fines de septiembre. Pero no viajes sin tu raqueta de tenis.*
   (Go at the beginning of May. But don't go without your driver's license.)
   (Leave in the middle of February. But don't leave without your traveler's checks.)
   (Come at the end of March. But don't arrive without your typewriter.)
4. *Lava los platos pero no los seques todavía.*
   (Pick the fruit, but don't eat it now.)
   (Buy the pants, but don't wear them yet.)
   (Read the forms, but don't sign them right away.)
5. *Vístete. Queremos discutir las noticias ahora.*
   (Go to sleep. I want to turn off the light now.)
   (Wake up. I plan to serve breakfast soon.)
   (Get up. They intend to clean the room now.)

Cerca de Zumbagua, Ecuador

TEMA

Escribe las frases en español.

1. I have only three weeks of vacation left. What a shame!
2. Call me soon and tell me if you want to go on an outing with me.
3. Come in the middle of August. But don't come without your bathing suit.

4. Bring the basket, but don't carry it like that.
5. Hurry up! I want to take advantage of the sun today.

REDACCIÓN

Ahora escoge uno de los siguientes temas para escribir tu propio diálogo o párrafo.

1. Expand the conversation. You might say what other activities they might enjoy together. Mention some of the things that they are doing while on vacation.
2. Write a paragraph about outdoor activities that you have done recently.
3. Make up a telephone conversation between two friends in which they make vacation plans.

COMPRUEBA TU PROGRESO CAPÍTULO 1

A Nuestra expedición

Completa las siguientes frases con una palabra de la lista.

a pesar de	al aire libre	los demás
a principios	aunque	se deslizó

1. Mis amigos y yo vamos a la cordillera porque nos encanta estar _____.
2. Elena no puede ir porque al cruzar la calle, _____ y se rompió el tobillo.
3. _____ de la expedición Jorge estaba aburrido pero ahora lo está pasando muy bien.
4. Yo voy a subir a la parte más alta _____ dicen que es muy difícil.
5. Veo a Paco y a Catalina, pero ¿dónde están _____?

B Hazlo ahora

Responde a las siguientes frases según el modelo.

Necesito leer estos libros.
Pues, léelos ahora.

1. Necesito reparar la cadena de mi bicicleta.
2. Necesito empezar mi trabajo.
3. Necesito llamar al médico.
4. Necesito practicar estas canciones.
5. Necesito escribir unas cartas.
6. Necesito batir esos huevos.
7. Necesito barrer el patio.
8. Necesito encender el horno.

C ¡No lo hagas!

Pepe no se porta bien. Dile que no debe hacer las siguientes cosas.

1. jugar en la calle
2. sacar fotos en el museo
3. hacer ruido
4. tocar ese piano
5. colocar los patines en la escalera
6. ser antipático
7. recoger las hojas del árbol
8. comenzar a llorar
9. tener celos de los demás

D ¿Qué hago?

Cuando Ángela hace preguntas, siempre recibe respuestas opuestas. Sigue el modelo.

¿Debo decir el chisme?
Sí, di el chisme.
No, no digas el chisme.

1. ¿Debo hacer todo antes de salir?
2. ¿Debo venir a la misma hora?
3. ¿Debo tener prisa?
4. ¿Debo salir por esa salida?
5. ¿Debo poner la mesa así?
6. ¿Debo ir en tren?
7. ¿Debo ser cómica?
8. ¿Debo traducir las preguntas?

E Es mejor así

Da consejos según el modelo.

¿Pongo el plato en la mesa? (el estante)
No, ponlo en el estante.

1. ¿Escribo la composición con lápiz? (a máquina)
2. ¿Compro las chuletas de cerdo en el supermercado? (la carnicería)
3. ¿Pido esta información en la agencia de viajes? (la estación)
4. ¿Muestro las fotos sólo a los niños? (todo el mundo)
5. ¿Sirvo el café con el postre? (después)

F No lo hagas porque . . .

Da mandatos negativos escogiendo una razón *(reason)* de la lista de la derecha. Sigue el modelo.

ducharse
No te duches. No hay agua caliente.

1. irse
2. deslizarse
3. apurarse
4. quitarse el abrigo
5. preocuparse
6. ponerse el traje de baño

a. La piscina está cerrada.
b. Hace frío.
c. Hay hielo por todas partes.
d. Quiero hablar contigo.
e. Todo está en orden.
f. No hay que tener prisa.

VOCABULARIO DEL CAPÍTULO 1

Sustantivos
el aire
la altura
el bosque
la cadena
la cordillera
la dirección
el kilómetro
el metro *(meter)*
la milla
la parte más alta
el polvo
la velocidad

Pronombres
los / las demás

Adjetivos
atrevido, -a
cubierto, -a (de)
entusiasmado, -a (con / por)
escolar
listo, -a *(ready)*

Adverbio
así

Preposición
entre *(among)*

Conjunción
aunque

Verbos
aprovechar
apurarse
deslizarse
extrañar
impresionar
prepararse (para)
quedar *(to have left)*
reparar
resultar

Expresiones
a fines de
a lo mejor
a mediados de
a pesar de
a principios de
al + *inf.*
al aire libre
en dirección a
en vez de
estar a + *distance* + de
estar a + *measure* + de altura
nos vemos
pasarlo bien
sobre todo

CAPÍTULO 2

Las frutas son parte esencial de la dieta de los hispanos y muchas veces las comen para el desayuno o después del almuerzo o la cena. En esta frutería de Madrid hay naranjas, toronjas, higos *(figs)*, peras, manzanas, por lo menos tres clases de melones y muchas frutas más que no conocemos en la América del Norte.

En el mundo hispano, como en los Estados Unidos, mucha gente hace ejercicio todos los días. Estos jóvenes estiran *(to stretch)* los músculos antes de empezar a correr en un parque de Madrid.

En la América Latina los licuados *(shakes)* y los jugos son muy populares. Pueden ser de fruta o de verdura. En todas partes de México, por ejemplo, hay puestos como éste.

◆ COMMUNICATIVE OBJECTIVES

To discuss exercise and physical fitness

To clarify

To suggest or plan a diet

To complain

To give advice or tell someone how to do something

To debate an issue

PALABRAS NUEVAS I

El cuerpo

CONTEXTO VISUAL

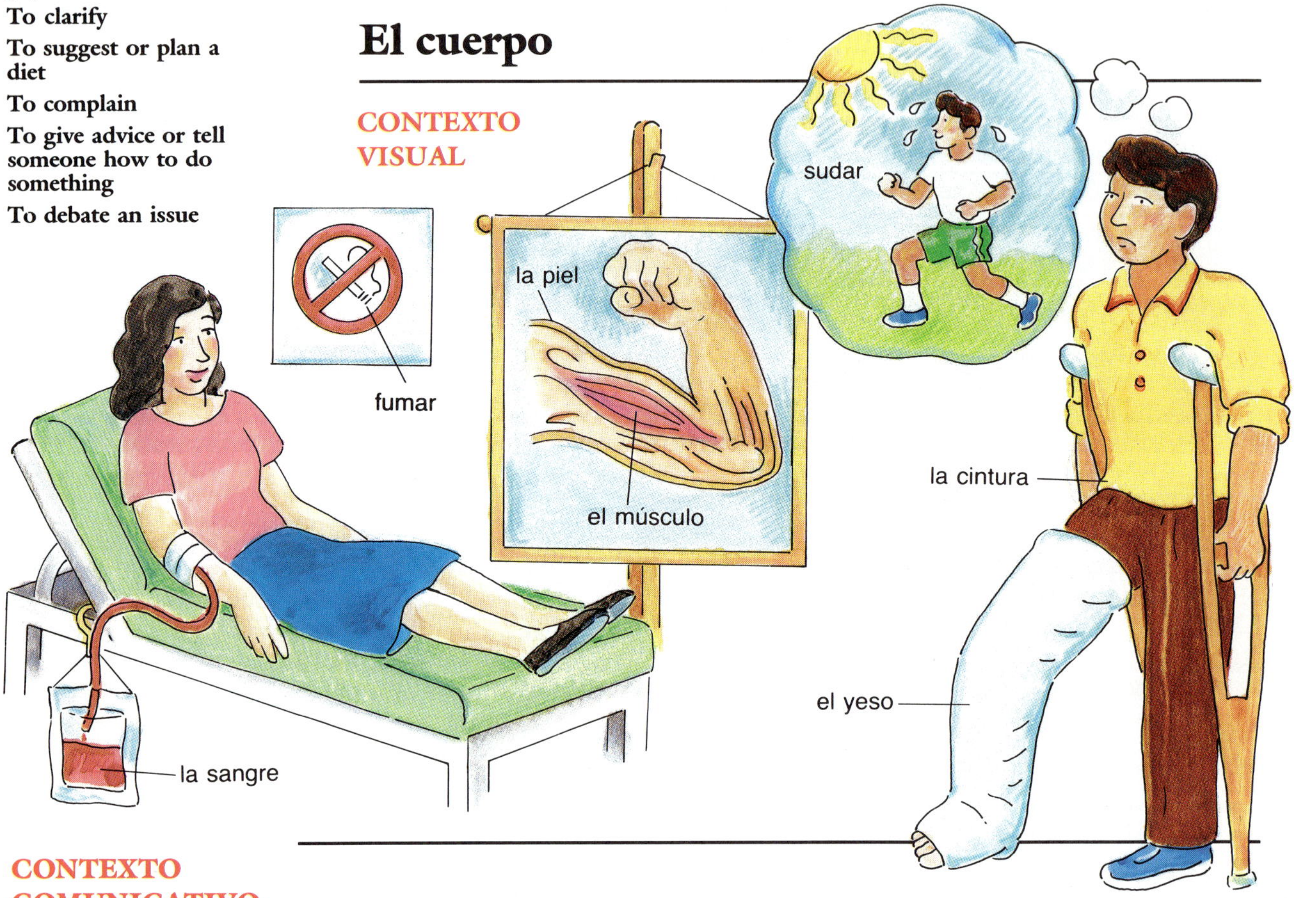

CONTEXTO COMUNICATIVO

1 FELIPE ¡Uf! Estoy **molido.** ¡Mira cómo estoy sudando! No estoy **acostumbrado a** hacer ejercicio. El nuevo instructor es muy **exigente.**

GRACIELA Sí, pero debemos **hacer un esfuerzo** para **mantenernos* en forma.**

Variaciones:

- estoy molido → ¡qué cansado estoy!
- exigente → estricto

molido, -a = muy cansado, -a

acostumbrado, -a (a) *used to, accustomed (to)*

exigente *demanding, exacting*

hacer un esfuerzo *to try hard, to make an effort*

mantener (yo mantengo, tú mantienes) *to keep, to maintain*

mantenerse en forma *to keep in shape, to stay fit*

---

* *Mantener* follows the same pattern as *tener* in all tenses.

2 ENTRENADOR Federico, corres todas las mañanas, ¿verdad?

FEDERICO **Por lo general,** sí.

ENTRENADOR ¿Siempre haces ejercicio para **estirar** los músculos antes de correr?

FEDERICO Sí. **O sea,** casi siempre. **De vez en cuando** no tengo tiempo.

ENTRENADOR Te **sugiero** que no te olvides de los ejercicios.

- o sea → quiero decir
- de vez en cuando → a veces
- sugiero → recomiendo

por lo general = generalmente
estirar *to stretch*
o sea *that is, that is to say*
de vez en cuando *from time to time, occasionally*
sugerir (e → ie) *to suggest*

3 EMILIA ¿La dieta que sigues te **deja** comer **la merienda**?

IGNACIO Sólo de vez en cuando. Entonces, por lo general, como una manzana.

EMILIA No sé cómo lo puedes **soportar.**

IGNACIO A veces me parece **insoportable,** pero el médico **insiste en** que la siga. Y también me recomienda que tome **vitaminas.**

- insiste en → **desea**

dejar here: = permitir
la merienda *snack*
soportar *to stand, to put up with, to tolerate*
insoportable *unbearable*
insistir (en) *to insist (on)*
la vitamina *vitamin*
desear *to wish, to desire*

4 PACO ¡Uf! Levantar* pesas **me cuesta trabajo.** Me duele la espalda y no tengo **fuerza.**

ESTEBAN Para hacerlo sin **dolor** y sin **cansarte,** debes **doblar** las rodillas.

PACO ¿Así?

ESTEBAN Exactamente.

- me cuesta trabajo → es difícil

costarle trabajo (a uno) *to be difficult (for someone)*
la fuerza *strength*
el dolor *pain*
cansarse *to get tired*
doblar here: *to bend*

---

* In Spanish the infinitive may be used as the subject of a sentence. For example, *Levantar pesas me cuesta trabajo* = Weightlifting is difficult for me.

PRÁCTICA

A En el consultorio *(office)* de la médica. Aquí tenemos los problemas de algunos de los pacientes de la Dra. Álvarez. ¿Qué consejos le da a cada uno?

1. Srta. López: Hago ejercicio, como bien y no fumo, pero me siento muy débil, y siempre estoy cansada.
2. Sr. Marcos: Ayer hice ejercicio y ahora me duelen la espalda y los brazos.
3. Sra. Dorado: Toso todo el tiempo.
4. Srta. Valdés: ¿Cuándo puedo quitarme el yeso?
5. Sr. De Soto: Me caí esta mañana y me duele mucho el pie.
6. Sr. Martínez: Acabo de cortarme la mano.

a. Es probable que Ud. necesite vitaminas.
b. Voy a examinarlo para ver si está roto.
c. El hueso no está sano todavía.
d. Le sugiero que estire los músculos antes de hacer ejercicio.
e. Recomiendo que Ud. deje de fumar. Pronto va a comenzar a sentirse mejor.
f. Parece que no está perdiendo mucha sangre. Voy a ponerle una venda.

Manteniéndose en forma en la Universidad de Chile

B **¿Qué pasó?** Imagina que estás mirando fotos del picnic de la escuela de Ramón Miranda. Usa las siguientes frases para describir cada una de ellas. Usa los verbos en el pretérito.

1. firmar el yeso de Marina
2. hacer un esfuerzo para ganar
3. no soportar los mosquitos
4. estirar los músculos por cinco minutos
5. comer la merienda
6. sudar mucho
7. cansarse después de la carrera
8. tomar el sol

C **Buenas costumbres *(Good habits).*** Explica cómo respondes a las siguientes situaciones. Después, compara tus respuestas con las de tus compañeros. Por ejemplo:

cuando un amigo está enfermo

Por lo general, estoy acostumbrado(a) a { *llevarle flores.* / *mandarle una tarjeta.* / *llamarlo por teléfono.* }

1. cuando quieres sacar buenas notas
2. cuando quieres mantenerte en forma
3. cuando hay invitados en la casa
4. cuando te cuesta trabajo entender algo en una de tus clases
5. cuando ves que uno de tus compañeros está triste
6. cuando tu profesor(a) entra en la clase
7. cuando un amigo te pide consejos
8. cuando no quieres aumentar de peso

D **Hablemos de ti.**

1. ¿Qué haces para mantenerte en forma? ¿Siempre haces ejercicio para estirar los músculos primero o sólo de vez en cuando?
2. ¿Tienes más fuerza en las piernas o en los brazos? ¿Por qué?
3. ¿Te gusta firmar o hacer dibujos en el yeso de algún amigo?
4. ¿Para ti es más fácil soportar el calor o el frío? ¿Qué clase de clima te parece insoportable?
5. ¿Estás acostumbrado(a) a comer la merienda después de las clases? ¿Qué clase de merienda prefieres?

ACTIVIDAD

¿Fumar o no fumar? Form a debating team with two other students to discuss a question such as *¿Fumar o no fumar?* or *Una dieta sana no debe incluir comida frita.* Get together with another team and decide which team will argue for and which will argue against. Take turns stating facts and opinions until each person has had a chance to make a statement.

(arriba) Un cartel sobre la salud en Santiago, Chile

(arriba) Un nadador en México;
(derecha) Un programa sobre la salud en Chicago

DIÁLOGO

APLICACIONES

¡Hay que mantenerse en forma!

La clase de educación física en el colegio César Vallejo en Lima, Perú.

PROFESOR ¡Vamos, estiren más los brazos! No me digan que ya están cansados . . .

LUIS ¿Cansados? ¿Nosotros? ¡No, no! ¡Estamos molidos!

PROFESOR ¡Chist![1] No hablen. ¡Vamos, 20 veces más! Lo están pasando bien, ¿verdad?

GABRIEL Esto es insoportable. Me duelen todos los músculos.

JAVIER Pues eso no es nada: a mí ya me duele hasta[2] la piel.

PROFESOR Bien. Ahora levántense. Pongan las manos en la cintura y doblen desde la cintura, así, 20 veces.

GABRIEL Este hombre es muy exigente, más que profesor parece un sargento.

PROFESOR ¡No paren! ¡Hagan un esfuerzo! ¿No quieren mantenerse en forma?

JORGE En forma sí, pero espero que no acabemos en[3] el hospital.

PROFESOR Y para tener buena salud también les recomiendo que coman bien, que tomen vitaminas si las necesitan, y sobre todo, que no fumen.

LUIS Profesor, ¿no nos deja descansar un momento?

PROFESOR Claro, pero antes quiero que corran dos kilómetros alrededor del gimnasio. ¡Ahora!

JAVIER ¡Esto es peor que el ejército![4]

JORGE Así es, y ahora sé de dónde viene la palabra *ejército.*

JAVIER ¿De dónde?

JORGE Pues, de la palabra *ejercicios.*

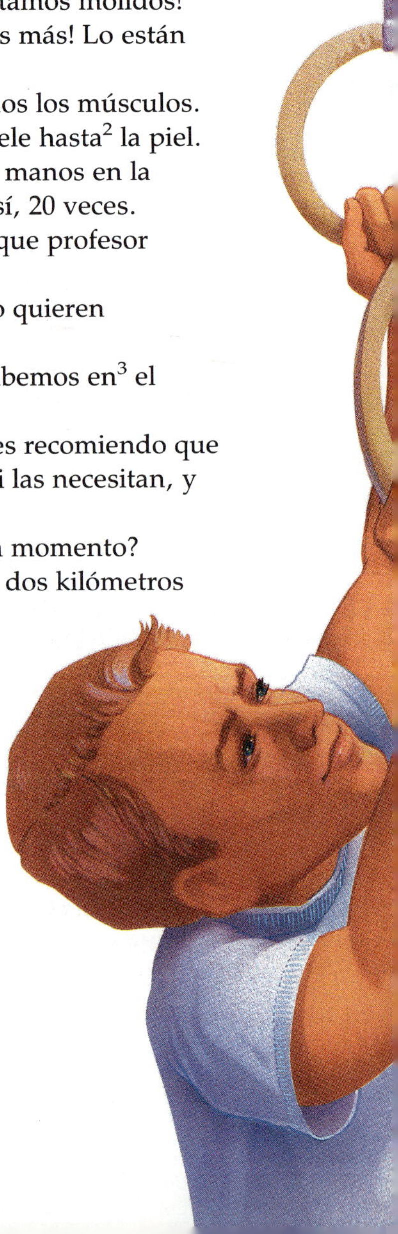

---

[1]**¡Chist!** *Shh* [2]**hasta** here: *even*
[3]**acabar en** *to end up in* [4]**el ejército** *army*

Haciendo un esfuerzo en Palma de Mallorca, España

Continuación

1. ¿Por qué se quejan los estudiantes? ¿Tienen razón? Explica. 2. ¿Es muy exigente tu profesor(a) de educación física? ¿Por qué? ¿Cómo es él (ella)? 3. Algunas personas dicen que demasiado ejercicio puede ser malo para la salud. ¿Qué crees tú? 4. ¿Qué es necesario hacer para tener buena salud? ¿Estás de acuerdo con lo que recomienda este profesor? Di por qué. ¿Haces esas cosas por lo general?

Participación

Imagina que eres un(a) entrenador(a) para un equipo deportivo de tu escuela. Hay un campeonato el mes próximo y estás preparando al mejor jugador o a la mejor jugadora para el gran día. Con un(a) compañero(a) inventa un diálogo. ¿Está en forma o se cansa fácilmente? ¿Pesa demasiado (o no bastante)? ¿Qué le recomiendas? ¿Eres bastante exigente?

EXPLICACIONES I

Mandatos con *Ud.* y *Uds.*

◆ COMMUNICATIVE OBJECTIVES

To tell groups of people what to do and what not to do

To give directions to strangers or adults

To make lists of rules

Remember that to form affirmative and negative *Ud.* commands we drop the *o* of the present-tense *yo* form and add the following endings to the stem: *-e* for *-ar* verbs and *-a* for *-er* and *-ir* verbs. To form *Uds.* commands, we add *-en* for *-ar* verbs and *-an* for *-er* and *-ir* verbs.

INFINITIVE	YO FORM	COMMANDS	
		UD.	UDS.
tom**ar**	tomo	tom**e**	tom**en**
com**er**	como	com**a**	com**an**
o**ír**	oigo	oig**a**	oig**an**
dec**ir**	digo	dig**a**	dig**an**
ten**er**	tengo	teng**a**	teng**an**
conoc**er**	conozco	conozc**a**	conozc**an**
recog**er**	recojo	recoj**a**	recoj**an**

Stem-changing verbs follow the same rule.

pens**ar**	pienso	piens**e**	piens**en**
dorm**ir**	duermo	duerm**a**	duerm**an**
ped**ir**	pido	pid**a**	pid**an**

To form negative *Ud.* and *Uds.* commands, we just put the word *no* before the command form.

mandar	**no mande**	**no manden**	**No mande** la carta hoy.
poner	**no ponga**	**no pongan**	**No pongan** las manos sucias allí.
salir	**no salga**	**no salgan**	**No salgan** antes de las ocho.

1 Verbs whose infinitive ends in *-car, -gar,* or *-zar* have a spelling change in the *Ud.* and *Uds.* command forms to preserve the original sound of the consonant.

c → qu	tocar → **toque**	**No toque** esa música aquí.
g → gu	pagar → **pague**	**Pague** la cuenta, por favor.
z → c	empezar → **empiece**	**No empiecen** ahora.

2 Verbs whose present-tense *yo* form does not end in *o* have irregular *Ud.* and *Uds.* command forms.

dar	**dé / den**	**Den** una vuelta en coche.
estar	**esté / estén**	**Esté** aquí a las tres.
ir	**vaya / vayan**	**Vayan** por el camino viejo.
saber	**sepa / sepan**	**Sepa** esto para mañana.
ser	**sea / sean**	**Sean** más ordenados.

3 Remember that we can use the pronoun *Ud.* or *Uds.* with the command forms for politeness, emphasis, or contrast.

Traiga Ud. los apuntes.	***You bring*** *the notes.*
Yo no quiero hablar.	*I don't want to talk.*
Hable Ud.	***You talk.***

PRÁCTICA

A **Cómo hacer un programa.** El Sr. Vera, el director de un programa de noticias en la televisión, da mandatos todo el día. Por ejemplo:

Uds. / hacer subtítulos para la entrevista
Hagan (Uds.) subtítulos para la entrevista.

1. Ud. / decir algo al locutor nuevo diga
2. Uds. / grabar el programa de Miguel Suárez graben
3. Ud. / no dejar la cámara allí no deque
4. Uds. / no abrir las puertas todavía no abran
5. Ud. / tomar apuntes sobre el campeonato de tenis tomen
6. Uds. / ayudar al equipo de fotógrafos ayuden
7. Ud. / traer más noticias para la escritora triga
8. Uds. / no traducir el documental sobre las vitaminas todavía NO traduzan

B **¡Qué exigente!** Imagina que tienes que hacer un letrero para un club atlético. Sigue el modelo.

mostrar el carné
Muestre (Ud.) el carné.

1. seguir las reglas
2. pedir permiso para traer a invitados
3. no dormir aquí
4. no perder la llave del gimnasio
5. no jugar al tenis más de una hora
6. pensar en los demás
7. cerrar todas las puertas por la noche
8. devolver las raquetas

C **Maneje Ud. con cuidado.** Cuando el Sr. Zúñiga ofreció llevar al hermano de un amigo al aeropuerto en su coche, no imaginaba que él le iba a dar tantos mandatos. Escoge las palabras correctas de la lista y cámbialas a mandatos.

arrancar	buscar	entregar	recoger
bostezar	chocar	mascar	seguir

1. _____ esa hoja de papel, por favor.
2. _____ el coche ahora. ¿Por qué espera?
3. Me duele la cabeza. _____ una farmacia, por favor.
4. ¡Cuidado! ¡No _____ con ese camión!
5. No doble aquí, o sea, _____ todo derecho.
6. No _____ ese chicle, por favor. Me molesta.
7. Yo sé que Ud. está cansado, pero no _____, por favor.
8. Gracias por llevarme. Si no le importa, _____ este paquete a mi hermana. Aquí tiene la dirección. No vive lejos de aquí.

D **Habla el entrenador.** El equipo de fútbol está en una ciudad extranjera para jugar en un gran campeonato. El entrenador les está dando instrucciones a los jugadores. ¿Qué les dice? Usa mandatos afirmativos o negativos.

1. ir a bailar
2. ser optimistas
3. ir lejos del hotel
4. dar la mano después del partido
5. estar en el estadio una hora antes del partido
6. ser amables con el otro equipo
7. ser pesimistas
8. saber las reglas
9. estar nerviosos
10. estar listos

Mandatos con *Ud.* y *Uds.*: El uso con los complementos directos e indirectos

We attach object and reflexive pronouns to affirmative *Ud.* and *Uds.* commands.

> ¿Debo comprar la pintura? Sí, **cómprela.**
> ¿Empezamos la tarea? Sí, **empiécenla.**
> ¿Le pido la merienda? Sí, **pídale** la merienda.
> ¿Me acuesto ahora? Sí, **acuéstese** ahora.

Note that when we attach an object pronoun we must put an accent mark over the stressed vowel to preserve the original pronunciation of the verb.

We always put object and reflexive pronouns *before* negative commands.

> ¿Debo comprar la pintura? No, **no la compre.**
> ¿Le pido la merienda? No, **no le pida** la merienda.
> ¿Me acuesto ahora? No, **no se acueste** ahora.

◆ **COMMUNICATIVE OBJECTIVES**

To tell someone what to do and what not to do

To ask for advice

To seek reassurance

PRÁCTICA

A **Sí, sí, hágalo.** El Sr. Nervioso llama por teléfono a su médico casi todas las semanas para preguntarle qué debe y qué no debe hacer. Pregunta y contesta según el modelo.

> comer frutas todos los días
> ESTUDIANTE A *Doctor, ¿debo comer frutas todos los días?*
> ESTUDIANTE B *Sí, cómalas todos los días.*

1. beber agua mineral
2. comer verduras frescas
3. tomar bebidas frías
4. hacer ejercicio
5. vestirse con ropa de lana
6. mantenerse en forma
7. llevar zapatos de tenis
8. acostarse más temprano
9. divertirse de vez en cuando
10. bañarse todos los días

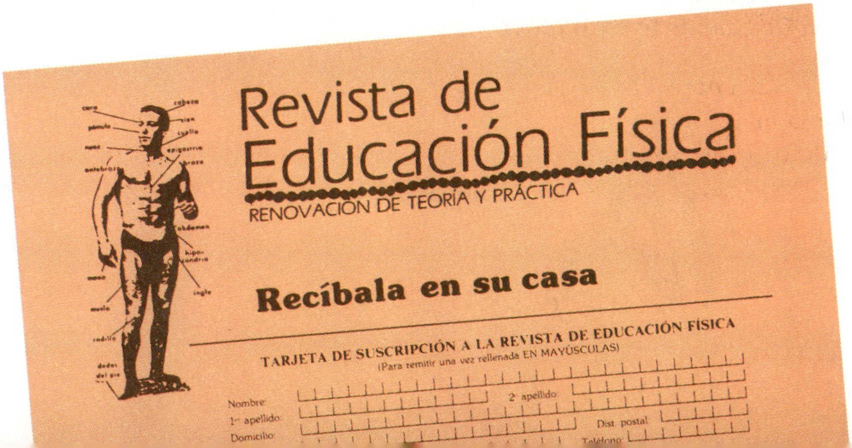

B No, no lo haga. El Sr. Nervioso hizo lo que el médico le recomendó y mucho más. Pregunta y contesta según el modelo.

usar mantequilla para cocinar
ESTUDIANTE A *¿Debo usar mantequilla para cocinar?*
ESTUDIANTE B *No, no la use para cocinar.*

1. acostarse a las siete
2. tomar vitaminas tres veces por día
3. hacer ejercicio antes de acostarse
4. pesarse dos veces cada día
5. tomar el sol tres horas cada día
6. practicar varios deportes cada día
7. cambiar la dieta
8. apurarse al comer

C Hablemos de ti.
Los profesores de español les dan muchas instrucciones a sus estudiantes porque quieren que aprendan bien el español. Ahora tienes la oportunidad de expresarte: ¿Qué quieres tú que haga tu profesor(a) de español? Dale cinco mandatos (afirmativos o negativos).

ACTIVIDAD

¡Tenga más fuerza! With two partners, write a magazine advertisement about a program that helps people increase their strength. For example:

> ¿Desea Ud. no cansarse demasiado después de hacer ejercicio? ¡Use nuestro programa de ejercicio, frutas naturales y vitaminas y manténgase en forma! ¡Cómprelo hoy y disfrute más de la vida!

Afterwards get together with another group and read your advertisements to each other.

PALABRAS NUEVAS II

◆ COMMUNICATIVE OBJECTIVES

To report a doctor's recommendation

To discuss broken bones, twisted ankles, etc.

La buena salud

CONTEXTO NARRATIVO

Pablo Pérez, del equipo de fútbol del colegio, **se torció** el tobillo durante el partido del sábado pasado. Todavía no sabemos cuándo puede **competir** otra vez. Según el médico del colegio, Pérez va a **perder** por lo menos tres partidos. Ahora tiene que **evitar** caminar. El médico le **prohibió mover** la pierna.

Pérez no va a participar en **las prácticas** del club antes de noviembre. Y piensa comenzar una dieta **vegetariana.** Dice el jugador, "Antes yo nunca prestaba mucha atención a **los alimentos,** o sea, comía mucha carne con **grasa.** Ahora voy a empezar a comer muchos alimentos **naturales** cada día."

Julio César Almodóvar, el entrenador del equipo, mantiene una **actitud** optimista. "Aunque Pablo es muy bueno, no es el único **miembro** del equipo. El club **mejora** con cada partido, y estoy seguro de que vamos a ganar la semana próxima."

torcerse (o → ue) (yo me tuerzo, tú te tuerces) *to twist*
competir (e → i) *to compete, to play*
perder (e → ie) here: *to miss*
evitar (+ inf.) *to avoid*
prohibir (+ inf.) *to prohibit, to forbid*
mover (o → ue) *to move*
la práctica *practice*
vegetariano, -a *vegetarian*
el alimento *food*
la grasa *fat, grease*
natural *natural, fresh*
la actitud *attitude*
el miembro *member*
mejorar *to improve, to get better*

En Buenos Aires, Argentina

PRÁCTICA

A Comer y competir. Completa las siguientes frases con las palabras de la lista.

actitud	doblar	mantener	naturales	prohibe
competir	grasas	miembros	prácticas	vegetariana

1. Los _____ del equipo de tenis se preparan ahora para _____ en varios partidos.
2. Pablo no va a participar en las _____.
3. No puede _____ la rodilla izquierda a causa de un accidente.
4. El entrenador les dice que es muy importante tener una _____ optimista.
5. Por supuesto, el entrenador les _____ fumar.
6. Sara sigue una dieta _____. Come sólo alimentos _____.
7. El médico no le deja comer _____ de ninguna clase.
8. El entrenador dice que es importante _____ al equipo fuerte y sano.

B ¿Qué le pasó a Jorge? Lee el siguiente párrafo y después escoge los verbos correctos de la lista y úsalos en el pretérito.

competir	mover	perder	prohibir	torcerse

El entrenador nos _____ jugar al béisbol sin estirar los músculos antes. Hoy Jorge no lo hizo y _____ el tobillo. ¡Qué susto! Se quedó en el suelo y no _____ un músculo. El médico del colegio colocó su pierna en hielo y se quedó así más de una hora. Pobre Jorge. Tiene mala suerte estos días. Ayer, cuando nosotros _____ en el campeonato, él _____ el tren y no llegó hasta la última parte del partido.

C Imagina que . . . Imagina que debes decidir qué clase de comidas servir en un hospital. Muchos de los pacientes no pueden comer carne. Escribe dos menús, uno vegetariano y el otro con carne. Debes pensar en el desayuno, el almuerzo y la cena. Incluye las bebidas y los postres.

APLICACIONES

La carrera más importante de mi vida

ANTES DE LEER

Responde a las siguientes preguntas que te van a preparar para la lectura.

1. ¿Te gusta correr? ¿Corres para hacer ejercicio o lo haces como deporte?
2. ¿Qué cosas debe hacer una persona que corre para mantenerse en forma, evitar dolores y no lastimarse?
3. ¿Qué actitud debe tener una persona que participa en carreras?
4. ¿Cómo debe prepararse una persona para participar en una carrera?

Corriendo en México

Alicia Rolón está escribiendo en su diario sobre cómo se siente dos días antes de la gran final del campeonato.

domingo 11 de octubre

Ésta va a ser la carrera más importante de mi vida. Sé que estoy bien preparada. Ayer trabajé muy bien. Corrí los 100 metros en 12 segundos, y eso, en una práctica, es fabuloso. Sin embargo,[1] me siento nerviosa. Tengo que evitar ser pesimista y debo pensar sólo en ganar la carrera. Mucha gente espera que yo gane.

lunes 12 de octubre

Ayer hablé de ganar la carrera. Pero, ¿lo más importante[2] es ganar? Para mucha gente, sí, pero mis padres dicen que lo que es importante es competir y dar lo mejor de uno mismo.[3] Sé que tienen razón, pero de todos modos[4] quiero ganar. Me duele un poco la pierna y todavía estoy nerviosa. Pero sé que sólo necesito descansar, comer bien y mantener una actitud positiva.

martes 13 de octubre

¡Ya llegó el gran día! La carrera empieza dentro de cinco horas. Estoy lista. Las manos me están sudando pero me siento muy optimista y sé que voy a ganar. Bueno, ahora voy a prepararme para ir al estadio. ¡Ay, caramba! ¡Hoy es martes 13! Pero a mí no me importa: no soy supersticiosa . . . .

---

[1]**sin embargo** *however* [2]**lo más importante** *the most important thing*
[3]**dar lo mejor de uno mismo** *to give one's best* [4]**de todos modos** *anyway*

Continuación

1. ¿Qué dice Alicia sobre su preparación para la carrera?
2. ¿Cómo se sintió Alicia el domingo?
3. Mucha gente cree que lo más importante es ganar. ¿Estás de acuerdo? ¿Por qué?
4. ¿Cómo se sintió Alicia el martes 13?
5. Alicia dice que ella no es supersticiosa. ¿Qué crees? Di por qué.
6. ¿Eres supersticioso(a)? Explica.
7. Cuando tienes que hacer algo importante (como competir en un campeonato o en un deporte, tomar un examen o hablar en público), ¿cómo te sientes antes de hacerlo? Explica.
8. ¿Crees que Alicia ganó o perdió la carrera? ¿Por qué?

Una carrera en los Juegos Panamericanos en Indianápolis, Indiana

EXPLICACIONES II

El subjuntivo

You have learned to form the present subjunctive by dropping the *-o* of the *yo* form of the present indicative tense and adding the following endings.

BAILAR		COMER		VIVIR	
baile	bailemos	coma	comamos	viva	vivamos
bailes	bailéis	comas	comáis	vivas	viváis
baile	bailen	coma	coman	viva	vivan

Remember that verbs that have an irregular *yo* form in the present indicative tense also follow this pattern in the present subjunctive.

poner → ponga　　hacer → haga　　ver → vea
conocer → conozca　　oír → oiga

Stem-changing verbs whose infinitives end in *-ar* and *-er* have the same stem changes in the present subjunctive as they do in the present indicative.

PENSAR		VOLVER	
piense	pensemos	vuelva	volvamos
pienses	penséis	vuelvas	volváis
piense	piensen	vuelva	vuelvan

Stem-changing verbs whose infinitives end in *-ir* have a stem change in all forms of the present subjunctive. Note the *e* → *i* and *o* → *u* stem change in the *nosotros* and *vosotros* forms.

PEDIR		SENTIR		DORMIR	
pida	pidamos	sienta	sintamos	duerma	durmamos
pidas	pidáis	sientas	sintáis	duermas	durmáis
pida	pidan	sienta	sientan	duerma	duerman

◆ COMMUNICATIVE OBJECTIVES

To express hopes and wishes

To make recommendations and suggestions

To insist

To ask or tell people to do things

To talk about rules and regulations

Verbs that end in *-car, -gar,* and *-zar* have spelling changes in all forms of the present subjunctive to preserve the original sound of the consonant.

explicar → expli**que** pagar → pa**gue** comenzar → comien**ce**

Notice that the *Ud.* and *Uds.* forms of the present subjunctive are the same as the *Ud.* and *Uds.* command forms. The *tú* form is the same as the negative *tú* command.

1 You have learned to use the subjunctive when expressing the hope or desire that someone else will do something. Remember that sentences containing the subjunctive usually consist of two parts, each with a different subject. The first verb, in the indicative mood, expresses the hope or desire. The second verb, in the subjunctive mood, expresses what the hope or desire is. The second part of the sentence usually begins with *que*.

Espero que Juan me **llame** hoy.	***I hope Juan calls*** *me today.*
Ojalá que vengas temprano.	***I hope you come*** *early.*
Ella **quiere que yo** le **compre** un disco.	*She* ***wants me to buy*** *her a record.*

Other verbs of desire that you have learned are *desear* and *preferir.*

2 We also use the subjunctive to give an implied command with verbs such as *aconsejar, decir, insistir en, pedir, recomendar,* and *sugerir.*

Gloria te **dice que traigas** las bebidas.	*Gloria is* ***telling you to bring*** *the drinks.*
El profesor **me aconseja que practique** más.	*The teacher* ***advises me to practice*** *more.*
Nuestro profesor **insiste en que estudiemos** más.	*Our teacher* ***insists that we study*** *more.*

3 When the sentence has only one subject we usually use the infinitive instead of the subjunctive.

Espero ver esa película.	***I hope to see*** *that film.*
Espero que Uds. vean esa película.	***I hope you see*** *that film.*
Marta **quiere comprar** sandalias.	*Marta* ***wants to buy*** *sandals.*
Marta **quiere que compremos** sandalias.	*Marta* ***wants us to buy*** *sandals.*

4 With verbs of permission or prohibition, such as *dejar, permitir,* and *prohibir,* we can use either the subjunctive or an infinitive.

Mi hermana **me deja escuchar** sus discos. Mi hermana **deja que (yo) escuche** sus discos.	*My sister **lets me listen** to her records.*
Mis padres **me permiten volver** tarde. Mis padres **me permiten que (yo) vuelva tarde.**	*My parents **allow me to return** late.*

Comprando fruta en Texas

PRÁCTICA

A Yolanda espera que . . . Yolanda está en casa con la gripe. Está pensando en varios de sus amigos. Espera que todos tengan suerte hoy. Usa las frases de la derecha para expresar lo que está pensando Yolanda. Sigue el modelo.

Mario
Espero que Mario termine el examen pronto.

1. Mónica	comprender la lección
2. María y Lola	comprar zapatos nuevos
3. Marcos	pasarlo bien en las montañas
4. Luz	reparar la cadena pronto
5. Pepe	estirar bien los músculos
6. Andrés	vender muchos pasteles
7. Diana	ganar el partido gane
8. Diego y Julia	cantar maravillosamente

B **En el almacén.** Para describir las siguientes situaciones completa cada frase con el presente del subjuntivo del verbo entre paréntesis.

1. La cajera nos recomienda que _____ el dinero. (contar) contemos
2. Una señora le pide a la dependienta que _____ la blusa. (envolver) envuelva
3. El vendedor me sugiere que _____ otro suéter. (probarse) pruebe
4. Un señor les dice a sus hijos que _____ la caja de lápices. (cerrar)
5. Marta nos pide que le _____ el abrigo que escogimos. (mostrar)
6. Unos jóvenes desean que el dependiente les _____ cómo usar una computadora nueva. (demostrar)
7. Un cliente le pide al vendedor que le _____ una marca de radio. (recomendar)
8. Una señora le dice a su hija que _____ los aretes que compró. (devolver)
9. El dependiente nos dice que _____ pronto. (volver)
10. La jefa les dice a los dependientes que _____ las luces. (encender)

C **¿Por qué no dices lo que piensas?** A veces decimos una cosa pero pensamos otra. Mira qué dicen estas personas. ¿Qué piensan de veras? Sigue el modelo.

> "Pablo toca muy bien, ¿no?"
> esperar / Carolina / tocar la guitarra
> *Espero que Carolina toque la guitarra.*

1. "¡Qué música tan fuerte!"
   querer / ella / apagar el radio
2. "No te preocupes."
   esperar / el helicóptero / aterrizar sin problemas
3. "Todavía no sabe nadie que salimos juntos."
   preferir / (tú) / tocar la bocina muy fuerte al llegar
4. "El profesor está de muy mal humor."
   recomendar / Uds. / no bostezar durante la clase
5. "¿Tienes hambre?"
   desear / tú / almorzar conmigo
6. "Uds. ya tienen siete años y pueden cruzar la calle solos."
   esperar / ellos / cruzar la calle con cuidado
7. "Espero una llamada de larga distancia."
   querer / ella / colgar el teléfono ahora mismo
8. "Nunca tengo prisa."
   esperar / el avión / despegar a tiempo
9. "El público parece un poco impaciente."
   sugerir / (nosotros) / empezar en seguida

D Diferencias de opinión. A veces no podemos hacer lo que queremos porque alguien quiere que hagamos otra cosa. Expresa esto en las siguientes situaciones. Sigue el modelo.

Sara / descansar
su primo / ver su nuevo coche
Sara quiere descansar pero su primo insiste en que vea su nuevo coche.

1. mi hermanito / comer papas fritas
   mis padres / pedir sopa de verduras
2. Mario / nadar un poco más
   su mamá / vestirse ahora
3. nosotros / preparar pollo
   María / servir paella
4. Felipe y yo / ver un programa a medianoche
   mi tía / dormirse
5. yo / apurarse para terminar la tarea
   el profesor / seguir las instrucciones con cuidado
6. tú / subir a la parte más alta de la montaña
   yo / encender el fuego primero
7. Uds. / correr para divertirse
   el entrenador / competir en la carrera del sábado
8. nosotros / quedarse unos minutos más
   nuestros amigos / despedirse ahora

E Las reglas del campamento. Imagina que eres un(a) consejero(a) *(counselor)* en un campamento para niños. Explícales lo que les prohibes que hagan y lo que les sugieres que hagan. Sigue el modelo.

comer comidas naturales
Les sugiero que (Uds.) coman comidas naturales.

cortar las flores
Les prohibo que (Uds.) corten las flores.

1. estirar los músculos antes de hacer ejercicio
2. escribir cartas a los padres cada semana
3. nadar en la piscina sin ducharse antes
4. levantarse temprano
5. encender fuegos en el bosque
6. navegar solos en la canoa
7. molestar los animales
8. beber mucha agua
9. dormir por lo menos ocho horas
10. tirar papeles en el bosque

F Hablemos de ti.

1. ¿Qué te prohiben tus profesores que hagas?
2. Y tus padres, ¿qué esperan que hagas?
3. ¿Esperas que algunas cosas cambien en tu escuela el año próximo? ¿Cuáles?
4. ¿Cuidas a los niños de vez en cuando? ¿Qué les dejas que hagan? ¿Qué les prohibes que hagan?
5. Cuando tienes que quedarte en cama porque estás enfermo(a), ¿esperas que tus amigos te visiten? ¿Qué les pides que te traigan?

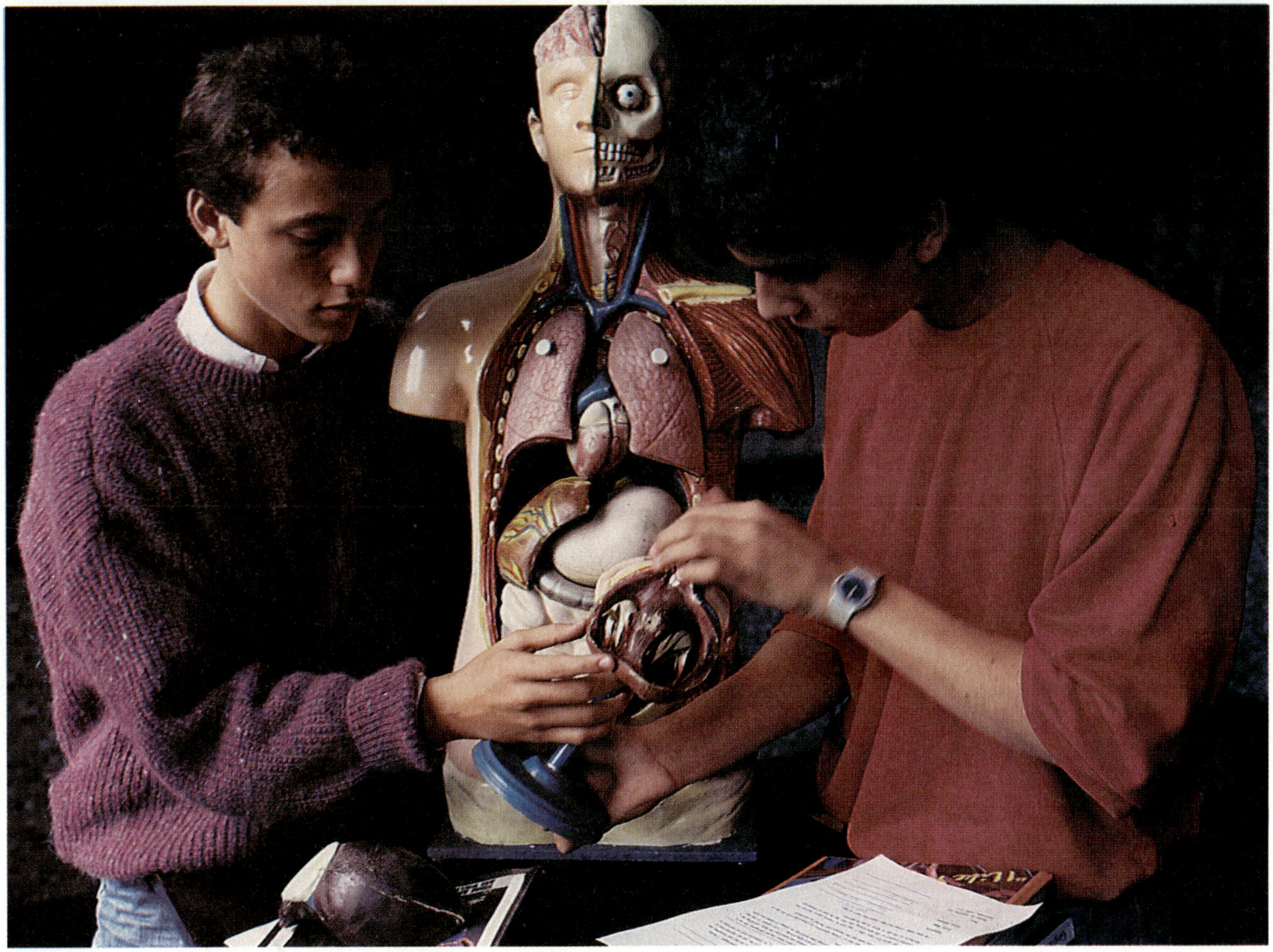

Una clase de biología en Buenos Aires, Argentina

LECTURA 2

APLICACIONES

Joven tenista deja su casa para conquistar el mundo

POR RICARDO SAN MARTÍN Z.

Una muchacha chilena, de sólo quince años, entra en el difícil mundo del tenis profesional. Antes de salir para la ciudad de Miami, en la Florida, un periodista del periódico *La Tercera* la entrevista.

ANTES DE LEER

A. Responde a las siguientes preguntas que te van a preparar para la lectura.
   1. En algunos deportes, como por ejemplo el tenis, hay varias muchachas muy jóvenes que tienen mucho éxito. ¿Conoces a alguna? ¿Cómo se llama?
   2. En el tenis profesional hay muchas mujeres famosas. ¿Conoces los nombres de algunas tenistas famosas?
   3. ¿Es importante para un(a) deportista tener un(a) entrenador(a)? ¿Por qué?
   4. ¿Crees que a los quince años una persona sea demasiado joven para competir profesionalmente? ¿Por qué?

B. Lee la entrevista rápidamente para obtener una idea general. ¿Describe esta lectura un objeto, una persona o una idea? Busca las respuestas a las siguientes preguntas que te van a ayudar a comprender el vocabulario.
   1. En el primer párrafo hay cinco palabras que son de la misma familia que otras palabras que ya conoces. *Embarcarse,* por ejemplo, quiere decir subir a un barco o a un avión. ¿Cuál crees que es la raíz *(root)* de esa palabra? ¿Qué palabras conoces de la misma familia que las siguientes palabras: *pensamiento, optimismo, fortaleza, entrenamiento?*
   2. Según el contexto, ¿qué crees que significa la palabra *torneo* (línea 10)?
   3. Varias palabras en la lectura son cognados *(cognates)* de palabras en inglés. ¿Cuáles crees que son los cognados de *espíritu, espiritual, fascinante, favorece, juvenil* y *ritmo?*
   4. ¿Qué crees que quiere decir *contestó con decisión* (líneas 4–5)?
   5. *Partir* es un sinónimo de *salir* (de viaje). ¿Cuál es el sinónimo de *partida* (línea 6)?
   6. Según el contexto, ¿qué es un *técnico* (línea 10)?

Horas antes de embarcarse, Macarena Miranda compartió con *La tercera* sus objetivos, pensamientos y principalmente su fortaleza espiritual para mirar con optimismo esta oportunidad que le ofrece la vida. Después de su último entrenamiento en el Estadio Nacional, la quinceañera contestó con decisión cada pregunta.

"Macarena, ¿para ti fue difícil decidir la partida?"

"No, porque a pesar de ser hija única, soy bastante independiente."

"¿Qué harás[1] en Miami?"

"Miami va a ser mi centro de entrenamiento. Allá competiré en sólo dos o tres torneos porque mi nuevo técnico, Patricio Apey, quiere que participe principalmente en campeonatos de Europa. A fines de julio jugaré en la *Federation Cup* en Canadá y después en los Juegos Panamericanos de Indianápolis en el mes de agosto."

"¿Con qué grupo de niñas trabajarás allá?"

"Están las argentinas Mercedes Paz y Gabriela Mosca, la peruana Betina Fulco, la venezolana Maritza Masota y la paraguaya Patricia Pérez, todas número uno en sus países. Esto era lo que yo quería: estar en un ambiente[2]

---

[1]**harás** = vas a hacer [2]**el ambiente** *environment*

competitivo que me obligue[3] a mejorar día a día, a obtener un ritmo de alta competición."

"¿Cuáles son tus objetivos en esta competición deportiva?"

"Sé que no voy a obtener buenos resultados inmediatamente, sino hasta en unos dos años. Debo tener paciencia. Sin embargo,[4] en el presente año, mi intención es estar entre las 20 primeras en el *ranking* juvenil y mejorar mi *ranking* en la *Women's Tennis Association*."

"¿Crees que si Apey también dirige el entrenamiento de Gabriela Sabatini, eso a ti te favorece?"

"Apey es ahora el *manager* de Gaby Sabatini, y su técnico es Jiménez. En todo caso, pienso que esto va a ser bueno para mí, porque Patricio Apey dedicaba el 90 por ciento de su tiempo a ella y el resto a las otras niñas. Ahora vamos a compartir, y él va a estar con nosotras más tiempo para analizarnos."

"¿Cómo nació la posibilidad de Apey en tu carrera[5] tenística?"

"En 1985 fui a los Estados Unidos para jugar en el Orange Bowl. Me quedé en el Hotel Sheraton, donde también me entrené. Allí estaba Apey; lo conocí y me dijo que podía hacerse cargo[6] de mí. El año pasado en Brasil me volvió a decir que tenía interés en mí, lo que ahora es una realidad."

Así a Macarena se le abrieron las puertas[7] para entrar en el fascinante mundo de las estrellas del tenis que ella encara[8] con la siguiente actitud: "Empiezo con un espíritu ganador, y no me daré por vencida,[9] aunque las cosas no vayan[10] bien al principio."

---

[3]**obligar** *to force, to make* [4]**sin embargo** *however* [5]**la carrera** here: *career* [6]**hacerse cargo** *to take charge* [7]**se le abrieron las puertas** *the doors were opened (for her)* [8]**encarar** *to face* [9]**darse por vencida** *to give up* [10]**no vayan** (pres. subjunctive of *ir*) *may not go*

Continuación

Después de leer la entrevista con cuidado, comprueba tu comprensión.

1. Describe a Macarena. ¿Qué va a hacer la chica en Miami?
2. ¿Tiene hermanas la joven tenista?
3. En el centro de entrenamiento hay chicas de otros países. ¿De qué países son?
4. ¿Quién es ahora el técnico de la tenista argentina Sabatini?
5. Aunque las cosas no vayan bien al principio, ¿cuál es la actitud de Macarena?
6. ¿Qué partes de la entrevista indican que ella tiene posibilidades de triunfo?
7. ¿Por qué crees que puede ser difícil dejar a la familia y la casa para entrenarse en otro país?

Participación

¿Cuál es tu deporte favorito? ¿Hay un(a) deportista a quien admires mucho? Busca información sobre él o ella y escribe un artículo en español parecido a la lectura que acabas de leer.

(arriba, izquierda) Practicando tenis en Buenos Aires, Argentina;
(arriba, derecha) Patinando en Madrid, España;
(derecha) En los Juegos Panamericanos en Indianápolis, Indiana

APLICACIONES

REPASO

Mira con cuidado las frases modelo. Luego cambia las frases que siguen al español según los modelos.

1. *El entrenador es inteligente. Les recomienda a sus estudiantes que empiecen despacio.*
   (The boy is timid. He asks his mother to return early.)
   (The mother is strict. She tells the children to play inside.)
   (The man is generous. He suggests that his son spend a lot.)
2. *Quiero que Uds. repitan las palabras todos los días.*
   (I prefer that you (pl.) *read the newspaper every day.)*
   (He insists that you (pl.) *take the bus every morning.)*
   (We hope that you (pl.) *watch the news every night.)*
3. *Eviten el azúcar. No coman dulces.*
   (Avoid problems. Don't drive your cars.)
   (Avoid delays. Don't forget your passport.)
   (Avoid fats. Don't eat steak.)
4. *Pongan jugo en los vasos.*
   (Put milk in the tea.)
   (Paint flowers on the cast.)
   (Buy food at the market.)
5. *No se quejen tan a menudo. Así pueden tener más amigos.*
   (Don't get up so late. That way you can take advantage of the morning.)
   (Don't leave so soon. That way you can avoid the traffic.)
   (Don't go to sleep so early. That way you can see the program.)

Comprando verduras en México

TEMA

Escribe las frases en español.

REDACCIÓN

Ahora escoge uno de los siguientes temas para escribir tu propio diálogo o párrafo.

1. Write a dialogue between two students in the exercise class. What do they think of the instructor? Of the class? How do they feel during and after the class? What are they going to do now?
2. Do you think mental attitude is as important as physical strength in maintaining good health? Write a paragraph on this subject.
3. Write a paragraph in which you make six to eight recommendations for maintaining the best possible health.

COMPRUEBA TU PROGRESO CAPÍTULO 2

A Para mantenerse en forma

Cambia los verbos entre paréntesis a mandatos con Ud.

1. No _____ Ud. No es bueno para la salud. *(fumar)*
2. _____ mover mucho la pierna. *(evitar)*
3. _____ el formulario a la secretaria. *(dar)*
4. _____ la cintura y _____ los músculos. *(doblar / estirar)*
5. _____ paciente. Esto va a tomar mucho tiempo. *(ser)*
6. _____ en tener tiempo para descansar y para divertirse. *(insistir)*
7. _____ un esfuerzo. _____ deportes a menudo. *(hacer / practicar)*
8. _____ su dieta. No _____ de peso. *(mantener / aumentar)*
9. _____ que eso no es cierto. *(saber)*
10. _____ aquí mañana a las cinco. *(estar)*

B ¿Lo hago o no?

Contesta cada pregunta con un mandato afirmativo o negativo. Sé lógico(a). Por ejemplo:

¿Bebo la limonada?
Sí, bébala. Está deliciosa.

1. ¿Cierro las ventanas? _____. Hace frío.
2. ¿Traigo los boletos? _____. Los necesito.
3. ¿Recojo la ropa? _____. El cuarto está muy desordenado.
4. ¿Abro la carta? _____. No es para Ud.
5. ¿Explico las ideas? _____. Ya las entendemos.
6. ¿Apago el fuego? _____. La sopa ya está caliente.

C Hágalo si quiere

Responde a cada frase según el modelo. Usa mandatos con *Ud.* o *Uds.*

Quiero levantarme a las seis.
Pues, levántese a las seis.

1. No quiero mudarme a ese barrio.
2. No quiero acostarme temprano.
3. No queremos ponernos el abrigo.
4. Quiero cortarme el pelo.
5. Queremos mantenernos en forma.
6. Quiero probarme los zapatos.
7. No quiero quedarme en la cama.
8. Queremos irnos a fines del mes.

D ¿Qué quieres?

Completa cada frase con la forma correcta del presente del subjuntivo de los siguientes verbos.

asistir	entender	hacer
comer	escribir	practicar
competir	evitar	

1. Prefiero que tú _____ alimentos naturales.
2. Los padres de Teresa esperan que ella _____ en el partido.
3. Anita quiere que nosotras le _____ desde Guatemala.
4. Espero que Ud. _____ mucho el español durante su viaje.
5. Queremos que tú _____ al concierto con nosotros.
6. Le recomiendo que ella _____ los alimentos con mucha grasa si quiere bajar de peso.
7. Mi mamá insiste en que yo _____ un esfuerzo para sacar buenas notas.
8. Quiero que todos _____ bien este problema.

E ¿Infinitivo o subjuntivo?

Escoge la forma correcta del verbo para completar cada frase.

1. Quiero que Uds. _____ los uniformes después de la práctica. *(recoger / recojan)*
2. Espero _____ a tu hermana al baile. *(acompañar / acompañe)*
3. Deseo _____ el concurso. *(ganar / gane)*
4. Les recomiendo que Uds. _____ mucho antes del partido. *(descansar / descansen)*
5. Quiero _____ a tiempo. *(llegar / llegue)*
6. Espero que él _____ una explicación para eso. *(tener / tenga)*

VOCABULARIO DEL CAPÍTULO 2

Sustantivos
la actitud
el alimento
la cintura
el dolor
la fuerza
la grasa
la merienda
el miembro
el músculo
la piel
la práctica
la sangre
la vitamina
el yeso

Adjetivos
acostumbrado, -a (a)
exigente
insoportable
molido, -a
natural
vegetariano, -a

Verbos
cansarse
competir (e → i)
dejar *(to let, to allow)*
desear
doblar *(to bend)*
estirar
evitar
fumar
insistir (en)
mantener
mejorar
mover (o → ue)
perder (e → ie) *(to miss)*
prohibir
soportar
sudar
sugerir (e → ie)
torcerse (o → ue) (c → z)

Expresiones
costarle trabajo (a uno)
de vez en cuando
hacer un esfuerzo
mantenerse en forma
o sea
por lo general

CAPÍTULO 3

PRÓLOGO CULTURAL | LAS CIUDADES DE HOY

Panamá, famoso por su canal entre el Atlántico y el Pacífico, es puente vital para el comercio del mundo. La Ciudad de Panamá, que vemos en esta foto, es uno de los centros financieros *(financial)* y comerciales más importantes de la América Latina, con más de 200 bancos internacionales. Fundada *(founded)* por los españoles en 1519, la ciudad queda junto al Océano Pacífico en la parte del oeste del país.

La foto de arriba

Las Ramblas es una calle larga que va del puerto *(port)* de Barcelona al centro de la ciudad. Tiene cafés y muchos puestos de libros, periódicos, flores y pájaros. Aquí muchos habitantes disfrutan de un paseo y se encuentran *(meet)* con amigos.

La foto de abajo

En la América Latina, la mayoría de la gente vive en las grandes ciudades. Ésta es Ciudad Satélite, un nuevo centro residencial cerca de México, D.F., la ciudad más grande del mundo.

◆ COMMUNICATIVE OBJECTIVES

To express uncertainty or confusion

To explain that one is lost

To show indifference

To disagree strongly

To ask for directions

To offer preferred alternatives

PALABRAS NUEVAS I

En la ciudad

CONTEXTO VISUAL

CONTEXTO COMUNICATIVO

1 ¡Ay, caramba! No conozco este barrio. Tengo miedo de **perderme**. Ahora no sé si hay que doblar a la izquierda en la próxima bocacalle o seguir **más allá de** la fuente. Sí, estoy **perdido**. ¡Y **quedé en** ver a Elena a las cinco!

Variaciones:

- perderme → no encontrar **el camino**
- a la izquierda → a la derecha

perderse (e → ie) *to get lost*
más allá (de) *beyond, past, farther than*
perdido, -a *lost*
quedar en + inf. *to agree to*
el camino here: *way*

2 RODOLFO ¿Prefieres ir al centro ahora mismo o más tarde?
MIGUEL **Me da igual.** Vamos al museo, ¿no?
RODOLFO No, **¡qué va!** Quedamos en ir al zoológico.

- prefieres ir al → **pasamos por** el
- al centro → a la ciudad
- no, ¡qué va! → ¡claro que no!

me / te, etc., da igual *I / you, etc. don't care; it's all the same to me / you, etc.*
¡qué va! *no way! nonsense!*
pasar por *to pass by, through; to stop at*

3 SEÑOR Estoy **en camino al** Paseo de la Reforma. ¿Me puede **señalar** en el plano dónde está?
SEÑORITA No estoy segura. No soy de aquí. **Mejor** pregunte a esa policía.

- señalar → mostrar
- mejor → le sugiero que

en camino a *on the way to*
señalar *to point out, to point to*
mejor + subjunctive: *instead, better*

4 BEATRIZ ¡Mira los titulares del periódico! No deben prestar tanta atención a **la violencia** y a la contaminación.
EDUARDO Estoy de acuerdo. Pero a mucha gente le gusta leer sobre los problemas de los demás.
BEATRIZ Pues a mí no me gusta. Me gustaría abrir el periódico algún día y leer que el mundo **entero** está **tranquilo**.

- me gustaría → quisiera
- el mundo entero → todo el mundo

la violencia *violence*
entero, -a *whole, entire*
tranquilo, -a *calm, peaceful*

PRÁCTICA

A Un día en la ciudad. Aquí hay algunas preguntas que puedes oír en diferentes lugares de la ciudad. Escoge la frase correcta de la columna de la derecha para contestar cada una.

1. en la parada del autobús: ¿Viene nuestro autobús?
2. en la calle: ¿Sabes dónde estamos?
3. en una esquina: ¿Puede Ud. decirme dónde está la calle Miramar?
4. en un almacén: ¿Quieres caminar a casa?
5. en un restaurante: ¿Dónde puedo lavarme las manos?
6. en una avenida: ¿Dónde debo doblar a la izquierda?
7. en un museo: ¿Dónde está el baño de caballeros?
8. en la cafetería: ¿Prefieres una hamburguesa o un sandwich?
9. en la librería: ¿Ya encontró Ud. ese libro?
10. en la cafetería: ¿No crees que hace mucho calor para tomar café?

a. Allí a la derecha, donde dice DAMAS.
b. Está en el fondo, cerca de los retratos.
c. Sí, mejor tomemos una limonada.
d. Tengo tanta hambre que me da igual.
e. Sí, ten cuidado. Sube a la acera.
f. No, ¡qué va! Estoy molido.
g. Sí, siga todo derecho. Está más allá del parque.
h. No, y hace mucho tiempo que lo busco por la ciudad entera.
i. Tienes que hacerlo en la próxima bocacalle.
j. No, creo que estamos perdidos.

B ¿Adónde fuiste? Habla con un(a) compañero(a) de un viaje que hiciste a una ciudad. Sigue el modelo.

¿adónde / ir?
ESTUDIANTE A *¿Adónde fuiste?*
ESTUDIANTE B *Fui a (nombre de una ciudad).*

1. ¿qué / hacer?
2. ¿cuánto tiempo / quedarse?
3. ¿ver / la ciudad entera?
4. ¿con quiénes / ir?
5. ¿pasar por / algunos lugares interesantes?
6. ¿perderse / en el centro?
7. ¿caminar / mucho?
8. ¿ver / mucha contaminación?
9. ¿pasarlo / bien?

C Hablemos de ti.

1. ¿Te gustan las ciudades grandes? ¿Por qué sí o por qué no?
2. Cuando viajas a otra ciudad, ¿prefieres caminar por las calles o tomar el autobús o un taxi?
3. ¿Prefieres visitar la parte moderna o la parte antigua de la ciudad? ¿Vas a los museos, las galerías y las iglesias? ¿O prefieres ir a los parques, los teatros y los restaurantes? ¿O te da igual?
4. ¿Qué cosas recomiendas que vea un turista en tu pueblo o ciudad? ¿Qué más puede hacer allí?

Plaza de Mayo en Buenos Aires, Argentina

Monumento a la Independencia en México

DIÁLOGO

APLICACIONES

¿Dónde está el Zócalo?

Jaime y Luisa tienen que reunirse con su madre en el Zócalo.*

LUISA ¡Mira qué bonitas son las artesanías[1] de esa tienda!
JAIME Sí, pero son muy caras. Son para los turistas.
LUISA ¿Y nosotros? ¿Es que no somos turistas también?
JAIME ¡Claro que no! Somos mexicanos. Cuando digo *turista,* quiero decir *extranjero.*
LUISA ¡Qué va! Todos los visitantes son turistas.
JAIME Bueno, bueno. Dame el plano. Quiero ver dónde estamos.
LUISA ¿No lo tienes tú? ¡Ay! ¡Sin el mapa estamos perdidos!
JAIME No te preocupes. Recuerdo que tenemos que pasar por una bocacalle que tiene una iglesia en la esquina.
LUISA ¡Pero aquí hay una iglesia en casi todas las esquinas!
JAIME También podemos ir por la Avenida Madero.
LUISA Pues, vamos a buscar esa calle entonces. Si no llegamos pronto, mamá se va a preocupar.
JAIME Mejor preguntemos a un policía.
LUISA Allí hay uno, en el otro lado de la calle.
JAIME ¡Señor policía! Mi hermana y yo estamos perdidos. ¿Puede Ud. señalarnos dónde está la Avenida Madero?
POLICÍA Bueno, Uds. ya están allí.
LUISA ¿Pero no es esta calle la Avenida Juárez?
POLICÍA Aquí sí. Pero más allá del parque tiene otro nombre. Allí es la Avenida Madero.
JAIME Muchas gracias, señor. Vamos a apurarnos, Luisa. No nos queda mucho tiempo.

[1]**la artesanía** *crafts*

* El Zócalo es el nombre popular de la Plaza de la Constitución en México, D.F. Construido en el mismo sitio que el centro de la antigua ciudad azteca, es una de las plazas más grandes del mundo.

Continuación

1. ¿De qué país son Luisa y Jaime? ¿Crees que son de la capital? ¿Por qué? 2. ¿Con quién van a reunirse? ¿Crees que van a llegar a tiempo? ¿Por qué? 3. ¿Dónde está el policía? 4. ¿Te parece que es fácil perderse en una ciudad grande? ¿Por qué? 5. ¿Crees que Jaime va a encontrar la Avenida Madero si encuentra una iglesia en una esquina? ¿Por qué? 6. En este plano vemos una parte del Distrito Federal. La "X" indica dónde están Luisa y Jaime en este momento. Busca el lugar donde tienen que encontrar a su madre. Imagina que tú eres de la ciudad y que los vas a ayudar. Dales instrucciones para encontrar el Zócalo.

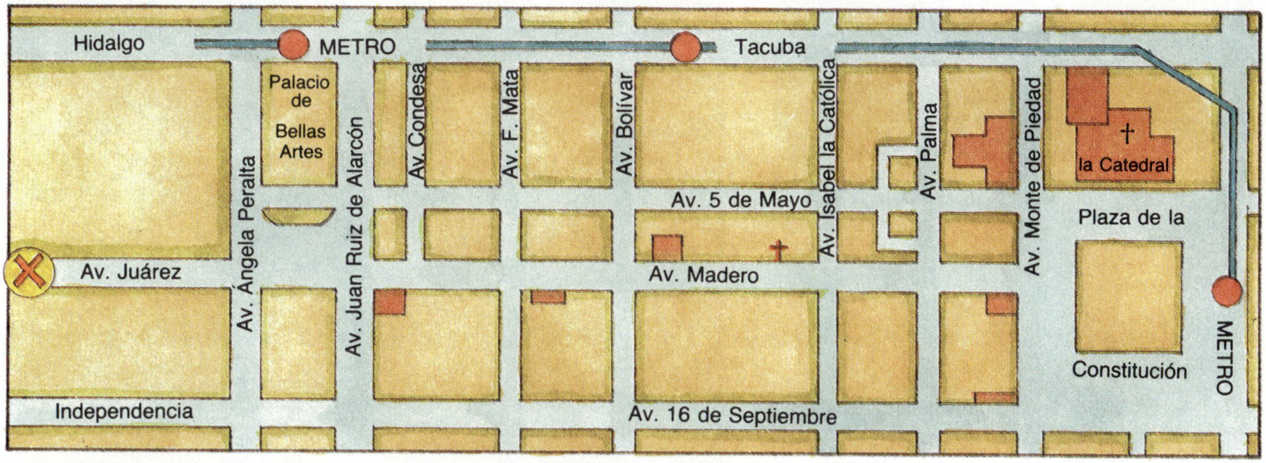

Participación

Prepara un diálogo con un(a) compañero(a). Imagina que Uds. están visitando México con un grupo de tu escuela y que están perdidos(as). ¿Cómo se perdieron? ¿Qué van a hacer?

La Catedral de la Ciudad de México

El Castillo de Chapultepec en México

En un hotel en Guadalajara, México

Entrada del Museo de Antropología en México

EXPLICACIONES I

El subjuntivo: Verbos irregulares

You already know how to form the present subjunctive of verbs whose *yo* form ends in *-o* in the present indicative. Here is the present subjunctive of some verbs whose *yo* forms do not end in *-o*.

◆ COMMUNICATIVE OBJECTIVE

To express hopes and wishes

DAR		ESTAR		IR	
dé	**demos**	**esté**	**estemos**	**vaya**	**vayamos**
des	deis	**estés**	estéis	**vayas**	vayáis
dé	**den**	**esté**	**estén**	**vaya**	**vayan**

SABER		SER	
sepa	**sepamos**	**sea**	**seamos**
sepas	sepáis	**seas**	seáis
sepa	**sepan**	**sea**	**sean**

Espero que ella **sepa** las noticias. — *I hope **she knows** the news.*

Espero que **estés** bien y que **vayas** con nosotros. — *I hope **you're well** and that **you'll go** with us.*

Note the accent marks on the *yo* and *Ud.* / *él* / *ella* forms of *dar* and on all but the *nosotros* form of *estar*. Notice, too, that the *tú*, *Ud.*, and *Uds.* forms are the same as the negative *tú* command form and the *Ud.* and *Uds.* command forms.

1 The present subjunctive form of *hay*, from the infinitive *haber*, is *haya*. Like *hay*, its form never changes.

¡Ojalá que **haya** boletos para el partido! — *I hope **there are** tickets for the game!*

PRÁCTICA

A **Ángel y Andrea se mudan.** La familia de Ángel y Andrea va a mudarse de su pequeño pueblo en Colorado a la gran ciudad de Los Ángeles. Primero escoge la expresión más lógica de las dos entre paréntesis, y luego usa la forma correcta del siguiente verbo para completar cada frase.

1. Sus padres *(insisten en / no permiten)* que el nuevo apartamento *(estar)* en un barrio tranquilo.
2. Dice Andrea: "*(No queremos / Ojalá)* que *(haber)* un buen equipo de básquetbol en el colegio."
3. Dice Ángel: "*(Espero / No deseo)* que los compañeros de clase *(ser)* simpáticos."
4. Los dos *(no quieren / prefieren)* que el apartamento *(estar)* cerca del colegio.
5. *(Se alegran de / No quieren)* que *(haber)* muchas cosas divertidas en una ciudad como Los Ángeles.
6. Dice Andrea: "Ángel, *(prohibo / sugiero)* que nosotros *(ser)* optimistas. Nos va a gustar vivir allá."

B **Luis está enfermo.** Silvia y Javier hablan por teléfono. Completa el diálogo con la forma correcta del verbo apropiado: *dar, estar, haber, ir, saber* o *ser*.

JAVIER Hola, Silvia. Espero que tú _____ a la fiesta esta noche.
SILVIA Sí, pero no voy a llegar hasta las once.
JAVIER ¡Ay, qué tarde! Quiero bailar contigo. Ojalá que _____ buena música.
SILVIA ¿Y Luis? ¿Todavía está enfermo?
JAVIER Sí, y el médico le recomienda que _____ en cama unos días más.
SILVIA Espero que no _____ nada serio.
JAVIER No, es sólo la gripe.
SILVIA Voy a llamarlo. Quiero que _____ que sus amigos piensan en él.
JAVIER Si hablas con él, quiero que (tú) le _____ mis saludos.

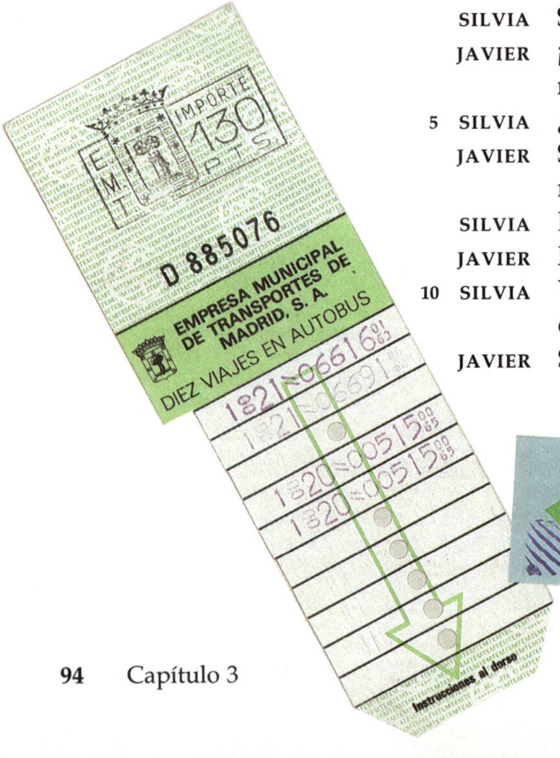

C Mañana es otro día. Imagina que hoy es jueves, y acabas de tener un día muy difícil. Esperas que mañana sea diferente. Usa *ojalá que mañana no* según el modelo.

Por lo general, el viernes es un día muy difícil.
Ojalá que mañana no sea un día difícil.

1. A veces el profesor de química nos da mucha tarea los viernes.
2. A veces mi novia está triste los viernes.
3. Por lo general, estamos cansados los viernes.
4. De vez en cuando hay un examen de inglés los viernes.
5. La Srta. Almagro da películas aburridas en su clase los viernes.
6. El profesor de historia está muy distraído los viernes.
7. A veces el profesor de educación física es muy exigente los viernes.
8. A veces hay mucha gente en la cafetería los viernes.

En la calle Florida en Buenos Aires, Argentina

Mandatos con *nosotros*

◆ COMMUNICATIVE OBJECTIVES

To make suggestions for things to do

To show enthusiasm

To read road signs

You know that we use *vamos a* + infinitive to say "let's" do something. Another way to say "let's" is to use the *nosotros* form of the present subjunctive. We call this the *nosotros* command form.

Vamos a comprar ese suéter.
Compremos ese suéter. } ***Let's buy*** *that sweater.*

To say "let's not" do something we must always use the subjunctive.

No salgamos antes de las cinco.	***Let's not go out*** *before five.*
No pensemos en eso.	***Let's not think*** *about that.*
No contemos historias de fantasmas.	***Let's not tell*** *ghost stories.*

1 Remember that stem-changing verbs whose infinitive ends in *-ir* have a stem change of *e* → *i* or *o* → *u* in the *nosotros* form.

No sigamos por ese camino.	***Let's not continue*** *on this road.*
Hirvamos el agua. Quiero té.	***Let's boil*** *the water. I want some tea.*
Durmamos en la tienda de acampar.	***Let's sleep*** *in the tent.*

2 Remember, too, that verbs whose infinitives end in *-car*, *-gar*, and *-zar* have a spelling change in the present subjunctive: *c* → *qu*, *g* → *gu*, and *z* → *c*.

Coloquemos los papeles allí.	***Let's put*** *the papers there.*
Apaguemos las luces.	***Let's turn out*** *the lights.*
Almorcemos ahora.	***Let's have lunch*** *now.*

3 The affirmative *nosotros* command form of the verb *ir* is *vamos*. The negative command is *no vayamos*.

Vamos a la piscina.	***Let's go*** *to the swimming pool.*
No vayamos a la playa.	***Let's not go*** *to the beach.*

Una tienda de ropa en Buenos Aires, Argentina

PRÁCTICA

A **¿Qué dicen las señales de tráfico?** Imagina que tú y un(a) amigo(a) están manejando en México. Tu amigo(a) te explica las señales de tráfico. Pregunta y contesta escogiendo la frase correcta de la lista de la derecha. Por ejemplo:

ESTUDIANTE A *Y ahora, ¿qué hacemos?*
ESTUDIANTE B *Estacionemos aquí.*

1. 

2. 

3. 

4. 

5. 

6. 

7. 

8. 

doblar a la derecha
doblar a la izquierda
estacionar aquí
ir a comer
llenar el tanque
manejar más despacio
parar
tener cuidado con el ganado
tener cuidado con los niños

B **No, hagamos otra cosa.** Imagina que tú y un(a) amigo(a) no están de acuerdo sobre qué hacer hoy. Cada vez que tú sugieres algo, tu amigo(a) responde con una idea diferente. Por ejemplo:

dar un paseo / mirar algo en la televisión
ESTUDIANTE A *¿Damos un paseo?*
ESTUDIANTE B *No, mejor miremos algo en la televisión.*

1. ir al cine	mejor	visitar un museo
2. ir a la regata	antes	hacer un picnic
3. caminar por el parque	primero	ver la exposición
4. comprar unos discos		estirar los músculos
5. visitar a un amigo		volver a casa
6. almorzar en un restaurante		descansar un poco
7. correr alrededor del lago		beber un refresco
8. ir de excursión		sacar fotos

Mandatos con *nosotros*: El uso con los complementos directos e indirectos

◆ COMMUNICATIVE OBJECTIVES

To make plans and suggestions

To make excuses

To reject suggestions

Just as with *tú, Ud.,* and *Uds.* commands, we attach direct and indirect object pronouns to affirmative *nosotros* commands. Note that when a command has an object pronoun added to it, we must write an accent mark over the stressed vowel to maintain the original stress.

Digámosle las noticias.	***Let's tell him*** *the news.*
Esperémosla aquí.	***Let's wait for her*** *here.*
Comprémoslos.	***Let's buy them.***

As with other negative commands, the object pronouns go before the verb in a negative *nosotros* command.

No le digamos las noticias.	***Let's not tell him*** *the news.*
No la esperemos aquí.	***Let's not wait for her*** *here.*
No los compremos.	***Let's not buy them.***

When we attach the reflexive pronoun *nos* to an affirmative *nosotros* command, we drop the final *s* of the command form.

Apurémonos.	***Let's hurry.***
Levantémonos temprano mañana.	***Let's get up*** *early tomorrow.*
Démonos prisa.	***Let's hurry.***
Vámonos ahora.	***Let's leave*** *now.*

As with other object pronouns, reflexive pronouns go before the verb in a negative command.

No nos apuremos.	***Let's not hurry.***
No nos levantemos temprano.	***Let's not get up*** *early.*
No nos durmamos ahora.	***Let's not go to sleep*** *now.*
No nos vayamos.	***Let's not go away.***

PRÁCTICA

A Hagámoslo mañana. Imagina que estás viajando con unos amigos y hacen planes para hacer las siguientes cosas. Pregunta y contesta según el modelo.

sacar fotos de edificios antiguos / el fin de semana

ESTUDIANTE A *¿Cuándo vamos a sacar fotos de edificios antiguos?*

ESTUDIANTE B *Saquémoslas el fin de semana.*

1. hacer reservaciones para el vuelo a Sevilla / al llegar a Madrid
2. cambiar dinero / esta tarde
3. visitar la galería de arte / el jueves
4. comprar recuerdos / mañana
5. ver al hermano de Raúl / hoy
6. buscar regalos para nuestros amigos / el fin de semana
7. escribir tarjetas postales / antes de acostarnos
8. comer mariscos / todos los días

B **No lo hagamos porque . . .** Marcos y su hermana tienen mucho que hacer pero no pueden hacer algunas cosas. Pregunta y contesta según el modelo, escogiendo una excusa lógica de la columna de la derecha.

hacer las camas / Eva y María duermen todavía

ESTUDIANTE A *¿Hacemos las camas ahora?*

ESTUDIANTE B *No, no las hagamos ahora. Eva y María duermen todavía.*

1. preparar la comida	El lavaplatos no funciona.
2. pasar la aspiradora	Va a llover.
3. limpiar el baño	La comida no está lista.
4. cortar el césped	Las alfombras no están sucias.
5. lavar los platos	Nadie tiene hambre.
6. poner la mesa	Papá se está bañando.
7. barrer el patio	Presté la escoba a los vecinos.
8. planchar la ropa	Todavía no está seca.

Estudiantes en Venezuela

C ¡Preparémonos para el concierto! Un grupo musical tiene una función muy importante. Di lo que los músicos deben hacer y lo que no deben hacer. Por ejemplo:

> ponerse el traje
> *Pongámonos el traje.*
> olvidarse de llevar los instrumentos
> *No nos olvidemos de llevar los instrumentos.*

1. reunirse temprano para ensayar
2. levantarse tarde ese día
3. divertirse durante el concierto
4. perderse en camino al concierto
5. maquillarse con cuidado
6. probarse el traje antes de la función
7. apurarse para terminar
8. despedirse con la mejor canción

D Divirtámonos. Cuando uno se divierte, generalmente quiere que alguien lo acompañe. ¿Qué les dices a tus amigos en las siguientes situaciones? Usa mandatos con *nosotros*. Por ejemplo:

> en el cine
> *Compremos palomitas primero.*
> o: *Sentémonos en la primera fila.*
> o: *No perdamos los dibujos animados.*

en casa un sábado cuando llueve
en las vacaciones de verano
en las vacaciones de invierno
en una fiesta
un viernes después de la clase
en la cafetería del colegio
en el estadio

E Hablemos de ti.

1. Cuando quieres ir a una fiesta con unos amigos, ¿qué les dices?
2. ¿Qué haces cuando tus padres insisten en que estés en casa temprano?
3. ¿A veces insisten tus padres en que vayas a algún lugar adonde no quieres ir? ¿Qué haces entonces?
4. Si tu cumpleaños es la semana próxima y quieres sugerirles a tus padres que te den algo especial, ¿qué les dices?
5. Si alguien te pregunta qué puede hacer para divertirse en tu ciudad, ¿adónde le recomiendas que vaya?

Una fiesta en Córdoba, España

Jóvenes ciclistas en Puerto Rico

ACTIVIDAD

Nuestro candidato Imagine that you and a partner are the speech writers for a candidate for your school's student government. Write a brief campaign speech of four or five sentences, each of which begins with *Let's.*

A member of each team then reads its speech to the rest of the class as a candidate would. The class votes on which candidate would win based on the speech. You may want to address these and other issues:

la cafetería   los bailes   los deportes

◆ COMMUNICATIVE OBJECTIVES

To report on a trip or vacation

To suggest points of interest

To read an advertising brochure

PALABRAS NUEVAS II

Una ciudad que nunca duerme

CONTEXTO NARRATIVO

Cuando recibí la invitación de visitar a mis tíos en Buenos Aires, no imaginaba que iba a pasarlo tan bien. **Por un lado,** tenía muchas ganas de verlos, y **por el otro,** me daba miedo visitar una ciudad tan grande. **Desde luego,** sabía que mis primos Leticia y Luis eran divertidos y simpáticos, pero, **aun así,** estaba un poco nerviosa. Una de las **ventajas** era que, **debido a que** la Argentina está **situada** en la América del Sur, iba a pasar mis vacaciones de invierno donde era verano. ¡Allá hace calor en enero!

La sorpresa fue grande. ¡Hay tantos **modos** de pasarlo bien en Buenos Aires! Para los argentinos el día tiene cuarenta y ocho horas. Me **asombra** que aquí nadie duerma. No es extraño ver a gente que, después de cenar en un restaurante a las dos y media de la mañana, va al Río de la Plata para disfrutar del aire **puro** o del paisaje con sus amigos. Y yo vi muchos **puntos de interés** a la luz de la mañana.

La gran **desventaja** de estas vacaciones, para mí, es que ¡ahora voy a necesitar otras vacaciones para descansar!

por un lado *on one hand*
por (el) otro (lado) *on the other hand*
desde luego = claro, por supuesto
aun *even*
aun así *even so, all the same*
la ventaja *advantage*
debido a (que) *due to, because of (the fact that)*
situado, -a *situated, located*
el modo *way, manner*
asombrar *to astonish, to amaze*
puro, -a *pure*
el punto *point*
el punto de interés *point of interest*
la desventaja *disadvantage*

Avenida 9 de Julio en Buenos Aires, Argentina

PRÁCTICA

A **Debido a . . .** Estudia las siguientes situaciones. Después escoge una frase de la lista de la derecha para explicar la causa de cada una. Conecta las dos frases con *debido a.* Por ejemplo:

> Muchos turistas viajan a Cuernavaca / el clima ideal y el aire puro
> *Muchos turistas viajan a Cuernavaca debido al clima ideal y al aire puro.*

1. A veces el cielo está gris
2. No puedo usar la bicicleta
3. El tren llegó con retraso
4. Muchos turistas compran en ese mercado
5. Había mucha gente en el museo
6. No volveré a ese restaurante
7. El taxi tardó en llegar
8. Vemos a más policías ahora

a. un accidente en las vías
b. el desfile en las calles
c. la cadena rota
d. la contaminación del aire
e. la nueva escultura
f. los camareros muy lentos
g. las gangas increíbles
h. los robos

B **Los extraño.** Un estudiante norteamericano está en México y les escribe una carta a sus compañeros de la clase de español. Todavía tiene algunas dudas cuando escribe en español. Ayúdalo a terminar la carta usando las palabras de la lista.

aire puro	pasan por	situada
desde luego	puntos de interés	tranquilo
modo	quedé en	

Cuernavaca, 16 de noviembre

Queridos amigos:

Me encanta México, pero _____ pienso mucho en Uds. y los extraño. Como ya saben, mi escuela está _____ en Cuernavaca, un lugar famoso por su _____ y su paisaje. Es un pueblo muy _____.

Antes de volver a casa, espero visitar todos los _____. No puedo escribir mucho más porque _____ almorzar con unos amigos y _____ aquí en media hora.

Saludos,
Joe (aquí me llaman Pepe)

P.D.* ¿Hay algún _____ rápido de mandar mis libros por correo?

* P.D. = postdata *(postscript).*

C Ventajas y desventajas. Todas las cosas tienen sus ventajas y desventajas. Usa la expresión *por un lado* y *por otro lado* para completar las frases. Sigue el modelo.

correr / hacer ejercicio / ser difícil
Por un lado es bueno correr para hacer ejercicio, pero por otro lado es difícil.

1. viajar en autobús / ahorrar dinero / ser incómodo
2. vivir en la ciudad / ir mucho al teatro / ser necesario soportar la contaminación
3. usar taxis / viajar cómodamente / no ser muy práctico
4. vivir en el campo / poder tener animales / ser demasiado aburrido
5. estudiar español / hablar con más gente / ser necesario tomar exámenes
6. tener una familia grande / no estar solo / ser necesario esperar para usar el baño
7. tener una tarjeta de crédito / no llevar dinero / ser difícil ahorrar
8. comer alimentos naturales / mantenerse sano / ser muy caro

La Paz, Bolivia

APLICACIONES

El Hotel Colonial

ANTES DE LEER

Responde a las siguientes preguntas que te van a preparar para la lectura.

1. ¿Conoces algún hotel grande? ¿Pasaste la noche allí o sólo lo visitaste?
2. Si visitas una ciudad grande, ¿crees que es mejor buscar un hotel grande cerca del centro, o un motel cerca de una carretera? ¿Por qué?
3. ¿Qué debe ofrecer un buen hotel? ¿Cuántos cuartos crees que hay en un hotel grande?
4. ¿Cómo crees que un hotel grande puede ayudar a los turistas a conocer mejor una ciudad?

Bienvenido al Hotel Colonial

Bienvenido al Hotel Colonial. Todo nuestro personal[1] le desea una cómoda y agradable estadía.[2] Para disfrutar más de nuestra hermosa ciudad le ofrecemos lo siguiente:[3]

Un hotel completo

Amplias[4] habitaciones con vista a la calle, todas con aire acondicionado y televisión en colores.

Deliciosas comidas

Disfrute de nuestro popular comedor con vista panorámica abierto todos los días para el desayuno, el almuerzo y la cena. Preparamos exquisitas comidas nacionales e internacionales.

---

[1]**el personal** *staff* [2]**la estadía** *stay* [3]**lo siguiente** *the following (things)*
[4]**amplio, -a** *spacious*

Diviértase más en el Colonial

Después de la cena pase una noche fabulosa en el salón de fiestas del hotel. Baile con la música de nuestra famosa orquesta. Si no quiere bailar, visite nuestro gimnasio o nade en nuestra piscina interior, abierta desde las siete de la mañana hasta las diez de la noche.

Conozca a nuestra ciudad

El Hotel Colonial está situado en el corazón de la capital. Es el lugar ideal para quedarse durante su visita a nuestra hermosa ciudad. Está cerca de los principales puntos de interés turísticos. Nuestros guías también pueden acompañarlo en sus paseos por la ciudad. Vea los anuncios con el horario y la descripción de las siguientes excursiones:

1. Basílica de Guadalupe

2. Castillo de Chapultepec

3. Palacio Nacional

4. Museo de Antropología

5. El Zócalo

6. Plaza de las Tres Culturas

Continuación

1. Después de leer esta lectura, ¿cuál prefieres, vivir en tu propia casa o en un hotel? ¿Por qué les gusta a algunas personas vivir en un hotel?
2. ¿Crees que es caro o barato quedarse en un hotel como el Colonial? ¿Por qué?
3. ¿Qué parte del hotel crees que es la más popular? ¿Por qué?
4. ¿Cuál prefieres, un cuarto con vista a la calle o un cuarto interior? ¿Por qué?
5. ¿Cuáles crees que son algunas de las comidas nacionales que sirven en el comedor del Hotel Colonial?

En el hotel Santa Rosa en Querétaro, México

El hotel de Cortés en México

EXPLICACIONES II

El subjuntivo con expresiones de duda y negación

◆ COMMUNICATIVE OBJECTIVE

To express belief and doubt, certainty and uncertainty

You have already learned that we use the subjunctive after verbs or expressions that indicate doubt, disbelief, or denial.

Dudo que sea verdad.	*I doubt that it's* true.
No creo que Miguel lo **sepa.**	*I don't think that* Miguel *knows* (it).
Niega que lo **entienda.**	*He denies that he understands* it.
No están seguros de que viva allí.	*They aren't sure she lives* there.

Notice that we use the subjunctive with these verbs and expressions even when there is no change of subject.

Dudo que vaya.	*I doubt that I'll go.*

Verbs or expressions that indicate belief, certainty, or absence of doubt or denial take the indicative.

No dudo que es verdad.	*I don't doubt that it's* true.
Creo que Miguel lo **sabe.**	*I think that* Miguel *knows* (it).
No niega que lo **entiende.**	*He doesn't deny that he understands* it.
Están seguros de que vive allí.	*They're sure that she lives* there.

We can also use the subjunctive with *creer* in questions when we are doubtful.

¿Crees que vengan?	*Do you think they'll come?*

PRÁCTICA

¿Lo crees o lo dudas? Estudia las siguientes situaciones. Usa *dudo que, creo que* o *no creo que* con las frases debajo de cada dibujo para indicar lo que tú piensas de cada situación. Por ejemplo:

costarle trabajo / estar acostumbrado a estudiar tanto / sacar una buena nota

Creo que le cuesta trabajo.
Dudo que esté acostumbrada a estudiar tanto.
Dudo que saque una buena nota.

1. hacer buen tiempo / llover / necesitar llevar anteojos de sol

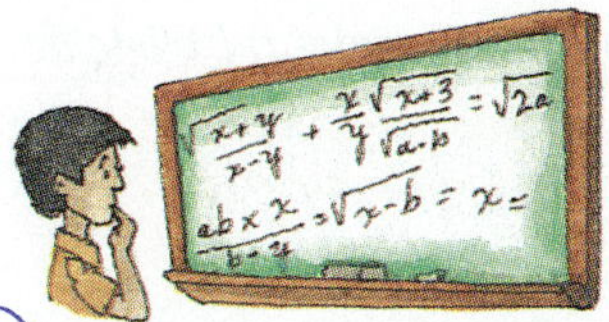

2. entender el problema / deber estudiar más / estar flojo en matemáticas

3. estar perdido / encontrar la calle / preocuparse

4. estar de acuerdo / entenderse fácilmente / deber escucharse

5. llegar a tiempo / ser distraída / estar nerviosa

6. necesitar practicar / saber esquiar / caerse frecuentemente

7. gustarles la vida al aire libre / pasarlo bien / tener miedo

8. ser atrevida / caerse / estar tranquila

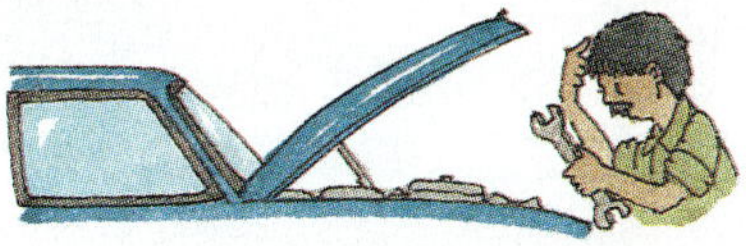

9. tener un problema / poder repararlo / necesitar un mecánico

El subjuntivo con expresiones de emoción

◆ COMMUNICATIVE OBJECTIVE

To express joy, uncertainty, surprise, and regret

You have also learned to use the subjunctive after verbs and expressions of emotion.

Me alegro de que te sientas mejor.	***I'm happy you're feeling*** *better.*
Sentimos que Uds. no puedan ir.	***We're sorry you can't*** *go.*
¿Te sorprende que tu hermano **se case?**	***Are you surprised that*** *your brother* ***is getting married?***

Some of the other verbs and expressions of emotion that you have learned are: *asombrar, asustar, es (una) lástima, estar contento(a) / enojado(a) / orgulloso(a) / preocupado(a) / triste de, temer,* and *tener miedo de.*

PRÁCTICA

A ¿Te gusta o te molesta? Algunas personas siempre dicen lo que piensan. Empieza con las expresiones de la izquierda y termina con una frase lógica de la derecha.

1. Me alegro de que . . .	el examen es difícil
2. Siento que . . .	hay tanta violencia en el mundo
3. Me asusta que . . .	*(nombre)* tiene un yeso en el brazo
4. Me sorprende que . . .	mis amigos me invitan a salir
5. Tengo miedo de que . . .	*(nombre)* sale con *(nombre)*
6. Me asombra que . . .	los mosquitos me molestan
7. Temo que . . .	mis padres se mantienen en forma
8. Es una lástima que . . .	*(nombre)* es exigente
9. Estoy enojado(a) de que	*(nombre)* no viene a clase hoy
	(nombre) no nos permite comer en clase
	nuestro equipo de *(deporte)* no compite en el campeonato
	(nombre) nunca me llama por teléfono

El tráfico en la Ciudad de México

B Noticias de Mercedes. Imagina que Mercedes, una compañera de clase, está de vacaciones en Puerto Rico y que Uds. acaban de recibir una tarjeta postal de ella. Escribe seis de tus reacciones usando expresiones como *me alegro de que, siento que, temo que, espero que, me sorprende que* y *es una lástima que.* Por ejemplo:

Me alegro de que Mercedes esté contenta en San Juan.

Queridos amigos:

Estoy muy contenta aquí en San Juan. Esta semana estoy en casa de mi abuela para ayudarla con el trabajo porque está un poco enferma estos días. Ella es muy cariñosa conmigo.

Aquí hay muchísimas cosas divertidas que hacer. Todas las mañanas voy con mis primos a la playa. ¡Ya sé bucear bien! Creo que mis primos me dan una fiesta el martes para mi cumpleaños. Ya voy a estar con Uds. la semana próxima. Las vacaciones son siempre demasiado cortas.

Bueno, nos vemos pronto. Con cariño,

C Hablemos de ti.

1. ¿Crees que podamos eliminar completamente la contaminación del aire? ¿Cómo? Si lo dudas, di por qué.
2. ¿Cuáles son algunas cosas que hacen tus amigos que te asombran? Por ejemplo, ¿te asombra que te llamen por teléfono muy tarde por la noche o que sus padres se quejen cuando tú llamas muy tarde a tus amigos?
3. ¿Es este año muy diferente del año pasado en la escuela? ¿Qué cosas te sorprenden? ¿Qué cosas no te sorprenden? ¿De qué te alegras este año? ¿De qué te preocupas?

ACTIVIDAD

Para mejorar nuestro mundo Form small groups. Each group selects a problem that affects our world and prepares a list of possible solutions. Typical problems would include air or water pollution, noise outside the schools and other public and business buildings, robberies, violence, or even the general level of physical fitness among the citizens. Each group then presents its list of solutions to the class, and members of the class comment on them, using the words *dudo, creo,* or *no creo.*

APLICACIONES

REPASO

Mira con cuidado las frases modelo. Luego cambia las frases que siguen al español según los modelos.

1. *Tratamos de escaparnos del edificio detrás del teatro.*
   (She began to get bored at the concert in the park.)
   (They insisted on getting married in the garden under the trees.)
   (I started to fall asleep in the chair next to the fire.)

2. *Me asombra que Pepe no vaya allí.*
   (We're astonished that he's not here.)
   (They're astonished that I'm competing there.)
   (She's surprised that we're resting here.)

3. *Sentimos que salgan. Visitémoslos.*
   (He doubts that they're eating lunch. Let's invite them.)
   (He denies that they're sleeping. Let's talk to them.)
   (I doubt that he'll return. Let's look for him.)

4. *No usan la lavadora. Temo que esté descompuesta.*
   (They don't point out the pollution. We're afraid they're wrong.)
   (He doesn't hear the horn. We doubt he's awake.)
   (They don't suggest the advantages. He's afraid they're nervous.)

5. *No las molestemos más. Despidámonos.*
   (Let's not avoid him anymore. Let's complain.)
   (Let's not look for her anymore. Let's have a good time.)
   (Let's not wait for them anymore. Let's go away.)

Una calle colonial en Bogotá, Colombia

TEMA

Escribe las frases en español.

REDACCIÓN

Ahora escoge uno de los siguientes temas para escribir tu propio diálogo o párrafo.

1. Write a dialogue between Mercedes and Inés that takes place on the following day. Why didn't Inés go to the movies? What happened to her? Did she get lost? Where did Mercedes and Rafael go after the movie?
2. Write a conversation between Inés and Rafael in which they plan an outing for the following weekend. Where will they go—to a restaurant, the movies, an amusement park?

COMPRUEBA TU PROGRESO CAPÍTULO 3

A Otro modo de decir la misma cosa

Sustituye *(substitute)* las palabras de la lista por las palabras en cursiva.

un caballero	desde luego
una dama	me da igual
debido a	una ventaja

1. *A causa de* la lluvia, la fiesta va a ser mañana.
2. ¡*Por supuesto* quiero ir al concierto!
3. ¡Don Eugenio es *un señor* muy elegante!
4. La esposa del ingeniero es *una señora* muy generosa.
5. ¿Ir al campo o a la playa? A mí *no me importa.*

B Quiero que . . .

Quieres que estas personas cambien. Cambia cada frase según el modelo.

Juan nunca es muy paciente.
Quiero que Juan sea paciente.

1. Uds. nunca están listos para la clase.
2. Nunca les dan la mano a sus amigos.
3. Ud. no va al bosque.
4. No sabes la verdad.
5. Nunca traes bastante comida.
6. No eres miembro de nuestro equipo.

C ¿Qué hacemos?

Haz mandatos con *nosotros.* Sigue el modelo.

comprar helados
Compremos helados.

1. patinar
2. jugar al ajedrez
3. mirar la televisión
4. levantarse
5. dormirse
6. apurarse

D ¿Sí o no?

Lee cada frase. Luego usa las palabras al final de la frase para indicar lo que debemos o lo que no debemos hacer. Por ejemplo:

Jorge es muy simpático. (invitar / a la fiesta)
Invitémoslo a la fiesta.

1. Ángela y Elena vienen en seguida. (esperar / unos momentos)
2. Sara se va a quedar en San Juan dos meses. (escribir / unas cartas)
3. Pozuelo es un pueblo aburrido. (visitar / el sábado)
4. Ésta es una película terrible. (recomendar / a nuestros amigos)
5. Las ruedas de nuestras bicicletas están rotas. (reparar / el viernes)
6. Dicen que la función va a ser estupenda. (irse temprano)

E ¿Qué dudas o crees?

Haz frases con las siguientes palabras.

1. yo / dudar / ellos / señalar / los puntos de interés
2. yo / no creer / Héctor / tener miedo de / deslizarse en el hielo
3. Uds. / no estar seguro de / yo / aprovechar / la práctica
4. tú / no dudar / Leonardo / saber / manejar bien
5. Elisa / creer / yo / leer / las noticias
6. Ana / dudar / (nosotros) / perderse / en Nueva York

F ¿Estás seguro?

Escoge la forma correcta del verbo.

1. Es una lástima que nos *(perdemos / perdamos).*
2. Estamos seguros de que la carrera *(es / sea)* a las diez.
3. Él niega que ella *(puede / pueda)* correr cuatro kilómetros en veinte minutos.
4. No creemos que ellos se *(preparan / preparen)* para la celebración.
5. Me sorprende que los niños se *(mantienen / mantengan)* en forma.
6. Temo que no *(hay / haya)* asientos en el fondo del cine.

VOCABULARIO DEL CAPÍTULO 3

Sustantivos
la acera
la bocacalle
el caballero
el camino *(way)*
la contaminación
la dama
la desventaja
el modo
la parada
el punto
el punto de interés
la ventaja
la violencia

Adjetivos
entero, -a
perdido, -a
puro, -a
situado, -a
tranquilo, -a

Adverbio
aun

Verbos
asombrar
pasar (por)
perderse (e → ie)
quedar en
señalar

haya

Expresiones
aun así
debido a (que)
desde luego
en camino a
más allá (de)
me, te, etc. da igual
mejor + *subjunctive (instead, better)*
por un lado . . . por (el) otro (lado)
¡qué va!

CAPÍTULO 4

PRÓLOGO CULTURAL | DOS CULTURAS

Estas dos amigas se abrazan en un parque de Nueva York. Puedes pensar que hace mucho tiempo que no se ven, pero probablemente se vieron la semana pasada. Para los hispanos es muy común demostrar cariño de ese modo tan expresivo. Para ellos, abrazar y besar a los amigos y a los parientes es cosa de todos los días.

La foto de arriba

Un chico mexicano saluda a un nuevo estudiante de intercambio *(exchange)* norteamericano. Aunque se vean todos los días, se darán la mano para saludarse. Ésa es la costumbre *(custom)* entre los hispanos.

La foto de abajo

Al volver de un año de intercambio en los Estados Unidos, este chico saluda cariñosamente a su familia en Cali, Colombia. Para muchos latinoamericanos estos programas de intercambio ofrecen una buena oportunidad para aprender otro idioma.

◆ COMMUNICATIVE OBJECTIVES

To explain what something is used for

To make predictions

To describe close relationships

To compare and contrast

To express opinions

To interview

To write an article based on an interview

PALABRAS NUEVAS I

¿Qué vamos a comprar?

CONTEXTO VISUAL

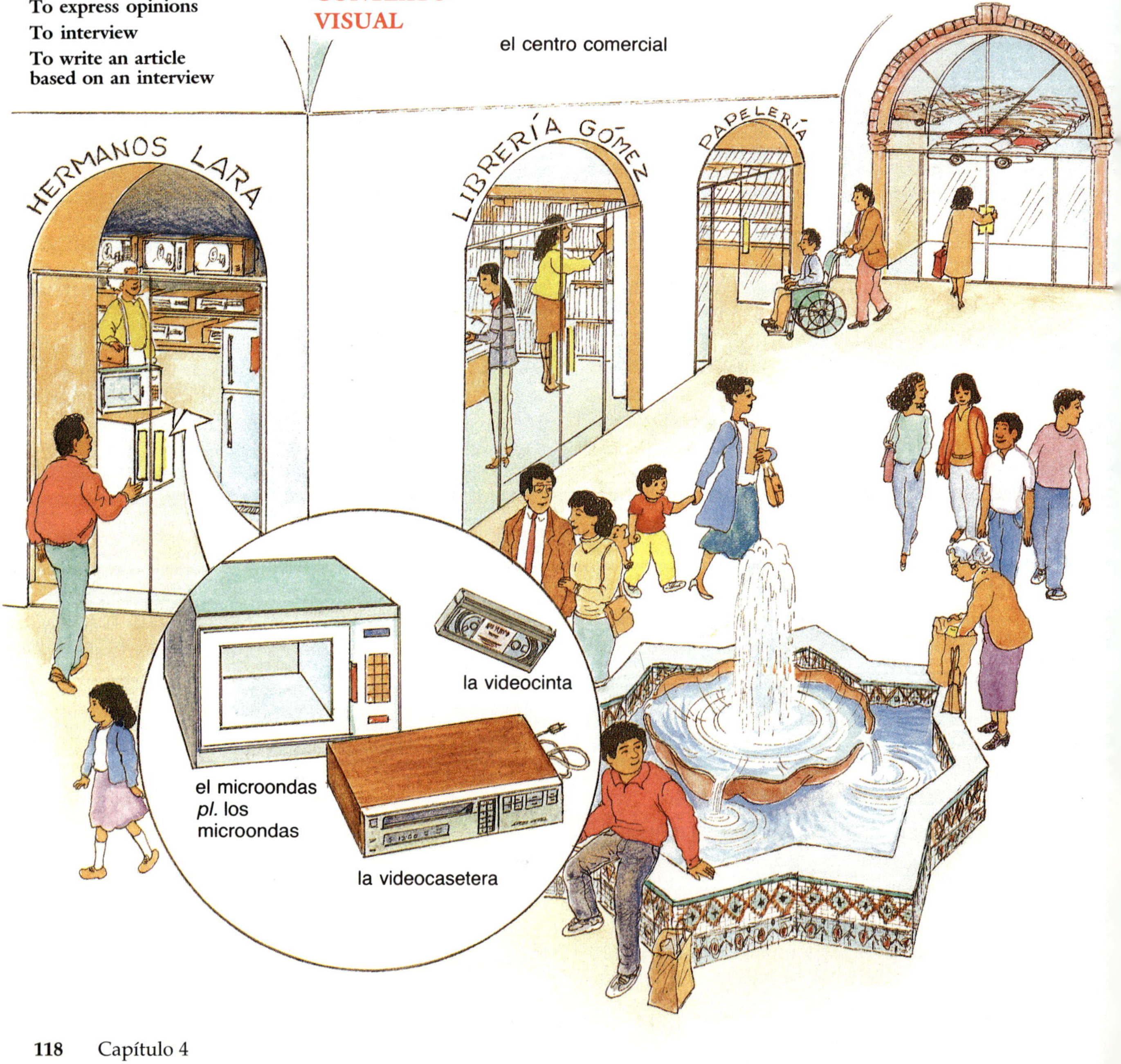

CONTEXTO COMUNICATIVO

1 Querida familia:

Me imagino que quieren saber cómo van las cosas con mi "familia nueva" en los Estados Unidos. Claro que los extraño mucho, aunque aquí tengo **la oportunidad de** conocer a mucha gente. Todos me **tratan** con cariño. Es fantástico ser **estudiante de intercambio.** Esta carta va a ser corta porque ahora tengo que ir al colegio para **arreglar** unas cosas.

Su hija que los quiere,
Eva

imaginarse *to imagine*
la oportunidad (de) *chance, opportunity (to)* F
tratar *to treat*
el/la estudiante de intercambio *exchange student*
arreglar here: *to arrange*

Variaciones:

- me imagino que → sin duda
- todos me tratan con cariño → **me llevo bien con** todos

llevarse bien (con) *to get along (with)*

2 ISABEL ¿**Para qué sirve** eso?
HENRY ¿El microondas? **Sirve para** hacer comida en **un rato.**
ISABEL ¡Qué **raro** tener tantas **máquinas** en casa!
HENRY Sí, pero veo que sobre todo te encanta la videocasetera.

- raro → extraño
- te encanta → te interesa

¿para qué sirve(n)? *what use is it (are they)? what is it (are they) used for?*
servir para *to be used for*
el rato *short time, while*
raro, -a = extraño, -a
la máquina *machine*

3 JAVIER ¡Qué bueno! Ya tenemos un microondas. Vamos a tener más **ratos libres.**
JUANA Sí . . . Es casi tan bueno como tener **una criada.**
JAVIER Estoy seguro de que algún día vamos a tener máquinas para hacer todos **los quehaceres.**
JUANA ¡Qué **risa**!

- ratos libres → tiempo para divertirnos
- todos los quehaceres → todo el trabajo
- ¡qué risa! → estás soñando, ¡chico!

ratos libres = tiempo libre
la criada *maid*
el quehacer *chore*
la risa *laugh, laughter*

4 **ALFREDO** Aló, Ángela. ¿Vamos a **pasear** por el nuevo centro comercial?

ÁNGELA Me gustaría hacerlo, pero hoy **me toca** lavar la ropa. ¿Por qué no llamas a Andrea, **por si acaso** ella quiere ir?

ALFREDO ¡Qué buena idea!

- pasear → dar un paseo

pasear = dar un paseo

tocarle (a uno) *to be one's turn*

por si acaso *just in case*

5 **JULIA** ¿Tienes muchos hermanos?

JULIO Sólo dos, una hermana mayor y un hermano menor.

JULIA ¿Se llevan bien?

JULIO Muy bien. A pesar de la diferencia de **edad tenemos** mucho **en común**, y somos muy **unidos.**

- la diferencia de edad → ser muy distintos
- muy unidos → muy buenos amigos

la edad *age*

tener (. . .) en común *to have (. . .) in common*

unido, -a *close*

6 **INÉS** ¿Qué piensas de la vida en los Estados Unidos?

MIGUEL Es un país muy interesante, pero las **costumbres** son muy diferentes.

INÉS Y ya sabes hablar bien el inglés, ¿no?

MIGUEL Pues **me defiendo** en inglés, pero todavía no lo **domino.**

- qué piensas de → qué te parece
- son muy diferentes → no se parecen a las nuestras

la costumbre *custom*

defenderse (e → ie) (en una lengua) *to get along, to manage (in a language)*

dominar (una lengua) *to be fluent (in a language)*

PRÁCTICA

A **Hablan los estudiantes nuevos.** Escoge la mejor palabra o expresión para completar las frases de los siguientes estudiantes.

1. Juan: Todos tenemos mucho en común. Por eso _____ bien. (nos imaginamos, paseamos, nos llevamos)
2. Julia: Me defiendo en inglés. Pero estudio en los Estados Unidos porque lo quiero _____. (arreglar, dominar, extrañar)
3. Anita: Sólo puedo pasar un rato con Uds. Mañana me _____ leer mi composición en la clase de inglés y tengo que terminarla. (toca, imagino, parece)
4. Inés: Me encantan el microondas, la computadora y la videocasetera de mi nueva familia, pero ¿de veras necesitamos tantas _____? (costumbres, risas, máquinas)

5. Marta: No puedo salir con Uds. a pasear porque tengo que ayudar a mi hermano con los _____. (ratos libres, estudiantes de intercambio, quehaceres)
6. Jorge: No me gusta mirar _____ en casa. Prefiero ir al cine. (cadenas, quehaceres, videocintas)
7. José: ¿Para qué _____ esa máquina? ¿Para cambiar ruedas de coche? (sirve, trata, toca)
8. Juan: Aunque dicen que esa tarea no es para mañana voy a terminarla _____. (por lo general, por si acaso, de vez en cuando)
9. Pepe: Aquí nadie tiene _____. Tengo que limpiar mi propio cuarto. (criada, costumbre, parada)
10. Lolita: Tengo que comprar regalos para mi familia. Acompáñame al _____. (bosque, centro comercial, aire libre)

Una clase de inglés en España

B La entrevista. Completa la siguiente entrevista entre un estudiante que escribe para el periódico escolar y una nueva estudiante en el colegio. Usa las palabras de la lista.

costumbres	oportunidad
edad	quehaceres
estudiante de intercambio	ratos libres
me defiendo	tratan
me imagino	unidas

JULIO Hola, Elisa. Soy Julio. Me gustaría entrevistarte para el periódico escolar. ¿Está bien?

ELISA Sí. ¡Cómo no!

JULIO ¿Qué te parece la idea de ser ______? Yo ______ que es fabuloso.

ELISA Sí, me encanta. Es una gran ______ para mí poder conocer otro país, a otra gente, otras ______. Las diferencias son interesantes.

JULIO ¿Te llevas bien con tus nuevos compañeros?

ELISA Sí, son todos muy simpáticos y me ______ muy bien.

JULIO ¿Te gusta vivir con tu nueva familia?

ELISA Sí, yo me llevo bien con todos, especialmente con Gloria. Somos de la misma ______. Somos muy ______. Los sábados la ayudo con los ______ de la casa. Lo pasamos muy bien.

JULIO Creo que hablas bien el inglés. ¿Te costó trabajo aprenderlo?

ELISA Eres muy amable. La verdad es que ______ bien, pero todavía no lo domino. En mis ______ en Costa Rica me gustaba leer revistas norteamericanas, y así practicaba el inglés.

JULIO Para terminar, ¿qué es lo que más extrañas de tu país?

ELISA A mi familia, por supuesto, pero también extraño mucho la comida.

JULIO Bueno, Elisa, gracias por hablar conmigo.

ELISA De nada, Julio. Mucho gusto en conocerte.

C El artículo. Ahora te toca a ti escribir un artículo basado en *(based on)* la entrevista de la Práctica B. Escríbelo contestando las preguntas entre paréntesis.

Elisa es especial. *(¿Por qué? ¿Quién es?) (¿Qué es una gran oportunidad para ella?) (¿Por qué?)*

Elisa habla inglés. *(¿Cómo lo habla?) (¿Cómo lo practicaba en Costa Rica?)*

A Elisa le gusta mucho el colegio. *(¿Le caen bien los estudiantes? ¿Cómo la tratan sus compañeros?)*

Elisa se lleva bien con su familia norteamericana, especialmente con Gloria. *(¿Qué tienen en común?) (¿Se pelean?) (¿Participa Elisa en la vida de la familia?)*

Elisa extraña a su familia. *(¿Qué extraña de Costa Rica?)*

Deseamos que Elisa tenga mucha suerte.

D Hablemos de ti.

1. ¿Es importante saber defenderse en otra lengua? ¿Por qué? En tu colegio, ¿tienes la oportunidad de conocer a estudiantes de otros países? ¿De cuáles? ¿Te llevas bien con ellos? ¿Cómo los tratan los otros estudiantes? ¿Conoces algunas de las costumbres de sus países? ¿Puedes describirlas o explicarlas?
2. ¿Vas mucho a los centros comerciales? ¿Por qué? ¿Hay un centro comercial cerca de tu casa o colegio? ¿Cómo es? ¿Qué clase de tiendas hay allí? ¿Cuál es la tienda que más te gusta?
3. ¿Dónde prefieres pasar el fin de semana? ¿Cómo pasas tus ratos libres?
4. ¿Son muy unidos los miembros de tu familia? ¿Con quién tienes más en común?
5. ¿Tienes que ayudar con los quehaceres de la casa? ¿Cuáles? Por lo general, ¿los haces sin quejarte?

Un grupo de estudiantes en Puerto Rico

DIÁLOGO

APLICACIONES

Una estudiante en Buenos Aires, Argentina

El fin de semana

Luisa, que va a pasar un año estudiando en los Estados Unidos, vive con la familia de Pat. Esta semana comenzaron las clases y por fin llegó el fin de semana.

PAT Luisa, ¿qué te parece si vamos a dar un paseo en mi coche?

LUISA No puedo, Pat. Pero quizás me puedas ayudar en física. Mi profesora es muy exigente.

PAT ¿Quieres que te ayude en física durante mis ratos libres? ¡Qué va!

LUISA Entonces ayúdame con la composición de historia. No estoy acostumbrada a escribir en inglés.

PAT Luisa, estás estudiando seis materias. Aquí puedes escoger menos materias.

LUISA Pero me gustan todas. Lo que pasa es que no domino la lengua todavía.

PAT Tú te defiendes muy bien en inglés.

LUISA Sí, pero no lo escribo tan bien como lo hablo. Y la profesora de física nos da muchas pruebas. Y sin decirnos nada antes.

PAT Sé que tu profesora es exigente, pero estoy segura de que si le explicas tu problema, ella te ayudará.

LUISA ¿De veras? Le hablaré el lunes.

PAT Bueno, hagamos esto. Yo te ayudo con la composición —no con la física—y tú me ayudas con el español. Pero después vamos a pasear en coche. Es el fin de semana. Nos toca divertirnos un poco.

Continuación

1. ¿Por qué crees que a Luisa le cuesta trabajo estudiar en los Estados Unidos? Da tres razones *(reasons)*. 2. ¿Qué clase de persona es Pat? ¿Y Luisa? 3. ¿Te gustaría ser un(a) estudiante de intercambio en otro país? Di por qué sí o por qué no. 4. Imagina que eres Luisa. ¿Qué es difícil para ti? Di por qué. 5. ¿Crees que es más fácil hablar una lengua o escribirla? ¿Por qué? 6. ¿Crees que es más fácil escribir en inglés o en español? ¿Por qué? 7. ¿Crees que la profesora de Luisa la va a ayudar? Explica.

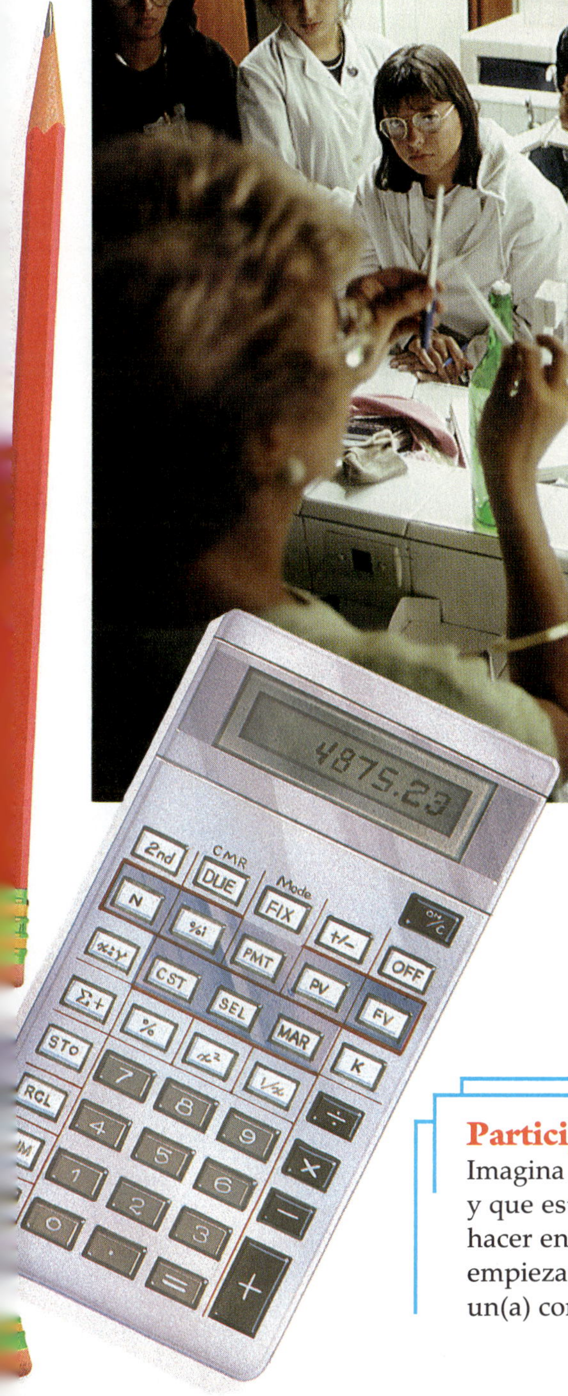

En una clase de física en Buenos Aires, Argentina

Participación

Imagina que un(a) estudiante de intercambio vive con tu familia este año y que estudia en el colegio contigo. Explícale a él o a ella lo que tiene que hacer en el colegio: el horario, cómo son los profesores, la hora en que empiezan las clases, la ropa que debe llevar, etc. Inventa un diálogo con un(a) compañero(a).

EXPLICACIONES I

Uso de los complementos directos e indirectos

◆ COMMUNICATIVE OBJECTIVES

To ask for favors

To respond to requests for favors

To select appropriate gifts

To trade or barter

The following chart shows all of the direct and indirect object pronouns that you have learned in Spanish.

DIRECT OBJECT PRONOUNS				INDIRECT OBJECT PRONOUNS			
SINGULAR		PLURAL		SINGULAR		PLURAL	
me	*me*	nos	*us*	me	*(to/for) me*	nos	*(to/for) us*
te	*you*	os	*you*	te	*(to/for) you*	os	*(to/for) you*
lo	*him* / *you* / *it*	los	*them* / *you*	le	*(to/for) you/ him/her/it*	les	*(to/for) you/ them*
la	*her* / *you* / *it*	las	*them* / *you*				

Un cartel en San Juan, Puerto Rico

Remember that we put object pronouns right before the main verb, or we can attach them to an infinitive.

Saludo a Alicia.	*I'm greeting Alicia.*
La saludo a menudo.	*I greet **her** often.*
Quiero saludar**la.**	*I want to greet **her.***

1 When we use a direct and an indirect object pronoun together, we always put the indirect object pronoun right before the direct object pronoun.

¿Quién te presta la videocinta?	*Who's lending you the videotape?*
Arturo **me la** presta.	*Arturo is lending **it to me.***
¿Quién les enseña español?	*Who's teaching you Spanish?*
La Sra. Ríos **nos lo** enseña.	*Mrs. Ríos is teaching **it to us.***

2 When the indirect object pronoun *le* or *les* comes before the direct object pronouns *lo, la, los,* or *las,* we change *le* or *les* to *se.*

Les describo la casa a los policías.	*I'm describing the house to the police officers.*
Se la describo.	*I'm describing* ***it to them.***
Le explico el problema.	*I'm explaining the problem to him.*
Se lo explico.	*I'm explaining* ***it to him.***

3 Remember that since *le, les,* or *se* can mean "to / for him, her, you, or them," you may need to add the prepositional phrase *a Ud., a él, a ella,* etc., or *a* + a person's name for clarification.

¿A quién le explicas el problema?	*To whom are you explaining the problem?*
Se lo explico **a María.**	*I'm explaining* ***it to María.***
¿Le das las llaves **a ella** o **a él?**	*Are you giving the keys* ***to her*** *or* ***to him****?*
Se las doy **a ella.**	*I'm giving* ***them to her.***
Voy a dár**selas a ella** ahora.	*I'm going to give* ***them to her*** *now.*

4 Notice that when we attach two object pronouns to an infinitive, we must add an accent mark to preserve the original stress.

Alberto necesita el libro.	*Albert needs the book.*
¿Quién **se lo va a prestar**? ¿Quién va a **prestárselo**?	*Who's going* ***to lend it to him****?*

PRÁCTICA

A **¿Me haces un favor?** Imagina que le pides favores a un(a) compañero(a). Sigue el modelo.

envolver un regalo
ESTUDIANTE A *¿Me envuelves un regalo?*
ESTUDIANTE B *Sí, te lo envuelvo.*
o: *No, no te lo envuelvo.*

1. prestar tu videocasetera
2. regalar tu videocinta favorita
3. mostrar las fotos de tus vacaciones
4. dar los apuntes de la clase de química
5. prestar cinco dólares
6. decir el número de teléfono de la alumna nueva
7. vender tu colección de sellos
8. grabar un programa de televisión

B **¿Te lo prestan?** Pregúntale a un(a) compañero(a) si las siguientes personas le prestan cosas cuando se las pide. Tu compañero(a) debe contestar *sí* o *no* y *siempre, nunca* o *de vez en cuando*. Sigue el modelo.

tu amigo(a) / discos
ESTUDIANTE A *¿Tu amigo(a) te presta discos?*
ESTUDIANTE B *Sí, me los presta de vez en cuando.*
o: *No, nunca me los presta.*

1. tu papá / el coche
2. tu mamá / dinero
3. tus compañeros / lápices
4. *(nombre)* / su moto
5. *(nombre)* / su calculadora
6. *(nombre)* / sus anteojos de sol
7. *(nombres)* / ropa
8. tus vecinos / sus videocintas

C **Estudiantes y profesores.** Imagina que un estudiante de intercambio quiere saber qué hacen los profesores de idiomas extranjeros por los estudiantes. Pregunta y contesta según el modelo.

explicar la tarea
ESTUDIANTE A *¿Les explican la tarea a Uds.?*
ESTUDIANTE B *Sí, nos la explican.*
o: *No, no nos la explican.*

1. enseñar las costumbres de otros países
2. contar chistes
3. prestar libros
4. leer cuentos
5. tocar cintas de música
6. dar exámenes a menudo
7. mostrar recuerdos de países extranjeros
8. traducir frases difíciles

D **Favores.** Completa las frases con una de las siguientes combinaciones. Sigue el modelo.

me lo	me la	se lo	se los	nos la
te lo	te la	se la	se las	nos las

Le compré un collar a Diana. Se lo voy a dar esta noche.

1. Si me prestas tu diccionario, _____ devuelvo en media hora.
2. Raúl compró una videocasetera pero dudo que _____ preste a Pablo y a mí.
3. No recibí la carta. Raquel dice que _____ mandó la semana pasada.
4. Cuando Víctor me pide prestadas cosas yo siempre _____ presto.
5. Llevé mi coche a ese mecánico porque Juan _____ recomendó.
6. Sé que Uds. esperan ver el cuadro pero no _____ puedo mostrar hasta el jueves.
7. Ana quiere que le preste mi pulsera pero no _____ voy a prestar.
8. Tenemos ganas de ver tus videocintas. ¿_____ puedes prestar?

E **Regalos para todos.** Imagina que un(a) amigo(a) tuyo(a) compró regalos en México. Mira las dos listas y adivina *(guess)* para quién es cada regalo. Sigue el modelo.

¿Los sellos? Creo que va a dárselos a su primo que tiene una colección de sellos.

1. discos de música mexicana
2. libro sobre las ruinas aztecas
3. flauta de madera
4. blusas mayas
5. un collar de plata
6. estatua de un dios azteca
7. dinero mexicano

su abuela, que colecciona joyas
su novia que siempre lleva ropa interesante
su amiga que es arqueóloga
su vecino que es músico
su profesora, porque tiene mucho interés en el arte mexicano
su hermano, que es aficionado a la música latinoamericana
su tía que colecciona monedas

F **Hablemos de ti.**

1. ¿Quién te enseña español? ¿Quién te dice chismes? ¿A quién le dices chismes tú?
2. Si no estás en clase, ¿quién te presta los apuntes? ¿Le prestas tus apuntes a él (ella)? ¿Le prestas tus apuntes a alguien que te cae mal? ¿Quién te pide prestadas cosas? ¿Cómo te sientes cuando te las pide?
3. ¿Cuál es tu deporte favorito? ¿Prefieres mirarlo o jugarlo? Si sabes jugarlo, ¿quién te lo enseñó? ¿Cuándo? ¿Cuándo lo juegas?

ACTIVIDAD

El intercambio Each student makes a list of three things he or she no longer wants and would like to swap for something someone else has. The object is to find a student who wants what you have to offer and has something that you want to have. For example:

ESTUDIANTE A ¿Quién quiere mi videocinta de *Top Gun*?
ESTUDIANTE B Yo la quiero.
ESTUDIANTE A ¿Qué me das si te la doy?
ESTUDIANTE B Varias botellas de mi colección.
ESTUDIANTE A Bien, te la doy.
o: No, no te la doy. No colecciono botellas.

Continue until each student has had an opportunity to exchange at least two things.

◆ COMMUNICATIVE OBJECTIVE

To describe oneself or others

PALABRAS NUEVAS II

¡Hola amigos!

CONTEXTO NARRATIVO

tad- ción = fem

Tres de nuestros nuevos estudiantes de intercambio quieren que los conozcamos mejor. Por eso nos escribieron estas biografías cortas.

1 ¡Hola! Soy Mónica Benavídez, colombiana de dieciséis años, y hace un mes que estoy en este colegio. Vivo en **las afueras** de la ciudad. No tengo muchas **dificultades** en **acostumbrarme a** los Estados Unidos pero hay algunas cosas que me parecen extrañas, por ejemplo las chicas aquí juegan al fútbol americano. ¡Qué raro! Creo en **la igualdad** y soy muy **independiente.** Pero me cuesta trabajo imaginarme como jugadora de ese deporte. Prefiero pasarlo bien con otros deportes.

las afueras *outskirts, suburbs*
la dificultad *difficulty*
acostumbrarse a *to get (be) used to*
la igualdad *equality*
independiente *independent*

2 Me llamo Roberto Quintana. Soy de un pueblo pequeño cerca de Quito, en el Ecuador. Aunque extraño un poco las costumbres **típicas** de mi país, me gusta mucho vivir en los Estados Unidos. **Desde que** llegué, a veces **dependo de** mis amigos norteamericanos para entender las explicaciones de los profesores porque no domino el inglés. **En cuanto a** la familia con quien vivo, sólo puedo decir que son maravillosos y que me tratan con mucho cariño.

típico, -a *typical*
desde (que) *since*
depender de *to depend on*
en cuanto a *as for, regarding*

3 Soy Eva Medina de la República Dominicana. Me acostumbré rápidamente a la vida **diaria** de este país. Me llevo bien con todas mis nuevas amigas y las saludo con **un abrazo.** En cuanto a los deportes, no doy opiniones, o **mejor dicho,** no los discuto ni con Mónica ni con Roberto. **Por ahora,** saco buenas notas, aun en la clase de inglés. Me gusta pasear y también participo en las actividades después de las clases.

diario, -a *daily*
el abrazo *hug, embrace*
mejor dicho *rather*
por ahora *for now, for the time being*

PRÁCTICA

A En tu opinión. Usa frases de las dos columnas para hacer preguntas. Por ejemplo:

ESTUDIANTE A *En tu opinión, ¿es importante ayudar con los quehaceres diarios?*
ESTUDIANTE B *Sí, porque . . .*
o: *No, porque . . .*

¿Es difícil	acostumbrarte a nuevas ideas?
¿Es importante	depender de alguien?
¿Es bueno	estudiar todos los días?
¿Te gusta	ayudar con los quehaceres diarios?
¿Es necesario	obtener igualdad para todos?
¿Es fácil	recibir un abrazo cuando te sientes triste?
¿Te gustaría	ser independiente?
	evitar dificultades?
	vivir en las afueras?

B ¡Tantos quehaceres! Imagina que eres estudiante de intercambio. La madre de tu nueva familia les pide a sus hijos y a ti que limpien la casa. Ella siempre usa estas expresiones:

por ahora en cuanto a(l) desde (que)

Usa la expresión correcta para completar cada frase.

1. Esta tarde vamos a limpiar la cocina. _____ vamos a comenzar con la sala.
2. _____ esa alfombra, no usen la aspiradora para limpiarla.
3. Hay algunas cajas que están en el sótano _____ abril. Las necesito ahora. ¿Me las pueden traer, por favor?
4. Tenemos que comprar cortinas nuevas, pero _____ sólo vamos a lavar éstas.
5. Hagan todo en la cocina: laven los platos, limpien la estufa y el refrigerador y _____ microondas, déjenlo para mí.
6. _____ comedor, limpien la mesa y las sillas y barran el suelo.
7. _____ mi tío trabajó en el garaje hay mucho desorden allí. Límpienlo, por favor.

Dos jóvenes preparando una ensalada

LECTURA 1

APLICACIONES

Mi familia norteamericana

ANTES DE LEER Responde a las siguientes preguntas que te van a preparar para la lectura.

1. Imagina que un estudiante de intercambio de otro país viene a vivir con tu familia y que en este momento está escribiendo su primera carta a su familia. ¿Qué crees que le escribe a su familia?
2. ¿Es fácil o difícil para un estudiante extranjero vivir en la casa de una familia norteamericana? ¿Por qué?
3. Cuenta qué cosas encontraría *(would find)* diferentes un estudiante extranjero en los Estados Unidos.

Alberto, un estudiante de intercambio del Perú, le escribe a su familia por primera vez desde que llegó a los Estados Unidos.

Querida familia:

Los Stewart me esperaron en el aeropuerto. Vinieron todos: el papá, la mamá, los hijos Susan y Josh, y "Bandit," el perro, que ya es mi amigo. Es un San Bernardo gigante, casi tan grande como yo, y pesa alrededor de 80 kilos.

Me llevo muy bien con todos, pero especialmente con Josh. Somos de la misma edad y hablamos mucho de lo que tenemos en común. Claro que también discutimos cuando no estamos de acuerdo. Ya saben que me encanta discutir y, aun con el poco inglés que hablo, me defiendo bastante bien. Josh quiere que le dé lecciones de español porque piensa ir algún día a la América del Sur.

En cuanto a las costumbres, la vida aquí es muy diferente y no es fácil acostumbrarse. La gente va en coche a todas partes. Las distancias son enormes, pero aunque el supermercado está a diez minutos a pie, nadie camina. La mamá es ingeniera y el papá es abogado; los dos viajan una hora cada día para llegar a sus oficinas en la ciudad. Creo que viven más en sus coches que en sus casas.

Los norteamericanos trabajan mucho. Incluso[1] en los ratos libres siempre están ocupados. En las vacaciones de verano todos los jóvenes trabajan. Susan es vendedora en una tienda y Josh trabaja en una estación de servicio. Y aun durante el año escolar, muchos jóvenes trabajan por las tardes después de las clases y los sábados. Es asombroso. Parece que nunca dejan de ganar dinero.

---

[1]**incluso** = aun

Los Stewart, igual que[2] nosotros, son muy unidos. Pero son todos muy independientes también. Por ejemplo, los abuelos viven en otro estado, y Susan piensa ir a la universidad también en otro estado. Es increíble que padres e hijos vivan en estados diferentes, ¿verdad?

Los Stewart no tienen criada. En los Estados Unidos no es costumbre tener criada. Todos comparten los quehaceres. A mí me toca lavar los platos los fines de semana, hago mi cama todos los días y lavo y plancho mi ropa. Estarás contentísima, mamá. Aprendí a preparar hamburguesas. Todos dicen que son sabrosas, pero creo que le gustan a "Bandit" más que a nadie.[3] Él come las sobras[4] de todos, ¡y más! Tenemos que tener cuidado, si no, no comemos nosotros.

Abrazos y besos a todos,

Alberto

---

[2]**igual que** *the same as* [3]**más que a nadie** *more than anyone*
[4]**las sobras** *leftovers*

Continuación

1. ¿Crees que Alberto se siente bien con la familia Stewart?
2. ¿Habla Alberto bien el inglés? ¿Cuánto tiempo crees que se necesita *(is needed)* para dominar una lengua?
3. ¿Por qué le sorprende a Alberto que la gente siempre vaya en coche a todas partes?
4. ¿En qué se parecen la familia de Alberto y la familia Stewart?
5. ¿Qué es lo que no es costumbre en los Estados Unidos?
6. ¿Cuáles son las cosas que le sorprenden a Alberto en cuanto a la vida en los Estados Unidos?
7. ¿Crees que los Stewart son una familia típica? ¿Por qué sí o por qué no?

Cocinando en Colombia

EXPLICACIONES II

Mandatos con los complementos directos e indirectos

◆ COMMUNICATIVE OBJECTIVES

To ask for and give advice

To hold a job as a waiter or salesclerk

To gossip or warn people about others

To tell what others are like

1 Remember that we attach object pronouns to affirmative commands. When we use two object pronouns we attach both of them to the affirmative command form. The indirect object pronoun goes before the direct object pronoun, and we change *le* and *les* to *se* before the direct object pronoun *lo, la, los,* or *las.*

Mándame la carta, José.	***Send me*** *the letter, José.*
Por favor, **mándamela** hoy.	*Please* ***send it to me*** *today.*
Léele el telegrama **a Alicia.**	***Read*** *the telegram* ***to Alicia.***
Léeselo ahora, por favor.	***Read it to her*** *now, please.*
Uds. pueden **decirme** la verdad.	*You can* ***tell me*** *the truth.*
Díganmela, por favor.	***Tell it to me,*** *please.*

Note that we must write an accent mark on the command form to keep the original stress.

2 Remember that we always put object pronouns before the verb in negative commands. Again, the indirect object pronoun goes before the direct.

No quiero camisas rojas.	*I don't want any red shirts.*
Por favor, no **me las** compres.	*Please don't buy* ***them for me.***
Te voy a contar un secreto.	*I'll tell you a secret.*
No **se lo** digas **a nadie.**	*Don't tell* ***it to anybody.***
No le escriba la carta a Mario.	*Don't write the letter to Mario.*
No **se la** escriba, por favor.	*Please don't write* ***it to him.***

3 When *se* is attached to affirmative *nosotros* commands, one *s* is dropped. For example:

Demos + se + lo = **Démoselo**

¿El disco? **Démoselo.**	*The record?* ***Let's give it to him.***
Ellos tienen la llave.	*They have the key.*
Pidámosela.	***Let's ask them for it.***

PRÁCTICA

A **Dime, por favor.** Imagina que hay una estudiante nueva en tu colegio y que te hace algunas preguntas. Dale consejos según el modelo.

> ¿Les compro una merienda a mis amigos?
> *Sí, cómprasela.*
> o: *No, no se la compres.*

1. ¿Le pido el dinero a Clara?
2. ¿Les compro los discos a Paco y a Ramón?
3. ¿Le pido prestadas las diapositivas al Sr. Montoya?
4. ¿Te muestro mis respuestas?
5. ¿Les presto mis apuntes a los otros estudiantes?
6. ¿Les traigo mis videocintas a Uds.?
7. ¿Le regalo un lápiz de labios a Clara?
8. ¿Le doy mi número de teléfono a Luis?

B **¡Buen provecho!** Imagina que estás en un bonito café de San Juan, Puerto Rico. Haz el papel de camarero(a) mientras un(a) compañero(a) hace el papel de cliente. Sigue el modelo.

> traer una limonada
> ESTUDIANTE A *¿Le traigo una limonada?*
> ESTUDIANTE B *Sí. Tráigamela, por favor.*
> o: *No, no me la traiga.*

1. preparar una mesa en el patio
2. encender la luz
3. buscar una silla más cómoda
4. servir agua mineral
5. decir los platos del día
6. mostrar el menú de postres
7. dar una servilleta limpia
8. traer un café
9. traer la cuenta
10. llamar un taxi

Jóvenes en un café en Guadalajara, México

C **¡Ayúdame, por favor!** Es junio y un estudiante de intercambio se prepara para volver a su país. Sus amigos quieren ayudarlo. Usa el subjuntivo para preguntar, y contesta con un mandato. Sigue el modelo.

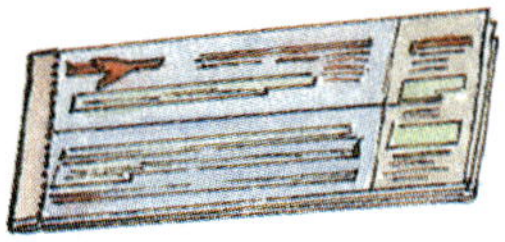

buscar

ESTUDIANTE A *¿Quieres que te busque el boleto?*
ESTUDIANTE B *¡Ah, sí! Por favor, búscamelo.*
o: *No, gracias. No me lo busques.*

1. limpiar

2. comprar

3. regalar

4. dar

5. buscar

6. devolver

7. planchar

8. hacer

9. mandar

D **Más consejos para la estudiante nueva.** Marta conoce muy bien a sus compañeros de clase y a sus profesores pero la estudiante nueva todavía no los conoce bien. ¿Qué le recomienda Marta que haga—o que no haga—en las siguientes situaciones? Por ejemplo:

La Sra. Rivera es muy paciente. Si necesitas ayuda, _____. (pedir)
La Sra. Rivera es muy paciente. Si necesitas ayuda, pídesela.
Enrique es muy rico. Si te pide dinero, _____. (dar)
Enrique es muy rico. Si te pide dinero, no se lo des.

1. José es muy tacaño. Si necesitas dinero, _____. (pedir)
2. David siempre cuenta chismes. Si tienes un secreto, _____. (decir)
3. Mariana y Clara son muy perezosas. Si te piden que les hagas algo, _____. (hacer)

4. La Srta. Clark es muy exigente. Si te pide la tarea, _____. (dar)
5. Paco siempre tiene mucho cuidado. Si te pide prestado un disco, _____. (prestar)
6. El profesor de química es muy distraído. Si olvida tu nombre, _____. (repetir)
7. Pedro es muy antipático. Si estás con tus amigos y lo ves, _____. (presentar)
8. César es muy generoso. Si necesitas unas cintas, _____. (pedir)

E **¿Qué hacemos?** Pilar no sabe si debe hacer las siguientes cosas o no. Ayúdala a decidir. Sigue los modelos.

El pobre Carlos está muy ocupado con su composición de inglés. ¿Le llevamos la merienda?
Sí, llevémosela.
La fiesta de cumpleaños de Ana va a ser una sorpresa y no le gustan las sorpresas. ¿Se lo decimos?
No, no se lo digamos.

1. La parrilla de los abuelos está rota. ¿Se la reparamos?
2. Hace tiempo que mamá quiere un microondas. ¿Le regalamos éste?
3. Papá no sabe que tiene un recado. ¿Se lo decimos?
4. Alfredo dice que quiere mejorar su inglés. ¿Le presentamos a la estudiante de intercambio?
5. Pedro necesita la videocasetera que nos prestó. ¿Se la devolvemos?
6. Nosotros tenemos las máquinas que necesita Víctor, pero él nunca acepta nada. ¿Se las ofrecemos?
7. A Carlos le interesan los carteles. ¿Se los mostramos?
8. Miguel frecuentemente no dice la verdad. Lo que nos dijo ayer es muy raro. ¿Se lo creemos?

Mirando vitrinas en Lima, Perú

F **¡Préstamela!** Habla con un(a) compañero(a) sobre las siguientes cosas. Usa verbos de la lista para decirle lo que quieres que te haga en cuanto a estas cosas. Por ejemplo:

contar	explicar	prestar
dar	hacer	regalar

la máquina de escribir
Préstamela, por favor.

1. una videocinta nueva
2. los quehaceres de la casa
3. la tarea de la clase de inglés
4. diez dólares
5. sus zapatos favoritos
6. el problema difícil de matemáticas
7. su tocadiscos
8. el chisme

G **Hablemos de ti.**

1. Si le dices algo a un(a) amigo(a) y no quieres que nadie lo sepa, ¿qué le dices a tu amigo(a)?
2. Si quieres que tu madre te preste su coche, ¿qué le dices?
3. Cuando alguien te presenta a otra persona y no oyes su nombre, ¿qué le dices?
4. Cuando alguien te pide prestado algo y quieres que te lo devuelva, ¿qué le dices?

Mandatos con los pronombres reflexivos

◆ COMMUNICATIVE OBJECTIVES

To ask for and give advice

To tell people what to do and what not to do

As with other object pronouns, reflexive pronouns are attached to the end of affirmative commands and come right before the verb in negative commands. The reflexive pronoun comes before another object pronoun.

Ponte los zapatos. **Póntelos** ahora.	***Put on*** *your shoes.* ***Put them on*** *now.*
No te cortes el pelo. **No te lo cortes,** por favor.	***Don't cut*** *your hair.* ***Don't cut it,*** *please.*
Señorita, **pruébese** la falda. **Pruébesela** con esta blusa.	*Miss,* ***try on*** *the skirt.* ***Try it on*** *with this blouse.*
No se quiten el suéter. **No se lo quiten.**	***Don't take off*** *your sweaters.* ***Don't take them off.***

Remember that when we add the reflexive pronoun *nos* to an affirmative *nosotros* command, we drop the final *s* of the command.

Pongámonos los zapatos.	***Let's put on*** *our shoes.*
Pongámonoslos.	***Let's put them on.***

PRÁCTICA

¿Sí o no? Toda la familia va a un restaurante. Mientras se visten, Verónica tiene que darle muchos consejos a su hermana menor. Pregunta y contesta según los modelos.

ponerse los zapatos de tenis
ESTUDIANTE A *¿Me pongo los zapatos de tenis?*
ESTUDIANTE B *¡Ay, no! No te los pongas.*

ponerse el vestido nuevo
ESTUDIANTE A *¿Me pongo el vestido nuevo?*
ESTUDIANTE B *Sí, póntelo.*

1. ponerse los jeans viejos
2. cepillarse los dientes
3. limarse las uñas
4. ponerse maquillaje
5. limpiarse los zapatos
6. cepillarse el pelo
7. lavarse las manos
8. quitarse los zapatos

ACTIVIDAD

Dáselo a ella Form small groups and choose one person to be the leader. The leader starts by giving a command to the whole group, such as: *Tomen un lápiz en la mano.* The leader continues by giving commands either to individuals (for example: *Dáselo a ella)* or to the whole group *(Pónganlo en la otra mano).* Anyone who follows a command incorrectly is out for that round. Play until just one person is left. That person becomes the leader for the next round.

Un grupo de jóvenes en San José, Costa Rica

LECTURA 2

APLICACIONES

¡Bienvenido a los Estados Unidos de América!

ANTES DE LEER

A. Responde a las siguientes preguntas que te van a preparar para la lectura.
   1. Podemos hablar no sólo con palabras sino también con señales de la mano o con movimientos del cuerpo. Da un ejemplo de una de esas señales.
   2. ¿Qué señal le das a una persona cuando estás impaciente? ¿Y cuando estás aburrido(a)?
   3. Por lo general, cuando hablas con alguien ¿prefieres estar muy cerca de él o ella o no?
   4. Muchas veces la situación nos dicta *(dictates)* cómo debemos hablar con otros. En general, ¿cómo saludas a tus amigos? ¿A tus profesores? ¿Y a un(a) extranjero(a)?

B. Lee la lectura rápidamente para obtener una idea general y buscar algunos datos *(facts)* o palabras.
   1. ¿Para quién es la lectura?
      a) los norteamericanos b) los extranjeros c) los niños bilingües
   2. ¿Qué te indica el título de la lectura?
   3. Lee la línea 13. Da un ejemplo de "conducta no verbal."

C. Contesta las siguientes preguntas que te van a ayudar a comprender el vocabulario.
   1. En la lectura hay unas palabras que son de la misma familia que otras palabras que tú conoces. *Estadounidense,* por ejemplo, quiere decir una persona que es de los Estados Undios. ¿Qué palabras conoces de la misma familia que las palabras siguientes: *malentendido, irrespetuosa, mundial, acercarse, importancia, asegurarse*?
   2. Hay varias palabras en la lectura que tienen cognados *(cognates)* en inglés. ¿Cuáles crees que son los cognados de *errónea, insultante, cometer un error, utiliza, movimientos, físico, iniciativa, recientemente, transporte, congestionadas, ofensivo, perspectiva*?

(derecha) En Madrid, España;
(abajo, izquierda y derecha) En Cali, Colombia

Mirar a una persona a los ojos, reírse de cierto modo o hacer una señal con la mano tienen significados diferentes para personas de culturas diversas. Muchos malentendidos[1] entre personas de culturas diferentes ocurren simplemente porque el significado de un gesto[2] o modo de comportamiento[3] se interpreta en forma errónea.[4] Una de las mejores maneras[5] de reducir estos malentendidos es recordar que la gente no actúa[6] de forma insultante o irrespetuosa hacia[7] los demás, especialmente hacia los extranjeros o los turistas, a propósito.[8] Por eso, si Ud. tiene la impresión de que un estadounidense lo desprecia[9] o no actúa como Ud. cree que debe actuar, probablemente Ud. comete un error de interpretación. Las costumbres que son naturales en los Estados Unidos pueden no estar de acuerdo a las reglas y expectativas[10] de la cultura del país de donde Ud. viene.

La conducta no verbal utiliza la voz y movimientos del cuerpo no siempre comunes a otras culturas. Por ejemplo, en los Estados Unidos hay me-

---

[1]**el malentendido** *misunderstanding* [2]**el gesto** *gesture* [3]**el comportamiento** *behavior, behaving* [4]**se interpreta en forma errónea** *is interpreted wrongly* [5]**la manera** = el modo [6]**actuar** *to act* [7]**hacia** *toward* [8]**a propósito** *on purpose* [9]**despreciar** *to snub, to be rude to* [10]**la expectativa** *expectation*

nos libertad[11] para el contacto físico entre personas del mismo sexo. Las mujeres unas con otras[12] tienen más libertad que los hombres, pero a diferencia de[13] otros países, es muy raro ver a las mujeres caminar del brazo.[14] Los hombres tienen muy poco contacto físico entre sí.[15]

En los Estados Unidos se acostumbra a entrar en contacto directo con otra persona al saludarse o despedirse. Los hombres se dan la mano. Si son buenos amigos y hace tiempo que no se ven, pueden darse un corto abrazo. Las mujeres pueden besarse en una o ambas[16] mejillas[17] (o sólo tocarse[18] las mejillas y besar al aire) si esto es común en su círculo social. Para el hombre y la mujer, es tradicional que se den la mano sólo si la mujer toma la iniciativa. Recientemente, los hombres pueden tomar la iniciativa al dar la mano. Un corto beso en la mejilla o un abrazo entre amigos o parientes de sexo opuesto[19] es cada vez más[20] común también.

Cuando están conversando, los estadounidenses generalmente se mantienen a medio metro de distancia uno de otro, y se miran a los ojos con frecuencia, pero no constantemente. Ud. debe saber que en los Estados Unidos la gente se siente incómoda inmediatamente si alguien se le acerca[21] mucho. Sin embargo,[22] en los vehículos de transporte público durante las horas congestionadas, las personas pueden estar muy cerca unas de otras, e ignorarse completamente.

Los estadounidenses se sienten muy incómodos también cuando una persona los mira insistentemente a los ojos; al mismo tiempo, sospechan de[23] las personas que nunca los miran a los ojos. En general, las reglas de contacto visual parecen ser éstas: cuando Ud. escucha, Ud. debe mirar a los ojos de la persona que habla (o, al menos mirarle a la cara). Cuando Ud. habla, tiene más libertad para mirar en otra dirección (algunos extranjeros consideran esto ofensivo), aunque debe mirar a su interlocutor[24] de vez en cuando para asegurarse de[25] que entiende lo que Ud. le dice.

Hasta hace poco,[26] el poder[27] económico, político y militar consideraba que no era muy importante para la mayor parte de[28] los estadounidenses conocer las costumbres de otros países y culturas. Ahora es ya evidente la importancia de una perspectiva mundial.[29] Mientras Ud. esté en nuestro país, va a tener la oportunidad de conocer mejor a los Estados Unidos y a su gente. Y esperamos que, mientras esté aquí, nos ayude a conocer mejor a su país y a su cultura. Es una buena oportunidad tanto para nosotros como para Ud.

---

[11]**la libertad** *freedom* [12]**unas con otras** *with each other* [13]**a diferencia de** *unlike* [14]**del brazo** *arm in arm* [15]**entre sí** *among one another* [16]**ambos, -as** *both* [17]**la mejilla** *cheek* [18]**tocar** here: *to touch* [19]**opuesto, -a** *opposite* [20]**cada vez más** *more and more* [21]**acercarse** *to get close to* [22]**sin embargo** = pero [23]**sospechar de** *to suspect, to be suspicious of* [24]**el/la interlocutor -a** *partner in conversation* [25]**asegurarse** *to make sure* [26]**hasta hace poco** *until a little while ago* [27]**el poder** *the authorities* [28]**la mayor parte de** = la mayoría de [29]**mundial** *global*

Continuación

Contesta las preguntas.

1. La conducta no verbal . . .
   a) es la misma para todo el mundo.
   b) tiene un significado diferente para personas de culturas diferentes.
   c) no es necesario al hablar con un extranjero.
2. Según el autor, ¿por qué hay tantos malentendidos entre personas de culturas diferentes?
3. ¿Cómo es posible reducir los malentendidos?
4. En general en los Estados Unidos, ¿quiénes tienen más libertad unos con otros para el contacto físico—los hombres o las mujeres?
5. Según el autor, ¿cuándo se dan un corto abrazo los hombres?
6. ¿Cómo se siente un estadounidense cuando alguien está muy cerca de él o ella? Pensando en tu propia experiencia, ¿crees que es verdad?
7. Según el autor, ¿qué debes hacer para averiguar que tu interlocutor(a) te entiende? ¿Estás de acuerdo con eso?
8. Cuando una persona te mira insistentemente a los ojos, ¿cómo te sientes?
9. ¿Cuáles son otras señales que usamos con frecuencia?
10. ¿Crees que el autor ofrece buenos consejos para los estudiantes de intercambio? Explica.

Estudiantes en Buenos Aires, Argentina

Participación

Con un(a) compañero(a), escribe tu propia guía de consejos para los estudiantes de intercambio. Luego, compara tu guía con las de tus compañeros y haz una guía completa para toda la clase. Guárdala *(keep it)* por si acaso un(a) estudiante de intercambio visita tu escuela.

APLICACIONES

REPASO

Mira con cuidado las frases modelo. Luego cambia las frases que siguen al español según los modelos.

1. *Miguel, un hombre de negocios argentino, se lleva bien con sus clientes franceses.*
   (María, a Chilean flight attendant, gets along well with my older brother.)
   (Andrés, a Bolivian computer programmer, gets along well with his Peruvian neighbors.)
   (Mario, a Spanish weightlifter, does not get along well with his new coach.)
2. *Todavía no conoce las costumbres, pero su amiga Lola se las enseña.*
   (They still don't understand the difficulties, but their boss José is explaining them to them.)
   (We still don't have the VCR, but our friend Ramón is bringing it to us.)
   (He still doesn't understand the difference, but his sister Juanita is explaining it to him.)
3. *A nosotros nos gusta la sopa fría y ellos tienen la oportunidad de servírnosla a menudo.*
   (They like odd machines and we often have the chance to show them to them.)
   (She likes old videotapes and he sometimes has the time to show them to her.)
   (You (fam.) *love strange customs and they sometimes have the chance to explain them to you.)*
4. *"Esas joyas están perdidas. Búscamelas, por favor," dice Mario.*
   ("Those cakes are ready. Bring them to us, please," say the girls.)
   ("That microwave is broken. Repair it for her, please," I say.)
   ("That pot is empty. Return it to them, please," says George.)
5. *"¿Más chistes? No se los digas a ella," dice mamá.*
   ("More difficulties? Don't explain them to me," I say.)
   ("More documents? Don't translate them for her," we say.)
   ("More programs? Don't record them for us," we say.)

Una familia comiendo en casa

TEMA

Escribe las frases en español.

1. Raquel, a Mexican exchange student, gets along well with her North American family.

2. She still does not speak English fluently, but the daughter Ann is teaching it to her.

3. The family loves Mexican food and Raquel has the opportunity to prepare it for them often.

4. "These tortillas are cold. Heat them for me, please," says Raquel.

5. "More burritos? Don't give them to me," says Mom.

REDACCIÓN

Ahora escoge uno de los siguientes temas para escribir tu propio diálogo o párrafo.

1. Write a dialogue about the dinner. Cover the following situations: the father tells Raquel that the dinner is delicious; the family members ask one another about certain items of food; the sister asks Raquel who taught her to cook; the mother asks her what else she likes to cook; the sister asks her what desserts she likes to make.
2. In a paragraph describe what the family does after dinner.
3. Write a paragraph about preparations for a dinner where something unusual happens and the meal is a disaster.

COMPRUEBA TU PROGRESO CAPÍTULO 4

A ¿Qué palabra?

Completa cada frase con la palabra apropiada de la lista.

abrazo	diarios
acostumbrarme	igualdad
afueras	independiente

1. Éste es uno de tus quehaceres _____.
2. Cuando volví, me saludó con un _____.
3. En las _____ hay mucho menos tráfico.
4. Él cree en la _____. Piensa que todos deben tener las mismas oportunidades.
5. Juanito es una persona muy _____.
6. No puedo _____ a este calor.

B ¿A quién?

Completa las frases con los pronombres correctos. Sigue el modelo.

No le puedo reparar la máquina ahora.
Se la reparo mañana.

1. Le cuento todos mis problemas a Sara. Nunca _____ cuento a José.
2. Mi hermana siempre me presta dinero. Mi hermano no _____ presta nunca.
3. La profesora de ciencias nos explica bien la lección. Su ayudante no _____ explica muy bien.
4. El Sr. Ríos acaba de explicarme el aviso. ¿Por qué no _____ explicó antes?
5. Le escribo cartas a mi tío todas las semanas. _____ escribo a máquina.
6. No puedo darte los formularios ahora. Si quieres, _____ doy esta tarde.

C ¿Quién te los compró?

Haz preguntas según el modelo.

¿Para mí?
¿Quién me la compró?

1. ¿Para Ud.?

2. ¿Para nosotros?

3. ¿Para Federico?

4. ¿Para Ana y Luisa?

5. ¿Para mí?

6. ¿Para ti?

D Háganlo

Usa mandatos afirmativos con *tú, Ud.* o *Uds.* para decir qué deben hacer las siguientes personas. Sigue el modelo.

¿No le llevaste el periódico a María?
Llévaselo, por favor.

1. ¿Ud. no se probó las sandalias?
2. ¿Uds. no les explicaron los recados a sus parientes?
3. ¿No nos contaste la historia?
4. ¿No te quitaste el sombrero todavía?
5. ¿Ud. no le dio el cheque al cajero?
6. ¿Uds. no me compraron las manzanas?
7. ¿No le pediste la falda a Ana?
8. ¿Ud. no le vendió el secador a Diego?

E Más mandatos

Usa un mandato negativo con *Ud.* para responder a cada pregunta. Sigue el modelo.

¿Le leo las noticias?
No, no me las lea.

1. ¿Les preparo el desayuno a Uds.?
2. ¿Le explico la tarea a él?
3. ¿Les preparo la comida a ellas?
4. ¿Les sirvo el café a Uds.?
5. ¿Les pinto el cuarto a ellas?
6. ¿Le presto los instrumentos a Ud.?
7. ¿Le hago la cama al visitante?
8. ¿Le muestro las joyas a Teresa?

VOCABULARIO DEL CAPÍTULO 4

Sustantivos
el abrazo
las afueras
el centro comercial
la costumbre
la criada
la dificultad
la edad
el/la estudiante de intercambio
la igualdad
la máquina
el microondas, *pl.* los microondas
la oportunidad (de)
el quehacer
el rato
la risa
la videocasetera
la videocinta

Adjetivos
diario, -a
independiente
raro, -a
típico, -a
unido, -a

Adverbio
desde (que)

Verbos
acostumbrarse a
arreglar *(to arrange)*
depender de
imaginarse
pasear
tratar

Expresiones
defenderse (e → ie) (en una lengua)
dominar (una lengua)
en cuanto a
llevarse bien (con)
mejor dicho
¿para qué sirve(n)?
por ahora
por si acaso
los ratos libres
servir para
tener en común
tocarle (a uno)

CAPÍTULO 5

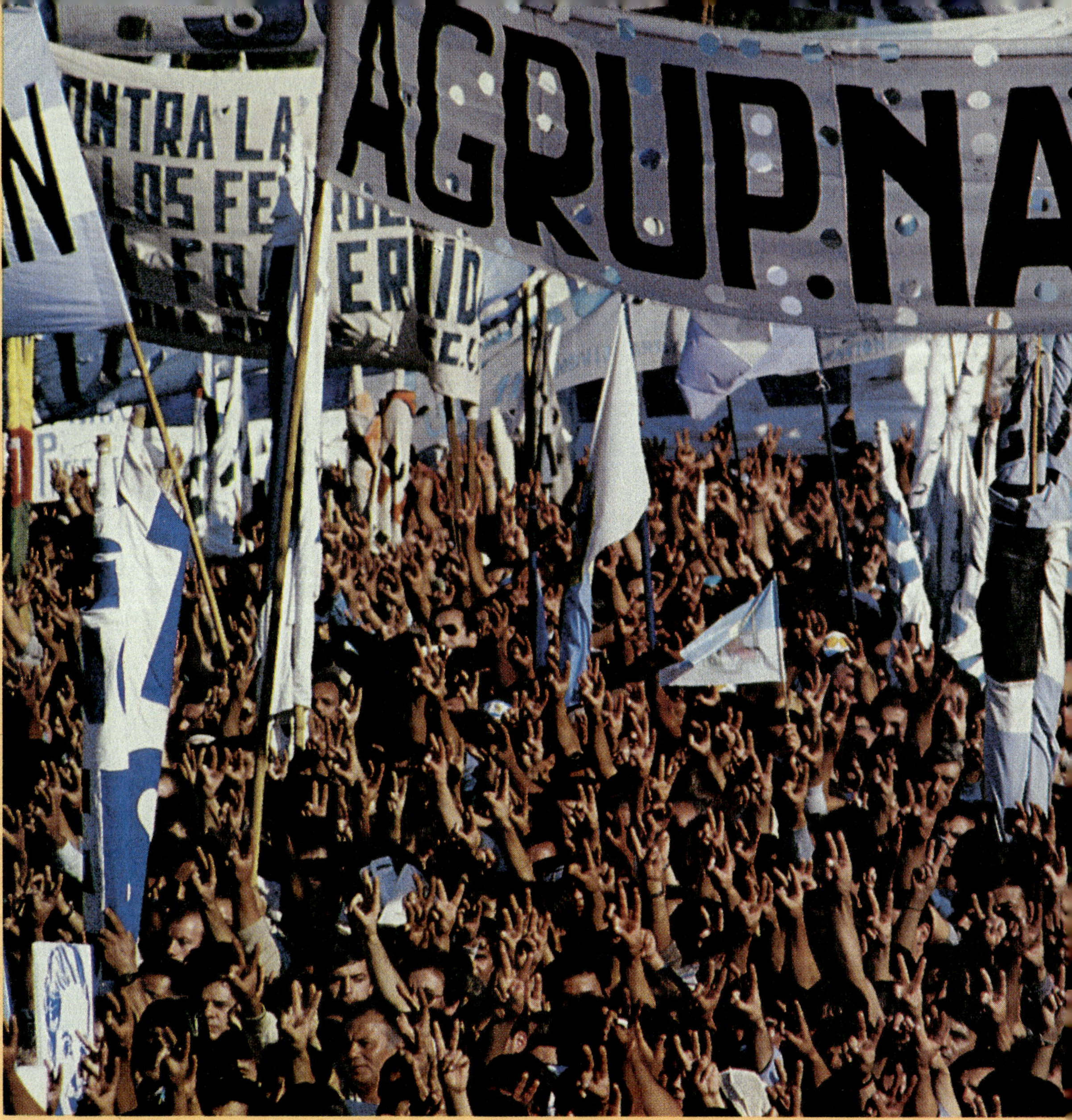

PRÓLOGO CULTURAL | LA POLÍTICA

La política les interesa mucho a los latinoamericanos. Su participación en la vida política es tradicional desde tiempos coloniales. En esos tiempos la gente expresaba sus opiniones en los cabildos abiertos, que eran parecidos a los *town hall meetings* norteamericanos. Con el retorno a la democracia en la Argentina en 1983, después de siete años de dictadura *(dictatorship)* militar, manifestaciones *(rallies)* políticas como ésta en Buenos Aires son frecuentes en todo el país.

La foto de arriba
Hay varios modos de participar en la política de un país. Algunas personas son políticas; otras toman parte en manifestaciones. El modo más sencillo de participar en la política es a través del *(through)* voto. Este botón recomienda a los hispanos en California que voten.

La foto de abajo
Desde 1975 España tiene una monarquía parlamentaria que consiste en un rey, un primer ministro y el parlamento. Aquí el parlamento se reúne en las Cortes en Madrid.

◆ COMMUNICATIVE OBJECTIVES

To ask for someone's opinion or advice

To disagree strongly

To complain or pout

To organize a group for a specific purpose

To comment on fashion, hairstyles, etc.

To interview someone

CONTEXTO VISUAL

PALABRAS NUEVAS I

Los tiempos en que vivimos

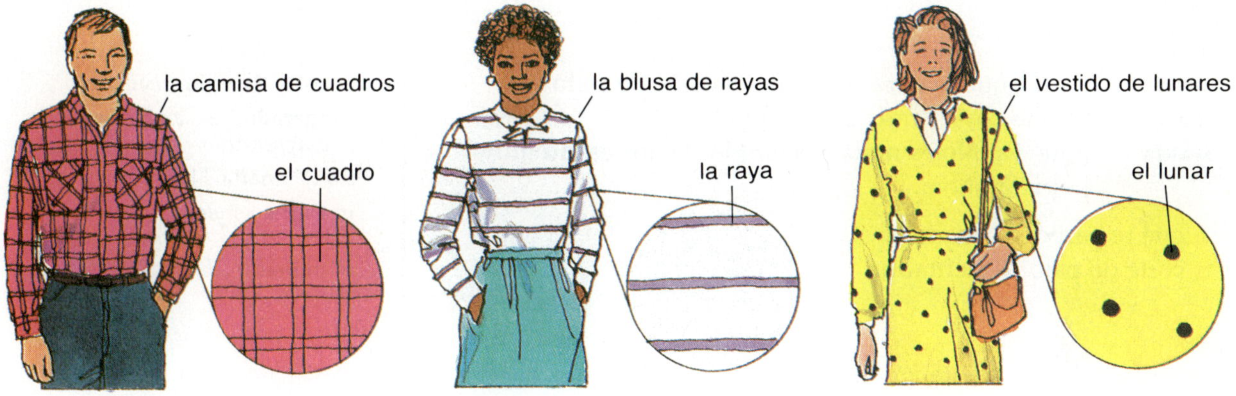

CONTEXTO COMUNICATIVO

1 CLAUDIA Por fin voy a **realizar** mi sueño de escribir un libro. Ya lo empecé.
ESTEBAN ¿Qué **tipo** de libro estás escribiendo?
CLAUDIA Una novela. **Se trata de** la vida de una joven en Lima.
ESTEBAN ¿Es alguien que yo conozco?
CLAUDIA No, no **tiene** nada **que ver con** personas verdaderas.

Variaciones:
- tipo → clase
- se trata de → es sobre

realizar *to accomplish, to carry out*
el tipo = la clase
tratarse de *to be about, to deal with*
tener que ver con *to have to do with*

2 OLGA Abuelo, ¿qué piensas de **la juventud actual**?
ABUELO **En realidad,** no la entiendo. Estoy seguro de que tiene buenos **sentimientos** pero algunas de sus ideas me parecen muy **avanzadas.**

- la juventud actual → los jóvenes de hoy
  la → los
  tiene → tienen
- en realidad → la verdad es que

la juventud *youth*
actual *present-day, of today*
en realidad *actually, really*
el sentimiento *sentiment, feeling*
avanzado, -a *advanced, progressive*

3 RAMÓN **Actualmente,** los políticos **se encuentran** en un momento difícil.

SONIA ¿Por qué dices eso?

RAMÓN Siempre tienen que mostrar a la gente una buena **imagen.**

- actualmente → en este momento
- se encuentran en → pasan por

actualmente *at the present time, nowadays*

encontrarse (o → ue) *to find oneself, to be found, to be located*

la imagen, pl. **las imágenes** *image, picture*

4 MARÍA Juan, ¿qué te parece mi nuevo **corte de pelo**?

JUAN ¿No te parece muy **exagerado**?

MARÍA ¡Qué va! **No** es **nada** exagerado. Es **un estilo** muy popular ahora.

- qué te parece → te gusta
- corte de pelo → **peinado**

el corte de pelo *haircut*

exagerado, -a *excessive, exaggerated*

no . . . nada here: *not at all*

el estilo *style*

el peinado *hairstyle, hairdo*

5 MÓNICA ¡Mamá, no tengo nada que ponerme!

MAMÁ ¡Ay, hija! Tienes muchos vestidos bonitos. ¿Por qué no te pones éste?

MÓNICA No me gusta. Es **de un solo color** y también está **pasado de moda.**

- muchos vestidos → el armario lleno de vestidos
- de un solo color → de muchos colores
- de un solo color → de lunares

de un solo color *just one color, solid-colored*

pasado, -a de moda *old-fashioned, out of style*

6 PEDRO ¿Vas a la capital para **protestar contra** el nuevo cohete?

JOSÉ ¿Qué cohete?

PEDRO ¿No oíste las noticias? **El presidente** dijo que van a **lanzar** otro cohete la semana próxima. La mayoría de mis compañeros de escuela van a protestar.

JOSÉ ¿No temes que haya problemas?

PEDRO No. ¡Qué va! Ya tenemos **permiso** para reunirnos y todos vamos a **obedecer** las reglas.

JOSÉ Entonces yo voy. Es muy importante mantener **la paz.**

- el presidente → **el jefe de estado**
- mantener la paz → evitar **la guerra**

protestar (contra) *to protest (against)*

el presidente, la presidenta *president*

lanzar *to launch; to throw*

el permiso *permission; permit*

obedecer (c → zc) (yo obedezco, tú obedeces) *to obey*

la paz *peace*

el jefe de estado, la jefa de estado *head of state*

el estado *state, nation*

la guerra *war*

PRÁCTICA

A **La gente protesta.** Escoge la palabra correcta de la lista para completar esta noticia. Usa la forma correcta del verbo.

avanzado	permiso
cohete	protestar contra
encontrarse	jefe de estado

El fin de semana pasado mucha gente _____ en la capital para _____ el plan del _____ para construir un tipo de _____ más _____. La gente se reunió con el _____ de la policía y no hubo problemas.

B **Estar de moda.** A casi todo el mundo le gusta mirar a la gente que va por la calle. ¿Qué piensas tú de la ropa que lleva esta gente? Usa palabras de la lista para preguntar y contestar. Por ejemplo:

ESTUDIANTE A *¿Qué te parecen los pantalones de lunares que lleva ese chico?*

ESTUDIANTE B *Me encantan porque están de moda.*

o: *No me gustan nada. Los lunares son demasiado grandes.*

encantar	corte de pelo	(de) lunar(es)
gustar	(de) cuadro(s)	pasado, -a de moda
parecer	de moda	peinado
preferir	de un solo color	(de) raya(s)
	el estilo	exagerado, -a

C **Temas diferentes.** Di si estás de acuerdo o no con las siguientes opiniones y luego indica por qué piensas así.

1. El corte de pelo nos indica mucho de una persona.
2. Nuestro país debe construir más armas.
3. Para tener una imagen interesante, hay que tener su propio estilo y no vestirse como los demás.
4. Es muy importante que los políticos siempre muestren una imagen seria.
5. Los científicos deben lanzar más cohetes.
6. La mayoría de los satélites son para la guerra.
7. El trabajo más importante de los jefes de estado es mantener la paz.

D **Hablemos de ti.**

1. ¿Crees que la moda sea importante para la juventud? Explica por qué.
2. ¿Qué clase de ropa prefieres? ¿De qué colores? ¿Es importante para ti llevar ropa de moda? ¿Por qué? Por lo general, ¿cuesta mucho hacerlo?
3. ¿Qué piensas de las armas que hay actualmente? ¿Crees que haya bastantes o debemos construir más? ¿Por qué? ¿Y qué piensas de los cohetes? ¿Y de los satélites?
4. Imagina que tú eres un(a) político(a) o, tal vez, un(a) jefe(a) de estado. ¿Cuál es la cosa más importante que quieres realizar?

Un desfile político en España

ACTIVIDAD

Querida Anita Have you ever wanted to give advice to other people? Here's your chance. Write a letter to *Querida Anita* describing a problem that a teenager might experience today. For example:

> Mi madre siempre me compra ropa que está pasada de moda.
> Me preocupa que el presidente gaste tanto dinero en los cohetes y las armas.
> Temo que haya una guerra.

Get together with three or four other students, mix up your letters, and pick one each. (If you get your own letter, pick again.) Now write a response to the problem on the same sheet of paper. When everyone has finished, find the letter you wrote and see what advice *Querida Anita* had to offer.

(izquierda) Edificio del Parlamento en Madrid, España; (arriba) Felipe González, Primer Ministro de España

DIÁLOGO

APLICACIONES

Música Joven

PILAR Muy buenas tardes, queridos radioyentes.[1] Yo soy Pilar Peña y éste es su programa Música Joven, con su música favorita, la música de hoy. Hoy nos visita el conocido compositor y cantante Salvador Salvador. Bienvenido, Salvador.

SALVADOR Muchas gracias, Pilar. Me alegro mucho de estar contigo y con tu público.

PILAR ¿Por qué estás en Los Ángeles, Salvador? ¿Vas a grabar otro disco?

SALVADOR En realidad, un disco y una videocinta. Los estoy grabando aquí en Burbank.

PILAR Cuéntanos más, Salvador. ¿De qué se tratan las canciones?

SALVADOR Bueno, son canciones con un mensaje,[2] un poco al estilo de los años sesenta.[3]

PILAR ¿Cuál es el mensaje?

SALVADOR Lo que quiero decir en ellas es que debemos ser menos egoístas[4] y pensar más en los demás.

PILAR ¿Crees que el público está preparado para escuchar ese mensaje?

SALVADOR No sólo lo creo, sino que también estoy seguro de que es un sentimiento que comparto con mucha gente.

PILAR ¿Cuándo va a estar listo el disco?

SALVADOR Me queda una semana de trabajo.

PILAR ¿O sea que va a estar en venta pronto?

SALVADOR Así es,[5] Pilar.

PILAR Una última pregunta, ¿cuál crees que es la función[6] del músico en la sociedad?

---

[1]**el/la radioyente** *radio listener* [2]**el mensaje** *message*
[3]**los años sesenta** *the '60s* [4]**egoísta** *selfish* [5]**así es** *that's right*
[6]**la función** here: *function, task*

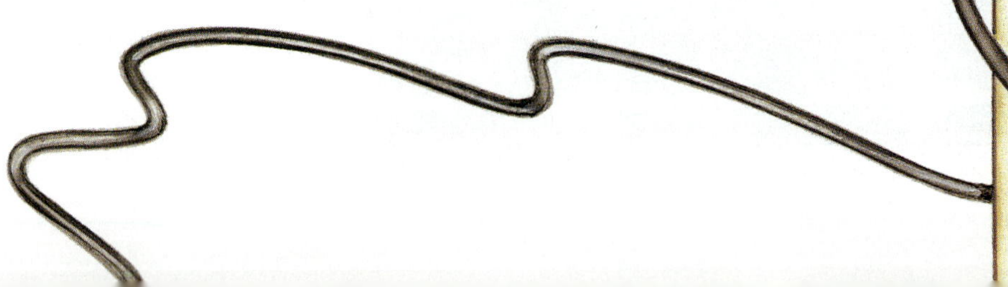

SALVADOR No puedo hablar por los demás, Pilar, pero para mí es importante hablar de los sentimientos de la gente en mis canciones.

PILAR Bueno, Salvador, mi público y yo te deseamos mucho éxito con tu disco. Gracias por tu visita.

SALVADOR Gracias a ti, Pilar. Buenas tardes, radioyentes.

Continuación

1. Imagina que eres locutor(a) de radio, y que tienes tu propio programa. ¿De qué se trata? Si es de música, ¿qué clase de música? ¿Te interesa tener entrevistas con músicos o con otras personas? ¿Quiénes, por ejemplo? 2. ¿Cuál es el mensaje de las canciones de Salvador? ¿Crees que ese mensaje es un sentimiento popular? 3. ¿Puedes tú hacer algo para ayudar a los demás? ¿Qué puedes hacer? 4. ¿Estás de acuerdo con lo que Salvador quiere hacer con su música? ¿Crees que los cantantes cantan sobre lo que muchas personas sienten pero no son capaces de decir? ¿Qué compositores o cantantes dicen cosas que tú sientes? ¿Cuáles son los mensajes de esas canciones? 5. ¿Crees que el arte deba mostrar sólo cosas bellas o que también pueda expresar las ideas del artista?

Participación

Con un(a) compañero(a), prepara una entrevista para un programa de radio. Una persona va a ser el/la locutor(a) y la otra un(a) cantante, actor o actriz de cine, atleta o político(a).

Una locutora cubana en Miami, Florida

EXPLICACIONES I

El presente progresivo

◆ COMMUNICATIVE OBJECTIVES

- To describe an event as it is happening
- To act as a commentator or narrator
- To describe a picture
- To be sarcastic
- To express surprise

You have already learned that we use the present progressive tense to express an action that is taking place right now. The present progressive is made up of the present tense of *estar* and a present participle. To form the present participle we add *-ando* to the stem of *-ar* verbs and *-iendo* to the stem of *-er* and *-ir* verbs.

INFINITIVE	PRESENT PARTICIPLE	PRESENT PROGRESSIVE
hablar	hablando	estoy hablando
comer	comiendo	estás comiendo
escribir	escribiendo	está escribiendo

En este momento Daniel **está hablando** por teléfono. — *Right now Daniel **is talking** on the phone.*

Ella **está comiendo** con sus amigos. — *She**'s eating** with her friends.*

No puedo ir a tu casa ahora porque **estoy escribiendo** una carta. — *I can't go to your house now because **I'm writing** a letter.*

Protestando en México

1 Remember that when the stem ends in a vowel we usually change the *i* of *-iendo* to *y*. Here are the verbs you know that do this.

caer → cayendo	incluir → incluyendo
creer → creyendo	leer → leyendo
construir → construyendo	oír → oyendo
destruir → destruyendo	traer → trayendo
huir → huyendo	

2 Stem-changing *-ir* verbs and some irregular *-ir* verbs have the stem changes *e* → *i* and *o* → *u* in the present participle.

	e → i		**o → u**
pedir	pidiendo	dormir	durmiendo
servir	sirviendo	morirse	muriéndose

Other *-ir* verbs you know in this group are *competir, decir, despedirse, divertirse, hervir, mentir, preferir, repetir, seguir, sentir(se), sugerir, venir,** and *vestir(se).*

3 To form the present participles of *reír* and *sonreír* we drop the stem vowel *e* and add *-iendo: riendo, sonriendo.*

* However, verbs of motion such as *ir, venir, regresar, volver,* and *entrar* are not often used in the present progressive.

PRÁCTICA

A Un informe al día *(up-to-the-minute report).* Un periodista está llamando a su diario para decir qué pasa durante una fiesta nacional. Haz frases completas con el presente progresivo. Sigue el modelo.

un grupo de estudiantes / discutir en la plaza
Un grupo de estudiantes está discutiendo en la plaza.

1. mucha gente / esperar el desfile esperando
2. el desfile / pasar en este momento pasando
3. el público / tratar de ver al jefe de estado tratando
4. los turistas / sacar fotos sacando
5. el equipo del canal 7 / filmar todo filmando
6. los vendedores / vender banderas y recuerdos vendiendo
7. los políticos / hablar a la gente hablando
8. el público / aplaudir a los miembros de la banda aplaudiendo
9. los periodistas / entrevistar a una política entrevistando

B **Y ahora, las noticias.** Imagina que eres locutor(a) de noticias de un canal de televisión. Usa elementos de las dos columnas para formar frases lógicas en el presente progresivo.

1. los ingenieros
2. los bomberos
3. el museo de arte
4. muchos turistas
5. la Universidad del Este
6. el director Juan Vega
7. en el sur del país
8. en los últimos minutos del partido, el equipo local de básquetbol

- visitar la exposición de arte
- filmar una nueva película de ciencia ficción en el desierto
- apagar un incendio en el correo
- perder 97 a 90
- mostrar una colección de cuadros de pintores mexicanos
- llover
- reparar el puente Moyano
- ofrecer nuevas clases en su programa de verano

C **Un día sorprendente *(surprising).*** Hoy en la escuela están pasando cosas sorprendentes. Sigue el modelo.

Yolanda / estudiar con Marcos
ESTUDIANTE A *Yolanda nunca estudia con Marcos.*
ESTUDIANTE B *¡Qué raro! Está estudiando con Marcos hoy.*

1. el equipo de básquetbol / perder un partido
2. Mónica / mentir
3. el profesor de historia / fumar
4. la profesora Cárdenas / traer diapositivas a la clase
5. la cafetería / servir camarones
6. el director / sonreír
7. el entrenador / sudar mucho
8. el coro / cantar canciones de rock
9. los estudiantes / protestar contra la comida
10. Paco / leer revistas en clase
11. el equipo de natación / competir en el campeonato

El Concejo Municipal en la Plaza Bolívar de Caracas, Venezuela

D ¿Qué está pasando? Mira el dibujo y describe lo que está pasando.

Seguir + el participio de presente

◆ COMMUNICATIVE OBJECTIVES

To update someone

To describe things that never change

To describe a boring event

You have already learned that to show an action that began in the past and is still going on or one that occurs regularly, we use *seguir* + present participle. Remember that when we use *seguir* this way, it means "to keep on," "to continue," or "to be still" (doing something).

Juan **sigue viviendo** en la misma casa.	*Juan **is still living** in the same house.*
Seguimos estudiando en la misma escuela.	***We're still studying** in the same school.*
Sigo buscando un regalo para Raúl.	***I'm still looking for** a present for Raúl.*
Después de salir del cine, **seguí pensando** en la película.	*After leaving the theater, **I kept on thinking** about the movie.*
Yo me acosté, pero mis primos **siguieron mirando** la televisión.	*I went to bed, but my cousins **continued to watch** television.*

Remember that *seguir* is an *e* → *i* stem-changing verb and that the *Ud.* / *él* / *ella* and *Uds.* / *ellos* / *ellas* forms also have the *e* → *i* stem change in the preterite.

PRÁCTICA

A Todavía sigo . . . Después de unos años, Pedro ve a un viejo amigo y le cuenta cómo están las cosas actualmente. Sigue el modelo.

mi papá / trabajar en la misma compañía
Mi papá sigue trabajando en la misma compañía.

1. mis hermanos / discutir todos los días
2. Andrea / protestar contra todo
3. Pedro / pintar cuadros abstractos
4. yo / construir pequeños objetos de madera
5. mis amigos y yo / pasear por el centro comercial los sábados
6. mi madre / enseñar en la universidad
7. yo / aprovechar todos mis ratos libres para leer
8. y tú / ¿vivir en las afueras?

B ¿Qué hicieron? Anoche Esperanza se fue temprano de una fiesta de cumpleaños muy aburrida. Esta mañana le pregunta a un amigo qué hizo la gente después de que ella se fue. Sigue el modelo.

Jorge / bailar
ESTUDIANTE A *¿Qué hizo Jorge?*
ESTUDIANTE B *Siguió bailando.*

Present – sigo seguimos
sigues
sigue siguen

1. Juan y María / hablar de su dieta
2. el abuelo / dormir enfrente del televisor
3. Roberto / repetir los mismos chistes malos
4. los niños / nadar en el lago
5. el Sr. Mosquera / hacer el asado
6. la abuela / cuidar al bebé
7. la Sra. Mosquera / sugerir nuevos juegos
8. la criada / servir refrescos
9. José y Ángel / señalar todas las ventajas de vivir junto al lago

C Hablemos de ti.

1. ¿Seguiste practicando el español durante las vacaciones de verano? ¿Con quién lo practicaste?
2. Al terminar el colegio, ¿vas a seguir estudiando? ¿Adónde piensas ir? ¿Vas a seguir viviendo con tu familia o piensas vivir en la universidad o en un apartamento?

ACTIVIDAD

La vida de noche Pretend that you are the entertainment reporter for your local newspaper. You're writing an article about the most enjoyable spot for young people in your community, or a nearby community, on a Saturday evening. Use the present progressive tense to give the reader the feeling of actually being there. You might describe the atmosphere, who is there, what the people look like, how they are dressed, and what they are doing.

En el Club Rockabilly
en Madrid, España

◆ COMMUNICATIVE OBJECTIVES

To defend one's rights

To compare how things are now with how they used to be

PALABRAS NUEVAS II

¡Hay que participar!

CONTEXTO NARRATIVO

¿La política? ¡Qué aburrida!

Hay muchas personas que piensan así. Es cierto que la política puede ser un poco complicada, pero **la relación** que tiene con tu vida diaria es **cada vez más** importante. Tu escuela, tu estilo de vida, el trabajo de tus padres, **la libertad** de escoger al jefe de estado, y también **el derecho de** no estar de acuerdo con lo que dice la mayoría: todo esto tiene que ver con la política.

Tienes derecho a decir lo que piensas sobre **el estado** de los parques, **el comportamiento** de algún político o sobre las películas que dan en el cine de tu barrio sin **estar obligado a** pedir permiso a nadie. Esto también tiene que ver con la política, que en realidad no es nada aburrida.

la política *politics*

la relación, pl. **las relaciones** *relation, relationship*

cada vez más *more and more, increasingly*

la libertad *freedom, liberty*

el derecho (de) here: *right (to)*

tener derecho a + inf. *to have the right to*

el estado here: *condition*

el comportamiento *behavior*

estar obligado, -a a + inf. *to have to, to be required to*

Lena Guerrero, política texana

PRÁCTICA

A La opinión de los hijos. Imagina que alguien está haciendo una encuesta *(poll)* en tu escuela sobre lo que piensan los estudiantes en cuanto a la relación entre padres e hijos. Completa las frases con las palabras o expresiones de la lista. Puedes usarlas más de una vez.

comportamiento	obedecer	relación
estar obligado(a) a	permiso	tener derecho a
libertad		

1. Los hijos deben mostrarles a los padres que tienen derecho a tener más _____.
2. Los hijos siempre deben _____ expresar sus ideas.
3. Los hijos no deben estar obligados siempre a pedir _____ a los padres para hacer lo que quieren.
4. La _____ entre padres e hijos puede ser muy buena si cada uno respeta las opiniones de los otros.
5. Los hijos no siempre deben _____ explicar su comportamiento.
6. Los hijos aprenden del _____ de los padres.
7. Los hijos deben _____ no estar siempre de acuerdo con sus padres.
8. Los hijos siempre deben _____ a sus padres sin hacerles preguntas.

Una mesa de afiliación *(membership)* de un partido político en México

B ¿Cuál prefieres? Hay una nueva directora en este club deportivo. Compárala con el director del año pasado. Lee las reglas y después escoge una de las palabras o expresiones entre paréntesis para completar cada frase.

REGLAS DEL AÑO PASADO

- Horas de la piscina: 11:00 a 16:00.
- Sólo un visitante por miembro.
- No entrar en el restaurante sin zapatos.
- Sólo el director puede dar permiso para realizar campeonatos.
- Sólo los mayores de 18 años pueden hacer reservaciones para las canchas de tenis.
- Durante los campeonatos, los entrenadores tienen derecho a no permitir entrar a los que no participan.

REGLAS ACTUALES

- Horas de la piscina: 8:00 a 19:30.
- Horas de práctica: 9:00 a 14:00.
- Los visitantes deben pedir permiso para usar la piscina de las 9:00 a las 14:00.
- Sólo se puede tomar el sol en lugares con césped.
- En los días de campeonatos, los visitantes pueden pedir permisos especiales para entrar en el club.
- Los menores de 18 años pueden hacer reservaciones para las canchas de tenis para jugar de las 9:00 a las 15:00.

1. Antes, los miembros *(no tenían derecho / estaban obligados)* a usar la piscina después de las 16:00.
2. Es muy posible que con las nuevas reglas el club obtenga *(cada vez más / aun menos)* miembros.
3. Ahora, para usar la piscina de las 9:00 a las 14:00, los visitantes *(están obligados / no tienen derecho)* a pedir permiso.
4. El viejo director era más estricto que la nueva en cuanto al *(comportamiento / estado)* de los miembros.
5. En los días de campeonato, los visitantes necesitan *(permisos / derechos)* para entrar en el club.
6. El año pasado, por lo general, había menos *(libertad / política)* que este año.
7. Probablemente, *(la relación / el derecho)* entre la nueva directora y los miembros del club es mejor este año.

APLICACIONES

El pregonero[1]

ANTES DE LEER: Responde a las siguientes preguntas que te van a preparar para la lectura.

1. ¿Hay algún periódico escolar en tu escuela? ¿Cómo se llama? ¿Qué tipo de artículos puedes leer en ese periódico?
2. ¿Crees que los estudiantes deban tener derecho a expresar sus opiniones o que sólo deban dar las noticias? ¿Por qué?

---

[1]**el pregonero** *town crier*

Leyendo el periódico en Colombia

EL PREGONERO

★ ★ ★ ★ Periódico de *Bella Vista High School* ★ ★ ★ ★

La vida social
por Marisol

¡Bienvenidos! Los graduados de la clase del '81 se van a reunir en la escuela la semana próxima. Debemos tratarlos con respeto. No nos olvidemos de que algún día también nosotros vamos a ser viejos.

La familia de nuestro compañero Benito Cuenca acaba de abrir otro restaurante en la avenida Miramar. ¡Ojalá que tenga mucho éxito!

No se olviden del Baile de Navidad, el día 20 de este mes. La reina del baile va a ser la cada vez más popular Connie Vargas. ¿Nos vas a deslumbrar[2] con otro de tus fabulosos peinados la noche del baile, Connie?

¿De qué se trata? La moda entre algunas chicas de segundo año[3] es de vestirse de un color distinto cada día. Los lunes, amarillo, los martes, rojo . . .

Hablando de cosas pasadas de moda: Vimos una foto de Julio Iglesias en uno de los armarios,[4] no vamos a decir de quién. ¿Nunca escuchó esa persona a Rubén Blades?

Por los pasillos
por Jorge

El Club de Política escogió a un nuevo presidente. Es Antonio Ortega y Trevara, estudiante de cuarto año.[5] También anunciaron que el tema del debate de este mes va a ser: La libertad: ¿Cuándo tenemos derecho a protestar?

Felicitaciones a los miembros del Club de Ajedrez, que compitieron en el Campeonato Nacional en Orlando. Jugaron muy bien, aunque perdieron el último partido. ¡Más suerte el año próximo!

¿Debemos protestar contra el comportamiento del profesor Sainz, que les da cada vez más tarea a los estudiantes de cuarto año? Por favor, profesor, ¡no nos dé tanta tarea!

Los estudiantes de la clase de física del profesor Portero lanzaron un cohete que aterrizó en el campo de fútbol. ¡Tengan más cuidado, chicos!

---

[2]**deslumbrar** *to dazzle* [3]**de segundo año** *sophomore* [4]**el armario** here: *locker*
[5]**de cuarto año** *senior*

Continuación

1. ¿Cuál es el nombre de este periódico? ¿Cuáles crees que son otros nombres buenos para un periódico escolar?
2. Imagina que eres el (la) director(a) del periódico de tu escuela. ¿Vas a incluir noticias de política o sólo tener noticias de la escuela?
3. ¿Cuántos años tienen los graduados de la clase del '81 ahora? ¿Piensas asistir a las reuniones de tu clase después de graduarte? ¿Por qué sí o por qué no?
4. ¿Crees que es una buena idea tener un periódico escolar? ¿Por qué? ¿Para qué debe servir?
5. Marisol habla de dos cantantes. ¿Quiénes son? ¿Conoces la música de uno de ellos? ¿Cómo es?
6. ¿Crees que estos estudiantes tengan derecho a escribir lo que quieran en el periódico? ¿Por qué sí o por qué no?
7. ¿Quién es Antonio Ortega? ¿Cuántos años tiene probablemente? ¿Cómo lo sabes?
8. ¿Crees que el periódico de una escuela en los Estados Unidos donde la mayoría de los estudiantes son de origen latinoamericano debe ser en español, en inglés, o en los dos idiomas? Explica.
9. ¿Crees que el cohete de la clase de física fue un éxito o no? Explica.

Un grupo de estudiantes en Texas

EXPLICACIONES II

El presente progresivo con los complementos directos e indirectos

◆ COMMUNICATIVE OBJECTIVES

To make plans

To explain why people are doing things

To show uncertainty

To ask for clarification

To check up on people

To reassure someone

You know that when we use an object pronoun or a reflexive pronoun with the present progressive, we can put the pronoun right before *estar* or attach it to the present participle.

Le estoy escribiendo una carta. **Estoy escribiéndole** una carta.	*I'm* ***writing*** *a letter* ***to him.***
Nos estamos preparando para el viaje. **Estamos preparándonos** para el viaje.	***We're getting ready*** *for the trip.*

We follow the same rule when we use two pronouns. Remember that when we use both a direct and an indirect object pronoun, the indirect always comes first.

¿Juan está leyendo el poema?	*Is Juan reading the poem?*
Sí, **me lo está leyendo.** Sí, **está leyéndomelo.**	*Yes,* ***he's reading it to me.***

Remember that the indirect object pronouns *le* and *les* become *se* when they are followed by the direct object pronoun *lo, la, los,* or *las.*

¿Cuándo le vas a mostrar los sellos a Raúl?	*When are you going to show your stamps to Raul?*
Se los estoy mostrando ahora. **Estoy mostrándoselos** ahora.	***I'm showing them to him*** *now.*

When we use a reflexive pronoun with another object pronoun the reflexive pronoun always comes first.

¿Se lavó el pelo María?	*Did María wash her hair?*
Se lo está lavando ahora. **Está lavándoselo** ahora.	***She's washing it*** *now.*

Remember that when we attach pronouns to the present participle we must add a written accent to indicate that the stress remains on the same syllable.

PRÁCTICA

A **Vamos a protestar.** Un grupo de amigos están haciendo planes para ir a otra ciudad para protestar contra un político. ¿Qué están haciendo todos para prepararse? Pregunta y contesta según el modelo.

hacer los carteles / Teresa

ESTUDIANTE A *¿Quién está haciendo los carteles?*
ESTUDIANTE B *Teresa los está haciendo.*
o: *Teresa está haciéndolos.*

1. comprar los boletos de tren / Sergio
2. alquilar el altoparlante / Juan
3. buscar el micrófono / María
4. invitar a los periodistas / Ana y Luisa
5. hacer las reservaciones en el hotel / Pedro
6. comprar planos de la ciudad / Sara
7. llamar a los otros estudiantes / Julio y Marta

Protestando en Buenos Aires, Argentina

B **El equipo de fútbol.** Completa las siguientes situaciones usando el verbo entre paréntesis. Sigue el modelo.

> Hoy es la primera vez que jugamos. Por eso . . . (prepararse)
> *Nos estamos preparando.*
> o: *Estamos preparándonos.*

1. Miguel no empezó a ponerse el uniforme a tiempo. Por eso . . . (apurarse)
2. Mi uniforme acaba de llegar. Por eso todavía . . . (vestirse)
3. Enrique quiere que Óscar deje de lanzar el balón. Por eso . . . (pelearse)
4. A Pedro le duele el tobillo derecho. Por eso . . . (quejarse)
5. Los jugadores no juegan bien. Por eso el público . . . (aburrirse)
6. El partido terminó en empate. Por eso los jugadores . . . (darse la mano)
7. Los jugadores sudaron mucho. Por eso . . . (ducharse)
8. Antes de volver a casa, el entrenador quiere hablar con los jugadores. Por eso ellos . . . (reunirse)

C **¿Qué están haciendo?** La Sra. Molino está visitando a su madre por unos días. Quiere saber lo que pasa en casa y llama a su hijo. Sigue el modelo.

> ¿Le pintó Esteban el cuarto a Marta?
> *Está pintándoselo ahora.*
> o: *Se lo está pintando ahora.*

1. ¿Ya le explicó tu tío el problema al vecino?
2. ¿Les limpiaron tus primos las ventanas a los Quesada?
3. ¿Le compró Rosa la medicina a la Sra. Linares?
4. ¿Ya le reparó Julio la aspiradora al Sr. Ibáñez?
5. ¿Le cortó Alicia el césped a la familia Bermúdez?
6. ¿Les escribió Leonor las cartas a tus primos?
7. ¿Ya le devolvió tu papá los vasos a la vecina?
8. ¿Ya le hicieron Uds. los quehaceres a la abuela?

D **¿Para mí?** Federico nunca está seguro para quién sus amigos están haciendo ciertas cosas. Sigue el modelo.

> María / hacer esa pregunta a Marta / a ti
> ESTUDIANTE A *¿María le está haciendo esa pregunta a Marta?*
> ESTUDIANTE B *No, te la está haciendo a ti.*
> o: *No, está haciéndotela a ti.*

1. Carlos / mandar el paquete a Luis / a Pedro

2. Laura / hacer el pastel a Juan / a nosotros
3. tú / leer ese artículo a Pablo / a Sara
4. Horacio / escribir la noticia a Inés / a Raúl
5. ellos / traer los cacahuates a mí / a nosotros
6. él / comprar las fresas a Marta / a mí
7. Elena / prestar los patines a Eva / a Raquel
8. ella / grabar la videocinta a Luis / a ti

E Hablemos de ti.

1. ¿Estás contestando estas preguntas en casa o en clase? ¿Estás haciéndolo con sólo un(a) compañero(a) o en voz alta con toda la clase?
2. ¿Lo estás pasando bien este año en la escuela? ¿Qué cosas estás haciendo que te gustan? ¿Cuáles no te gustan?
3. ¿Estás aprovechando tus ratos libres para hacer algo importante? ¿Qué estás haciendo? ¿Te estás manteniendo en forma? ¿Cómo lo haces?
4. ¿Se están llevando bien tú y tus compañeros? ¿Mejor que el año pasado? ¿Por qué? ¿Se están llevando bien tú y tus profesores? ¿Por qué sí o por qué no?
5. ¿Te estás preparando para estudiar en la universidad? ¿Qué estás haciendo para prepararte?

Cartel político en Madrid, España

Protesta de estudiantes en San Juan, Puerto Rico

APLICACIONES

REPASO

Mira con cuidado las frases modelo. Luego cambia las frases que siguen al español según los modelos.

1. *Los tíos de Inés están envolviéndole un paquete.*
   (Jorge's friend is doing a chore for him.)
   (Raquel's husband is building a house for her.)
   (The boy's mother is preparing a snack for him.)
2. *El abuelo cree que la violencia y la contaminación de la ciudad son exageradas.*
   (The people think that the ideas and politics of the head of state (fem.) *are advanced.)*
   (The tourist (m.) *thinks that the customs and styles of the country are interesting.)*
   (The old man thinks that the attitude and behavior of the young people are strange.)
3. *Las chaquetas están pasadas de moda, pero estamos poniéndonoslas.*
   (Her shoes are out of style, but she's polishing them.)
   (My beard is out of style, and I'm shaving it off.)
   (The boots are out of style, and he's taking them off.)
4. *Cree que deben estar obligados a obedecer sus propias reglas.*
   (They think they should have the right to build their own arms.)
   (We think they should ask permission to launch their own satellite.)
   (I think you (fam.) *should have the right to carry out your own plans.)*
5. *Aunque no nos interesan los programas, mi hermana sigue grabándonoslos.*
   (Although politics aren't important to him, his friends keep explaining it to him.)
   (Although she doesn't like his poems, her boyfriend keeps reading them to her.)
   (Although we don't like vitamins, the doctor keeps recommending them to us.)

Los reyes de España en Los Ángeles, California, en 1987

TEMA

Escribe las frases en español.

1. Lucía's mother is choosing a dress for her.

2. She thinks that her daughter's hairstyle and clothing are excessive.

3. The dress is out of fashion, but Lucía is trying it on.

4. She thinks she should have the right to choose her own clothing.

5. Even though she doesn't like the clothing, her mother keeps on buying it for her.

REDACCIÓN

Ahora escoge uno de los siguientes temas para escribir tu propio diálogo o párrafo.

1. Create a series of talk balloons for the pictures in the *Tema*. What does Lucía say about the dress her mother chose? What does the mother say about Lucía's clothes?
2. Write a description of the outfit the mother chose and the one Lucía has on. Explain why Lucía prefers her own clothes.

COMPRUEBA TU PROGRESO CAPÍTULO 5

A Completa

Escoge la palabra o expresión apropiada para completar cada frase.

1 armas	5 exagerado
2 corte de pelo	6 la jefa de estado
3 de rayas	7 obedecer
4 estilo	8 pasados de moda

1. Los periodistas sacaron fotos de _6_.
2. Este peluquero hace un _2_ fantástico.
3. Luisa dice que todos sus vestidos están _8_.
4. No me gusta la camisa _3_.
5. Es un niño mal educado que no quiere _7_ a sus padres.
6. Jorge es muy _5_ en todo lo que hace.
7. ¿Te gusta este _4_ de ropa?
8. La gente está protestando contra las _1_.

B Termina las frases

Completa las frases con la expresión apropiada.

1. Él no compite en . . .	a. y también está en mal estado.
2. Yo no quiero vivir . . .	b. sin libertad.
3. El jardín está . . .	c. ese tipo de deportes.
4. Ese abrigo está pasado de moda . . .	d. cada vez más hermoso.
5. Ayer lanzaron . . .	e. derecho a hacer eso.
6. Tú no tienes . . .	f. otro satélite.
7. En realidad, no me interesa . . .	g. la política.

C ¿Y ahora?

Escribe frases completas usando el presente progresivo. Sigue el modelo.

María / leer novelas / poemas
Por lo general María lee novelas, pero ahora está leyendo poemas.

1. Pedro / escuchar música clásica / música de rock
2. yo / pagar al contado / con tarjeta de crédito
3. mi madre / tomar café / té
4. Ana / almorzar sola / conmigo
5. Manuel / trabajar solo / con José
6. Rodrigo / pedir pescado en los restaurantes / carne

D Las cosas no cambian

Escribe las frases otra vez usando *seguir* con el participio de presente. Sigue el modelo.

La familia Pérez todavía vive en esta casa.
La familia Pérez sigue viviendo en esta casa.

1. Todavía hago ejercicio todas las mañanas.
2. Lucía todavía toca el oboe.
3. José todavía colecciona sellos.
4. Marcela todavía dirige el coro de la iglesia.
5. Ella todavía admira a ese político.
6. Yo todavía prefiero cenar temprano.
7. El presidente todavía intenta evitar la guerra.

E Los pronombres y el presente progresivo

Contesta las preguntas con *sí,* usando dos pronombres. Sigue el modelo.

¿Le estás escribiendo la carta?
Sí, se la estoy escribiendo.
o: *Sí, estoy escribiéndosela.*

1. ¿Le está prestando Ud. el altoparlante?
2. ¿Te están diciendo sus sentimientos?
3. ¿Les están explicando Uds. las dificultades?
4. ¿Él nos está preguntando la dirección?
5. ¿Le estás pidiendo el dinero?
6. ¿Les están dando las respuestas?

VOCABULARIO DEL CAPÍTULO 5

Sustantivos
el altoparlante
el arma, *pl.* las armas
el cohete
el comportamiento
el corte de pelo
el cuadro *(check)*
el derecho (de)
el estado
el estilo
la guerra
la imagen, *pl.* las imágenes
el jefe de estado / la jefa de estado
la juventud
la libertad
el lunar
el micrófono
la paz
el peinado
el permiso
la política
el político, la política
el presidente, la presidenta
la raya
la relación, *pl.* las relaciones
el satélite
el sentimiento
el tipo

Adjetivos
actual
avanzado, -a
exagerado, -a

Verbos
encontrarse (o → ue)
lanzar
obedecer (c → zc)
protestar (contra)
realizar
tratarse de

Adverbios
actualmente

Expresiones
cada vez más
de cuadros
de lunares
de rayas
de un solo color
en realidad
estar obligado, -a a + *inf.*
no . . . nada *(not . . . at all)*
pasado, -a de moda
tener derecho a + *inf.*
tener que ver con

CAPÍTULO 6

PRÓLOGO CULTURAL | ESPAÑA AYER Y HOY

El presente y el pasado son parte de la vida diaria de los españoles. En Segovia podemos ver edificios modernos y antenas de televisión junto a construcciones medievales. Aun más antiguo es este acueducto romano que todavía funciona después de dieciocho siglos.

La foto de arriba
Aquí se mezclan otra vez el pasado y el presente. Alrededor de este castillo medieval en Toledo unos jóvenes practican sus deportes favoritos.

La foto de abajo
Aquí en Calpe vemos ejemplos de la influencia de la arquitectura tradicional española en las construcciones modernas: sobre todo en los arcos de las ventanas y las tejas *(tiles).*

◆ COMMUNICATIVE OBJECTIVES

To offer to do a favor
To express relief
To give reasons
To warn
To complain about someone
To make comparisons
To add details to others' statements
To make recommendations

PALABRAS NUEVAS I

España de ayer y de hoy

CONTEXTO VISUAL

CONTEXTO COMUNICATIVO

1 ALICIA Hablas **castellano** como un madrileño **auténtico.** **¿Cuánto tiempo hace que** regresaste de Madrid?

AGUSTÍN **Hace** dos semanas. **Tuve** que regresar para la boda de mi hermana.

ALICIA **¿Estuviste** en alguna otra ciudad **además de** Madrid?

AGUSTÍN Sí, **estuve** en Granada y Sevilla.

Variaciones:

- castellano → español
- estuviste en → visitaste

el castellano here: *the Spanish language*

auténtico, -a *real, authentic*

¿cuánto tiempo hace que + preterite? *how long ago?*

hace + period of time (+ **que** + preterite) *ago*

(yo) tuve / (tú) tuviste (preterite of **tener**) *I had / you had*

(yo) estuve / (tú) estuviste (preterite of **estar**) *I was / you were*

además (de) *besides, in addition (to)*

2 IGNACIO Voy a visitar a mis tíos que viven en el País Vasco.
IRENE ¡Qué **alegría** les va a dar!
IGNACIO Sí. Me gusta mucho estar allí con ellos. Tienen mucho **orgullo** por su **región**.
IRENE ¿Ya tienes el boleto?
IGNACIO No. Lo voy a **conseguir*** mañana.
IRENE **Avísame** si quieres que te lleve al aeropuerto.

- el País Vasco → Cataluña
- avísame → dime

la alegría *happiness, joy*

el orgullo *pride*

la región, pl. **las regiones** *region, area*

conseguir (e → i) (yo consigo, tú consigues) = obtener

avisar *to warn, to notify, to let know*

3 MARCOS **Menos mal que** llegaste. Estaba preocupado.
MÓNICA **Como** no quería **andar** ni **luchar** con la gente para subir al tren, decidí tomar un taxi. Pero resultó casi imposible encontrar uno.
MARCOS Por eso tardaste tanto.

- menos mal → qué suerte

menos mal (que) *it's a good thing (that)*

como here: *since, because*

andar *to walk, to go*

luchar *to fight, to struggle*

4 VIRGINIA Debes **advertir** a Felipe que no **tutee** a las personas mayores que no conoce.
VICENTE Ya se lo dije. El problema es que todavía no domina la lengua.
VIRGINIA Y, además, es muy **rebelde.** No sigue los consejos de nadie.

- advertir → aconsejar
- rebelde → obstinado
- sigue → escucha

advertir (e → ie) *to warn, to inform*

tutear *to address someone as* tú *rather than* Ud.

rebelde *rebellious*

* *Conseguir* follows the same pattern as *seguir* in all tenses.

PRÁCTICA

A **Carta incompleta.** Imagina que recibiste una carta de un amigo que está en España. A veces no puedes leer lo que escribió. Escoge palabras de la lista para completar la carta.

además	Andalucía	castellano	Galicia
alegría	auténtico	Castilla	región
andaluza	avisar	conseguir	tutean

Sevilla, 8 de julio

¡Hola!

Me da mucha _____ escribirte desde la hermosa _____ de _____ al sur de España. Estamos aquí estudiando español mientras disfrutamos de la vida de turistas. (Es interesante, aquí llaman al español _____.) Bueno, _____, visitamos lugares históricos, museos y también disfrutamos de conocer a la gente y de probar la deliciosa comida _____. ¡El gazpacho me encanta! Si me quedo más tiempo en Sevilla, voy a regresar hablando como un _____ andaluz y bailando flamenco. La semana pasada fuimos a _____, la región central de España donde se encuentra Madrid. ¡Qué fantástico! Los madrileños tienen un estilo de vida que te gustaría mucho: las calles, los cafés, los cines están llenos de gente aun a las dos de la mañana. Una cosa que no esperaba es que todo el mundo aquí—aun las personas que no me conocen—me _____.

Un abrazo de
Gregorio

¿Le puedes _____ a Felipe que no puedo _____ el libro que me pidió?

B **España y los españoles.** Juanita viajó por España y les cuenta a sus amigos sobre su viaje, la comida y la gente que conoció. Escoge la palabra o expresión correcta para completar cada frase.

1. *(Cada vez más / Como / Menos mal)* que no llovió ni un día.
2. Barcelona es la ciudad más grande de *(Castilla / Cataluña / Galicia).*
3. Los españoles tienen mucho *(calor / hambre / orgullo)* por sus costumbres.
4. *(Además / Como / A lo mejor)* me quedaba tiempo, viajé a Cataluña.
5. Galicia queda al *(este / noreste / noroeste)* de Madrid.
6. En Andalucía hacía tanto calor en febrero que yo podía *(andar / tutear / avisar)* sin chaqueta.
7. La guía *(trata / advierte / prohibe)* que hay que llegar temprano al Museo del Prado porque siempre hay muchos turistas.
8. El idioma de los vascos es muy diferente del *(castellano / castillo / orgullo).*

C ¡Ah, España! Un grupo de amigos hablan de varios países que conocen. Uno de ellos, que acaba de volver de España, está enamorado de ese país. Sigue el modelo.

hoteles / de Francia / de España
ESTUDIANTE A *Me encantan los hoteles franceses.*
ESTUDIANTE B *Sí, pero los hoteles españoles son mejores.*

1. chocolate / de México / de Madrid
2. playas / de Puerto Rico / de Cataluña
3. comida / de Cuba / de Galicia
4. iglesias / de Italia / de Castilla
5. montañas / de Chile / de Andalucía
6. paisaje / de la Argentina / del País Vasco

D Hablemos de ti.

1. ¿Insisten tus padres en que les avises si vas a llegar tarde a casa? ¿Qué dicen si no les avisas? ¿Qué hacen?
2. ¿Por qué crees que algunas personas son rebeldes? ¿Crees que vale la pena ser rebelde? Explica por qué. ¿Eres rebelde tú o te gustaría ser más rebelde? ¿Por qué?
3. ¿Crees que sea una buena idea tener dos modos de decir *you* (tú y Ud.)? ¿Debemos hacer eso en inglés? ¿A quiénes puedes tutear? ¿A quiénes no?
4. ¿Cuáles son algunas de las cosas que te dan alegría?

ACTIVIDAD

¿Medio lleno o medio vacío? Do you usually see the good side of things or only the bad side? Working in groups of two or three, react to the following situations by adding an additional detail. If the detail is positive, use *menos mal que*. If it is negative use *y además*. For example:

Tomamos tres exámenes hoy.
ESTUDIANTE A *Menos mal que sacamos buenas notas en todos.*
ESTUDIANTE B *Y además, una prueba en la clase de inglés.*

1. Este año todos tus profesores son muy exigentes.
2. Fuiste de excursión al campo con tus amigos y llovió todo el día.
3. Pediste prestada la bicicleta a un amigo y la chocaste con un árbol.
4. Invitaste a tus amigos a ver la nueva videocinta de su grupo musical favorito y tu videocasetera no funciona.
5. Tu coche tiene poca gasolina y te falta dinero.
6. Llegas a casa muy tarde y tus padres se enojan porque no les avisaste.

Each person in the group should add at least one positive or one negative detail.

DIÁLOGO

APLICACIONES

¿Qué hacemos?

Es un domingo en Madrid y tres amigos chilenos están en un café.

ANDRÉS Hace una hora que estamos aquí y todavía no sabemos qué hacer . . .

PAULA ¿Por qué no vamos al Museo del Prado? Quiero ver los cuadros de Goya.*

VÍCTOR ¡Uf, qué aburrido! Yo prefiero ver una película o ir al zoológico.

ANDRÉS Mira, no hice este viaje para ir al cine ni para ver animales.

PAULA Entonces vamos de excursión a Toledo.

ANDRÉS ¡Ah, no! Estuve en Toledo el mes pasado. Vamos de compras.

VÍCTOR Eso lo podemos hacer mañana. No se olviden de que vamos a ir al Rastro† con todo el grupo.

PAULA Es cierto. Entonces, ¿qué les parece si vamos al parque de diversiones?

ANDRÉS No, Paula. Tenemos que hacer algo más divertido como . . .

VÍCTOR ¡Ya sé! Como ya es la hora del almuerzo, vamos a un restaurante. ¿Qué dicen?

PAULA ¡Qué barbaridad! Tú sólo piensas en comer.

VÍCTOR Y en dormir . . . porque después de comer podemos regresar al hotel para dormir una siesta.[1]

PAULA ¡Increíble! ¡Venir a Madrid para pasar tus ratos libres durmiendo!

ANDRÉS Bueno, yo no sé lo que van a hacer Uds. Yo voy a conseguir boletos para la corrida de toros. Hace tiempo que quiero ver una corrida.

PAULA ¿Una corrida de toros? A mí también me gustaría ver una. Son interesantísimas.

VÍCTOR ¡Por fin! Estamos todos de acuerdo. Podemos ir inmediatamente después de la siesta.

---

[1]**dormir una siesta** *to take a nap*

* Francisco Goya, pintor español, 1746-1828

† el Rastro *Madrid's flea market area*

Continuación

1. Imagina que eres uno de estos jóvenes. ¿Qué te gustaría hacer en Madrid? ¿Por qué?
2. Imagina que estás visitando una ciudad y tienes cinco horas libres. ¿Qué te gustaría hacer? ¿Adónde te gustaría ir? Explica.
3. Cuando visitas otro país, ¿es una buena idea hacer lo que hacen sus habitantes? Explica.
4. Cuando vas como turista a otra ciudad, ¿te gusta salir a pasear solo(a) o con otra(s) persona(s)? Explica.
5. Según lo que quieren y no quieren hacer Andrés, Paula y Víctor, ¿cómo es cada uno? Explica.

Participación

Con dos compañeros(as), inventa un diálogo entre tres estudiantes españoles que están visitando tu ciudad. ¿Qué les recomiendas que vean? ¿Qué pueden hacer para divertirse? ¿Qué restaurantes les recomiendas? ¿Qué platos especiales sirven allí?

La plaza de la Cibeles y la Calle de Alcalá en Madrid, España

EXPLICACIONES I

Hace . . . que + el presente

◆ COMMUNICATIVE OBJECTIVES

To tell how long something has been going on

To show impatience

To tell how long it has been since you did something

Remember that we use the following construction to tell how long something that began in the past has been going on:

hace + period of time + **que** + present tense

Hace una semana que **espero** tu carta.	***I've been waiting*** *a week for your letter.*
Hace mucho tiempo **que** lo **conozco.**	***I've known*** *him for a long time.*
Hace tres días **que no** la **veo**.	***I haven't seen*** *her for three days.*
Hace un mes **que no voy** al cine.	***I haven't gone*** *to the movies for a month.*

To find out how long something has been going on, we ask:

¿Cuánto tiempo hace que + present tense?

¿Cuánto tiempo hace que esperas el autobús?	***How long have you been waiting for*** *the bus?*
¿Cuánto tiempo hace que Uds. **viven** en los Estados Unidos?	***How long have*** *you* ***been living*** *in the United States?*

PRÁCTICA

¿Cuánto tiempo hace, Lola? Parece que hoy a todos les interesa saber cuánto tiempo hace que Lola hace algo. Pregunta y contesta según el modelo.

esperar el autobús / media hora

ESTUDIANTE A *¿Hace mucho tiempo que esperas el autobús?*

ESTUDIANTE B *Sí, hace media hora que lo espero.*

1. buscar el suéter / 15 minutos
2. hablar castellano / alrededor de 6 años
3. escribir a máquina la composición / casi 2 horas
4. hacer ejercicio / 10 meses
5. jugar al ajedrez / menos de 1 año
6. limpiar el dormitorio / más de 2 horas
7. conocer a Juana y a María / 3 años y medio
8. tutear a tu vecino / 2 años

Hace . . . que + el pretérito

◆ COMMUNICATIVE OBJECTIVES

To check up on someone

To show weariness or impatience

To brag

To tell how long ago something happened

Here is how we express the idea of "ago" in Spanish:

hace + period of time + **que** + preterite

Hace tres horas que volví.	*I came back **three hours ago.***
Hace mucho tiempo que Juan salió.	*Juan left **a long time ago.***

We can also express the idea of "ago" like this:

preterite + **hace** + period of time

Volví **hace tres horas.**	*I came back **three hours ago.***
Juan salió **hace mucho tiempo.**	*Juan left **a long time ago.***

When we want to ask how long ago something happened, we use the following construction:

¿Cuánto tiempo hace que + preterite?

¿Cuánto tiempo hace que Juan salió?	***How long ago** did Juan leave?*

PRÁCTICA

A **Ya lo hice.** Ignacio hace todo lentamente, pero su hermano Jorge lo hace muy rápidamente. Tú y un(a) compañero(a) hagan los papeles de Ignacio y de Jorge. ¿Cómo responden los chicos a las siguientes preguntas de su mamá? Sigue el modelo.

¿Ya limpiaron su escritorio? (media hora)
ESTUDIANTE A *Hace media hora que lo limpio.*
ESTUDIANTE B *Hace media hora que lo limpié.*

1. ¿Ya escribieron la composición? (dos horas)
2. ¿Ya lavaron su ropa de gimnasia? (media hora)
3. ¿Ya limpiaron el sótano? (tres horas)
4. ¿Ya hicieron su tarea? (dos horas y media)
5. ¿Ya recogieron sus cintas? (quince minutos)
6. ¿Ya tomaron la merienda? (veinte minutos)
7. ¿Ya practicaron su lección de música? (tres cuartos de hora)
8. ¿Ya prepararon su almuerzo para la escuela? (cinco minutos)

B **Hace tiempo.** ¿Cuánto tiempo hace que tú y tus compañeros hicieron estas cosas? Con dos compañeros(as), pregunta y contesta según tu propia experiencia. Sigue el modelo.

montar en bicicleta

ESTUDIANTE A *Monté en bicicleta hace dos días.*

ESTUDIANTE B (al Estudiante C) *¿Y tú? ¿Cuánto tiempo hace que montaste en bicicleta?*

ESTUDIANTE C *Hace tres años.*

1. mudarse a la casa donde vivo
2. cocinar algo
3. leer una revista
4. ver una buena película
5. limpiar mi cuarto
6. ir de vacaciones
7. discutir con alguien
8. alquilar (o comprar) una videocinta
9. comer perros calientes
10. ir al centro comercial

En Las Ramblas en Barcelona, España

El pretérito de ciertos verbos que terminan en *-ir*

◆ COMMUNICATIVE OBJECTIVES

To talk about past events

To describe a party

To show annoyance at stubbornness or nonconformity

1 You already know that, in the preterite, *-ir* stem-changing verbs have the change *e* → *i* or *o* → *u* in the *Ud.* / *él* / *ella* and the *Uds.* / *ellos* / *ellas* forms. Here are all of the forms of *pedir* and *preferir* in the preterite.

PEDIR		PREFERIR	
pedí	pedimos	preferí	preferimos
pediste	pedisteis	preferiste	preferisteis
pidió	pidieron	prefirió	prefirieron

Other verbs you know that follow this pattern are: *advertir, competir, conseguir, despedirse, divertirse, hervir, mentir, repetir, seguir, sentir(se), servir, sugerir,* and *vestir(se).*

The two verbs that you know with *o* → *u* changes in the preterite are *dormir(se)* and *morirse.* Here are all of their preterite forms.

DORMIR		MORIRSE	
dormí	dormimos	me morí	nos morimos
dormiste	dormisteis	te moriste	os moristeis
durmió	durmieron	se murió	se murieron

2 Note that in the preterite the verbs *reír* and *sonreír* have an accent on all but the *Uds.* / *ellos* / *ellas* form.

REÍR		SONREÍR	
reí	reímos	sonreí	sonreímos
reíste	reísteis	sonreíste	sonreísteis
rió	rieron	sonrió	sonrieron

PRÁCTICA

A **Feliz cumpleaños.** Cuando Beatriz cumplió 16 años, sus padres le dieron una fiesta. Escoge el verbo correcto para completar cada frase. Usa la forma correcta del pretérito.

conseguir	divertirse	morirse	reír	sentirse
despedirse	dormir	preferir	repetir	servir

1. Beatriz _____ comer temprano para pasar la noche bailando.
2. La madre de Beatriz _____ la comida.
3. Felipe _____ mucho tocando los discos.
4. Pero Jorge se enojó porque Juan _____ la misma canción tres veces.
5. Ángela y Beatriz casi _____ de risa al ver a Jorge tan enojado.
6. Jorge _____ mal cuando ellas hicieron eso.
7. Paco contó chistes, pero no eran muy graciosos y no _____ nadie.
8. Inés, la hermanita de Beatriz que tiene sólo dos años, _____ durante toda la fiesta.
9. La fiesta duró mucho tiempo y los invitados no _____ hasta la una.
10. Al día siguiente Beatriz se levantó temprano y, después de tomar un examen, _____ su permiso de manejar.

Monasterio de Guadalupe en España

B **Los individualistas.** Todos tenemos amigos individualistas que no quieren hacer lo que hacen los demás. ¿Qué hicieron las siguientes personas individualistas? Sigue el modelo.

sugerir / un partido de fútbol / María / paseo en bicicleta
ESTUDIANTE A *Todos sugerimos un partido de fútbol.*
ESTUDIANTE B *María no. Ella sugirió un paseo en bicicleta.*

1. preferir / quedarnos en casa / José y Marta / caminar en la lluvia
2. pedir / café después del almuerzo / mi vecina / té
3. divertirse / en la playa / Julia / en las montañas
4. seguir / hablando después de la clase / Rafael / leyendo
5. competir / en una carrera de bicicletas / Yolanda / en una regata
6. sonreír / para la foto / mi primo / demasiado tarde
7. conseguir / entradas para la corrida / David y Alicia / entradas para el partido de tenis
8. dormir / en la tienda de acampar / Tomás / al aire libre

C **Hablemos de ti.**

1. ¿Cuánto tiempo hace que estudias español?
2. ¿Hace muchos años que vives en la misma casa? ¿Dónde viviste antes?
3. ¿Cuánto tiempo hace que conociste a tu mejor amigo(a)? ¿Cuándo y cómo lo(la) conociste?
4. ¿Tienes permiso de manejar? ¿Cuánto tiempo hace que lo conseguiste?
5. ¿Cuánto tiempo hace que te vestiste con ropa especial para alguna fiesta? ¿Cuándo fue? ¿Qué clase de fiesta fue? ¿Cómo te sentiste?
6. ¿Cuántas horas dormiste anoche? ¿Te sientes bien hoy o necesitas dormir un poco más?

ACTIVIDAD

Hace tres años que . . . Write down on one sheet of paper four things that you have been doing for a while. For example:

Hace tres años que compito en campeonatos de natación.
Hace catorce años que vivo en esta ciudad.
Hace tres años que ahorro dinero para ir a la universidad.

Put all of the papers together, then take turns picking them, reading them aloud, and guessing who wrote them. Each person is allowed one guess per paper. Continue until all of the authors have been identified.

◆ COMMUNICATIVE OBJECTIVE
To tell the history of something

PALABRAS NUEVAS II

La historia vive

(NOTAS DE UN VIAJE POR ESPAÑA)

CONTEXTO NARRATIVO

No podemos evitar la historia. Sólo hay que visitar España para saber que eso es cierto. Allí podemos ver claramente cómo **se unen el pasado** y **el presente.**

Los españoles, como los ingleses, mezclan un modo de **gobierno** moderno con uno de los más antiguos. Por ejemplo, aunque la gente **elige** a un jefe de estado, como en los Estados Unidos, también hay un rey y una reina.

Una parte importante del pasado de España es la gran **influencia árabe.** Los árabes **conquistaron** a España en el año 711 y **permanecieron** allí por más de siete siglos. Con ellos llegaron **los judíos.** Durante esa **época,** estos dos grupos practicaron sus religiones libremente, mientras **contribuían*** su **cultura** y sus **conocimientos** a la cultura española.

Palabras, jardines, castillos y muchas otras cosas árabes están presentes en la vida diaria de España y de los españoles. No sólo en **apariencia,** sino también en la realidad, el pasado todavía vive en el presente.

* Like other verbs ending in *-uir*, *contribuir* has a *y* in all except the *nosotros* and *vosotros* forms of the present tense, in all subjunctive forms, and in the *Ud.* / *él* / *ella* and *Uds.* / *ellos* / *ellas* forms of the preterite: *contribuyó, contribuyeron.*

unirse *to unite, to join together*
el pasado *past*
el presente *present*
el gobierno *government*
elegir (e → i) (j) (yo elijo, tú eliges) *to choose, to elect*
la influencia *influence*
árabe *Arab, Arabic, Arabian*
conquistar *to conquer*
permanecer (c → zc) (yo permanezco, tú permaneces) *to remain, to stay*
el judío, la judía *Jew*
la época *epoch, age, era, time*
contribuir (yo contribuyo, tú contribuyes) *to contribute*
la cultura *culture*
los conocimientos *knowledge*
la apariencia *appearance*

Palacio de Montjuich en Barcelona, España

PRÁCTICA

A La España de los árabes. Marcos está estudiando la historia de España y tiene que escribir una composición sobre la época de los árabes. Usa las siguientes palabras para completarla. Cambia los verbos al pretérito.

apariencia	conquistar	judíos	unirse
conocimientos	influencia	permanecer	

En el siglo VIII varios grupos árabes _____ y, juntos, entraron en España. En pocos años los árabes _____ casi toda España y _____ allí durante varios siglos. En el siglo X, debido a los _____ de los árabes y los _____, Córdoba ya era uno de los centros más importantes de cultura de Europa. Por todas partes vemos la gran _____ de los árabes en la Andalucía del presente. Algunas de las ciudades del sur de España con sus edificios antiguos, todavía mantienen la misma _____ que en la época de los árabes.

B ¿Qué eligieron? Un grupo de turistas está de viaje en España y les quedan sólo tres días. Con un(a) compañero(a), haz frases para indicar lo que eligieron hacer todos y adónde van a hacerlo. Por ejemplo:

ellos / tomar el sol y nadar / ir a la playa de Torremolinos
ESTUDIANTE A *Ellos tienen ganas de tomar el sol y nadar.*
ESTUDIANTE B *Por eso eligieron ir a la playa de Torremolinos.*

1. Juan y Marta / ver la Alhambra / ir a Granada
2. Alicia / probar la comida andaluza / ir a un restaurante en Sevilla
3. Uds. / aprender un poco sobre el gobierno de España / ir al Palacio Nacional
4. (yo) / ver el arte español / ir al Museo del Prado
5. los hermanos de Luisa / ver libros antiguos / ir a la Biblioteca Nacional
6. nosotros / pasear y estar tranquilos / ir al Parque del Retiro
7. la profesora / ver la influencia de los árabes / ir a Córdoba
8. (tú) / asistir a una corrida de toros / ir a la plaza de toros

Una vista de Córdoba, en España

APLICACIONES

Andalucía: Tierra de sueños y fantasía

ANTES DE LEER: Responde a las siguientes preguntas que te van a preparar para la lectura.

1. ¿Cuándo fue la época de mayor influencia árabe en España?
   a. hace 100 años
   b. hace 300 años
   c. hace mil años
2. Sevilla, Córdoba y Granada son tres ciudades que todavía muestran gran influencia árabe. Búscalas en el mapa. ¿En qué región del país están?
3. Los árabes permanecieron en España durante muchos siglos y dejaron su influencia en el país. Hay partes de los Estados Unidos donde podemos ver la influencia de otras culturas. ¿Sabes dónde? ¿Qué culturas eran? ¿Qué contribuyeron a la cultura actual?

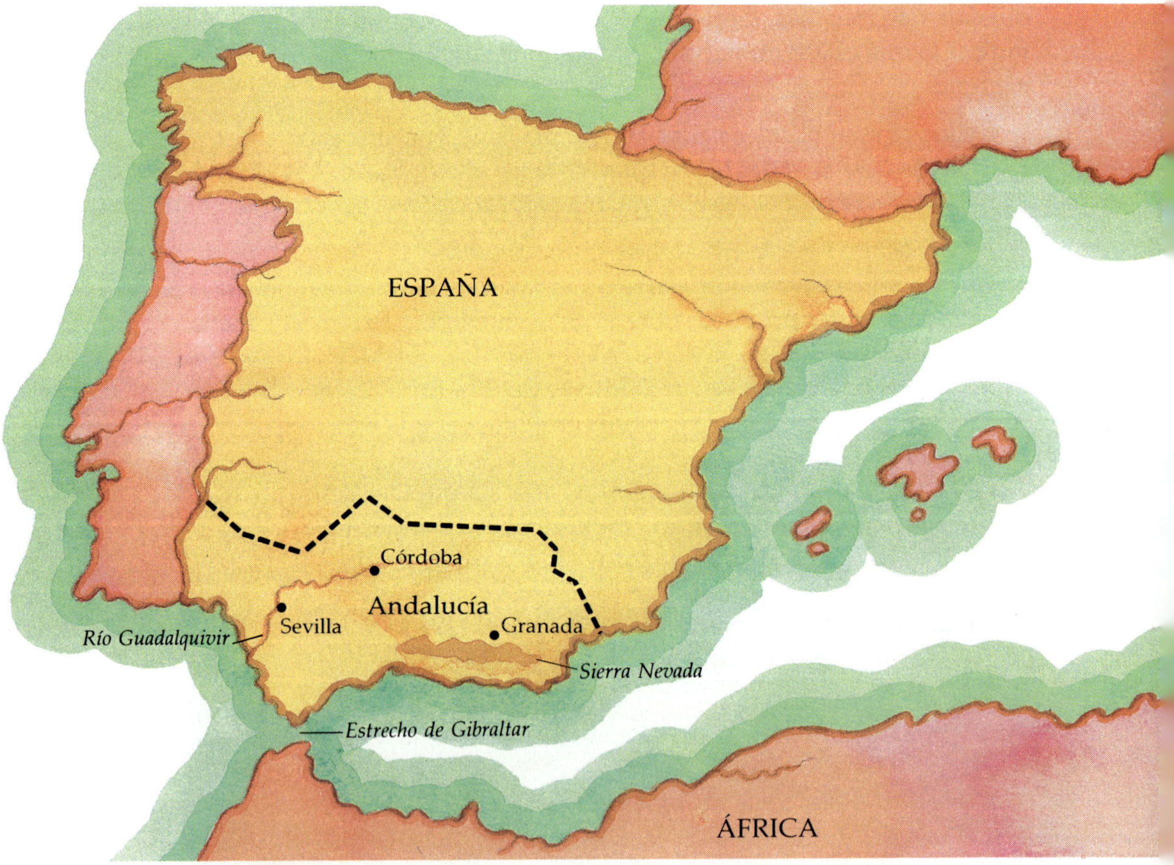

¿Te gustaría hacer un viaje por un mundo fantástico? ¿Sí? Entonces, ven conmigo a Andalucía, la región de España donde se unen los tiempos, los continentes y las culturas. Gente de orígenes y culturas muy diversas pasaron por estas tierras a través de[1] su historia. De todos ellos, los árabes fueron quienes más influyeron en[2] la cultura y las costumbres de Andalucía. Sigamos el Río Guadalquivir y visitemos primero a Córdoba, donde árabes, cristianos y judíos vivieron en paz durante la época medieval. Entre ellos había artistas, escritores y científicos que nos dejaron obras de arte maravillosas y que hicieron importantes contribuciones a nuestros conocimientos en medicina, matemáticas y otras ciencias. Allí podemos visitar la gran Mezquita[3] de Córdoba, el centro de la vida religiosa de los árabes, quienes la construyeron hace doce siglos. Podemos ver su influencia también en los patios de las casas de hoy, con sus suelos y fuentes cubiertos de azulejos.[4]

Sigamos nuestro viaje. Allí está Sevilla, el centro cultural y comercial de Andalucía. De aquí salió Cristóbal Colón para descubrir el Nuevo Mundo. De aquí también salían los barcos que viajaban allí, y que volvían, llenos de oro, plata y otros tesoros de la América. Mira y admira a la Giralda, una magnífica torre[5] de más de 90 metros de altura, que era parte de la mezquita que los árabes construyeron hace 800 años. Puedes ver la gran catedral, la más grande de España, y un poco más allá, el Alcázar, un hermosísimo castillo antiguo. Alguien dijo, y tenía razón, que "quien no conoce a Sevilla, no conoce maravilla."

Vamos hacia[6] el este ahora, hacia la Sierra Nevada que está cubierta de nieve. En uno de sus valles se encuentra la ciudad de Granada. Los árabes

---

[1]**a través de** *through* [2]**influir en** *influence* [3]**la mezquita** *mosque*
[4]**el azulejo** *ceramic tile* [5]**la torre** *tower* [6]**hacia** *toward*

Una niña vestida de mora en Villajoyosa, España

La Mezquita de Córdoba, en España

permanecieron aquí hasta el año 1492, cuando los Reyes Católicos* volvieron a conquistarla para España. En esta ciudad se encuentra el famoso palacio de la Alhambra, que era la residencia de los reyes árabes. Allí podemos admirar las paredes y techos ricamente decorados[7] y los numerosos patios, llenos de luz, los jardines y las hermosas fuentes. Desde sus ventanas podemos ver las colinas donde todavía viven los gitanos,[8] quienes, con su música y sus bailes, contribuyeron tanto a la cultura andaluza.

Granada es el fin de nuestro viaje, pero no es el fin de las maravillas de Andalucía. Hay mucho más para ver y para aprender en esta región de España donde se une la historia de diversas razas y culturas del país. Sigue explorando, pues, por esta tierra de fantasía donde las maravillas nunca terminan.

---

[7]**decorados** *decorated* [8]**el/la gitano, -a** *gypsy*
* El rey Fernando de Aragón y la reina Isabel de Castilla.

Continuación

1. ¿En qué parte de España se encuentra Andalucía?
2. ¿Qué ciudades podemos visitar si seguimos al Río Guadalquivir?
3. ¿Qué quiere decir "quien no conoce a Sevilla, no conoce maravilla"?
4. ¿Cómo se llaman las montañas cerca de Granada? ¿Por qué crees que les dieron ese nombre?
5. Los árabes llegaron a España en 711. ¿Cuánto tiempo permanecieron allí? ¿Qué cosas importantes para la historia pasaron en el año 1492?
6. Además de los árabes, ¿qué otros grupos influyeron en la cultura de los andaluces?
7. ¿Cuál de las ciudades de la lectura te parece más interesante? ¿Por qué?

Una vista de la Alhambra en Granada, España

EXPLICACIONES II

El pretérito de *andar, estar* y *tener*

Andar, estar, and *tener* have irregular preterite stems. Note that the endings are the same as for regular *-er* and *-ir* verbs except for the *yo* and *él / ella / Ud.* forms. None of the endings has a written accent.

◆ COMMUNICATIVE OBJECTIVES

To talk about places you have been

To tell where you have and haven't been

To give excuses

ANDAR		ESTAR		TENER	
anduve	**anduvimos**	**estuve**	**estuvimos**	**tuve**	**tuvimos**
anduviste	anduvisteis	**estuviste**	estuvisteis	**tuviste**	tuvisteis
anduvo	**anduvieron**	**estuvo**	**estuvieron**	**tuvo**	**tuvieron**

Ayer **anduve** por la Gran Vía con mi amigo madrileño. — *Yesterday I **walked** along the Gran Vía with my friend from Madrid.*

¿**Estuvieron** en el País Vasco? — ***Were you** in the Basque region?*

¡Nunca **tuvimos** tanto trabajo como ayer! — *We never **had** as much work as yesterday!*

Un baile vasco en San Sebastián, España

En el País Vasco, España

PRÁCTICA

A ¿Por dónde anduviste? Toda la familia López salió en distintas direcciones. Sólo la abuela se quedó en casa. Cuando volvieron, ella les preguntó adónde fueron. Pregunta y contesta según el modelo.

(tú)

ESTUDIANTE A *¿Por dónde anduviste?*
ESTUDIANTE B *Anduve por la playa.*

1. Uds.

2. los primos

3. mamá

4. (tú)

5. José y tú

6. Eva y Raúl

7. Teresa

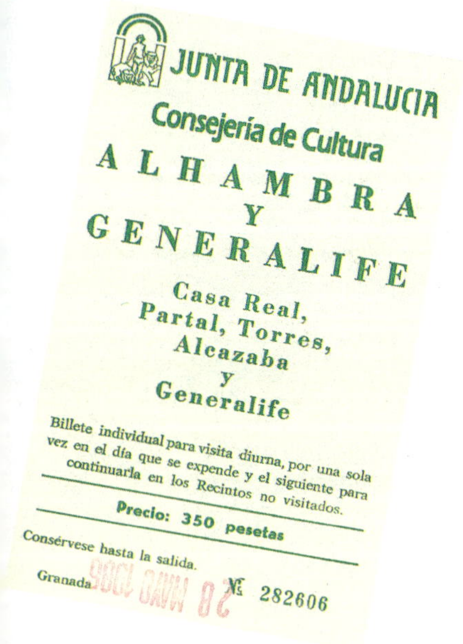

B **Lugares.** ¿Conoces muchos lugares diferentes? Pregunta y contesta usando palabras de cada una de las tres columnas. Sigue el modelo.

Juan / la casa de los Martínez
ESTUDIANTE A *¿Conoce Juan la casa de los Martínez?*
ESTUDIANTE B *Sí, estuvo allí la semana pasada.*
o: *No, nunca estuvo allí.*

1. (tú)	al Canadá	ayer
2. tu papá o mamá	a México	hace dos (tres, etc.) años
3. tu mejor amigo(a)	la Casa Blanca	nunca
4. tus primos	el Museo del Prado	la semana pasada
5. Uds.	la biblioteca de la escuela	hace mucho tiempo
6. tu profesor(a)	la capital del estado	en enero (febrero, etc.)
7. tu hermano(a)	la Universidad de Madrid	el verano (otoño, etc.) pasado
8. tú y tu mejor amigo(a)	a Puerto Rico	el mes / el año pasado
	la capital de los Estados Unidos	

C **¿Por qué no fueron?** Pregunta y contesta por qué las siguientes personas no estuvieron en el partido de básquetbol. Sigue el modelo.

tú / estudiar para un examen
ESTUDIANTE A *¿Por qué no fuiste al partido?*
ESTUDIANTE B *Porque tuve que estudiar para un examen.*

1. Uds. / reparar la moto de Eduardo
2. ella / llevar a alguien al aeropuerto
3. tú / mirar la videocinta de un amigo
4. Josefina y Sonia / prepararse para ir de camping
5. Ud. / esperar una llamada de Puerto Rico
6. él / cuidar a sus hermanas
7. Marcos y María / visitar a un vecino en el hospital

D **Hablemos de ti.**

1. ¿Dónde estuviste el fin de semana pasado? ¿Qué hiciste?
2. ¿Qué tuviste que hacer anoche?
3. ¿Cuándo fue la última vez que estuviste muy enfermo(a)? ¿Tuviste que quedarte en cama mucho tiempo? ¿Cuántos días de clase perdiste?
4. ¿Cuándo fue la última vez que tuviste que estudiar para un examen importante? ¿En qué clase fue?

LECTURA 2

APLICACIONES

Celebración del enlace[1] de Colón y Miss Liberty

POR ANTONI MIRALDA

ANTES DE LEER

A. Responde a las siguientes preguntas que te van a preparar para la lectura.
   1. ¿Dónde se encuentra la Estatua de la Libertad? ¿Qué representa?
   2. ¿Quién es Cristóbal Colón? ¿Por qué es importante?
   3. ¿Por qué crees que hay en España un monumento a Cristóbal Colón?
   4. ¿Conoces un monumento muy viejo y uno moderno? ¿Cuáles son? ¿Hay uno cerca de donde vives? ¿Por qué existe?
   5. Muchos países celebran la llegada de Colón a las Américas. En la América Latina, por ejemplo, celebran El Día de la Raza. ¿Cómo celebra ese día mucha gente en los Estados Unidos?

B. Contesta las siguientes preguntas que te van a ayudar a comprender el vocabulario.
   1. En la lectura hay unas palabras que son de la misma familia de palabras que otras que tú ya conoces. ¿Qué palabras conoces de la misma familia que *el regreso* y *desfilar?*
   2. Las terminaciones *-ante* y *-dor* a veces quieren decir *una persona que hace algo.* ¿Qué quieren decir entonces *navegante* y *colonizador*?
   3. Hay varias palabras en la lectura que tienen cognados *(cognates)* en inglés. ¿Cuáles crees que son los cognados de *imaginaria, ruta, ilumina, recepción, convenciones, símbolo, poliéster, nupcial, extensión, simbolizan, banquete, continente, tributo?*
   4. Muchas veces las terminaciones *-ado* e *-ido* corresponden a la terminación *-ed* en inglés. ¿Qué crees que quieren decir entonces *celebrado, fabricados, realizado, donados, proyectado, creados?* En las líneas 34–35, la frase *fueron traídos* quiere decir *were brought*. ¿Cuál crees que es el infinitivo de *traídos?*
   5. En la línea 12 la expresión *se dio* quiere decir "was given." ¿Qué crees que quiere decir *se servirá* en la línea 20? ¿Qué quiere decir *se piensa* en la línea 33?

---

[1]**el enlace** = la boda

Emblema del Proyecto Luna de Miel

El Proyecto Luna de Miel[2] es una serie de ceremonias y celebraciones que el artista catalán Antoni Miralda creó[3] para festejar[4] la boda imaginaria entre dos monumentos que se miran desde ambos[5] lados del Atlántico: el monumento a Cristóbal Colón en el puerto[6] de Barcelona y la Estatua de la Libertad en la bahía[7] de Nueva York. El navegante señala la ruta hacia[8] el Nuevo Mundo, y Miss Liberty ilumina la puerta de entrada a los millones de personas que siguieron a Colón. El monumento a Colón conmemora la recepción que los reyes de España, Fernando e Isabel, ofrecieron en Barcelona al navegante a su regreso del primer viaje al Nuevo Mundo. Ambos monumentos cumplieron cien años en 1986.

En el acto inaugural[9] del Proyecto Luna de Miel, celebrado en el Jacob K. Javits Centro de Convenciones en Nueva York en 1986, se dio el anuncio oficial del "enlace." Un vestido hecho a la medida[10] para la Estatua de la Libertad, con 2.500 metros de tejido[11] de poliéster color azul turquesa,[12] fue el centro de atracción. Se exhibió[13] un anillo gigantesco[14] fabricado con materiales simbólicos del intercambio de culturas entre el Nuevo y el Viejo Mundo. Uno de estos materiales eran latas vacías de Coca-Cola, símbolo de América.

En el aeropuerto de Barcelona, después de una recepción y desfile, se va a celebrar[15] un banquete que se servirá en las alas[16] de un avión Jumbo Jet 747. En una ala habrá[17] alimentos del Nuevo Mundo; en la otra, alimentos

---

[2]**la luna de miel** *honeymoon* [3]**crear** = hacer [4]**festejar** = celebrar
[5]**ambos** = los dos [6]**el puerto** *port* [7]**la bahía** *bay* [8]**hacia** *toward*
[9]**inaugural** = primero [10]**hecho a la medida** *custom-made* [11]**tejido** *cloth*
[12]**azul turquesa** *turquoise* [13]**se exhibió** *was exhibited* [14]**gigantesco** = grandísimo
[15]**se va a celebrar** *is going to take place* [16]**el ala** *wing* [17]**habrá** = future of **haber**

Una vista de Barcelona, España

del Viejo Mundo. También se proyecta[18] servir el pastel nupcial junto a la base del monumento a Colón, realizado con miles de pasteles donados por los habitantes de Barcelona. Un rayo[19] láser, proyectado desde el monumento, será la extensión simbólica del dedo de Colón que señala el camino hacia el Nuevo Mundo.

Durante la celebración del Día de la Hispanidad[20] en la Quinta Avenida de Nueva York, van a desfilar carrozas[21] que simbolizan los regalos tradicionales y los personajes de la celebración nupcial, creados todos a la escala[22] de la Estatua de la Libertad (ella es más alta que él). Habrá unos jeans gigantescos, un globo terráqueo[23] y, para cerrar la procesión, una carroza en que los novios comenzarán su luna de miel.

En Nueva York se piensa organizar también un banquete de gala,[24] con cien invitados por el novio y cien por la novia, con alimentos que fueron traídos de un continente a otro por los colonizadores.

El proyecto de Miralda es un tributo al intercambio de ideas, costumbres y productos que unen el Viejo y el Nuevo Mundo desde la llegada de los españoles a América en 1492. El enlace simbólico de los dos monumentos va a celebrarse en Barcelona y Nueva York con festejos[25] y actos culturales desde 1986 hasta 1992, año del 500 aniversario del primer viaje de Cristóbal Colón.

---

[18]**se proyecta** *it is planned* [19]**el rayo** *beam* [20]**el Día de la Hispanidad** = el Día de la Raza [21]**la carroza** *float* [22]**la escala** *scale* [23]**el globo terráqueo** *globe* [24]**de gala** *gala* [25]**el festejo** = la celebración

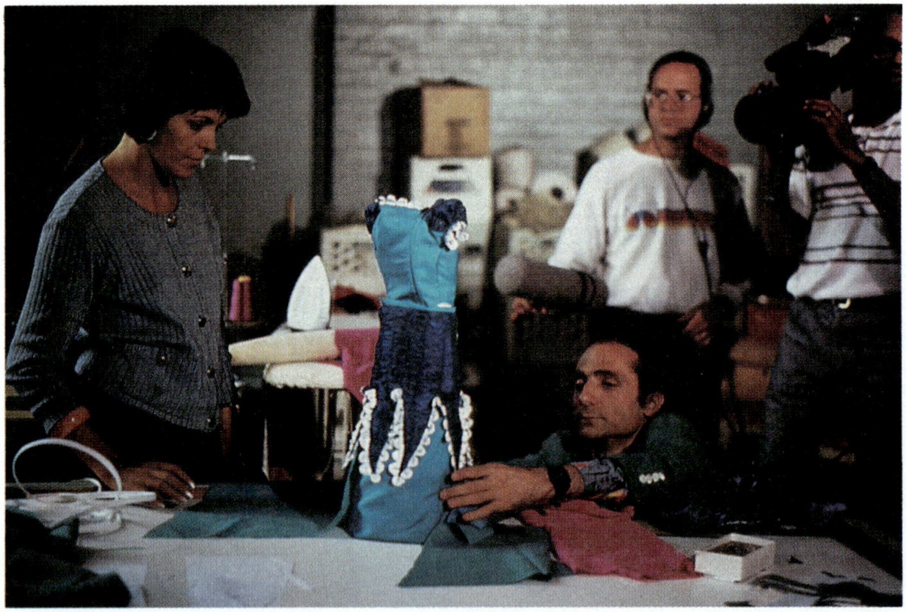

Antoni Miralda

Continuación

Después de leer el informe con cuidado, contesta las preguntas.

1. ¿Quién es Antoni Miralda y qué creó?
2. En la línea 5, ¿quién es el navegante?
3. Durante la época de Cristóbal Colón, ¿quiénes eran los reyes de España?
4. ¿Dónde está el monumento a Colón? ¿Cuántos años tiene? ¿Qué conmemora?
5. ¿Qué señala el rayo láser?
6. ¿Qué habrá en dos de las carrozas del desfile?
7. ¿Por qué crees que hizo el Proyecto Luna de Miel Antoni Miralda?
8. ¿En qué consiste *(consists)* el proyecto? ¿Qué celebra?
9. ¿Qué te parece la idea de la boda?
10. ¿Qué partes del festejo te parecen más interesantes? ¿Por qué?
11. Imagina que puedes cambiar algo o añadir algo nuevo a la celebración de Miralda. ¿Qué harías *(would you do)*?

Participación

Con un(a) compañero(a), haz planes para un monumento. ¿A quién lo van a dedicar? ¿Por qué? ¿Cómo va a ser la celebración? ¿Qué símbolos van a usar?

Monumento a Manolete en Córdoba, España

APLICACIONES

REPASO

Mira con cuidado las frases modelo. Luego cambia las frases que siguen al español según los modelos.

1. *El guía y su grupo llegaron al museo en Madrid hace media hora.*
   (The teacher and her students left for the zoo in Barcelona 10 minutes ago.)
   (The mother and her children went to the beach in Catalonia a week ago.)
   (My sister and I stopped by the university in Salamanca an hour ago.)

2. *Como llegó tarde al restaurante no tuvo tiempo para comer.*
   (Since we got to the airport late, we didn't have time to have lunch.)
   (Since they got to the gym late, they didn't have time to practice.)
   (Since I got to the park late, I didn't have time to go for a walk.)

3. *Hace cinco años que el explorador estudia las ruinas mayas en la selva.*
   (The expedition has been studying the ancient pyramids in the desert for six months.)
   (Armando has been reading the boring articles in the newspaper for two hours.)
   (The announcer has been discussing the rebellious youth in the suburbs for 15 minutes.)

4. *Sugirieron varias ideas interesantes.*
   (She got some Spanish paintings.)
   (They served delicious Galician meals.)
   (You (pl.) *chose typical Basque souvenirs.)*

5. *Además, hablaron mucho sobre el significado del gobierno y la política en la vida diaria.*
   (In addition, she learned a lot about the influence of radio and TV on modern life.)
   (In addition, we wrote a lot about the role of the Arabs and the Jews in the Andalusian region.)
   (In addition, he talked a lot about the influence of climate and religion on Mayan culture.)

Patio de una casa en Córdoba, España

TEMA

Escribe las frases en español.

1. Sara and her classmates arrived at the hotel in Córdoba twenty minutes ago.

2. Since they arrived at the hotel late, they didn't have time to go out.

3. The students have been studying the Arabic influence on the city for two weeks.

4. They ordered authentic Andalusian meals.

5. In addition, they learned a lot about the influence of the Arabs and the Jews on Spanish culture.

REDACCIÓN

Ahora escoge uno de los siguientes temas para escribir tu propio diálogo o párrafo.

1. Write a dialogue between Sara and a friend on the night of their arrival in Córdoba. Have them discuss their plans for the trip and tell what they want to do and see during their stay there.
2. Do some research in the school library about the city of Córdoba. Then write a paragraph describing the city, tourist sites, monuments, buildings, and so on.
3. Pretend you are a student from Spain visiting your town and writing a letter home to your family. What could you tell them about your town?

COMPRUEBA TU PROGRESO CAPÍTULO 6

A ¿Cuánto tiempo?
Forma frases según el modelo.

> 40 minutos / los amigos / hablar por teléfono
> *Hace cuarenta minutos que los amigos hablan por teléfono.*

1. 3 semanas / la familia / viajar por España
2. 5 meses / Pedro / mantenerse en forma
3. 2 años / tú / tutear a los vecinos
4. 4 meses / yo / conocer a Eva
5. media hora / ellos / jugar en el parque
6. 1 año / nosotros / competir en carreras

B Hace tiempo que no . . .
Forma frases según el modelo.

> 2 años / nosotros / ir de vacaciones
> *Hace dos años que no vamos de vacaciones.*

1. 4 días / ellos / hablar con Jaime
2. 6 meses / Armando / comer carne
3. 2 semanas / tú / ver a Leonor
4. 3 meses / mis padres / ir al cine
5. 2 días / ella / asistir a la escuela
6. 3 semanas / la videocasetera / funcionar

C ¡Qué mes tan divertido!
Contesta las preguntas usando el horario de Josefina. Imagina que hoy es el 30 de septiembre.

6/9 al mar con Carmen
16/9 comienzan clases de teatro
22/9 el museo
26/9 concierto en el Teatro Metropolitano
27/9 cumpleaños de Diego
28/9 visitar a los tíos

1. ¿Cuánto tiempo hace que Josefina fue a escuchar a su cantante favorito?
2. ¿Cuánto tiempo hace que asistió a una celebración para un amigo suyo?
3. ¿Cuánto tiempo hace que acompañó a una amiga a la playa?
4. ¿Cuánto tiempo hace que comenzó sus clases de teatro?
5. ¿Cuánto tiempo hace que vio a sus tíos?
6. ¿Cuánto tiempo hace que fue a ver una exposición de arte?

D María y Sonia cenaron en un restaurante.
Usa el pretérito de los verbos de la lista para completar el párrafo. Puedes usar los verbos más de una vez.

conseguir	pedir	servir
dormir	preferir	sugerir

Anoche María y yo fuimos a un restaurante argentino. El camarero ______ el bistec, pero yo ______ no comer carne. Por eso yo ______ una langosta. María ______ camarones y una ensalada. El camarero nos ______ la comida en seguida. Después María y yo ______ postre y café. Como no ______ un taxi, caminamos a casa. María ______ muy bien, pero yo no ______ bien porque me dolió el estómago.

E Una visita al dentista
Completa cada frase con la forma correcta del pretérito de *tener, estar* o *andar*.

EVA ¿(Uds.) ______ por el parque ayer por la tarde? Traté de llamarte varias veces.
ANA ______ dolor en un diente y fui al dentista.
EVA ¿______ Uds. allí toda la tarde?
ANA No, pero como no teníamos coche, mamá y yo ______ que ir en autobús.
EVA Y cuando llegaste al dentista, ¿______ que esperar mucho tiempo?
ANA No, y además no ______ más de quince minutos con el dentista.
EVA Entonces, ¿______ que esperar el autobús mucho tiempo?
ANA No, como queríamos comprar varias cosas, (nosotras) ______ por el centro comercial por más de dos horas.

VOCABULARIO DEL CAPÍTULO 6

Sustantivos
la alegría
Andalucía
la apariencia
el castellano *(Spanish language)*
Castilla
Cataluña
los conocimientos
la cultura
la época
Galicia
el gobierno
la influencia
el judío, la judía
el orgullo
el País Vasco
el pasado
el presente
la región, *pl.* las regiones

Adjetivos
andaluz, -a, *pl.* andaluces, -zas
árabe
auténtico, -a
castellano, -a
catalán, catalana,
pl. catalanes, -as
gallego, -a
madrileño, -a
rebelde
vasco, -a

Verbos
advertir (e → ie)
andar
avisar
conquistar
conseguir (e → i)
contribuir
elegir (e →i) (j)
luchar
permanecer (c → zc)
tutear
unirse

Adverbio
además

Preposición
además de

Conjunción
como *(since, because)*

Expresiones
hace + *period of time (ago)*
menos mal (que)

CAPÍTULO 7

PRÓLOGO CULTURAL | ESPAÑA EN EL NUEVO MUNDO

Aquí vemos a unos conquistadores españoles en el Nuevo Mundo. En el siglo XVI el imperio *(empire)* de España fue el más grande del mundo. Consistía en México, la América Central, gran parte de la América del Sur y del Caribe y la parte del sur de lo que ahora es los Estados Unidos desde la Florida hasta California.

La foto de arriba
Los españoles construyeron muchas misiones como ésta por todo el sur de los Estados Unidos. Ésta es la misión de San Xavier del Bac, conocida por el nombre de "la paloma *(dove)* blanca en el desierto," y es la única que queda en Arizona.

La foto de abajo
Los azulejos *(tiles)* en esta iglesia del siglo XVI en Puebla, México, demuestran la influencia árabe en la arquitectura española. Esta influencia se ve también en los edificios coloniales del Nuevo Mundo.

◆ COMMUNICATIVE OBJECTIVES

To ask what one should do

To express surprise

To admit a mistake

To solve a problem

To suggest appropriate actions

PALABRAS NUEVAS I

España en América

CONTEXTO VISUAL

CONTEXTO COMUNICATIVO

1 PROFESORA ¿Qué **suceso** importante ocurrió en la historia de las Américas en 1519?

FEDERICO Hernán Cortés* comenzó su viaje de Cuba **hacia** México.

PROFESORA ¿Por qué hizo ese viaje?

FEDERICO Porque creía que México era **una tierra** de mucha **riqueza.**

Variaciones:

- hacia → a
- una tierra → un lugar

el suceso *event*

hacia *toward*

la tierra here: *land*

la riqueza *riches, wealth*

* Hernán Cortés (1485–1547), conquistador español de los aztecas, 1521.

2 ARTURO — No entiendo cómo Cortés **engañó** a los aztecas tan fácilmente.

PROFESORA — Pues, **el jefe** azteca creyó que Cortés era uno de sus dioses que volvía para **cumplir una promesa.** Pero **se equivocó.**†

- creyó → pensó
- volvía → regresaba

engañar *to trick, to deceive*

el jefe, la jefa here: *chief*

cumplir *to fulfill*

la promesa *promise*

equivocarse *to be wrong, to make a mistake*

3 CATALINA — ¡Qué **curioso**! Un **ejército** de sólo seiscientos hombres **mató** a miles de **indios.**

PROFESOR — Hay que recordar que los españoles tenían armas más avanzadas.

- curioso → raro
- armas más avanzadas → mejores armas

curioso, -a = raro, extraño

el ejército *army*

matar *to kill*

el indio, la india *Indian*

4 FELIPE — ¿Qué hago con estos papeles viejos? ¿Los **guardo** o los **echo** con los otros?

EMILIA — Guárdalos. Entre ellos hay un mapa que mi abuelo dibujó de un sitio donde creía que había un tesoro. No sé si **existe** en realidad, pero algún día pienso ir a buscarlo.

- echo → tiro
- en realidad → verdaderamente

guardar *to keep, to save*

echar *to toss, to throw, to throw out*

existir *to exist*

5 TOMÁS — ¿Qué piensas del robo de las esculturas mayas?

SOFÍA — Yo creo que el director del museo es **culpable.**

TOMÁS — Él dice que alguien lo engañó.

SOFÍA — **Lo increíble** es que **valen** tanto y no había nadie para **protegerlas.**

- culpable → el ladrón
- protegerlas → cuidarlas

culpable *guilty*

lo + adjective *the* (adjective) *thing*

valer (yo valgo, tú vales) *to be worth (something), to have value, to be valid*

proteger (j) (yo protejo, tú proteges) *to protect*

† Según la leyenda *(legend)*, los aztecas esperaban el regreso *(return)* de su dios principal, Quetzalcóatl.

6 **SOFÍA** ¡Me equivoqué! Ahora dicen que el director del museo es **inocente.**
TOMÁS ¿Sí? ¿Quién robó las esculturas entonces?
SOFÍA Parece que fue un arqueólogo extranjero.
TOMÁS ¿Cómo lo van a **castigar**?
SOFÍA A lo mejor nunca van a poder hacerlo. La policía lo **persiguió*** hasta la frontera, pero se escapó.
TOMÁS Por lo menos los robos **se** van a **acabar.**

- ahora dicen → resulta
- a lo mejor → probablemente

inocente *innocent*

castigar *to punish*

perseguir (e → i) (yo persigo, tú persigues) *to pursue, to chase*

acabar(se) = terminar

Iglesia de una misión en Albuquerque, Nuevo México

* *Perseguir* follows the same pattern as *seguir* in all tenses.

PRÁCTICA

A El periódico. Imagina que trabajas para un periódico y tienes que escribir descripciones de algunas fotos. Empareja *(Match)* las ilustraciones y las descripciones. Después, inventa otra frase para dar más información sobre el suceso.

1.

2.

3.

4.

5.

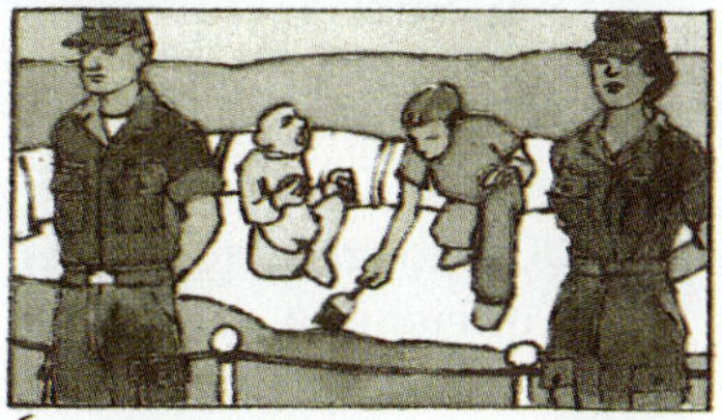
6.

7.

8.

a. El ejército protege las riquezas arqueológicas del país.
b. La campeona cumplió su promesa de ganar otra vez el campeonato.
c. La policía persiguió al ladrón, quien chocó con un árbol.
d. "No soy culpable," les dice J. J. Ortiz a los periodistas.
e. Bomberos salvan a un bebé del incendio de ayer.
f. ¿Existe la vida en otros mundos?
g. Hoy a las tres de la tarde va a la cárcel José Pérez.
h. Castigan al jefe de la policía por proteger a los culpables del robo.

B **Riqueza de otra época.** Busca las palabras correctas para completar las frases.

acabé	echaron	guardamos	riqueza	tierras
curioso	existen	indios	soldados	valían

Tuve que escribir una composición sobre el arte de los _____ de México del siglo XVI. Aunque no la _____ hasta muy tarde, aprendí mucho.

Por ejemplo, me interesó leer sobre los _____ españoles y cómo los indios, a pesar de ser muchos más, no los _____ de sus _____. Pocos objetos de arte de esa época _____ actualmente porque los españoles los destruyeron para obtener el oro y la plata.

Es _____, los objetos que para los españoles sólo _____ por su _____, para nosotros son obras de arte que _____ en museos.

C **Hablemos de ti.**

1. ¿Te gusta guardar cosas o prefieres echar todo a la basura de vez en cuando? ¿Qué tipo de cosas te gusta guardar?
2. ¿Crees que es importante cumplir las promesas? ¿Por qué crees que algunas personas no las cumplen?
3. ¿Crees que las personas muy ricas deban tener derecho a guardar todas sus riquezas o deban contribuir algunas de sus riquezas para ayudar a los demás? ¿Por qué sí o no?
4. ¿Cómo crees que deben castigar a una persona que mata a otra? Por ejemplo, ¿crees que deben poner a esa persona en la cárcel para siempre? Explica tu respuesta.

Iglesia de la misión San Carlos en Carmel, California

5. ¿Crees que sea posible saber cómo es una persona sólo por su apariencia o crees que las apariencias engañen? Explica tu respuesta.
6. En tu opinión, ¿qué debe hacer un(a) buen(a) profesor(a) cuando un(a) estudiante se equivoca en la clase? ¿A quién conoces que nunca se equivoca?

ACTIVIDAD

¿Cómo hay que castigar a los culpables? Get together in small groups to discuss how students should be punished for breaking different school rules. Each person should come up with one hypothetical situation, and then the group should talk about what a fair punishment would be. Here are some possible situations.

Un estudiante que nunca llega a la escuela a tiempo.
Un estudiante que engaña a sus profesores diciendo que no asistió a clases porque estaba enfermo.

La misión San Carlos en Carmel, California

APLICACIONES

El tesoro de *Nuestra Señora de Atocha*

Óscar Muñoz, locutor del Canal 12, entrevista a Joaquín Ibarra, buceador y miembro de la expedición que descubrió el barco español *Nuestra Señora de Atocha,* que se hundió[1] al sur de la Florida en 1622.*

SR. MUÑOZ Sr. Ibarra, ¿cómo sabía Mel Fisher, el jefe de la expedición, dónde estaba el *Atocha?*

SR. IBARRA Él pasó mucho tiempo estudiando mapas y documentos de esa época y casi cinco años explorando el área donde se hundieron el *Atocha* y otros siete barcos.

SR. MUÑOZ ¿Cuándo y cómo se hundió el *Atocha?*

SR. IBARRA El *Atocha,* con otros 27 barcos, llevaba oro, plata y tabaco de Panamá, Colombia y Cuba. El 4 de septiembre, con buen tiempo, salieron de Cuba hacia España. En la mañana del 5, un huracán los dispersó[2], empujando al *Atocha* y a otros barcos hacia la costa de la Florida, donde se estrellaron[3] y hundieron. En el desastre se murieron 550 personas y se perdió una gran fortuna.

SR. MUÑOZ Entonces, Uds. sabían lo que iban a encontrar, ¿no?

SR. IBARRA Sí. Es uno de los tesoros más grandes hallados[4] en los tiempos modernos. Entre monedas, oro, plata y objetos de interés histórico creemos que vale más de cien millones de dólares.

Buceando en busca del *Atocha*

---

* Mel Fisher, ingeniero norteamericano, halló el barco *Nuestra Señora de Atocha* después de muchos años de investigaciones en los Estados Unidos y en España.

[1]**hundirse** *to sink* [2]**dispersar** *to scatter, to disperse* [3]**estrellarse** *to crash* [4]**hallados** *found*

Continuación

1. ¿De dónde venía y hacia dónde iba el *Atocha?* ¿Se hundió a principios, a mediados o a fines de su viaje? 2. ¿Cuál fue la causa del desastre? 3. ¿De dónde eran el oro y la plata que llevaban los barcos? 4. ¿Crees que le costó mucho trabajo o no al jefe de la expedición encontrar el lugar del desastre? ¿Por qué? 5. ¿Cuántos barcos iban con el *Atocha?* 6. Los españoles llevaban tabaco porque el tabaco no existía en Europa. Di otros productos que encontraron los europeos en América que no existían en Europa. 7. ¿Quién crees que debe recibir el tesoro del *Atocha?* ¿El gobierno de España, el jefe de la expedición, o los buceadores? ¿Por qué? 8. ¿Te gustaría ser parte del equipo de buceadores de una expedición? ¿Por qué?

Monedas y joyas del barco *Atocha*

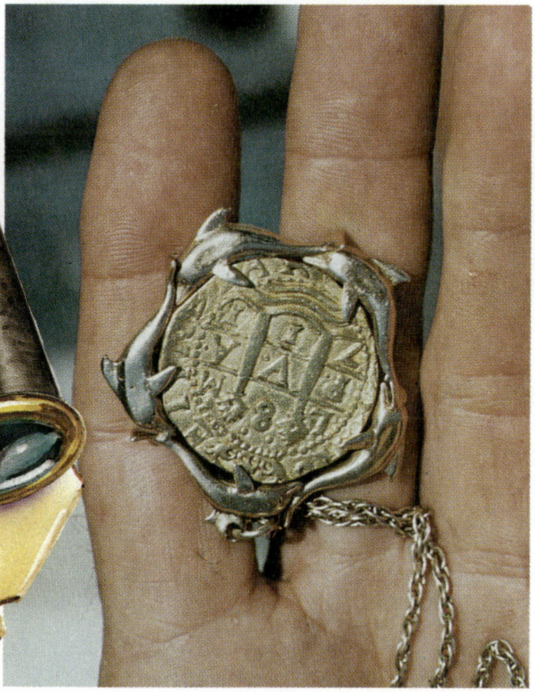

Participación

Inventa un diálogo con un(a) compañero(a) entre los dos primeros buceadores que encontraron el *Atocha*. ¿Qué cosas vieron? ¿Cómo se sintieron?

EXPLICACIONES I

El pretérito de *poner* y *venir*

◆ COMMUNICATIVE OBJECTIVES

To give reasons or explanations

To tell how people came to an event

The verbs *poner* and *venir* are irregular in the preterite tense. Their endings are the same as the preterite endings of *estar* and *tener*.

PONER	
puse	**pusimos**
pusiste	pusisteis
puso	**pusieron**

VENIR	
vine	**vinimos**
viniste	vinisteis
vino	**vinieron**

PRÁCTICA

A ¿Dónde lo pusieron? No puedes encontrar nada, pero todos te dicen que pusieron las cosas en un lugar lógico. Con un(a) compañero(a) haz preguntas y escoge un lugar lógico de la columna de la derecha para contestarlas. Sigue el modelo.

(tú) / el pan

ESTUDIANTE A *¿Dónde pusiste el pan?*

ESTUDIANTE B *Lo puse en la tostadora, desde luego.*

1. (tú) / los platos sucios	el sobre
2. Uds. / la basura	la estufa
3. mamá / la carta que recibió	la lavadora
4. Eva y Ana / la sartén	el basurero
5. la criada / la ropa sucia	el refrigerador
6. papá / los alimentos	el lavaplatos
7. Felipe y Jorge / las sábanas y fundas	la videocasetera
8. (yo) / la videocinta	las camas
	la tostadora

B ¿Cómo vinieron? Es el 12 de octubre y todo el mundo vino a la plaza para celebrar el Día de la Raza. Con un(a) compañero(a) pregunta y contesta según el modelo.

Carlos / en su cacharro
ESTUDIANTE A ¿Cómo vino Carlos?
ESTUDIANTE B Vino en su cacharro.

1. el niño / a pie
2. Ester / en bicicleta
3. Uds. / en coche
4. el tío Felipe / en un coche deportivo
5. Ud. / en taxi
6. los estudiantes / en el autobús de la escuela
7. los granjeros / en camión
8. (tú) / en tren
9. tu padrino / de la ciudad en avión

La estación Santa Fe en San Diego, California

Nominalización y el uso de *lo* + adjetivo

◆ COMMUNICATIVE OBJECTIVES
To ask for advice
To state preferences
To give opinions

You have learned that we can avoid repeating a noun by using the definite article *el / la / los / las* with an adjective or a prepositional phrase.

¿Qué corbata te gusta? ¿**La roja** o **la verde**?	*Which tie do you like?* ***The red (one)*** *or* ***the green (one)****?*
Me gustan las blusas verdes y **las de cuadros.**	*I like the green blouses and* ***the checked ones.***

We can also use *lo* with the masculine singular form of an adjective to make it into a noun or noun phrase.

Lo bueno de esa película es que es corta.	***The good thing*** *about that movie is that it's short.*
En México podemos ver **lo antiguo** al lado de **lo nuevo.**	*In Mexico we can see* ***the old*** *alongside of* ***the new.***
Lo mejor es que es gratis.	***The best part*** *is that it's free.*
Lo más importante es hacerlo bien.	***The most important thing*** *is to do it well.*
Mañana voy a hacer **lo mismo.**	*Tomorrow I'm going to do* ***the same (thing).***

Note that the English equivalent often includes the word "thing" or "part."

PRÁCTICA

A ¿Cuál de los dos? Pregunta y contesta según el modelo.

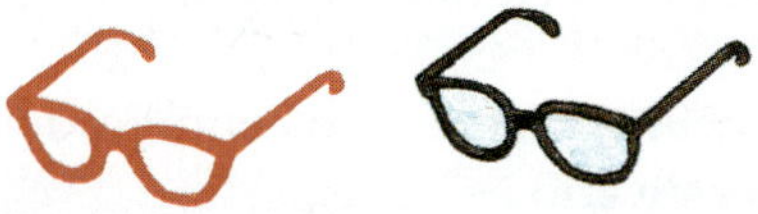

llevar

ESTUDIANTE A *¿Cuáles de los anteojos te gustaría llevar?*
ESTUDIANTE B *Los rojos.*
o: *Los negros.*

1. manejar

2. llevar

3. mirar

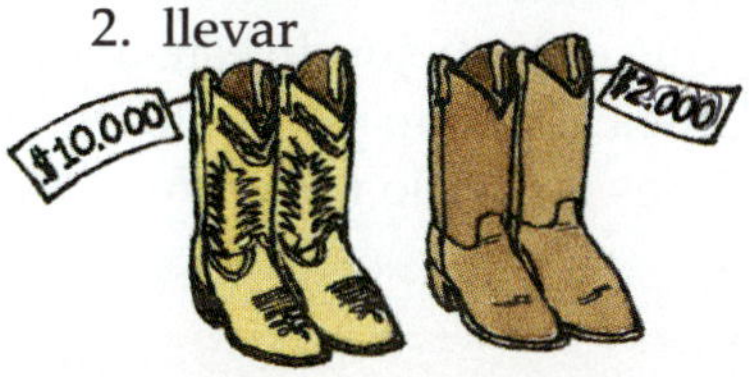

4. comprar

5. tener

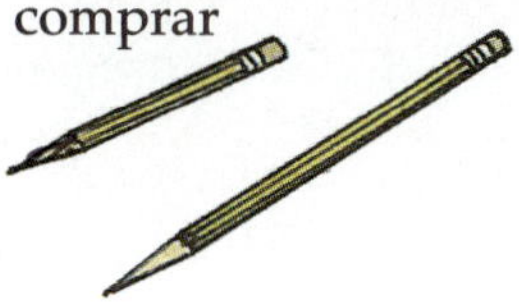

6. usar

B ¿Qué es? Decide qué adjetivo debes usar para completar cada frase.

1. Lo *(agradable / desagradable)* es pasar un día de verano con los amigos en la playa.
2. Engañar a un amigo es lo *(mejor / peor)* que una persona puede hacer.
3. Antes de un examen, lo *(mejor / peor)* es estudiar.
4. En esa película, lo *(agradable / triste)* es que el héroe se muere.
5. Lo *(malo / bueno)* es que castigaron al ladrón.
6. Una persona práctica siempre intenta hacer lo *(sencillo / complicado)*.
7. Mi tío es muy tacaño. Siempre compra lo más *(caro / barato)*.
8. La profesora es muy exigente. Nos pide que hagamos lo *(imposible / posible)*.

C ¿Qué piensas? Completa las siguientes frases.

1. Cuando estoy con mis amigos, lo divertido es _____.
2. Lo más interesante de mi ciudad es _____. Lo menos interesante es _____.
3. En esta clase lo sencillo es _____. Lo complicado es _____.
4. Para mí lo curioso este año es _____.
5. Lo difícil de aprender una lengua extranjera es _____.
6. Lo maravilloso de la vida actual es _____. Lo peligroso es _____.
7. Lo mejor de las vacaciones es _____. Lo peor es _____.
8. Este año lo inolvidable es _____.

D Hablemos de ti.

1. ¿Tuviste una fiesta de cumpleaños el año pasado? ¿Quiénes vinieron? ¿Qué ropa te pusiste? ¿Qué hicieron Uds. para divertirse?
2. ¿Qué es lo mejor de este año?
3. Dinos lo bueno y lo malo de la última película que viste.
4. Dinos qué es lo mejor de tu clase de español. ¿Y lo peor?

Vaqueros y caballos en un cuadro de 1877 de William Walker

ACTIVIDAD

Lo mejor y lo peor Here's your chance to praise or criticize something that is important to you. With a partner, choose a topic from the list below or decide on one of your own. Highlight the good and the bad points and any other aspects you'd like to mention by using the construction *lo* + adjective.

un equipo de deportes
un grupo de rock o un(a) cantante
un programa de televisión
una película o un libro
las modas actuales
la política
la contaminación
las armas

For example:

Un restaurante: Lo más sabroso es la hamburguesa con queso.
Lo peor es que los camareros son muy antipáticos.

En San Antonio, Texas

◆ COMMUNICATIVE OBJECTIVE
To recount a past event

PALABRAS NUEVAS II

Una carta del pasado

CONTEXTO NARRATIVO

Conquistadores en México

Hace unos veinte días que andamos por esta selva húmeda **en busca de** la ciudad de El Dorado. Más de la mitad de nuestros soldados ya están muertos, muchos de ellos **víctimas** de varias **enfermedades desconocidas.** Los indios, que nos persiguen cada día, mataron a los demás.

Ayer capturamos a uno de los jefes y lo **encarcelamos.** Pero durante la noche los indios lo **liberaron.** Aunque casi nunca los vemos, **se cree** que hay una **población** de muchos miles de personas y que tienen mucho **poder.**

Si Pizarro* no reconoce lo peligroso de seguir buscando El Dorado, temo que pierda **el apoyo** de los soldados. Casi nadie cree que podamos **sobrevivir** muchos días más en esta tierra.

en busca de *in search of*
la víctima *victim*
la enfermedad *illness, disease*
desconocido, -a *unknown*
encarcelar *to imprison, to put in jail*
liberar *to free*
se cree *it's believed*
la población, pl. **las poblaciones** *population*
el poder *power, strength*
el apoyo *support, backing*
sobrevivir *to survive*

* Gonzalo Pizarro (¿1502?–1548), uno de varios españoles del siglo XVI que buscaron en la América del Sur los tesoros de El Dorado, una ciudad fabulosa que, según la leyenda *(legend)*, estaba construida *(built)* completamente de oro.

PRÁCTICA

A **La clase de historia.** Imagina que un(a) compañero(a) de clase no puede terminar su composición y te pide que lo (la) ayudes. Completa las frases.

apoyo	encarcelaron	lucharon
desconocidas	enfermedades	sobrevivieron
en busca de	engañaron	víctimas

Los indios sufrieron mucho durante la época de los españoles. Al principio, los españoles los _____. Les dieron objetos que valían muy poco por oro y plata. Después, _____ y mataron a los jefes rebeldes que _____ para liberar a su gente. Además, los indios fueron _____ de _____, hasta entonces _____ para ellos. Muchos no _____. No todos los españoles eran así. Algunos intentaron proteger a los indios y viajaron a España _____ socorro, pero no consiguieron el _____ ni del rey ni de la Iglesia.

B **Quiere decir lo mismo.** Expresa las siguientes frases de otro modo cambiando las palabras en cursiva por las palabras de la lista. Haz otros cambios si es necesario.

acabaron	inocente	la población	sobrevivió
encarcelaron	liberó	el poder	soldados

1. *Todos los habitantes* del país protestan contra las nuevas armas.
2. Muchos creen que el conductor *no es culpable.*
3. Los *miembros del ejército* durmieron en tiendas de acampar.
4. El jefe de estado *puso en libertad* a los soldados rebeldes.
5. Empezaron a construir ese puente en 1984, pero nunca lo *terminaron.*
6. Muchos políticos piensan que *la fuerza* del ejército es un problema.
7. Fue un accidente terrible. Sólo una persona *se escapó para contarlo.*
8. Capturaron al ladrón y lo *pusieron en la cárcel.*

Un bautizo en el Nuevo Mundo

APLICACIONES

Un soldado de Cortés

ANTES DE LEER: Responde a las siguientes preguntas que te van a preparar para la lectura.

1. ¿Sabes por qué es famoso Hernán Cortés?
2. ¿Sabes quién era el jefe de los aztecas cuando Cortés llegó a México?
3. ¿Cómo se llamaba la capital azteca? ¿Dónde estaba situada?
4. ¿Sabes qué tipo de armas tenían los españoles? ¿Y los indios?

Españoles y aztecas en México

A fines del siglo XVI, un anciano español les cuenta a sus nietos sobre los días que pasó en México con el conquistador Hernán Cortés.

Llegamos a México en el año 1519 en busca de riquezas, pero tres meses después de llegar todavía estábamos en Veracruz. Cortés quería ir hacia la capital azteca, pero muchos soldados se negaban a[1] ir porque temían a los miles de indios en el ejército de Moctezuma, el jefe azteca. Sólo había unos seiscientos hombres con nosotros. Como algunos de los soldados hablaban

[1]**negarse a** *to refuse (to do something)*

de volver a Cuba, Cortés quemó los barcos y los soldados tuvieron que seguirlo.

Lo más extraño fue que Moctezuma no nos atacó.[2] La Malinche, una india mexicana, que era nuestra intérprete,[3] nos contó la historia de su dios Quetzalcóatl, que era blanco y tenía barba. Mucho tiempo antes de nuestra llegada tuvo que dejar a su pueblo,[4] pero prometió volver. Cuando le contaron a Moctezuma cómo era Cortés, él creyó que Cortés era Quetzalcóatl, que por fin cumplía su promesa de volver, y que nosotros éramos dioses que lo acompañaban.

Un mapa del viaje de Cortés de Vera Cruz a México

El viaje desde la costa hasta Tenochtitlán, la capital azteca, duró dos meses. Nos atacaron otros indios pero nuestros caballos los asombraron—no sabían qué eran—y con nuestras armas los derrotamos[5] fácilmente. Más de una vez, la Malinche nos salvó al decirnos los planes de los indios. ¡Gracias a ella Cortés conquistó a México! Durante el viaje, Moctezuma le mandó a Cortés oro, joyas y regalos de todas clases para hacerlo desistir de[6] su expedición. Ese oro sólo nos dio la fuerza para continuar.

Cuando por fin llegamos al valle de México, vimos la fabulosa ciudad de Tenochtitlán situada en el centro de un hermoso lago. Moctezuma salió a recibir a Cortés y los dos se dieron regalos. Pero poco después, Cortés,

---

[2]**atacar** *to attack* [3]**intérprete** *interpreter* [4]**pueblo** here: *people*
[5]**derrotar** *to defeat, to beat* [6]**desistir de** *to give up*

siempre atrevido, encarceló a Moctezuma. Después de unos meses los aztecas nos atacaron. A pesar de que Moctezuma trató de calmarlos, los rebeldes lo atacaron con piedras. Una de ellas hirió[7] a Moctezuma y unos días más tarde murió.

Los aztecas no querían dejar a un solo[8] español con vida.[9] Pocos escapamos y, un año más tarde, volvimos con refuerzos.[10] Luchamos durante tres meses y, cuando terminamos, sólo había ruinas en el centro del hermoso lago.

A veces me pregunto si valió la pena.

---

[7]**herir** *to wound* [8]**solo** here: *single* [9]**con vida** *alive*
[10]**los refuerzos** *reinforcements, additional troops*

Continuación

1. Pon las frases en el orden cronológico.
   a. Los españoles llegan a Tenochtitlán.
   b. Cortés destruye a Tenochtitlán.
   c. Quetzalcóatl se va, pero promete volver.
   d. Los aztecas atacan a Moctezuma con piedras.
   e. El abuelo cuenta la historia de la conquista de México.
   f. Los españoles escapan de Tenochtitlán.
   g. Moctezuma sale para recibir a Cortés.
   h. Cortés decide quemar los barcos.
2. ¿Por qué crees que Cortés quemó los barcos?
3. ¿Por qué fue fácil engañar a Moctezuma al principio?

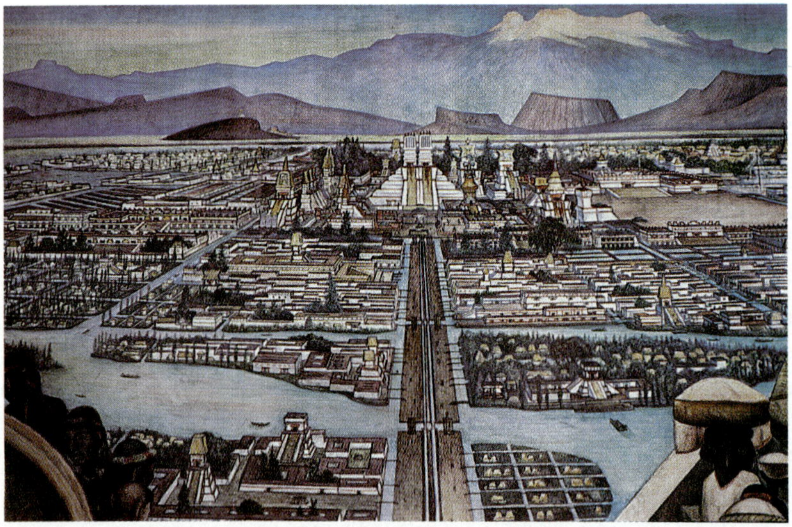

Tenochtitlán, un mural de Diego Rivera

EXPLICACIONES II

El pretérito de *traer* y *decir*

The verbs *traer* and *decir* are irregular in the preterite tense. Notice that neither has an *i* in the *Uds. / ellos / ellas* ending: *-eron*. Otherwise their endings are the same as those of other irregular verbs in the preterite.

◆ COMMUNICATIVE OBJECTIVES

To give reasons

To describe plans

To describe how a rumor spread

TRAER	
traje	**trajimos**
trajiste	trajisteis
trajo	**trajeron**

DECIR	
dije	**dijimos**
dijiste	dijisteis
dijo	**dijeron**

Un altar en la iglesia de San Francisco en Antigua, Guatemala

PRÁCTICA

A **En la estación.** Estas personas están de vacaciones y acaban de llegar a España. Como puedes ver, cada una tiene planes diferentes. Mira el dibujo e indica lo que cada persona trajo a España. Luego indica lo que crees que piensa hacer cada una con lo que trajo.

Manuel
Manuel trajo una raqueta.
Piensa jugar al tenis.

1. (tú)

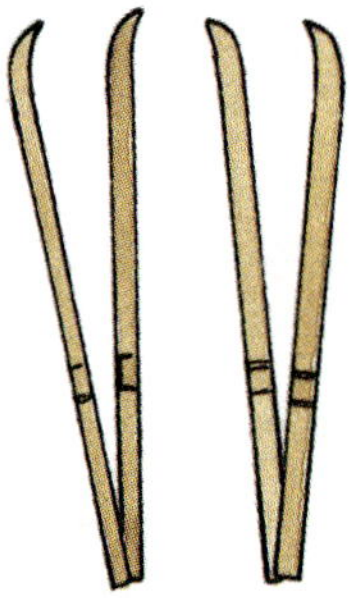

2. Juan y Elvira

3. doña Eva

4. nosotros

5. ellos

6. don Enrique

7. (yo)

8. Uds.

B **El chisme.** Di cómo las siguientes personas oyeron un chisme interesante. Indica quién se lo dijo a quién según el modelo.

Yolanda / su novio
Yolanda se lo dijo a su novio.

1. yo / Eduardo
2. David / Silvia
3. tú / Orlando y Olga
4. mi novia y yo / Inés
5. Roberto y Teresa / su primo
6. Uds. / Concepción
7. nadie / Sarita
8. ¿quiénes / los demás?

El *se* impersonal

In English we often use "they," "you," "one," or "people" in an impersonal or indefinite sense meaning "people in general." In Spanish we use *se* and the *Ud.* / *él* / *ella* form of the verb.

Se dice que es inocente.	***They say*** *he's innocent.*
Se cree que hay oro por allí.	***They think*** *there's gold around there.*
¿Cómo **se dice** eso en inglés?	*How do* ***you say*** *that in English?*
No **se puede** sobrevivir sin agua.	***One cannot*** *survive without water.*
Por la noche **se habló** del concierto.	*In the evening* ***they talked*** *about the concert.*

◆ COMMUNICATIVE OBJECTIVES

To speak in generalities

To avoid saying where you heard something

To report what others say

To talk about weather, news events, etc.

With reflexive verbs we use *uno* to indicate an indefinite subject.

Uno se acuesta temprano por aquí. ***One goes to bed*** *early around here.*

Just as in English, we often also use the *Uds.* / *ellos* / *ellas* form of a verb in an impersonal sense.

Dicen que va a nevar. ***They say*** *it's going to snow.*

PRÁCTICA

En mi colegio. Indica lo que se hace en el colegio de José según el modelo. Usa el *se* impersonal.

Todo el mundo piensa que lo más importante es graduarse.
Se piensa que lo más importante es graduarse.

1. Dicen que la Sra. Iriarte es la mejor profesora.
2. Todos esperamos que la piscina nueva esté lista para la primavera.
3. Todo el mundo cree que la comida de la cafetería puede ser mejor.
4. Los estudiantes pueden usar la cancha de tenis después de las clases.
5. Debemos llegar al colegio quince minutos antes de la primera clase.
6. Los estudiantes pueden ir a la cafetería si no hay clase.
7. Muchos estudiantes protestan cuando hay más de un examen en un día.
8. Los estudiantes se acostumbran a la vida escolar. (uno)
9. Los estudiantes se aburren a veces en la sala de estudio. (uno)
10. Nos cansamos de obedecer las reglas. (uno)

Otros usos de *se*

◆ COMMUNICATIVE OBJECTIVES

To understand signs

To prepare an ad offering services

To state or understand rules and regulations

To give advice

We also use *se* when the doer of an action is not specified or is indefinite. In this construction, if the subject is singular, we use *se* with the singular *(Ud. / él / ella)* form of the verb. If the subject is plural, we use *se* with the plural *(Uds. / ellos / ellas)* form.

Se habla español aquí.	*Spanish **is spoken** here.*
Allí **se hablan** español e inglés.	*Spanish and English **are spoken** there.*
En esta tienda **se vende** ropa.	*Clothing **is sold** in this store.*
En esa tienda **se venden** videocintas.	*Videotapes **are sold** in that store.*

Did you notice that the subject in each of the Spanish sentences—*español, español e inglés, ropa, videocintas*—comes after the verb?

Se is often used in advertisements and other informational signs as well.

Se busca secretaria.	*Secretary **sought.***
Se necesitan camareros.	*Waiters **needed.***
Se prohibe fumar aquí.	*Smoking **not permitted** here.*
Se prohibe estacionar en esa calle.	***No parking (allowed)** on that street.*

Una vista de San Juan, Puerto Rico

PRÁCTICA

A **Carteles.** Imagina que eres pintor(a) y tienes que pintar unos carteles para tus clientes. Usa *se* para escribir los carteles según el modelo.

Prohibo que la gente fume.
Se prohibe fumar.

1. En mi tienda hablamos español.
2. No permito que naden en el lago.
3. Quiero vender mi coche.
4. Arreglo televisores.
5. Traducimos obras de teatro.
6. En esta tienda hacemos camisas.
7. Quiero alquilar mi apartamento.
8. Pinto carteles.
9. En este restaurante servimos comidas mexicanas.
10. En esta tienda reparan zapatos.

B **¿Qué se debe hacer?** Indica lo que crees que se debe hacer en cada una de las siguientes situaciones. Sigue el modelo.

mantenerse en forma
Para mantenerse en forma, se debe { *levantar pesas.* / *hacer ejercicio.* / *comer comida sana.* }

1. dormir bien
2. evitar la guerra
3. ayudar a los pobres
4. luchar contra la contaminación
5. comprender mejor otras culturas
6. dominar una lengua extranjera
7. proteger nuestra libertad
8. llevarse bien con otras personas
9. tener éxito en la vida
10. prepararse para ir a la universidad

C **Hablemos de ti.**

1. ¿Trajiste algo a la escuela hoy? ¿Qué trajiste?
2. ¿Qué dijo tu profesor(a) de español de tu última tarea?
3. ¿Qué se dice cuando se entra en la clase por la mañana? ¿Y cuando se sale?
4. ¿Cuáles son algunas de las cosas que se prohibe hacer en tu escuela?
5. ¿Qué se debe hacer para evitar enfermedades?

APLICACIONES

REPASO

Mira con cuidado las frases modelo. Luego cambia las frases que siguen al español según los modelos.

1. *"La gente vino a las islas tranquilas en este tipo de avión," dijo el locutor.*
   ("We came to the mysterious ruins in that type of helicopter," said the archaeologist.)
   ("The Indians came to the beautiful temple in that type of costume," said the explorers.)
   ("I came to the last performance in that type of suit," I said.)

2. *En esa época se pensaba que había civilizaciones avanzadas en las Américas.*
   (At that time people knew that there were rebellious soldiers in the army.)
   (At that time people said that there was a strange illness in the jungle.)
   (At that time people believed that there were innocent victims on the island.)

3. *Lo increíble es que poca gente guardó las riquezas.*
   (The good thing is that many farmers protected the land.)
   (The worst thing was that certain men imprisoned the Indians.)
   (The amazing thing is that several soldiers freed the country.)

4. *Se firmaron muchos documentos durante esa semana.*
   (Many promises were fulfilled during that year.)
   (A lot of money was lost during that fire.)
   (Many weapons were stolen during that robbery.)

5. *Sara, ¿trajiste tus apuntes sobre los indios mexicanos?*
   (Sr. Arias, did you bring your story about the Spanish army?)
   (Enrique, did we bring those headlines about the present-day government?)
   (Óscar and Miguel, did you bring your article about the new jails?)

Un baile en un cuadro de Theodore Gentilz

TEMA

Escribe las frases en español.

REDACCIÓN

Ahora escoge uno de los siguientes temas para escribir tu propio diálogo o párrafo.

1. Imagine that you are a Spanish explorer traveling with Columbus. Write a diary entry for the first day that you land on an island in the Caribbean. Describe the island and its inhabitants, what you found to eat, where you slept, and how the weather was.
2. Imagine that you are an archaeologist in the year 2500 and that you've just discovered the remains of a city in the same place you are now living in. In a paragraph, describe what life must have been like for the people in that twentieth-century community.
3. Write a paragraph comparing Columbus's voyage to that of the first men who went to the moon. What were the differences and similarities between the two trips? How did the respective societies find out about and react to them?

COMPRUEBA TU PROGRESO CAPÍTULO 7

A Haz frases lógicas

Cambia la(s) palabra(s) en cursiva por otra(s) para hacer frases lógicas.

1. Ella casi nunca *tiene razón*. Es la mejor estudiante de la clase.
2. El policía *liberó* al ladrón porque era culpable.
3. Nadie vive en esa isla. Es un lugar *conocido*.
4. Esos papeles son muy importantes. Hay que *echarlos a la basura*.
5. No fue un accidente muy malo. Todos *murieron*.
6. Luisa es muy amable porque *olvida* sus promesas.

B La fiesta

Di a qué hora vino cada persona a la fiesta y lo que trajo.

> Diego / 7:10 / guitarra
> *Diego vino a las siete y diez y trajo una guitarra.*

1. el tío Pepe / 6:30 / paella
2. nosotros / 7:00 / camarones
3. tú / 8:00 / postre
4. yo / 7:20 / videocintas
5. los abuelos / 6:15 / juegos
6. Rafael / 6:45 / refrescos

C Un viaje que nunca empezó

Di qué pusieron los miembros de esta familia en el coche. Sigue el modelo.

> mamá y papá / 4 maletas
> *Mamá y papá pusieron cuatro maletas en el coche.*

1. Teresa / 1 bicicleta
2. yo / 3 cajas de comida
3. mamá / 5 almohadas
4. Jorge y yo / 1 radio
5. papá / 10 mantas
6. tú / 1 tienda de acampar

D ¿Qué se dice?

Haz frases según el modelo.

> Dicen que no va a volver.
> *Se dice que no va a volver.*

1. Los estudiantes trabajan mucho en la universidad.
2. Todo el mundo vive bien en las afueras.
3. Muchos creen que es culpable.
4. La gente aquí sabe quién fue la víctima.
5. La población protesta contra el ejército.
6. Decimos que hay animales curiosos en la selva.

E ¿Qué se hace?

Haz frases según el modelo.

> Aquí reparamos coches.
> *Aquí se reparan coches.*

1. Nosotros protegemos la tierra.
2. Aquí guardan botellas.
3. Vemos el bosque desde allí.
4. Venden muchas casas cada año.
5. Ofrecemos buenos sueldos aquí.
6. Construimos piscinas.

F Lo mejor de todo

Escoge la mejor palabra para completar cada frase.

1. Lo *(curioso / extranjero)* es que nadie sabe adónde se fue Juan.
2. Lo más *(orgulloso / peligroso)* de la selva son los animales.
3. Lo *(peor / mejor)* de todo esto es que podemos perder mucho dinero.
4. ¿Lo más *(fácil / difícil)*? Volver a la escuela cada lunes.
5. Lo más *(gracioso / supersticioso)* fue cuando Luis se deslizó en el hielo?

VOCABULARIO DEL CAPÍTULO 7

Sustantivos
el apoyo
la cárcel
el ejército
la enfermedad
el indio, la india
el jefe, la jefa *(chief)*
la población, *pl.* las poblaciones
el poder
la promesa
la riqueza
el soldado, la soldado
el suceso
la tierra
la víctima

Adjetivos
culpable
curioso, -a
desconocido, -a
inocente

Preposición
hacia

Verbos
acabar(se) *(to finish, to end)*
castigar
cumplir
echar
encarcelar
engañar
equivocarse
existir
guardar
liberar
matar
perseguir (e → i)
proteger (j)
sobrevivir
valer

Expresiones
en busca de
lo + *adjective*

CAPÍTULO 8

PRÓLOGO CULTURAL | AQUÍ EN LOS ESTADOS UNIDOS

Los puertorriqueños forman uno de los grupos más numerosos de los Estados Unidos. En Nueva York hay más de un millón de personas de origen puertorriqueño. Aunque son ciudadanos *(citizens)* de nacimiento de este país, siguen manteniendo su propia cultura, idioma y costumbres. Este grupo asiste al desfile del Día Puertorriqueño en la Quinta Avenida de Nueva York.

En esta foto vemos al ex alcalde *(mayor)* de Denver, Colorado, Federico Peña. Es un líder dinámico y fue una figura importante en la política de este estado.

La gente de origen mexicano en los Estados Unidos celebra el 16 de septiembre con fiestas y desfiles. Éste es el Día de la Independencia de México. El niño de la foto lleva un retrato del padre Miguel Hidalgo, el héroe de la Revolución Mexicana.

◆ COMMUNICATIVE OBJECTIVES
To offer polite advice
To express surprise
To express resignation

PALABRAS NUEVAS I

Soy de aquí

CONTEXTO VISUAL

CONTEXTO COMUNICATIVO

1 **LAURA** **Me crié** aquí en Chicago, pero nací en el Perú.
EMILIO Entonces, ¿eres **ciudadana** peruana?
LAURA Sí, y quiero seguir así. Tengo mis **raíces** en el Perú y no las voy a **rechazar**.
EMILIO Pero si piensas vivir aquí durante toda tu vida, es mejor tener todos los derechos de un ciudadano.

Variaciones:

- nací en el → soy del
- vivir → quedarte

criarse (yo me crío, tú te crías) *to be brought up, to grow up*
el ciudadano, la ciudadana *citizen*
la raíz, pl. **las raíces** *root*
rechazar *to reject, to refuse*

2 **JAVIER** No puedo **expresarme** muy bien en inglés. A veces **me confundo**.
ISABEL Eso te pasa porque **tienes** poco **contacto con** gente que habla inglés.
JAVIER ¿Cómo lo aprendiste tú?
ISABEL Lo aprendí rápidamente porque **pertenecía** a un club de inglés para extranjeros. Además fui **trabajadora** en un almacén durante las vacaciones.

- no puedo expresarme muy bien en → no domino el
- tienes poco contacto con → no conoces a mucha

expresar(se) *to express (oneself)*
confundirse *to get confused*
tener contacto con *to have contact with*
pertenecer (c → zc) *to belong* **(yo pertenezco, tú perteneces)**
el trabajador, la trabajadora *worker*

3 **RICARDO** ¿Sabías que Juan tuvo un accidente con la moto?
ESTEBAN ¡No me digas! ¿Cómo está?
RICARDO Tuvo suerte porque no le pasó nada.
ESTEBAN Le dije que no **tiene sentido** montar en moto con este tiempo malo.
RICARDO Yo también, pero no **me hizo caso** a mí tampoco.

- sabías → oíste

tener sentido *to make sense*
hacerle caso a uno *to pay attention to (someone), to listen to*

4 **HÉCTOR** Mi abuelo vino a vivir con nosotros **recientemente.**
RAQUEL ¿Extraña mucho su país?
HÉCTOR Sí, pero se está acostumbrando a la vida de aquí. También tiene amigos en la **comunidad** mexicana que vienen a visitarlo de vez en cuando.

■ recientemente → hace poco tiempo

recientemente *recently*

la comunidad *community*

PRÁCTICA

A **¡Buenas noticias!** Ayuda a Ricardo a escribirles una carta a sus tíos que viven en el Ecuador. Completa la carta usando las palabras de la lista.

ciudadano	comunidad	confundirse	criarse
hago caso	raíces	rechazar	recientemente

Queridos tíos:

Les escribo para darles buenas noticias. ¡Por fin soy ______ de los Estados Unidos! ______ recibí por correo el documento que el gobierno les da a los nuevos ciudadanos. Como ciudadano puedo tener más influencia que antes y contribuir más a mi ______. Pero no voy a ______ mis ______. Mis hijos van a ______ hablando inglés y español. Algunos de mis amigos temen que a lo mejor vayan a ______ tratando de aprender dos idiomas al mismo tiempo pero no les ______. Ser bilingüe es una gran ventaja. Espero que nos visiten pronto para celebrar junto con mi familia. Un abrazo fuerte de su sobrino que los quiere,

Ricardo

B **Los nuevos habitantes.** ¿Sabes algo de la gente de otros países? Escoge la palabra correcta para completar las siguientes frases. Lee todo el párrafo antes de completarlo.

A veces las personas que van a vivir a otro país quieren *(confundirse / criarse / tener contacto)* con otras personas que son del mismo país. Quieren *(equivocarse / proteger / pertenecer)* a una comunidad donde las costumbres son conocidas. Muchas veces comparten casas con amigos o parientes que *(se criaron / se quedaron / pusieron)* en el mismo lugar que ellos. Al principio, es difícil *(expresarse / confundirse / existir)* en una nueva lengua, pero con tiempo es posible dominarla.

C En otras palabras. Contesta las siguientes preguntas usando la palabra o expresión entre paréntesis. Haz los cambios necesarios. Por ejemplo:

¿Te equivocas a veces cuando hablas español? (confundirse)
Sí, a veces me confundo.

1. ¿En cuál de tus clases hablas y escribes mejor? (expresarse)
2. ¿Eres miembro de algún club de tu escuela? (pertenecer)
3. ¿Siempre tienes razón cuando contestas en clase? (equivocarse)
4. ¿Hay muchos extranjeros en tu comunidad? (ciudadanos)
5. ¿Siempre aceptas los consejos de tus padres? (rechazar)
6. ¿Prestas mucha atención a lo que te dicen tus amigos? (hacer caso)
7. ¿Conoces a muchas personas de otros países? (tener mucho / poco contacto con)

D Hablemos de ti.

1. ¿Se criaron tus padres en el mismo lugar? ¿Es el mismo lugar donde vives ahora? Si no, ¿dónde se criaron? ¿Tienes mucho contacto con los demás parientes? ¿Dónde viven?
2. ¿Dónde naciste? ¿Te criaste en la misma comunidad? ¿Eres ciudadano(a) de este país o de algún otro? ¿De cuál?
3. ¿Qué es lo que más te gusta de tu comunidad?
4. ¿Con quién puedes expresarte mejor, con tus amigos o con un miembro de tu familia? ¿Te expresas mejor cuando hablas o cuando escribes? ¿Es difícil o fácil expresarte en tus clases? Explica.

Un joven ayudando a una vecina en Chicago

APLICACIONES

En la academia de bicicletas

Un estudiante de la Florida trabaja cada fin de semana en una tienda de bicicletas.

CLIENTE Buenos días. Busco una cadena para una bicicleta de estilo inglés.

BILL *Jaime, can you translate?*

JAIME *She wants a chain for an English-style bike.* Pero ¿qué te pasa, amigo? Hace tres años que estudias español. ¿No lo entiendes todavía?

BILL Lo único que no entiendo es por qué tengo que hablar español cuando todo el mundo sabe inglés.

CLIENTE Pero no todo el mundo lo sabe. Y el letrero dice que aquí se habla español. Por eso vine a esta tienda.

JAIME ¿Ves, Bill? La mayoría de las personas que vienen a la tienda quieren hablar español. Por eso tienes que hacerlo. Es el "American Way."

BILL No, el "American Way" es inglés.

JAIME Te equivocas. Echamos a los ingleses en 1776.

BILL Hablaba del idioma, no de los ingleses.

JAIME Oye, Bill. Eso no tiene sentido. ¿Por qué quieres hablar inglés aquí cuando puedes practicar el español? Hazme caso, y aprenderás más español en los próximos tres meses del que[1] aprendiste en los últimos tres años.

BILL Y ¿cuánto tengo que pagar por la oportunidad de estudiar en esta academia de bicicletas y lenguas?

JAIME Nada, chico, nada. Es una verdadera ganga. Puedes ganar dinero y aprender al mismo tiempo.

---

[1]**del que** *than*

Continuación

1. ¿Cuánto tiempo hace que Bill estudia español? 2. ¿Qué es lo que Bill no entiende? 3. ¿Por qué vino la señora a esta tienda de bicicletas? 4. ¿Cómo puede Bill mejorar su español, según Jaime? 5. ¿Por qué crees que el diálogo se llama *En la academia de bicicletas?* 6. Hay comunidades en los Estados Unidos donde las personas hablan alemán, francés u otra lengua. Si pueden vivir aquí sin hablar inglés, ¿deben aprenderlo? ¿Por qué? 7. Jaime dice que como la mayoría de la gente que viene a la tienda (y que vive en el barrio) prefiere hablar español, todos los habitantes deben hacerlo. ¿Estás de acuerdo? ¿Por qué?

Participación

Con un(a) compañero(a), prepara un diálogo sobre las ventajas de ser bilingüe.

SECRETARIA BILINGUE

ESPAÑOL - PORTUGUES

Empresa extranjera necesita los servicios de una Secretaria en español - portugués. Favor enviar currículum a Córdova 812 piso 2 oficina 1 (edificio Torres de La Merced).

Una escuela para aprender a manejar en Chicago

EXPLICACIONES I

El imperfecto

◆ COMMUNICATIVE OBJECTIVES

To describe past events

To talk about your childhood

To reminisce

To report something you saw happening

You have learned to use the imperfect to describe something that was taking place in the past or something that used to take place regularly. Remember that we form the imperfect tense by adding to the stem one set of endings for *-ar* verbs and another set for both *-er* and *-ir* verbs. Here are all the forms of *estar, tener,* and *decir* in the imperfect.

ESTAR		TENER		DECIR	
estaba	**estábamos**	**tenía**	**teníamos**	**decía**	**decíamos**
estabas	estabais	**tenías**	teníais	**decías**	decíais
estaba	**estaban**	**tenía**	**tenían**	**decía**	**decían**

1 We use the imperfect to express a continuing action or condition in the past without any indication of its beginning or ending. It is often the equivalent of the English construction "was (were)" + verb + "-ing."

Los Valdez **vivían** en El Salvador entonces.	*The Valdez family **was living** in El Salvador then.*
Jaime **escuchaba** el radio.	*Jaime **was listening to** the radio.*

2 We use the imperfect to describe habitual or regularly occurring events in the past. We express this idea in English as "used to" or "would."

Cuando **era** niño, **tenía** mucho contacto con mis primos.	*When I **was** a child, I **used to have** a lot of contact with my cousins.*
Siempre **jugábamos** al fútbol los domingos.	*We always **used to (would) play** soccer on Sundays.*
Mis abuelos **tenían** una casa en el campo y los **visitábamos** frecuentemente.	*My grandparents **had** a house in the country, and we **used to visit** them often.*

3 We use the imperfect for background description, to set the scene, or to describe a physical, mental, or emotional state in the past.

La casa **estaba** oscura.	*The house **was** dark.*
Hacía mucho calor.	*It **was** very hot.*
Esa chica **tenía** pelo largo y **llevaba** anteojos de sol.	*That girl **had** long hair and **was wearing** sunglasses.*
En esos días **estabas** muy preocupado.	*In those days you **were** very worried.*

4 We use the imperfect to tell time and to refer to age in the past.

Era la una de la mañana.	*It **was** one o'clock in the morning.*
Cuando tú **tenías** doce años, yo **tenía** cinco.	*When you **were** twelve years old, I **was** five.*

5 Only three verbs are irregular in the imperfect tense: *ir*, *ser*, and *ver*.

IR		SER		VER	
iba	**íbamos**	**era**	**éramos**	**veía**	**veíamos**
ibas	ibais	**eras**	erais	**veías**	veíais
iba	**iban**	**era**	**eran**	**veía**	**veían**

Íbamos a la playa todos los veranos.	*We **used to go** to the beach every summer.*
Éramos muy buenos amigos en esos días.	*We **used to be** good friends in those days.*
Yo siempre **veía** a Susana todos los fines de semana.	*I always **used to see** Susana every weekend.*

Desfile del Día de la Independencia de México en Chicago

PRÁCTICA

A ¿Cómo éramos? ¿Cómo eran estas personas? Escoge una frase de la columna de la derecha para describir qué hacían en el pasado. Sigue el modelo.

> A mi primo le interesaban las cámaras.
> *Sacaba muchas fotos.*

1. A Jorge y a Luz siempre les interesaba lo que hacían los demás.
2. A mi hermana y a mí nos gustaba mantenernos en forma.
3. A ti te interesaba dominar otra lengua.
4. Guillermo no le hacía caso a nadie.
5. Anita era muy amable.
6. No me gustaba echar nada a la basura.
7. En sus ratos libres, mis amigos trabajaban como mecánicos.
8. Mi hermanito no se olvidaba de nada.

- levantar pesas
- guardar todo
- contar chismes
- llevarse bien con todos
- rechazar las opiniones de otra gente
- practicar el español
- reparar bicicletas y motos
- recordar todo
- sacar muchas fotos

B Antes y ahora. Compara la vida de tu familia y tus amigos cuando eras niño(a) con la vida de ahora. Haz siete frases usando palabras de las dos columnas. Por ejemplo:

> nosotros / vivir
> *Antes vivíamos en un apartamento; ahora vivimos en una casa.*

mi hermano(a)	asistir a
yo	comer
mi mejor amigo(a)	creer
mi familia	discutir
mi madre	hacerle caso a
mi padre	perderse
mis primos	pertenecer
mis abuelos	querer ser
mi vecino(a)	reunirse
mi hermano(a) y yo	sentirse nervioso(a)
mis amigos	tener contacto con
nosotros	tener en común

C ¡Las vacaciones! Cuando eras pequeño(a), ¿cómo eran tus vacaciones? Por ejemplo:

yo: ver
Yo veía muchos programas cómicos.

Just verb

1. Por las tardes, mis amigos y yo: ir
2. Los fines de semana: ser
3. Nosotros: ver
4. El clima: ser
5. Mis padres: ir
6. Los paseos: ser
7. Por las tardes, yo: ver
8. Yo siempre pensaba que mis vacaciones: ser
9. Mis amigos y yo: ser

En la calle Olvera en Los Ángeles, California

D Eres testigo *(eyewitness).* Imagina que viste un robo. Ahora, un policía te pide que le describas qué ocurrió. Con un(a) compañero(a), haz el papel del policía y el del (de la) testigo. Usa el dibujo para preguntar y contestar. Sigue el modelo.

dónde / estar / el hombre

ESTUDIANTE A *¿Dónde estaba el hombre?*

ESTUDIANTE B *Estaba en una ventana de la casa.*

1. cómo / ser / el hombre
2. cómo / parecer / el hombre
3. de qué color / ser / el pelo
4. qué ropa / llevar / el hombre
5. qué / hacer / él
6. qué tiempo / hacer
7. qué hora / ser
8. qué / hacer / tú

E Hablemos de ti.

1. Cuando eras pequeño(a), ¿qué te gustaba hacer durante tus ratos libres? ¿Qué hacías con tus amigos o con tus hermanos? ¿Qué programas de televisión te interesaban más? ¿Cuál era tu comida favorita? ¿Y tu libro favorito? ¿A qué hora te acostabas?
2. ¿Ibas de excursión durante las vacaciones de verano? ¿Adónde ibas y qué hacías? ¿Qué lugares te gustaban más? ¿Por qué?
3. ¿Cómo eras cuando eras pequeño(a)? ¿Cómo te portabas? Da algunos ejemplos.
4. ¿Qué te gustaba hacer que no les gustaba a tus padres? ¿Qué no te permitían hacer? Da algunos ejemplos.
5. ¿Sacabas buenas notas? ¿Qué materia(s) te costaba(n) trabajo? ¿Cuáles eran tus materias preferidas?

ACTIVIDAD

La vida es un poema Recall your experiences from childhood. What did you like to do? How did you feel? What were you like? Write a brief poem describing these memories. Remember, poems don't always have to rhyme. For example:

Cuando yo era niño, me encantaban los cuentos.
Cuentos de los bosques, de los animales, de los viajes.
Creía que yo podía hacer todo.
Soñaba con hacer todo.
Era el héroe atrevido
en busca de aventuras emocionantes.

Un mural en El Paso, Texas

◆ COMMUNICATIVE OBJECTIVE
To interview

PALABRAS NUEVAS II

¿Quiénes viven en América?

CONTEXTO NARRATIVO

1 Aunque América tiene una gran población **mestiza**, en realidad la población **se compone de** gente de casi todos los países del mundo. Esta **mezcla** de diferentes culturas y costumbres nos da una **identidad** especial.

2 Cada año muchos **inmigrantes** llegan a los Estados Unidos. Tienen que **adaptarse** a un nuevo idioma, a nuevas costumbres y a una nueva vida. Muchos de ellos son **hispanoamericanos.** Resulta que algunas de nuestras ciudades grandes **se están convirtiendo en** ciudades bilingües. Mucha gente empieza a darse cuenta del **valor** de ser bilingüe, pues es más fácil encontrar trabajo si se domina más de una lengua.

mestizo, -a *of Indian and European descent*
componerse de *to be made up of, to consist of, to be composed of*
la mezcla *mixture*
la identidad *identity*
el/la inmigrante *immigrant*
adaptarse *to adapt, to adjust*
el hispanoamericano, la hispanoamericana *Hispanic American, Spanish American*
convertirse en (e → ie) *to become*
el valor *value*

PRÁCTICA

A La Argentina, país de inmigrantes. Completa las siguientes frases con las palabras de la lista.

adaptarse	inmigrante	mezcla	se compone
identidad	mestizo	raíces	criarse

José Carvajal es un paraguayo que ahora vive en la Argentina. Él es un ______ en un país que ______ de gente que viene de muchos otros países—Italia, Alemania, España, etc. José es ______, hijo de un español y una india. La ______ de estas dos culturas le da a José una ______ bicultural. José habla español y guaraní, la lengua de los indios del Paraguay. Cuando José fue a vivir en la Argentina, tuvo que ______ a la vida de la gran ciudad de Buenos Aires y a las costumbres de su nuevo país. Aunque vive en otro país, José está orgulloso de sus ______ paraguayas. Pero sus hijos, que nacieron en la Argentina y que van a ______ allí, son completamente argentinos.

B **José Carvajal.** Ahora, lee otra vez el párrafo de la Práctica A. Luego contesta las siguientes preguntas.

1. ¿Probablemente dónde se crió José Carvajal? ¿Y dónde vive ahora?
2. ¿Qué es un mestizo?
3. ¿Es bilingüe José? ¿Por qué dices eso?
4. ¿De qué país son ciudadanos sus hijos?
5. ¿Crees que a José le costó trabajo adaptarse a su nuevo país? ¿Por qué sí o no?
6. ¿Piensas que José se convirtió en una persona muy diferente por vivir en la Argentina? Explica.

C **Casi todos son inmigrantes.** Los periodistas del periódico escolar entrevistan todos los meses a un estudiante diferente. El tema: su origen. Ahora te toca a ti. Con un(a) compañero(a), contesta las preguntas y comparte tus respuestas con los demás.

1. ¿Dónde naciste tú? ¿De dónde son tus padres? ¿Y tus abuelos o bisabuelos? ¿Cuándo vinieron a este país? ¿Les costó trabajo adaptarse? ¿Tenían valores diferentes de los valores de este país? Explica.
2. ¿Hablaba algún miembro de tu familia una lengua además del inglés? ¿Cuál? ¿Todavía la habla? ¿Cuándo la habla? ¿Eres tú bilingüe? ¿Cómo o cuándo puedes usar esa lengua además de cuando estás con tu familia? Si nadie en tu familia es bilingüe, ¿tienes contacto con gente bilingüe? ¿Quién(es)? ¿Qué lenguas habla(n)?
3. ¿Sigue tu familia tradiciones o costumbres de su país de origen? Por ejemplo, ¿preparan comida italiana, o celebran la Navidad con costumbres especiales? Da ejemplos.
4. Imagina que puedes describirle o mostrarle a la clase una tradición o costumbre de tu familia. ¿Cuál te gustaría escoger? ¿Por qué?
5. ¿Conoces a una familia de inmigrantes? ¿Quiénes son? ¿De dónde son? ¿Qué lengua hablan o hablaban? ¿Qué costumbres diferentes de las tuyas tienen? ¿Qué tienen Uds. en común?
6. ¿Tienes algún amigo(a) de otro país? ¿Dónde se crió? ¿Todavía es ciudadano(a) de su país de origen? ¿Cuántas lenguas sabe? ¿Tiene varios recuerdos de su cultura en su casa?
7. ¿Puedes dar los nombres de algunos inmigrantes muy famosos, como Albert Einstein, Michael J. Fox o Martina Navratilova?

Cartel en la frontera entre los Estados Unidos y México

APLICACIONES

El rey de la salsa*

ANTES DE LEER: Responde a las siguientes preguntas.

1. ¿Qué estilo de música te gusta más, el rock, el jazz o la música clásica? ¿Conoces la música latinoamericana?
2. ¿Por qué escuchas música, para bailar, para divertirte o para escuchar la letra *(lyrics)?*
3. ¿Crees que un músico puede cambiar nuestro modo de sentir y pensar con su música? ¿Puedes dar un ejemplo?

Rubén Blades dando un concierto

Te gusta bailar, ¿verdad? ¿Conoces algo de la música latinoamericana? Varios bailes que nacieron allí eran populares en los Estados Unidos. El tango llegó a principios de este siglo, y el chachachá en los años cincuenta. La salsa, que empezó como una mezcla de la música del Caribe con el jazz de Nueva York, también es muy popular aquí.

¿Sabes quién es Rubén Blades? En el año 1974 este joven panameño se graduó de abogado en su país. Entonces decidió venir a los Estados Unidos para llevar su música a un nuevo público.

Rubén Blades escogió el ritmo[1] de la salsa para expresar los sentimientos, los deseos,[2] los sueños y la alegría de los hispanoamericanos. Por medio del[3] ritmo de la salsa, Blades nos cuenta con detalles[4] cómo vive y piensa la gente. Sus canciones describen situaciones de la vida diaria que expresan la realidad de los trabajadores, pero muestran también un sentido del humor. Es por eso que Blades es uno de los cantantes más populares de la América Latina y el rey de la salsa. Sus discos se venden muy bien. Viaja mucho por Europa y toda América con su grupo musical, Seis del Solar.

En 1985 este compositor panameño decidió conseguir algo más que gran popularidad como músico. Por un tiempo abandonó la música y Nueva York, donde vive, y se fue a Boston. En la Universidad de Harvard estudió por un año para obtener la licenciatura en derecho.[5]

---

* *La salsa* is a Latin rhythm of African and Caribbean origin that became popular in New York in the 1940s. A *salsa* band usually has a large brass section, percussion instruments, and *coros* (vocal harmonies). It was originally played (and still is) for ballroom dancing.

[1]**el ritmo** *rhythm* [2]**el deseo** *desire* [3]**por medio de** *by means of*
[4]**el detalle** *detail* [5]**licenciatura en derecho** *law degree*

Blades consiguió la fama y la fortuna. Ahora quiere regresar a Panamá. Dice que como ciudadano debe participar en el proceso político de su país. Quiere ocupar un cargo[6] público porque cree que desde un puesto[7] en el gobierno será más fácil realizar cambios importantes en la vida de su país, y lo expresa en una de sus canciones: todo pueblo merece un destino mejor.[8] Otra de sus canciones, "Todos vuelven," explica mejor, quizás, por qué Blades quiere regresar a Panamá:

Todos vuelven a la tierra en que[9] nacieron;
al embrujo[10] incomparable de su sol.
Todos vuelven al rincón[11] de donde salieron:
donde acaso[12] floreció[13] más de un amor.
Bajo[14] el árbol solitario del pasado,
cuántas veces nos ponemos a[15] soñar.
Todos vuelven, por la ruta del recuerdo,[16]
pero el tiempo del amor no vuelve más.

(From the song: "Todos vuelven," from the album *Buscando América,* © 1987 Rubén Blades Productions, Inc.)

Desfile hispano en Nueva York

---

[6]**el cargo** *office* [7]**el puesto** *job, position* [8]**todo pueblo merece un destino mejor** *all people deserve a better fate* [9]**en que** = donde [10]**el embrujo** *enchantment* [11]**el rincón** = el lugar [12]**acaso** = quizás [13]**florecer** *to flower* [14]**bajo** = debajo de [15]**ponerse a** = comenzar a [16]**el recuerdo** = la memoria

Continuación

1. Completa el siguiente párrafo sobre la lectura con las palabras de la lista.

comunidad	Panamá	sentimientos
expresa	política	trabajadores

Las canciones de Rubén Blades expresan los _____ de mucha gente hispanoamericana. Con el ritmo de la salsa Blades _____ los problemas de los _____ en la ciudad. Para hacer más cambios en su _____, fue a Harvard a estudiar para la licenciatura en derecho. Blades quiere regresar a _____ para dedicarse a la _____.

2. ¿Qué te parecen los temas que escoge Blades para sus canciones?
3. ¿Estás de acuerdo o no con la idea de la canción "Todos vuelven"? Explica.

EXPLICACIONES II

El pretérito y el imperfecto

◆ COMMUNICATIVE OBJECTIVES

To compare how things used to be with how they are now

To tell what was happening when something interrupted

To describe an embarrassing situation

You have learned two past tenses: the *preterite* and the *imperfect*. We use the imperfect to describe an action or event that was in progress in the past, without reference to when the action began or was completed. We use the preterite to describe the beginning, ending, or entirety of a completed action or event.

1 Compare:

Mi familia siempre **pasaba** las vacaciones en Puerto Rico.	Un año mi familia **pasó** las vacaciones en Miami.
Cuando **era** niño, **comía** muchos dulces.	El sábado pasado **comí** en el nuevo restaurante mexicano.
Todos los sábados **veíamos** una película.	Ayer **vimos** una película estupenda.

Remember that we often use the imperfect with expressions such as *siempre, todos los días, a menudo*. We often use the preterite with expressions such as *un día, ayer, una vez, el sábado pasado*.

2 The imperfect and the preterite often occur in the same sentence to express an action that was already going on when another interrupted it.

Cuando **llegué** a la fiesta, todos **bailaban**.	*When I **arrived** at the party, everyone **was dancing**.*
Estaba ocupada cuando me **llamaste** anoche.	*I **was** busy when you **called** me last night.*
Vi a unos turistas que **sacaban** fotos.	*I **saw** some tourists who **were taking** photos.*

Xavier Suárez, alcalde *(mayor)* de Miami

PRÁCTICA

A El día de fin de año. Di lo que hacían las siguientes personas cada día de fin de año en el pasado y lo que hicieron este año. Sigue el modelo.

yo / acostarse tarde / temprano
Antes me acostaba tarde, pero este año me acosté temprano.

1. Víctor / invitar a muchas personas / a pocas personas
2. Uds. / mirar la televisión / videocintas
3. mis tíos / preparar paella / jamón
4. María / traer postre / ensalada
5. mi amiga y yo / discutir la política / el tiempo
6. tú / llevar jeans / un traje
7. mi primo / comer demasiado / poco
8. las celebraciones / empezar tarde / temprano

B ¡Metiste la pata! Imagina que tú y un(a) compañero(a) están hablando de varias ocasiones en que metieron la pata. Pregunta y contesta según el modelo.

la bibliotecaria / sorprenderte / contar chismes
ESTUDIANTE A *¿Qué hacías cuando la bibliotecaria te sorprendió?*
ESTUDIANTE B *Contaba chismes.*

1. la profesora / hacerte esa pregunta / escribir una carta a mi novio(a)
2. el director / saludarte / reírse de los profesores
3. (nosotros) / llamarte / pelearme con mis hermanos
4. tus padres / volver a casa / recoger los platos rotos
4. el profesor de química / entrar / apagar el fuego en el laboratorio
6. el teléfono / sonar / bañarse
7. tu jefe / venir a hablar contigo / dormir
8. los invitados / llegar / pasar la aspiradora

Muchachas en el Desfile del Día de Puerto Rico en Nueva York

El pretérito y el imperfecto: Continuación

◆ COMMUNICATIVE OBJECTIVES

To describe something you saw

To describe a conversation you had

To make excuses

We use the preterite to describe specific actions and events in the past. We use the imperfect to describe the circumstances and conditions surrounding the action.

1 Compare:

ACTION / EVENT	SCENE / CONDITION / CIRCUMSTANCE / FEELINGS
Vi a la chica de mis sueños.	**Era** el cinco de marzo. **Eran** las cinco de la tarde. **Llovía.**
Dejé de hablar y la **estudié** con cuidado.	Ella **caminaba** por la calle León. Ella **era** muy bonita. **Llevaba** anteojos, jeans y una blusa blanca. **Tenía** más o menos diecisiete años.
De repente, ¡ella me **sonrió**!	Me **sentía** nervioso. **Tenía** ganas de conocerla.

2 Note how the imperfect and preterite forms of *haber* are used:

Había mucha gente en la calle porque **hubo** un robo.	***There were*** *a lot of people on the street because* ***there was*** *a robbery.*

Había describes the circumstances; *hubo* describes the specific event.

3 Here is a review of the uses of the preterite and the imperfect.

1. To describe a specific activity or event completed in the past.	**preterite**	Anoche **fui** al concierto.
2. To describe continuing, habitual actions or events in the past.	**imperfect**	Yo **salía** con mis amigos todos los sábados.
3. To describe an activity that was in progress without any indication of its beginning or ending.	**imperfect**	Raúl **trabajaba** y **ganaba** mucho dinero.
4. To set the scene, or to describe a physical, mental, or emotional state in the past.	**imperfect**	El cielo **estaba** nublado. La actriz **parecía** triste.
5. To tell time and refer to age in the past.	**imperfect**	**Eran** las dos y media. Cuando **tenía** siete años, **vivía** en San Antonio.

PRÁCTICA

A **Una situación sospechosa *(suspicious).*** Imagina que observas una situación sospechosa y luego se la describes a tu amigo(a). Cuéntasela usando el imperfecto o el pretérito en cada frase.

1. Son las ocho de la tarde.
2. Hace mal tiempo.
3. Estoy en la Calle Simón Bolívar.
4. Hay dos hombres en la puerta de una tienda.
5. Una mujer los espera en un coche azul.
6. Uno de los hombres es muy alto, con barba.
7. El otro es gordo y está nervioso.
8. Los dos parecen tener entre 30 y 35 años.
9. De repente el gordo entra en la tienda.
10. ¡Qué extraño! Unos momentos después sale con flores.
11. Va al coche.
12. Se las da a la mujer y le dice, "¡Feliz aniversario!"
13. Ella le sonríe y se besan.

B **Nuestro grupo.** Rogelio está hablando con un nuevo compañero de clase, que es músico, sobre su grupo de rock. Completa las siguientes frases.

1. Cuando era niño *(soñé / soñaba)* con ser un músico famoso.
2. Yo siempre *(toqué / tocaba)* la guitarra durante mis ratos libres.
3. Hace un año que *(conocí / conocía)* a Norma, Raúl y Raquel.
4. Raúl y Raquel *(cantaron / cantaban)* muy bien, y Norma *(tocó / tocaba)* el saxofón.
5. El dos de febrero *(decidimos / decidíamos)* formar una banda.
6. En abril *(tocamos / tocábamos)* en la boda de la hermana de Raúl . . . ¡y qué desorden!
7. Primero, cuando *(salimos / salíamos)* para la boda *(llovió / llovía)* mucho.
8. *(Llegamos / Llegábamos)* tarde y mojados.
9. ¡*(Eran / Fueron)* las cinco cuando finalmente *(empezamos / empezábamos)* a tocar!
10. Como te puedes imaginar *(estuvimos / estábamos)* muy nerviosos.
11. ¡Aun peor, mientras yo *(toqué / tocaba)* un solo *(me confundí / me confundía)* y *(olvidé / olvidaba)* completamente la canción!
12. A pesar de todos los problemas *(nos divertimos / nos divertíamos)* mucho ese día.

Un letrero en Little Havana, Miami

C **Opiniones diferentes.** Lee el párrafo y escoge entre el pretérito y el imperfecto.

Ayer por la tarde, mientras *(hablé / hablaba)* con una amiga sobre los inmigrantes en nuestro país, me di cuenta de que muchas veces no *(compartimos / compartíamos)* las mismas ideas. Por ejemplo, ella *(dijo / decía)* que en las ciudades donde viven muchos hispanoamericanos no hay cultura hispanoamericana. Le *(contesté / contestaba)* que yo *(tuve / tenía)* una opinión diferente. Le *(pregunté / preguntaba)* si ella a veces *(comió / comía)* tacos o burritos o si *(escuchó / escuchaba)* salsa, que es una mezcla de la música del Caribe y del jazz. "Por supuesto," me *(contestó / contestaba)*. Y después de un rato ella *(sonrió / sonreía)* y *(dijo / decía)*, "¡Es interesante que se puede disfrutar de la mezcla de dos culturas sin darse cuenta de eso!"

Votando en Miami

D **Excusas y más excusas.** A veces es necesario dar excusas. Algunas son buenas y otras no. Inventa una excusa lógica para cada una de las siguientes situaciones. No uses la misma excusa dos veces y cada una debe estar en el imperfecto.

1. Profesora, no vine a clase porque ____.
2. Mamá, gasté mucho dinero porque ____.
3. Margarita, no te llamé porque ____.
4. Jaime, no fuimos a clase porque ____.
5. Papá, usé el coche porque ____.
6. Sr. Gómez, llegamos tarde porque ____.
7. Sra. Ávila, me equivoqué porque ____.
8. Mamá, no me levanté temprano porque ____.
9. Profesor, no hice la tarea porque ____.
10. Ana, no fui al picnic porque ____.

E **Hablemos de ti.**

1. ¿Qué hiciste o adónde fuiste anoche? Describe tus actividades. ¿Te divertiste? ¿A qué hora llegaste a casa? ¿A qué hora te acostaste? ¿Te esperaban tus padres? ¿A qué hora te levantaste esta mañana? ¿Qué tomaste para el desayuno?
2. ¿Qué hacían los otros miembros de tu familia esta mañana cuando te levantaste? ¿Tuviste la oportunidad de hablar con tus padres? ¿De qué hablaron Uds.? ¿Qué hora era cuando saliste para la escuela? ¿Qué tiempo hacía?
3. ¿Recuerdas un día maravilloso del pasado? ¿Cómo fue? ¿Dónde estabas? ¿Qué tiempo hacía? ¿Qué hacías? ¿Cuántos años tenías entonces? ¿Te acompañaba alguien? ¿Quién(es)? ¿Cómo te sentías?

ACTIVIDAD

La foto Bring to class a picture from a magazine or a newspaper that illustrates an event such as a storm, an accident, a race, a party, or a play. Now imagine that you were there. With a partner ask each other questions about the *circumstances* surrounding the event, the *actual event* itself, and what other people *were doing* during the event.

Some questions you might use are:

To describe the scene	*To describe the event*
¿Qué tiempo hacía?	¿Qué pasó?
¿Qué hora era?	¿Qué viste?
¿Qué hacías cuando . . .?	¿Qué hiciste tú?
¿Cómo te sentías?	¿Qué hicieron los demás?

APLICACIONES

¿Qué es el "Spanglish"?

ANTES DE LEER

A Responde a las siguientes preguntas que te van a preparar para la lectura.

1. Hay mucha variación en las lenguas. Por ejemplo, en los Estados Unidos se dice *elevator* pero en Inglaterra se dice *lift*. En muchos lugares de los Estados Unidos la gente dice *bag* y en otras partes la gente dice *sack*. ¿Puedes pensar en otros ejemplos en inglés?
2. También hay mucha variación en el español. Los españoles, por ejemplo, dicen *alfombra*. Para los mexicanos es un *tapete*, y mucha gente en Nueva York dice *carpeta*, que es una mezcla del inglés y del español. ¿Conoces otras variaciones? ¿Cuáles?
3. Las palabras extranjeras en nuestro idioma se llaman *préstamos*. Por ejemplo, en inglés hay muchas palabras españolas: shopping *plaza* . . . Do it *pronto!* . . . He's so *macho* . . . Herd the horses into the *corral*. ¿Cuáles son otros préstamos que conoces?
4. También sabes ya algunas palabras en español que tienen origen inglés: Ponte los *jeans* . . . Hagamos un *picnic* . . . el *club* de español . . . ¿Vas de *camping* al bosque? ¿Cuáles son otros préstamos que conoces?
5. ¿Sabes qué es una lengua romance? Además del español, ¿sabes cuáles son algunas de las otras lenguas romances?

B Lee la lectura rápidamente para obtener una idea general.

1. ¿Qué describe la lectura? a) una opinión b) varias opiniones c) un hecho *(fact)*
2. ¿De dónde viene la lectura? a) de una carta b) de una novela c) de un periódico
3. ¿De qué palabras se compone la palabra "Spanglish"?
4. Lee el primer párrafo. ¿Qué es muy difícil de evitar?
5. Lee el segundo párrafo. ¿Sabes qué países se encuentran en la península ibérica?

C Contesta las siguientes preguntas que te van a ayudar a comprender el vocabulario.

1. Hay varios verbos en la lectura que tienen cognados en inglés. Busca los verbos siguientes en la lectura y da los cognados: *consultar, opinar, estabilizar, independizarse, mencionar, operar, incorporar.*
2. Busca la palabra *lejano* en la línea 12. ¿Ves parte de otra palabra en *lejano?* ¿Cuál? Lee las otras palabras que están a su lado. ¿Qué crees que significa *lejano?*
3. Hay varios otros cognados en la lectura. ¿Qué crees que quieren decir *corrupción, literaria, poesía, lenguaje, serie* e *intensamente?*
4. Muchas veces la terminación *-ado* en español es equivalente a la terminación *-ed* o *-en* en inglés. ¿Qué crees que quieren decir *hablado, derivadas* y *entrevistados*?

Letrero de una panadería en Chicago

Los Estados Unidos es el quinto país en el mundo por el número de personas que hablan español (un millón y medio en Nueva York solamente). ¿Van a poder entenderse en el futuro estas personas con otras de la América Latina? Es muy difícil evitar la influencia del inglés en el español que hablan. Esto ocurre cuando dos idiomas están en contacto. ¿Qué es el "Spanglish" o "espanglish"? La Prensa Asociada *(Associated Press)* consultó a varios especialistas.

El latín mal hablado en la península ibérica tardó mil años en convertirse en un idioma independiente, el español. Algo similar ocurrió con las otras lenguas romances derivadas del latín: el francés, el italiano, el portugués, el rumano.

Hay gente que opina que en un futuro lejano va a suceder[1] con el "Spanglish," un dialecto que prolifera[2] en las comunidades hispanas en el mundo de habla inglesa,[3] lo que sucedió con el latín. Dicen que el idioma no se detiene[4] nunca; es como el tiempo. Siempre es un proceso.

El español vino de los soldados romanos. Fue una corrupción del latín clásico.

Entre los mexico-americanos, el Spanglish se convirtió ya en lengua literaria; hay poesía y narraciones. En este aspecto, el dialecto que habla la

---

[1]**suceder** = ocurrir [2]**proliferar** *to grow* [3]**de habla inglesa** *English-speaking*
[4]**detenerse** = parar

comunidad mexicana en los Estados Unidos ya ha dado un paso[5] importante en sus pretensiones de afianzar[6] su dialecto fundamentalmente oral.

Por el otro lado, hay mucha gente que no cree que el Spanglish llegue a[7] convertirse en un idioma en el futuro. Con las comunicaciones internacionales y la televisión, no es probable. Los medios de difusión[8] estabilizarán el lenguaje. Mientras[9] se vean aquí telenovelas de México, Argentina y Venezuela habrá[10] un factor que dificultará[11] la independencia del Spanglish.

Llegue o no a[12] independizarse como idioma en el futuro, esa interacción entre el inglés y el español en el mundo de habla inglesa producirá previsiblemente[13]—según los lingüistas entrevistados—una serie de "préstamos" idiomáticos: cada uno de los dos idiomas tomará palabras del otro.

Entre algunos de los ejemplos que se mencionan en que los hispanos toman palabras del inglés, se encuentra "norsa" por enfermera, y "yonquear" un automóvil por desechar.[14] Para muchos hispanos en Nueva York el techo es el "rufo"; la alfombra es la "carpeta"; el adolescente, el "tinajero"; el mercado, la "marqueta." Pero los préstamos operan en ambas[15] direcciones—aunque generalmente sea más intensamente en una que otra dirección—y el inglés también incorpora palabras del español como "sombrero," "guerrilla," "patio" y "siesta."

---

[5]**ha dado un paso** *has taken a step* [6]**las pretensiones de afianzar** *intentions to strengthen* [7]**llegar a** *to manage to* [8]**los medios de difusión** *media (TV, radio)* [9]**mientras** here: *as long as* [10]**habrá** *future of* **haber** [11]**dificultar** = hacer difícil [12]**llegue o no a** *whether or not it manages to* [13]**previsiblemente** *foreseeably* [14]**desechar** *to junk* [15]**ambos, -as** = las dos

Continuación

Después de leer la lectura con cuidado, comprueba tu comprensión.

1. ¿Cuántas personas hablan español en Nueva York?
2. ¿Qué pasa cuando dos lenguas tienen mucho contacto?
3. ¿De qué lengua vino el español?
4. ¿Qué es el "Spanglish"?
5. ¿Cuáles son las dos opiniones (según esta lectura) del futuro del Spanglish?
6. ¿Por qué crees que algunas personas creen que los medios de comunicación, como la televisión, no permiten la independencia del Spanglish?
7. ¿Es la primera vez que lees la palabra "Spanglish"? Si no, ¿cuándo la conociste? ¿Cuáles son las palabras del Spanglish que conoces? Si es la primera vez, ¿cuál es tu reacción? ¿Te sorprende que exista este dialecto? Explica.

8. En tu opinión, ¿es el Spanglish un idioma como el inglés o el francés, o es simplemente una variación del español? ¿Por qué?
9. Según muchos especialistas, la lengua siempre cambia. ¿Cuáles son algunas palabras o expresiones que usan tus padres que no usan tú y tus amigos? ¿Cuáles son las palabras o expresiones que Uds. usan que no usan sus padres? ¿Qué palabras conoces que son bastante nuevas en inglés, como *yuppie* o *computerese?*

Participación

Con un(a) compañero(a), durante tus ratos libres, colecciona unos ejemplos de la variación de una lengua. Discute su significado y compártelo con la clase.

Por ejemplo:	graffiti	"adult" talk
	Black English	Spanglish
	"standard" English	your group's talk

Un mural en Nueva York

APLICACIONES

REPASO

Mira las frases modelo. Luego cambia las frases que siguen al español según los modelos.

1. *Los padres de Jorge viajaron a Europa cuando él tenía 18 años.*
   (José's cousin flew to Central America when she was 15 years old.)
   (Luz's father went to the Basque region when he was 39 years old.)
   (Sara's grandparents came to Catalonia when they were 60 years old.)
2. *Al principio, le costaba trabajo ayudar a sus trabajadores.*
   (At first, it was hard for me to understand the immigrants.)
   (At first, it was hard for us to deceive the soldiers.)
   (At first, it was hard for them to conquer the Indians.)
3. *Aunque a veces me equivocaba, pronto me divertía mucho en clase.*
   (Although she sometimes got bored, soon she was behaving very well in class.)
   (Although we sometimes complained, soon we were keeping in shape easily.)
   (Although they sometimes made mistakes, soon they were getting along very well in English.)
4. *Muchas veces Federico ayudaba a su madre con la comida.*
   (We sometimes helped our brothers with the chores.)
   (They often helped their aunt and uncle with dinner.)
   (I often helped my friend with Spanish.)
5. *Pero ella nunca olvidó sus raíces italianas.*
   (But they never forgot their Catalonian community.)
   (But we always remembered our old values.)
   (But I never understood their curious customs.)

Festival del Día de la Independencia de México en Austin, Texas

TEMA

Escribe las frases en español.

REDACCIÓN

Ahora escoge uno de los siguientes temas para escribir tu propio diálogo o párrafo.

1. Write a paragraph describing Laura's family. How old were the parents when they arrived in New York? Did they like the city, or was it difficult for them to adjust? Did they have many Spanish-speaking and English-speaking friends? Did they ever go back to visit their country?
2. Were your parents or grandparents immigrants to this country? Write a paragraph about their experiences. Say where they used to live and when they arrived here. Did they have to learn English here? Do they still have contact with people in their former country? Have they adjusted well to their lives here?
3. Imagine that you have to interview a new student who has just arrived from a Spanish-speaking country. Prepare several questions to ask the student about his or her experiences in coming to live here.

COMPRUEBA TU PROGRESO CAPÍTULO 8

A Luisa, la costarricense

Escoge las palabras correctas para completar el párrafo.

ciudadana	identidad	se confundía
comunidad	se adaptó	se crió
expresarse	rechazar	pertenecía

Luisa vive en los Estados Unidos pero no es _____. Nació en Costa Rica y sus padres y abuelos también son costarricenses. Ahora, sus padres son dueños de una tienda en Nueva York. Luisa _____ con su abuela porque sus padres tenían que trabajar en la tienda. Al principio, el inglés era difícil para ella. A veces cuando trataba de _____ en inglés, _____. Pero por fin ella _____ muy bien a la vida en los Estados Unidos sin perder su _____ costarricense. Ahora, toda la _____ admira a Luisa.

B ¿Qué hacían anoche?

Di lo que hacían las siguientes personas según los dibujos.

1. Juana

2. Teresa y yo

3. Jorge y Horacio

4. tú

5. Papá

6. Ud.

C El accidente

Completa las siguientes frases usando el imperfecto o el pretérito de cada verbo entre paréntesis.

1. Por lo general yo *(ir)* por la Avenida C, pero ese día *(caminar)* por la Calle Ocho.
2. *(Hacer)* mucho sol.
3. *(Ser)* las tres y media cuando yo *(ver)* un accidente.
4. Un coche blanco *(chocar)* con un camión.
5. El conductor del coche blanco *(tener)* mucha prisa y no *(llevar)* anteojos de sol.
6. Creo que por eso no *(ver)* el camión.

D El rey de la salsa

Completa el siguiente párrafo usando el imperfecto o el pretérito de cada verbo entre paréntesis.

Rubén Blades *(criarse)* en Panamá. Después de graduarse, *(venir)* a los Estados Unidos. Él *(escribir)* unas canciones que describen la vida diaria de los trabajadores. Sus discos se *(vender)* muy bien. En 1985 Blades *(asistir)* a Harvard porque *(desear)* ser político. Y como canta en su canción "Todos vuelven," quiere volver a la tierra donde él *(nacer)*.

VOCABULARIO DEL CAPÍTULO 8

Sustantivos
el ciudadano, la ciudadana
la comunidad
la identidad
el/la inmigrante
la mezcla
la raíz, *pl.* las raíces
el trabajador, la trabajadora
el valor

Adjetivos
hispanoamericano, -a
mestizo, -a

Adverbio
recientemente

Verbos
adaptarse
componerse de
confundirse
convertirse en (e → ie)
criarse
expresar(se)
pertenecer (c → zc)
rechazar

Expresiones
hacerle caso a uno
tener contacto con
tener sentido

CAPÍTULO 9

PRÓLOGO CULTURAL | TRABAJOS Y PROFESIONES

En muchos países donde la economía depende en gran parte de la agricultura, los animales hacen un papel importante. Por eso la profesión de veterinaria es esencial. Estas estudiantes de la Facultad *(School)* de Medicina Veterinaria de la Universidad Nacional Autónoma de México llevan a sus "pacientes" a la Clínica de Animales Pequeños para examinarlos.

Las fábricas de automóviles ofrecen trabajo para mecánicos, electricistas y otros especialistas. Este joven trabaja con un motor en una planta en Córdoba, Argentina.

Las investigaciones de químicos industriales ayudan a mejorar nuestra vida diaria. Estos científicos trabajan en un laboratorio en Jerez de la Frontera, España.

◆ COMMUNICATIVE OBJECTIVES

To complain about being overworked

To give advice

To discuss pros and cons of certain jobs and professions

PALABRAS NUEVAS I

El mundo del trabajo

CONTEXTO VISUAL

CONTEXTO COMUNICATIVO

1 ROBERTO Fui a escoger **la tela** para mi nueva chaqueta hoy.
EVA Entonces, ¿viste a tu sastre?
ROBERTO No. **Quise** verlo pero no **pudo atender**me hoy. Estaba muy ocupado.

Variaciones:

- pudo → tuvo tiempo para
- estaba → se encontraba

la tela *fabric, material, cloth*

quise (preterite of **querer**) **(yo quise, tú quisiste)** *tried*

pudo (preterite of **poder**) **(yo pude, tú pudiste)** *could, managed to, succeeded in*

atender (e → ie) *to wait on, to attend to, to look after*

2 EUGENIA Me acaban de ofrecer un nuevo trabajo.
ERNESTO ¿Qué tipo de trabajo es?
EUGENIA Es **trabajo manual.**
ERNESTO ¡Acéptalo! **Los que** trabajan con las manos ganan muy buenos sueldos.

- tipo → clase
- acéptalo → tómalo

el trabajo manual *manual labor, manual task*

el / la / los / las que *the one(s) who (that), those who (that)*

3 EUGENIA Entre la escuela, el coro y mi nuevo trabajo en **la fábrica,** no tengo bastante tiempo para estudiar.
ERNESTO Me parece que necesitas ver a **la consejera.** Ella puede ayudarte a **planear** tu tiempo.
EUGENIA ¡Sí, pero no puede **curar** mi dolor de cabeza!

- la fábrica → la oficina
- me parece → yo creo

la fábrica *factory*

el consejero, la consejera *counselor*

planear *to plan*

curar *to cure, to heal*

4 MÓNICA Tenía un problema con la máquina de coser pero mi tía lo **supo resolver.**
PABLO ¿Cuál era el problema?
MÓNICA ¡Me olvidé de enchufarla!

- máquina de coser → grabadora
- supo → pudo

supo (preterite of **saber) (yo supe, tú supiste)** *found out (how)*

resolver (o → ue) *to solve*

5 RAÚL En esta época de **tecnología** avanzada el mejor **oficio** es **el de** programador de computadoras.
RAQUEL ¡No digas eso! Mi padre es **empleado** de tienda y es muy feliz.

- programador de computadoras → astronauta
- empleado de tienda → electricista

la tecnología *technology*

el oficio *occupation, job, trade*

el / la / los / las de *that of, the one; those of*

el empleado, la empleada *employee*

Trabajando en el laboratorio de química de una universidad en Texas

PRÁCTICA

A ¿Qué se necesita? Escoge la(s) palabra(s) correcta(s) para hacer frases lógicas. Sigue el modelo.

hacer un vestido / clavos / hilo / tijeras
Para hacer un vestido se necesitan hilo y tijeras.

1. poner un cuadro en la pared (clavos / una máquina de coser / un martillo)
2. cortar madera (ladrillos / una sierra / tela)
3. construir una pared (tijeras / ladrillos / una aguja)
4. tener luz (una aguja / bombillas / clavos)
5. reparar una mesa (una aguja / tornillos / un destornillador)
6. reparar unos pantalones (una máquina de coser / hilo / agujas)
7. reparar un reloj (herramientas / ladrillos / tela)
8. proteger algo de la lluvia (plástico / hilo / un destornillador)

B ¿Qué hacen? ¿A qué oficio corresponde cada definición?

astronauta	contador(a)	obrero(a)
banquero(a)	diseñador(a)	recepcionista
cocinero(a)	electricista	sastre(a)
consejero(a)	maestro(a)	veterinario(a)

1. Pasa mucho tiempo recibiendo a gente y tomando recados.
2. Guarda el dinero que le da la gente.
3. Cuenta lo que ganan y lo que gastan sus clientes en los negocios.
4. Con tela, tijeras, aguja e hilo, puede hacer un traje.
5. Repara las luces que no funcionan.
6. Puede preparar comidas muy sabrosas.
7. Dibuja ropa maravillosa de muchos colores.
8. Su profesión es enseñar a los niños.
9. Trabaja, por ejemplo, en una fábrica.
10. Posiblemente quiere viajar a la luna.
11. Les da consejos a los estudiantes.
12. Cura animales enfermos.

C **Planeemos.** Con un(a) compañero(a) pregunta y contesta según el modelo. Para contestar, puedes usar las ideas de la columna de la derecha o, si prefieres, puedes pensar en otras.

ESTUDIANTE A *¿Te gustaría ser maestro(a)?*
ESTUDIANTE B *Sí, porque me gustaría enseñar a los demás.*
o: *No, porque no me gusta trabajar con niños pequeños.*

diseñador(a)	hacer trabajo manual
recepcionista	atender al público
banquero(a)	resolver problemas
farmacéutico(a)	preparar comidas sabrosas
astronauta	trabajar con la juventud
contador(a)	trabajar con números
consejero(a)	hallar lugares desconocidos
obrero(a)	construir casas
modisto(a)	pintar y dibujar
cocinero(a)	hacer cosas bonitas
plomero(a)	ayudar a otros
electricista	coser
sastre(a)	la química
artista	explorar las estrellas
carpintero(a)	trabajar con la tecnología más avanzada
explorador(a)	
programador(a) de computadoras	ganar mucho dinero

D **Hablemos de ti.**

1. ¿Te gustaría visitar una fábrica? ¿De qué tipo? ¿Por qué? ¿Hay fábricas en tu comunidad? ¿Qué se hace en ellas?
2. Los obreros en una fábrica hacen un tipo de trabajo manual. ¿Conoces otros tipos de trabajo manual? ¿Puedes describir alguno?
3. ¿Te gusta trabajar con las manos? ¿Qué tipo de trabajo manual sabes hacer?
4. ¿Prefieres trabajar al aire libre o en una oficina o una fábrica? ¿Por qué? ¿Cuáles son las ventajas y las desventajas de trabajar al aire libre? ¿En una oficina? ¿En una fábrica?
5. ¿Qué profesión te interesa más, la de científico o la de artista? ¿Por qué?
6. ¿Qué diferencias hay entre el oficio de un(a) profesor(a) y el de un(a) maestro(a)?

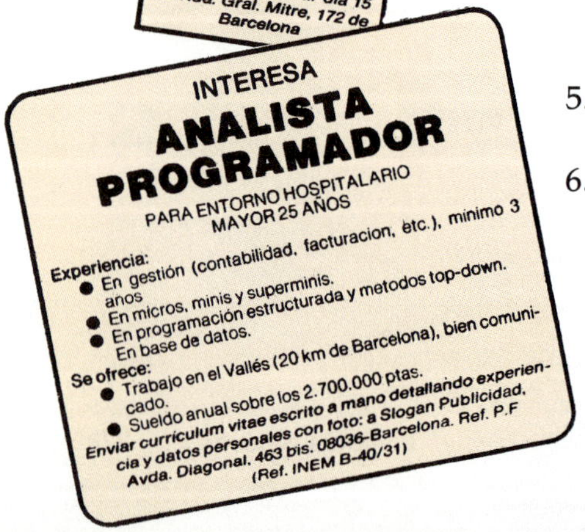

ACTIVIDAD

¿Con qué oficio tienen que ver? Get together with three or four other students to play this game of word association. On separate slips of paper, write down the names of as many professions or occupations as you can think of in Spanish. One person starts the game by picking a slip of paper and, in one minute, saying as many words as he or she can think of that have something to do with that profession. For example, if you picked *carpintero(a)*, you might say: *construir, la mesa, la silla, el clavo, el martillo, la sierra, la madera.* Continue playing until you have discussed all the occupations on your list.

Una abogada en Bariloche, Argentina

DIÁLOGO

APLICACIONES

¡Hay que ganarse la vida!

Los estudiantes de la escuela Antonio José de Sucre* en Quito, Ecuador, acaban de recibir los resultados de sus pruebas de aptitud. Tres de ellos hablan de las recomendaciones de los consejeros.

ANA ¡Qué bueno! Lo que me recomiendan es exactamente lo que quiero ser: contadora. Me fascinan los números.

JULIO A mí también, y por eso quería ser banquero. ¡Pero ellos me aconsejan que sea diseñador de ropa!

ANA Pero, ¿por qué?

JULIO Pues, probablemente porque dije que sabía coser y que, cuando era niño, quería ser sastre.

CARLA Pues mi problema no es ni con el examen ni con mis objetivos.[1] El problema es con mis padres.

ANA ¿Ellos todavía quieren que seas maestra?

CARLA Sí, pero no tengo bastante paciencia.

ANA Pues, yo sí tengo suerte porque mis padres creen que cada persona debe escoger su propio camino en la vida.

JULIO ¡Y yo todavía no sé qué voy a ser! Hasta ayer pensaba que podía ser banquero, y hoy me dicen que no tengo aptitudes para eso. De repente me siento como en otro mundo.

ANA Eso no me sorprende. Tú siempre estás en la luna.[2]

JULIO ¡Qué buena idea! ¡Voy a ser astronauta!

---

* Antonio José de Sucre (1795–1830) nació en Venezuela y fue ayudante jefe del general Simón Bolívar. En 1822 ganó la batalla de Pichincha y liberó al Ecuador.

[1]**el objetivo** *objective, goal* [2]**estar en la luna** *to have one's head in the clouds*

El doctor costarricense Franklin Chang-Díaz trabajando en la NASA

Continuación

1. ¿Cuál es el problema de Carla? ¿Qué quieren sus padres que Carla sea? ¿Qué dice Carla que no tiene? 2. ¿Qué creen los padres de Ana? ¿Estás de acuerdo con ellos? Explica tu respuesta. 3. ¿Qué crees que Julio quiere decir cuando dice: "De repente, me siento como en otro mundo"? 4. Ana dice algo que le da a Julio una idea. ¿Qué es? 5. Según lo que cada uno quiere ser, describe a Ana, a Julio y a Carla. ¿Cómo es cada uno? Explica tus respuestas. 6. De los oficios que les recomendaron, ¿cuál crees que es el más difícil? ¿El más interesante? ¿El que tiene el mejor sueldo? 7. ¿Piensas tomar una prueba de aptitud algún día? En general, ¿qué piensas de ese tipo de examen? Explica tu respuesta. 8. Imagina que eres amigo(a) de Julio. ¿Qué consejos te gustaría darle?

Participación

Con un(a) compañero(a), inventa un diálogo en que hablan sobre cómo algunos trabajos van a cambiar en el futuro a causa de la tecnología. Por ejemplo, en fábricas ahora hay robots que pueden hacer trabajos manuales. Y en muchas oficinas ya se usan computadoras en vez de máquinas de escribir.

Una joven trabajando en una oficina del gobierno en Málaga, España

EXPLICACIONES I

El pretérito de *poder, querer* y *saber*

◆ COMMUNICATIVE OBJECTIVES

To make excuses

To describe successful and unsuccessful attempts to do things

To pass information on to others

To gossip

The verbs *poder, querer,* and *saber* are irregular in the preterite tense, but they all have the same endings. Here are all of their preterite forms:

PODER	
pude	**pudimos**
pudiste	pudisteis
pudo	**pudieron**

QUERER	
quise	**quisimos**
quisiste	quisisteis
quiso	**quisieron**

SABER	
supe	**supimos**
supiste	supisteis
supo	**supieron**

1 In the imperfect tense these verbs have their usual meaning: *was able / could, wanted,* and *knew*. But in the preterite their meanings are different.

Quise llamarla pero **no pude.**	*I **tried** to call her but **didn't succeed** (in doing so).*
Esta mañana **supe** que ella **no quiso** contestar el teléfono.	*This morning I **found out** that she **refused** to answer the phone.*

2 Remember that *conocer* also has a different meaning in the preterite.

Yo no **conocía** a mucha gente en la fiesta donde te **conocí.**	*I **didn't know** many people at the party where I **met** you.*

3 Here is a summary of the meanings of these verbs in the imperfect and preterite.

	IMPERFECT	PRETERITE
PODER	was able to, could	managed to, succeeded in
NO PODER	wasn't able to, couldn't	(tried but) couldn't, didn't succeed
QUERER	wanted to	tried to
NO QUERER	didn't want to	refused to
SABER	knew	found out, learned
CONOCER	knew (somebody)	met (somebody) for the first time

Un trabajador de la industria del café en Guatemala

PRÁCTICA

A ¿Cómo lo supiste? No todo el mundo sabía que llegaba Ana. Completa el siguiente diálogo con la forma correcta del pretérito o del imperfecto del verbo *saber*.

CARLOS ¿Sabes que Ana volvió de Europa esta mañana?
ALICIA No, no lo _____. Y tú, ¿cuándo lo _____?
CARLOS Lo _____ el lunes, cuando recibí una tarjeta postal de ella.
ALICIA ¡Qué extraño! Ayer hablé con su hermano y él me dijo que no _____ nada de ella.
CARLOS No lo _____ nadie. Quería darle una sorpresa a su familia.
ALICIA No entiendo cómo yo no lo _____ antes. Tú sabes que ella me cuenta todo.

Trabajadores construyendo un edificio en San Juan, Puerto Rico

B Problemas en la fábrica. Completa las siguientes frases usando la forma correcta de *poder* en el imperfecto o el pretérito.

1. El jefe creía que todos los carpinteros _____ trabajar hoy pero sólo uno de ellos vino.
2. Los otros obreros y yo _____ resolver el problema y por eso no tuvimos que hablar con el jefe.
3. Ayer me dijiste que _____ ayudarme a reparar las máquinas de coser pero no lo hiciste. ¿Qué pasó?
4. El plomero no terminó el trabajo, pero por lo menos _____ encontrar el problema.
5. En el departamento de computadoras, los programadores no _____ trabajar porque había un problema con las luces.
6. Por fin los electricistas _____ arreglarlas.
7. El obrero no _____ terminar la pared porque no tenía bastantes ladrillos.

C Quise hacerlo pero . . . Completa el siguiente diálogo usando la forma correcta de *querer* en el imperfecto o el pretérito.

RAÚL Ayer (yo) te _____ llamar, pero el teléfono no funcionaba. ¿Qué hiciste?
EVA Fuimos a ver la nueva película norteamericana que yo _____ ver.
RAÚL El otro día yo _____ ver una película francesa, pero cuando llegué al cine ya no había entradas.

EVA ¿Qué hiciste el fin de semana pasado?

RAÚL ______ tomar el sol. Fui a la playa pero por supuesto llovió. ¿Y tú?

EVA No sabía lo que ______ hacer. Llamé a Marta y quedamos en ir de camping, pero al salir comenzó a llover y tuvimos que volver.

RAÚL ¿Y entonces qué hicieron?

EVA Ella ______ ir al cine, pero yo no ______ salir, y nos quedamos en casa y jugamos a los naipes.

D ¿Supiste que ganamos? El sábado fue el partido final del campeonato de básquetbol entre escuelas. Hoy todos hablan del partido. Usa la forma correcta del pretérito o del imperfecto de los verbos entre paréntesis.

1. ¿Cuándo ______ Uds. que ganamos? (saber)
2. Yo no lo ______ hasta esta mañana. (saber)
3. El cacharro de Rosa estaba descompuesto y por eso ella no ______ ir al partido. (poder)
4. Mateo no ______ que yo tenía tantas entradas. ¡Fuimos todos! (saber)
5. ¿______ tú que Rafael era tan buen jugador? (saber)
6. Yo pensé que Pedro ______ correr más rápido. (poder)
7. Aunque le dolía la pierna, Joaquín ______ jugar durante todo el partido. (poder)
8. Aunque lo intentaron, los de Miraflores nunca ______ parar a Raúl. (poder)
9. ¿______ tú que es la tercera vez que ganamos el campeonato? (saber)

E Hablemos de ti.

1. ¿Cuándo conociste a tu mejor amigo(a)? ¿Podías imaginar en ese momento que iba a ser tu mejor amigo(a)? ¿Por qué?
2. ¿Conoces a alguna persona con quien practicar el español? ¿Quién es? ¿De dónde es? ¿Pudiste entenderlo(la) la primera vez que hablaste con él(ella)? ¿Te pudo entender esa persona a ti?
3. ¿Quisiste hacer algo recientemente que no pudiste hacer? Explica.
4. Piensa en un chisme o una noticia interesante que supiste recientemente. ¿Cómo lo supiste? ¿Quién te lo dijo? ¿Puedes compartirlo con los demás en la clase?

◆ COMMUNICATIVE OBJECTIVES

To match aptitudes and interests with jobs

To fill out a personal preference questionnaire

To discuss the results of a test or questionnaire

PALABRAS NUEVAS II

"Pura Piedra"

CONTEXTO NARRATIVO

Empezamos nuestra banda de rock "Pura Piedra" con el **objetivo** de conseguir dinero para comprar computadoras nuevas para la escuela. Seguimos los consejos que nos dio el profesor de música y arreglamos al grupo como una **empresa.** Cada uno de nosotros iba a **utilizar** sus conocimientos para contribuir al **desarrollo** de la empresa.

José, **cuya aptitud** con la tecnología todos conocíamos, era el que iba a mantener los instrumentos en buenas **condiciones.**

Emilia nos consiguió invitaciones para tocar en bailes de escuela y en otras fiestas.

Javier decidió **supervisar** al grupo. Todos nos alegramos porque él es el único de nosotros que entiende el mundo de los negocios y también le gusta mucho trabajar con **datos.**

Finalmente, a mí, como soy el más **trabajador,** me tocó el trabajo más importante: cuidar a Gertrudis, nuestro camión. Después de todo, ¿quién quiere darle trabajo a un grupo de rock que no llega a tiempo a los conciertos?

el objetivo *objective, goal*

la empresa *firm, company, enterprise*

utilizar = usar

el desarrollo *development*

cuyo, -a, -os, -as *whose*

la aptitud *aptitude, ability*

la condición, *pl.,* **las condiciones** *condition*

supervisar *to supervise*

los datos *facts, information, data*

finalmente *finally*

trabajador, -a *hard-working*

Una banda en una discoteca de Madrid, España

PRÁCTICA

Los perros calientes. ¿Qué pasó con la empresa de estos tres amigos? Completa los siguientes párrafos con las palabras de la lista.

aptitudes	cuya	objetivo	trabajadora
atendían	desarrollo	planearon	utilizar
condiciones	empresa	supervisaba	

Gloria, Felipe y Gerardo empezaron una _____. Con el _____ de ganar dinero para ser más independientes, consiguieron un permiso especial del director de la escuela para vender perros calientes a la hora del almuerzo. Pero la empresa no resultó como la _____.

El director les permitió _____ algunas mesas viejas de la cafetería. Ellos las repararon y las dejaron en perfectas _____ para la empresa. Desde el principio cada persona trabajó según sus _____. Felipe y Gerardo iban de compras y _____ a los clientes. Gloria, _____ aptitud con los números es increíble, era la contadora y la persona que _____ el _____ de la empresa. Gloria era muy _____, pero cuando empezaron los exámenes no podía estar allí todos los días. Muy pronto, los jóvenes empezaron a perder dinero. ¿Por qué? ¡Pues porque Felipe y Gerardo les regalaban perros calientes a todas las muchachas de la escuela!

Jóvenes trabajando en un puesto de churros en Caracas, Venezuela

LECTURA

APLICACIONES

Cuestionario: ¿Cuál es el mejor trabajo para ti?

ANTES DE LEER Responde a las siguientes preguntas.

1. Antes de elegir un oficio o un trabajo, es importante pensar en lo que prefieres. ¿Cuáles son algunas preguntas que te debes hacer?
2. En un trabajo, ¿qué es lo más importante para ti?

Ahora, en una hoja de papel, contesta el siguiente cuestionario. Pon las respuestas en orden de preferencia. Usa el número 1 para indicar lo que prefieres más y 2, 3, 4, etc. para indicar lo que prefieres menos.

1. Durante tus ratos libres, ¿qué prefieres hacer?
   a. salir con amigos
   b. leer o escribir
   c. dibujar o pintar
   d. reparar cosas
   e. coser
   f. viajar
   g. practicar deportes o hacer ejercicio
   h. disfrutar de la naturaleza[1]
   i. conocer a otra gente
   j. trabajar con computadoras
2. ¿Cuál es tu materia favorita?
   a. el español
   b. las ciencias
   c. las matemáticas
   d. la clase de cocina[2]
   e. el coro o la orquesta
   f. el inglés
   g. el arte
   h. la clase de computadoras
   i. la educación física
   j. la historia

[1]**la naturaleza** nature [2]**la cocina** here: *cooking*

Un grupo de policías en Lima, Perú

3. ¿Qué te gusta más?
   a. la rutina[3]
   b. la comodidad[4]
   c. la aventura
   d. la seguridad[5]
   e. lo peligroso
   f. hacer algo diferente todos los días
   g. ser independiente
   h. la organización

4. ¿Con cuántas personas quieres trabajar?
   a. con muchas personas
   b. con pocas personas
   c. solo (a)

5. ¿Con quiénes o con qué quieres trabajar?
   a. con niños
   b. con políticos
   c. con ancianos
   d. con animales
   e. con plantas
   f. con jóvenes
   g. con dinero
   h. con datos

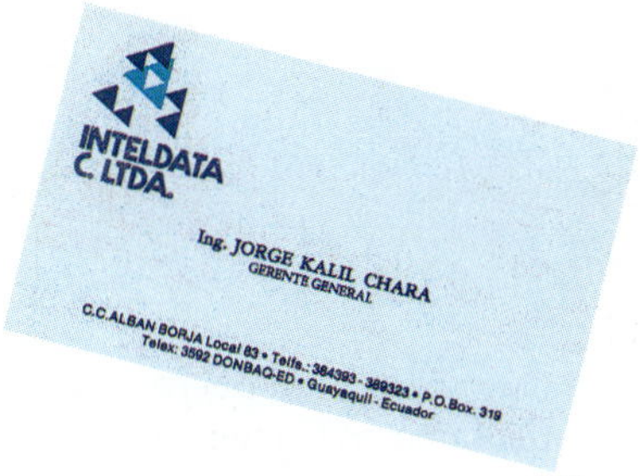

6. ¿Qué quieres utilizar en tu trabajo?
   a. los números
   b. los idiomas
   c. las manos
   d. los datos
   e. la tecnología
   f. las herramientas
   g. las máquinas
   h. las ideas
   i. las computadoras
   j. las palabras

7. ¿Qué es lo más importante para ti en un trabajo?
   a. el sueldo
   b. la gente con quien trabajo
   c. las condiciones de trabajo
   d. la responsabilidad
   e. el lugar
   f. el prestigio
   g. los beneficios adicionales[6]
   h. la oportunidad de desarrollo y de aprender más

8. ¿Cuáles son tus aptitudes?
   a. Superviso bien a la gente.
   b. Escucho las ideas de otras personas.
   c. Explico las cosas claramente.
   d. Puedo resolver problemas rápidamente.

9. ¿Dónde quieres vivir?
   a. en una gran ciudad
   b. en otro país
   c. en un pueblo
   d. en el campo
   e. donde vivo ahora

10. ¿Te gusta viajar?
    a. mucho
    b. poco
    c. nada

---

[3]**la rutina** *routine* [4]**la comodidad** *comfort* [5]**la seguridad** *security*
[6]**el beneficio adicional** *fringe benefit*

Continuación

1. Antes de completar este cuestionario, ¿sabías qué cosas preferías? Si no lo sabías antes, ¿sabes ahora qué clase de trabajo te interesa más? ¿Te ayudó el cuestionario? Explica.
2. En tu opinión, ¿cuál fue la pregunta más importante? ¿Y la menos importante? Explica.
3. ¿Qué pregunta fue la más difícil de contestar? ¿Por qué? ¿Y la más fácil? ¿Por qué?
4. Imagina que puedes añadir una pregunta más al cuestionario. ¿Qué pregunta te gustaría añadir?
5. Mira la pregunta número 8. ¿Cuál es una aptitud que tienes y que no está en la lista? ¿En qué trabajo crees que puedes usar esa aptitud?
6. Di tres trabajos u oficios que te gustaría tener y explica por qué. Di también tres que no te gustaría tener y explica por qué.
7. Lee tus respuestas para cada pregunta otra vez. Después, escribe en un párrafo qué es lo más importante para ti en un trabajo.

Un sastre de un pueblo pequeño en Guatemala

EXPLICACIONES II

Los pronombres relativos: *que* y *quien*

◆ COMMUNICATIVE OBJECTIVES

To clarify

To give additional information

To avoid unnecessary repetition

1 We use relative pronouns to combine two sentences or to give clarifying information. The most common relative pronoun in Spanish is *que*. It can mean "that," "which," "who," or "whom," and it may refer either to persons or to things.

Éste es el libro **que** compré ayer.	*This is the book* ***(that)*** *I bought yesterday.*
El libro, **que** trata de la influencia de los árabes en España, es interesante.	*The book,* ***which*** *is about the Arabic influence in Spain, is interesting.*
Daniel es el muchacho **que** me llamó anoche.	*Daniel is the boy* ***who*** *called me last night.*

Remember that although we may omit *that* in English (as in the first example), we must always use *que* in Spanish.

*no prep = no choice
*if prep = choice
* thing = que
*person, ppl = quien or quienes

2 After a preposition, we use *que* to refer to things and *quien(es)* to refer to people.

Perdí la caja **en que** puse las herramientas.
I lost the box ***(that)*** *I put the tools* ***in****.* *(in which I put).*

La película **de que** te hablé es graciosa.
The movie ***(that)*** *I talked to you* ***about*** *is funny.* *(about which I talked)*

La mujer **a quien** te presenté es carpintera.
The woman I introduced you ***to*** *is a carpenter.* *(to whom I introduced you)*

Pepe y Lupe son los amigos **con quienes** practico el español.
Pepe y Lupe are the friends I practice Spanish ***with****.* *(with whom I practice)*

In English, though it is the preferred form, we usually avoid saying "in which," "about which," "to whom," "with whom," etc. In Spanish we *must* put *que* and *quien(es)* immediately after the preposition.

PRÁCTICA

A Más corto, por favor. Pedro usa muchas palabras. ¿Puedes ayudarlo a expresarse con menos palabras? Sigue el modelo.

> Visité el museo ayer. El museo está al lado del parque.
> *El museo que visité ayer está al lado del parque.*

1. Compramos unos tornillos. Los tornillos eran demasiado grandes.
2. La modista hizo un vestido. El vestido era muy largo.
3. El cocinero preparó unas empanadas. Las empanadas eran muy sabrosas.
4. Vimos una película extranjera el jueves. La película extranjera no tenía subtítulos.
5. Mis tíos compraron una casa. La casa está cerca de un lago.
6. Raúl pintó una silla. La silla era muy antigua.
7. Resolvimos el problema. El problema era muy complicado.
8. Pedro encontró unos clavos. Los clavos estaban en una caja de plástico.

B ¿Quién es esa chica? Imagina que tu compañero(a) no conoce a las siguientes personas y te pregunta quiénes son. Usa las preposiciones *a, de, con,* o *para.* Sigue el modelo.

> Clara y David / los amigos de Jorge / les pedí las cintas
> ESTUDIANTE A *¿Quiénes son Clara y David?*
> ESTUDIANTE B *Son los amigos de Jorge a quienes les pedí las cintas.*

1. Teresa y Silvia / las hermanas / te hablé
2. esa mujer alta / la plomera / llamé por teléfono
3. Raúl / el músico / le escribí la carta
4. la muchacha rubia / empleada / trabaja Marta
5. ellos / los jugadores / te hablaba Diana
6. esas chicas / las vecinas / invitó Marcelo
7. José / el compañero de clase / traje estas videocintas
8. Luisa / una amiga de mi hermana / siempre le tomo el pelo

C **Nuestro barrio.** Alberto habla con una nueva vecina. Completa las frases usando *con que, con quien* o *con quienes.*

1. Éste es el tipo de destornillador _____ debes trabajar.
2. Ésta es la cámara _____ saqué las fotos ayer.
3. La Sra. Díaz es la profesora _____ estudiamos español.
4. Cerca de aquí viven los amigos _____ fui a México.
5. Andrés es el entrenador _____ practicamos béisbol.
6. Éstas son las herramientas _____ trabaja mi hermano.
7. Ellos son los amigos _____ salgo los fines de semana.
8. Ernesto es la persona _____ planeo mi viaje a España.

Un operador de computadoras en un banco de Bogotá, Colombia

Pronombres relativos: *el que, la que, los que, las que* y *lo que*

◆ COMMUNICATIVE OBJECTIVES

To identify people and things

To clarify

We use *el que, la que, los que,* or *las que* when we want to distinguish one specific subject from a group. The English equivalent is *the one(s) who (that),* or *those who (that).*

De todos mis parientes, **los que** viven en California son mis favoritos.	*Of all my relatives,* ***the ones who*** *live in California are my favorites.*
Mientras miraba fotos viejas, encontré **las que** sacamos el año pasado.	*While I was looking at old photos, I found* ***the ones*** *I took last year.*
De todas las chicas del equipo, Eva es **la que** corre más rápidamente.	*Of all the girls on the team, Eva is* ***the one who*** *runs fastest.*
De todos tus amigos, Jorge es **el que** me impresiona más.	*Of all your friends, Jorge is* ***the one who*** *impresses me most.*

After a preposition we often use these relative pronouns rathen than using *que* alone.

Éste es el libro en **el que** encontré los datos.	*This is the book* ***in which*** *I found the information.*

Remember that we use the neuter *lo que* to refer to a situation, concept, action, or object not yet identified.

No entiendo **lo que** quieres decir.	*I don't understand* ***what*** *you mean.*
Lo que quiero es hablar bien el español.	***What*** *I want is to speak Spanish well.*

PRÁCTICA

¿Quiénes son? Roberto hizo una lista de invitados para su cumpleaños y su abuela quiere saber quiénes son. Pregunta y contesta según el modelo.

> Alicia y Carlos / viven en la casa azul
> ESTUDIANTE A *¿Quiénes son Alicia y Carlos?*
> ESTUDIANTE B *Son los que viven en la casa azul.*

1. Ignacio / tiene la moto roja
2. Marta / me enseñó a coser
3. Pablo y Miguel / resuelven problemas para todo el mundo
4. Elisa / me prestó las herramientas
5. Clara y Patricia / siempre protestan contra algo
6. Miguel / vino del Ecuador a estudiar inglés
7. Jaime y Elena / ganaron el campeonato de ajedrez
8. Marcos / me ayuda con las matemáticas
9. Berta / va a filmar la fiesta

El mercado de granos *(grain)* en Buenos Aires, Argentina

El pronombre relativo *cuyo*

◆ COMMUNICATIVE OBJECTIVES

To identify people

To clarify

To avoid misunderstandings

Cuyo, -a, -os, -as, means "whose." Since it is an adjective, it always agrees with the noun that follows it.

Yo tengo un amigo **cuya** novia es actriz.	*I have a friend **whose** girlfriend is an actress.*
Ése es el director **cuyas** películas siempre ganan premios.	*That is the director **whose** films always win awards.*

However, remember that when we ask to whom something belongs, we use *¿de quién?*

¿De quién es este libro?	***Whose** book is this?*

PRÁCTICA

A Mi amiga, cuyo novio . . . Completa las frases de la izquierda usando una forma de *cuyo* y escogiendo la conclusión más lógica de la columna de la derecha.

1. La cantante
2. Esos entrenadores
3. Las diseñadoras
4. La cocinera
5. La estrella de cine
6. Esa periodista
7. El carpintero
8. El autor

a. hijo conoce a Marcos, va a construir nuestra casa.
b. música te gusta, acaba de grabar otro disco.
c. novelas estudiamos, nació en Colombia.
d. estudiantes ganaron el campeonato, estaban muy contentos.
e. artículos son tan conocidos, va a entrevistar a Julia.
f. ropa es tan famosa, mostraron su nueva colección.
g. paella te gusta tanto, va a preparar el almuerzo.
h. videocinta vimos ayer, está filmando aquí.

B Hablemos de ti.

1. De los libros que leíste este año, ¿cómo se llama el que más te gustó?
2. De las películas que viste este año, ¿cuáles son las que te gustaría ver otra vez? ¿Por qué? ¿Quién es el actor que más te gusta? ¿Y la actriz?

3. ¿Te importa mucho lo que piensan tus amigos? Explica.
4. Para ti, ¿qué es lo más difícil del idioma español? ¿Y lo más fácil? ¿El vocabulario? ¿Los verbos? ¿La gramática? ¿Por qué? ¿Qué es lo que te interesa más de la cultura hispánica? ¿Por qué? De todos los países donde se habla español, ¿cuál es el que más te interesa visitar? ¿Por qué?

ACTIVIDAD

Yo tengo una amiga, cuyo hermano . . . Sit in a circle with three or four other students to see how long you can stretch out a single sentence using a relative pronoun or pronoun phrase. One person starts by writing a simple sentence without a period on a sheet of paper. For example:

Yo tengo una amiga

The next person must add another clause to the sentence. For example:

cuyo hermano hizo una videocinta

And the third person might add:

en que bailaron los estudiantes . . .

Continue passing the sheet of paper around until someone can't think of anything to add. That person should then read the sentence aloud to the group. Make two or three sentences. Which group can make the longest sentence that makes sense?

Trabajadores costarricenses pintando una mesa

APLICACIONES

REPASO

Mira con cuidado las frases modelo. Luego cambia las frases que siguen al español según los modelos.

1. *Roberto y Julio quisieron conocer al explorador pero no pudieron.*
   (Luisa tried to sew the coat but she couldn't.)
   (Jorge and I tried to repair the VCR but we couldn't.)
   (I tried to wait on the customers but I couldn't.)
2. *Mi tío fue el que siguió el oficio de carpintero.*
   (My teachers (m.) *were the ones who recommended the occupation of tailor.)*
   (My counselor (f.) *was the one who described the occupation of accountant.)*
   (My neighbor (m.) *was the one who chose the occupation of electrician.)*
3. *Mi maestra, cuyas ideas admiro, me enseñó a respetar mi escuela.*
   (My dressmaker (f.), *whose style I admire, taught me to improve my appearance.)*
   (My boss (f.), *whose attitude I admire, taught me to take advantage of my time.)*
   (My accountant (m.), *whose knowledge I admire, taught me to save my money.)*
4. *Una modista a quien conoce mi madre le compró elegantes telas.*
   (The musicians (m.) *with whom my brother plays taught me great songs.)*
   (An engineer (f.) *with whom my grandfather works showed us new plastics.)*
   (A carpenter (m.) *with whom my cousins work gave them new tools.)*
5. *Pero después de la guerra, supiste que podías ser un buen electricista.*
   (But after the interview, we found out that we could be good bankers.)
   (But after the appointment, I found out that I could be a good lawyer.)
   (But after dinner, you (m. pl.) *found out that you could be good cooks.)*

Una carpintera en Cali, Colombia

TEMA

Escribe las frases en español.

1. Ana tried to see the counselor, but she couldn't.

2. Her parents were the ones who suggested the occupation of designer.

3. Her aunt, whose work she admires, helped her take advantage of her abilities.

4. An accountant with whom her brother works gave her good advice.

5. But after the exam, she found out that she could be a good doctor.

REDACCIÓN

Ahora escoge uno de los siguientes temas para escribir tu propio diálogo o párrafo.

1. Expand the Tema by creating a dialogue between the girl and the people who inspired her in her search for a profession.
2. Have your interests changed since you were a child? What are the professions that interested you when you were younger? Write a brief paragraph about your ambitions then and your ambitions now.
3. Choose a person whose career or job you admire or find interesting. Write a short biography of that person and the kind of work he or she does.

COMPRUEBA TU PROGRESO CAPÍTULO 9

A **¿Quién puede ayudar?**

¿A quiénes se debe llamar para resolver estos problemas?

1. Esta noche doce personas vienen a casa a cenar. No puedo preparar tanta comida.
2. ¡Qué problema! En la cocina no hay agua.
3. Mi hija se va a casar en dos meses. Escogimos tela muy elegante para su vestido, pero no sé coser.
4. Mi esposo también necesita un traje nuevo para la boda.
5. Mi esposo y yo queremos pedir prestado dinero al banco para comprar un coche nuevo.
6. Cuando encendí la luz esta mañana, hubo algo como fuegos artificiales y la luz se apagó inmediatamente.
7. Las paredes de la cocina están en malas condiciones. Hay que repararlas.

B **¿Imperfecto o pretérito?**

Completa las siguientes frases con la forma correcta del verbo.

1. Fui al parque porque _____ jugar. *(querer)*
2. Yo _____ a Alicia en un café. *(conocer)*
3. Aunque no _____ lavar la ropa, tuve que hacerlo. *(querer)*
4. En la librería vi a alguien que _____. *(conocer)*
5. ¿Cómo _____ tú que Marta se casó? *(saber)*
6. Federico está enojado porque María no _____ bailar con él en toda la noche. *(querer)*
7. Yo pensé que ella _____ hacerlo sin problemas. *(poder)*
8. ¿_____ Uds. que Ignacio era electricista? *(saber)*
9. Finalmente ellos _____ resolver el problema. *(poder)*
10. Cuando era niño, nunca _____ hacerle caso a mi hermano mayor. *(querer)*

C **¿Dónde está. . .?**

Usa *que* para unir las frases. Sigue el modelo.

> Compré un helado en la heladería.
> La heladería está en la esquina.
> *Compré un helado en la heladería que está en la esquina.*

1. Saqué un libro de la biblioteca. La biblioteca está a dos cuadras de mi casa.
2. Vi una película en el cine. El cine está a diez minutos de aquí.
3. Escuché un concierto en el teatro. El teatro está cerca de la plaza.
4. Compré un anillo en la tienda. ~~La tienda~~ está en la Calle Ocho.
5. Llevé las cartas al buzón. ~~El buzón~~ está en la esquina.

D **La oficina**

Completa el párrafo con las frases de la lista.

a quienes	de quien
con quien	para quienes

Me llamo Claudia y soy la secretaria de un abogado. En esta empresa hay otros cinco abogados, _____ trabajan otros secretarios. Nunca conocí al dueño de la empresa, _____ se habla con mucho orgullo. Ayer comenzó a trabajar una nueva empleada. Se llama Dolores y es bilingüe. Muchas de las personas _____ ayudamos con sus problemas son extranjeros. Ahora hay alguien _____ ellos pueden expresarse sin problemas.

E **¿Quién es quién?**

Completa las siguientes frases con *el que, la que, los que, las que* o *lo que.*

_____ juegan al fútbol son Carlos y José. _____ está discutiendo con mi hermana es Graciela. Rogelio, el chico que lleva la camisa roja, fue _____ te llamó para avisarte del picnic. Ana María está al lado de Susana y Cristina, _____ están haciendo el asado. _____ me gusta más es la oportunidad de ver a mis amigos.

VOCABULARIO DEL CAPÍTULO 9

Sustantivos
la aguja
la aptitud
el/la astronauta
el banquero, la banquera
el carpintero, la carpintera
el clavo
el cocinero, la cocinera
la condición, *pl.* las condiciones
el consejero, la consejera
el contador, la contadora
los datos
el desarrollo
el destornillador
el diseñador, la diseñadora
el/la electricista
el empleado, la empleada
la empresa
la fábrica
la herramienta
el hilo
el ladrillo
el maestro, la maestra
la máquina de coser
el martillo
el modisto, la modista
el objetivo
el obrero, la obrera
el oficio
el plástico
el plomero, la plomera
el/la recepcionista
el sastre, la sastra
la sierra
la tecnología
la tela
el tornillo
el trabajo manual

Pronombres relativos
el que, la que, los que, las que

Adjetivos
cuyo, -a, -os, -as
trabajador, -a

Adverbio
finalmente

Verbos
atender (e → ie)
coser
curar
planear
resolver (o → ue)
supervisar
utilizar

CAPÍTULO 10

EL PAIS
OFERTAS DE EMPLEO
INGENIERO TÉCNICO
DELEGADO DE VISITA MÉDICA
PARA MADRID
ABBOTT LABORATORIES
DELEGADO EN BALEARES
LABORATORIO FARMACÉUTICO MULTINACIONAL
VISITADOR MÉDICO
MADRID

PRÓLOGO CULTURAL | EN BUSCA DE EMPLEO

Si uno busca trabajo, debe leer los anuncios clasificados con mucha atención para averiguar cuáles son los requisitos *(requirements)* de educación y experiencia. Aunque los periódicos ofrecen muchos anuncios, es bueno también mirar los tableros de anuncios *(bulletin boards)* en la escuela y en las tiendas del barrio donde uno vive. Esta muchacha lee los anuncios de *El País*, un periódico madrileño.

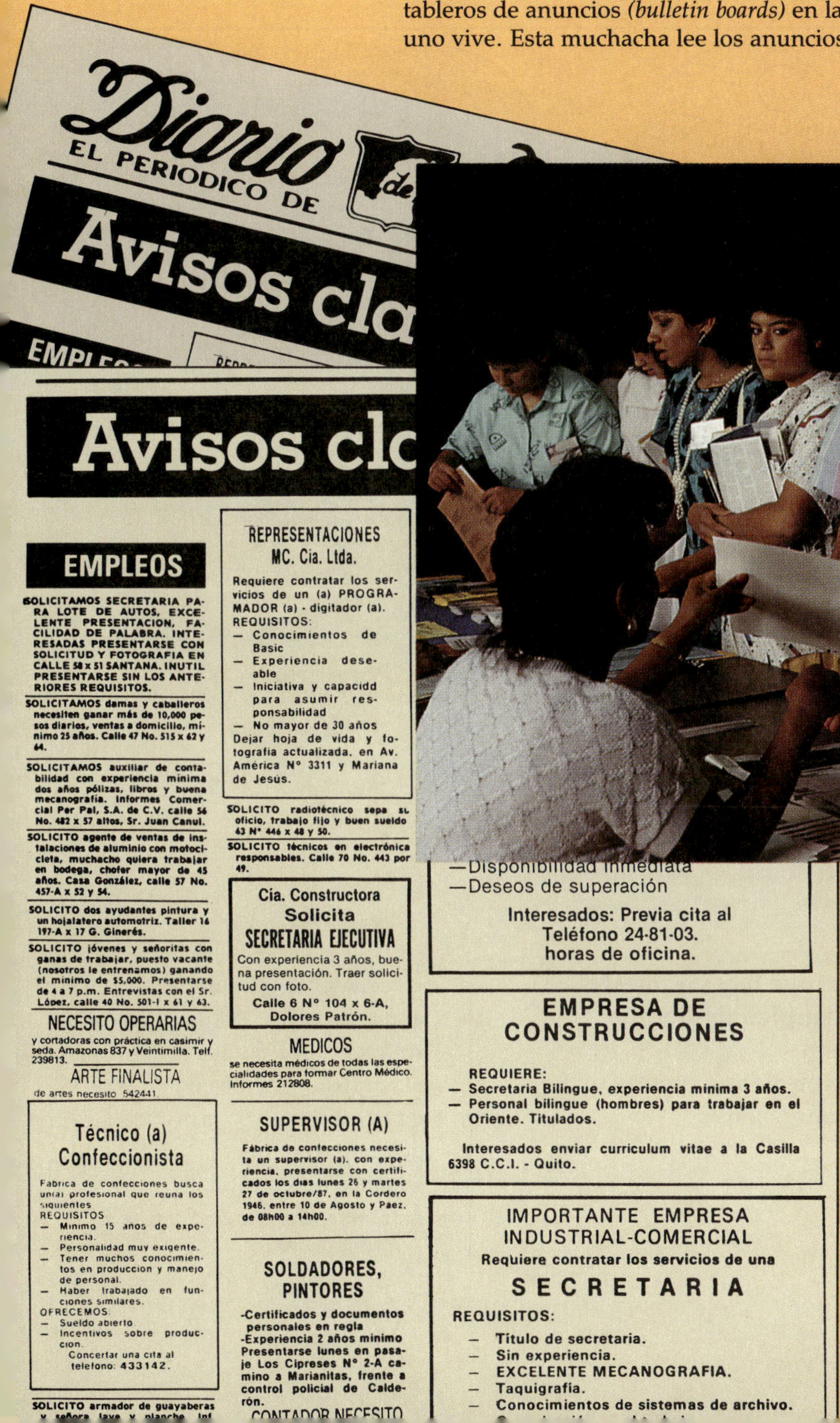
Diario
EL PERIODICO DE

Avisos cla

Avisos cla

EMPLEOS

SOLICITAMOS SECRETARIA PARA LOTE DE AUTOS, EXCELENTE PRESENTACION, FACILIDAD DE PALABRA. INTERESADAS PRESENTARSE CON SOLICITUD Y FOTOGRAFIA EN CALLE 58 x 51 SANTANA. INUTIL PRESENTARSE SIN LOS ANTERIORES REQUISITOS.

SOLICITAMOS damas y caballeros necesiten ganar más de 10,000 pesos diarios, ventas a domicilio, mínimo 25 años. Calle 47 No. 515 x 62 y 64.

SOLICITAMOS auxiliar de contabilidad con experiencia mínima dos años pólizas, libros y buena mecanografía. Informes Comercial Per Pal, S.A. de C.V. calle 56 No. 482 x 57 altos, Sr. Juan Canul.

SOLICITO agente de ventas de instalaciones de aluminio con motocicleta, muchacho quiera trabajar en bodega, chofer mayor de 45 años. Casa González, calle 57 No. 457-A x 52 y 54.

SOLICITO dos ayudantes pintura y un hojalatero automotriz. Taller 16 197-A x 17 G. Ginerés.

SOLICITO jóvenes y señoritas con ganas de trabajar, puesto vacante (nosotros le entrenamos) ganando el mínimo de $5,000. Presentarse de 4 a 7 p.m. Entrevistas con el Sr. López, calle 40 No. 501-I x 61 y 63.

NECESITO OPERARIAS
y cortadoras con práctica en casimir y seda. Amazonas 837 y Veintimilla. Telf. 239813.

ARTE FINALISTA
de artes necesito 542441.

Técnico (a) Confeccionista
Fabrica de confecciones busca un(a) profesional que reuna los siguientes
REQUISITOS
— Minimo 15 años de experiencia.
— Personalidad muy exigente.
— Tener muchos conocimientos en produccion y manejo de personal.
— Haber trabajado en funciones similares.
OFRECEMOS:
— Sueldo abierto
— Incentivos sobre produccion.
Concertar una cita al telefono: 433142.

SOLICITO armador de guayaberas

REPRESENTACIONES MC. Cia. Ltda.
Requiere contratar los servicios de un (a) PROGRAMADOR (a) - digitador (a).
REQUISITOS:
— Conocimientos de Basic
— Experiencia deseable
— Iniciativa y capacidd para asumir responsabilidad
— No mayor de 30 años
Dejar hoja de vida y fotografia actualizada. en Av. América N° 3311 y Mariana de Jesús.

SOLICITO radiotécnico sepa su oficio, trabajo fijo y buen sueldo 63 N° 446 x 48 y 50.

SOLICITO técnicos en electrónica responsables. Calle 70 No. 443 por 49.

Cia. Constructora
Solicita
SECRETARIA EJECUTIVA
Con experiencia 3 años, buena presentación. Traer solicitud con foto.
Calle 6 N° 104 x 6-A, Dolores Patrón.

MEDICOS
se necesita médicos de todas las especialidades para formar Centro Médico. Informes 212808.

SUPERVISOR (A)
Fábrica de confecciones necesita un supervisor (a). con experiencia. presentarse con certificados los dias lunes 26 y martes 27 de octubre/87, en la Cordero 1946, entre 10 de Agosto y Paez, de 08h00 a 14h00.

SOLDADORES, PINTORES
-Certificados y documentos personales en regla
-Experiencia 2 años minimo
Presentarse lunes en pasaje Los Cipreses N° 2-A camino a Marianitas, frente a control policial de Calderón.

—Disponibilidad inmediata
—Deseos de superación
Interesados: Previa cita al Teléfono 24-81-03. horas de oficina.

EMPRESA DE CONSTRUCCIONES
REQUIERE:
— Secretaria Bilingue, experiencia minima 3 años.
— Personal bilingue (hombres) para trabajar en el Oriente. Titulados.
Interesados enviar curriculum vitae a la Casilla 6398 C.C.I. - Quito.

IMPORTANTE EMPRESA INDUSTRIAL-COMERCIAL
Requiere contratar los servicios de una
SECRETARIA
REQUISITOS:
— Titulo de secretaria.
— Sin experiencia.
— EXCELENTE MECANOGRAFIA.
— Taquigrafia.
— Conocimientos de sistemas de archivo.

En las ferias universitarias los jóvenes reciben consejos e información sobre las carreras *(careers)* y especialidades que pueden estudiar. Esta foto muestra a estudiantes de una escuela de Texas en una feria.

◆ COMMUNICATIVE OBJECTIVES

To read a want ad

To point something out

To find out how someone knows something

To postpone or put off

To point out or set contingencies

To ask for and give advice

To find out how to do something

To match skills and interests with jobs

PALABRAS NUEVAS I

Buscando trabajo

CONTEXTO VISUAL

CONTEXTO COMUNICATIVO

1 ARTURO Llámame **en cuanto** sepas que hay un **puesto.**

MARTA ¿Te interesa **solicitar** un **empleo de tiempo parcial**?

ARTURO Prefiero uno **de tiempo completo a menos que** el de tiempo parcial pague muy bien.

Variaciones:

- sepas → **te enteres de**
- solicitar → conseguir

en cuanto *as soon as*
el puesto here: *position, job*
solicitar *to apply for*
el empleo = el trabajo
de tiempo parcial *part-time*
de tiempo completo *full-time*
a menos que *unless*
enterarse (de) *to find out, to learn (about)*

2 CARLOS Fíjate en este anuncio clasificado. Está hecho para ti.
ALICIA ¿Por qué? ¿Qué dice?
CARLOS "Se necesita una persona **cuidadosa** y **madura** para cuidar a niños." ¿No te parece que tienes esas **cualidades**?
ALICIA ¡Claro que sí! Además me encantan los niños.

- cuidadosa → trabajadora
  madura → **responsable**
  cuidar a niños → nuestra compañía
  me encantan los niños → necesito ganar dinero

cuidadoso, -a *careful*
maduro, -a *mature*
la cualidad *(personal) quality, characteristic*

responsable *responsible*

3 REBECA ¿Te enteraste de que la fábrica necesita electricistas?
ROBERTO ¡Qué bueno! ¿Cómo lo supiste?
REBECA **Por medio de** mi hermana. Ella trabaja allí. Tú tienes mucha **destreza** en ese oficio, ¿verdad?
ROBERTO Sí. Creo que voy a solicitar el puesto. ¿Sabes a quién debo **dirigir** la carta de solicitud?
REBECA A la Sra. Varela. Debes escribirle ahora mismo, **antes de que** haya muchos **aspirantes.**

- dirigir → escribir
- dirigir **la carta de solicitud** → **dirigirme**

por medio de *through, by means of*
la destreza *skill*
dirigir (j) here: *to address, to write to*
antes (de) que *before*
el/la aspirante *applicant*
la carta de solicitud *letter of application*
dirigirse (a) *to write to, to apply to, to talk to*

4 YOLANDA Marta y yo no podemos ir a tu casa **hasta que** yo termine los quehaceres.
DIANA ¡**Con tal que** no sea muy tarde! Oye, ¿es verdad que Ángel se peleó con la jefa?
YOLANDA Sí. Te voy a contar todo **después de que** lleguemos.

- hasta que → **sin que**
- sea → vengan

hasta que *until*
con tal (de) que *provided (that), so long as*
después (de) que *after*
sin que (+ verb) *without* (+ possessive + *-ing)*

PRÁCTICA

A ¿Qué hago? Carlota desea trabajar pero no sabe buscar empleo. Imagina que eres consejero(a). Para ayudar a Carlota, completa las siguientes frases con la palabra más lógica entre paréntesis.

1. Si les dices a todos tus amigos, maestros y a los amigos de tus padres que estás buscando *(empleo, destreza, aspirante)*, muchas veces te pueden ayudar a encontrar algo.
2. También puedes fijarte en *(los anuncios clasificados, las herramientas, las identidades)*.
3. Las cosas que puedes hacer bien son tus *(destrezas, oficios, herramientas)*.
4. Hay que pensar también en tu horario: si quieres trabajar sólo los sábados, eso quiere decir que prefieres un trabajo *(de tiempo completo, con pasatiempos, de tiempo parcial)*.
5. Si encuentras *(una cualidad, un puesto, una destreza)* que te interesa, debes llenar *(un anuncio clasificado, una solicitud, un aspirante)*.
6. Muchas veces hay que solicitar un empleo *(con tal que, en cuanto a, por medio de)* una carta.
7. Es muy importante que sepas a quién *(dirigir, planear, atender)* la carta.
8. ¡Si planeas bien, y haces todo eso para obtener un empleo, eres una aspirante muy *(cuidadosa, rebelde, perezosa)*!

B Consiguiendo trabajo. Imagina que quieres tener un empleo pero no sabes qué hacer para conseguirlo. Hazle preguntas a un(a) compañero(a) usando las siguientes palabras. Tu compañero(a) debe contestarte con un mandato y la respuesta apropiada. Sigue el modelo.

cómo / contestar / un anuncio clasificado
(con destreza / con una carta de solicitud)
ESTUDIANTE A *¿Cómo contesto un anuncio clasificado?*
ESTUDIANTE B *Contéstalo con una carta de solicitud.*

1. cómo / buscar / un empleo
(por medio de los anuncios clasificados / por medio de un oficio)
2. cómo / solicitar / un puesto
(con un periódico / con una carta de solicitud)
3. a quién / dirigirse
(a la destreza / al departamento en el que quieres trabajar)
4. cómo / empezar / la carta de solicitud
(con "estimado" / con "atentamente")

5. qué / escribirles / primero
   (que rechazas el puesto / que solicitas el puesto)
6. qué / decirles / entonces
   (tus destrezas / tus aspirantes)
7. cómo / describirse
   (como una persona madura / como una persona de madera)
8. cómo / terminar / la carta
   (con "estimado" / con "atentamente")

Estudiantes de computadoras en San Antonio, Texas

C ¿Te enteraste de estos empleos? Lee bien cada uno de los anuncios clasificados siguientes. Contesta las preguntas y comparte tus respuestas con la clase.

COMPAÑÍA LATINOAMERICANA

En su entera expansión en el exterior e interior del País, necesita seleccionar personal de uno y otro sexo para sus diferentes Departamentos en formación:

- Edad de 18 a 28 años
- Universitarios (Horario de noche)
- No Universitarios (Mínimo Secundaria completa)
- Disponibilidad inmediata (A tiempo completo)
- Excelente presencia
- Experiencia no necesaria
- **OFRECEMOS** de 4,000. a 8,000.-Intis Mensuales Optima capacitación, ascensos a corto plazo, estabilidad laboral.

Entrevistas UNICO DÍA Lunes 06 de Abril de 10.00 am. a 12.00 m. y de 4.00 pm. a 6.30 pm. en la Av. Javier Prado Este 1477- San Borja.

DAMAS: De Vestir

CABALLEROS: De Corbata

Documentos en regla.

IMPORTANTE EMPRESA NECESITA

AYUDANTE DE COCINA

Presentarse lunes 13 a las 8.00 A.M. con antecedentes completos en:

AVDA. VICUÑA MACKENNA 9840

SE NECESITAN PERSONAS BILINGÜES

La oficina de Registros de la Ciudad de San Francisco necesita personas para trabajar el 7 de abril (elección especial).

Se requiere que:

- Hablen español/inglés
- Residan en San Francisco
- Estén registrados para votar

Toda persona interesada debe solicitar en persona a la oficina de registro. Se les pagará de $49 a $58 por día.

PARA MÁS INFORMACIÓN LLAME A

MARÍA RAMOS

555-4659

REPRESENTANTES DE VENTAS

Solicitamos Vendedores(as) dinámicos y de gran capacidad profesional para cubrir vacantes. Les ofrecemos la oportunidad de trabajar en una Organización sólida y en proceso de expansión. Altas comisiones, bonificaciones, premios, y asignación para movilidad.

REQUISITOS:

- Edad mínima 19 años.
- Buena presencia.
- Experiencia no indispensable.
- Disponibilidad inmediata.

Entrevista: Lunes 6 de Abril en Av. Mexico 1462 - La Victoria, de 9:00 a.m. a 5:00 p.m.

1. ¿Cuál de estos empleos te gustaría solicitar? ¿Por qué?
2. ¿Qué conocimientos debes tener para solicitar el empleo que más te gusta? ¿Los tienes? Di por qué sí o por qué no.
3. En tu opinión, ¿qué cualidades necesita tener una persona para ser representante de ventas? ¿Hay que ser responsable y maduro(a)?
4. ¿Qué destreza debes tener para trabajar en la oficina de Registros? ¿Por qué es importante tenerla?

5. ¿Es posible trabajar para la compañía latinoamericana si no tienes un título *(degree)* universitario? ¿Si no tienes un diploma de colegio? ¿Cómo lo sabes?
6. Si eres aspirante para ser cocinero(a), ¿qué destreza debes tener? ¿Crees que debes ser cuidadoso(a)? ¿Por qué?
7. Si un anuncio clasificado pide "buena presencia," ¿qué quiere decir?

D Hablemos de ti.

1. Para ti, ¿cuál es el empleo ideal? ¿Cuáles son las horas ideales? ¿Y las peores?
2. ¿Cuál es la profesión de la persona que más admiras? ¿Qué destrezas tiene él o ella?
3. ¿Cuáles son tus destrezas? ¿Cuáles son las destrezas que más te gustaría tener?
4. ¿Crees que es importante que los estudiantes trabajen durante los veranos? ¿Por qué?
5. ¿Cuáles son algunos empleos que no te gustaría tener nunca?
6. ¿Tienes un trabajo actualmente? ¿Cómo lo conseguiste? ¿Qué destrezas necesitas para ese trabajo?

ACTIVIDAD

¿Cuáles son tus aptitudes? Write down, on separate pieces of paper, three skills or interests you have. For example: *Estoy fuerte en matemáticas* or *Sé esquiar muy bien.* Combine your slips of paper with those of your classmates, and then draw three new ones. Now get together with a partner and take turns finding out what each other's new skills and interests are. Then suggest possible jobs that each of you should look for.

Un operador de computadoras en Santiago, Chile

DIÁLOGO

APLICACIONES

Un empleo perfecto, pero . . .

Inés, que acaba de cumplir 16 años, está buscando el empleo perfecto y no sabe qué hacer. Le pide consejo a un amigo.

INÉS Mario, aquí tengo varios anuncios clasificados y no sé qué empleo solicitar. Tú tienes más experiencia. ¿Me puedes ayudar?

MARIO Claro, pero primero es necesario que me digas qué te interesa.

INÉS Con tal que me paguen bien y que me quede tiempo para estudiar, el resto no me importa.

MARIO Me imagino que sólo quieres algo de tiempo parcial, ¿no?

INÉS Sí, para después de las clases. Por ejemplo, aquí hay un puesto de camarera. Pagan bien y . . .

MARIO Y vas a tener que trabajar como una burra.[1] Es preferible que busques otro trabajo si quieres que te quede tiempo para estudiar. Éste, por ejemplo.

INÉS ¿De recepcionista para un veterinario? ¡Uf, no! Soy alérgica a los gatos.

MARIO Entonces, éste de niñera.[2] El sueldo es bueno.

INÉS ¡No, no! Tampoco quiero cuidar a niños. Hacen demasiado ruido.

MARIO ¿Eres alérgica a los niños también? Pues dime, ¿qué es lo que te gusta hacer entonces?

INÉS Bueno, me gusta sacar fotos, y dicen que lo hago bastante bien.

MARIO Mira, entonces, aquí hay un puesto de fotógrafa.

INÉS Sí, el sueldo es fabuloso y el horario es perfecto para mí.

MARIO Tal vez . . . a menos que . . .

INÉS ¿Qué pasa? ¿A menos que qué?

MARIO Veo que hay un pequeño problema . . .

INÉS ¿Problema? No importa, yo lo resuelvo.

MARIO Éste va a ser difícil que lo resuelvas.

INÉS ¿Por qué?

MARIO Porque fíjate: este empleo es para sacar fotos de niños y de animales.

[1]**como una burra** *like a mule (i.e., very hard)* [2]**la niñera** *baby-sitter*

Continuación

1. ¿Qué tipo de trabajo quiere conseguir Inés? ¿Crees tú que sea verdad? Explica.
2. ¿Te parece difícil el trabajo de camarero(a)? ¿Por qué?
3. ¿Qué piensas tú de los consejos que Mario le da a Inés?
4. ¿Te gustaría trabajar con niños? ¿Y con animales? ¿Por qué?
5. Describe un trabajo que tú no harías *(would not do)* por todo el dinero del mundo. Explica por qué.

Participación

Inventa un diálogo con un(a) compañero(a): un(a) amigo(a) tuyo(a) está buscando empleo de tiempo parcial para después de las clases. Ayúdalo(a) a decidir el tipo de empleo, dónde debe buscarlo, las horas y sus destrezas y cualidades.

Jóvenes españoles buscando trabajo en la sección de empleos del periódico

EXPLICACIONES I

El subjuntivo con expresiones impersonales

◆ COMMUNICATIVE OBJECTIVES

To express opinions

To express the importance or necessity of something

You are already familiar with the use of the subjunctive after impersonal expressions that indicate emotion, probability, or denial, or that give an indirect command.

Es importante que trabajes en el verano.	*It's important for you to work in the summer.*
Es una lástima que no puedas acompañarnos.	*It's a shame that you can't come with us.*

Here is a list of some impersonal expressions you know that require the subjunctive:

Es bueno que	Es (una) lástima que
Es difícil que	Es malo que
Es extraño que	Es mejor que
Es importante que	Es necesario que
Es imposible que	Es posible que
Es improbable que	Es probable que

1 We use the indicative with impersonal expressions that express certainty or truth.

Es cierto que Josefina habla dos idiomas.	*It's true that Josefina speaks two languages.*

2 Remember, however, that we use the subjunctive when these expressions indicate uncertainty or untruth.

No es verdad que él tenga dos empleos.	*It's not true that he has two jobs.*

3 Remember that when there is no change of subject, we use the infinitive.

Es importante dominar otra lengua.	*It's important to speak another language well.*
Es bueno saber escribir a máquina.	*It's good to know how to type.*

PRÁCTICA

A El empleo ideal. ¿Cómo es el empleo ideal? Expresa tus opiniones con las palabras entre paréntesis.

1. Es necesario que los otros empleados ____.
   (ser responsables, ser amables)
2. Es bueno que el gerente no ____ nunca.
   (quejarse, equivocarse)
3. Es importante que el gerente ____.
   (enterarse de todo, dejarnos hacer lo que queremos)
4. Es extraño que las empresas no ____.
   (ofrecer comidas baratas, permitir radios)
5. Es una lástima que los empleados no ____.
   (poder llevar jeans, tener oficinas muy elegantes)
6. Es necesario que los jefes ____.
   (supervisar bien, saber resolver los problemas de los empleados)
7. Es mejor que los empleados ____.
   (tener vacaciones largas, trabajar sólo seis horas diarias)
8. Es importante que los empleados ____.
   (ganar mucho dinero, ser felices en su oficio)

Trabajando en una fábrica en Guadalajara, México

B **Cualidades y destrezas.** Habla con algunos de tus compañeros. Pregúntales sus planes para el futuro y dales consejos. Puedes usar las profesiones y las frases de las listas, o puedes inventar otras. Por ejemplo:

ESTUDIANTE A *¿Qué te gustaría ser?*
ESTUDIANTE B *Me gustaría ser enfermera.*
ESTUDIANTE A *Entonces es necesario que estudies biología.*

antropólogo(a)	no estar flojo(a) en matemáticas
banquero(a)	no tener miedo de nada
carpintero(a)	saber dibujar
científico(a)	tener mucha fuerza
diseñador(a)	saber utilizar las herramientas
explorador(a)	estar fuerte en las ciencias
farmacéutico(a)	saber comprar y vender
hombre / mujer de negocios	tener una voz agradable
locutor(a) de radio	coser bien
maestro(a)	saber sobrevivir en todas partes
modisto(a)	saber explicar bien
obrero(a)	ser una persona paciente
programador(a) de computadoras	poder escribir a máquina rápidamente
secretario(a) bilingüe	estudiar más sobre computadoras
	dominar más de una lengua

C **Las cualidades de un(a) buen(a) maestro(a).** Probablemente ya sabes cuáles son las cualidades de un(a) buen(a) maestro(a). Comparte tus ideas con la clase. Sigue el modelo.

Es necesario que . . .
Es necesario que sea inteligente y comprenda a sus alumnos.

1. Es importante que . . .
2. Es bueno que . . .
3. Espero que . . .
4. Es imposible que . . .
5. No creo que . . .
6. Es mejor que . . .
7. Prefiero que . . .
8. No es importante que . . .

D Hablemos de ti.

1. ¿Es necesario que trabajes este verano? ¿Por qué? Si no es necesario, ¿cómo vas a pasar el verano?
2. En tu opinión, ¿es importante que los alumnos hagan mucha tarea? ¿Que haya exámenes? Explica.
3. ¿Qué piensas hacer después de graduarte? ¿Piensas que es importante trabajar antes de seguir estudiando? ¿Por qué?
4. ¿Qué cualidades debe tener un(a) buen(a) estudiante? Por ejemplo, ¿es importante que sea responsable?
5. ¿Cuál es la cualidad o la destreza más importante que debe tener una persona en la profesión que te gustaría seguir?

Una secretaria en Bogotá, Colombia

◆ COMMUNICATIVE OBJECTIVES

To write a letter of application or simple business letter

To answer an ad

To request a change in one's school courses

PALABRAS NUEVAS II

Cómo enterarse de los empleos

CONTEXTO NARRATIVO

1 Estimada Srta. Roca:

Gracias por su carta del 22 de mayo en que **se refiere** Ud. al puesto de **supervisor** de nuestro nuevo departamento de arte. Creo que lo primero que debe Ud. saber es que la persona que **se encargará de** ese departamento no sólo deberá tener una **base** bastante fuerte en arte, sino también deberá saber **organizar** y supervisar a los vendedores y a otros empleados. Por lo que leo en su carta, Ud. parece tener todas estas cualidades, y creo que es **preferible** que visite nuestra oficina **para que** yo pueda darle más **detalles** sobre el puesto. Por favor llámeme en cuanto reciba esta carta al 555-2345 los días de trabajo entre las 9:30 y las 4 de la tarde.

Atentamente,

Margarita Madrigal

Jefa de **Personal**

referirse a (e → ie) *to refer to*

el supervisor, la supervisora *supervisor*

encargarse de *to be in charge of, to take charge of*

la base *foundation, basis*

organizar *to organize*

preferible *preferable*

para que *so (that)*

el detalle *detail*

el personal *personnel*

2 ¡Jóvenes! Prepárense para los empleos de mañana en la escuela de hoy. La Academia Colón les ofrece la oportunidad de **especializarse en** todos los oficios modernos. Es **sumamente** importante entender la tecnología para poder tener éxito en el trabajo. **Matricúlense en** la Academia Colón para descubrir el nuevo mundo de mañana. Escriban hoy al apartado postal 1492 y pidan todos los detalles. Y recuerden: saber es poder.

especializarse en *to specialize in, to major in*

sumamente *extremely*

matricularse (en) *to register (for), to enroll (in), to sign up (for)*

PRÁCTICA

A **Estimada consejera.** María se matriculó en una clase, pero después cambió de idea y le escribió una carta a su consejera. Completa la carta con las siguientes palabras.

una base	empleo	especializarse	preferible
detalles	enterarme	me matriculé	me refiero

Estimada consejera:

Según lo que Ud. me aconsejó, la semana pasada _____ en la clase de "Lenguas de la computadora," pero me equivoqué. Creo que es _____ que asista a la clase del Sr. Ramírez. (Yo) _____ a la que se llama "Usos prácticos de la computadora moderna." La verdad es que no me interesa aprender _____ que nunca voy a utilizar, y la clase de "Lenguas . . ." es para estudiantes que piensan _____ en computadoras y que ya tienen _____ fuerte en ellas. Sólo quiero _____ de lo que necesitaré en un _____ típico.

María

B **¡Las destrezas son importantes!** El club de español planea una feria y es importante saber qué clase de destrezas tienen los que participan. Empareja *(Match)* las personas con las tareas. Sigue el modelo.

Tenemos un jardín enorme.
Podemos encargarnos de vender las flores.

1. Elena y Víctor tienen permiso de manejar.
2. Dicen que Margarita y yo somos buenas supervisoras.
3. Tú te especializas en cocinar.
4. Uds. juegan a varios deportes.
5. Ignacio es un diseñador excelente.
6. Roberto y Clara son muy simpáticos y responsables.
7. Mariana tiene una buena base en matemáticas.
8. Yo soy sumamente cuidadosa.

los carteles y las decoraciones
la comida
comprar todo lo necesario
el dinero
los juegos
los detalles
organizar todo
saludar a los visitantes
vender las flores

LECTURA 1

APLICACIONES

Un futuro periodista

ANTES DE LEER Responde a las siguientes preguntas.

1. Un modo de buscar empleo es fijarse en los anuncios clasificados. ¿Puedes pensar en otros modos?
2. ¿Sabes cómo se escribe una carta de solicitud? ¿Qué tipo de información se debe incluir en la carta?
3. Imagina que solicitas un puesto para trabajar para una revista. ¿Qué debes escribir en tu carta de solicitud? ¿Cómo debes terminar la carta?
4. Muchas veces es necesario tener referencias. ¿Para qué sirven?

Alberto Castillo es un joven como muchos jóvenes de su edad. A Alberto le gusta bailar, le gusta mirar videocintas y, sobre todo, le gusta hablar y salir con sus amigos. Pero Alberto sabe muy bien lo que realmente quiere. Cuando era muy joven les dijo a sus padres: "Quiero ser periodista."

Alberto se gradúa este semestre. Sabe que es necesario hacer planes por adelantado.[1] Por eso, lee con mucho cuidado los anuncios clasificados del periódico. También les pregunta a sus maestros y a sus amigos si hay alguna posibilidad de empleo. Hoy, ¡por fin!, lee algo fabuloso en el tablero de anuncios[2] del colegio. Está contentísimo. ¡Su gran oportunidad!

SE BUSCA AYUDANTE EDITORIAL

- Es necesario que tenga alguna experiencia.
- Excelentes oportunidades de ascenso.[3]
- Tiempo completo.

Sra. Mabel Ochoa, Periódico *Avance*,
Oficina de personal, 148 Valac Street,
New York, NY 10014.

---

[1]**por adelantado** *in advance* [2]**el tablero de anuncios** *bulletin board*
[3]**el ascenso** *promotion*

Alberto escribe una carta de solicitud, para contestar el anuncio clasificado.

328 Palm St.
New York , NY 10002
7 de mayo de 1989

Sra. Mabel Ochoa
Oficina de personal
Periódico *Avance*
148 Valac Street
New York, NY 10014

Estimada señora:

Me enteré de que existe un puesto de ayudante editorial en su periódico *Avance.* Ese puesto me interesa mucho.

Estudio en la Escuela Barrientos. He aprobado[4] todos mis exámenes y me gradúo en pocas semanas.

Aunque sólo tengo dieciocho años, ya tengo cinco años de experiencia editorial. Fui ayudante del redactor[5] del periódico de nuestra escuela durante dos años y hace tres años que soy el redactor principal.

Conozco la importancia y circulación del periódico *Avance* en nuestra comunidad, y me gustaría ser parte de su empresa. Adjunto[6] cartas de recomendación de dos profesores. Quisiera visitar las oficinas del periódico el próximo viernes. Espero que sea posible verla y de antemano[7] le doy a usted las gracias.

Muchas gracias por su atención.

Atentamente,

Alberto Castillo

Alberto Castillo
(718) 555-1256

---

[4]**he aprobado** *I have passed* [5]**el redactor** *editor* [6]**adjuntar** *to enclose (in a letter)*
[7]**de antemano** *beforehand, in advance*

Continuación

1. ¿Qué puesto solicita Alberto? ¿Cómo se enteró del puesto?
2. ¿Por qué cree Alberto que es su gran oportunidad contestar el anuncio clasificado?
3. ¿Cómo sabe Alberto a quién dirigir la carta de solicitud?
4. ¿Quiénes son las personas que le dieron referencias?
5. Según la carta, ¿qué es lo que espera Alberto que pase?
6. ¿Crees tú que es posible que le den el empleo? Explica.
7. Imagina que tú buscas empleo. ¿A quién(es) vas a pedir cartas de recomendación? ¿Qué crees que van a escribir sobre ti?
8. ¿Cuál es una de tus destrezas más importantes? ¿Cómo puedes utilizarla en un empleo?

Un joven llenando una solicitud de empleo en Madrid, España

EXPLICACIONES II

El subjuntivo en frases con ciertas conjunciones

We always use the subjunctive after these conjunctions:

a menos que	*unless*	para que	*so that*
antes (de) que	*before*	sin que	*without*
con tal (de) que	*provided (that)*		

Vamos a salir **a menos que llueva.**	*We're going out* ***unless it rains.***
Te invito **con tal que** me **presentes** a tu amigo.	*I'll invite you* ***provided you introduce*** *me to your friend.*
Ana da la fiesta **para que conozcamos** al nuevo jefe.	*Ana's giving the party* ***so that we'll meet*** *the new boss.*
Juan va **sin que** lo **sepa Elena.**	*Juan is going* ***without Elena's knowing*** *it.*

◆ COMMUNICATIVE OBJECTIVES

To express reservations about something

To explain why someone is doing something

To give advice

1 But remember that if the subject of the sentence does not change, we use the infinitive after *antes de*, *para*, and *sin*.

Ponte el suéter **antes de salir.**	*Put on your sweater* ***before you go out.***
Ponte el suéter **antes de que tus amigos lleguen.**	*Put on your sweater* ***before your friends arrive.***
Eduardo y Ana van a la tienda **para comprar** helado.	*Eduardo and Ana are going to the store* ***to buy*** *ice cream.*
Eduardo y Ana van a la tienda **para que Ana compre** helado.	*Eduardo and Ana are going to the store* ***so Ana can buy*** *ice cream.*
No aceptes el puesto **sin saber** el sueldo.	*Don't accept the job* ***without knowing*** *the salary.*
No aceptes el puesto **sin que** te **digan** el sueldo.	*Don't accept the job* ***without their telling*** *you the salary.*

PRÁCTICA

A ¿Vamos o no vamos? Imagina que tú y tus amigos piensan ir al concierto de rock más estupendo del año. Completa cada frase con la forma correcta del verbo entre paréntesis.

1. Josefa no va a manejar sin que (nosotros) le *(decir)* cómo llegar allí.
2. Mi novia va a menos que sus padres no le *(permitir)*.
3. Mis padres me van a dar el dinero para que (yo) *(poder)* divertirme.
4. Mi hermano va también con tal que no *(ser)* muy caro.
5. Nos vamos a sentar afuera a menos que *(llover)*.
6. Encárgate tú de los detalles a menos que (tú) *(estar)* demasiado ocupada.
7. Es preferible ir temprano para que (nosotros) *(poder)* estacionar cerca del teatro.
8. Le damos dinero a Óscar para que él *(comprar)* las entradas.

B Mis planes. Margarita y Javier hablan de sus planes para el verano. Haz frases según el modelo.

aceptar el puesto / con tal que / (ser) de tiempo parcial
Voy a aceptar el puesto con tal que sea de tiempo parcial.

Margarita:

1. buscar trabajo / a menos que / mi escuela (ofrecer) clases interesantes este verano
2. hacerlo / sin que / mis padres (saberlo)
3. decírselo / con tal que / (yo) (conseguir) un puesto
4. buscar un puesto / antes de que / mis padres (irse) de vacaciones

Javier:

5. viajar este verano con mi amigo / con tal que / nuestros padres (darnos permiso)
6. ir a México / para que / (nosotros) (poder) ver los templos aztecas
7. repasar el español / para que / (nosotros) (disfrutar) más del viaje
8. volver en agosto / antes de que / las clases (empezar) otra vez

Una mujer de negocios en Bogotá, Colombia

C Consejos para solicitar un empleo. Tu amigo(a) tiene una entrevista con la gerente de una empresa. Dale consejos, usando la forma correcta de cada verbo entre paréntesis.

1. Averigua sobre la empresa antes de _____ a la entrevista. (irse)
2. No vayas a la empresa sin _____ de la hora de la cita. (enterarse)
3. No te sientes antes de que la gerente _____. (decírtelo)
4. Préstale atención para que ella _____ segura de que comprendes todo. (estar)
5. Piensa bien antes de _____. (hablar)
6. Debes tener una actitud optimista para que ella _____ que el puesto te interesa mucho. (saber)
7. No aceptes el puesto sin que la gerente _____ los detalles y el sueldo. (decirte)
8. Despídete amablemente para que (ella) _____ de que eres bien educado(a). (darse cuenta)

Una escuela normal *(teacher's college)* en Guadalajara, México

El subjuntivo en frases con conjunciones: Continuación

◆ COMMUNICATIVE OBJECTIVES

To delay or put someone off

To make excuses or explain why something isn't happening yet

To discuss future plans

We use the subjunctive after these conjunctions of time to discuss something that has not yet occurred or that may or may not happen in the future.

cuando	*when*	en cuanto	*as soon as*
después (de) que	*after*	hasta que	*until*

Vamos a salir **cuando llegue María.**	*Let's go out* ***when María arrives.***
Después de que Eduardo termine su trabajo, vamos al cine.	***After Eduardo finishes*** *his work, let's go to the movies.*
Voy a mandar la solicitud **en cuanto averigüe** a quién dirigirla.	*I'm going to send the application* ***as soon as I find out*** *to whom I should address it.*
Ellos no pueden matricularse **hasta que decidan** sobre las clases.	*They can't enroll* ***until they decide*** *on the classes.*

1 As with *antes de, para,* and *sin,* we may use the infinitive after *hasta* and *después de* when there is no change of subject.

Después de matricularme, tengo que comprar libros.	***After I register,*** *I have to buy books.*
María no piensa acostarse **hasta terminar** su novela.	*María doesn't intend to go to bed* ***until she finishes*** *her novel.*

2 We use the indicative with these conjunctions when an event will definitely take place or if it occurs regularly. Compare:

Cuando tenga dinero, voy a comprar unos discos.	***When I have*** *money, I'm going to buy some records.*
Cuando tengo dinero, compro discos.	***When I have*** *money, I buy records.*
Vamos a comer **después de que lleguen.**	*We'll eat* ***after they arrive.***
Siempre comemos **después de que llegan.**	*We always eat* ***after they arrive.***
No voy a llamar a Pablo **hasta que termine** su trabajo.	*I won't call Pablo* ***until he finishes*** *his job.*
Nunca llamo a Pablo **hasta que termina** su trabajo.	*I never call Pablo* ***until he finishes*** *his job.*

3 The conjunction *mientras* is also used this way.

Mientras estés en mi casa, te prohibo hablar así.	***While (as long as) you're*** *in my house, I forbid you to talk like that.*
Mientras están de vacaciones, yo les cuido la casa.	***While they're*** *on vacation, I look after their house.*

4 With the conjunction *aunque,* we use the subjunctive to express uncertainty. We use the indicative with *aunque* when there is no uncertainty.

Aunque llueva, vamos a ir de excursión.	***Although it may rain,*** *we're going to go on the outing.*
Aunque llueve, van a ir al partido.	***Although it's raining,*** *they're going to go to the game.*

Estudiantes de electrónica en Madrid, España

PRÁCTICA

A **No sé exactamente cuándo . . .** Con un(a) compañero(a), pregunta y contesta según el modelo.

> ¿ver a José? / cuando él *(venir)* a mi casa
> ESTUDIANTE A *¿Cuándo vas a ver a José?*
> ESTUDIANTE B *Cuando él venga a mi casa.*

1. ¿reparar la bicicleta? / cuando yo *(tener)* tiempo
2. ¿ayudarme? / en cuanto yo *(acabar)* mi trabajo
3. ¿dar la fiesta? / después de que mis tíos *(irse)*
4. ¿comprar otra videocinta? / en cuanto *(estar)* en venta
5. ¿empezar el trabajo? / cuando *(enterarme)* de los detalles
6. ¿darme el libro? / después de que Julia *(devolvérmelo)*
7. ¿matricularte? / en cuanto yo *(decidir)* en qué especializarme
8. ¿llamar a Gregorio? / después de que tú y yo *(hacer)* los quehaceres

B **¿Qué te hace feliz?** Mateo está escribiendo un artículo para el periódico escolar. Quiere saber qué les hace felices a sus compañeros. Escoge entre el indicativo, el subjuntivo y el infinitivo.

1. Verónica: Cuando yo *(sacar)* una buena nota, estoy contenta.
2. Héctor: Cuando yo *(conseguir)* mi primer coche, voy a estar contentísimo.
3. Pilar: Cuando *(haber)* paz en el mundo, voy a ser muy feliz.
4. Víctor: Yo me siento muy bien después de *(comer)* la cena.
5. Ángela: ¡Después de que los Tigres *(ganar)* el campeonato voy a celebrar!
6. Esteban: En cuanto yo *(poder)* defenderme en la nueva lengua, voy a poder trabajar con las computadoras y entonces voy a ser feliz.
7. Judit: ¡Cuando mis padres me *(comprender)*, voy a estar sumamente contenta!
8. Alfonso: En cuanto las vacaciones *(empezar)*, siempre me siento muy contento.
9. María Carmen: ¡No voy a estar contenta hasta que tú *(dejar)* de hacerme estas preguntas!
10. Y a ti, ¿qué te hace feliz?

C **Hablemos de ti.**
Completa las siguientes frases.

1. Estudio para que mis padres . . .
2. Generalmente llego a la escuela a tiempo a menos que . . .
3. Voy a estar más contento(a) cuando . . .

4. Siempre hago algo con mis amigos los fines de semana con tal que . . .
5. No puedo manejar el coche de mi familia sin que . . .
6. No pienso casarme hasta que . . .
7. Me gusta ir a la casa de mis amigos para que . . .
8. No pienso buscar empleo antes de que . . .

ACTIVIDAD

Planes y sueños Before you begin your job search, choose a career, or make any other major decision, it's important to think about what you would like to do and achieve in life. With a partner, discuss your future goals, plans, and dreams. You may discuss some of the topics listed below, or expand on some of your own personal wishes. Conjunctions such as *cuando, en cuanto, para que,* and *antes de que* will help you express your thoughts. For example:

> Cuando me gradúe, voy a viajar un poco para descansar, tomar el sol y olvidarme de todos mis problemas. Cuando me sienta mejor, voy a volver a mi casa y buscar empleo. Y en cuanto encuentre un buen puesto, espero comprar un coche . . .

un trabajo	tu boda
la universidad	tu propia familia
tu propio apartamento o casa	tu propia compañía

Estudiantes en Buenos Aires, Argentina

LECTURA 2

APLICACIONES

Empleos de corta duración y trabajos de vacaciones

ANTES DE LEER

A Responde a las siguientes preguntas que te van a preparar para la lectura.
1. A muchos jóvenes les interesa viajar durante las vacaciones pero les falta el dinero. Un modo de conocer a otro país u otra ciudad es trabajar allí. ¿Qué te parece eso? ¿Te gustaría trabajar en otra ciudad o en otro país? ¿Por qué sí o por qué no?
2. Imagina que conoces a una familia española que desea que su hijo trabaje en tu comunidad durante el verano próximo. ¿Qué empleos le recomiendas que solicite? ¿Crees que es necesario que domine el inglés? ¿Por qué?

B Mira la lectura para obtener una idea general.
1. Según el título, ¿de qué tipo de empleo trata este artículo?
   a) empleos de tiempo parcial b) empleos permanentes
   c) empleos que duran un tiempo corto
2. ¿De dónde es este artículo? ¿A quiénes se dirige el artículo?
3. Lee los tres párrafos muy cortos que tienen muchos números. ¿Qué crees que son?

C Contesta las siguientes preguntas que te van a ayudar a comprender el vocabulario.
1. En la lectura hay unas palabras que son de la misma familia de palabras que otras que tú ya conoces. ¿Qué palabras conoces de la misma familia que las siguientes: *dinerillos, vacacional, consiguieras, traductores?*
2. Hay varias palabras en la lectura que tienen cognados *(cognates)* en inglés. ¿Cuáles crees que son los cognados de *duración, satisfacer, cuotas, Seguridad Social, procurar, informarse, curso, agrícolas, residencia?*
3. Muchas veces si no entiendes una palabra, puedes deducir *(deduce)* el significado al leer las otras palabras que están en la frase. Lee las frases que contienen las siguientes palabras. ¿Qué crees que quieren decir *temporada, alojamiento, a cambio, temporal, hacerse publicidad, de cuando en cuando?*
4. ¿Cuál es otra manera de expresar lo siguiente: *hacer tu demanda de empleo, a la semana, más próximo, servicios que prestes*?

Este artículo es de la obra *España para jóvenes visitantes* que les ofrece información a los jóvenes para que puedan viajar sin problemas por un país que no conocen.

Aprovechar el verano para trabajar en otros países es una forma de viajar y de conocer culturas diferentes a la nuestra, al tiempo que[1] un modo de obtener algunos dinerillos.

Algunas fórmulas de trabajo vacacional son las siguientes:

Trabajo "au pair"

Es un sistema por el que jóvenes de dieciocho a treinta años pasan una temporada en una casa, en la que reciben alojamiento, comida y dinero de bolsillo. A cambio deberán ayudar en las tareas domésticas y en el cuidado de los niños. El tiempo máximo de trabajo es de cinco o seis horas diarias, con un día libre a la semana.

En España, como ocurre en la mayoría de los países, el régimen[2] "au pair" no puede satisfacer las cuotas estipuladas[3] por la Seguridad Social, por lo que[4] es conveniente que te procures un seguro privado[5] por el período de estancia.[6]

---

[1]**al tiempo que** = también [2]**el régimen** *system* [3]**estipulado, -a** *required*
[4]**por lo que** = por eso [5]**el seguro privado** *personal insurance* [6]**la estancia** *stay*

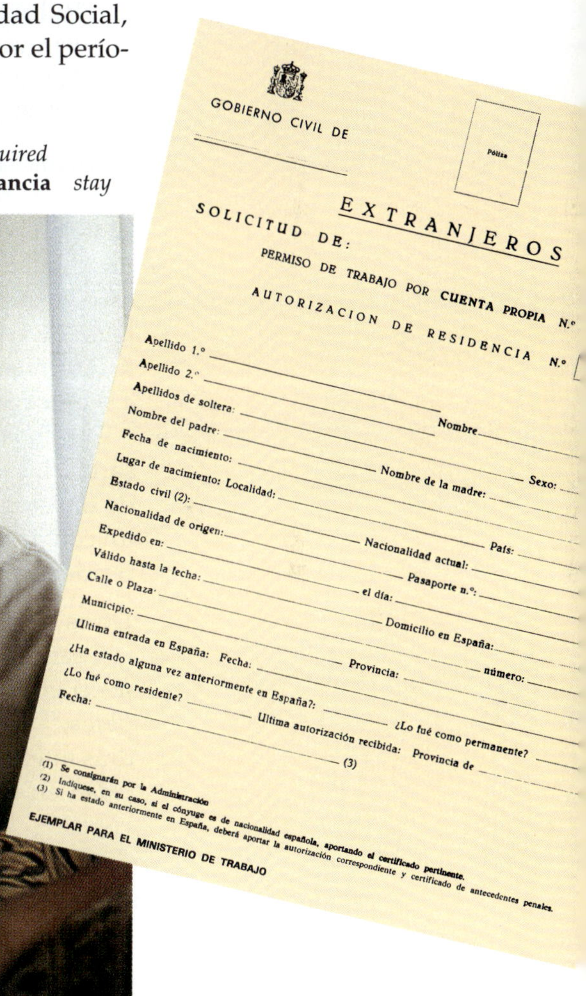

GOBIERNO CIVIL DE

Póliza

EXTRANJEROS

SOLICITUD DE:

PERMISO DE TRABAJO POR CUENTA PROPIA N.º

AUTORIZACION DE RESIDENCIA N.º

Apellido 1.º

Apellido 2.º

Apellidos de soltera: Nombre

Nombre del padre:

Fecha de nacimiento: Nombre de la madre: Sexo:

Lugar de nacimiento: Localidad:

Estado civil (2):

Nacionalidad de origen: País:

Expedido en: Nacionalidad actual:

Válido hasta la fecha: Pasaporte n.º:

Calle o Plaza: el día:

Municipio: Domicilio en España:

Ultima entrada en España: Fecha: Provincia: número:

¿Ha estado alguna vez anteriormente en España?:

¿Lo fué como residente? ¿Lo fué como permanente?

Fecha: Ultima autorización recibida: Provincia de (3)

(1) Se consignarán por la Administración

(2) Indíquese, en su caso, si el cónyuge es de nacionalidad española, aportando el certificado pertinente.

(3) Si ha estado anteriormente en España, deberá aportar la autorización correspondiente y certificado de antecedentes penales.

EJEMPLAR PARA EL MINISTERIO DE TRABAJO

Usando el periódico para buscar trabajo en Madrid

También es importante que te informes antes de partir[7] sobre las posibilidades de asistir a algún curso de idiomas.

ASOCIACIÓN INTERNACIONAL CULTURAL AU PAIR
Passeig de Gracia, 86
Telf.: (93) 215 48 95
08008-BARCELONA

HISPANO EUROPEO INTERCAMBIOS ESTUDIANTILES
Rocafort, 246, 5.º
Telf.: (93) 322 63 55
08029-BARCELONA

RELACIONES CULTURALES INTERNACIONALES
Ferraz, 82, 2.º
Telf.: (91) 479 63 03
28008-MADRID

Trabajos agrícolas y de hostelería[8] de carácter temporal

En España es bastante difícil encontrar un empleo dentro del ramo[9] de la hostelería o en actividades agrícolas, lo que no quiere decir que no exista la posibilidad de acceder a[10] uno de estos puestos de trabajo. En cualquier[11] caso, lo que debes hacer es dirigirte al Consulado español más próximo a tu lugar de residencia y hacer tu demanda de empleo correspondiente.[12] Allí te informarán de las posibilidades de trabajo que existen y de los trámites[13] a seguir para buscar una ocupación en España.

Otra posibilidad que se te brinda[14] es la de dirigirte personalmente por carta a las empresas en que puedas estar interesado, solicitando un puesto de trabajo. En el caso de que la solicitud te fuera[15] favorable y consiguieras un contrato de trabajo, una vez en España deberás tramitar[16] tu permiso de residencia y trabajo para formalizar tu permanencia[17] en nuestro país.

Otros trabajos

Cuando el dinero ya escasea[18] en nuestros bolsillos y el deseo de permanecer en España por algún tiempo más aún[19] no ha terminado,[20] no desesperes,[21] todavía te quedan algunos cartuchos por quemar.[22] Siempre podrás intentar dar clases particulares[23] de tu idioma nativo haciéndote publicidad en los colegios, universidades, tiendas de comestibles, etc. En esta

---

[7]**partir** = salir [8]**la hostelería** *hotel business* [9]**el ramo** *field*
[10]**acceder a** = conseguir [11]**cualquier** *any* [12]**correspondiente** *corresponding*
[13]**los trámites** *steps* [14]**se te brinda** = se te ofrece [15]**fuera** (past subjunctive of **ser**) *were* [16]**tramitar** *take the necessary steps to obtain* [17]**permanencia** *stay*
[18]**escasear** *to become scarce* [19]**aún** = todavía [20]**ha terminado** *has ended*
[21]**desesperar** *to despair* [22]**algunos cartuchos por quemar** *other avenues to follow*
[23]**particular** *private*

situación, cualquier sitio es bueno. Las escuelas privadas también pueden ser una solución, aunque no te pagarán mucho y los servicios que prestes no te serán reconocidos[24] a la hora de tramitar el permiso de trabajo. En las secciones de anuncios de los periódicos suelen[25] aparecer[26] de cuando en cuando direcciones que solicitan traductores. ¡Ánimo!,[27] puede que sea la oportunidad que estabas esperando.

---

[24]**no te serán reconocidos** *(your services) will not be recognized* [25]**soler** = tener la costumbre de [26]**aparecer** *to appear* [27]**ánimo** = sé valiente

Continuación

Después de leer el artículo con cuidado, comprueba tu comprensión.

1. Según el artículo, ¿cuáles son las ventajas de trabajar en otro país durante las vacaciones?
2. ¿Cuáles son dos empleos que un(a) joven puede solicitar en otro país?
3. ¿Cuántos años debe tener un(a) aspirante para trabajar "au pair"? ¿Cuáles son los quehaceres del (de la) "au pair"? Y ¿qué recibe él (ella) por su trabajo?
4. ¿Qué cualidades crees que un(a) aspirante debe tener para trabajar "au pair"? ¿Por qué?
5. Las tres asociaciones de la lectura ofrecen:
   _____ el número de teléfono
   _____ la ciudad
   _____ el nombre de la organización
   _____ la calle y el número del edificio
   _____ el código postal
   Ahora, pon éstos en el orden en que aparecen.
6. ¿Qué hace un(a) aspirante si desea trabajo agrícola o de hostelería? En general, ¿hay buenas posibilidades de encontrar este tipo de empleo?
7. Imagina que te interesa dar clases de inglés. Según el artículo, ¿cómo puedes conseguir los estudiantes? ¿Y si deseas ser traductor(a)?
8. ¿Cuál de estos empleos te interesa más? ¿Por qué?

Participación

Escoge uno de los empleos de corta duración que está en la lectura. Con un(a) compañero(a), prepara una entrevista entre un(a) aspirante y la persona que le puede dar un empleo.

APLICACIONES

REPASO

Mira con cuidado las frases modelo. Luego cambia las frases que siguen al español según los modelos.

1. *El profesor les habla a los estudiantes antes de que empiecen el examen.*
   (The manager (f.) *is talking to some salesclerks before she opens the store.)*
   (The driver (m.) *is talking to the passengers before they get on the bus.)*
   (The owner (f.) *is talking to the worker* (f.) *before she paints the house.)*
2. *Es mejor matricularse en la clase para usar las computadoras.*
   (It's necessary to take charge of the plans before starting the work.)
   (It's important to refer to your skills (fam.) *in order to impress the boss.)*
   (It's better not to go to the firm without making an appointment.)
3. *Es probable que sea listo e interesante.*
   (It's important that you be hard-working and careful.)
   (It's necessary that she be brave and strong.)
   (It's preferable that they be intelligent and independent.)
4. *Cuando resolvamos el problema, le avisaré al gerente.*
   (When I buy the car, I'll lend you the keys.)
   (When I know the information, I'll give you (pl.) *the details.)*
   (Provided you (formal) *want the position, I'll give you the application.)*
5. *Cuando utilices esas herramientas, vas a ser carpintero.*
   (Until she supervises more people, she's not going to be a manager.)
   (As soon as you (fam.) *have more knowledge, you're going to be a champion* (f.).*)*
   (Unless I have bad luck, I'm going to be a politician (f.).*)*

Ingenieros trabajando en Maracaibo, Venezuela

TEMA Escribe las frases en español.

1. The counselor is talking to some applicants before they apply for jobs.

2. "It's necessary to find out about the details before asking for an application."

3. "It's important that you be responsible and mature."

4. "When you start the work, I'll introduce you to the assistants."

5. As soon as I learn more skills, I can be a supervisor.

REDACCIÓN Ahora escoge uno de los siguientes temas para escribir tu propio diálogo o párrafo.

1. Invent a dialogue between an applicant and an employer. Discuss salary, hours, transportation, and the skills needed.
2. Answer a classified ad for a part-time job. Write a short paragraph describing yourself, your abilities, and your reasons for wanting the job.

COMPRUEBA TU PROGRESO CAPÍTULO 10

A Un empleo

Lee el anuncio clasificado y contesta cada pregunta con una frase completa.

> **RECEPCIONISTA,** tiempo parcial para oficina de médicos. Debe ser una persona madura y responsable que escriba bien a máquina. Llamar al 555-3546 para pasar a llenar solicitud. Av. del Tesoro 564, Las Tejas.

1. ¿Qué tipo de empleo es?
2. ¿Cómo debe ser el (la) aspirante?
3. ¿Es un empleo de tiempo completo?
4. ¿Cuáles son las destrezas necesarias?
5. ¿Qué tienen que completar los aspirantes?

B Yo solicito . . .

Escribe una carta de solicitud para el anuncio clasificado del Ejercicio A. Di qué te interesa del puesto. Empieza la carta con *Estimado señor.*

C Buscando empleo

Escribe otra vez cada una de las siguientes frases, empezando con una expresión de la lista. Puedes usar una expresión más de una vez.

es posible	es una lástima
es necesario	es mejor
es importante	no es cierto

1. Muchos aspirantes solicitan el mismo puesto.
2. Los aspirantes completan una solicitud de empleo.
3. Los aspirantes son personas bien educadas y maduras.
4. Hay que defenderse en inglés y español para conseguir un empleo.
5. Los aspirantes viven en la ciudad o por lo menos muy cerca.
6. No hay puestos para todos los aspirantes.

D Necesito un empleado

Completa el siguiente párrafo con las palabras de la lista.

una base	madura	organizar
los detalles	preferible	supervisor
encargarse	sumamente	

Busco una persona _____ responsable para el puesto de _____. Tiene que _____ de todo y saber _____ las cosas. Es _____ que esta persona tenga _____ en computadoras y que preste atención a _____. Debe ser agradable y _____.

E ¿Infinitivo o subjuntivo?

Completa las siguientes frases con la forma correcta del verbo entre paréntesis.

1. No completes la solicitud sin *(te enteres de / enterarte de)* las condiciones del puesto.
2. Un día, cuando *(sea / soy)* millonario, voy a comprar un castillo.
3. Llamemos a Eugenio antes de que él *(venga / venir).*
4. Para *(encuentre / encontrar)* un empleo es importante leer los anuncios clasificados.
5. Vamos a discutir los planes en cuanto los arquitectos *(estén / están)* listos.
6. Vamos a la playa a menos que Horacio todavía *(se sienta / se siente)* mal.
7. La maestra lo explica cuidadosamente para que todos lo *(comprendan / comprenden).*
8. No lo hagas hasta que Josefa *(te explique / te explica)* los detalles.
9. De vez en cuando después de que *(salgamos / salimos)* Alicia empieza a llorar.
10. Todos los días cuando *(termine / termino)* la tarea hablo por teléfono con mis amigos.
11. Con tal que *(sea / es)* una casa moderna, el resto no me importa.

VOCABULARIO DEL CAPÍTULO 10

Sustantivos
el anuncio clasificado
el/la aspirante
la base
la carta de solicitud
la cualidad
la destreza
el detalle
el empleo
el personal
el puesto *(job, position)*
la solicitud
el supervisor, la supervisora

Adjetivos
cuidadoso, -a
estimado, -a
maduro, -a
preferible
responsable

Verbos
dirigir(se) a (j)
encargarse de
enterarse (de)
especializarse en
matricularse
organizar
referirse a (e → ie)
solicitar

Adverbio
sumamente

Conjunciones
a menos que
antes (de) que
con tal (de) que
después (de) que
en cuanto
hasta que
para que
sin que

Expresiones
atentamente
de tiempo completo
de tiempo parcial
por medio de

CAPÍTULO 11

PRÓLOGO CULTURAL | ENTREVISTA DE EMPLEO

En esta foto vemos una entrevista de un joven en Madrid. Todos los empleos requieren que un(a) aspirante vaya a una entrevista. Para causar una buena impresión, hay que llegar a tiempo, vestirse bien y presentar un currículum *(résumé)* limpio y claro. Un(a) aspirante debe también estar seguro(a) de sus destrezas y conocimientos, y de cuáles son sus planes para el futuro.

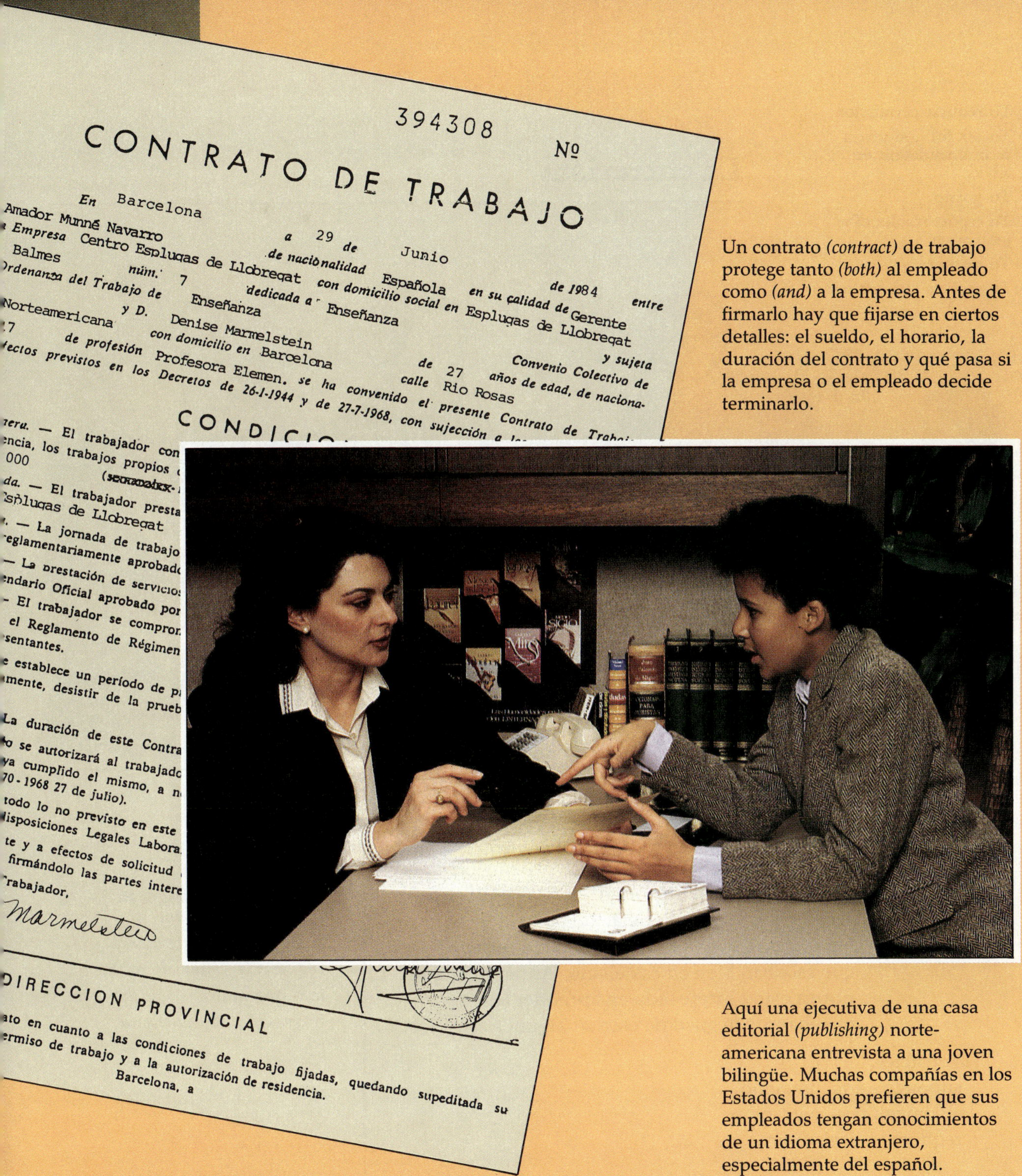

Un contrato *(contract)* de trabajo protege tanto *(both)* al empleado como *(and)* a la empresa. Antes de firmarlo hay que fijarse en ciertos detalles: el sueldo, el horario, la duración del contrato y qué pasa si la empresa o el empleado decide terminarlo.

Aquí una ejecutiva de una casa editorial *(publishing)* norteamericana entrevista a una joven bilingüe. Muchas compañías en los Estados Unidos prefieren que sus empleados tengan conocimientos de un idioma extranjero, especialmente del español.

◆ COMMUNICATIVE OBJECTIVES

To request permission

To ask for and give a recommendation or advice

To gossip

To report results of a job search

To reassure

To express resignation

PALABRAS NUEVAS I

La entrevista

CONTEXTO VISUAL

CONTEXTO COMUNICATIVO

1 DIEGO Pronto van a incluir artículos en español en el periódico escolar. **Supongo*** que van a buscar escritores con **experiencia.**

DIANA Me imagino que por lo menos van a **requerir** que escriban bien en castellano. Ahora **más que nunca** estoy **interesada** en aprender bien el castellano. Me gustaría escribir algunos artículos.

Variaciones:

- supongo → me imagino
  me imagino → pienso
- requerir → insistir en

suponer (yo supongo, tú supones) *to suppose*
la experiencia *experience*
requerir (e → ie) *to require*
más que nunca *more than ever*
interesado, -a *interested*

* *Suponer* has the same forms as *poner* in all tenses.

2 SRTA. DÍAZ — Con permiso, Sr. Martín. ¿Puedo **pasar**? Me dijeron que Ud. quería verme.

SR. MARTÍN — Sí, Srta. Díaz, pase Ud. Necesitamos un vendedor para ir a la América del Sur. Por supuesto, es necesario que hable bien el español. ¿Conoce Ud. a alguien?

SRTA. DÍAZ — **Precisamente** ahora mi amiga Irene está buscando trabajo. Creo que le **conviene**† a ella y que tiene los **requisitos** necesarios.

SR. MARTÍN — ¿Su amiga **ha tenido** ese tipo de empleo **alguna vez**?

SRTA. DÍAZ — Sí, en la empresa ABC de Lima.

- pasar → entrar
- necesario → importante

pasar here: = entrar

precisamente *exactly, precisely, just*

convenir *to be fitting, to suit*

el requisito *requirement*

ha tenido (present perfect of **tener**) *has had*

alguna vez *ever, sometimes*

3 MARIANO — ¿Qué **razón** tiene la jefa para **despedir** a Marta?

MAGDALENA — Su trabajo no es bueno y nunca lo termina a tiempo. La jefa **ha perdido** la **confianza** en ella.

MARIANO — Lo siento.

MAGDALENA — Sí, pero **francamente** estoy de acuerdo con la jefa.

- no es bueno → es malo
- francamente → la verdad es que

la razón, pl. **las razones** *reason*

despedir (e → i) *to fire (from a job)*

ha perdido (present perfect of **perder**) *has lost*

la confianza *confidence, trust*

francamente *frankly*

4 CARLOTA — Carmen, me dicen que estás buscando trabajo. ¿**Has tenido** suerte?

CARMEN — Creo que sí. He tenido dos entrevistas con una compañía y hoy me van a contestar. Pero estoy un poco nerviosa.

CARLOTA — No debes **ponerte** nerviosa. Estoy segura de que todos esos **cursos** que tomaste durante tus **estudios** te van a ayudar.

CARMEN — Ojalá que tengas razón. Tengo ganas de empezar mi **carrera**.

- suerte → éxito
- ponerte nerviosa → preocuparte

(yo) he / (tú) has tenido (present perfect of **tener**) *I've / you've had*

ponerse (+ adj.) *to become, to get*

el curso *course*

los estudios *studies*

la carrera here: *career*

† *Convenir* has the same forms as *venir* in all tenses.

5 **ESTER** No me gustaba lo que hacían los pintores, **de manera que** terminé el trabajo **yo misma.***

EDUARDO Me imagino que ahora estás **satisfecha**, ¿no?

ESTER Tú sabes lo que dicen. Si quieres que algo se haga bien, hazlo tú mismo.

- me imagino → supongo
- satisfecha → contenta

de manera que *so, so that*
yo / tú, etc. **mismo, -a** *myself, yourself, etc.*
satisfecho, -a *satisfied*

PRÁCTICA

A Francamente . . . Imagina que estás en las siguientes situaciones. Usa las palabras de la lista para expresar lo que tienes, lo que sientes o lo que necesitas.

confianza	estudios	interesado(a)	satisfecho(a)
curso	experiencia	requisitos	te pones

1. Hace mucho tiempo que pierdes todos los partidos de ajedrez. Has perdido la _____.
2. Todavía no estás preparado(a) para trabajar con la computadora. Necesitas más _____.
3. Cada vez que tienes que hacer cola _____ impaciente.
4. Te sientes _____ porque sabes que hiciste un buen trabajo.
5. Tu familia compró una computadora y piensas tomar un _____ para aprender a usarla.
6. Te faltan sólo tres páginas para terminar una novela policíaca. Estás muy _____ en terminarla aunque ya es medianoche.
7. Necesitas terminar tus _____ porque la gente con una buena educación consigue empleo más fácilmente.
8. Conseguiste el empleo porque cumplías todos los _____.

* Remember that before a noun, *mismo, -a* means "same." After a noun it means "itself" or "themselves": *Tenemos los mismos requisitos; Los requisitos mismos son muy típicos.*

Una entrevista de empleo en Madrid

B **Buenos consejos.** Vicente visita a su hermano mayor en su oficina. Completa su diálogo con las palabras de la lista.

carrera	despidieron	más que nunca
confianza	estudios	pasar
conviene	interesado	supongo

—¿Cómo estás, hermano? ¿Puedo _____? Necesito hablar contigo.
—Sí, Vicente, pasa. ¿De qué se trata?
—Del nuevo empleo en el club de deportes.
—¡Ah! Sé que _____ al otro empleado. ¿De manera que te lo ofrecieron? ¿Cuándo?
—Esta mañana.
—Tuviste suerte. ¿Lo vas a tomar?
—Estoy muy _____. ¿Qué te parece?
—Creo que te _____. Sé que siempre querías tener una _____ en los deportes.
—Pero con mis _____ y el empleo creo que voy a tener demasiado trabajo.
—_____ que vas a estar muy ocupado, pero ahora, lo necesitas _____. Hace mucho tiempo que buscas trabajo. Y te va a dar _____ en ti mismo.
—Tienes razón. Lo voy a tomar. Hasta luego.
—Adiós, Vicente.

C **Hablemos de ti.**

1. ¿Has tenido alguna vez una entrevista de trabajo? ¿De qué se trataba el trabajo? ¿Lo conseguiste?
2. ¿Sabes lo que debes hacer en una entrevista de trabajo? Di tres cosas que crees que son importantes.
3. Imagina que eres jefe(a) y que hay un empleado que siempre llega tarde. ¿Qué haces? Si lo despides, ¿cómo se lo dices?

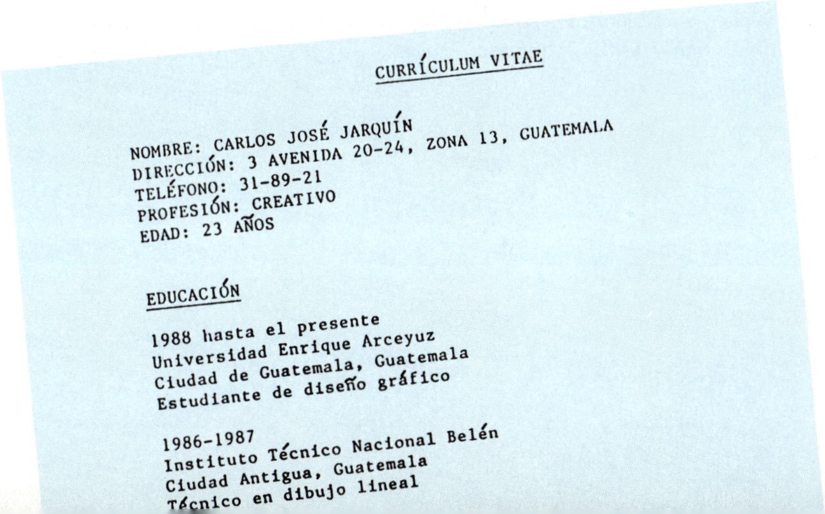
CURRÍCULUM VITAE

NOMBRE: CARLOS JOSÉ JARQUÍN
DIRECCIÓN: 3 AVENIDA 20-24, ZONA 13, GUATEMALA
TELÉFONO: 31-89-21
PROFESIÓN: CREATIVO
EDAD: 23 AÑOS

EDUCACIÓN

1988 hasta el presente
Universidad Enrique Arceyuz
Ciudad de Guatemala, Guatemala
Estudiante de diseño gráfico

1986-1987
Instituto Técnico Nacional Belén
Ciudad Antigua, Guatemala
Técnico en dibujo lineal

DIÁLOGO

APLICACIONES

Buscar trabajo es algo serio

Hace una semana que Carmen busca trabajo, y todavía está sin empleo. Su amiga Mónica le da algunos consejos al hablar con ella por teléfono.

MÓNICA ¡Hola, Carmen! Me dijeron que estás buscando trabajo. ¿Has tenido suerte?

CARMEN No. He tenido cinco entrevistas y, francamente, no sé lo que pasa. Mañana tengo otra y estoy muy nerviosa.

MÓNICA Pero muchacha, no hay que ponerse nerviosa. Lo más importante es tener confianza en ti misma. Mira, vamos a suponer que te preguntan si tienes experiencia. ¿Qué vas a contestar?

CARMEN Bueno . . . es que yo . . . experiencia . . . pues tengo un poco . . . ¿no?

MÓNICA Hmmm . . . No está mal . . . ¡Pero tampoco está bien! No te conviene mostrarte tan indecisa.[1] Y debes sentarte derecha[2] y, sobre todo, sé muy seria.

CARMEN Pero Mónica . . . precisamente . . . uno de los requisitos es . . .

MÓNICA ¡Chist![3] No discutas y escucha. Lleva ropa muy seria. No hables demasiado. No sonrías mucho y, ¡no cuentes chistes! No te olvides de que a nadie le gustan los comediantes . . . ¡SERIA, SERIA, SERIA!

CARMEN Pero Mónica . . . El puesto que solicito es, precisamente, ¡el de payaso![4]

---

[1]**indeciso -a** *hesitant, undecided* [2]**derecha** here: *straight*
[3]**¡Chist!** *Shh! Hush!* [4]**payaso** *clown*

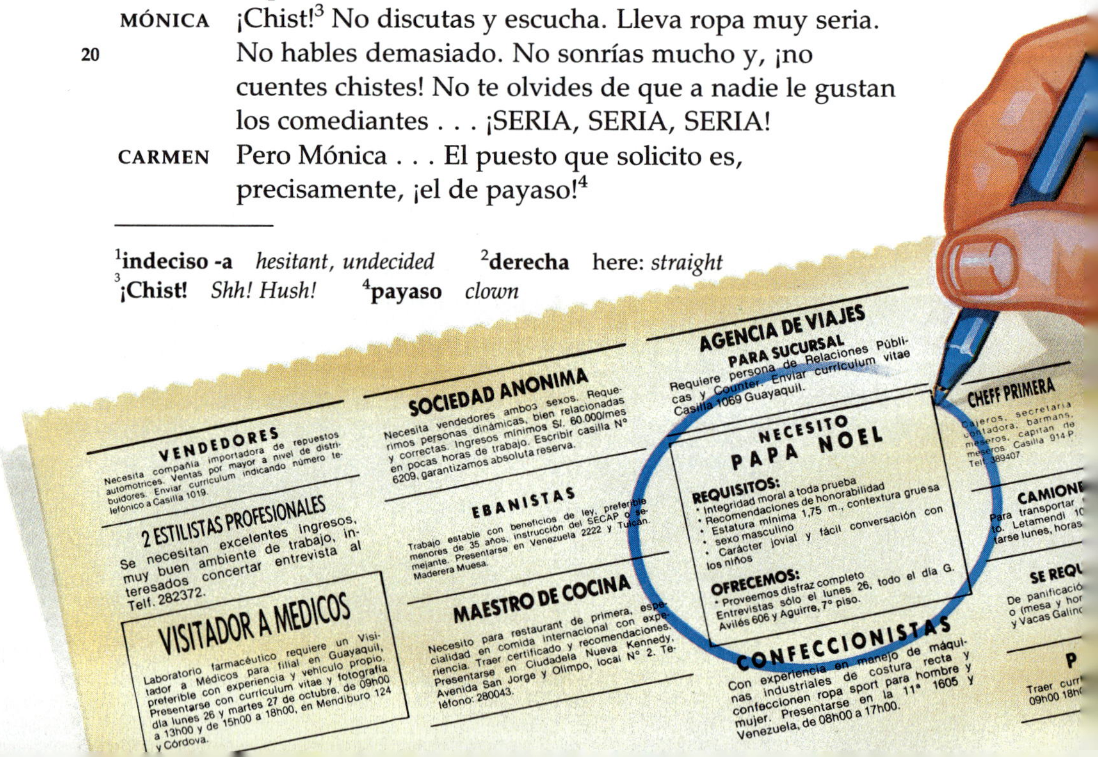

Continuación

1. Mónica le aconseja a Carmen que tenga más confianza. ¿Es un buen consejo? ¿Por qué? 2. Imagina que necesitas conseguir un trabajo. En la entrevista te preguntan qué experiencia tienes. Nunca has tenido ningún empleo. ¿Qué puedes contestar? Explica. 3. ¿Crees que las entrevistas de trabajo son necesarias? Explica. 4. Imagina que tienes un(a) amigo(a) que está buscando trabajo. ¿Qué le aconsejas? 5. ¿Crees que ser payaso(a) es un buen oficio? ¿Por qué? ¿Crees que los payasos siempre son felices? Explica tu respuesta. 6. ¿Qué requisitos crees que debe cumplir un(a) buen(a) payaso(a)? Explica.

Participación

Inventa un diálogo entre un(a) consejero(a) y un(a) estudiante que quiere buscar trabajo.

Llenando una solicitud en Venezuela

EXPLICACIONES I

El presente perfecto

◆ COMMUNICATIVE OBJECTIVES

To tell what you have done

To talk about things you've never done but would like to do

In this chapter you have seen a new tense, the present perfect. We form this tense in English by combining *have* or *has* with the past participle of a verb: *he has gone, they've eaten, have you heard?*

In Spanish we form the present perfect by combining the present tense of the verb *haber* with a past participle. We generally use the Spanish present perfect in the same way we use its English equivalent.

INFINITIVO: **hablar**

	SINGULAR	PLURAL
1	**he hablado**	**hemos hablado**
2	**has hablado**	habéis hablado
3	**ha hablado**	**han hablado**

The past participle always has the same form; only the forms of *haber* change.

1 We form the past participle of most *-ar* verbs by adding *-ado* to the stem.

hablar	→ hablado	*spoken*	estar	→ estado	*been*
continuar	→ continuado	*continued*	dar	→ dado	*given*

He hablado con todo el mundo. — ***I've spoken** with everyone.*
No **han estado** aquí nunca. — ***They've** never **been** here.*

2 For most *-er* and *-ir* verbs, we form the past participle by adding *-ido* to the stem.

-ER VERBS			-IR VERBS		
tener	→ tenido	*had*	dormir	→ dormido	*slept*
comer	→ comido	*eaten*	salir	→ salido	*left*
aprender	→ aprendido	*learned*	pedir	→ pedido	*ordered*
ser	→ sido	*been*	ir	→ ido	*gone*

Jorge ya **ha salido** a comer. — *Jorge **has** already **gone out** to eat.*
Has sido muy amable. — ***You've been** very kind.*

The following verbs have a written accent on the *í* in the past participle.

caer → caído	oír → oído	sonreír → sonreído
creer → creído	reír → reído	traer → traído
leer → leído		

The present perfect of *hay* is *ha habido.*

Ha habido un terremoto en Chile.	***There's been*** *an earthquake in Chile.*
Ha habido muchos conciertos este verano.	***There have been*** *a lot of concerts this summer.*

3 We place *no* and other negative words, object pronouns, and reflexive pronouns directly in front of the verb *haber. Haber* is usually not separated from the past participle in the present perfect tense.

No le he preguntado todavía.	*I haven't asked him yet.*
Lo hemos realizado.	*We've accomplished it.*
¿Te has duchado?	*Have you taken a shower?*
Ya me lo han explicado.	*They've already explained it to me.*

PRÁCTICA

A Cuéntame. ¿Has hecho *(done)* las siguientes cosas? Pregunta y contesta según el modelo.

viajar en barco
ESTUDIANTE A *¿Has viajado en barco alguna vez?*
ESTUDIANTE B *Sí, he viajado en barco.*
o: *No, nunca he viajado en barco.*

1. reparar un coche
2. ganar un premio
3. pensar en una carrera
4. bucear en el mar
5. cantar en público
6. viajar a otro país
7. volar en un avión pequeño
8. llenar una solicitud
9. cruzar un río en canoa
10. cambiar la llanta de un coche

Unos ejecutivos se reúnen en Bogotá, Colombia.

B Estudiantes formidables. Di lo que los siguientes estudiantes han hecho este año. Sigue el modelo.

Mateo / decidir asistir a la universidad
Mateo ha decidido asistir a la universidad.

1. Silvia y Sergio / asistir a todos los conciertos de la banda
2. Raúl / competir en el campeonato de básquetbol
3. Consuelo / aprender a coser
4. Javier / conocer a un cantante famoso
5. Clara y yo / producir una videocinta
6. Laura / contribuir artículos al periódico de la escuela
7. Eva y Pablo / leer cinco novelas en la clase de inglés
8. tú / construir una canoa
9. tú y tus amigos / poder viajar a México

C ¿Alguna vez . . .? Julio quiere saber si a algunos de sus compañeros les han pasado estas cosas. Pregunta y contesta según los modelos.

Cecilia / quedarse sin dinero / nunca
ESTUDIANTE A *¿Alguna vez se ha quedado Cecilia sin dinero?*
ESTUDIANTE B *No, nunca se ha quedado sin dinero.*

(tú) / quejarse de la comida de la cafetería / todos los días
ESTUDIANTE A *¿Alguna vez te has quejado de la comida de la cafetería?*
ESTUDIANTE B *Sí, me he quejado de la comida de la cafetería todos los días.*

1. José / dormirse en clase / más de una vez
2. Pedro y María / perderse en la carretera / varias veces
3. Raquel / torcerse el tobillo al patinar / de vez en cuando
4. (nosotros) / cansarse tanto como hoy / nunca
5. Marta / pelearse con sus hermanos / a veces
6. Julio / confundirse en un examen / muchas veces
7. Judit / mudarse / dos veces este año
8. Francisco / aburrirse tanto / nunca

D El mundo de la moda. Completa este artículo sobre la moda. Usa los verbos de la lista en el presente perfecto.

aplaudir	gustar	ser
decidir	oír	sorprender
despedir	presentar	tener

La modista mexicana, María Moreno, acaba de presentar su nueva colección de ropa de verano que ____ un éxito increíble con el

ha tenido

público. Una periodista del diario *Nuevas Noticias* ha conseguido una entrevista con ella.

NN Srta. Moreno, su nueva colección me _____ muchísimo. Es muy clásica y también muy moderna.

MM Gracias. El apoyo del público me _____ a mí también. A veces me parece que es cada vez más difícil encontrar nuevas ideas.

NN Pues no parece así. Cada vez que Ud. _____ una nueva colección, el público la _____.

MM Gracias, señorita.

NN Una pregunta, Srta. Moreno. Nosotros _____ un chisme sobre su ayudante, Pedro Pérez. Se dice que Ud. lo _____.

MM El Sr. Pérez y yo _____ acabar nuestra relación profesional. Francamente, no deseo decir nada más sobre eso.

NN Gracias, Srta. Moreno. Ud. _____ muy amable.

E Hablemos de ti.

1. ¿Has pensado alguna vez en el trabajo que vas a hacer cuando seas mayor? ¿En qué tipo de empleo has pensado?
2. ¿Has cumplido todos los requisitos para graduarte o todavía te faltan algunos? ¿Cuáles?
3. ¿Ya has obtenido tu permiso de manejar? ¿Cuándo? Si no, ¿cuándo piensas hacerlo?

ACTIVIDAD

¿Has viajado en helicóptero alguna vez? Get together with a small group of classmates and find out if anyone has ever had any of the experiences listed below. Record the details, such as *where, how,* and *with whom* the experience took place. Share your findings with the rest of the class.

- llenar un formulario
- hablar en público
- comer paella
- estar en una situación peligrosa
- ganar un premio
- tomarle el pelo a alguien
- meter la pata
- conocer a alguien famoso(a)
- tener una entrevista para un empleo
- tener la oportunidad de utilizar el español fuera de la clase
- protestar contra o ayudar a un político
- visitar la capital de los Estados Unidos

◆ COMMUNICATIVE OBJECTIVES

To understand a business letter

To have a job interview

PALABRAS NUEVAS II

Una carta de negocios

CONTEXTO NARRATIVO

MAQUINAS SIGLO XXI

D. Ramón de la Cruz 17-28777, MADRID (España) ○ Telf. 788-73-35 ○ Télex 88621 PPQK L.

2 de septiembre, 1988

Estimado Sr. Valderrama:

Muchas gracias por su carta del 19 de agosto pidiendo cinco máquinas X5. Es **un placer** para nosotros tener clientes como Ud. **Sin embargo,** no podemos cumplir con lo que nos pide porque la máquina X5 no se produce más. En su lugar, producimos ahora la nueva X8-A. Le **aseguro** que esta máquina **posee** más cualidades que todas las otras que se venden actualmente. La X8-A es seis veces más rápida que la X5. Además, podemos entregar la X8-A en seguida porque producimos 2.000 máquinas **al día.**

Nuestra experiencia nos **convence de** que **el aumento de** producción de su fábrica, gracias a la X8-A, va a **aumentar** también sus ventas. Esta máquina impresiona muy bien a todos los clientes que la utilizan.

La X-8A es más cara que la X5, desde luego. Sin embargo, no vamos a permitir que esta **cuestión** sea un problema. Les ofrecemos a nuestros buenos clientes un plan especial para que puedan pagar sus máquinas en varios meses.

Si Ud. tiene alguna pregunta **acerca de** este plan, llámeme o escríbame. Estamos **a sus órdenes.**

Atentamente,

Julia Rosa Vallejos

Julia Rosa Vallejos

el placer *pleasure*
sin embargo *however*
asegurar *to assure*
poseer *to possess, to have*
al día (a la semana, etc.) *a day, per day (week, etc.)*
convencer (de) (z) (yo convenzo, tu convences) *to convince*
el aumento (de) *increase (in)*
aumentar *to increase, to raise*
la cuestión *matter, question*
acerca de *about*
a sus órdenes *at your service*

PRÁCTICA

A **¿Cuántas veces?** Hay cosas que hacemos cada día, y otras que hacemos una vez a la semana o al mes o al año. ¿Cuántas veces haces tú estas cosas? Contesta según el modelo y tu propia experiencia.

celebrar tu cumpleaños
Celebro mi cumpleaños una vez al año.

1. limpiar tu cuarto
2. comer
3. ir al dentista
4. cepillarte los dientes
5. hacer llamadas de larga distancia
6. pesarte
7. cortarte el pelo
8. hacer ejercicio

B **Los recados.** Felipe trabaja para la empresa Ladrillos Ladril. Cuando volvió de sus vacaciones encontró muchos recados. Sin embargo, no podía leer todas las palabras. Usa las palabras de la lista para ayudarlo a comprender los recados.

acerca de	asegura	aumento	placer
al día	aumentar	cuestión	posee

1. La Sra. Alba dice que el nuevo contador no ____ ninguna destreza para los números.
2. El Sr. Cano me ____ que va a poder terminar el trabajo a tiempo.
3. El ____ de sueldo que todos recibimos nos sorprendió mucho.
4. La empresa necesita más vendedores para poder ____ sus ventas.
5. Dígale al Sr. Alonso que la nueva máquina es capaz de producir diez mil ladrillos ____.
6. Alguien tiene que resolver la ____ de las computadoras.
7. Nos dio mucho ____ recibir su carta.
8. ¿Has oído algo ____ la nueva empleada?

Trabajando en una oficina en Bogotá, Colombia

C Hay que tener confianza. Imagina que estás preparándote para una entrevista para un empleo que te gustaría tener. Convence a la persona que te entrevista de que tú vas a ser perfecto(a) para el empleo. Completa las siguientes frases.

1. Le aseguro que yo . . .
2. Yo poseo destrezas en . . .
3. En mis estudios yo . . .
4. Tengo todos los requisitos para . . .
5. Para mí va a ser un placer trabajar aquí porque . . .
6. Tengo experiencia en / con . . .
7. En mi último trabajo yo . . .
8. Cuando yo comience a trabajar, va a ver Ud. que . . .

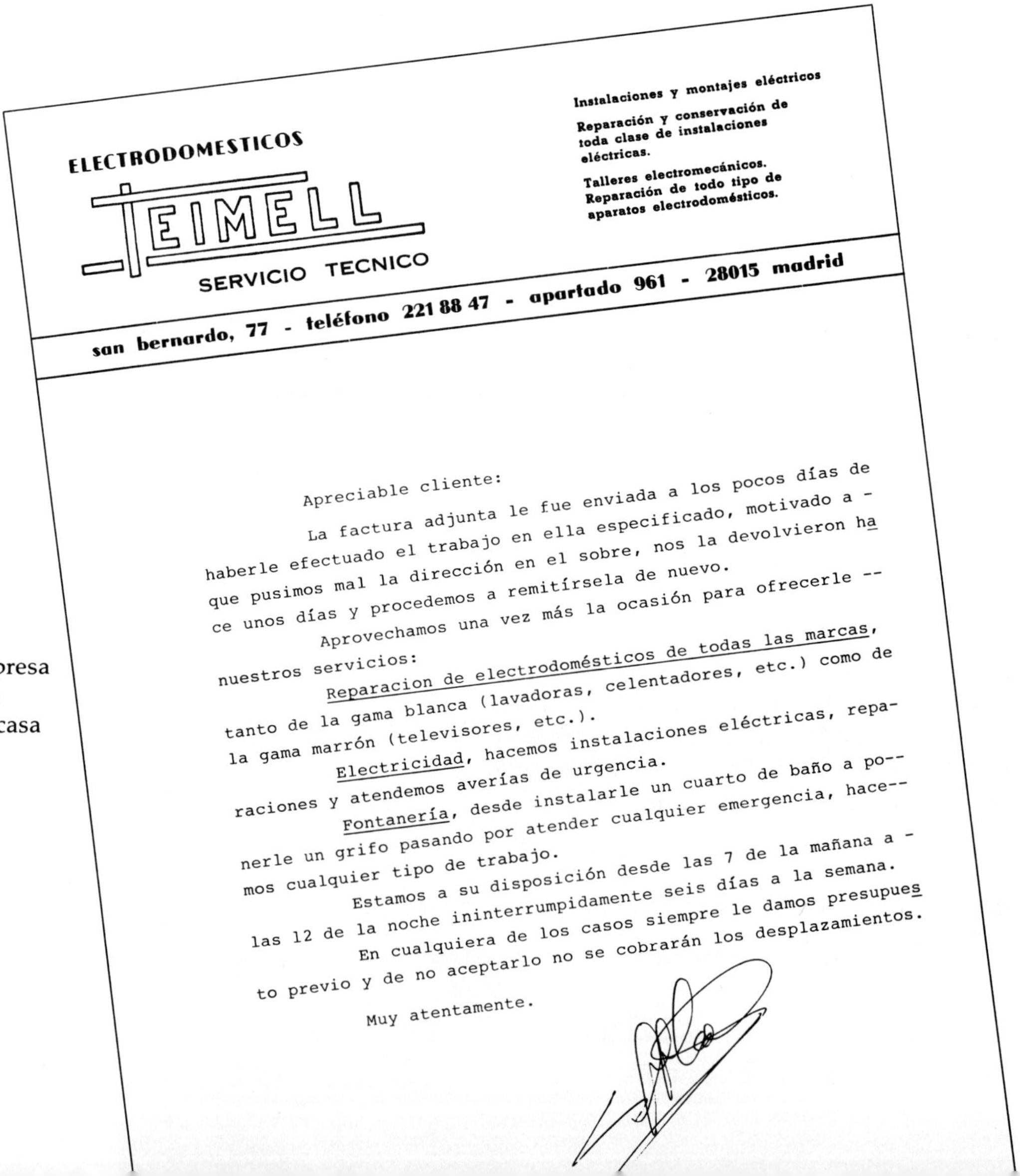
ELECTRODOMESTICOS

TEIMELL

SERVICIO TECNICO

Instalaciones y montajes eléctricos

Reparación y conservación de toda clase de instalaciones eléctricas.

Talleres electromecánicos. Reparación de todo tipo de aparatos electrodomésticos.

san bernardo, 77 - teléfono 221 88 47 - apartado 961 - 28015 madrid

Apreciable cliente:

La factura adjunta le fue enviada a los pocos días de haberle efectuado el trabajo en ella especificado, motivado a que pusimos mal la dirección en el sobre, nos la devolvieron hace unos días y procedemos a remitírsela de nuevo.

Aprovechamos una vez más la ocasión para ofrecerle nuestros servicios:

Reparacion de electrodomésticos de todas las marcas, tanto de la gama blanca (lavadoras, celentadores, etc.) como de la gama marrón (televisores, etc.).

Electricidad, hacemos instalaciones eléctricas, reparaciones y atendemos averías de urgencia.

Fontanería, desde instalarle un cuarto de baño a ponerle un grifo pasando por atender cualquier emergencia, hacemos cualquier tipo de trabajo.

Estamos a su disposición desde las 7 de la mañana a las 12 de la noche ininterrumpidamente seis días a la semana.

En cualquiera de los casos siempre le damos presupuesto previo y de no aceptarlo no se cobrarán los desplazamientos.

Muy atentamente.

Una carta de una empresa de Madrid que ofrece servicios técnicos en casa

APLICACIONES

Una entrevista

ANTES DE LEER: Responde a las siguientes preguntas.

1. ¿Qué clase de preguntas crees que le hacen a un(a) aspirante en una entrevista para un empleo?
2. ¿Crees que es importante hablar con confianza durante una entrevista? ¿Por qué sí o no?
3. ¿Cuáles son algunas de las preguntas que un(a) aspirante debe hacer durante una entrevista?

Francisco, un estudiante de cuarto año, ha conseguido una entrevista para un empleo de verano en una empresa de computadoras.

SRA. VIÑA Buenos días, Francisco. Yo soy la Sra. Viña. Me encargo del departamento de juegos.

FRANCISCO Mucho gusto en conocerla, señora.

SRA. VIÑA Nuestra compañía nunca ha ofrecido empleos de verano, pero el trabajo ha aumentado recientemente; ahora necesitamos trabajadores más que nunca.

FRANCISCO Sí, el profesor Estrada me dijo algo acerca de eso.

SRA. VIÑA Hemos llamado a varios profesores para que nos recomienden estudiantes que saben programar computadoras. El profesor Estrada nos ha hablado muy bien de ti.

FRANCISCO Me alegro. Me gustaría trabajar con Uds., si es posible.

SRA. VIÑA Según el profesor, has tenido bastante experiencia.

FRANCISCO Es verdad. He usado una computadora personal desde que tenía doce años. Además, he tomado varios cursos con el Sr. Estrada.

SRA. VIÑA ¿Qué lenguas sabes?

FRANCISCO He aprendido BASIC y Pascal. ¿Son suficientes?

SRA. VIÑA Creo que sí. ¿Y qué otros cursos has tomado?

FRANCISCO Todo está aquí en mi currículum vitae,[1] si quiere Ud. leerlo.

SRA. VIÑA Muy interesante. Supongo que sabes algo de los juegos de computadoras.

FRANCISCO Sí, he jugado con muchos y me encantan. Incluso[2] he inventado dos.

Un aspirante en una entrevista en Venezuela

[1]**el currículum vitae** *résumé* [2]**incluso** = aun

SRA. VIÑA ¡Fantástico! Buscábamos a alguien capaz de traducir nuestros programas. Hasta ahora sólo hemos producido juegos para dos tipos de computadora.

FRANCISCO Sí . . . Hace tiempo que un amigo mío busca una versión de *Piratas lunáticos* para su computadora, y no la ha podido conseguir.

SRA. VIÑA Bien, veo que entiendes el problema. ¿Quieres un trabajo de tiempo completo? Queremos completar este proyecto antes de que las otras empresas se enteren.

FRANCISCO Sí, señora. Y ¿cómo pagan Uds.?

SRA. VIÑA Una vez a la semana. Pero debo advertirte que el sueldo no es mucho.

FRANCISCO No importa. Lo más importante para mí es ganar experiencia. El trabajo me interesa mucho.

SRA. VIÑA Muy bien, Francisco. Dentro de unos días te voy a avisar cuándo empiezas. Gracias por venir.

FRANCISCO A sus órdenes, Sra. Viña.

Continuación

1. ¿Cuántas lenguas sabe Francisco? ¿Cuáles son?
2. ¿Verdadero o falso?
   a. Francisco escribió dos juegos de computadora.
   b. Él empezó a usar una computadora hace doce años.
   c. La empresa busca a alguien para traducir programas del español.
3. ¿Qué es *Piratas lunáticos?*
4. ¿Cuántas veces al mes pagan a los empleados de esta compañía? ¿Te parece bien? ¿Por qué sí o por qué no?
5. ¿Cómo consiguió la Sra. Viña el nombre de Francisco?
6. ¿Estás de acuerdo con Francisco cuando dice que es más importante para un(a) joven ganar experiencia que ganar mucho dinero? Explica tu respuesta.
7. Dicen que algún día la mayoría de la gente de los Estados Unidos va a tener una computadora personal en su casa. ¿Para qué crees que la van a usar?
8. ¿Crees que las empresas deban ofrecer puestos de verano a los estudiantes de colegio? ¿Por qué?
9. ¿Alguna vez has usado una computadora? ¿La has usado para jugar o para otra cosa? ¿Para qué otra cosa se puede usar?

EXPLICACIONES II

Participios pasados irregulares

Some of the verbs you have learned have irregular past participles.

abrir → abierto	**hacer → hecho**	**romper → roto**
decir → dicho	**morir → muerto**	**ver → visto**
descubrir → descubierto	**poner → puesto**	**volver → vuelto**
escribir → escrito	**resolver → resuelto**	

¿Le has **dicho** algo a Elena? — *Have you **said** anything to Elena?*
Hemos **hecho** todo el trabajo. — *We've **done** all the work.*
He **escrito** dos novelas. — *I've **written** two novels.*
¿Dónde has **puesto** mi cámara? — *Where have you **put** my camera?*
¿Han **visto** Uds. esa película? — *Have you **seen** that film?*
No han **vuelto** todavía. — *They haven't **returned** yet.*
¿Has **roto** la máquina? — *Have you **broken** the machine?*
El jefe de estado se ha **muerto.** — *The head of state has **died.***

◆ COMMUNICATIVE OBJECTIVES

To tell what you have done or have never done

To impress people

These verbs follow the same patterns.

describir → descrito	**devolver → devuelto**
componer → compuesto	**desenvolver → desenvuelto**
suponer → supuesto	**envolver → envuelto**

Una mujer reparando una fotocopiadora

PRÁCTICA

A Después de diez años. Mateo asiste a la primera reunión de su clase diez años después de graduarse del colegio. Todos sus compañeros de clase ya hacen algo interesante—o por lo menos, eso es lo que dicen. Con un(a) compañero(a), di qué hace cada persona y lo que ya ha hecho en su oficio. Sigue el modelo.

Víctor / explorador / descubrir una civilización antigua
ESTUDIANTE A *Dicen que Víctor es explorador.*
ESTUDIANTE B *Sí. Ha descubierto una civilización antigua.*

1. Marta / profesora de matemáticas
2. José Antonio / sastre
3. Yolanda / antropóloga
4. Adela / dueña de una empresa
5. Margarita y Julio / médicos
6. Raúl / esquiador
7. Felipe / acomodador
8. el profesor de español / estudiante

- escribir un libro sobre las religiones antiguas
- abrir unas tiendas que venden maquillaje
- resolver un problema importante de álgebra
- romperse la pierna recientemente
- descubrir una medicina para curar el resfriado
- hacer trajes para el jefe de estado
- volver a la universidad para estudiar computadoras
- ver miles de películas

B ¡Di la verdad! Indica si alguna vez has hecho estas cosas. Haz preguntas y contéstalas con frases completas. (En caso afirmativo, incluye más detalles según el modelo.)

mentir en una solicitud de empleo (¿Por qué?)
ESTUDIANTE A *¿Alguna vez has mentido en una solicitud de empleo?*
ESTUDIANTE B *No, nunca he mentido en una solicitud de empleo.*
O: *Sí, he mentido en una solicitud de empleo.*
ESTUDIANTE A *¿Por qué?*
ESTUDIANTE B *Porque temí no conseguir el trabajo.*

1. decirle mentiras a un amigo (¿Qué?)
2. escribir un cuento o un poema (¿Sobre qué?)
3. morirse de vergüenza al meter la pata (¿Cuándo?)
4. hacerle algo malo a alguien (¿Qué? ¿A quién?)
5. ponerse enojado(a) con un buen amigo (¿Por qué?)
6. ver a un amigo en la tele (¿A quién?)
7. romperse un hueso (¿Cómo?)
8. resolver un gran problema para un amigo (¿Cuál?)
9. volver a casa muy tarde y sin avisar a tus padres (¿Qué pasó?)

El participio pasado como adjetivo

We use many past participles as adjectives. In fact, some of the adjectives you already know are past participles: *abierto, interesado, asustado, mojado.* When we use them as adjectives they must agree in gender and number with the noun or pronoun they modify.

Tengo una blusa **hecha** en el Paraguay.	*I have a blouse* ***made*** *in Paraguay.*
Ricardo compró un libro **escrito** por una tía suya.	*Ricardo bought a book* ***written*** *by an aunt of his.*

◆ COMMUNICATIVE OBJECTIVES

To describe what has been done

To describe the result of something that happened

We frequently use *estar* with the past participle.

El problema está **resuelto.**	*The problem is* ***solved.***
Algunos estudiantes ya están **matriculados.**	*Some students are already* ***enrolled.***
Patricia está **casada** con Leonardo.	*Patricia is* ***married*** *to Leonardo.*

PRÁCTICA

A **¿No están preparados?** En la clase de matemáticas, el profesor dio una prueba sin avisar a los alumnos. Completa cada frase con la forma apropiada del verbo *estar* y usa los verbos para formar adjetivos. Sigue el modelo.

Felipe nunca sabe nada y ahora . . . (perder)
Felipe nunca sabe nada y ahora está perdido.

1. Isabel dice que no puede trabajar porque estaba enferma y todavía no . . . (curar)
2. Es el único día en que Emilia no ha estudiado. Ella . . . (enojar)
3. Ricardo terminó el examen en seguida y ahora . . . (aburrir)
4. Daniel tiene muchas malas notas en matemáticas; . . . (preocupar)
5. Elena no se preocupa porque . . . (preparar)
6. Paco mira un papel en que todas las respuestas . . . (escribir)
7. Carlota terminó su examen en diez minutos; el profesor . . . (impresionar)
8. Yo soy feliz porque acabo de terminar el examen y mis problemas ya . . . (resolver)

B La escena del robo. Imagina que eres el(la) detective encargado(a) de investigar un robo. Describe la escena del robo según el dibujo. Usa los infinitivos de la lista para formar adjetivos. Sigue el modelo.

desordenar
El comedor está desordenado.

1. abrir
2. asustar
3. cerrar
4. encender
5. poner
6. romper
7. desenchufar
8. desenvolver

La voz pasiva

The subject of a sentence usually performs an action. We call this the *active voice.*

◆ **COMMUNICATIVE OBJECTIVES**

To describe things that have been done by people

To emphasize actions rather than the people who did them

To read headlines

Mi hermana **planeó** la fiesta.	*My sister **planned** the party.*
Carla y Juan **prepararon** la comida.	*Carla and Juan **prepared** the meal.*
Me **invitaron** al concierto.	*They **invited** me to the concert.*
La nueva compañía **hizo** esos coches.	*The new company **made** those cars.*

In the *passive voice,* rather than performing the action, the subject receives the action. Compare these sentences with those above.

La fiesta **fue planeada** por mi hermana.	*The party **was planned** by my sister.*
La comida **fue preparada** por Carla y Juan.	*The meal **was prepared** by Carla and Juan.*
Fui invitado al concierto.	*I **was invited** to the concert.*
Esos coches **fueron hechos** por la nueva compañía.	*Those cars **were made** by the new company.*

Note how we form the passive voice in Spanish: *ser* + past participle, just as in English we use a form of *to be* + past participle. Since the past participle is an adjective, it agrees in number and gender with the subject of the passive sentence. To indicate the person or thing that performs the action, we use *por.*

Ese **puesto** fue solicitad**o por** Alicia.

Las **bicicletas** fueron reparad**as por** el mecánico.

María fue elegid**a por** todos los estudiantes.

We can also use the passive voice in other tenses.

¡El ladrón **ha sido capturado**!	*The thief **has been captured**!*

Remember that most often we use the impersonal *se* as the equivalent of the English passive voice.

Se repararon las bicicletas.	*The bicycles **were repaired.***
Se prohibe fumar.	*Smoking **is forbidden.***

PRÁCTICA

A Una visita al colegio. Pablo Sarmiento, un músico famoso, viene de visita y la escuela se ha preparado para recibirlo. Sigue el modelo para hablar de los planes y del suceso mismo.

el Sr. Sarmiento / invitar / el director
El Sr. Sarmiento fue invitado por el director.

1. el Sr. Sarmiento / atender / el director
2. la visita / organizar / el club de música
3. todos los problemas / resolver / el presidente del club
4. el dinero / contribuir / los padres de los estudiantes
5. los detalles / supervisar / la consejera del club
6. un concierto / ofrecer / el Sr. Sarmiento
7. el Sr. Sarmiento / aplaudir / todos los estudiantes
8. una merienda / servir / los miembros del club

B Titulares. Imagina que trabajas para un periódico y que tu jefe te pide que cambies los siguientes titulares a la voz pasiva. Sigue el modelo.

Celebraron el Día de la Raza en Filadelfia
El Día de la Raza fue celebrado en Filadelfia

1. Astrónomos descubrieron dos nuevas estrellas
2. Aumentaron los sueldos de los maestros
3. La policía capturó a un grupo de ladrones
4. El Departamento de Salud cerró el restaurante "Los Amigos"
5. Las jugadoras colombianas ganaron el campeonato de básquetbol
6. Científicos descubrieron una nueva medicina para la gripe
7. La Biblioteca Nacional realizó una exposición de la novela venezolana
8. El Ballet Hispánico visitó la Escuela Simón Bolívar

C Hablemos de ti.

1. ¿Cuál es la película más interesante que has visto recientemente? ¿De qué se trata?
2. ¿Qué te ha impresionado recientemente?
3. ¿Te ha invitado alguien a una fiesta o un concierto interesante recientemente? ¿Quién o quiénes te invitaron? ¿Fuiste? ¿Te gustó?
4. ¿Qué has hecho para enterarte de los oficios que puedes hacer? ¿Crees que eres muy joven para pensar en eso? ¿Por qué?

ACTIVIDAD

Los titulares de hoy Get together with a partner and think about some recent happenings that have taken place in your school, your community, the country, or the world. In Spanish, write a headline for the event that will not give away name, place, etc. Then read your headline to the rest of the class to see if they can guess what the news event is all about. For example:

Ladrón de arte capturado
Nueva película filmada cerca de aquí
Premio de Química ganado por estudiante

En Corrientes, Argentina

APLICACIONES

REPASO

Mira con cuidado las frases modelo. Luego cambia las frases que siguen al español según los modelos.

1. *Esta mañana el cliente ha llamado a la recepcionista cuatro veces.*
   (This year I've visited my grandfather many times.)
   (This week the applicant has seen his counselor (f.) *twice.)*
   (This month the banker has seen his tailor several times.)

2. *Queremos saber si nuestro hijo ha llegado a la escuela.*
   (She wants to know if her cook has gone to the market.)
   (I want to know if my tools have arrived at the factory.)
   (They need to know if their employees have returned from the jail.)

3. *La contadora le ha avisado que los datos no han llegado todavía.*
   (The dressmaker has assured me that the style has not changed yet.)
   (The workers have advised me that the salaries have not increased yet.)
   (I have told you (fam.) *that the carpenters have not left yet.)*

4. *Unos días más tarde la maestra llama para saber si ha impresionado a Juan.*
   (A few weeks later the owner calls to find out if we have convinced his customer.)
   (A few hours later the supervisor calls to find out if I have fired the receptionist.)
   (A few months later the journalist calls to find out if they have punished the soldiers.)

5. *En ese momento Ana vuelve de la modista y le dice a su madre: "Tu vestido ya está terminado."*
   (At that moment Ricardo returns from the bank and tells his wife: "Our money is lost now.")
   (At that moment Andrea returns from the library and tells her family: "My work is done now.")
   (At that moment Alicia and Eva return from the clinic and tell their parents: "Our applications are accepted now.")

Una entrevista en Madrid

TEMA

Escribe las frases en español.

1. This afternoon Mr. Carrera has called his wife three times.

2. He wants to know if their daughter has returned from the interview.

3. Mrs. Carrera has told him that Antonia has not arrived yet.

4. A few minutes later the counselor calls to find out if they've seen Antonia.

5. At that moment Antonia returns from the interview and tells her mother: "My problems are now solved."

REDACCIÓN

Ahora escoge uno de los siguientes temas para escribir tu propio diálogo o párrafo.

1. Expand the *Tema* by writing a dialogue between Antonia and her mother. What kind of job is it? What does Antonia have to say about the job? What is her mother's reaction to her success? How are they going to celebrate?
2. Imagine that you are going to be interviewed for a summer job and that your parents want to help you. What advice do they give you? What do they tell you to say and do? How do they tell you to dress? Are you going to follow their advice?
3. Write what each person says in each cartoon strip. Include both sides of the conversation (the person shown and the person on the other end of the telephone).

COMPRUEBA TU PROGRESO CAPÍTULO 11

A **Frases incompletas**

Completa las siguientes frases con una palabra o expresión de la lista.

alguna vez	interesado	me pongo
confianza	experiencia	posee
placer	aseguran	pase

1. Cada vez que viajo por caminos estrechos _____ muy nervioso.
2. Le preocupa a su madre que Andrés no esté más _____ en sus estudios.
3. ¿Has estado en España _____ ?
4. El Sr. Ortiz le va a ofrecer el puesto a Antonio aunque él no tiene mucha _____.
5. Julia no tiene mucha _____, pero sus padres le _____ que ella _____ talento como bailarina.

B **¿Has hecho estas cosas?**

Di si has hecho estas cosas alguna vez. Usa el presente perfecto y *nunca, una vez* o *muchas veces.*

1. comer en un restaurante colombiano
2. trabajar como camarero(a) en un restaurante
3. competir en una carrera
4. ponerle una inyección a una persona enferma
5. ver una película en español
6. bucear en el mar
7. romperse un hueso
8. viajar en barco

C **Un empleado descontento**

Completa el párrafo con las palabras de la lista.

aumento	impresionado	satisfecho
conviene	razón	supone
cuestión	requiere	

Jaime no está _____ con su empleo. Ha trabajado más de un año sin recibir un _____ de sueldo. Sin embargo, su jefe le ha dicho que le ha _____ mucho su trabajo. A Jaime le _____ discutir esta _____ con su jefe. Él hace bien todo lo que su trabajo _____, y por esa _____ _____ que se lo van a dar.

D **¿Qué han hecho?**

Di lo que las siguientes personas han hecho. Sigue el modelo.

Joaquín / envolver el regalo
Joaquín ha envuelto el regalo.

1. Rosario / abrir la ventana
2. (tú) / descubrir un tesoro
3. Sra. López / escribir un poema
4. (nosotros) / hacer la cama
5. (yo) / romper los anteojos
6. Clara y Tomás / poner la mesa
7. Raúl / ver una película extranjera
8. Ana y tú / devolver los libros a la biblioteca

E **Razones y condiciones**

Completa las siguientes frases con la forma correcta del adjetivo de los verbos de la lista.

abrir	cansar	preparar
apagar	perder	quemar

1. Pase. La puerta está _____.
2. No puedo ver. La luz está _____.
3. ¿Por qué bosteza tanto Pablo? ¿Está _____?
4. No queremos comer el pescado. Está _____.
5. Raquel y Nora han estudiado mucho para el examen. Están bien _____.
6. ¿Dónde están los gatitos? ¿Están _____?

F **¿Quién lo hizo?**

Forma frases usando la voz pasiva en el pretérito. Sigue el modelo.

los clientes / atender / el jefe
Los clientes fueron atendidos por el jefe.

1. el anuncio clasificado / contestar / Anita
2. la composición / escribir / el alumno
3. el presidente / elegir / los ciudadanos
4. las estudiantes / supervisar / la directora
5. los pacientes / curar / la médica
6. el televisor / reparar / el trabajador
7. la aspirante / entrevistar / el dueño
8. los exámenes / dar / los profesores
9. las campeonas / entrevistar / las entrenadoras

VOCABULARIO DEL CAPÍTULO 11

Sustantivos
el aumento (de)
la carrera *(career)*
la confianza
la cuestión, *pl.* las cuestiones
el curso
los estudios
la experiencia
el placer
la razón, *pl.* las razones
el requisito

Preposición
acerca de

Adjetivos
interesado, -a
satisfecho, -a

Verbos
asegurar
aumentar
convencer (de)
convenir
despedir (e → i)
pasar *(to enter)*
poseer
requerir (e →ie)
suponer

Adverbios
francamente
precisamente

Pronombres
yo / tú, etc. mismo, -a

Expresiones
al / a la + *period of time (a, per)*
a sus órdenes
alguna vez
de manera que
más que nunca
ponerse + *adj. (to get, to become)*
sin embargo

CAPÍTULO 12

PRÓLOGO CULTURAL | EL FUTURO

Entre las carreras más importantes de hoy y del futuro están la programación de computadoras y el procesamiento de texto *(word processing)*. La mayoría de las empresas necesitan empleados que sepan programar computadoras y procesar información cada vez más rápidamente. Este chico estudia en una escuela de computadoras en Buenos Aires.

La foto de arriba

En Caracas, Venezuela, como en muchas otras ciudades, encontramos ejemplos de arquitectura y arte de estilo futurista. Ésta es una enorme escultura cinética (o sea, "que se mueve") del artista venezolano Jesús Rafael Soto.

La foto de abajo

En la región cerca del Mediterráneo ya es común usar la energía solar para generar electricidad. En esta exposición en Ibiza, España, vemos el tipo de paneles solares que se usan en los techos de las casas.

◆ COMMUNICATIVE OBJECTIVES

To express amazement or wonderment

To exclaim

To contradict

To calm someone

To express wishes and intentions

PALABRAS NUEVAS I

¿Cómo será el futuro?

CONTEXTO VISUAL

CONTEXTO COMUNICATIVO

1 Todo el mundo piensa en **el futuro,** por lo menos un poco. ¿A ti te gusta más planear para el próximo fin de semana o prefieres imaginarte cómo va a ser tu vida en cinco o diez años? ¿Puedes **predecir* los inventos** que van a **aparecer** durante el siglo XXI? ¿Cómo crees que van a cambiar tu vida?

Variaciones:

- el próximo fin de semana → **pasado mañana**
- predecir → hacer **predicciones** sobre

el futuro *future*

predecir (yo predigo, tú predices) *to predict*

el invento *invention*

aparecer (c → zc) *to appear, to show up*

pasado mañana *day after tomorrow*

la predicción, pl. **las predicciones** *prediction*

* *Predecir* has the same forms as *decir* in all tenses. The affirmative *tú* command form, however, is *predice.*

2 **NICOLÁS** ¿Has visto la nueva computadora que tiene Carolina?

YOLANDA Sí. Es fantástico que una máquina como ésa pueda hacer tantas cosas, ¿no?

NICOLÁS Yo nunca he visto nada **semejante.** Para mí es un **misterio** cómo funcionan esas máquinas.

YOLANDA Pero lo malo es que las máquinas **fracasan tarde o temprano.**

- como ésa → de ese **tamaño**
- semejante → parecido

semejante *similar*
el misterio *mystery*
fracasar *to fail*
tarde o temprano *sooner or later*
el tamaño *size*

3 **RAFAEL** ¿Crees que algún día **inventarán** una máquina para **enviar*** ideas de una persona a otra?

DIANA Con el **crecimiento de** la tecnología todo es posible.

RAFAEL ¡Imagínate! Con una máquina así **podremos** salir bien en todos los exámenes.

- inventarán → construirán
- crecimiento → desarrollo

inventar *to invent*
enviar (yo envío, tú envías) = mandar
el crecimiento (de) *growth (in), increase*
podremos (future of **poder**) *will be able*

4 **JOSÉ** Acabo de leer un artículo que dice que no **habrá suficiente** agua en **aproximadamente** 75 años.

LAURA Y yo leí que no habrá bastante comida.

JOSÉ ¡De repente tengo mucha hambre y sobre todo, mucha sed!

- acabo de leer → he leído
- suficiente → bastante

habrá (future of **haber**) *there will be*
suficiente = bastante
aproximadamente = más o menos

* Like *criar, enviar* has an accent on the *i* in all of its present-tense forms except *nosotros* and *vosotros*.

5 BERNARDO **Perdóna**me. ¿Qué vas a hacer con esa madera y tantos tornillos?

CAROLINA Voy a **fabricar** algo fabuloso, pero todavía no sé qué.

BERNARDO ¡Ay, Carolina! ¡Tú y tus **locuras**!

CAROLINA No son locuras. ¿No sabes que primero una persona tiene una idea y que **poco a poco** ésta **crece** y se convierte en algo **real**?

BERNARDO No te pongas tan **furiosa**.

- tornillos → clavos
- locuras → ideas locas
- real → verdadero

perdonar *to excuse, to forgive, to pardon*

fabricar *to manufacture, to make*

la locura *madness, crazy thing*

poco a poco *little by little*

crecer (c → zc) *to grow, to grow up*

real *real*

furioso, -a *furious*

PRÁCTICA

A **¿No te encanta el espacio?** Completa el siguiente párrafo con las palabras de la lista.

enviamos	inventos	naves espaciales	Tierra
espacio	lejanos	planetas	

Explorar el _____ es una de las cosas más emocionantes que nos ofrece el futuro. Ya conocemos algunos de los _____ más cercanos. Pero todavía nos falta llegar a varios de los más _____. En unos años, todos vamos a pasear en _____, como en las películas de ciencia ficción. No vamos a necesitar ejércitos ni armas y no existirán fronteras en toda la _____; por lo menos, podemos soñar con eso. Actualmente, ya _____ al espacio muchos cohetes y satélites que llevan los _____ de la tecnología más moderna.

B **Las oportunidades del futuro.** ¿Cómo será el futuro? Usa una palabra o expresión de cada columna para formar frases. Por ejemplo:

En el futuro, vamos a fabricar coches que vuelan.

resolver	enfermedades
inventar	cosas interesantes
enviar	planetas desconocidos
explorar	misterios actuales
pasear	naves espaciales
curar	comunidades antiguas
aprender	el espacio
predecir	el futuro
descubrir	la luna

C **¿Por qué?** Para cada situación escoge una razón de la lista de abajo.

1. Óscar no puede pagar las entradas para el partido de fútbol.
2. Jorge se confundió al ver la casa de Susana. Pensó que era la de Julia.
3. Durante el año pasado esa empresa ha crecido mucho.
4. Samuel se siente muy triste hoy.
5. Tarde o temprano Patricia dominará el español.
6. Hay cada vez más gente en Nueva York.
7. Leonardo ya no está enojado con su prima Mercedes.
8. Alberto y Silvia tienen mucho en común.

a. Lo aprende poco a poco.
b. Hay un gran crecimiento de población.
c. No tiene suficiente dinero.
d. Fabrican cosas que todo el mundo necesita.
e. La ha perdonado por olvidar su cumpleaños.
f. Las dos son muy semejantes.
g. Sus planes han fracasado.
h. Crecieron en la misma comunidad.

D **Hablemos de ti.**

1. ¿Cómo piensas tú que va a ser la Tierra después del año 2000? ¿Va a ser diferente tu vida en el próximo siglo? ¿Cómo? ¿Qué responsabilidades vas a tener que no tienes ahora? Haz una predicción sobre el futuro de nuestra civilización.
2. ¿Qué ha cambiado en tu comunidad desde que eras niño(a)? Por ejemplo, ¿ha crecido la población? ¿Han aparecido nuevos centros comerciales? ¿Qué otras cosas crees que van a cambiar en el futuro cercano?
3. ¿Cuál es tu opinión sobre la vida en otros planetas? ¿Crees que existan otras civilizaciones en ellos? ¿O crees que esas ideas sean una locura? ¿Por qué?
4. Hablemos ahora de un futuro más cercano: ¿Cuáles son tus planes para esta semana? ¿Qué vas a hacer mañana? ¿Y pasado mañana?

APLICACIONES

¿Qué traerá el futuro?

Antes de la ceremonia de graduación, varios alumnos hablan de su futuro.

FELIPE Bueno, por fin nos graduamos. Pensé que este momento no iba a llegar nunca.

ISABEL Sí, ahora lo importante es decidir lo que vamos a hacer con todo lo que hemos aprendido.

JOSÉ Eso, y qué objetivos queremos alcanzar.[1]

RAÚL Ése es mi problema. Yo todavía no sé qué quiero hacer. Creo que voy a trabajar uno o dos años en la empresa de mi padre, hasta que decida qué quiero hacer.

ISABEL La tuya me parece una actitud muy inteligente. Por mi parte, yo sé lo que quiero ser: una escritora famosa. Tengo muchas cosas que quiero expresar y quiero que me escuche mucha gente.

RAÚL Isabel, ¡la futura ganadora del premio Nóbel de literatura! Pero primero tienes que escribir esos libros.

ISABEL Sí, lo sé, y eso es lo que me da un poco de miedo. Y tú, Felipe, ¿qué quieres ser?

FELIPE Lo que ya soy, un gran atleta. Quiero ser mejor que Pelé, mejor que Maradona. En cinco años quiero aparecer en los periódicos como la nueva estrella del fútbol internacional. La gente me aplaudirá y me pedirá el autógrafo. ¿Qué les parece mi plan?

ISABEL Tal vez un poco ambicioso, pero no más que el mío. Te deseo suerte.

JOSÉ Mis planes son mucho más modestos. Voy a aprender un oficio, tal vez el de carpintero. Me voy a casar, quiero tener hijos, no sé cuántos, y tengo ganas de vivir en una casa en el campo. Sólo quiero ser feliz.

FELIPE No son tan modestos tus planes. Para ser realmente feliz hay que hacer un esfuerzo.

RAÚL De todas maneras,[2] intentar predecir el futuro es una locura. Pero estoy seguro de que vamos a seguir siendo amigos.

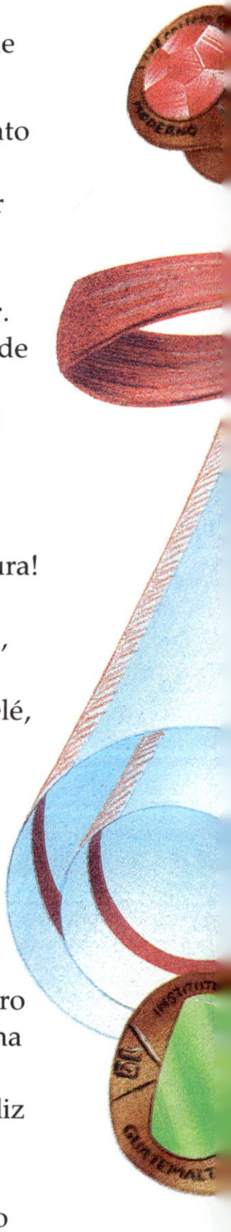

[1]**alcanzar** *to reach* [2]**de todas maneras** *in any case*

Estudiantes en la Universidad Javeriana, Bogotá, Colombia

Continuación

1. Según los sueños de estos estudiantes, ¿qué crees que es lo más importante para cada uno de ellos? Explica. 2. ¿Están todos ellos seguros de los objetivos que esperan realizar? ¿Quiénes no están seguros? Explica. 3. Para ti, ¿qué es lo más importante, ser famoso o ser feliz? Explica. 4. En las líneas 30–31, ¿qué quiere decir Felipe? Explica. ¿Estás de acuerdo? 5. ¿Cuáles son tus sueños para el futuro? ¿Qué vas a hacer para realizar tus objetivos? 6. ¿Piensas que es una buena idea planear para el futuro, o que es mejor vivir la vida día a día? ¿Por qué? 7. ¿Crees que es una locura tratar de predecir el futuro? ¿Por qué?

Participación

Inventa un diálogo con un(a) compañero(a) sobre los sueños que Uds. tienen.

EXPLICACIONES I

El futuro

◆ COMMUNICATIVE OBJECTIVES

To talk about the future

To make predictions

To discuss plans

You have learned that we can express the future in Spanish by using *ir a* + infinitive, the present tense, or the future tense.

All verbs have the same future endings. For most verbs we attach the endings to the infinitive. Remember that there is an accent mark on all but the *nosotros* form.

COMPRAR		VER	
compraré	compraremos	veré	veremos
comprarás	compraréis	verás	veréis
comprará	comprarán	verá	verán

IR	
iré	iremos
irás	iréis
irá	irán

Te **compraré** una chaqueta nueva.	***I'll buy*** *you a new jacket.*
Verán a sus primos en abril.	***They'll see*** *their cousins in April.*
Iremos a la playa mañana.	***We'll go*** *to the beach tomorrow.*

Fábrica de computadoras en Madrid, España

PRÁCTICA

A ¿Qué les pasará? Rita trata de predecir lo que sus compañeros de clase van a hacer después de graduarse. Lee las descripciones de los estudiantes y luego escoge una frase de la lista de abajo y usa el futuro del verbo para hacer las predicciones.

1. Ana y Felipe están enamorados.
2. Emilio quiere ser dueño de una fábrica algún día.
3. A Eugenio no le gusta esta ciudad y quiere mudarse a un lugar más interesante.
4. A Laura le gusta mucho viajar a lugares lejanos.
5. A los hermanos Álvarez les gusta el trabajo manual.
6. Luz quiere ser actriz.
7. Luisa y yo queremos ser antropólogos.
8. Patricia y Elena son listas pero perezosas.

a. volar hasta la luna
b. aparecer en la televisión frecuentemente
c. pintar casas
d. fabricar naves espaciales
e. resolver los misterios de una antigua civilización
f. inventar una máquina para hacer todos los quehaceres diarios
g. vivir en otro planeta
h. casarse tarde o temprano

B ¿Cómo será tu vida? ¿Cómo cambiará tu vida después de graduarte? Pregunta y contesta según lo que piensas hacer. Por ejemplo:

trabajar después de graduarse
ESTUDIANTE A *¿Trabajarás después de graduarte?*
ESTUDIANTE B *Sí, trabajaré en un banco.*
o: *No, no trabajaré.*

1. mudarse a otra ciudad
2. alquilar un apartamento
3. vivir solo(a)
4. asistir a la universidad
5. especializarse en algo en seguida
6. competir en deportes
7. participar en la política
8. casarse
9. viajar
10. buscar trabajo

El futuro: Continuación

◆ COMMUNICATIVE OBJECTIVES
To postpone
To put someone off
To describe changes
To talk about the future

The following verbs have irregular stems in the future tense. Note, however, that the endings are the same as for the regular verbs.

decir	→ dir-	Te **diré** la verdad.	***I'll tell*** *you the truth.*
haber	→ habr-	**Habrá** mucha gente en el concurso.	***There will be*** *a lot of people in the contest.*
hacer	→ har-	¿Qué **harás** primero?	*What* ***will you do*** *first?*
poder	→ podr-	**Podré** ayudarte después.	***I'll be able*** *to help you afterwards.*
poner	→ pondr-	¿**Pondrás** la mesa?	***Will you set*** *the table?*
querer	→ querr-	**Querrán** verte muy pronto.	***They'll want*** *to see you very soon.*
saber	→ sabr-	¿Cuándo **sabremos**?	*When* ***will we know****?*
salir	→ saldr-	**Saldremos** de casa a la una.	***We'll leave*** *home at one o'clock.*
tener	→ tendr-	**Tendrás** mucho que hacer, ¿no?	***You'll have*** *a lot to do, won't you?*
valer	→ valdr-	Un día ése **valdrá** mucho.	*One day that* ***will be worth*** *a lot.*
venir	→ vendr-	¿**Vendrá** Inés a la fiesta?	***Will*** *Inés* ***come*** *to the party?*

Compounds of the above verbs follow the same patterns:

componerse	→ se compondr-	obtener	→ obtendr-
convenir	→ convendr-	predecir	→ predir-
mantener	→ mantendr-	suponer	→ supondr-

En Guayaquil, Ecuador

PRÁCTICA

A **Hay que tener un horario.** Imagina que estás tan ocupado(a) que tienes que planear cuándo vas a hacer todos los quehaceres. Con un(a) compañero(a) pregunta y contesta según el modelo.

hacer la tarea / más tarde
ESTUDIANTE A *¿Cuándo vas a hacer la tarea?*
ESTUDIANTE B *La haré más tarde.*

1. hacer un pastel para Miguel / mañana por la noche
2. poner el cuarto en orden / en una hora
3. pasar la aspiradora / esta tarde
4. poner la ropa sucia en la lavadora / ahora mismo
5. hacer las camas / en diez minutos
6. poder barrer el patio / por la tarde
7. obtener el permiso de manejar / mañana a las 10

B **Nuevas costumbres.** Ahora Juan tiene un trabajo de tiempo parcial en una estación de servicio, pero acaba de conseguir un puesto de tiempo completo. Va a ser un empleado bilingüe en un banco internacional. Indica cómo crees que cambiará la vida de Juan. Por ejemplo:

Ahora Juan sale de casa tarde.
Pronto saldrá de casa temprano.

1. Ahora se pone jeans todos los días.
2. Ahora tiene que trabajar sólo desde las cuatro hasta las nueve.
3. Ahora no puede ahorrar dinero.
4. Ahora no le conviene nada su trabajo.
5. Ahora no quiere ser responsable.
6. Ahora no sabe usar computadoras.
7. Ahora sólo tiene que usar una lengua.
8. Ahora no hace nada interesante.

C **¿Cómo será el siglo XX?** Imagina que eres un(a) científico(a) que vive en el año 1800. Estás haciendo algunas predicciones sobre los inventos tecnológicos que habrá en el siglo XX. Usa el futuro para describir los siguientes inventos. Por ejemplo:

los aviones
La gente viajará en máquinas que vuelan a una velocidad increíble.

1. los coches
2. la aspiradora
3. la cámara
4. el teléfono
5. las luces eléctricas
6. las naves espaciales
7. el aire acondicionado
8. el refrigerador
9. el microondas
10. el lavaplatos
11. la televisión
12. la lavadora

D **¿Qué harán después?** Imagina las siguientes condiciones y lo que harán las personas o lo que pasará después. Completa cada frase. Usa el futuro de por lo menos cinco verbos de la lista.

decir	hacer	poner	saber	tener
haber	poder	querer	salir	venir

1. Después de graduarme del colegio, yo . . .
2. Después de aprender bien el español, yo . . .
3. En el jardín, después de las lluvias de abril, . . .
4. Después de terminar la tarea, mis amigos y yo . . .
5. Después de escuchar las preguntas del (de la) profesor(a), los estudiantes . . .
6. Después de quedarse en casa toda la semana, una persona . . .
7. Después de levantar pesas por tres meses, una persona . . .
8. Después de leer tantas preguntas, yo . . .

Centro residencial, Parque Central Simón Bolívar, Caracas, Venezuela

E Hablemos de ti.

1. Después de graduarte, ¿qué crees que extrañarás más de la vida de la escuela? ¿Extrañarás la escuela misma?
2. ¿Crees que permanecerás en la misma ciudad? Si no, ¿adónde irás? ¿Por qué?
3. ¿Irás a la universidad? ¿En qué universidad esperas matricularte? ¿Seguirás estudiando español? ¿Crees que lo dominarás?
4. ¿Estudiarás algo relacionado con *(related to)* el español o las lenguas extranjeras? ¿Qué?
5. Si no piensas ir a la universidad, ¿qué haras? ¿Trabajarás? ¿Dónde? ¿Viajarás? ¿Adónde? ¿Con quién?
6. ¿Cuáles son algunas de tus predicciones para el futuro del mundo? ¿Cómo crees que será el mundo en el año 2050? ¿Cuántos años tendrás entonces?

ACTIVIDAD

¿Cómo será el futuro? Think about the future. What problems and successes will the twenty-first century bring? With a small group of classmates, express your opinions about the following ideas. Don't forget to say why you think this way.

1. No habrá tantos empleos debido a la tecnología.
2. Haremos viajes en naves espaciales de un planeta a otro.
3. La contaminación del aire ya no existirá en las ciudades.
4. Podremos resolver muchos problemas de la salud.
5. La gente vivirá por lo menos hasta los cien años de edad.
6. Habrá ciudades en el espacio.
7. Los países siempre mantendrán buenas relaciones.
8. No habrá gente pobre en el mundo.
9. Habrá suficiente comida para toda la población del mundo.

Ingenieros urbanos en la Ciudad de México

◆ COMMUNICATIVE OBJECTIVES

To discuss problems of modern-day society

To express plans or intentions

PALABRAS NUEVAS II

Planear el futuro

CONTEXTO NARRATIVO

Eugenio acaba de leer un artículo que describe los problemas de **la sociedad** moderna y hoy llegó a la escuela y dijo que quiere **hacerse** político.

Puedo **llegar a ser** presidente —dijo—, y entonces usaré mi poder para **influir* en** los gobiernos de otros países para que haya paz en todo el mundo y **desaparezca** el hambre. También quiero **reemplazar** todas las máquinas viejas que **impiden el progreso** con otras nuevas que harán el trabajo de miles de personas. Además —dijo, muy entusiasmado—, voy a **reducir el desempleo,** para que todo el mundo pueda trabajar y vivir con alegría.

Pero Eugenio —le dije yo—, si **creas** máquinas para hacer el trabajo de miles de personas, ¿cómo vas a reducir el desempleo? Eugenio se puso muy serio, y pensó por mucho tiempo. Esta tarde dijo que ya no quiere hacerse político.

la sociedad *society*
hacerse *to become*

llegar a ser *to become*
influir (en, sobre) (yo influyo, tú influyes) *to have an effect (on), to influence*
desaparecer (c →zc) *to disappear*
reemplazar *to replace*
impedir (e → i) *to prevent*
el progreso *progress*
reducir (c → zc) *to reduce, to decrease*
el desempleo *unemployment*
crear *to create*

**Influir*, like other verbs ending in *-uir*, has a *y* in all of its present-tense forms except *nosotros* and *vosotros*, in all subjunctive forms, in the present participle, and in the *Ud.* / *él* / *ella* and *Uds.* / *ellos* / *ellas* forms of the preterite: *influyó, influyeron.*

Centro cultural Teresa Carreño, en Caracas, Venezuela

PRÁCTICA

A Grandes cambios. Aquí tienes algunas ideas de cómo cambiará la vida en el futuro. Completa las frases con las palabras de la lista. Luego, inventa tú una frase más y compártela con el resto de la clase.

creará	impedirán	reducirá	semejantes
desaparezcan	influirá	reemplazados	sociedades

1. Habrá medicinas que ______ que la gente se muera a causa de enfermedades.
2. Poco a poco, los coches serán ______ por máquinas mucho más rápidas.
3. Entonces, aun es posible que los coches ______ algún día.
4. Aunque la tecnología reduzca muchos trabajos que son ______ a los que conocemos hoy, ______ trabajos nuevos.
5. El progreso de la tecnología ______ el número de horas que una persona tiene que trabajar a la semana.
6. La tecnología ______ en mejorar la vida de las personas.
7. En un futuro cercano, las distintas ______ de la Tierra serán cada vez más semejantes.
8. ?

B El progreso. Imagina la vida en aproximadamente 100 años. Contesta las siguientes preguntas y di por qué piensas así.

1. ¿Cómo cambiará la sociedad en que vivimos?
2. ¿Cómo influirá la tecnología y los nuevos inventos en nuestra vida diaria?
3. ¿En qué trabajos crearán desempleo las máquinas?
4. ¿A qué trabajadores reemplazarán las máquinas?
5. ¿Desaparecerán algunas cosas que necesitamos? ¿Cuáles?
6. ¿Desaparecerán algunas cosas que nos molestan? ¿Cuáles?
7. ¿Habrá gran progreso en las ciencias? Da unos ejemplos.

APLICACIONES

Misterios de las Américas

ANTES DE LEER: Responde a las siguientes preguntas.

1. ¿Conoces alguna cultura india de América? ¿Qué sabes de esa cultura?
2. ¿Sabes algo de otra cultura antigua del mundo? ¿Cuál?
3. ¿Crees tú que los científicos tienen información completa sobre estas culturas? Di por qué sí o por qué no.
4. ¿Crees que es importante saber algo de estas culturas antiguas? ¿Por qué?

Jorge Jiménez es coleccionista.[1] Comenzó coleccionando tarjetas de jugadores de béisbol, sellos y monedas. Ahora tiene un nuevo interés: objetos de arte precolombino.[2] Sueña con viajar por toda América y con visitar ruinas de culturas indígenas.[3] Lo que más le interesa son las cosas que no se han explicado todavía. Él espera ayudar a resolver algún día algunos de estos misterios.

Ha leído mucho sobre los mayas. Sabe que eran grandes arquitectos, matemáticos y astrónomos, que tenían un calendario más preciso que los de Europa en esa época y que podían predecir eclipses. Jorge quiere saber más sobre un juego de pelota a que jugaban los mayas. No se conocen muy bien sus reglas, pero se cree que le cortaban la cabeza al capitán del equipo que perdía. Seguramente esto era parte de una ceremonia religiosa, pero ¿por qué lo hacían? ¿Por qué creían que debían ofrecer vidas a los dioses?

Quizás lo más misterioso de la cultura maya es su desaparición.[4] ¿Por qué ocurrió esto? ¿Los atacaron otros pueblos? ¿Hubo una revolución contra los jefes? No se sabe. Jorge cree que esto es muy extraño. Sabe que lo mismo ocurrió con los olmecas, una cultura anterior a[5] los mayas, y a los aztecas.

Los olmecas también eran grandes arquitectos. Construyeron estatuas, altares y cabezas gigantescas[6] de piedra. Ellos vivían en la costa del Golfo de México y se cree que traían enormes piedras desde las montañas, situadas a muchas millas de distancia. A pesar de que conocían la rueda, se sabe que no la usaron en la construcción de esas cabezas. ¿Cómo movían las piedras? ¿Qué querían mostrar con esas estatuas: sus reyes, sus dioses? ¿Por qué las hacían? No se sabe.

---

[1]**el coleccionista** *collector* [2]**precolombino** *pre-Columbian, before Columbus* [3]**indígena** *indigenous, native* [4]**la desaparición** *disappearance* [5]**anterior a** *preceding* [6]**gigantesco, -a** *gigantic*

Ahora Jorge está estudiando culturas del Perú anteriores a los incas. Está muy interesado en las famosas líneas de Nazca. ¡Esto sí es un misterio! En 1920, un piloto que volaba sobre el sur del Perú vio extrañas figuras geométricas, flores y animales dibujados en el desierto. Sus dimensiones son gigantescas. Hay un pájaro que mide[7] más de cuatrocientos cincuenta pies, un mono que mide cuarenta pies y una araña que mide cincuenta. Las figuras son tan grandes que se supone que los artistas nunca las vieron. Como no hay montañas en ese lugar, las figuras completas sólo pueden verse desde el aire. ¿Por qué se hicieron estos dibujos? ¿Cómo se hicieron? ¿Para qué servían? No sabemos nada de la gente que trazó[8] las líneas de Nazca.

Jorge quiere ser arqueólogo. Cree que los científicos pueden contribuir mucho al futuro resolviendo algunos de los misterios del pasado.

---

[7]**medir** *to measure* [8]**trazar** *to draw*

(izquierda) Máscara olmeca hecha de jade, Mexico; (derecha) Enorme cabeza olmeca en el Museo de Arqueología La Venta, Villahermosa, México

Continuación

1. ¿Qué sabemos sobre la desaparición de los mayas? ¿Tienes tú unas ideas sobre eso?
2. ¿Quiénes eran los olmecas? ¿Qué construyeron?
3. ¿Por qué crees que los olmecas no usaban la rueda como herramienta de trabajo?
4. ¿Qué son las líneas de Nazca? ¿Dónde están? ¿Quiénes las hicieron? ¿Cómo? Hay personas que creen que fueron aeropuertos para naves espaciales. ¿Qué piensas tú de esta idea?
5. ¿Por qué crees tú que algunas de estas culturas desaparecieron? ¿Qué crees que impidió su desarrollo? Explica.
6. ¿Hay una cultura del pasado—o del presente—que encuentres sumamente interesante? ¿Cuál? ¿Por qué?
7. ¿Qué es lo que más te sorprendió de la información de esta lectura?

EXPLICACIONES II

El futuro de probabilidad

◆ COMMUNICATIVE OBJECTIVES

To share concerns or worries with others

To wonder aloud

To reassure

To guess

In Spanish we use the future tense to express uncertainty or probability in the present. Consider these pairs of examples:

¿**Dónde estarán** mis zapatos?	***I wonder where*** *my shoes are.*
Estarán debajo de la cama.	***They must be*** / ***They're probably*** } *under the bed.*
¿Qué hora será?	***I wonder what time it is.***
Serán las tres.	***It must be*** / ***It's probably*** } *three o'clock.*
¿Cuántos años tendrá el Sr. Rivera?	***I wonder how old*** *Mr. Rivera* ***is.***
Tendrá 25 años.	***He must be*** / ***He's probably*** } *25.*

Note that the English equivalents in these cases are *I wonder, they must be, they're probably,* and so on.

PRÁCTICA

A **Siempre tarde.** Manuel y Elena van a un concierto y ahora están esperando a su amigo Paco. No saben por qué Paco tarda en llegar. Tú y un(a) compañero(a) de clase hagan los papeles de Elena y Manuel. Sigue el modelo.

Elena pregunta la hora. Manuel dice que piensa que son las ocho menos cuarto.

ELENA *¿Qué hora será?*

MANUEL *Serán las ocho menos cuarto.*

1. Elena pregunta a qué hora empieza el concierto. Manuel dice que piensa que empieza a las ocho.
2. Elena pregunta dónde está Paco. Manuel dice que piensa que está en casa todavía.
3. Elena pregunta si vive cerca de aquí. Manuel dice que piensa que vive en un barrio lejano.
4. Elena pregunta si Paco tiene un boleto. Manuel dice que piensa que sí, tiene uno.
5. Elena pregunta si llega en coche o a pie. Manuel dice que piensa que llega en moto.
6. Elena pregunta si su hermano acompaña a Paco. Manuel dice que piensa que su novia lo acompaña.

B Probablemente. Haz una segunda frase relacionada con la primera. Usa la forma correcta del verbo en el futuro. Sigue el modelo.

> Carmen es auxiliar de vuelo. Gustar: los aviones / los planetas.
> *Le gustarán los aviones.*

1. El Sr. Meléndez es sastre. Tener: una máquina de coser / una sierra
2. El Sr. Echegaray es diseñador. Saber mucho de: los colores / los animales
3. La Srta. Dávila es secretaria bilingüe. Hablar: francés / despacio
4. La Sra. Quiroga es cocinera. Trabajar en: una tienda / una cafetería
5. Las hermanas Martín son modistas. Interesar: las telas / la madera
6. Roberto quiere ser compositor. Especializarse en: música / medicina
7. Ana quiere ser obrera. Gustar: el trabajo manual / los idiomas
8. Lola espera ser astronauta. Interesar: el espacio / el desempleo

Laboratorio en Jerez de la Frontera, España

Expresiones equivalentes a *"to become"*

◆ COMMUNICATIVE OBJECTIVES

To discuss goals and objectives

To talk about how people and things change

To discuss the future

In Spanish several different verbs express the idea of "becoming."

El inmigrante quiere aprender inglés para **hacerse** ciudadano.
Ana estudia mucho porque quiere **llegar a ser** la mejor alumna del colegio.
Juan **se puso** muy contento cuando recibió las noticias.
Cuando se calienta mucho, el agua **se convierte en** vapor.

1 *Hacerse* means "to become something as a result of efforts or desires." It may be followed by either a noun or an adjective.

Este actor **se hizo** famoso después de trabajar en esa película.
Margarita **se hizo** médica para curar a los enfermos.
Después de trabajar por varios años, Jorge **se hizo** rico.

2 *Llegar a ser* means "to become something after a lengthy process." It is usually followed by a noun.

Mi tía trabajó mucho para **llegar a ser** presidenta de la compañía.
Nuestro entrenador quiere que **lleguemos a ser** los campeones.
El calendario azteca muestra que los aztecas **llegaron a ser** muy buenos astrónomos.

3 *Ponerse* indicates a physical, emotional, or mental change. With this meaning, it is always followed by an adjective. Remember that *ponerse* followed by a noun, means "to put on (clothes)."

Rodolfo **se puso** muy gordo durante las vacaciones.
La fiesta **se puso** muy aburrida cuando tú te fuiste.
Hay que evitar **ponerse** nervioso durante los exámenes.

4 *Convertirse en* means "to turn into" or "to change into" something (usually a physical change). It is most often followed by a noun.

Debido al frío, el agua **se convirtió en** hielo.
Con las lluvias el desierto **se convierte en** un jardín.
La flor **se convirtió en** una sabrosa fruta.

PRÁCTICA

A Los sueños realizados. Según lo que le gusta a cada persona, ¿qué crees que se hará cuando sea mayor? Por ejemplo:

A Carlos le gusta mucho el dinero.
(A lo mejor) se hará banquero.
o: *(Probablemente) se hará contador.*

1. A Elena le gusta dibujar.
2. A Timoteo y a Virginia les interesan mucho las antiguas civilizaciones de México.
3. A los hermanos Molino les gusta mucho trabajar con números.
4. A María le gusta mucho curar animales.
5. A Rogelio le gusta mucho enseñar a los niños.
6. A nosotros nos gusta la política.
7. A Carolina le gustan mucho las estrellas y los planetas.
8. A Gregorio le gusta mucho cocinar.
9. A las hermanas Jiménez les gusta mucho coser.
10. Y a ti ¿qué te gusta? ¿Qué te harás?
11. Y a tu mejor amigo(a), ¿qué le gusta? ¿Qué se hará?

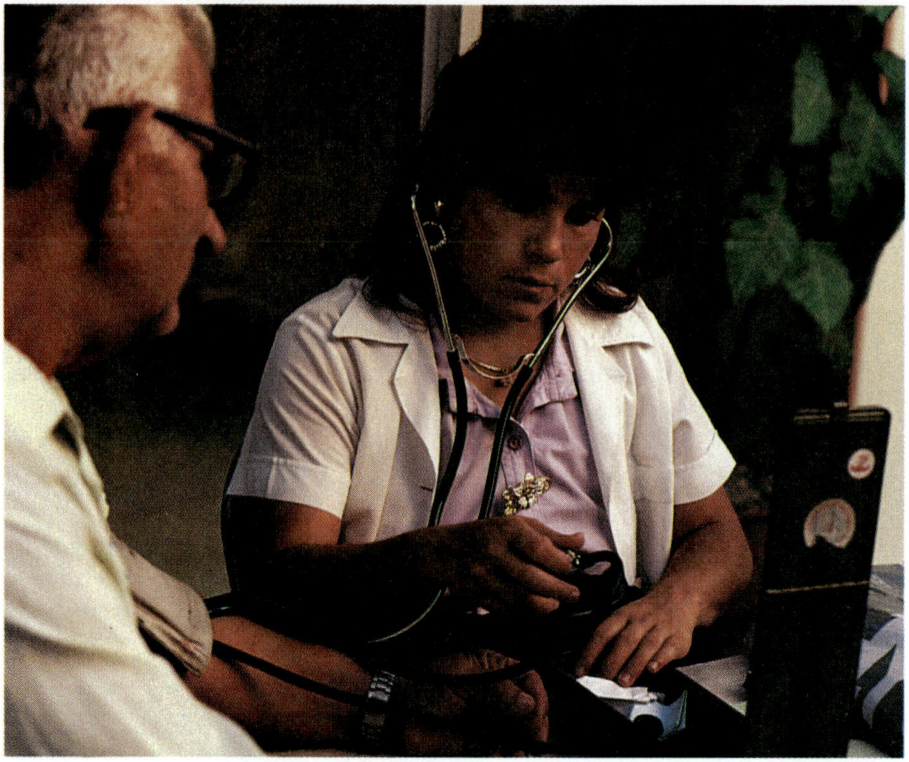

En Caracas, Venezuela

B **La nueva ingeniera.** Paula acaba de graduarse y sus amigos le dan una fiesta. Usa el pretérito de *llegar a ser, ponerse* o *convertirse en* para completar las siguientes frases.

1. Al ver que era tan tarde, Juana _____ nerviosa.
2. El hielo que Jorge dejó al lado de la estufa _____ agua.
3. Luis llegó tarde y nosotros _____ impacientes porque traía los refrescos.
4. Paula se graduó la semana pasada. Ella _____ ingeniera después de muchos estudios.
5. Como Luz la ayudó durante todos sus estudios, _____ su mejor amiga.
6. Todos sus amigos y su familia _____ muy contentos.
7. Al llegar a la fiesta Paula _____ muy contenta.
8. Debido a su nueva profesión, Paula _____ una persona importante.

C **¿Piscina o jardín?** Completa el siguiente párrafo con la forma correcta de los verbos de la lista.

convertirse en	llegar a ser
hacerse	ponerse

En abril mi padre decidió construir una piscina. Toda la familia _____ muy contenta cuando se enteró de su plan. Al principio, mi madre aceptó que parte de su jardín iba a _____ una piscina. Pero después de algunos días, cuando se dio cuenta del tamaño de la piscina, _____ muy enojada. En realidad, la situación _____ peor cuando comenzó la construcción. Mi madre _____ nerviosa con tanta gente extraña trabajando en la casa. Además, la casa _____ muy sucia con el polvo en todas partes. En dos meses, después de pelearme mucho con mi madre, mi casa _____ un club: ahora mis amigos quieren venir todos los días a nadar en la piscina. Mi hermana menor, Laura, dice que ella va a _____ una nadadora profesional y que algún día _____ campeona. Mi madre todavía sigue quejándose porque Laura pasa todo el día en la piscina.

D **Hablemos de ti.**

1. ¿Siempre te pones nervioso(a) antes de los exámenes? ¿Y cuando tienes que hablar en clase? ¿Cuáles son otras ocasiones en que te pones nervioso(a)? ¿Cuándo te pones furioso(a)?
2. ¿Qué esperas llegar a ser? ¿Qué es lo que tendrás que hacer para cumplir tus objetivos?

3. ¿Crees que es posible que las personas cambien mucho? Por ejemplo, ¿es posible que un criminal pueda convertirse en una buena persona? Explica tu respuesta. ¿Has tenido una experiencia en tu vida que te convirtió en una persona diferente? Explica.

(izquierda) Móviles *(mobiles)* de Eusebio Sempere en el Museo de Arte Abstracto en Cuenca, España; (abajo) *Laberintha II* de Martín Chirino

ACTIVIDAD

Es un misterio Imagine that you and your friends have found an object from another planet. Nobody knows exactly what it is. With a classmate, answer the following questions to describe the object.

1. ¿De dónde será?
2. ¿Cómo será la sociedad que construyó el objeto?
3. ¿De qué estará hecho?
4. ¿Para qué servirá?
5. ¿Qué podrá hacer?

Then present your ideas to the class. Who has the most interesting ideas? The strangest? The most believable?

LECTURA 2

APLICACIONES

Apocalipsis y *Génesis*

POR MARCO DENEVI

ANTES DE LEER

A. Responde a las siguientes preguntas que te van a preparar para la lectura.
1. El futuro siempre ha sido y sigue siendo un misterio para todos. Es el tema de muchas conversaciones, libros, películas y obras de arte. ¿En qué piensas cuando piensas en el futuro?
2. ¿Has leído algún libro o has visto alguna película sobre la vida del futuro? ¿Estás de acuerdo con esas ideas?
3. Piensa en la tecnología del pasado y la de hoy. ¿Crees que la importancia de las máquinas aumentará? ¿Por qué?
4. ¿En qué piensas y qué imaginas cuando oyes o lees la palabra "extinción"?
5. ¿Cuáles son algunos de los animales o plantas que ya no existen? ¿Qué cosas conoces que ya no se usan? ¿Por qué no se usan más? ¿Qué cosas crees que desaparecerán en el futuro? ¿Cuáles van a permanecer? ¿Por qué?

B. Lee la lectura rápidamente para obtener una idea general y buscar algunos datos o palabras.
1. La palabra *apocalipsis* quiere decir "apocalypse" o "revelation." Es el último libro del Nuevo Testamento. ¿En qué piensas cuando oyes esta palabra?
2. ¿Qué describe "Apocalipsis," a una persona, un suceso, o un plan?
3. De los nombres Burdeos, Verdi y Versalles, ¿cuál es el de un compositor italiano de óperas, cuál es el de una región de Francia y cuál es el nombre de un palacio en Francia?
4. Ya sabes formar el presente perfecto. Si *han alcanzado* quiere decir "they have reached" ¿qué piensas que quiere decir *habían alcanzado* (línea 2)? *¿Había sobrevivido* (línea 32)?
5. *Génesis* es el primer libro del Viejo Testamento, en que se describe la creación del mundo. ¿Cuándo ocurren los eventos de "Génesis"?
6. ¿Cuántos personajes hay? ¿Cómo se llaman?

C. Contesta las siguientes preguntas que te van a ayudar a comprender el vocabulario.
1. En los dos cuentos hay unas palabras que son de la misma familia de palabras que ya conoces. *Situarse*, por ejemplo, quiere decir que algo o alguien *está situado* en un lugar o tiempo. ¿Qué palabras conoces de la misma familia que las siguientes: *bastaba, alimentarse, cambiantes?*
2. Hay varias palabras en la lectura que tienen cognados en inglés. ¿Cuáles son los cognados de *raza, biblias, sinfonía, multiplicaban, ocupar, desconectar, humanidad, caverna, se transformó*?
3. Con un adjetivo, describe las cosas que se venden en una *tienda de antigüedades.*
4. Lee las líneas 25–26. ¿Cuál es un sinónimo de *ascendía*? ¿Cuál es un sinónimo de *frente a* en la línea 31?

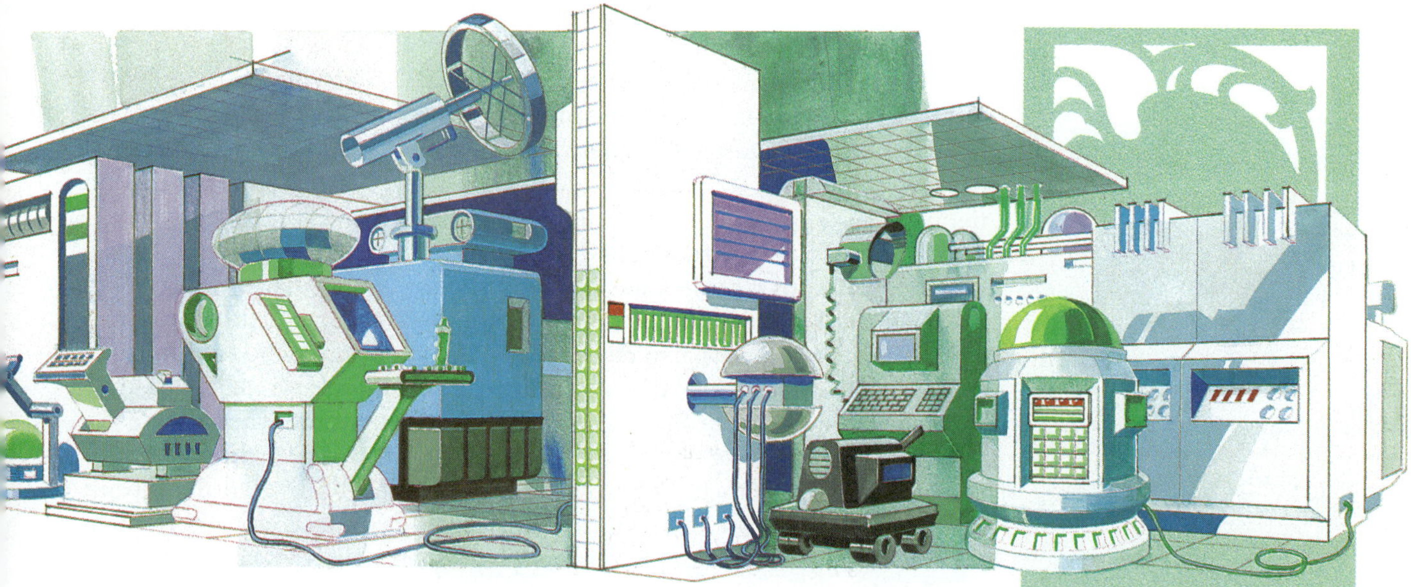

El escritor argentino Marco Denevi ha escrito dos cuentos de ciencia ficción que tratan de la extinción de la raza humana.

APOCALIPSIS

La extinción de la raza de los hombres se sitúa aproximadamente a fines del siglo XXXII. La cosa ocurrió así: las máquinas habían alcanzado tal[1] perfección que los hombres ya no necesitaban comer, ni dormir, ni leer, ni hablar, ni escribir, ni siquiera[2] pensar. Les bastaba[3] apretar botones[4] y las máquinas lo hacían todo por ellos. Gradualmente fueron desapareciendo las biblias, los Leonardo da Vinci,[5] las mesas y los sillones, las rosas, los discos con las nueve sinfonías de Beethoven, las tiendas de antigüedades, el vino de Burdeos, las oropéndolas,[6] los tapices flamencos,[7] todo Verdi, las azaleas, el palacio de Versalles. Sólo había máquinas. Después los hombres empezaron a notar que ellos mismos iban desapareciendo[8] gradualmente, y que en cambio[9] las máquinas se multiplicaban. Bastó poco tiempo para que el número de los hombres quedase reducido[10] a la mitad y el de las máquinas aumentase[11] al doble. Las máquinas terminaron por ocupar todo el espacio disponible.[12] Nadie podía moverse sin tropezar con[13] una de ellas. Finalmente los hombres desaparecieron. Como el último se olvidó de desconectar las máquinas, desde entonces seguimos funcionando.

---

[1]**tal** *such* [2]**ni siquiera** *nor even* [3]**bastar** *to be sufficient; enough* [4]**apretar botones** *to press buttons* [5]**los Leonardo da Vinci** here: *the works of da Vinci* [6]**las oropéndolas** *golden orioles* [7]**los tapices flamencos** *Flemish tapestries* [8]**iban desapareciendo** = comenzaron a desaparecer [9]**en cambio** = al contrario [10]**quedase reducido** *was reduced* [11]**aumentase** *increased* [12]**disponible** *available* [13]**tropezar con** *to bump into*

GÉNESIS

Con la última guerra atómica, la humanidad y la civilización desaparecieron. Toda la tierra fue como un desierto calcinado.[1] En cierta región de Oriente sobrevivió un niño, hijo del piloto de una nave espacial. El niño se alimentaba de hierbas y dormía en una caverna. Durante mucho tiempo, aturdido[2] por el horror del desastre, sólo sabía llorar y clamar por[3] su padre. Después sus recuerdos[4] se oscurecieron,[5] se disgregaron,[6] se volvieron[7] arbitrarios y cambiantes como un sueño; su horror se transformó en un vago[8] miedo. A ratos recordaba la figura de su padre, que le sonreía o lo amonestaba[9] o ascendía a su nave espacial, envuelta en fuego y en ruido, y se perdía entre las nubes. Entonces, loco de soledad,[10] caía de rodillas y le rogaba[11] que volviese.[12] Entretanto[13] la tierra se cubrió nuevamente de vegetación; las plantas se cargaron de[14] flores; los árboles, de frutos. El niño, convertido en un muchacho, comenzó a explorar el país. Un día vio un ave.[15] Otro día vio un lobo.[16] Otro día inesperadamente[17] se halló frente a una joven de su edad que, lo mismo que él, había sobrevivido a los estragos[18] de la guerra atómica.

—¿Cómo te llamas? —le preguntó.

—Eva —contestó la joven.— ¿Y tú?

—Adán.

---

[1]**calcinado, -a** *burned to ashes* [2]**aturdido, -a** *bewildered* [3]**clamar por** *to cry out for* [4]**recuerdos** here: *memories* [5]**oscurecerse** = ponerse oscuro [6]**disgregarse** *to disintegrate* [7]**volverse** = ponerse [8]**vago, -a** *vague* [9]**amonestar** *to scold gently* [10]**la soledad** *loneliness* [11]**rogar** *to beg* [12]**volviese** *return* [13]**entretanto** *meanwhile* [14]**cargarse de** here: *to have a lot of* [15]**el ave** = el pájaro [16]**el lobo** *wolf* [17]**inesperadamente** = sin esperarlo [18]**los estragos** *ravages, ruin*

Continuación

Después de leer los cuentos con cuidado, comprueba tu comprensión. Las preguntas 1–8 corresponden a "Apocalipsis." Las preguntas 9–18 corresponden a "Génesis."

1. ¿Qué pasó a fines del siglo XXXII?
2. ¿Por qué no necesitaban hacer tantas cosas las personas?
3. Al principio, ¿para qué servían las máquinas?
4. ¿Por qué desaparecieron las biblias, las obras de Leonardo da Vinci, las rosas, etc.?
5. Gradualmente la gente notó un cambio radical. ¿Cuál fue?
6. El número de personas a) aumentó b) fue reducido c) se mantuvo igual.
7. ¿Quién dice "seguimos funcionando"?
8. Describe tus emociones después de leer "Apocalipsis."
9. En "Génesis" ¿por qué fue como un desierto la tierra?
10. ¿Por qué crees que Denevi eligió el Oriente como escenario *(setting)* de su historia?
11. ¿Por qué quería el niño que volviese su padre?
12. Cuando el niño era mayor, vio un ave y luego un lobo. ¿Qué significado crees que tiene eso?
13. Finalmente, ¿a quién encontró el niño?
14. ¿Por qué se llaman Eva y Adán?
15. ¿Qué crees que va a pasar al día siguiente?
16. ¿Hay un final *(ending)* feliz? Explica.
17. ¿Es posible que este cuento ocurra en realidad? ¿Por qué?
18. ¿Qué cuento te gustó más? ¿Por qué?
19. Después de leer los dos cuentos, ¿qué crees que piensa el autor de la tecnología?
20. ¿Te gustaría leer más obras de Denevi? ¿Por qué?

Participación

En tu opinión, ¿qué pasará después en los cuentos? Cambia las dos últimas frases de "Apocalipsis" y las últimas tres de "Génesis" para que tengan un final distinto.

APLICACIONES

REPASO

Mira con cuidado las frases modelo. Luego cambia las frases que siguen al español según el modelo.

1. *Cuando sus padres no les permitieron pagar la cuenta, los jóvenes se pusieron contentos.*
   (When her mother didn't allow her to send her letter, Ángela became angry.)
   (When his government didn't allow him to manufacture his invention, the scientist became sad.)
   (When his boss didn't allow him to fill out the application, Eugenio became stubborn.)

2. *Traeremos nuestra propia computadora, pensaron.*
   (You (fam.) *will do your own work, I thought.)*
   (We will create our own society, we thought.)
   (They will manufacture their own weapons, you (fam.) *thought.)*

3. *¿Cuándo podrán empezar el trabajo?*
   (I wonder where they want to manufacture the rockets.)
   (I wonder how he can predict the future.)
   (I wonder who can replace the windshield.)

4. *Mi hermano se hizo sastre en un almacén famoso.*
   (Their friend (f.) *became a cook in an elegant restaurant.)*
   (His father became an accountant in a large firm.)
   (She became a supervisor in an unusual factory.)

5. *¡Algún día podré ser mi propio jefe!*
   (Sooner or later they'll know how to build their own satellites!)
   (Little by little she'll want to solve her own problems!)
   (Now you'll be able to sew your own clothes!)

Computadoras en un banco de Bogotá, Colombia

TEMA

Escribe las frases en español.

REDACCIÓN

Ahora escoge uno de los siguientes temas para escribir tu propio diálogo o párrafo.

1. Continue the *Tema* by writing a dialogue between Bárbara and her sister when she needs help fixing her car. How does her sister offer to help her? Will she lend her some money to fix her car? Will she lend her her car? Will she help her to do the work on the car?
2. What do you hope to do in the future? What things do you dream about? Write a paragraph about the most exciting dream you have for your future.
3. Has a family member or friend ever helped you with a problem that you could not solve yourself? Have you ever helped anyone else solve a problem? Write a short paragraph on one of these ideas.

COMPRUEBA TU PROGRESO CAPÍTULO 12

A ¿Qué pasará?

Contesta las preguntas usando el futuro y las palabras entre paréntesis.

1. ¿Cuándo van a casarse Juan y Ana? (en julio)
2. ¿Qué tipo de artículo vas a leer? (acerca de las naves espaciales)
3. ¿Cuándo vas a escribir la composición? (cuando tenga más datos)
4. ¿Qué va a preparar el cocinero? (un almuerzo estupendo)
5. ¿Cuándo vamos a llegar a Chicago? (pasado mañana)

B El futuro

Completa las frases con la forma correcta del futuro del verbo entre paréntesis.

1. ¿Crees que algún día nosotros ____ para qué servían las líneas de Nazca? (saber)
2. Después de graduarte, ¿qué ____ hacer? (querer)
3. ¿____ muchos problemas en el siglo XXI? (haber)
4. ¿Qué ____ nosotros en el futuro? (hacer)
5. Si la computadora no funciona, ¿quién ____ repararla? (poder)
6. ¿Qué tipo de coche ____ tú en diez años? (tener)
7. ¿Crees que ____ muchos más inmigrantes a este país en el futuro? (venir)
8. En el futuro, ¿crees que los empleados ____ del trabajo mucho más temprano? (salir)
9. Cuando Uds. terminen este ejercicio, ¿dónde lo ____? (poner)

C ¿Qué será necesario?

Escoge la mejor palabra para completar las frases.

1. Si te mudas a una casa más ____, tardarás más tiempo en ir a la escuela.
   a. cercana b. lejana c. cómoda
2. ____ servirán para explorar otros planetas.
   a. Las locuras b. Los misterios
   c. Las naves espaciales
3. Para reducir ____ en el futuro, ¿será más importante tener más oportunidades, más educación o mejores condiciones de trabajo?
   a. el progreso b. el desempleo c. el espacio
4. La gente que trata de ____ el futuro generalmente fracasa.
   a. enviar b. perdonar c. predecir
5. Una buena ____ es aquélla que respeta la libertad de sus miembros.
   a. sociedad b. predicción c. locura

D Probablemente

Contesta las siguientes preguntas lógicamente. Usa el futuro de probabilidad.

1. ¿A qué hora empieza el concierto?
2. ¿Cuánto cuesta este disco?
3. ¿Cómo se siente alguien después de salir bien en un examen?
4. ¿Qué usa Mariana para coser un vestido?
5. ¿De qué hablan las maestras?
6. ¿Dónde buscan los estudiantes los datos que necesitan para su composición?

E Algún día

Escribe frases originales usando las siguientes palabras y uno de estos verbos: *convertirse en, ponerse, hacerse, llegar a ser*.

1. Rafael / médico llegara a ser
2. papá / gordo [illegible] ponerse
3. Luisa / presidenta de una empresa se convertirae
4. vino / vinagre se hara
5. Ana María / enojada se puso
6. el agua / hielo

se convetra en

VOCABULARIO DEL CAPÍTULO 12

Sustantivos
el crecimiento
el desempleo
el espacio
el futuro
el invento
la locura
el misterio
la nave espacial
el planeta
la predicción,
    pl. las predicciones
el progreso
la sociedad
el tamaño
la Tierra

Adjetivos
cercano, -a
furioso, -a
lejano, -a
real
semejante
suficiente

Adverbio
aproximadamente

Verbos
aparecer (c → zc)
crear
crecer (c → zc)
desaparecer (c → zc)
enviar
fabricar
fracasar
hacerse
impedir (e → i)
influir (en / sobre)
inventar
perdonar
predecir
reducir (c → zc)
reemplazar

Expresiones
llegar a ser
pasado mañana
poco a poco
tarde o temprano

CAPÍTULO 13

PRÓLOGO CULTURAL | EL ARTE HISPANO MODERNO

Pablo Picasso (1881–1973) está considerado como el artista más importante de nuestro siglo. Durante su larga vida buscó continuamente nuevas formas de expresión. Este español, que nació en Málaga y vivió en París, creó miles de objetos de arte que hoy se ven en museos en todas partes del mundo. Aquí vemos cómo usaba la fotografía y la luz para crear dibujos en el aire.

Diego Rivera (1886–1957) es uno de los grandes muralistas mexicanos. Su obra representa la sociedad y la cultura mexicana de una forma histórica. Tenía un estilo característico de figuras sencillas y colores fuertes.

Joan Miró (1893–1983) es uno de los grandes surrealistas españoles. Su arte nos muestra un mundo de fantasía con colores simples y formas abstractas.

PALABRAS NUEVAS I

El arte

CONTEXTO VISUAL

CONTEXTO COMUNICATIVO

1 ALICIA ¿Qué clase de arte te gusta más?
ANDRÉS Yo prefiero el arte **realista.**
ALICIA Pues a mí me impresiona el abstracto. Los estilos han cambiado tanto **a través de** los años que ahora el arte realista me parece anticuado.
ANDRÉS Entonces ¿qué pintores te interesan más?
ALICIA Los **contemporáneos,** especialmente los de **los años setenta**.

Variaciones:

- anticuado → pasado de moda
- contemporáneos → modernos

realista *realist*

a través de *through, across*

contemporáneo, -a *contemporary*

los años setenta / ochenta, etc. *the '70s / '80s, etc.*

◆ COMMUNICATIVE OBJECTIVES

To state opinions and preferences

To refer to time in terms of decades

To get someone's attention

To ask someone to remind one of something

To point out similarities

To describe a work of art

To plan a group project

---

2 LAURA Oye, Jaime, **recuérda**me que tengo que traer mi cuadro a clase mañana.

JAIME Claro que sí. Me gustaría verlo otra vez, porque ese cuadro tiene **escenas** que no son **corrientes.** Me encanta **el efecto alegre** que producen **las formas** y sus sombras.

LAURA Sí, es casi **igual que** un sueño, ¿no te parece?

- escenas → imágenes
- casi igual que → muy parecido a

recordar (o → ue) here: *to remind (of)*

la escena *scene*

corriente *common, usual, ordinary*

el efecto *effect*

alegre *cheerful, joyful, happy*

la forma *shape, form*

igual que *just as, just like, the same as*

3 ESTER Algunas pinturas de Goya me parecen muy pesimistas, pero me interesan mucho.

EDUARDO Es que los artistas son **sensibles** al **ambiente** y a la época en que viven. Sus obras expresan su **punto de vista.**

ESTER Sí, es cierto. Lo que más me **atrae*** del arte es la libertad de mostrar lo que sientes de muchas **maneras** diferentes.

- mostrar lo que sientes → expresarte
- muchas maneras → muchos modos

sensible *sensitive*

el ambiente *atmosphere, environment*

el punto de vista *point of view, position*

atraer *to attract*

la manera = el modo

4 VÍCTOR El profesor de arte me sugiere que escriba una composición sobre la pintora Frida Kahlo. ¿Has visto sus pinturas?

VIRGINIA Sí. Ella usa imágenes de los dioses mayas y aztecas, o sea, temas especialmente mexicanos. Te aseguro que nunca en tu vida has visto **tales** colores. Son sumamente **vivos** y sus pinturas tienen una gran **belleza**.

- has visto → conoces
- tales colores → colores como ésos

tal, pl. **tales** *such (a)*

vivo, -a *lively, vivid*

la belleza *beauty*

* *Atraer* has the same forms as *traer* in all tenses.

PRÁCTICA

A Una escultura. El colegio recibió de regalo una escultura contemporánea. Usa las palabras de la lista para completar la descripción que da un estudiante.

abstracta	corriente	forma	recuerda
atrae	efecto	punto de vista	sombra

Una escultura en el Museo de Arte Contemporáneo, Madrid, España

1. La escultura me ____ mucho porque es muy distinta. No es nada ____.
2. Su ____ es muy bella.
3. Esta escultura me ____ un pájaro que vuela.
4. Se parece a un pájaro, pero es una obra ____.
5. La forma, igual que la ____, cambia según el ____ de la persona que la mira.
6. Me gusta el ____ que crea la escultura.

B Dos puntos de vista. La orquesta de la escuela tocó una composición nueva en el concierto de anoche. Usa las palabras de la lista para completar el siguiente diálogo.

a través de	contemporánea	recordaba
ambiente	escena	sensibles
atrajo	igual que	tales
belleza	manera	

JULIA ¿Te gustó la composición de música ____ que tocaron anoche?

ÓSCAR No. ____ ruidos no son música para mí.

JULIA Pero esos ruidos son una _____ de crear un _____ de misterio _____ toda la obra.

ÓSCAR ¿De misterio? Me _____ una _____ de violencia.

JULIA ¿De veras? A mí me _____ mucho.

ÓSCAR Pues, mis oídos son más _____ que los tuyos. Prefiero música agradable, como la de Manuel de Falla. A mí me gusta la _____.

JULIA A mí también. Pero la música, _____ la tecnología, debe tener su desarrollo.

ÓSCAR ¡Pues la próxima vez prefiero ver el desarrollo de la tecnología del cine!

C Hablemos de arte. Con un(a) compañero(a) usa los verbos de la lista para dar tu opinión sobre las diferentes clases de arte. Por ejemplo:

la música clásica

ESTUDIANTE A *¿Qué piensas de la música clásica?*

ESTUDIANTE B *No conozco bien la música clásica.*

o: *Me interesa la música clásica.*

1. los murales	atraer
2. la pintura abstracta	conocer
3. el baile folklórico	encantar
4. la música contemporánea	entender
5. la música clásica	importar
6. los colores vivos / oscuros	impresionar
7. la escultura realista / abstracta	interesar
8. el teatro moderno / clásico	parecer
	preferir

D Hablemos de ti.

1. ¿Has visto mucho arte contemporáneo? ¿Qué te parece? ¿Por qué crees eso?
2. Muchos pintores y escultores crean obras con formas geométricas. ¿Crees que tales obras son arte? ¿Por qué dices eso? ¿Crees que las computadoras puedan crear obras de arte? ¿Qué piensas del arte realista? ¿Has visto pinturas que parecen fotografías? ¿Qué piensas de ellas?
3. ¿Dibujas o pintas tú? ¿Te gustaría hacerte pintor(a), escultor(a) o muralista? ¿Por qué?
4. ¿Te gustaría hacerte músico(a) o escritor(a)? ¿Cómo será la vida diaria de un(a) artista famoso(a)? ¿Y la de un(a) desconocido(a)?

DIÁLOGO

APLICACIONES

Puntos de vista

Unos estudiantes han pedido permiso para pintar un mural en el patio de la escuela.

JULIO Es una pared enorme. Es de tres metros por ocho, o sea, unos 24 metros cuadrados.[1]

ELENA Por esa razón tenemos que hacer un gran esfuerzo: debemos crear efectos con colores vivos, imágenes atrevidas, formas alegres . . .

MARTA Pero, ¿sobre qué? ¿Cuál va a ser el tema de nuestro mural?

JULIO Escenas de nuestra vida en la escuela, desde luego.

ELENA Pues quisiera ver un ambiente alegre y contemporáneo cuando llego a la escuela cada mañana.

MARTA ¿Por qué no buscamos fotos de los murales de Rivera, de Orozco o de Siqueiros? Ellos fueron grandes maestros[2] mexicanos. A lo mejor las fotos nos darán algunas ideas.

JULIO Sí, hicieron obras muy dramáticas. Muchas de ellas celebran a los héroes de la historia de México.

ELENA Pero el mural debe tratar también de los estudiantes. Nosotros somos los héroes de la escuela.

JULIO ¿Qué quieres que muestre? ¿Estudiantes tomando exámenes? ¿El equipo de básquetbol, que nunca gana ni un solo partido? ¿El profesor Palma dando una de sus famosas y largas conferencias?[3]

MARTA Creo que tenemos una pared tan grande que podemos poner un poco de cada tema, aunque debemos estar seguros de que los tamaños sean parecidos en cuanto a las figuras y de que los colores tengan los mismos efectos.

ELENA Muy bien, entonces. ¿A trabajar?

TODOS ¡A trabajar!

---

[1]**cuadrado, -a** *square* [2]**el maestro** here: *master*
[3]**la conferencia** *lecture*

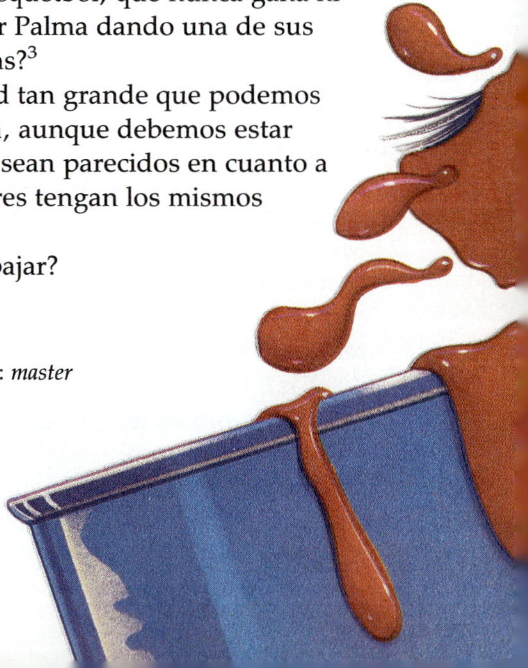

Benito Juárez en un mural de Diego Rivera

Continuación

1. ¿Qué crees tú que debe incluir un mural de una escuela? Da tres ideas serias o cómicas.
2. ¿Crees que Elena tiene razón cuando dice que los estudiantes son los héroes? ¿Quiénes son los héroes de los estudiantes de hoy? ¿Qué héroes deben aparecer en un mural como éste?
3. ¿Te gustaría tener un mural en tu escuela como el que sugiere Elena? ¿Por qué?
4. ¿Para qué pueden servir los murales? Da tres ideas.
5. En los murales que has visto, ¿qué te atrae más? ¿Por qué?

Participación

Inventa un diálogo con un(a) compañero(a) de clase sobre la siguiente situación: Hay una exposición de arte en la escuela y Uds. tienen que decidir qué obra debe recibir el premio. Uno de Uds. prefiere una obra muy realista, y la otra persona se siente atraída por una más abstracta.

EXPLICACIONES I

El subjuntivo en cláusulas adjetivas

◆ COMMUNICATIVE OBJECTIVES

To get help

To explain what you need, want, or are looking for

Look at the following sentences:

Éste es un coche **barato.**	*This is a* ***cheap*** *car.*
Éste es un coche **que no cuesta mucho.**	*This is a car* ***that doesn't cost a lot.***

In the first example, *barato* is an adjective that describes *coche.* In the second example, the entire clause, *que no cuesta mucho,* acts as an adjective that describes *coche.* This is called an adjective clause.
In certain situations the adjective clause will have an indicative verb, and in others it will have a subjunctive verb. Compare the following pairs of sentences:

Éste es un restaurante **que no cuesta mucho.**	*This is a restaurant* ***that doesn't cost a lot.***
Prefiero comer en un restaurante **que no cueste mucho.**	*I prefer to eat in a restaurant* ***that doesn't cost a lot.***
Juana es una persona **que dibuja bien.**	*Juana is a person* ***who draws well.***
Necesitamos una persona **que dibuje bien.**	*We need a person* ***who draws well.***

Notice that if we have a specific person or thing in mind, we use the indicative in the adjective clause, as in the first example of each pair. If we do not have a specific person or thing in mind, then we use the subjunctive in the adjective clause, as in the second example of each pair. Notice also that we don't use the personal *a* when we don't have a specific person in mind.

1 When we are not sure the people or things exist, we use the subjunctive in the adjective clause.

¿Hay alguien aquí **que me pueda prestar dos dólares**?	*Is there anyone here* ***who can lend me two dollars****?*
¿Conoces a alguien **que sepa arreglar bicicletas**?	*Do you know anyone* ***who knows how to fix bikes****?*

2 We also use the subjunctive in the adjective clause when it describes a negative word such as *nadie, nada,* or *ninguno.*

Aquí no veo **nada que me guste.**	*I don't see* ***anything*** *here* ***that I like.***
No conozco a **nadie que tenga coche.**	*I don't know* ***anyone who has a car.***

Note that we do use the personal *a* in front of *alguien* and *nadie* when they are used as direct objects.

Frida y Diego Rivera, un cuadro de Frida Kahlo

PRÁCTICA

A **Una feria en la calle.** Un pueblo mexicano planea una feria para el próximo sábado. Di quiénes necesitan. Sigue el modelo.

> leer las manos
> *Necesitamos una(s) persona(s) que lea(n) las manos.*

1. hacer los carteles
2. construir los puestos
3. organizar los juegos
4. arreglar las decoraciones
5. encargarse de la comida
6. tocar música
7. vender globos y dulces
8. barrer todo después de la feria

B **¿Una persona que lo sabe o que lo sepa?** Juan quiere encontrar a alguien que pueda traducir una carta del alemán. Completa las frases con la forma correcta de cada verbo.

JUAN Oye, Rosa, tienes un amigo que *(saber)* alemán, ¿verdad?
ROSA No, no conozco a nadie que *(saber)* alemán.
JUAN ¿Crees que Olga conoce a alguien que lo *(hablar)*?
ROSA Dudo que ella conozca a alguien que lo *(dominar)*.
JUAN Creo que Francisco tiene un primo que *(saber)* alemán.
ROSA Sí, tiene uno que *(vivir)* en Alemania ahora.
JUAN ¿No hay nadie aquí que me *(poder)* ayudar?
ROSA Parece que no hay nadie que *(poder)* resolver tu problema.

C **Lo ideal.** ¿Cómo prefieres que sea cada una de las siguientes personas o cosas? Di por lo menos dos cualidades para cada una. Usa los verbos de la lista. Por ejemplo:

> *Busco un trabajo que sea interesante* (o: *que quede cerca de mi casa, que me pague bien, que sea divertido*).

1. Quisiera ir a una universidad que . . .
2. Quiero un(a) amigo(a) que . . .
3. Prefiero un(a) profesor(a) que . . .
4. Prefiero un futuro que . . .
5. Quiero una carrera que . . .
6. Busco un(a) novio(a) que . . .
7. Necesito unas máquinas que . . .
8. Me gustaría vivir en una sociedad que . . .
9. Quiero tener un(a) jefe(a) que . . .

ayudarme	permitir
darme	poder
estar	preguntarme
gustar	quedar
haber	saber
hacer	ser
ir	tener
parecerse	vivir

D Hablemos de ti.

1. ¿Conoces a alguien que pinte o dibuje bien? ¿Crees que deba hacerse artista profesional? ¿Por qué?
2. ¿Hay un mural público en tu ciudad que muestre imágenes de la historia de un grupo en particular? ¿Cómo es? Si no hay ningún mural, ¿crees que deba haber un mural o murales de ese tipo? ¿Cómo deben ser?
3. ¿Prefieres ir a museos que tengan exposiciones de arte abstracto o realista? ¿Te gustan más las exposiciones que muestran obras contemporáneas o de otras épocas? Explica.

ACTIVIDAD

No hay nadie que . . . Have you any classmates who own a pet tiger? No? How many other statements or questions can you come up with that describe or ask about nonexistent people and situations? With three or four other students, take turns making statements or asking questions such as the following:

¿Hay alguien que viva en una tienda de acampar?
No conozco a nadie que pueda predecir el futuro.

If you make a statement that can be disproved or ask a question that can be answered affirmatively, you must come up with a new one.

Copiando un cuadro de Velázquez en Madrid, España

◆ COMMUNICATIVE OBJECTIVES

To pose people for photographs

To make judgments

PALABRAS NUEVAS II

El arte y nosotros

CONTEXTO NARRATIVO

1 A principios del siglo XX, Pablo Picasso, un pintor español que vivía en París, ayudó a crear un nuevo estilo que rompió con el arte de su época. El artista encontró una nueva **fuente** de ideas en el arte de África y de las islas del Pacífico. Los cuadros que pintó y sus máscaras cambiaron los objetos y las personas en formas casi abstractas. Picasso intentó mostrar algo desde más de un punto de vista **a la vez.** Por las formas que pintaba, la gente llamó a este estilo con el nombre de **cubismo.**

la fuente here: *source*

a la vez *at the same time, at a time*

el cubismo *cubism*

2 El tamaño de una obra de arte no tiene nada que ver con su valor. Hay dibujos más pequeños que una mano y que **alcanzan** gran valor y hay esculturas enormes que no **merecen** ninguna atención. ¿Cómo podemos saber qué obras tienen valor y cuáles no? No es nada fácil **juzgar** el arte, porque cada persona que mira una escultura o una pintura, tiene un punto de vista diferente y le da a cada obra de arte un valor distinto.

alcanzar *to reach, to attain*

merecer (c → zc) *to deserve*

juzgar *to judge*

3 El año pasado hice con mi cámara una **serie** de retratos de mis amigos. Lo especial de estos retratos es que no **contienen*** caras, sino sólo manos y objetos. Le pedí a cada persona que **buscara** tres cosas que le **importaran.** Creo que lo que cada uno posee **refleja** algo de su **personalidad**. Incluí las manos en cada foto porque me parece sumamente importante la manera en que las personas tratan sus objetos preferidos. ¿Los llevan en la mano? ¿Los tocan con cuidado? Si nos fijamos en cómo una persona usa las manos, podemos enterarnos de cosas que no se ven en la cara.

la serie *series*

contener *to contain*

buscara imperfect subjunctive of **buscar**

importaran imperfect subjunctive of **importar**

reflejar *to reflect*

la personalidad *personality*

4 Una de **las etapas** más importantes en el desarrollo del arte ocurrió cuando los artistas dejaron de pintar lo que veían y empezaron a buscar sus temas dentro de sus propias

la etapa *phase, stage*

* *Contener* has the same forms as *tener* in all tenses.

imaginaciones. Los pintores **del surrealismo** fueron los primeros que hicieron esto. Buscaron sentimientos e imágenes fuertes, que las personas **esconden** y que sólo aparecen **en forma de** sueños. Quisieron hacer, como dijo el pintor español del surrealismo Salvador Dalí, "fotos de sueños, pintados **a mano**."

la imaginación, pl. **las imaginaciones** *imagination*
el surrealismo *surrealism*
esconder *to hide*
en forma de *in the form of, in the shape of*
a mano *by hand*

PRÁCTICA

A Los estudiantes y sus obras. Mira los dibujos para completar las siguientes frases con las palabras de la lista.

a la vez	cubismo	realista	serie
contiene	en forma de	refleja	surrealismo

1. A Ana le encantan las obras de Dalí. Por eso su pintura _____ el estilo de ese pintor del _____.
2. Pedro está terminando la tercera pintura de su _____ sobre la paz.
3. Juana está trabajando en una pintura _____.
4. El mural de José _____ muchos pájaros.
5. Como Ester está estudiando el _____, está haciendo una pintura en ese estilo.
6. Marta trabaja en su escultura y escucha música _____. Su escultura es _____ pájaro.

B Definiciones. Escoge una palabra de la lista para completar cada frase.

alcanza	esconde	fuente	merece	refleja
contiene	etapas	imaginación	juzga	serie

1. Para un(a) artista del surrealismo, la _____ de sus ideas viene de su _____.
2. Si uno realiza todo lo que quiere hacer, quiere decir que _____ sus objetivos.
3. Cuando uno ha trabajado mucho para conseguir algo, entonces _____ recibir algún tipo de premio.
4. Cuando una persona da su opinión sobre si algo es bueno o malo, lo _____.
5. Un número de cosas parecidas, que ocurren una después de otra, es una _____.
6. Una carrera de bicicletas larga tiene varias partes, o sea, varias _____.
7. Cuando uno pone algo donde nadie podrá verlo, lo _____.
8. Cuando una caja está dentro de otra caja más grande, decimos que la más grande _____ la pequeña.
9. Un espejo _____ las imágenes.

Guernica, un cuadro de Pablo Picasso

APLICACIONES

LECTURA

Guernica: La pintura como protesta

ANTES DE LEER: Responde a las siguientes preguntas.

1. ¿Has visto películas en que aviones atacaron *(attacked)* una ciudad? ¿Incluyeron escenas de la gente que murió?
2. ¿Sabes algo de la Segunda Guerra Mundial? ¿Contra quiénes luchó el ejército norteamericano?
3. ¿Conoces una obra de arte que represente un suceso histórico? ¿De qué se trata?

En julio de 1936, unos oficiales[1] del ejército español se rebelaron contra el gobierno. El pueblo[2] se dividió, y hubo una guerra civil que duró tres años. Murieron más de un millón de personas.

El 26 de abril de 1937, un pequeño pueblo en el norte de España fue bombardeado. Aunque el sitio no tenía ningún valor militar, el ataque duró tres horas. En ese ataque murieron 1,645 personas.

En todas partes del mundo la gente reaccionó[3] contra ese ataque. Protestaron, escribieron artículos, y algunos fueron a España a luchar.

Una de las personas que respondió a ese suceso de una manera personal fue el pintor Pablo Picasso. Aunque era español, Picasso vivía en París. En esa época era tal vez el artista más conocido del mundo, porque fue el creador del cubismo y gran explorador de nuevos estilos y técnicas.[4] Su reacción fue, ese mismo verano, la creación de una pintura para la sección del gobierno español en la Feria Mundial de París. Esa obra representaba la masacre de Guernica, el pueblito al norte de España.

El *Guernica* de Picasso no es una pintura realista, pero tampoco es difícil de entender. Una bombilla eléctrica ilumina la escena como una explosión. Figuras de personas y animales se mezclan en el horror. Una mujer llora por su bebé muerto. Otras dos corren por la calle, y otra, con una lámpara en la mano, mira la masacre a través de una ventana. Hay un hombre muerto, caído en el suelo. Un caballo relincha[5] con terror. A un lado hay un toro, quizás el símbolo de España misma.

La composición del *Guernica* contiene mucha fuerza expresiva. Parece una explosión que empieza en el centro del cuadro. El efecto de destrucción está aumentado por las formas afiladas,[6] que nos recuerdan los dientes de una sierra—o de un animal feroz.[7]

[1]**el oficial** *officer* [2]**el pueblo** here: *people* [3]**reaccionar** *to react* [4]**la técnica** *technique* [5]**relinchar** *to whinny* [6]**afilado, -a** *sharp-edged* [7]**feroz** *fierce*

Picasso no necesitó usar colores para hacernos sentir el miedo y el dolor. No vemos ni el amarillo de las explosiones ni el rojo de la sangre o del fuego. Todo está representado en blanco, negro y gris.

El *Guernica,* más que una ilustración de un suceso particular, es un símbolo universal de los horrores de la guerra, de todo lo que sufre la gente cuando se encuentra entre ejércitos que luchan por el poder.

Durante la Segunda Guerra Mundial, se llevó el *Guernica* al Museo de Arte Moderno de Nueva York. Permaneció allí hasta 1981, cuando lo llevaron a España. Fue uno de los deseos[8] de Picasso: que España tuviera[9] su *Guernica.*

---

[8]**el deseo** here: *wish* [9]**tuviera** imperfect subjunctive of **tener**

Continuación

1. ¿Qué pasó en:
   a. 1936? b. 1937? c. 1981?
2. ¿Qué estilo creó Picasso?
3. ¿Por qué pintó el cuadro Picasso?
4. ¿Cuántos colores hay en el *Guernica*? ¿Cuántas personas hay en el cuadro?
5. ¿Crees que los artistas deban usar el arte para protestar contra lo que les parezca malo o inmoral? ¿Por qué?
6. ¿Crees que las obras que protestan contra las guerras puedan servir para que haya menos guerras? ¿Crees que las obras de arte y las películas (tales como *Rambo*) que glorifican la guerra pueden aumentar la posibilidad de que haya una guerra? Explica.
7. La mayoría de los monumentos a las personas que han muerto en guerras son relativamente sencillos. Muchos son muy parecidos. Imagina que puedes crear una escultura a la memoria de la gente que murió en un desastre. ¿Qué tipo de imágenes te gustaría usar?

El Museo Picasso en Barcelona, España

EXPLICACIONES II

El imperfecto del subjuntivo

◆ **COMMUNICATIVE OBJECTIVES**

To explain what you wanted or were looking for

To explain something that happened in the past

To make excuses by telling what priorities were

To tell what one believed as a child

As you know, there are a number of situations in which we use the present subjunctive.

Quiero que me hables de ella.	*I want you to tell me about her.*
Dudo que volvamos temprano.	*I doubt that we'll return early.*
Es importante que le escriban.	*It's important that they write to him.*
Busco una persona que pueda resolver el problema.	*I'm looking for someone who can solve the problem.*
No podemos comenzar hasta que llegue Anita.	*We can't begin until Anita arrives.*

If the main verb is in the present tense, then we use the present subjunctive. But if the main verb is in the past tense (preterite or imperfect), then we must use the imperfect subjunctive. Here are the forms of the imperfect subjunctive for the verbs *hablar*, *volver*, and *escribir*.

INFINITIVO **hablar**

	SINGULAR	PLURAL
1	habl**ara**	habl**áramos**
2	habl**aras**	habl**arais**
3	habl**ara**	habl**aran**

INFINITIVOS **volver / escribir**

	SINGULAR	PLURAL	SINGULAR	PLURAL
1	volv**iera**	volv**iéramos**	escrib**iera**	escrib**iéramos**
2	volv**ieras**	volv**ierais**	escrib**ieras**	escrib**ierais**
3	volv**iera**	volv**ieran**	escrib**iera**	escrib**ieran**

1 To form the imperfect subjunctive, we take the *Uds.* / *ellos* / *ellas* form of the preterite and replace the ending *-ron* with the imperfect subjunctive endings.

Quería que me hablaran de ella.	***I wanted you to tell me*** *about her.*
Era importante que le **escribieran.**	***It was important that they write*** *to him.*
Esperaba que él entendiera mi problema.	***I hoped that he understood (would understand)*** *my problem.*
Ella buscaba una tienda que vendiera esos discos.	***She was looking for a store that sold*** *those records.*

2 We follow the same pattern when forming the imperfect subjunctive of *-ir* stem-changing verbs and $i \rightarrow y$ spelling-changing verbs. Remember that they keep their changes in the *Uds.* / *ellos* / *ellas* form of the preterite.

Recomendaron que sirviéramos la comida más temprano.	***They recommended that we serve*** *the food earlier.*
Pedro entró **sin que yo** lo **oyera.**	*Pedro entered* ***without my hearing*** *him.*
Yo dudaba que durmieran tantas horas.	***I doubted they would sleep*** *so many hours.*
Era difícil que él me lo **pidiera.**	***It was difficult for him to ask*** *it of me.*
Él no podía encontrar a nadie que sonriera como ella.	***He couldn't find anyone who smiled*** *like her.*

PRÁCTICA

A **El cacharro de Patricio.** Patricio compró un coche de segunda mano. Desde entonces no ha dejado de tener problemas. Escoge la palabra correcta en cada frase.

1. Como no me sentía bien, le pedí a mi amigo Jorge que me *(doblara, pintara, ayudara)* a llevar el cacharro al mecánico.
2. Tenía un problema con el acelerador. Quería que el mecánico lo *(reparara, alcanzara, reflejara).*
3. Además, el color era tan feo que preferí que lo *(pintara, ahorrara, limpiara)* de otro color.
4. También era importante que el mecánico *(enchufara, llenara, examinara)* el motor.
5. Luego dijo que no valía la pena reparar el coche a menos que *(cortara, cambiara, manejara)* ese motor.

6. Como no tenía dinero, tuve que seguir con el mismo motor. El mecánico nos dijo que *(explicáramos, voláramos, manejáramos)* despacio y con cuidado.
7. Finalmente al salir del garaje, mientras Jorge manejaba, chocamos. Le grité—¿no te dijo el mecánico que no *(engañaras, aceleraras, cruzaras)* tanto?

B **Planeando la obra de arte.** Imagina que los estudiantes de la clase de arte y de español recibieron permiso para hacer una obra de arte para la escuela. Completa cada frase con la forma correcta del verbo apropiado.

1. Primero queríamos crear una obra que ____ mucha atención. (asistir, recibir)
2. Después, era necesario escoger un equipo de artistas que ____ el trabajo. (dirigir, convencer)
3. Sobre todo necesitábamos estudiantes que ____ cómo se crea una obra de arte. (comprender, escoger)
4. Preferíamos personas que ____ el estilo de los grandes muralistas mexicanos. (conocer, merecer)
5. Era importante colocar la obra en un lugar donde todos los estudiantes lo ____. (convencer, ver)
6. Buscábamos artistas que ____ todos los requisitos del plan. (entender, resolver)
7. Por fin queríamos encontrar a alguien que ____ un artículo sobre el trabajo para el periódico escolar. (permitir, escribir)

Un cuadro de Salvador Dalí

C Un día difícil. Ayer Miguel tuvo muchas cosas que hacer. Hizo las cosas importantes, y no hizo las imposibles. Di lo que hizo Miguel según el modelo.

IMPORTANTE	IMPOSIBLE
aprender la lección de español	aprenderla en tan poco tiempo

Era importante que aprendiera la lección de español.
Era imposible que la aprendiera en tan poco tiempo.

IMPORTANTE	IMPOSIBLE
1. hallar un regalo de cumpleaños para Julio	gastar más de 20 dólares
2. devolver un libro a la biblioteca	terminar el libro a tiempo
3. llevar al perro al veterinario	encontrarlo
4. comprar entradas para el concierto de esta noche	conseguir buenos asientos
5. recordarle a Óscar la dirección de la fiesta	pasar por su casa a buscarlo
6. planear el día	cumplir todos sus objetivos

D Antes era diferente. Isabel y su abuela están hablando. La vida de Isabel ahora no es nada igual a la de la abuela. Describe cómo era la vida de la abuela. Sigue el modelo.

Ahora nuestros padres permiten que trabajemos de plomeras.
Antes nuestros padres no permitían que trabajáramos de plomeras.

1. Ahora nuestros padres permiten que sus hijas jueguen al fútbol.
2. Ahora nos permiten que salgamos solas.
3. Ahora nuestros padres desean que consigamos empleo.
4. Ahora permiten que tuteemos a los mayores.
5. Ahora es fácil que las mujeres se ganen la vida.
6. Ahora es posible que llevemos pantalones.
7. Ahora permiten que nos maquillemos.
8. Ahora quieren que manejemos.

E Hablemos de ti.

1. El año pasado, ¿era necesario que estudiaras mucho? ¿Qué tuviste que hacer para sacar buenas notas?
2. En tu último cumpleaños, ¿querías que tus padres te regalaran algo especial? ¿Qué era? ¿Lo recibiste?
3. Cuando empezaste a estudiar español, ¿dudabas que lo aprendieras? ¿Qué crees ahora? ¿Qué consejos tienes para los que empiezan a estudiar un idioma?

4. Cuando eras muy joven, era necesario que durmieras diez o doce horas cada noche. ¿Cuántas horas duermes ahora? ¿Crees que es suficiente?
5. Cuando había programas educativos en la televisión, ¿insistían tus padres en que los vieras? ¿Cuáles viste? ¿Te gustaron? ¿Por qué?

ACTIVIDAD

Cuando yo era niño(a) What did you believe when you were young? What things were you not so sure about? Write on a piece of paper four things you believed and four things you doubted when you were little. For example:

Yo creía que mis maestros lo sabían todo.
Yo dudaba que Santa Claus existiera.

Now get together with a partner and see what you wrote. Have you and your partner changed your beliefs?

Las Meninas, un cuadro de Velázquez, Museo del Prado, Madrid

APLICACIONES

REPASO

Mira con cuidado las frases modelo. Luego cambia las frases que siguen al español según los modelos.

1. *Como todos los hijos, Juan era parecido a sus padres.*
   (Like all the designers, Roberto was known for his style.)
   (Like all the young people, they were affectionate with their relatives.)
   (Like all the workers, she was responsible for her job.)
2. *El piloto quería conseguir astronautas que lanzaran cohetes del satélite.*
   (The boss (m.) *desired to meet people who would know the outskirts of the city.)*
   (We hoped to create a government that would improve the future of the society.)
   (I wanted to look for someone who would warn the hotel employees.)
3. *Él buscaba libros que merecieran su atención.*
   (We were asking for guides who would speak our language.)
   (The professor was pointing out plays that would attract her students.)
   (The artist was looking for museums that would judge her works.)
4. *Esperaban que su amigo encontrara la computadora que necesitaba.*
   (I hoped that my family would understand the pain I was feeling.)
   (We wanted our boss (f.) *to supervise the series we were doing.)*
   (They hoped that their lawyer would solve the problems they were having.)
5. *El mural impresionante influyó a muchas personas.*
   (The sensitive muralist failed several times.)
   (The hard-working students attained each goal.)
   (The strange invention created a lot of unemployment.)

El tres de mayo de 1808, un cuadro de Francisco de Goya

TEMA

Escribe las frases en español.

1. Like all artists, Goya was sensitive to his environment.

2. The painter wanted to find scenes that would reflect the madness of war.

3. He hoped that his painting would attain the results he wanted.

4. He wanted his painting to show the violence he feared.

5. The vivid images attracted a lot of attention.

REDACCIÓN

Ahora escoge uno de los siguientes temas para escribir tu propio diálogo o párrafo.

1. Choose a favorite drawing, painting, or other piece of art. Briefly describe it, mentioning elements such as theme, colors, shapes, figures, etc.

2. Look for a book with paintings by Goya. Now imagine that you are an art teacher and describe to your students one Goya painting of your choice. What questions would your students ask? Create a dialogue between yourself and your students.

COMPRUEBA TU PROGRESO CAPÍTULO 13

A Hablando de arte

Completa las siguientes frases con una palabra de la lista. Haz los cambios necesarios.

contemporáneo	recordar
corriente	sensible
etapa	sombra
punto de vista	

1. Las formas abstractas de ese cuadro me _____ los caimanes. ¿Y a ti?
2. Dicen que la _____ más importante de la carrera de esa artista es la primera.
3. Ese museo tiene una magnífica colección de arte _____, o sea, arte de esta época.
4. Marcos es un chico muy _____ a la belleza. Si sigue tomando clases de arte, va a ser un gran pintor algún día.
5. Desde mi _____, esa obra de arte merece mucha atención.
6. Me gusta mucho el surrealismo, porque las obras realistas son demasiado _____.
7. Ese muralista usa la _____ para crear un ambiente de misterio.

B Precisamente esa palabra . . .

Completa cada frase con una palabra de la lista.

imaginación	los años
fuentes	juzgar
cubismo	tales
el ambiente	

1. Los artistas y los escritores tienen que tener mucha _____ para crear sus obras.
2. Durante _____ ochenta empecé a tener mucho interés en la política.
3. Nunca he visto _____ imágenes como las de los pintores del _____.
4. No puedes _____ el valor de mi obra sin conocer mi estilo.
5. No me gusta _____ de este lugar. ¿Vamos a otro?
6. ¿Nos puedes ayudar a buscar algunas _____ de información sobre los muralistas?

C Buscamos palabras que sean correctas

Completa las frases con la forma correcta del verbo entre paréntesis.

1. Quiero comprar una obra de arte que no *(costar)* mucho.
2. Conozco a alguien que *(saber)* pintar bien.
3. Busca un artista que le *(hacer)* un retrato.
4. Rafael es un diseñador que *(poder)* crear el ambiente que queremos.
5. Es necesario encontrar una persona que *(hablar)* alemán.
6. Hablemos de otra cosa. Ése es un plan que no nos *(convenir)*, francamente.

D Lo que mamá quería

Completa las frases para decir qué quería Mamá.

querer / (yo) / escribir muchas cartas
Mamá quería que yo escribiera muchas cartas.

1. pedir / (nosotros) / preparar la comida
2. esperar / Elena / aprender las lecciones
3. querer / Roberto / limpiar el coche
4. insistir / los primos / empezar en seguida
5. pedir / papá / pagar todas las cuentas
6. esperar / yo / lavar la ropa sucia
7. querer / tío Paco / reparar la bicicleta de Elena
8. sugerir / (nosotros) / acabar antes de las cinco

E ¿Y en el pasado?

Cambia las frases del presente al pasado.

1. Prometo hacerlo, con tal que Uds. me ayuden.
2. No quiero ir, a menos que me regale el boleto.
3. Dudo que Juanito maneje bien.
4. No voy a subir la montaña sin que me acompañen.
5. Me doy prisa para que salgamos pronto.
6. Pido que me mande un plano de la ciudad.
7. Quieren que busquemos el dinero perdido.

VOCABULARIO DEL CAPÍTULO 13

Sustantivos
el ambiente
la belleza
el cubismo
el efecto
la escena
la etapa
la forma
la fuente *(source)*
la imaginación, *pl.* las imaginaciones
la manera
el/la muralista
la personalidad
el punto de vista
la serie
la sombra
el surrealismo

Adjetivos
alegre
contemporáneo, -a
corriente
igual (que)
realista
sensible
tal
vivo, -a

Verbos
alcanzar
atraer
contener
esconder
juzgar
merecer (c → zc)
recordar (o → ue) *(to remind)*
reflejar

Expresiones
a la vez
a mano
a través de
en forma de
igual que
los años sesenta, setenta, etc.

CAPÍTULO 14

PRÓLOGO CULTURAL | LAS NOTICIAS

La radio nos divierte y nos informa. Radio Heraldo en Zaragoza, España, se especializa en programas deportivos y también ofrece programas de noticias y de comentarios políticos. Aquí vemos a dos locutores de Radio Heraldo preparando un programa.

La foto de arriba

En los Estados Unidos hay varias estaciones de televisión que tienen programas en español. Aquí Tony Flores, de una estación en Nueva York, entrena a jóvenes hispanos en producción de televisión.

La foto de abajo

Buenos Aires es un centro editorial importante. Actualmente hay por lo menos ocho periódicos principales en la capital. Además, se publican periódicos en alemán, inglés, francés, italiano y hebreo.

PALABRAS NUEVAS I

Las noticias del día

CONTEXTO VISUAL

◆ COMMUNICATIVE OBJECTIVES

To ask for and express opinions

To express amazement

To bring someone up to date

To use deduction on overhearing a conversation

To read a newspaper article

To explain or define a word

To write a brief report of a crime

CONTEXTO COMUNICATIVO

1 LUIS — El director me **informó** que la ciudad va a **apoyar el proyecto** de hacer más grandes los gimnasios de las escuelas. ¿Qué **opinas**?

ÁNGELA — Me parece fantástico. **De lo contrario,** tendremos que seguir haciendo ejercicio en el parque.

Variaciones:

- informó → dijo
- ¿qué opinas? → ¿qué te parece?

informar *to inform*
apoyar *to support, to back*
el proyecto *project*
opinar *to think, to have or express an opinion*
de lo contrario *otherwise, if not*

2 MANUEL — Esta **madrugada** capturaron a **los criminales** que robaron las pinturas del museo.

LEONOR — ¿Cómo? Yo creía que **sospechaban de** uno de los empleados del museo.

MANUEL — Sí. Pero no era él. La policía vio a una mujer y a un hombre que estaban **metiendo** los cuadros en un camión.

LEONOR — No me puedo imaginar cómo lo hicieron. Es difícil robar un museo.

- madrugada → mañana
- en un camión → en el baúl de su coche
- es → será

la madrugada *early morning, dawn*
el / la criminal *criminal*
sospechar de (+ person) *to suspect, to be suspicious of*
meter *to put in, to insert*

3 JAVIER — No he escuchado la radio hoy. Necesito **ponerme al día con** las noticias.

RAQUEL — Bueno, lo más importante es que **acusaron** a una mujer de intentar **asesinar** a un político **poderoso.**

JAVIER — ¿Cuándo capturaron a **la sospechosa**?

RAQUEL — Ayer **al anochecer.**

- la radio → **el noticiario**
- asesinar → matar

poner(se) al día (con) *to bring (oneself) up to date (on)*
acusar *to accuse*
asesinar *to murder, to assassinate*
poderoso, -a *powerful*
el sospechoso, la sospechosa *suspect*
el anochecer *nightfall*
el noticiario *news report, newscast*

4 JULIA ¿De qué **crimen** acusaron a esos hombres?

JULIO Mientras trataban de robar un banco, **hirieron** a un empleado.

JULIA ¿Cómo los van a castigar?

JULIO No sé. **El juez** no verá a **los acusados** hasta **la semana que viene.**

- trataban de → intentaban
- la semana que viene → la semana próxima

el crimen, pl. **los crímenes** *crime*

herir (e → ie) *to hurt, to injure*

el juez, la jueza *judge*

el acusado, la acusada *accused (person)*

la semana (el mes, el año) que viene = la semana próxima (el mes / año próximo)

PRÁCTICA

A ¿Quién lo dice? ¿Quién dice las siguientes frases? Escoge a la persona apropiada.

1. Desde donde yo estaba pude ver muy bien lo que hizo el asesino, pero no pude ver bien su cara.
   a) la víctima b) el juez c) el testigo
2. Cuando yo salga corriendo del banco, tienes que tener el motor encendido, listo para escapar. De lo contrario, el plan fracasará.
   a) el criminal b) la víctima c) el testigo
3. Lo siento, señor juez, pero ese hombre no ha dicho la verdad. Yo no insistí en que me diera su dinero. Yo sólo se lo pedí prestado.
   a) la víctima b) el acusado c) el testigo
4. Si Ud. no robó el banco, ¿cómo explica todo el dinero que encontraron en esa caja en su coche?
   a) el juez b) el asesino c) la víctima
5. Yo estaba presente cuando él la hirió.
   a) el acusado b) el testigo c) el sospechoso
6. Yo puedo demostrar que en ese momento estaba en casa de mi madre con mis amigos.
   a) el sospechoso b) el juez c) el testigo
7. Lo único que puedo decir es que no lo planeé. Yo nunca pensé matarlo.
   a) el testigo b) el asesino c) la víctima
8. No me pueden meter en la cárcel porque sólo tengo 16 años.
   a) el policía b) el abogado c) el acusado

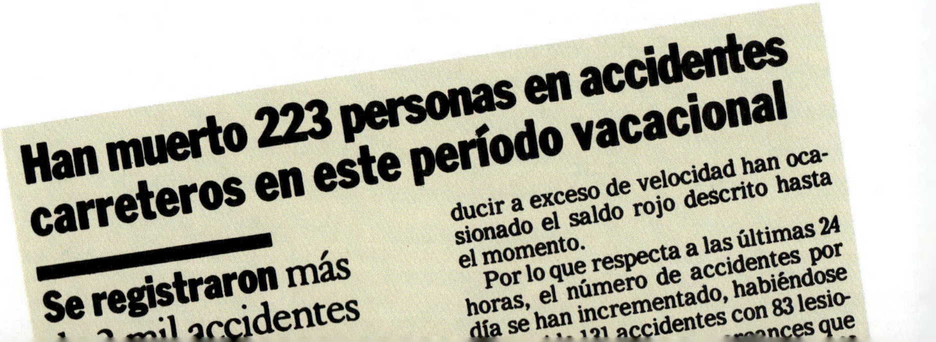
Han muerto 223 personas en accidentes carreteros en este período vacacional

Se registraron más ... mil accidentes

ducir a exceso de velocidad han ocasionado el saldo rojo descrito hasta el momento.

Por lo que respecta a las últimas 24 horas, el número de accidentes por día se han incrementado, habiéndose ... 131 accidentes con 83 lesio-...

B **Detective.** Imagina que eres detective. Pon las frases en orden lógico.

1. Por muchos días, estudiaron cuándo abrían y cerraban la tienda.
2. A la madrugada, dejaron el coche delante de la tienda.
3. Rompieron la vitrina y entraron en la tienda.
4. La policía esperaba afuera y capturó a los criminales.
5. Planearon muy bien el modo de entrar en la tienda.
6. Salieron de la tienda muy contentos.
7. Cuando vieron los radios en la tienda, decidieron robarlos también.
8. Metieron los radios y el dinero de la caja en una bolsa.
9. Los acusados fueron a la cárcel.
10. Intentaron abrir la puerta.

Un discurso para la televisión en Venezuela

C Conclusiones lógicas. Completa las siguientes frases con una conclusión lógica.

1. Tengo que estudiar esta noche. De lo contrario,
2. Dicen que van a llegar al anochecer, a menos que
3. Voy a leer mucho esta noche para ponerme al día
4. Sospecho que el acusado lo mató para que
5. Vamos a poner el dinero en el banco antes de que
6. Si llego muy tarde, intentaré entrar sin que
7. Como en el noticiario sólo hablaban de huelgas, manifestaciones y víctimas, después de media hora
8. La locutora nos informó que hay que tener cuidado porque es posible que
9. Opino que no lo deben acusar hasta que

a. el asesino siga escondido en nuestro pueblo.
b. haya mucho tráfico.
c. lo gastemos.
d. no hablara.
e. no saldré bien en el examen.
f. con la clase de biología.
g. lo apagamos.
h. se despierten.
i. sepan todos los datos.

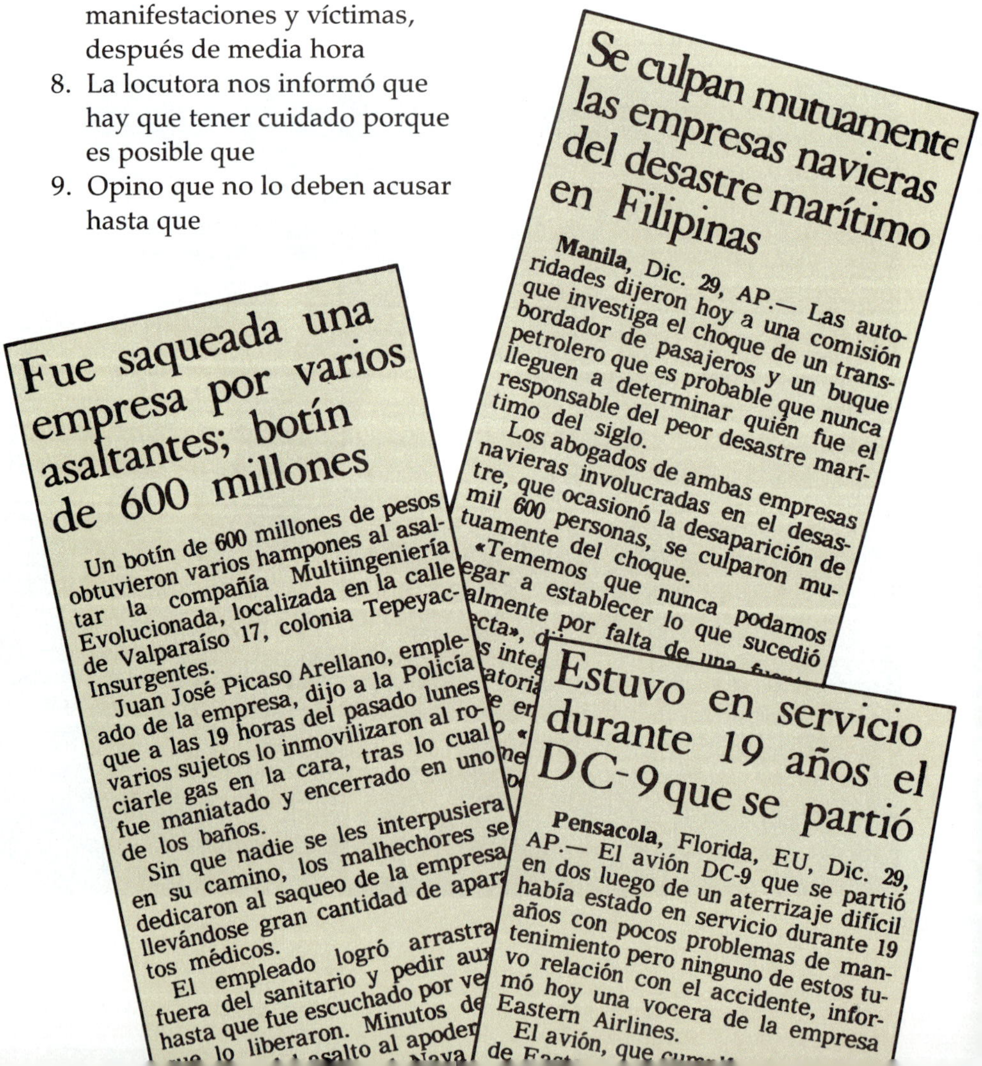

Se culpan mutuamente las empresas navieras del desastre marítimo en Filipinas

Manila, Dic. 29, AP.— Las autoridades dijeron hoy a una comisión que investiga el choque de un transbordador de pasajeros y un buque petrolero que es probable que nunca lleguen a determinar quién fue el responsable del peor desastre marítimo del siglo.

Los abogados de ambas empresas navieras involucradas en el desastre, que ocasionó la desaparición de mil 600 personas, se culparon mutuamente del choque.

«Tememos que nunca podamos ...egar a establecer lo que sucedió ...almente por falta de una ...

Fue saqueada una empresa por varios asaltantes; botín de 600 millones

Un botín de 600 millones de pesos obtuvieron varios hampones al asaltar la compañía Multiingeniería Evolucionada, localizada en la calle de Valparaíso 17, colonia Tepeyac-Insurgentes.

Juan José Picaso Arellano, empleado de la empresa, dijo a la Policía que a las 19 horas del pasado lunes varios sujetos lo inmovilizaron al rociarle gas en la cara, tras lo cual fue maniatado y encerrado en uno de los baños.

Sin que nadie se les interpusiera en su camino, los malhechores se dedicaron al saqueo de la empresa llevándose gran cantidad de apar... tos médicos.

El empleado logró arrastra... fuera del sanitario y pedir aux... hasta que fue escuchado por ve... que lo liberaron. Minutos de...

Estuvo en servicio durante 19 años el DC-9 que se partió

Pensacola, Florida, EU, Dic. 29, AP.— El avión DC-9 que se partió en dos luego de un aterrizaje difícil había estado en servicio durante 19 años con pocos problemas de mantenimiento pero ninguno de estos tuvo relación con el accidente, informó hoy una vocera de la empresa Eastern Airlines.

El avión, que cum...

D Explícamelo, por favor. Imagina que estás escuchando el noticiario con tu hermana menor. Ella no comprende algunos sucesos. Explícale las siguientes palabras.

1. la huelga
2. la manifestación
3. asesinar
4. la madrugada
5. el crimen
6. el acusado
7. herir
8. el anochecer

E Hablemos de ti.

1. ¿Cómo te pones al día con las noticias? Muchas personas creen que es más interesante escuchar el noticiario por la radio que verlo por la televisión. ¿Qué opinas tú? ¿Por qué? ¿Cuál es tu canal preferido? ¿Tienes un(a) locutor(a) favorito(a)? ¿Quién es y por qué es tu favorito(a)? ¿Qué estación de radio te gusta más? ¿Por qué? ¿Te interesan más las noticias locales, las nacionales o las internacionales? Explica.
2. ¿Te cuesta trabajo ponerte al día en todas tus clases? ¿Crees que es posible hacerlo? ¿Cómo?
3. ¿Qué parte del día crees que es más bella, la madrugada o el anochecer? Explica tu respuesta.

ACTIVIDAD

El noticiario With a partner, write a short news report about a real or made-up crime. Describe what happened and include a brief comment from a witness to the crime. Now get together with two or three other pairs and present your news report to the group. One person in each pair should take the role of the reporter and the other should take the role of the witness.

Una estación de radio en Cali, Colombia

DIÁLOGO

APLICACIONES

Los titulares de mañana

Sandra Abreu y Rafael Mirós, locutores de la cadena[1] de televisión Hispanex, se preparan para informarnos de las noticias del día.

DIRECTOR ¡Prepárense! En 15 segundos estaremos en el aire. 14, 13, 12 . . .

SANDRA Rafael, ¿se sabe algo más sobre esa explosión?

DIRECTOR 6, 5, 4 . . .

RAFAEL Todavía no, pero uno de nuestros periodistas está buscando más detalles.

DIRECTOR 3, 2, 1. ¡Ya!

SANDRA Muy buenas tardes. Les habla Sandra Abreu, trayéndoles el noticiario "Mundovisión" de las siete.

RAFAEL Y yo soy Rafael Mirós, con las noticias más importantes de hoy.

SANDRA Ayer al anochecer una poderosa explosión destruyó una fábrica en el pueblo de Encino Rojo, Texas, causando 29 muertos y 122 heridos. Los bomberos siguen buscando víctimas entre las ruinas.

RAFAEL En Lima, Perú, se realizó una manifestación para apoyar la huelga de los trabajadores.

SANDRA Nos informa la agencia UPI que en Bogotá, Colombia, el equipo de Medellín ganó el campeonato nacional de fútbol.

---

[1]**la cadena** here: *network*

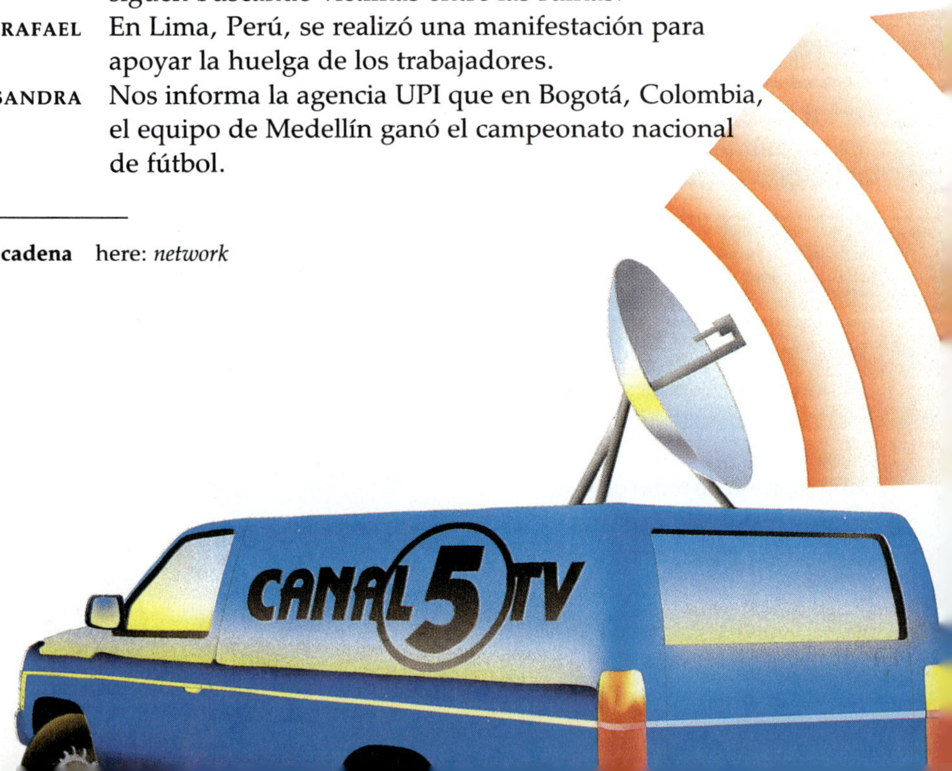

RAFAEL En Chile, se acusó a un grupo de criminales de intentar asesinar al testigo principal en el caso Bermúdez.

SANDRA Y ahora, las noticias locales. La policía dijo que hay tres nuevos sospechosos en el robo de la Joyería Mundial.

RAFAEL En una encuesta[2] reciente, el 63 por ciento de los lectores[3] del diario *La Prensa* opinaron que la economía del país mejorará el año que viene.

SANDRA La Biblioteca Nacional nos informa que empezará mañana un proyecto para poner al día sus archivos.[4]

RAFAEL Y ahora vamos a unos anuncios comerciales. Volveremos en un momento con más detalles sobre estas noticias.

---

[2]**la encuesta** *poll* [3]**el lector** *reader* [4]**los archivos** *archives*

Continuación

1. ¿Quiénes son Sandra Abreu y Rafael Mirós? ¿Qué hacen? ¿Te gustaría tener este puesto? ¿Por qué sí o por qué no? 2. ¿A qué hora empieza el noticiario? 3. ¿Por qué crees que este diálogo se titula "Los titulares de mañana"? 4. En tu opinión, de todas las noticias de "Mundovisión," ¿cuál es la más interesante o importante para el público? ¿Por qué? 5. ¿Qué opinas de las noticias de este noticiario? ¿Crees que por lo general los noticiarios sólo hablan de las "malas" noticias? Explica. 6. ¿Qué opinas de los noticiarios de la televisión que tú ves? ¿Cómo crees que deben ser los noticiarios? 7. Escoge una de las noticias y preséntala de una manera completa, usando tus propias palabras.

Participación

Imagina que eres testigo de un suceso importante. Un(a) locutor(a) de un canal de televisión te va a entrevistar sobre lo que viste. Con un(a) compañero(a), inventa un diálogo.

Un canal de televisión en Caracas, Venezuela

EXPLICACIONES I

El imperfecto progresivo

◆ COMMUNICATIVE OBJECTIVES

To describe an event in detail

To report something accurately

To act as a witness for someone

You have learned to use the present progressive tense to express an action or event that is in progress at the present time. To describe an action or event that was in progress at a certain time in the past, we use the imperfect progressive. We form this tense by using the imperfect of *estar* or *seguir* and the present participle.

Cuando me acosté **estaba lloviendo** mucho.	*When I went to bed,* ***it was raining*** *hard.*
A pesar de la lluvia, el equipo **seguía practicando** fútbol.	*In spite of the rain, the team* ***kept on practicing*** *soccer.*
A las tres, yo **estaba leyendo** y mi hermano **estaba durmiendo.**	*At three o'clock, I* ***was reading*** *and my brother* ***was sleeping.***
Cuando llegaste, Jaime y César me **estaban comprando** churros y chocolate.	*When you arrived, Jaime and César* ***were buying*** *me churros and hot chocolate.*

Remember that object pronouns can come before *estar* or *seguir* or can be attached to the present participle.

Cuando llegaste, Jaime y César **estaban comprándome** churros y chocolate.	*When you arrived, Jaime and César* ***were buying me*** *churros and chocolate.*
Jaime y César **me los estaban comprando.**	*Jaime and César* ***were buying them for me.***

Remember that when we attach an object pronoun to the present participle, we must add an accent mark to preserve the original stress.

Un partido de fútbol en Madrid, España

PRÁCTICA

A **¿Qué estaba pasando?** Escoge la frase apropiada de la lista de la derecha para decir lo que cada una de las siguientes personas estaba haciendo ayer por la tarde. Sigue el modelo.

el testigo / acusar al sospechoso
El testigo estaba acusando al sospechoso.

1. la jueza	inventar una máquina
2. dos científicos	apoyar a los estudiantes
3. una muralista	curar al paciente
4. unos periodistas	reducir todos los precios
5. el médico	perdonar al acusado
6. la locutora	entrevistar a los testigos
7. el gerente del almacén	crear una obra de arte
8. la consejera	preparar el noticiario

B **¿Qué estaban haciendo?** Pregunta y contesta dónde estaba cada persona anoche y qué estaba haciendo. Sigue el modelo.

(tú) / el restaurante / cenar
ESTUDIANTE A *¿Dónde estabas anoche?*
ESTUDIANTE B *En el restaurante. Estaba cenando.*

1. el camarero / el café / servir refrescos
2. los médicos / el hospital / atender a los pacientes
3. los estudiantes de intercambio / la universidad / matricularse
4. el profesor / la manifestación / protestar contra el proyecto
5. Uds. / la oficina / prepararse para la entrevista
6. Marisol y Tomás / el parque de diversiones / divertirse
7. el equipo de tenis / otro colegio / competir en un campeonato
8. el presidente / la Casa Blanca / dormir
9. (tú) / ? / ?

C **Un terremoto.** Julia les cuenta a sus amigos de su experiencia durante un terremoto. Usa el imperfecto progresivo de los verbos entre paréntesis para completar el párrafo.

Mi padre *(leer)* el periódico en la sala como todas las noches. Jorge y Diego, mis hermanos mayores, *(escuchar)* música en la biblioteca. Graciela *(dormir)* en un cuarto en el primer piso. Mi madre y yo *(regresar)* del cine y cuando entramos, toda la casa *(moverse)*. La gente *(correr)* por la calle como loca. Poco después los niños *(gritar)* desde la biblioteca. Graciela *(llorar)* mientras intentaba bajar la escalera. Las personas *(ayudarse)*. Más tarde, mientras nosotros *(hablar)* con nuestros vecinos en la calle, se cayó el primer piso de nuestra casa.

D **Eres testigo.** Imagina que viste un robo y que, después, un policía te hace preguntas para averiguar qué estaba pasando. Sigue el modelo.

¿Estaba Ud. comprando flores?
Sí, estaba comprándolas.

1. ¿Los policías estaban persiguiendo al ladrón?
2. ¿El vendedor de helados estaba señalando al ladrón?
3. ¿La vendedora de flores estaba mirando al ladrón?
4. ¿El empleado de la zapatería estaba lavando la vitrina?
5. ¿El banquero estaba recogiendo el dinero?
6. ¿El empleado del banco estaba mirando a los policías?
7. ¿El sospechoso estaba llevando dos bolsas de dinero?
8. ¿El cartero estaba mirando su reloj?

E Hablemos de ti.

1. ¿En qué estabas pensando cuando entraste en esta clase? ¿Seguías pensando en eso durante la clase? ¿Con quién estabas hablando antes de que comenzara la clase? ¿De qué estabas hablando?
2. ¿Qué estaba haciendo anoche tu mamá o tu papá cuando llegaste a tu casa? ¿Qué estabas haciendo anoche, cerca de las diez?
3. Trata de recordar: ¿Qué estabas haciendo cuando la nave espacial *Challenger* explotó *(exploded)*? ¿Qué estabas haciendo el 31 de diciembre del año pasado a la medianoche?
4. ¿Puedes hacer dos cosas a la vez? ¿Qué más hacías anoche mientras estabas haciendo la tarea? ¿Qué más estabas haciendo mientras cenabas? ¿Qué más estabas haciendo ayer, mientras ibas a la escuela? ¿Qué estabas haciendo ayer mientras mirabas la televisión?

Periódicos en las Ramblas, en Barcelona, España

◆ COMMUNICATIVE OBJECTIVES

To understand a news broadcast

To interview or be interviewed

CONTEXTO NARRATIVO

PALABRAS NUEVAS II

Noticia de último momento

Señoras y señores, desde la capital, aquí está Ricardo Rivera para ponerlos al día.

Comprobaron hoy que **el embajador** de El Dorado fue **secuestrado** ayer mientras daba un **discurso.** Un grupo de **rebeldes** entró en **la embajada** y después de **amenazar** a varios empleados se escapó **tomando** al embajador **como rehén.** **El temor** de los otros empleados de la embajada crece a cada momento. Nadie quiere **arriesgar** la vida del embajador; **por lo tanto,** se está haciendo todo lo posible para **rescatar**lo. Pero **tanto** la policía **como** el público quieren que se **detenga*** a los criminales para evitar que algo como esto ocurra otra vez.

Ricardo Rivera, desde la capital, para Radio WXYZ.

comprobar (o → ue) *to confirm, to prove*
el embajador, la embajadora *ambassador*
secuestrar *to kidnap, to hijack*
el discurso *speech*
el / la rebelde *rebel*
la embajada *embassy*
amenazar *to threaten*
tomar como rehén *to take (someone) hostage*
el / la rehén, *pl.* **los / las rehenes** *hostage*
el temor *fear*
arriesgar *to risk, to endanger*
por lo tanto *therefore*
rescatar *to rescue*
tanto . . . como *both . . . and, as well as*
detener *to stop, to arrest*

**Detener* has the same forms as *tener* in all tenses.

Una estación de radio en Málaga, España

PRÁCTICA

A Los titulares. Imagina que trabajas para un periódico y que te pidieron que cambiaras algunos titulares. Reemplaza cada palabra o frase en cursiva con una palabra o frase de la derecha.

1. Políticos *dan un discurso a* trabajadores	comprueba
2. *Encarcelan* a asesino	detienen
3. Embajador italiano *tomado como rehén*	hablan con
4. Testigo *demuestra* que acusado es inocente	rescatan
5. Aumenta *el miedo*	secuestrado
6. Policías y bomberos *salvan* a familia de incendio	el temor

B El secuestro. Imagina que un avión fue secuestrado pero la policía pudo capturar al secuestrador. Ahora los pasajeros hablan con un locutor del noticiario TV Hoy. Completa las frases con palabras de la lista.

anochecer	embajador	por lo tanto
arriesgó	herido	secuestre
detenido	poderosa	tanto . . . como
embajada		

1. Cuando subió al avión, yo sospechaba de ese hombre. Le dije a mi esposo, ¿crees que _____ el avión?
2. El criminal _____ la vida de todos los pasajeros para alcanzar sus objetivos.
3. Tenía un arma muy _____.
4. En el avión viajaba el _____ de Inglaterra con varios de los empleados más importantes de la _____.
5. Aunque nosotros teníamos mucho miedo, _____ los auxiliares de vuelo _____ el piloto estaban tranquilos.
6. Uno de los auxiliares de vuelo engañó al criminal y le tomó el arma; _____, la policía pudo detenerlo.
7. Todo terminó al _____, alrededor de las seis y media.
8. Al aterrizar el avión, el criminal fue _____ por la policía.
9. Uno de los pasajeros fue _____ pero resulta que no es nada serio.

C **¿Qué opinas tú?** Expresa tus opiniones sobre las siguientes cuestiones. Usa las expresiones de la lista.

Creo que . . .	Me parece que . . .
Desde mi punto de vista . . .	Opino que . . .
Dudo que . . .	Pienso que . . .
Estoy de acuerdo de que . . .	Sospecho que . . .

1. las huelgas: ¿importantes o no?
2. las manifestaciones de estudiantes: ¿necesarias o no?
3. los testigos de un crimen: ¿deben ayudar a la víctima o no?
4. los criminales adolescentes: ¿juzgarlos y castigarlos como adultos o no?
5. tomar a alguien como rehén para protestar contra algo: ¿crimen igual al de secuestrar a alguien por dinero?
6. los que secuestran aviones: ¿son criminales como los otros o no?
7. programas de televisión con mucha violencia: ¿deben ser prohibidos para los niños o no?
8. los padres de criminales juveniles: ¿son culpables o no?
9. rescatar a un rehén: ¿deben arriesgar su vida o no?

Un periodista y su computadora en Buenos Aires, Argentina

APLICACIONES

En primera plana[1]

ANTES DE LEER: Responde a las siguientes preguntas.

1. Una manera de enterarse de las noticias es por medio de la televisión. ¿Qué otras maneras hay?
2. En general, ¿qué tipo de información se encuentra en la parte de arriba de la primera plana de un periódico?
3. En el periódico que tú lees, ¿dónde aparece el pronóstico del tiempo?
4. ¿Para qué sirven los titulares de un periódico?

EL DIARIO

AVENIDA DE LAS AMÉRICAS - APARTADO POSTAL 1369 - MONTEVIDEO - TEL. 555-2112

PRONÓSTICO METEOROLÓGICO
Nublado. Fresco. Max. 20°, Mín. 12°
Niebla[2] durante la mañana.
(Inf. en la página 8, 2)

VIERNES 25 DE NOVIEMBRE Año 18 - No. 121 26 páginas en 3 secciones Precio 1,09

Tres ladrones amenazan a empleado

San José - Esta tarde, a las cinco, tres desconocidos entraron violentamente en la tienda de joyas La Perla, situada en la esquina de Bolívar y Belgrano.

Uno de los criminales amenazó con un revólver a un empleado y le dijo que abriera la caja fuerte.[3] En la confusión, los clientes corrieron a la calle. Según el capitán Sánchez de la policía metropolitana, los criminales tomaron a seis personas como rehenes. "No creemos que quede ninguno de los clientes adentro. Parece que sólo los empleados están en peligro. Todavía no hemos podido comprobar el número exacto." También dijo que la policía todavía no ha tenido contacto con los criminales.

A pesar de la falta[4] de contacto, el capitán Sánchez opina que hay poco riesgo[5] para los rehenes. "Sospechamos que estos jóvenes no son criminales profesionales. El poco cuidado que mostraron en el atraco,[6] dejando salir a todos los clientes, nos hace creer que se trata de su primer delito.[7] Por lo tanto, creemos que no será difícil convencerlos de que se rindan."[8]

(Continúa en la pág. 3, col. 1)

---

[1]**en primera plana** *on the front page* [2]**la niebla** *fog* [3]**la caja fuerte** *safe*
[4]**la falta** *lack* [5]**el riesgo** *risk* [6]**el atraco** *holdup* [7]**el delito** *crime, offense*
[8]**rendirse** *to give oneself up*

¡Tremendo ataque de los Leones en la novena entrada![9]

¡Tres jonrones[10] en la novena entrada les dan el triunfo! Información completa en la sección de deportes.

Llegan chinos a la universidad

Otro grupo de estudiantes chinos del programa de intercambio llegó a la Universidad Nacional. Los jóvenes estudiantes permanecerán un año en nuestro país.

Como todos los años, los estudiantes participarán en varios sucesos culturales y deportivos. Éste es el tercer año del programa. Los jóvenes chinos tienen la intención de practicar nuestro idioma y, sobre todo, de conocer nuestras costumbres. Según uno de ellos, "Es la primera etapa para comprendernos un poco mejor."

(Continúa en la pág. 14, col. 3)

---

[9]**la entrada** here: *inning* [10]**el jonrón** *homerun*

Continuación

1. Según el periódico, ¿hace buen tiempo? Explica.
2. En el artículo sobre el robo, ¿a quién amenazó uno de los criminales?
3. ¿Verdadero o falso?
   a) Los clientes son los rehenes.
   b) La policía ya ha hablado con los criminales.
   c) Se cree que será fácil liberar a los rehenes.
4. ¿Por qué piensa el capitán Sánchez que no son criminales profesionales?
5. En pocas palabras, ¿qué pasó en la tienda La Perla? ¿Cómo crees tú que terminará?
6. ¿Piensas que, por ser el primer delito, el juez no debe castigar a los ladrones tan severamente? Explica.
7. ¿De qué deporte se trata la segunda noticia? ¿Se juega a ese deporte en noviembre? Explica.
8. ¿Dónde se puede buscar los detalles sobre este artículo?
9. ¿Por qué crees que los periódicos no ponen los artículos completos en la primera plana y que dicen que continúan en otra página?
10. ¿De qué se trata el artículo sobre el programa de intercambio? ¿Qué opinas tú del intercambio cultural? ¿Es importante? ¿Por qué?

EXPLICACIONES II

El pretérito de verbos irregulares: Repaso

◆ COMMUNICATIVE OBJECTIVES

To give reasons

To request information about an event

To describe a past event

You have already seen that the following verbs have different stems in the preterite, but they all take the same endings. For example:

ESTAR	
estuv**e**	estuv**imos**
estuv**iste**	estuv**isteis**
estuv**o**	estuv**ieron**

andar	anduv-	**Anduvimos** en el parque toda la tarde.
estar	estuv-	**Estuve** en España por dos meses.
haber	hub-	**Hubo** un accidente ayer en el centro.
poder	pud-	Por fin **pudimos** terminar el proyecto.
poner	pus-	¿Dónde **pusiste** mis llaves?
saber	sup-	Él **supo** eso ayer.
tener	tuv-	Julia **tuvo** que trabajar anoche.
hacer	hic-*	¿Qué **hiciste** ayer?
querer	quis-	¿Por qué no **quisieron** Uds. decírmelo?
venir	vin-	Victoria **vino** en coche.
decir	dij-†	¿Qué **dijeron** sobre el terremoto?
producir	produj-†	¿Sabes que Eva **produjo** una videocinta?
traducir	traduj-†	Juan **tradujo** el discurso.
traer	traj-†	¿Qué me **trajiste**?

* The *c* changes to *z* in *hizo*.

† The *i* of the ending *-ieron* is dropped in verbs whose stem ends in *j*: *dijeron*, *produjeron*, *tradujeron*, and *trajeron*.

Remember that compounds of these verbs have the same preterite forms: *contener → contuv-, detener → detuv-, mantener → mantuv-, obtener → obtuv-; componer → compus-, suponer → supus-; convenir → convin-; predecir → predij-.*

1 Remember that *dar, ir,* and *ser* are also irregular in the preterite.

DAR		IR / SER	
di	**dimos**	**fui**	**fuimos**
diste	disteis	**fuiste**	fuisteis
dio	**dieron**	**fue**	**fueron**

PRÁCTICA

A **Cuéntame.** Hace unos días que Julio no lee el periódico y quiere ponerse al día. Su amiga Marta siempre lo lee y le dice los detalles. Con un(a) compañero(a), haz preguntas en el pretérito con las frases de la izquierda y escoge la frase apropiada de la derecha para contestarlas. Sigue el modelo.

policía / detener a Ramírez al anochecer
ESTUDIANTE A *¿La policía detuvo a Ramírez al anochecer?*
ESTUDIANTE B *Sí. Lo detuvo porque seguía amenazando a su jefa.*

1. los estudiantes de intercambio / venir a nuestra ciudad
2. el ladrón de joyas / querer hablar con el juez
3. los empleados de la fábrica / tener una huelga
4. el gerente / predecir la huelga
5. los rehenes / poder escaparse
6. la testigo del robo / decir todo lo que vio
7. el abogado de la Sra. Ochoa / traducir todo lo que pasó
8. haber heridos en el incendio del almacén

- porque no pudieron escaparse
- cuando el juez se lo preguntó
- cuando el criminal estaba distraído
- en el avión de las cinco
- para acusar a otra persona
- para protestar contra los sueldos
- porque la víctima no hablaba español
- porque sabía que los trabajadores no estaban contentos
- porque seguía amenazando a su jefa

B Hace mucho tiempo que no vemos a Ester. Mi prima Ester nos visitó ayer. Completa las frases con el pretérito de los verbos de la lista. Puedes usarlos más de una vez.

dar	haber	tener
decir	poder	traer
estar	poner	venir

1. Ayer por la tarde mi prima Ester ____ a visitarnos.
2. Ester y mi hermana ____ en la misma clase hace varios años.
3. ____ fotos de sus antiguas compañeras de clase.
4. Ester ____ que se alegraba mucho de vernos.
5. Ella nos ____ unos regalos.
6. Mis padres se ____ al día con noticias de mis tíos.
7. Invitamos a Ester a cenar pero no ____ porque ____ que volver a Tegucigalpa.
8. Mis padres ____ que ellos pensaban llevarnos a visitar a la familia de Ester el mes que viene.
9. ____ mucha alegría en mi casa.

Un camarógrafo *(cameraman)* en México

El imperfecto del subjuntivo: Los verbos irregulares

◆ COMMUNICATIVE OBJECTIVES

To discuss advice that you were given or that you gave

To talk about your childhood

Remember that we form the imperfect subjunctive by taking the *Uds. / ellos / ellas* form of the preterite tense and replacing the *-ron* ending with the imperfect subjunctive endings. All verbs, even those that are irregular in the preterite, follow this rule.

Dudábamos que Pedro **supiera** la dirección.	*We doubted that Pedro **knew** the address.*
Querían que **fuéramos** con ellos.	*They wanted **us to go** with them.*
Temíamos que no **tuvieran** bastante dinero.	*We were afraid **they wouldn't have** enough money.*
Me pidieron que **trajera** la comida.	*They asked **me to bring** the food.*
Yo esperaba que **vinieran.**	*I hoped **they would come.***
No había nadie que **quisiera** continuar.	*There was no one who **wanted** to continue.*
Esperaban que **hubiera** vida en otros planetas.	*They hoped **there would be** life on other planets.*

PRÁCTICA

A **¿Qué dijeron?** La gente es curiosa. Siempre quiere saber lo que dicen los demás. Sigue el modelo.

El Sr. Molina come demasiado. ¿Qué le dijo el médico ayer?
Le dijo que no comiera tanto.
o: *Le dijo que comiera menos.*

1. Juan nunca trae su libro a clase. ¿Qué le dijo la profesora hoy?
2. Anita nunca va al cine con sus amigos. ¿Qué le dijo su mejor amiga hoy?
3. Esteban no tiene cuidado cuando esquía. ¿Qué le dijo su instructor ayer?
4. Mercedes no siempre hace la tarea. ¿Qué le dijo su madre ayer?
5. Marcos y su hermano nunca ponen la mesa. ¿Qué les dijo su padre anoche?
6. Tú no sabes algunas de las reglas del fútbol. ¿Qué te dijo el entrenador en la práctica de hoy?
7. Gerardo a veces viene tarde a la clase de álgebra. ¿Qué le dijo la profesora esta mañana?

8. Elisa no siempre está lista para empezar. ¿Qué le dijo su consejera hoy?
9. Algunos estudiantes de francés siempre traducen las frases. ¿Qué les dijo su profesora ayer?
10. Los niños nunca se ponen los guantes al salir. ¿Qué les dijo su madre esta mañana?

B **Cuando eras niño(a).** Habla un poco de tu vida cuando eras niño(a). Muchas cosas han cambiado, ¿verdad? Termina las siguientes frases de una manera original según el modelo.

mis padres insistían en que . . .
Cuando era niño(a), mis padres insistían en que me pusiera guantes y una bufanda en el invierno. Ahora me pongo lo que quiero.

1. quería que mis amigos . . .
2. esperaba que mis maestros . . .
3. era imposible que yo . . .
4. mis padres dudaban que yo . . .
5. era necesario que yo . . .
6. sentía que mi mejor amigo . . .
7. no había nada que yo . . .
8. me alegraba de que . . .
9. no creía que . . .

C **Hablemos de ti.**
1. ¿Qué fue lo primero que querías hacer cuando comenzaron tus vacaciones de invierno? ¿Qué hicieron tú y tu familia? ¿Y tus amigos?
2. ¿Qué hicieron tú y tus amigos el fin de semana pasado?
3. ¿Qué les pidió la profesora de español que Uds. hicieran para la clase de hoy? ¿Qué les dijo que supieran para la clase de hoy?

ACTIVIDAD

El noticiario With a tape recorder and a group of classmates, create a radio newscast. You may choose actual or made-up events. Or, if a videocassette recorder is available for your use, create a television newscast. Then present your program to the class. Some of the topics you might want to cover are:

los deportes
el cine
el pronóstico del tiempo
los anuncios comerciales
entrevistas con personas famosas o interesantes
las noticias locales
las noticias internacionales

El canal 44 de televisión en español en Chicago

LECTURA 2

APLICACIONES

Tres minutos de terror

POR MAURICIO CARVALLO

ANTES DE LEER

A Responde a las siguientes preguntas.

1. ¿En qué partes del mundo ocurren terremotos?
2. ¿Vives en una región donde ocurren terremotos? ¿Cómo son?
3. ¿Cuáles son algunas de las precauciones que hay que tomar para no herirse durante un terremoto?

B Lee la lectura rápidamente para obtener una idea general y buscar algunos datos o palabras.

1. ¿Qué es esta lectura? a) un cuento b) un artículo de una revista c) una biografía
2. La lectura se trata de a) una persona b) una idea c) un suceso
3. ¿En qué país tiene lugar la lectura?
4. ¿Cuánto tiempo duró el terremoto?
5. ¿Es el primer terremoto en esta región?
6. ¿Cuántas personas murieron en el terremoto? ¿Cuántos fueron heridos?

C Contesta las siguientes preguntas que te van a ayudar a comprender el vocabulario.

1. En la línea 3, ¿cuál es un buen sinónimo de *suelo*: tierra, sótano o pared?
2. En la línea 4, ¿cuál de las siguientes palabras está relacionada con *anterior:* anteojos, antes o terror?
3. En la lectura hay unas palabras que son de la misma familia de palabras que otras que tú ya conoces. ¿Qué palabras conoces de la misma familia que *significó, desarrollado*?
4. Ya sabes las palabras *cuarto, cuestión* y *cualidad.* ¿Qué crees que quiere decir *cantidad*?
5. Ya sabes formar el presente perfecto. Si *ha formado* quiere decir "has formed," ¿qué crees que quiere decir *había formado* (línea 22)? *¿Habían salvado* (líneas 51–52)?
6. ¿Qué crees que quieren decir los siguientes cognados: *laborar* (línea 17), *avaluar* (línea 24), *desesperación* (línea 25), *inexplicablemente* (línea 28), *incredulidad* (línea 50), *estoicismo* (línea 50)?
7. En la línea 40, ¿cuál es otra palabra para *población*?
8. Busca en la línea 52 la palabra *reedificar.* ¿Cuál es el prefijo de la palabra? ¿Qué otra palabra ves en la raíz de ésta?

A las 6:26 y 37 segundos del miércoles pasado, un terremoto comenzó a sacudir[1] la provincia de San Juan, Argentina, con la inevitable secuela[2] de muertos, heridos, casas en el suelo y destrucción de la economía. Es el tercer terremoto de magnitud en la provincia. Los anteriores[3] se produjeron en 1944 y en 1952. En el primero hubo 10 mil muertos; en el del miércoles pasado, las cifras[4] oficiales son (hasta el momento): 65 muertos, 284 heridos, el 85 por ciento de la parte urbana destruida, 50 mil personas sin casa.

Este terremoto, aunque significó un durísimo[5] golpe[6] a Argentina, ocurrió en la mejor hora. Habría dejado[7] un saldo espantoso[8] en la moderna Escuela Normal Superior de la ciudad de Caucete si los 1,700 estudiantes primarios y secundarios hubiesen estado[9] en clases. El gigantesco edificio (sus columnas no tenían hierro[10]) cayó aplastando[11] las aulas[12] y las puertas de salida. A gran cantidad de personas el terremoto, que duró más de tres minutos, las sorprendió en la calle o levantándose para ir al trabajo.

Decio Carrizo, de 50 años, agradecía estar vivo, porque llegaba tarde a laborar. El enorme edificio antisísmico[13] de la bodega[14] de vinos adonde iba se cayó al suelo, y él habría estado[15] dentro. Lo sorprendió a media cuadra

---

[1]**sacudir** *to shake* [2]**la secuela** = la consecuencia [3]**los anteriores** = los primeros [4]**las cifras** = los datos [5]**durísimo** = muy fuerte [6]**el golpe** *blow* [7]**habría dejado** *would have left* [8]**el saldo espantoso** *a terrible toll* [9]**hubiesen estado** *had been* [10]**el hierro** *iron* [11]**aplastar** *to crush* [12]**el aula** *classroom* [13]**antisísmico, -a** *earthquake-proof* [14]**la bodega** = lugar donde se guarda vino [15]**habría estado** *would have been*

Después de un terremoto en Popayán, Colombia

de ahí.[16] "La tierra se movía tan violentamente que todos caímos de rodillas —contó Carrizo—. Los árboles parecían arrancarse,[17] y se oían ruidos subterráneos y espantosos[18] gritos de terror."

Mientras hablaba, de la bodega seguía saliendo vino, que había formado ya una gran laguna.[19] Su dueño —irónicamente se llama Víctor Segura— avalúa los daños[20] en 400.000 dólares. "He perdido 20 años en segundos," dice con desesperación.

Pero hay personas en Caucete que agradecen a Dios por el "milagro." Como el viñatero[21] Hugo Fernández, de 25 años. "Minutos después de las seis —refirió—[22] dormíamos, e inexplicablemente comenzaron a llorar nuestros hijos. Le dije a mi esposa que les preparara leche. Cuando se levantó, vino el sismo.[23] Pero ya estábamos despiertos como para[24] agarrar[25] a los niños y ponernos en el umbral[26] de una puerta. Luego se cayó toda la casa. Logramos[27] salir desde abajo, rasguñados y golpeados,[28] pero vivos. Lo he perdido todo y lo que haré ahora depende de Dios."

Los heridos fueron transportados a dos hospitales de San Juan, donde se les atendió con eficiencia. Y en uno de ellos el administrador general, Joaquín Antonio Duce, dijo algo sorprendente: "Teníamos cubierta la emergencia, porque la esperábamos. El Congreso Internacional de Vulcanología,[29] desarrollado en San Juan el año pasado, sostuvo[30] que un terremoto era muy probable. Por eso teníamos preparado un hospital de campaña[31] con 2.500 camas. ¿Pero no era mejor advertir a la población? Nos pidieron que no se divulgara,[32] porque la sicosis[33] que iba a causar tendría[34] consecuencias aún[35] más graves. Pero yo nunca creí que iba a ser tan gigantesco."

Recientemente el Inpres (Instituto de Prevención Sísmica) realizó un estudio de riesgo[36] para cien años. Allí se indica que San Juan tiene un 99.8 por ciento de posibilidades de un terremoto grado 8 y un 89.7 de grado 9. Por eso el Inpres controla[37] que todas las casas sean antisísmicas, cosa imposible de lograr en un departamento[38] pobre como Caucete y sus alrededores, cuyo único medio de subsistencia[39] son las viñas.[40]

Sus habitantes—con incredulidad y estoicismo—sólo pocas horas después del terremoto comenzaron a elegir los mejores adobes[41] que se habían salvado para reedificar sus casas.

---

[16]**ahí** = allí [17]**arrancarse** *uproot* [18]**espantoso, -a** = que dan miedo [19]**la laguna** = pequeño lago [20]**el daño** *damage* [21]**el viñatero** = hombre que hace vinos [22]**referir** = contar [23]**el sismo** = el terremoto [24]**como para** = listos para [25]**agarrar** = tomar [26]**el umbral** *threshold* [27]**logramos** = pudimos [28]**rasguñados y golpeados** *with scratches and bruises* [29]**la vulcanología** = el estudio de volcanes y terremotos [30]**sostener** = afirmar [31]**de campaña** = de emergencia [32]**divulgar** = avisar [33]**la sicosis** = el trauma [34]**tendría** *would have* [35]**aún** = todavía [36]**el riesgo** *risk* [37]**controlar** *to check* [38]**el departamento** = el distrito [39]**la subsistencia** = ganarse la vida [40]**la viña** = planta que produce uvas para el vino [41]**el adobe** *sun-dried brick*

Continuación

Después de leer la lectura con cuidado, comprueba tu comprensión.

1. ¿Qué terremoto crees que tuvo peores consecuencias, el de la lectura o el de 1944? Explica.
2. ¿Por qué Hugo Fernández se puso "en el umbral de una puerta?"
3. ¿Por qué dice el autor que el terremoto ocurrió en la mejor hora?
4. ¿Qué crees que quiere decir el autor cuando habla de la "destrucción de la economía"? ¿Qué otros tipos de sucesos pueden hacer tal daño a la economía de un país o región?
5. ¿Es bueno o malo que el terremoto sorprendiera a mucha gente en la calle? Explica.
6. Hay muchos lugares en que terremotos, huracanes u otros desastres ocurren cada varios años. ¿Por qué crees que la gente que vive en esos lugares no se muda a otra región?

Noticias de un terremoto en México

Participación

Con un(a) compañero(a) prepara un noticiario para la radio o la televisión sobre un desastre tal como un terremoto, un huracán, un incendio de bosque, una tormenta de nieve, etc.

APLICACIONES

REPASO

Mira con cuidado las frases modelo. Luego cambia las frases que siguen al español según los modelos.

1. *Esteban estaba entrando en la casa cuando oyó al ladrón.*
   (I was arriving at the embassy when I saw the suspect (f.).*)*
   (He was walking through the park when he saw the ambassador.)
   (She was running toward the bus when she saw the murderer (m.).*)*

2. *La semana pasada, mientras estabas viajando, hicimos un proyecto sobre los planetas.*
   (Early this morning, while I was having breakfast, I translated a speech for the news report.)
   (At nightfall, while you (pl.) *were sleeping, they arrested a suspect in the neighborhood.)*
   (This afternoon, while we were working, she brought a schedule to the embassy.)

3. *Los clientes le pidieron a la camarera que les sirviera más vino.*
   (The judge asked the witness to tell her more details.)
   (The hostages asked the criminals to bring them better meals.)
   (The bosses asked the journalists to produce more newscasts for them.)

4. *El acusado dijo, "¿Qué estaban escondiendo durante la noche?"*
   (The judge (m.) *asked, "What was he proving during the speech?")*
   (The victims asked, "What were they asking for during the strike?")
   (The witness (f.) *shouted, "What was he doing during the crime?")*

5. *Nos estaba amenazando.*
   (They were rescuing her.)
   (We were protecting him.)
   (She was hurting them.)

Una manifestación en Colombia

TEMA

Escribe las frases en español.

1. Professor García was walking toward the school when he saw Professor Lastra.

2. "Yesterday, while you were traveling, there was a demonstration at school."

3. "The students asked the the principal to give them more rights."

4. The teacher asked, "What were you doing during the demonstration?"

5. "I was supporting them."

REDACCIÓN

Ahora escoge uno de los temas siguientes para escribir tu propio diálogo o párrafo.

1. Expand the *Tema* by adding information about what happened before, during, and after the demonstration. What other things did Professor Lastra say the students (and teachers) were asking for? Were some of the requests granted?
2. Write a short newspaper report about a student demonstration. Describe the kinds of things the students were doing. Be sure to tell when, where, and why the demonstration was taking place.
3. Prepare a brief speech to be delivered to your classmates about a cause that interests you.

COMPRUEBA TU PROGRESO CAPÍTULO 14

A Presidente de banco asesinado

Contesta las preguntas según la siguiente noticia.

Hoy por la madrugada entró un ladrón en el Banco Central. El presidente del banco, el Sr. Guerrero, estaba en su oficina escribiendo un discurso para la semana siguiente cuando oyó un ruido. El ladrón, sorprendido al ver al Sr. Guerrero, lo hirió, y se escapó sin robar nada. El presidente se murió en el hospital. Nadie vio lo que pasó, pero la policía piensa que el ladrón es, a lo mejor, un empleado del banco.

1. ¿Cuándo tuvo lugar el crimen?
2. ¿Cuánto dinero robó el asesino?
3. ¿Había testigos?
4. ¿Qué opina la policía?

B La acción policíaca

Completa el párrafo con las palabras de la lista.

amenazaron	la embajada	secuestrar
detener	los rehenes	temor
discurso	rescatara	

Ayer por la tarde dos hombres intentaron ______ al embajador norteamericano en Italia. Afortunadamente, él no estaba en ______ ayer, sino en un hotel donde daba un ______. Los criminales ______ a varios empleados que no pudieron salir y había un gran ______ por la vida de ______. Fue muy difícil que la policía ______ a los empleados. Después de seis horas, la policía pudo ______ a los dos criminales.

C El periodista quiere saber

Contesta las siguientes preguntas según el modelo.

> ¿Quién estaba apoyando a los rebeldes? (el embajador)
> *El embajador estaba apoyándolos.*
> o: *El embajador los estaba apoyando.*

1. ¿Quién estaba amenazando al juez? (el criminal)
2. ¿Quiénes estaban acusando al sospechoso? (los bomberos)
3. ¿Quién estaba rescatando al rehén? (la policía)
4. ¿Quiénes estaban contándoles a Uds. la noticia? (Ana y su esposo)
5. ¿Quién estaba amenazando al hombre? (el asesino)
6. ¿Quiénes estaban describiéndote la manifestación? (dos alumnas)

D Antes y ayer

Ayer todo fue diferente. Contrasta lo que pasaba antes con lo que pasó ayer. Por ejemplo:

> Antes hacía los quehaceres con mi hermano. (sola)
> *Ayer hice los quehaceres sola.*

1. Antes tenías que practicar la guitarra dos horas. (media hora)
2. Antes podíamos ir al museo. (a la embajada)
3. Antes el perro venía a la puerta a las ocho. (a la madrugada)
4. Antes yo estaba en la oficina de la dentista una hora. (15 minutos)
5. Antes mis hermanos se ponían nerviosos a causa del ruido. (enojados)
6. Antes había huelgas de los obreros. (profesores)

E ¿Qué esperabas que hicieran?

Usa el tiempo correcto del verbo entre paréntesis para completar cada frase.

1. La profesora esperaba que los alumnos *(hacer)* ejercicio.
2. Los padres de Jorge insistieron en que *(tener)* cuidado al manejar.
3. Queríamos que ellos *(venir)* a tiempo.
4. Fue imposible que tú *(poder)* aprender todo de memoria.
5. La política me pidió que *(traducir)* el discurso.
6. Nuestros amigos nos dijeron que *(traer)* la videocasetera.

VOCABULARIO DEL CAPÍTULO 14

Vocabulario

el acusado, la acusada
el anochecer
el asesino, la asesina
el crimen, *pl.* los crímenes
el/la criminal
el discurso
la embajada
el embajador, la embajadora
la huelga
el juez, la jueza
la madrugada
la manifestación, *pl.* las manifestaciones
el noticiario
el proyecto
el/la rebelde
el/la rehén, *pl.* los rehenes
el sospechoso, la sospechosa
el temor
el/la testigo

Adjetivo

poderoso, -a

Verbos

acusar
amenazar
apoyar
arriesgar
asesinar
comprobar (o → ue)
detener
herir (e → ie)
informar
meter
opinar
rescatar
secuestrar
sospechar (de)

Expresiones

de lo contrario
la semana (el mes, el año) que viene
poner(se) al día (con)
por lo tanto
tanto . . . como
tomar (a alguien) como rehén

CAPÍTULO 15

PRÓLOGO CULTURAL | DÍAS DE FIESTA

La religión es una parte integral de la vida en los países hispanos. La gente honra *(honors)* a Dios y a los santos, no sólo con servicios solemnes sino también con celebraciones y fiestas. En ellas siempre hay música, bailes, comidas especiales, hermosas procesiones y, a veces, corridas de toros. Algunas fiestas duran varios días. En esta foto de Cuzco, Perú, una procesión en honor a Santa Rosa de Lima sale de la catedral.

La foto de arriba
Los habitantes de San Pedro Sacatepéquez, Guatemala, se preparan para el Día de los Muertos, el 2 de noviembre. Como parte de las celebraciones, estas personas hacen enormes cometas *(kites)* de muchos colores.

La foto de abajo
El 12 de octubre, mientras los hispanoamericanos celebran el Día de la Raza, en España se celebra una tradición aun más antigua: la fiesta de Nuestra Señora del Pilar, la patrona del país. Estas personas están en Zaragoza, ciudad que sirve como centro de la fiesta.

◆ COMMUNICATIVE OBJECTIVES

To brag

To be philosophical or resigned

To point something out

To exclaim

To plan or describe a parade, a float, or a celebration

PALABRAS NUEVAS I

Fiestas y festivales

CONTEXTO VISUAL

CONTEXTO COMUNICATIVO

1 ÁNGELA ¡Estoy contentísima! Me eligieron para participar en **la procesión** del **festival** de San José.

ALBERTO Me gustaría poder verte. Siempre **gozo de** las procesiones y de la manera en que **las figuras representan** a ciertos personajes. Pero tengo que ayudar a **misa** y tocar las campanas de la iglesia.

ÁNGELA Y, como dice mi abuela, no se puede tocar la campana y estar en la procesión a la vez, ¿no?

Variaciones:

- del festival → de la fiesta
- gozo → disfruto

la procesión, pl. **las procesiones** *procession*
el festival *festival, celebration*
gozar (de) = disfrutar de
la figura *figure*
representar *to represent*
la misa *Mass*

2 CRISTÓBAL Pasé las últimas **Navidades** en México con mi amigo norteamericano. ¡Qué **pareja** de turistas que fuimos! Nos quedamos hasta el Día de **los Reyes Magos.**

CRISTINA Me imagino que él gozó de todo.

CRISTÓBAL Sí, sobre todo de **las posadas.*** Fuimos a una en la que había muchos invitados. Creí que no iban a **caber**[†] todos en la casa.

- me imagino → supongo
- nos quedamos → estuvimos allí

las Navidades *Christmas time*
la pareja *pair, couple*
los Reyes Magos *the Three Wise Men*
las posadas *celebration before Christmas*
caber (yo quepo, tú cabes) *to fit, to have room for*

3 BÁRBARA Mira, ¡aquí viene la procesión! Fíjate en cómo todos **se callan** cuando pasa la imagen del **santo patrón.**

BERNARDO Sí, muestra claramente **las creencias del pueblo.**

- se callan → se ponen serios

callarse *to be quiet*
el santo patrón, la santa patrona *patron saint*
la creencia *belief*
el pueblo here: *the people (of a country)*, pl. *peoples*

---

* Las posadas es una celebración que tiene lugar durante los nueve días antes de Navidad. Hay procesiones que simbolizan el viaje de María y José al buscar una posada *(lodging)*. Para aprender más sobre las posadas y otras costumbres mexicanas de Navidades, ve la Práctica B, pág. 457.

† The verb *caber* is very irregular. You need only know the irregular *yo* form in the present tense *(yo quepo)* and the future stem *cabr–: yo cabré, tú cabrás,* etc.

PRÁCTICA

A **El mejor desfile de mi vida.** Completa el párrafo con las palabras correctas de la lista.

cabía	he gozado
las carrozas	las parejas
los conjuntos	los trajes

¡Nunca _____ tanto de un desfile! Cada una de _____ era más grande y más fantástica que la otra. Y había muchísimas. Había tanta gente que no _____ ni una persona más en las calles. _____ que vinieron especialmente de Puerto Rico tocaron formidablemente. _____ típicos que llevaban _____ de bailarines estaban muy bien hechos. ¡Y cómo bailaban! Fue un día de mucha alegría.

Un desfile de Navidad en Oaxaca, México

B **Diciembre en México.** Gerardo y Clara recibieron una carta de Yolanda, una de sus compañeras, que está en México. Completa la carta con las palabras correctas de la lista.

las campanas	las posadas	los Reyes Magos
una creencia	una procesión	la santa patrona
goza	representa	una vela

19 de diciembre

Queridos compañeros,

¡Feliz Navidad! Diciembre es un mes muy especial en México. Las fiestas empiezan el día 12 y no terminan hasta el 6 de enero. El 12 de diciembre es el día de Nuestra Señora de Guadalupe, _____ de México. Las celebraciones comienzan a las seis de la mañana cuando las personas, entre ellas actores y cantantes famosos, van a misa.

Luego, el 16 del mes empiezan _____, una costumbre muy bonita. Cada noche hasta el 24 del mes las familias se reúnen con sus amigos en _____ que _____ el viaje de Santa María y San José a Belén *(Bethlehem).* Cada persona lleva _____ en las manos. Van a las casas de los vecinos y en la puerta de cada casa cantan canciones y luego entran para una fiesta. Todo el mundo _____ de comidas y bebidas típicas de la ocasión. Y después, se rompe una piñata en el patio.

La noche del 24 la gente va a la misa del gallo que se celebra a las doce de la noche. (Qué nombre tan raro, ¿no? No sé por qué se llama así.) Suenan _____ toda la noche porque hay _____ que dice que no se debe dormir durante una noche tan sagrada *(sacred).*

Luego, en la noche del 5 de enero los niños dejan sus zapatos afuera esperando la visita de _____ que traen dulces, juguetes *(toys)* y otros regalos. Esta Navidad es muy especial para mí porque voy a recibir regalos dos veces—una vez de mis amigos norteamericanos y más tarde de mis amigos mexicanos.

Bueno, regreso el 15 de enero. Los extraño a todos.

Un abrazo de

Yolanda

C **Esta vez te toca a ti.** Imagina que te toca planear un desfile para celebrar la victoria del equipo de fútbol americano de tu escuela. Planea el proyecto y descríbelo. Usa las siguientes preguntas como guía.

1. ¿Cuál es el símbolo de tu escuela? ¿Cuáles son los colores?
2. ¿Cómo puedes representarlo en la carroza?
3. ¿De qué serán las figuras?
4. ¿Cuántas personas deben acompañar la carroza? ¿Qué harán?
5. ¿Qué tipo de trajes llevarán?
6. ¿Qué tipo de música debe tocar el conjunto?
7. ¿Qué instrumentos musicales habrá?

Un festival inca en Cuzco, Perú

D Hablemos de ti.

1. ¿Has visto muchos desfiles de carrozas? ¿Cuáles son los que más te gustaron? Describe algunas de las carrozas más bellas que has visto.
2. ¿Alguna vez has participado en un desfile de carrozas? ¿Qué tuviste que hacer? ¿Tuviste que ponerte algún traje o disfraz especial? ¿Te divertiste?
3. ¿Cuál es tu conjunto favorito? ¿Conoces a algún conjunto folklórico? ¿Qué tipo de música tocan? ¿Llevan trajes especiales? Descríbelos.
4. ¿Gozas más de las celebraciones populares para la comunidad entera o de las fiestas familiares *(family)*? ¿Por qué?
5. ¿Qué tipo de amigos(as) prefieres tener: los(las) que se callan o los(las) que nunca dejan de hablar? Y tú, ¿a cuál de los dos tipos te pareces más?

ACTIVIDAD

Una ceremonia típica Imagine you are writing to a pen pal in South America. Describe a celebration that is typical of the place where you live. It might be a religious or a cultural festival, a county fair, or the Fourth of July. Describe why, when, and how the event is celebrated, what you like most about it, and so on. When you are finished, get together with a partner and discuss your letters.

Celebrando el carnaval en Corrientes, Argentina

DIÁLOGO

APLICACIONES

El Desfile del Día Puertorriqueño

El Desfile del Día Puertorriqueño tiene lugar el primer domingo de junio en la Ciudad de Nueva York. El desfile se compone de bandas, figuras políticas y artísticas de Nueva York y de Puerto Rico, y grupos y carrozas que representan pueblos o ciudades de Puerto Rico. También participan iglesias, grupos de la comunidad y diferentes instituciones culturales de Nueva York. Hay miles de espectadores que participan bailando, cantando y aplaudiendo. Aquí, varios muchachos conversan sobre el desfile en que van a participar.

Una policía en el Desfile del Día Puertorriqueño, Ciudad de Nueva York

LUIS Ya quedan sólo dos meses para el desfile. Tenemos que decidir qué vamos a hacer.

CLARA El grupo del año pasado presentó una carroza con los Reyes Magos. ¡Me pareció un poco extraño verlos en junio!

PABLO Mira, como todos somos músicos, debemos presentar algo que tenga que ver con nuestra música.

SILVIA Eso no va a ser fácil. No olviden que tenemos dos clases de música, la jíbara[1] tradicional y la salsa, o popular.

LUIS ¡Escuchen! Eso me da una gran idea. ¿Por qué no dividimos la carroza y ponemos un grupo para tocar cada tipo de música?

PABLO ¡Buena idea! Los trajes, la música y los instrumentos son muy diferentes.

CLARA Y la carroza es bastante grande. Los dos grupos cabrán sin ningún problema. ¿Qué ropa usaremos?

SILVIA El conjunto de salsa tiene que llevar camisas de playa, pantalones anchos y sandalias, y tocarán conga, bongó, timbales,[2] contrabajo, saxofón y trompeta.

CLARA Y el grupo jíbaro se vestirá de pantalones negros, camisas blancas y pavas.[3]

SILVIA Y tocarán maracas, güiro, palitos, el cuatro[4] y guitarra.

---

[1]**los jíbaros** = gente del campo [2]**conga, bongó, timbales** *various kinds of drums* [3]**la pava** *Puerto Rican straw hat* [4]**güiro, palitos, el cuatro** *percussion instrument made from a dried gourd; percussion instrument made of sticks; four-string guitar*

PABLO Hay un problema. Cuando toquen los dos conjuntos, la música del uno va a confundirse con la del otro.

LUIS Eso no es problema. Cada uno tocará una canción y mientras un grupo toca, el otro descansa.

PABLO Muy bien. Yo voy a tratar de conseguir los instrumentos mientras Clara y Luis consiguen los trajes. Y Silvia puede encargarse de las decoraciones. ¿Qué les parece?

CLARA ¡Que no hay tiempo que perder!

Una pareja venezolana bailando

Continuación

1. ¿Para qué van a preparar los muchachos la carroza? 2. ¿Qué va a representar la carroza? ¿Por qué deciden representar eso? 3. ¿Cuál es el problema principal que deben resolver los muchachos? ¿Cómo lo resuelven? 4. ¿Qué instrumentos habrá en la carroza? 5. ¿Por qué crees que en Nueva York y en otras ciudades de los Estados Unidos hay desfiles de puertorriqueños, cubanos, mexicanos y de otras nacionalidades? 6. ¿Qué desfiles se celebran en tu pueblo o ciudad? ¿Por qué se celebran? Además de celebrar algo, ¿crees que estos desfiles sirvan para algo más? ¿Para qué? 7. Imagina que te han invitado a participar en un desfile y que debes preparar una carroza. ¿Qué desfile será? ¿Qué representará la carroza?

Participación

Inventa un diálogo con un(a) compañero(a) en que planean un espectáculo de fin del año escolar. ¿Qué tipo de música y trajes van a escoger? ¿Por qué?

El Desfile del Día Puertorriqueño, Ciudad de Nueva York

EXPLICACIONES I

El condicional

◆ COMMUNICATIVE OBJECTIVES

To talk about what you would like to do

To talk about things you would do if . . .

To talk about hypothetical situations

We use the conditional in Spanish to express what we *would* do as opposed to what we usually do or are doing.

Me gustaría ir pero no puedo.	***I'd like*** *to go but I can't.*
¿Estarías interesado en ese proyecto?	***Would you be*** *interested in that project?*
Nosotros no **comeríamos** en ese restaurante.	*We* ***wouldn't eat*** *in that restaurant.*
Me dijo que **llegaría** a tiempo.	*He told me* ***he would arrive*** *on time.*

As with the future, we form the conditional by adding the endings to the infinitive. Note also that the conditional endings are the same for all verbs.

Here are the conditional forms of *cantar*, *comer*, and *vivir*.

CANTAR		COMER		VIVIR	
cantar**ía**	cantar**íamos**	comer**ía**	comer**íamos**	vivir**ía**	vivir**íamos**
cantar**ías**	cantar**íais**	comer**ías**	comer**íais**	vivir**ías**	vivir**íais**
cantar**ía**	cantar**ían**	comer**ía**	comer**ían**	vivir**ía**	vivir**ían**

Note that there is an accent mark on all of the forms.

PRÁCTICA

A **Así el conjunto sería mejor.** Eugenia quiere mejorar su conjunto. Di lo que piensa hacer y lo que no piensa hacer. Por ejemplo:

especializarse en sólo una clase de música
(No) Me especializaría en sólo una clase de música.

1. rechazar las ideas de los miembros del conjunto
2. escribir canciones más modernas
3. grabar un disco
4. conseguir citas para tocar en todos los bailes de la escuela
5. ensayar menos horas
6. reemplazar los instrumentos viejos con otros más nuevos
7. despedir a la mejor cantante
8. llevar trajes más interesantes

9. atraer la atención del público
10. pedir consejos de músicos que tengan mucha experiencia

B **Fiesta de primavera.** Imagina que estás organizando un festival de primavera para tu barrio o pueblo. ¿Qué contribuirían las siguientes personas? Completa cada frase con la forma correcta del verbo más lógico.

1. (nosotros) *(barrer / coser)* las calles.
2. (tú) *(colocar / matar)* flores en los balcones.
3. Todos *(arreglar / lanzar)* decoraciones en los árboles.
4. Los cocineros *(quemar / preparar)* comida.
5. Mis amigos y yo *(construir / destruir)* puestos para los vendedores.
6. Un artista *(crear / esconder)* dibujos para los niños.
7. Mi vecina *(impresionar / invitar)* a un conjunto.
8. Marcos y sus amigos *(organizar / solicitar)* un baile de disfraces.
9. Elena *(llenar / dar)* un premio para el mejor disfraz.
10. El Sr. Moreno *(callarse / encargarse)* de los fuegos artificiales.

C **Hablemos de ti.**

1. ¿Te gustaría conocer a una persona famosa? ¿A quién? ¿De qué hablarían Uds.?
2. Imagina que un(a) estudiante de intercambio va a pasar el verano en tu ciudad. ¿Cómo lo(la) ayudarías? ¿Adónde lo(la) llevarías? ¿Qué le mostrarías? ¿Qué actividades o excursiones le recomendarías?
3. Imagina que tienes la oportunidad de mudarte a otro estado. ¿Dónde vivirías? ¿Por qué te gustaría vivir allí? ¿Te interesaría vivir en otro país? ¿Por qué sí o no? Imagina que puedes llevar sólo una maleta. ¿Qué cosas llevarías? ¿Por qué?
4. Imagina que tus padres insisten en que pongas en orden tu cuarto. ¿Qué cosas echarías a la basura? ¿Cuáles guardarías?

Algunos niños con una piñata de Navidad en San Antonio, Texas

◆ COMMUNICATIVE OBJECTIVE

To describe a tradition or ceremony

PALABRAS NUEVAS II

Las Fallas de Valencia

CONTEXTO NARRATIVO

En marzo del año pasado tuve la suerte de estar en Valencia donde pude ver cómo la gente **conserva** una hermosa **tradición.** En tiempos antiguos, los carpinteros celebraban tanto el día de su santo patrón, San José, como la llegada de la primavera quemando la madera que les **sobraba.** Con el tiempo—y con bastante arte e imaginación—esas maderas se convirtieron en figuras de dos o tres pisos de altura, que representan, con **un carácter** cómico, a políticos, a personajes famosos o sucesos del presente o del pasado. Esas figuras se llaman "Fallas."

Durante una semana entera todo el mundo está haciendo algo —van a bailes, gozan de fiestas, eligen a la reina del festival y escogen la mejor Falla del año, que se guardará en el Museo de las Fallas.

¡Y **la víspera** de San José! En **ceremonias** a través de toda la ciudad, se queman las Fallas mientras se lanzan miles de fuegos artificiales en un espectáculo que parece ser el sueño de un pintor del surrealismo.

conservar *to keep, to preserve*

la tradición, pl. **las tradiciones** *tradition*

sobrar *to be left over*

el carácter, pl. **los caracteres** *nature, character*

la víspera *eve, the night before*

la ceremonia *ceremony*

PRÁCTICA

A La preparación de una fiesta. Imagina que estás encargado(a) de preparar una gran celebración para la semana que viene. Completa las siguientes frases para formar una lista de las cosas que hay que hacer.

1. Para conservar la tradición, deberíamos . . .
2. En la víspera . . .
3. El día de la ceremonia . . .
4. Para mejor representar el carácter de la celebración, . . .
5. Para que la fiesta sea más alegre, podemos . . .
6. Si sobra mucha comida, entonces . . .

B ¿Cuáles son tus creencias? ¿Qué representan las fiestas y ceremonias para ti y tu familia? Contesta las siguientes preguntas.

1. ¿Te gusta especialmente la víspera de alguna fiesta? ¿Cuál? ¿Por qué? ¿Hay una fiesta muy especial para ti y tu familia? ¿Cuál? ¿Cómo la celebran Uds.?
2. En general, ¿qué piensas de las ceremonias tradicionales? ¿Crees que es bueno conservar las tradiciones de la familia o de la cultura? ¿O preferirías hacer cosas nuevas ? ¿Por qué?
3. En tu opinión, ¿de dónde vienen las tradiciones? O sea, ¿cómo empiezan en general? ¿Por qué continúan?
4. ¿Te gustan las fiestas alegres? ¿O prefieres las fiestas más tranquilas en que se puede hablar más con la gente? Explica por qué.

Las Fallas de Valencia

LECTURA

APLICACIONES

Notas de un estudiante de intercambio

ANTES DE LEER: Responde a las siguientes preguntas.

1. En la mayoría de los países se celebran fechas patrióticas y religiosas con fiestas y otros festivales. ¿Conoces alguna celebración fuera de los Estados Unidos? ¿Cuál? ¿De qué país es? ¿Cómo se celebra?
2. ¿Has participado alguna vez en una celebración patriótica o religiosa? ¿Cuál? ¿Qué hiciste?

El Día de la Independencia (16 de septiembre) . . . Ayer llegamos a la Ciudad de México. Hoy es el Día de la Independencia. Como cerraron la avenida Madero a los autos, la gente podía llegar caminando al Zócalo, la plaza más importante de la ciudad. Muchísimas personas paseaban y se divertían cantando, gritando y tirándose confeti. Alrededor de las once apareció el presidente en uno de los balcones del Palacio Nacional, para celebrar con la gente la lucha por la independencia de 1810. En seguida, las campanas de las iglesias y las sirenas[1] de las fábricas comenzaron a sonar, y la gente empezó a gritar y a tocar las bocinas de sus coches. También había fuegos artificiales. ¡Hermoso espectáculo!

Una máscara de cerámica para el Día de los Muertos, México

Día de los Muertos (2 de noviembre) . . . Hoy se celebró, en todo México, el Día de los Muertos. Yo fui con mis padres a una isla del lago Pátzcuaro para ver cómo los indios llevan a las tumbas[2] de sus parientes comidas, bebidas y regalos para compartir con los muertos. La víspera del 2 de noviembre, poco antes de la medianoche, la gente se viste con sus mejores trajes de fiesta y va al cementerio. Las mujeres y los niños llevan sus ofrendas[3] en canastas y cada uno lleva también una vela encendida. ¡Nunca olvidaré el espectáculo de esas luces subiendo la colina en la noche! Al llegar, ponen flores, las canastas y las velas sobre las tumbas. Los hombres y los muchachos mayores cantan y recuerdan a los parientes que están en el otro mundo. A la mañana siguiente abren las canastas y ofrecen la comida a los muertos, porque se dice que se alimentan[4] del aroma y del espíritu[5] de la comida. Luego la gente, contenta y feliz, la come.

---

[1]**la sirena** *whistle* [2]**la tumba** *tomb* [3]**la ofrenda** *offering*
[4]**alimentarse** here: *to be nourished* [5]**el espíritu** *spirit*

Día de la Virgen (12 de diciembre) . . . Hoy es el Día de la Virgen de Guadalupe, santa patrona de México. Es la fiesta religiosa más importante del país. A la madrugada fuimos a la Basílica de la Virgen al pie de la colina de Tepeyac, y a las cinco de la mañana ya había mucha gente. Había también cantantes y actores famosos cantando "Las Mañanitas," una canción tradicional, y grupos bailando danzas típicas. Se cuenta que en la parte más alta de la colina un joven indio, llamado Juan Diego, vio a la Virgen y luego encontró rosas milagrosas. El interior de la basílica es muy hermoso, con estatuas y obras de arte, y en este día con las rosas que trae la gente. También traen globos de muchos colores, que cubren todo el techo. Es un hermoso espectáculo.

Una estatua de madera de la Virgen de Guadalupe

(16 de diciembre) . . . Pasé los últimos días tranquilamente. Creo que, sin darme cuenta, estoy guardando energías para las fiestas de fin de año. Estoy muy entusiasmado; es la primera vez que voy a pasar las Navidades fuera de mi país.

Continuación

1. ¿Cuándo se celebra el Día de la Independencia de México? ¿Cómo se celebra?
2. ¿Por qué van los indios al cementerio el Día de los Muertos? ¿Por qué les llevan comida a los muertos?
3. ¿Qué se celebra el 12 de diciembre?
4. Se cuenta que en Tepeyac pasó algo misterioso. ¿Qué fue?
5. ¿Cuál de las tres celebraciones crees que te gustaría más? ¿Por qué?
6. ¿Qué celebración conoces que se parece a alguna de las que describe este estudiante? ¿En qué se parece?

Personas asistiendo a misa durante la Semana Santa en Puerto Rico

EXPLICACIONES II

El condicional: Continuación

◆ COMMUNICATIVE OBJECTIVES

To talk about hypothetical situations

To say what you would do if given a choice

All verbs that are irregular in the future tense have the same irregular stem in the conditional. The endings, however, are the same as for the regular verbs. Here, for example, are the conditional forms of *decir*.

INFINITIVO **decir**

	SINGULAR		PLURAL	
1	(yo)	**diría**	(nosotros) (nosotras)	**diríamos**
2	(tú)	**dirías**	(vosotros) (vosotras)	**diríais**
3	Ud. (él) (ella)	**diría**	Uds. (ellos) (ellas)	**dirían**

Bailando durante las fiestas de San Fermín, Pamplona

decir	Yo **no diría** eso.	*I* ***wouldn't say*** *that.*
hacer	Ellos dijeron que **harían** un pastel para la fiesta.	*They said* ***they'd make*** *a cake for the party.*
querer	¿**No querrías** llegar temprano?	***Wouldn't you want*** *to arrive early?*
caber	Pensé que los trajes **no cabrían** en la maleta.	*I thought the costumes* ***wouldn't fit*** *in the suitcase.*
haber	**Habría que** cambiar los boletos.	***It would be necessary*** *to exchange the tickets.*
saber	Él **no sabría** decirlo.	*He* ***wouldn't know how*** *to say it.*
poder	**¿Podrían** Uds. salir temprano?	***Could you (would you be able to)*** *leave early?*
poner	**¿Pondrían** Uds. las herramientas en el baúl?	***Would you put*** *the tools in the trunk?*
salir	Yo **no saldría.** Va a llover.	*I* ***wouldn't go out.*** *It's going to rain.*
tener	**Tendríamos que** discutirlo con Marta.	***We'd have to*** *discuss it with Marta.*
valer	Eso no **valdría** la pena.	*That* ***wouldn't be worth*** *the effort.*
venir	Pensamos que ella **vendría** el lunes.	*We thought* ***she'd come*** *on Monday.*

1 Remember that compounds of these verbs follow the same patterns:

¿**Obtendríamos** buenos asientos? — ***Would we get*** *good seats?*

2 We often use the verbs *poder* and *querer* in the conditional to soften requests.

¿**Podrían** Uds. hablar en voz baja, por favor? — ***Could you*** *please speak more softly?*
¿**Querrías** ir al cine hoy? — ***Would you like*** *to go to the movies today?*

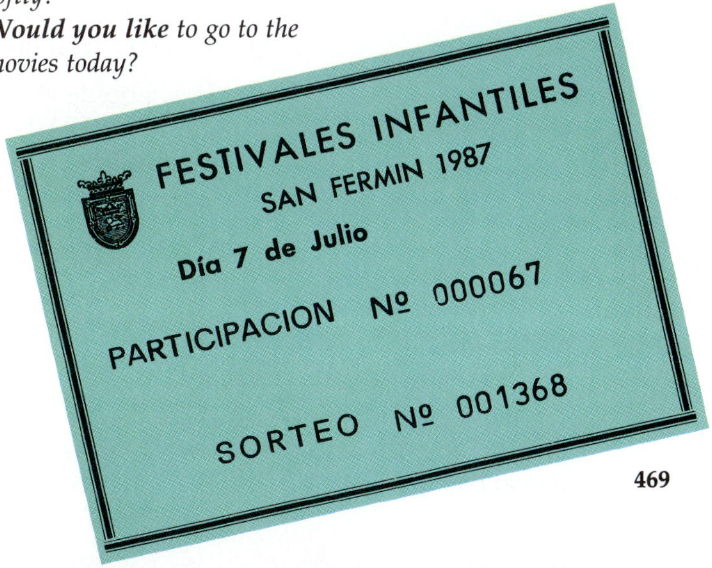

PRÁCTICA

A **El desfile.** Algunos estudiantes quieren planear un desfile. Completa cada frase con la forma del condicional del verbo correcto.

1. Pedro y yo *(poder / poner)* hacer una carroza.
2. Pienso que el director *(decir / tener)* que aceptar la idea primero.
3. ¿Qué creen que *(querer / decir)* él de esto?
4. ¿Creen que los profesores *(saber / venir)* al desfile?
5. Eduardo y Eva *(querer / caber)* decorar la carroza.
6. (yo) No *(saber / tener)* hacerlo. ¿Cómo lo *(salir / hacer)* tú?
7. (yo) *(poner / haber)* flores de todos colores.
8. El desfile *(haber / salir)* de la plaza, ¿verdad?
9. No nos apuremos, primero *(caber / tener)* que obtener el permiso.

B **El restaurante nuevo.** Imagina que hay un restaurante nuevo en tu barrio. Va a abrir con una celebración el cinco de mayo* y tú y tus amigos tienen ganas de ir. Contesta las siguientes preguntas según el modelo.

> ¿Sabe Eugenia si Alicia puede ir? (con nosotros)
> *Dijo que podría ir con nosotros.*

1. ¿Viene Roberta también? (más tarde)
2. ¿Y quiere venir Esteban? (con su familia)
3. ¿Sabe Eduardo si habrá mucha gente? (de todo el barrio)
4. ¿Hizo Mateo las reservaciones? (hoy por la tarde)
5. ¿Sabe Elena si habrá una banda? (un conjunto de mariachis)
6. ¿Cree José que los músicos se pondrán trajes? (trajes típicos)
7. ¿Sabe Ana a qué hora salimos? (a las ocho)
8. ¿El dueño del restaurante tendrá todo listo? (para esa noche)

C **Imagina que . . .** Imagina que estás en las siguientes situaciones. Di lo que harías. Con un(a) compañero(a), sigue el modelo.

> Has recibido el cartel más bonito y más grande que has visto. (donde / ponerlo)
> ESTUDIANTE A *¿Dónde lo pondrías?*
> ESTUDIANTE B *Lo pondría en mi habitación.*

1. Estás ocupadísimo(a) y tu amigo te pide que lo ayudes. (qué / hacer)
2. Estás pasándolo muy bien en una fiesta pero ya son las 11:30 y tienes que volver antes de medianoche. (cuándo / salir)

---

* El cinco de mayo es una de las fiestas más importantes de México. Ese día se celebra la victoria del ejército mexicano contra el ejército francés en 1862.

3. Tus padres dicen que puedes tener un perro o un gato pero no los dos. (cuál / querer)
4. Tú y tus amigos necesitan hacer los trajes, las figuras y las carrozas para una procesión. (qué / hacer)
5. Estás preparándote para la ceremonia de graduación y puedes llevar lo que quieres. (qué / ponerte)
6. Has planeado tener una fiesta en mayo y otra a fines de junio pero ahora tus padres sólo te permiten una. (cuál / tener)
7. Estás manejando el coche de tu familia cuando ves a seis de tus amigos que te piden que los lleves a sus casas. (cómo / caber)
8. Has hecho planes de ir a un baile con un(a) amigo(a), pero el día antes del baile el(la) chico(a) de tus sueños te invita al mismo baile. (qué / hacer)

La fiesta de Nuestra Señora del Rocío, España

El condicional de probabilidad

◆ COMMUNICATIVE OBJECTIVES

To make assumptions about past events

To guess why something did or did not happen

To say what you think motivated someone to do something

You have learned that in Spanish we use the future tense to express uncertainty or probability in the present.

¿**Vendrá Jorge** con su novia?	***I wonder if Jorge is coming (will come)*** *with his girlfriend?*
Estarán muy cansados.	***They must be*** *very tired.*

To express uncertainty or probability in the past, we use the conditional.

Serían las cinco cuando Carlos salió.	*It* ***must have been*** *five when Carlos left.*
Tendría miedo cuando el hombre le gritó.	***He was probably scared*** *when the man yelled at him.*
No oí el teléfono. **Estaría** en la ducha.	*I didn't hear the phone.* ***I must have been*** *in the shower.*

PRÁCTICA

A **El robo.** Anoche hubo un robo en la casa del Sr. Gómez. Los vecinos están intentando averiguar lo que pasó. Escoge una frase lógica de la columna de la derecha y usa la forma correcta del condicional para contestar cada pregunta. Sigue el modelo.

¿Dónde estaba la criada?
Estaría en el mercado.

1. ¿Qué hacía la criada?	conocer sus horarios
2. ¿Qué hora era cuando el Sr. Gómez llegó?	entrar por la ventana
3. ¿Por dónde entró el ladrón?	estar dos horas afuera
4. ¿Por dónde se fue?	ir de compras
5. ¿Cuánto tiempo estuvo el Sr. Gómez afuera?	dormir en el garaje
6. ¿Cómo sabía el ladrón que el Sr. Gómez no estaba en casa?	saber dónde se guardaban
7. ¿Qué hacía el perro?	salir por la puerta
8. ¿Cómo creen que el ladrón robó las joyas?	ser las cuatro
	estar en el mercado

B Hablemos de ti.

1. Imagina que vas a pasar dos semanas en un país completamente diferente de los Estados Unidos. ¿Qué cosas querrías conocer del país? ¿Qué harías allí? ¿Visitarías museos o preferirías pasar el tiempo al aire libre? ¿Qué tendrías en común con el pueblo de ese país? ¿Qué no tendrían Uds. en común? ¿Probarías todos sus platos típicos aun sin saber sus ingredientes?
2. Imagina nuestra vida sin televisor ni radio. ¿Qué harías tú durante tus ratos libres? ¿Qué harías que no haces ahora? ¿Crees que nuestra sociedad sería diferente de la de ahora? ¿Cómo? ¿Por qué?
3. Imagina que tienes poderes mágicos. ¿Qué cambiarías de tu personalidad? ¿Y de tu escuela? ¿Y de tu pueblo o ciudad? En realidad, ¿podrían cambiar estas cosas? ¿Cuál(es)?
4. Imagina que puedes decirle algo al presidente de los Estados Unidos. ¿Qué le dirías? ¿Por qué?
5. ¿Qué harían tus amigos anoche a las diez?

ACTIVIDAD

Una fiesta nueva With a small group of classmates, create a new festival for your community. Plan all the details, answering questions such as: *¿Qué celebrarían? ¿Cómo se llamaría? ¿Dónde la celebrarían? ¿Cuánto tiempo duraría? ¿Cuál sería la fecha o fechas?* Then, share your ideas with the rest of the class. After all the plans have been presented, vote on the most interesting celebration.

La fiesta de los Moros y Cristianos en Villajoyosa España

APLICACIONES

REPASO

Mira con cuidado las frases modelo. Luego cambia las frases que siguen al español según los modelos.

1. *El cocinero quería saber por qué sobraba la comida.*
   (The singer (f.) *wanted to know when the group was playing.)*
   (The couple wanted to explain who the patron saint (m.) *was.)*
   (The artist (f.) *wanted to find out what the figure represented.)*

2. *"Serían alrededor de las ocho y cuarto cuando nos llamaron," me dijeron los padres.*
   ("It must have been around 1:15 when they found him," the judge told them.)
   ("It must have been around dawn when they arrested them," the journalists informed us.)
   ("It must have been about noon when they fired him," my supervisor told me.)

3. *"¿Encuentran muchas estatuas como ésta que se han perdido a través de los años?" preguntó el carpintero.*
   ("Are you (pl.) *acquainted with many beliefs like this that have been preserved over the centuries?" asked the professor.)*
   ("Do you (fam.) *have many costumes like these that have been kept through the years?" asked the designer.)*
   ("Do you (pl.) *have many bells like these that have been replaced over the years?" asked the tourist.)*

4. *"Quizás. Por ahora, conozco a unos estudiantes con destrezas que pintan murales de sus países."*
   ("More than ever. Otherwise there are other applicants with experience who fill out applications from time to time.")
   ("Sooner or later. However, there are many criminals without tools who rob banks quickly.")
   ("Little by little. Just in case, we have other ceremonies with candles that reflect the beauty of the tradition.")

5. *"¿Podrían ir a las posadas de mañana con nosotros? Creemos que él insistiría en eso."*
   ("Could they fit into the boss's car with us? I think they must have depended on that.")
   ("Would you want to come to midnight Mass with me? I suppose they would pass by there.")
   ("Would they want to return to the demonstration with him? I think they must have been suspicious of him.")

El desfile de los gigantes en las fiestas de San Fermín, Pamplona

TEMA

Escribe las frases en español.

1. The couple wanted to know what time the the procession started.

2. "It must have been around ten o'clock when it began," the boy informed them.

3. "Do you have many traditions like this that have been preserved through the years?" asked the couple.

4. "Of course. For example, we have another festival with figures that represent characters from the past."

5. "Would you like to come to today's procession with me? I think you'd enjoy it."

REDACCIÓN

Ahora escoge uno de los siguientes temas para escribir tu propio diálogo o párrafo.

1. Expand the *Tema* by writing what happened next. For example, did the couple go with the boy to the procession? What do you think they saw there?

2. Choose one of the other Hispanic festivals mentioned in this chapter. Read more about it by doing your own research and then describe it in a paragraph. Decide if you would like to attend it and state why or why not.

COMPRUEBA TU PROGRESO CAPÍTULO 15

A La boda

La abuela de Clara no pudo asistir a la boda de su nieta. La hermana menor de Clara se la está describiendo. Escoge palabras de la lista para completar el párrafo.

las campanas	gozaron	sobraron
la ceremonia	la pareja	trajes
un conjunto	una procesión	las velas

Como Ud. sabe, abuelita, mi hermana siempre tiene que ser diferente. La boda fue muy bella. Había flores de todos los colores y también encendieron _____. El esposo de Clara es mexicano, por eso los dos se pusieron _____ típicos de novios mexicanos. _____ no duró mucho tiempo. Cuando los novios salieron de la iglesia, no sólo sonaban _____ sino también cantaba _____ de mariachis. Luego, todos los coches formaron _____ para ir a la fiesta. En la fiesta, había platos mexicanos y también una piñata para los niños. Se veía que las familias y los amigos _____ de la boda y que todos, especialmente _____, estaban muy contentos.

B Un día . . .

Di lo que las siguientes personas sueñan con hacer algún día. Usa el condicional de cada verbo.

1. Ramón / matricularse en una universidad
2. María / resolver el problema del hambre
3. Jaime y yo / ser cantantes en un conjunto musical
4. las hermanas Vilas / competir en campeonatos de tenis
5. tú / conservar coches antiguos
6. yo / pintar murales grandes
7. Ricardo / asistir a todos los festivales del mundo
8. ellos / reducir el desempleo
9. Silvia / descubrir otro planeta
10. Enrique / mejorar las relaciones entre los países
11. mi hermana / curar todas las enfermedades
12. Alejandro / lanzar su propio satélite

C ¿Qué harías?

Responde a las siguientes situaciones usando una de las frases entre paréntesis en el condicional. Sigue el modelo.

Hay un incendio en el parque. (haber que llamar a los bomberos / tener ganas de pasear)
Habría que llamar a los bomberos.

1. Es el cumpleaños de tu mejor amigo. (hacer un pastel / no poder asistir a la fiesta)
2. Un amigo te pide prestado mucho dinero. (decirle una mentira / querer darle el dinero)
3. Mañana es el examen más importante del año. (salir esta noche / saber de qué se trata)
4. Acabas de tener un accidente con el coche nuevo de tu familia. (tener miedo / tener celos)
5. El director te prohibe llegar tarde a la escuela una vez más. (venir a tiempo / decirle un chiste)
6. Estás contándole un chisme a un(a) amigo(a) cuando pasa la persona de quien se trata. (poder callarse / poder escaparse)

D La mejor carroza

Dos personas están hablando de los chicos que ganaron el premio para la mejor carroza del desfile. Usa el condicional de probabilidad del verbo correcto para completar las frases.

1. Inés: *(empezar / ser)* las 11:00 de la noche cuando se enteraron de que ganaron.
2. Óscar: ¡Los chicos *(decir / estar)* orgullosísimos!
3. Inés: Y sus padres también. Los chicos *(trabajar / mantener)* muchas horas.
4. Óscar: Y *(dormir / apoyar)* poco.
5. Inés: ¡Qué trabajo! Ellos *(tener / planear)* muchas ganas de ganar el premio.
6. Óscar: Los jóvenes merecen el premio. Me imagino que *(quejarse / celebrar)* durante toda la noche.

VOCABULARIO DEL CAPÍTULO 15

Sustantivos

la campana
el carácter, *pl.* los caracteres
la carroza
la ceremonia
el conjunto
la creencia
el festival
la figura
la misa
las Navidades
la pareja
las posadas
la procesión, *pl.* las procesiones
el pueblo *(the people)*
los Reyes Magos
el santo patrón, la santa patrona
la tradición, *pl.* las tradiciones
el traje *(costume, native dress)*
la vela
la víspera

Verbos

caber
callarse
conservar
gozar (de)
representar
sobrar

CAPÍTULO 16

PRÓLOGO CULTURAL | LA LITERATURA

¿Quién no conoce a Don Quijote y a su compañero Sancho Panza? Fueron creados por el escritor español Miguel de Cervantes (1547-1616), en su novela *Aventuras del ingenioso hidalgo* (nobleman) *Don Quijote de la Mancha,* cuya primera parte se publicó hace casi cuatro siglos. Esta famosa obra literaria se ha traducido a casi todas las lenguas del mundo. También ha sido una inspiración para muchos artistas, entre ellos Pablo Picasso, quien hizo este dibujo muy conocido.

Artistas, músicos, directores de cine y coreógrafos del mundo entero han hallado inspiración en *Don Quijote.* Esta ilustración del siglo XIX es del artista francés Gustave Doré.

Don Quijote trata del idealismo y de la compasión por la humanidad. Se considera la primera novela moderna por su contraste entre lo real y lo ideal y por su aspecto psicológico.

◆ COMMUNICATIVE OBJECTIVES

To complain

To give a brief résumé of a plot or main theme

To express enjoyment

To express extreme dislike

To elicit others' reactions to something

To describe a bad performance

To plan a group project such as making a videotape

PALABRAS NUEVAS I

Los grandes escritores

CONTEXTO VISUAL

CONTEXTO COMUNICATIVO

1 ELENA ¡Uf! Tenemos que escribir otro **ensayo** sobre **la comedia** y **la tragedia.**

DIEGO **¿De nuevo?** Pero ¿por qué?

ELENA El profesor Suárez dice que **la mayor parte de** los alumnos no saben la diferencia entre ellas.

DIEGO ¡Yo la sé! Una máscara que se ríe y una que llora.

Variaciones:

- la mayor parte → casi ninguno
  no saben → conoce

el ensayo here: *essay*
la comedia *comedy*
la tragedia *tragedy*
de nuevo = otra vez
la mayor parte de = la mayoría de

2 ALFONSO Por fin pude leer el ensayo sobre **la literatura** escrito por ese **dramaturgo** argentino.

CARLOTA Yo todavía no he tenido tiempo. ¿De qué se trata?

ALFONSO Pues dice, más o menos, que **el principio** de una obra es lo más importante. Tiene que atraer la atención de uno.

CARLOTA El ensayo se refiere a **los dramas**, ¿no?

ALFONSO Tanto a las obras **teatrales** como a las novelas y aun a **la poesía.**

- he tenido tiempo → he podido

la literatura *literature*
el dramaturgo, la dramaturga *dramatist, playwright*
el principio *beginning*
el drama *drama*
teatral *theatrical*
la poesía *poetry*

3 MONICA ¿Estás leyendo una novela policíaca?

FELIPE Pues, **el protagonista** es **un detective** privado, pero la novela **apenas** tiene misterio. No creo que sea policíaca. **Ni siquiera** ha habido un crimen.

MÓNICA ¿Es aburrida entonces?

FELIPE No, **me entretengo**[1] bastante al leerla. ¿A ti te gustan las novelas policíacas?

MÓNICA No, las **odio.**

- no creo → dudo
- me entretengo → me divierto

el/la protagonista *main character, protagonist*
el/la detective *detective*
apenas *hardly, barely*
ni siquiera *not even*
entretener(se) *to (be) entertain(ed), to amuse (oneself)*
odiar *to hate*

4 ANDRÉS Héctor me pidió que le prestara mi cinta nueva, pero no ha venido a buscarla.

CARMEN **Mientras tanto,** ¿puedo escucharla yo?

ANDRÉS Por supuesto. Además, quiero saber cómo **reaccionas** a las nuevas canciones.

- mientras tanto → hasta entonces
- cómo reaccionas a → qué opinas de

mientras tanto *meanwhile*
reaccionar *to react*

[1] *Entretener(se)* follows the pattern of *tener* in all of its forms.

PRÁCTICA

A La literatura. Decide cuál es la palabra que va con cada una de estas definiciones.

1. Una obra de teatro seria que termina en algún tipo de desastre para el protagonista.
2. Una forma especial y muy bella de escribir, en que las palabras no sólo tienen significado sino también parecen música.
3. Una obra de teatro que se trata de temas serios.
4. El personaje más importante de una obra de literatura.
5. Una obra escrita en que el autor expresa una opinión sobre un tema.
6. Una persona que escribe obras de teatro.
7. Una obra de teatro graciosa que termina felizmente.
8. Obras de teatro, poesía, novelas, ensayos, o sea, todas las formas que los grandes escritores usan para expresarse.

B Una comedia de errores. Un estudiante te cuenta cómo fue la producción teatral de su escuela. Escoge las palabras correctas para completar cada frase.

Cada año, el departamento de teatro de mi colegio presenta una obra tanto para enseñar como para *(entretener / odiar)*. Las obras, aunque nunca tienen gran éxito, son muy divertidas. Este año presentaron una comedia del *(drama / dramaturgo)* inglés William Shakespeare: *Sueño de una noche de verano.*

Eligieron esa obra porque tiene varios *(principios / protagonistas)* y así, *(la mayor parte / el ensayo)* de los estudiantes podían participar. Por fin llegó la noche de la función. Cuando empezó la obra, uno de los actores no entró cuando debía. El director corrió por todas partes buscándolo. *(Apenas / Mientras tanto)*, los actores en el escenario tuvieron que inventar algo. Al escuchar las extrañas frases que, por supuesto, no eran de Shakespeare, el público *(reaccionó / opinó)* con grandes risas.

Más tarde una actriz se confundió y comenzó *(ni siquiera / de nuevo)* desde el principio. Después, un chico que intentaba cruzar el *(escenario / ensayo)* corriendo, se cayó a los pies de una señora del público. ¡Qué vergüenza!

En toda la obra *(ni siquiera / de nuevo)* uno de los actores sabía bien su papel. Fracasaron totalmente mientras todo el público se moría de risa.

C Hay que leer este libro. Habla con un(a) compañero(a) sobre un libro que has leído. Completa las siguientes frases.

1. El libro se llama . . .
2. La mayor parte del libro tiene lugar en . . .
3. Al principio del libro . . .
4. El (la) protagonista es una persona . . .
5. El problema que tiene que resolver es . . .
6. El personaje que más odio es . . . porque . . .
7. Cuando termina la historia, el (la) protagonista . . .
8. En mi opinión, el argumento es . . .
9. Te lo recomiendo porque . . .

D Hablemos de ti.

1. ¿Te interesan las obras de teatro? ¿Qué tipo te gusta más? ¿Por qué?
2. ¿Alguna vez has pensado en ser escritor(a)? ¿Te gustaría escribir poesía? ¿Ensayos? ¿Novelas? ¿Por qué sí o por qué no?
3. ¿Te gustaría ser actor o actriz? ¿Por qué sí o por qué no?
4. ¿Qué clase de literatura te gusta más? ¿Hay algún tipo de libro que no te guste? ¿Cuál?
5. ¿Lees algún libro ahora? ¿De qué se trata? ¿Te gusta el (la) protagonista? ¿Por qué sí o por qué no? En pocas palabras, cuéntale el argumento a la clase.

El Teatro Juárez en Guanajuato, México

DIÁLOGO

APLICACIONES

La obra empieza

Todos los miércoles se reúnen los directores del club de español de una escuela de Arizona.

RAFAEL Hace tres años que nos reunimos en el club, y hemos ido a restaurantes españoles, mexicanos y cubanos, hemos discutido libros, hemos visto películas, hemos ido a exposiciones . . . pero no estoy satisfecho. Tenemos que hacer un proyecto especial.

PILAR ¿Qué te parece si hacemos un picnic?

RAFAEL No, no. Quiero decir algo de más impacto, algo que atraiga atención a nuestro club y a la lengua.

GLORIA ¿Un partido de fútbol contra el club de francés?

RAFAEL ¡Qué chistosa eres, Gloria!

PEDRO Podemos presentar una obra de teatro en español.

PILAR ¡Uf! Pues no pides poco.

PEDRO No tiene que ser una tragedia clásica. Puede ser una comedia, una cosa sencilla que entretenga.

GLORIA El club de alemán montó[1] una obra de teatro hace unos años, pero no tuvo mucho éxito.

RAFAEL No es lo mismo. La mayor parte de la gente de aquí habla español. Hay público para eso.

GLORIA Bien, lo que podemos hacer es montar escenas dramáticas o cómicas y quizás cantar unas canciones y recitar poesía.

PEDRO Como una noche de variedades.[2] Está bien.

PILAR Un problema, muchachos: ¡no tenemos teatro! Están construyendo el nuevo auditorio.

GLORIA Podemos presentar la obra en el patio de la escuela. Y la podemos grabar en videocinta.

RAFAEL ¡Buena idea! Así la tendremos para siempre. ¡Vámonos, chicos! ¡Nos llama Hollywood!

[1]**montar** *to stage* [2]**las variedades** *variety show*

Continuación

1. ¿De qué se queja Rafael en el club de español? 2. ¿Por qué no acepta Rafael lo que sugiere Pilar al principio? ¿Qué sugiere ella? 3. ¿Qué sugieren Gloria y Pedro como posibles proyectos para el club? ¿Qué piensa Rafael de la idea de Gloria? ¿Qué piensa Gloria de la idea de Pedro? ¿Por qué? 4. ¿Cómo ayuda Rafael a cambiar la opinión de Gloria? 5. ¿Quién presenta otro problema en cuanto al proyecto que sugirió Pedro? ¿Quién sugiere la solución y cuál es? 6. ¿Qué otro tipo de proyecto puede hacer un club de español para atraer atención a la lengua y a la cultura hispana? 7. ¿Cómo se pueden usar las videocintas para aprender una lengua? Habla de sus ventajas y desventajas.

Participación

Con uno o dos compañeros de clase, inventa un diálogo entre unos estudiantes que quieren hacer una videocinta en español para el proyecto de fin de año. ¿Cuál será el tema? ¿Habrá música? ¿Habrá bailes? ¿Cómo será el ambiente?

En un teatro en Barcelona, España

EXPLICACIONES I

El imperfecto del subjuntivo con *si* y *como si*

◆ COMMUNICATIVE OBJECTIVES

- To make excuses
- To put someone off
- To express wishes
- To daydream
- To express negative thoughts or opinions of people
- To be sarcastic
- To say what one would do if . . .

We use the imperfect subjunctive after *si* when a situation is improbable, impossible, or contrary to fact.

Si tuviera tiempo, aprendería otro idioma.	***If I had*** *time, I'd learn another language.*
Si yo fuera el maestro, nunca daría exámenes.	***If I were*** *the teacher, I'd never give exams.*
Si estuviéramos en Acapulco ahora, tomaríamos el sol.	***If we were*** *in Acapulco now, we'd sunbathe.*
Estaríamos en Acapulco ahora **si tuviéramos** el dinero.	*We'd be in Acapulco now* ***if we had*** *the money.*

Notice that we use the imperfect subjunctive in the part of the sentence with *si*, and the conditional in the other part of the sentence.

1 Compare the forms of the verbs used in sentences that express contrary-to-fact or improbable / impossible situations with the verb forms used in sentences that express possible situations:

Si tengo bastante dinero, te **invitaré** al concierto.	***If I have*** *enough money,* ***I'll invite*** *you to the concert.*
Si tuviera mucho dinero, te **invitaría** a viajar conmigo a México.	***If I had*** *a lot of money,* ***I'd invite*** *you to travel with me to Mexico.*
Si puedo hablar con Alicia, le **hablaré** sobre el proyecto.	***If I can*** *speak to Alicia,* ***I'll talk*** *to her about the project.*
Si pudiera hablar con el presidente, le **hablaría** de mis ideas.	***If I could*** *speak to the President,* ***I'd talk*** *to him about my ideas.*

Did you notice that the present indicative or future is used in possible situations? We never use a present subjunctive after *si*.

2 After *como si* ("as if") we *always* use the imperfect subjunctive. Notice that the other verb can be in either the present or the past tense.

Él habla español **como si fuera** madrileño.	*He speaks Spanish* ***as if he were*** *from Madrid.*
Me trataba **como si fuera** su hermana.	*She treated me* ***as if I were*** *her sister.*
Levantó la mano **como si supiera** la respuesta.	*He raised his hand* ***as if he knew*** *the answer.*
Gastaba dinero **como si tuviera** mucho.	*He was spending money* ***as if he had*** *a lot of it.*

PRÁCTICA

A **Lo siento, pero . . .** Hoy todo el mundo le ha pedido favores a Sergio, pero por una razón u otra él no ha podido hacerle ninguno a nadie. ¿Qué le dice a cada uno?

ayudarte / si / no estar ocupado
Te ayudaría si no estuviera ocupado.

1. escribirle a María / si / saber su dirección
2. reemplazar a Óscar en el partido / si / no dolerme la rodilla
3. repararte el lavaplatos / si / tener las herramientas
4. recomendarles un buen restaurante / si / conocer este barrio
5. señalarte al estudiante de intercambio / si / saber quién era
6. prestarle a Juan la videocinta / si / ser mía
7. acompañar a mi tía al centro comercial / si / no estar ocupado
8. explicarle el problema a Mario / si / entenderlo

B **Los sueños.** Con un(a) compañero(a), habla de tus sueños. Por ejemplo:

tener muchísimo dinero

ESTUDIANTE A *¿Qué harías si tuvieras muchísimo dinero?*
ESTUDIANTE B *Si tuviera muchísimo dinero, compraría un coche deportivo. ¿Y tú?*
ESTUDIANTE A *Yo viajaría por todo el mundo.*

1. estar de vacaciones ahora
2. tener 20 años
3. ser el(la) presidente(a)
4. ser millonario(a)
5. tener mucho tiempo libre
6. poder predecir el futuro
7. vivir en otro país
8. llegar a ser astronauta

C La vida es así. Todos nos portamos a veces de una manera exagerada. Para cada frase escoge una terminación de la lista y usa *como si* y la forma correcta del verbo para conectarlas. Por ejemplo:

> Ricardo no tiene mucho dinero, pero se viste . . .
> *Ricardo no tiene mucho dinero, pero se viste como si fuera estrella de cine.*

1. Pedro Sánchez es argentino, pero habla francés . . .
2. El perro de Jorge es bastante feo, pero lo quiere . . .
3. El coche de Verónica es viejo, pero lo cuida . . .
4. Diego no ha viajado, pero habla . . .
5. Nos odiamos, pero nos saludamos . . .
6. Marta y Teodoro no bailan bien, pero hablan . . .
7. No esquiamos, pero siempre hablamos . . .
8. José no es muy rico, pero gasta dinero . . .
9. Ellos no tienen ningún sentido del humor pero siempre se ríen . . .

> conocer muchos países extranjeros
> ser buenos amigos
> vivir en París
> ser nuevo
> poder hacerse bailarines
> saber esquiar muy bien
> ser el más bonito del mundo
> entretenerse mucho
> ser millonario
> ser estrella de cine

D Mi hermanito Juan. Elena tiene un hermanito que siempre la molesta con sus preguntas. Elena le contesta con mucha paciencia. Haz el papel de Elena y su hermanito con un(a) compañero(a) de clase.

> Juan: prestar / cinco dólares
> Elena: tener / prestar
> ESTUDIANTE A *¿Me puedes prestar cinco dólares?*
> ESTUDIANTE B *Si los tuviera, te los prestaría.*

1. Juan: dar / la dirección de Clara
   Elena: saber / dar
2. Juan: decir / la hora
   Elena: saber / decir
3. Juan: enseñar a hablar / inglés
   Elena: hablar bien / enseñar

4. Juan: presentar / a la nueva alumna
   Elena: conocer / presentar
5. Juan: tocar / ese disco que me gusta tanto
   Elena: tener aquí / tocar
6. Juan: resolver / este problema de matemáticas
   Elena: entender / resolver
7. Juan: prestar / tu bicicleta
   Elena: tener / prestar
8. Juan: explicar / esta cuestión
   Elena: comprender / explicar

E Hablemos de ti.

1. ¿Qué harías si tuvieras mucho dinero? ¿Si fueras presidente(a)? ¿Si pudieras ver el futuro?
2. Si pudieras resolver sólo un problema del mundo actual, ¿cuál sería? ¿Qué harías para resolverlo?
3. Si pudieras ser un animal, ¿cuál serías? ¿Por qué?
4. ¿Estás totalmente satisfecho(a) de ti mismo(a)? Si pudieras cambiar una cosa de tu personalidad o carácter, ¿qué cambiarías? ¿Cómo la cambiarías?
5. Si pudieras tener tres deseos *(wishes)*, ¿cuáles serían?
6. Si pudieras viajar a través del tiempo, ¿a qué época o a qué siglo irías? ¿Por qué?

La poeta chilena Gabriela Mistral

ACTIVIDAD

Si yo fuera . . . Write down the names or descriptions of four well-known people or of four professions or occupations. Then get together with two or three other students and take turns asking each other what you would do if you were those people or had those jobs. For example:

Si yo fuera una estrella de rock, viviría en una casa grandísima.

◆ COMMUNICATIVE OBJECTIVE
To give reasons

PALABRAS NUEVAS II

El Cid

CONTEXTO NARRATIVO

Cuando se habla de héroes del pasado, es difícil saber dónde termina la verdad y comienza **la leyenda.** En el caso de Rodrigo Díaz de Vivar (cerca de 1043–1099), mucho de lo que se cuenta de él, aunque parece fantástico, **se basa en hechos** comprobados. Sirvió a varios reyes y llevó a sus ejércitos a través de toda España. En las muchas **luchas** en que sus ejércitos estuvieron presentes, se dice que no perdió nunca. Sin embargo, su suerte **política** no siempre fue tan buena, **puesto que** muchos hombres poderosos de la época fueron sus **enemigos.** Cada vez que conquistaba nuevas tierras, su nombre se repetía por toda España. Pronto llegó a ser conocido por su nombre de guerra, El Cid Campeador.* Este nombre refleja la imagen de una persona que era más que **un ser humano**. Cada persona que contaba sus éxitos añadía algún detalle o aumentaba su **importancia**, y todos los que oían sus historias reaccionaban creando en sus **mentes** la figura de un héroe.

la leyenda *legend*
basarse en *to be based on*
el hecho *fact*
la lucha *fight, batlle*
político, -a *political*
puesto que *since, as*
el enemigo, la enemiga *enemy*
el ser humano *human being*
la importancia *importance*
la mente *mind*

* La palabra *Cid* viene del árabe *as-siddi,* señor *(lord). Campeador* significa "guerrero valiente" *(brave warrior).* El famoso poema épico *El cantar de mío Cid,* del siglo XII, se basa en la vida de Rodrigo Díaz de Vivar.

PRÁCTICA

A Más cuestiones de literatura y arte. Escoge las palabras más lógicas para completar las siguientes frases.

1. Para escribir una novela hay que tener *(una máquina de escribir / una mente)* muy ordenada.
2. Cuando puede comprobarse algo que pasó, decimos que es *(una leyenda / un hecho).*
3. Muchas veces una película *(se defiende / se basa)* en una novela.
4. En las obras de literatura clásica, el protagonista muchas veces tiene que conquistar a *(un enemigo / un dramaturgo).*
5. ¿Por qué no vemos una película, *(puesto que / apenas)* estamos cerca del cine?

6. Una persona que te odia es tu *(enemigo / ser humano)*.
7. Según *(la leyenda / la lucha)*, la pareja joven se murió de amor cuando les prohibieron que se casaran.

B **¿Por qué?** Completa las frases de una manera original.

1. Mi ensayo resultó muy corto, puesto que . . .
2. No creyeron en la leyenda de los fantasmas, puesto que . . .
3. Pasado mañana habrá una manifestación, puesto que . . .
4. Sobraba mucha comida en la fiesta, puesto que . . .
5. El locutor dijo que hay mucho desempleo en el país, puesto que . . .
6. Tuvieron que rescatar al embajador, puesto que . . .
7. Dicen que esos señores se odian y que siempre serán enemigos, puesto que . . .

Una representación del Cid Campeador

LECTURA 1

APLICACIONES

Hablando en la calle

POR PABLO NERUDA*

ANTES DE LEER: Responde a las siguientes preguntas.

1. Hay varias formas en que un escritor puede expresarse: teatro, ensayo, novela, cuento y poesía. ¿Cuál de estas formas te gusta más? ¿Por qué?
2. Algunos poemas tienen rima *(rhyme)* y otros no la tienen. ¿Qué tipo de poesía te gusta más? ¿Por qué?
3. ¿Has leído mucha poesía en inglés? ¿Sabes algo de la poesía escrita en español?

Voy a contarte en secreto
quién soy yo,
así, en voz alta,
me dirás quién eres,
quiero saber quién eres,
cuánto ganas,
en qué taller[1] trabajas,
en qué mina,[2]
en qué farmacia,
tengo una obligación terrible
y es saberlo,

* Pablo Neruda (1904–1973), fue un poeta chileno que ganó el Premio Nóbel de Literatura en 1971.

[1]**el taller** *workshop* [2]**la mina** *mine*

El poeta chileno Pablo Neruda

saberlo todo,
día y noche saber
cómo te llamas,
ése es mi oficio,
conocer una vida
no es bastante
ni conocer todas las vidas
es necesario,
verás,
hay que desentrañar,[3]
rascar a fondo[4]
y como en una tela
las líneas ocultaron,[5]
con el color, la trama[6]
del tejido,[7]
yo borro los colores
y busco hasta encontrar
el tejido profundo,[8]
así también encuentro
la unidad de los hombres,
y en el pan
busco
más allá de la forma:
me gusta el pan, lo muerdo,[9]
y entonces
veo el trigo,[10]
los trigales[11] tempranos,
la verde forma de la primavera,
las raíces, el agua,
por eso
más allá del pan,
veo la tierra,
la unidad de la tierra,
el agua,
el hombre,
y así todo lo pruebo.

Odas elementales (fragmento)

---

[3]**desentrañar** *to get to the core* [4]**rascar a fondo** *to dig deep* [5]**ocultar** = esconder [6]**la trama** *weft* (threads running across a fabric) [7]**el tejido** *weave* [8]**profundo, -a** *deep, profound* [9]**morder** *to bite* [10]**el trigo** *wheat* [11]**el trigal** *wheat field*

Continuación

1. ¿Tiene rima este poema? ¿Es necesaria la rima? ¿Por qué?
2. ¿Crees que el vocabulario poético debe ser más difícil que el vocabulario ordinario? ¿Qué clase de palabras usa Pablo Neruda en este poema?
3. ¿Qué te sugiere el título "Hablando en la calle"?
4. ¿Con quién habla el poeta? ¿Qué quiere saber?
5. ¿Por qué crees que dice "conocer una vida no es bastante"?
6. ¿Piensas que todas las vidas son básicamente iguales o son muy diferentes?
7. ¿En qué líneas del poema se expresa, con otras palabras, que hay que borrar lo superficial para encontrar lo profundo? ¿Por qué quiere "borrar los colores"?
8. ¿Qué imagen viene a la mente del poeta cuando come pan? ¿Y qué otra imagen le trae esa imagen? Y más allá de esa otra imagen, ¿qué ve?
9. ¿Cuál es "la obligación terrible" del poeta? ¿Has sentido tú esa obligación alguna vez?
10. De las dos imágenes que usa el poeta, la de los colores de la tela y la del pan, ¿cuál te parece más fuerte? ¿Por qué?

ACTIVIDAD

Now write your own poem in Spanish. To do it, follow these guidelines:

a. Choose the subject or theme. It could be the description of a place, a person, or a situation—real or imagined.
b. When you describe it, do not limit yourself to the description, but also describe what you feel, what it reminds you of, or anything else relevant to the subject. See if any of these things can replace the actual description.
c. After finishing each line, say it aloud and decide if you like it. If you don't, try it with different words, or change the order of the words.
d. Now, read the whole poem aloud, and decide if you like the way it sounds. Make any other changes you feel necessary, then share your poem with a partner and discuss what each of you has written.

EXPLICACIONES II

El pluscuamperfecto

We use the pluperfect tense to describe an action in the past that occurred *before* another action in the past. Its English equivalent is *had* + past participle: *he had left, they had eaten, hadn't you heard?*

To form the pluperfect we use the imperfect of *haber* plus a past participle. Here are all of the forms of *comprobar* in the pluperfect.

◆ COMMUNICATIVE OBJECTIVE

To make excuses or give explanations

INFINITIVO **comprobar**

	SINGULAR	PLURAL
1	**había comprobado**	**habíamos comprobado**
2	**habías comprobado**	habíais comprobado
3	**había comprobado**	**habían comprobado**

Cuando llegó Marta, nosotros ya **habíamos cenado.** — *When Marta arrived, we **had** already **had dinner.***

Nunca **había solicitado** un empleo antes del verano pasado. — ***I had** never **applied** for a job before last summer.*

1 Remember that we form the past participle of *-ar* verbs by replacing the *-ar* ending with *-ado,* and the past participle of regular *-er* and *-ir* verbs by replacing the *-er* or *-ir* with *-ido.** The following verbs have irregular past participles:

abrir	→ **abierto**	morir	→ **muerto**
decir	→ **dicho**	poner	→ **puesto**
descubrir	→ **descubierto**	romper	→ **roto**
escribir	→ **escrito**	ver	→ **visto**
hacer	→ **hecho**	volver	→ **vuelto**

These verbs also have irregular past participles.

verbs like **decir:** predecir
verbs like **escribir:** describir
verbs like **poner:** componer, suponer
verbs like **volver:** desenvolver, devolver, envolver, resolver

* Remember that these verbs take an accent mark on the past participle: *caer (caído), creer (creído), leer (leído), oír (oído), reír (reído), sonreír (sonreído),* and *traer (traído).*

2 Just as with the present perfect, we put object and reflexive pronouns in front of the verb *haber.*

Ya **se habían ido** cuando llegué.	***They'd*** *already* ***left*** *when I arrived.*
Ella no **me lo había contado.**	*She* ***hadn't told me about it.***
Creo que tú ya **te habías dormido** cuando ocurrió eso.	*I think you* ***had*** *already* ***fallen asleep*** *when that happened.*

Note also that the past participle never agrees with the subject; only the *haber* form does.

PRÁCTICA

A **Ya lo habían hecho.** Di por qué las siguientes personas no hicieron ciertas cosas. Pregunta y contesta según el modelo.

nadar / los primos (esta mañana)
ESTUDIANTE A *¿Por qué no nadaron los primos?*
ESTUDIANTE B *Porque ya habían nadado esta mañana.*

1. competir / Juan y Ana (ayer)
2. ir al cine con ellas / tú (tres veces esta semana)
3. salir con nosotros / Patricia (al anochecer)
4. aparecer en el programa de concursos / los turistas (ayer)
5. almorzar / él (con su familia)
6. pasear por el parque / ella (esta madrugada)
7. protestar contra el proyecto / Óscar (tres veces)
8. correr / Uds. (esta mañana)

B **Este año.** De las siguientes actividades, di cuáles has hecho este año. Luego, di si las habías hecho en el pasado o no. Por ejemplo:

navegar en velero
Este año (no) he navegado en velero.
Nunca había navegado en velero antes.
o: *Ya había navegado en velero varias veces.*

1. solicitar un empleo
2. dar un discurso
3. conocer a un estudiante de intercambio
4. ser miembro de un equipo de deportes
5. aparecer en una videocinta
6. visitar la capital de otro estado
7. leer literatura en español
8. correr en una carrera
9. montar a caballo

10. ganar un premio
11. probar comida española
12. ir de camping
13. participar en una manifestación
14. protestar contra algo

C **¡Por fin, Pedro!** Pedro tiene la mala costumbre de llegar siempre tarde a todas partes. Di lo que ya había pasado cuando él llegó a estos lugares. Por ejemplo:

> El avión salió a las 4:00. Pedro llegó al aeropuerto a las 4:30.
> *El avión ya había salido cuando Pedro llegó al aeropuerto.*

1. El conjunto tocó su segunda canción a las 8:20. Pedro llegó al concierto a las 8:30.
2. En la fiesta de cumpleaños de Susana, sirvieron el pastel a las 9:45. Pedro llegó a las 10:10.
3. La profesora de química les dio el examen a los estudiantes a las 11:00. Pedro entró en la clase a las 11:23.
4. Todos los otros jugadores del equipo empezaron a practicar a las 2:30. Pedro llegó a las 2:40.
5. La cafetería del colegio cerró a la 1:15. Pedro quiso almorzar a la 1:17.
6. La película comenzó a las 7:05. Pedro compró su entrada a las 7:50.
7. El jefe terminó de entrevistar a los aspirantes al puesto el 28 de mayo. Pedro se enteró del trabajo el 1º de junio.
8. La directora escogió a los actores para la comedia por la tarde. Pedro decidió que quería ser el protagonista esa noche.

El escritor argentino Jorge Luis Borges

D ¡Mala suerte! ¿Por qué han tenido las siguientes personas mala suerte? Termina las frases con un verbo de la lista en el pluscuamperfecto.

decírsela dos veces	morirse
descubrirlo	verla
devolverla a la biblioteca	volver
hacerle uno	

1. Paco no pudo comprender la pregunta aunque la profesora . . .
2. Cuando Elena quiso mirar la videocinta nueva, descubrió que su hermano ya . . .
3. El gatito de Victoria parecía enfermo. Lo llevó al veterinario, pero cuando llegó el pobrecito ya . . .
4. Ignacio tuvo un pequeño accidente con el coche de su mamá. Cuando fue a repararlo encontró que su mamá ya . . .
5. Julio tenía ganas de ver la película que daban en el Cine Rey pero su novia no quiso porque ya . . .
6. Mariana quiso reemplazar la lámpara rota antes de que sus padres volvieran de su viaje. Pero cuando llegó a casa con la lámpara nueva sus padres ya . . .
7. Inés pensaba hacerle un pastel a Enrique para su cumpleaños pero se enteró de que su mejor amiga ya . . .

E Hablemos de ti.

1. Antes de estudiar español, ¿habías estado interesado(a) en viajar a un país donde se habla español? ¿A cuál?
2. Durante este año, ¿resultaron tus clases como te habías imaginado? Explica. ¿Saliste tan bien como habías planeado?
3. Durante este año, ¿te llevaste bien con alguien que antes te había caído mal? Y ahora, ¿cómo se llevan Uds.?

El autor colombiano Gabriel García Márquez

APLICACIONES

Fragmentos de un diario íntimo

POR MARCO DENEVI

ANTES DE LEER

A. Responde a las siguientes preguntas que te van a preparar para la lectura.
   1. ¿Sabes cómo las abejas *(bees)* producen la miel? Explica. Si no, busca la información en un libro o en una enciclopedia.
   2. ¿Cuáles son los animales que comen miel?
   3. En el capítulo 12, leíste dos cuentos de ciencia ficción que también escribió Marco Denevi. En pocas palabras, ¿de qué se trataron estos dos cuentos? ¿Qué opinó el autor de la tecnología?

B. Lee la lectura rápidamente para obtener una idea general y buscar algunos datos o palabras.
   1. ¿En cuántas partes está dividida la lectura?
   2. ¿Cuántos fragmentos hay? Lee los títulos. ¿De qué tema se tratan los títulos?
   3. Éste es el diario de un zorro *(fox)*. ¿Por qué crees que en vez de utilizar los nombres de los meses como hacemos nosotros, él los llama según el tiempo o los fenómenos naturales?
   4. Empareja *(Match)* cada parte con su tema.

I	A. Las abejas vuelan, producen miel y la distribuyen.
II	B. Todos están descontentos. Todo está mal a causa de las abejas de bronce.
III	C. El autor está aburrido. Compra abejas de bronce.

C. Contesta las siguientes preguntas que te van a ayudar a comprender el vocabulario.
   1. Hay varias palabras en la lectura que tienen cognados en inglés. ¿Cuáles crees que son los cognados de *fragmento, diario, torrencial, monótona, irritarse, a control remoto, explicativo, horizonte, fragante, instalaciones, individuo, provocar, espontáneos, rumor, consumo, desesperado, clientela, aterrorizada?*
   2. En la lectura hay palabras que son de la misma familia que otras palabras que ya conoces. ¿Qué palabras conoces de la misma familia que las siguientes: *la pobreza, la compra, enloquecer, las ganancias, los ahorros?*

I *Lluvias torrenciales, 2.* La vida es triste y monótona; de día, vender miel a los osos; de noche, robar alguna gallina. Estoy harto.[1] ¿Cuándo saldré de la pobreza?

Ídem,[2] *15.* Me han enviado un prospecto[3] ilustrado ofreciéndome en venta abejas de bronce.[4] Según el prospecto, fabrican la misma miel que las abejas vivas, pero con enormes ventajas: no se mueren, no se fatigan,[5] no se irritan, no clavan el aguijón,[6] no hay reinas ni zánganos,[7] son todas obreras, trabajan las veinticuatro horas del día, etc., etcétera. Precios módicos:[8] Facilidades de pago.[9] Lo pensaré.

Arcos iris[10] *frecuentes, 3.* Me he decidido. Compraré las abejas de bronce.

Ídem, 8. Han llegado. Son maravillosas. Brillan[11] como si fuesen[12] de oro. Vienen con un tablero[13] electrónico para manejarlas[14] "a control remoto" y una colmena[15] también de bronce. La alegría de la compra me ha hecho olvidar el otro asunto.[16] (El prospecto lo decía claramente: no se pueden tener abejas vivas y abejas de bronce al mismo tiempo. La presencia de estas últimas enloquece a las vivas, las impulsa[17] al crimen, les hace fabricar miel venenosa.[18] Tuve que elegir. Fue duro,[19] de todos modos.[20] Bah, soy un sentimental.) Estudiaré el folleto[21] explicativo.

---

[1]**harto, -a** *fed up* [2]**ídem** = lo mismo [3]**el prospecto** *brochure*
[4]**el bronce** *bronze* [5]**fatigarse** = cansarse [6]**clavar el aguijón** *to sting*
[7]**el zángano** *drone* [8]**módico, -a** = barato [9]**facilidades de pago** *easy terms (of payment)* [10]**el arco iris** *rainbow* [11]**brillar** *to shine* [12]**fuesen** = fueran
[13]**el tablero** *instrument panel* [14]**manejar** here: *to handle* [15]**la colmena** *beehive*
[16]**el asunto** = cuestión [17]**impulsar** = empujar [18]**venenoso, -a** *poisonous*
[19]**duro, -a** = difícil [20]**de todos modos** *anyway* [21]**el folleto** *brochure*

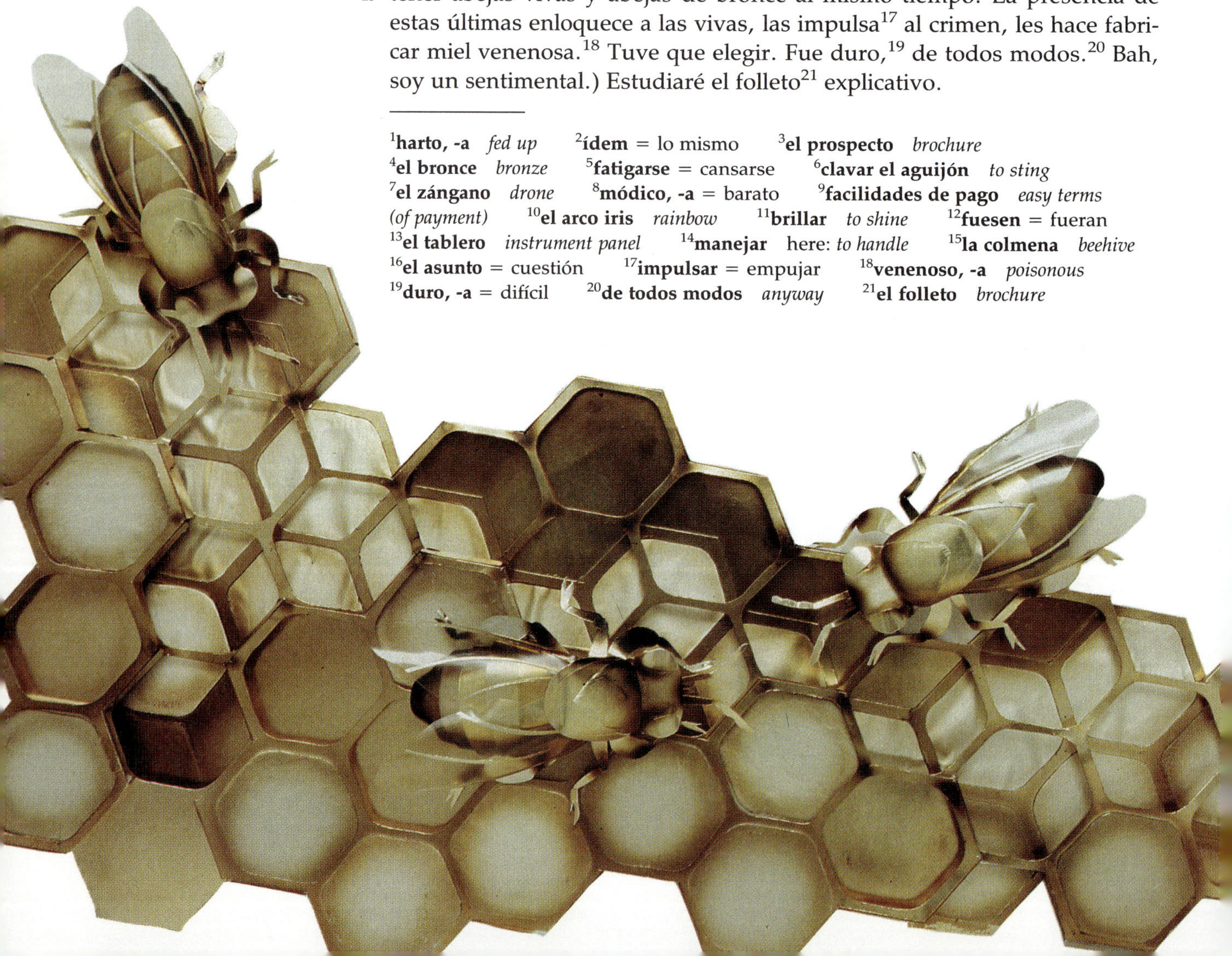

II *Gran viento del Oeste, 1º.* Fecha inolvidable. Por primera vez en la historia, las abejas de bronce han cruzado el espacio. Yo estaba emocionadísimo. Pero todo anduvo a la perfección.[1] Movía una palanquita,[2] y un enjambre[3] salía volando hacia un punto del horizonte. Movía otra palanquita, y un segundo grupo disparaba[4] hacia el lado opuesto.[5] Y así tres, cuatro, cinco, diez veces. ¡Y cómo vuelan! A los pocos minutos,[6] una a una, estaban de vuelta, se incrustaban en el alvéolo[7] correspondiente (se hallan numeradas[8]), hacían un ruidito extraño, seco, algo así como *cric crac cruc*, y en seguida destilaban[9] la miel, una miel pura, limpia, rubia, fragante. Y ya se encontraban en condiciones de recomenzar. En una hora fabricaron tanta miel como las otras en todo un día. Los demás animales, boquiabiertos.[10] Se juntó una muchedumbre[11] para verme manejar las abejas de bronce. Algunos chillaban[12] de terror. Otros aplaudían. Los osos me felicitaron. Les contesté que, naturalmente, el precio de la miel ha aumentado.

Ídem, 2. Un pájaro quiso tragarse en pleno vuelo[13] una abeja de bronce. Los demás pájaros no me saludan.

Ídem, 4. Las arañas están furiosas conmigo, porque las abejas de bronce les desgarran las telas[14] y se las dejan hechas pedazos.[15] Han amenazado con iniciarme pleito[16] por daños.[17]

Ídem, 14. He aumentado las instalaciones (más abejas de bronce, más colmenas artificiales) y tomado un ayudante. Es el cuervo,[18] individuo que no me gusta mucho pero que asegura que la miel le provoca náuseas.

Esplendor del cielo, 3. Toda la familia de los cuervos trabaja a mis órdenes, en cuatro turnos,[19] día y noche. Sospecho que esa gentuza[20] no me roba miel, pero me roba dinero. Los demás animales me llaman *señor.* Soy la persona económicamente más poderosa del país. Las arañas se han mudado a la frontera.

Ídem, 9. Mis ganancias crecen increíblemente.

---

[1]**anduvo a la perfección** = resultó perfectamente [2]**la palanca** *lever* [3]**el enjambre** *swarm* [4]**disparar** *to dash away* [5]**opuesto** *opposite* [6]**a los pocos minutos** = pocos minutos después [7]**se incrustaban en el alvéolo** *they went into the cell* [8]**se hallan numeradas** = cada abeja tiene un número [9]**destilar** *distill* [10]**boquiabierto, -a** = asombrado [11]**se juntó una muchedumbre** = llegaron muchos animales [12]**chillar** = gritar [13]**tragarse en pleno vuelo** *to swallow in mid-flight* [14]**desgarran las telas** *rip their spiderwebs* [15]**hechas pedazos** *in bits and pieces* [16]**iniciar pleito** *to sue* [17]**daños** here: *damages* [18]**el cuervo** *crow* [19]**el turno** *shift* [20]**la gentuza** *crooks*

III *Pequeños incendios espontáneos, 4.* Todo el mundo comenta lo que está sucediéndole[1] a las plantas: no dan flores. Dicen que es a causa de mis abejas. Dicen que las flores no resisten la trompa[2] de metal, se agostan,[3] se doblan y se mueren. Y lo peor es que las plantas, después de esa triste experiencia, se niegan a[4] dar nuevas flores. Todo esto, ¿no será un rumor que hacen correr[5] los pájaros y las arañas?

Ídem, 6. No es un rumor. Las abejas tardan en regresar. Evidentemente, deben trasladarse[6] a zonas cada vez más lejanas. El consumo de electricidad aumenta, la producción disminuye,[7] mis ganancias decrecen.[8]

Ídem, 8. Cada día tardan más, y más, y más. Esto me tiene muy preocupado. No se ve una flor en veinte leguas a la redonda.[9]

Ídem, 12. La miel que recojo tiene un sabor, cómo diré, exótico. Los clientes se quejan. Les he hecho creer que es miel importada, pero mi explicación no satisfizo[10] a nadie.

Ídem, 15. Estoy desesperado. Al cabo de[11] horas, de días de vuelo, regresan para destilar unas miserables gotitas[12] con sabor a qué sé yo qué.[13] He perdido la mitad de la clientela. Despedí a los cuervos. Los osos me amenazan con matarme si no los proveo de[14] la buena miel de antes. Pierdo dinero cada hora, cada minuto. El consumo de electricidad me lleva todos mis ahorros.

Lluvias ligeras,[15] 2. Tres días sin noticias de las abejas de bronce.

Ídem, 3. Hoy han ocurrido extraños acontecimientos.[16] Los pájaros perdieron súbitamente[17] sus colores, las mariposas[18] cayeron muertas todas a un tiempo, el arroyo se detuvo.[19] La gente está aterrorizada. Me miran como si yo fuese el culpable.

Ídem, 3. Por la noche. Las abejas volvieron cerca de medianoche, se incrustaron en los alvéolos, canturrearon[20] su *cric crac cruc,* pero no he recogido una gota de miel. ¿Qué significa esto? ¿Que no han encontrado flores? ¿Que ya no hay más flores en ninguna parte?

Ídem, 6. Desconecté los cables, destruí el tablero electrónico y las colmenas artificiales, enterré[21] las abejas de bronce en un pozo,[22] junté el escaso[23] dinero que me quedaba y antes del amanecer[24] escapé. Al cruzar la

---

[1]**suceder** = ocurrir [2]**la trompa** = la nariz [3]**agostarse** *to wither* [4]**negarse a** *to refuse* [5]**hacer correr** *to spread* [6]**trasladarse** = mudarse [7]**disminuir** *to diminish* [8]**decrecer** *to decrease* [9]**en veinte leguas a la redonda** *for miles and miles* [10]**satisfizo** = convenció [11]**al cabo de** = después de [12]**la gota** *drop* [13]**a qué sé yo qué** *like who knows what* [14]**proveer de** = dar [15]**ligero, -a** *light* [16]**el acontecimiento** = suceso [17]**súbitamente** = de repente [18]**la mariposa** *butterfly* [19]**el arroyo se detuvo** *the brook stopped flowing* [20]**canturrear** *to hum* [21]**enterrar** *to bury* [22]**el pozo** *well* [23]**escaso, -a** = poco [24]**el amanecer** = la madrugada

frontera oí a mis espaldas[25] unas vocecitas de vieja[26] que me llamaban: ¡Zorro! ¡Zorro! Eran las arañas, que a la luz de la luna tejían[27] sus telas prehistóricas. Les dediqué un ademán[28] obsceno y seguí viaje.

Lluvias torrenciales, 1º. Nada.

---

[25]**a mis espaldas** = detrás de mí [26]**vocecitas de vieja** *old lady's voices*
[27]**tejer** *to spin* [28]**el ademán** *gesture*

Continuación

Después de leer la lectura con cuidado, comprueba tu comprensión. Las preguntas número 1 y número 2 corresponden a la primera parte; las preguntas número 3 hasta número 6 corresponden a la segunda parte; las preguntas número 7 hasta número 9 corresponden a la tercera parte.

1. ¿Por qué está harto el autor?
2. Según el prospecto que leyó el autor, ¿cuáles son las ventajas de abejas de bronce?
3. ¿Por qué es inolvidable el primero del *Gran viento del Oeste*?
4. ¿Por qué están muy contentos los osos?
5. ¿Cuáles son los animales que están muy enojados? ¿Crees que tienen razón? ¿Por qué?
6. ¿Crees que el autor merece el título *señor*? ¿Por qué?
7. ¿Por qué pierde el autor la clientela?
8. ¿Estás de acuerdo con los animales: que el autor es el culpable por el gran cambio en la comunidad? Explica.
9. ¿Has comprado algo que según el prospecto, fuera fabuloso y cuando lo compraste y lo empezaste a usar tuviera muchos problemas? Explica.
10. Lee la última línea. ¿Por qué crees que el autor terminó el cuento así?
11. Lee la línea 20 de la segunda parte y las líneas 6 y 13 de la tercera parte. ¿Qué te muestran estas líneas en cuanto a la personalidad del zorro?
12. ¿Cómo te sientes al leer este cuento?
13. Imagina que eres uno de los animales. ¿Cómo le respondes al zorro? ¿Qué crees que debe hacer el zorro ahora?
14. ¿En qué se parece este cuento a *Apocalipsis* y a *Génesis*?

Participación

En tu opinión, ¿está bien presentar tecnología nueva a la comunidad aunque no se saben todo lo que puede ocurrir? (Por ejemplo, una medicina, una máquina o un tipo de maquillaje.) Prepara un debate con tus compañeros.

APLICACIONES

REPASO

Mira con cuidado las frases modelo. Luego cambia las frases que siguen al español según los modelos.

1. *Después de mirar una pintura cubista, escribí un ensayo estupendo.*
   (After seeing a Spanish comedy, she read an ancient legend.)
   (After reading a modern essay, they listened to an interesting speech.)
   (After writing a short drama, he planned a long tragedy.)
2. *Él y su nieto pintaban como si fueran Picasso y Dalí.*
   (She and her employees worked as if they were responsible and mature.)
   (She and her husband lived as if they were rich and powerful.)
   (He and his supervisor reacted as if they were independent and rebellious.)
3. *Dije, "Me quedaría si pudiera avisar a mi mamá."*
   (She said, "You'd (pl.) *escape if you could deceive the judge.")*
   (He said, "I would enroll if I could find my counselor.")
   (They said, "We'd have fun if we could bring our children.")
4. *Nunca había conocido a un dramaturgo tan sensible.*
   (She had never written such a theatrical scene.)
   (We had never solved such a complicated matter.)
   (They had never seen such an angry witness (m.).*)*
5. *Después de sentarse, Eva dijo: Si la música no existiera, ¿tendríamos fiestas tan divertidas?*
   (After he woke up, Pedro wrote: If traditions did not exist, would we have such beautiful ceremonies?)
   (Before she fell asleep, Julia thought: If tragedy didn't exist, would we have such great dramas?)
   (Upon leaving, I asked: If criminals did not exist, would we have such sad news reports?)

El Teatro Degollado en Guadalajara, México

TEMA

Escribe las frases en español.

1. After reading a famous tragedy, Ramón had a strange dream.

2. He and his girlfriend were talking as if they were Romeo and Juliet.

3. He said, "We'd get married if we could convince our parents."

4. He had never seen such a sad couple.

5. After he woke up, Ramón thought: If literature did not exist, would we have such interesting dreams?

REDACCIÓN

Ahora escoge uno de los siguientes temas para escribir tu propio diálogo o párrafo.

1. Are you familiar with the work that Ramón was reading? If so, write a brief paragraph about it. Who was the author? When and where did he live and write? Who were the main characters? What was their dilemma? Could something similar happen today?
2. What would you change in your life if you could? Write a brief paragraph about the changes you would make.
3. Write a dialogue in which Ramón tells his girlfriend about his dream.
4. Have you had an interesting dream lately? Write a brief paragraph describing your dream.

COMPRUEBA TU PROGRESO CAPÍTULO 16

A ¿Qué quieren decir?

Busca en la segunda columna las definiciones de las palabras de la primera columna.

1. de nuevo
2. odiar
3. la leyenda
4. el detective
5. el dramaturgo
6. el protagonista
7. reaccionar

a. una vieja historia que es a veces fantástica
b. el autor de obras de teatro
c. no querer o no gustar
d. el personaje principal de una historia
e. persona que resuelve crímenes
f. responder
g. una vez más

B Completa la frase

Usa palabras de la lista para completar estas frases.

se basa
enemigos
hecho
mente
ser humano

1. José es muy inteligente. Tiene una _____ activa.
2. La película _____ en el libro del mismo título por Rómulo Serrano.
3. Es un _____ comprobado que para saber hay que estudiar.
4. El _____ es un animal muy extraño.
5. No sé por qué Eugenio tiene _____. No es una persona mala.

C ¿Qué harían si . . .?

Escribe frases con las palabras. Sigue el modelo.

Teresa / tener un millón de dólares / viajar
Si Teresa tuviera un millón de dólares, viajaría.

1. (yo) / conocer a ese actor / morirse de alegría
2. (tú) / poder comprar el coche de tus sueños / comprar un coche deportivo
3. (nosotros) / no tener clases / ir a la playa
4. mis padres / permitirme tener un animal / tener una serpiente
5. Verónica / visitarnos / divertirnos mucho
6. (yo) / ser mecánico / arreglarte el coche

D Parece que sí

Contesta cada pregunta según el modelo.

Tomás habla muy bien el español. ¿Es de España?
No sé, pero habla como si fuera de España.

1. Fernando juega mal hoy. ¿Está cansado?
2. Anita baila bien. ¿Tiene mucha experiencia?
3. Ellos pintan con mucha destreza. ¿Saben mucho de arte?
4. José anda mal. ¿Le duele la pierna?
5. Esos jóvenes repararon el enchufe rápidamente. ¿Son electricistas?

E ¿Qué habían hecho antes?

Escribe otra frase según el modelo.

El martes la profesora dio un discurso sobre la poesía. (el lunes / las leyendas)
El lunes había dado un discurso sobre las leyendas.

1. Anoche Marta y yo vimos una comedia. (el jueves pasado / drama)
2. En la clase de inglés hoy los estudiantes escribieron un ensayo. (la semana pasada / poesía)
3. Al salir del teatro ayer, Julia conoció al dramaturgo. (el domingo / la protagonista)
4. La policía detuvo a un asesino anoche en el centro. (una hora antes / dos ladrones)
5. Sergio y sus primos fueron a ver su conjunto favorito el domingo. (el sábado / una banda nueva)

VOCABULARIO DEL CAPÍTULO 16

Sustantivos
la comedia
el/la detective
el drama
el dramaturgo, la dramaturga
el enemigo, la enemiga
el ensayo
el escenario
el hecho
la importancia
la leyenda
la literatura
la lucha
la mente
la poesía
el principio
el/la protagonista
el ser humano
la tragedia

Adjetivos
político, -a
teatral

Verbos
basarse en
entretener(se)
odiar
reaccionar

Adverbio
apenas

Conjunción
puesto que

Expresiones
de nuevo
la mayor parte de
mientras tanto
ni siquiera

VERBOS

Regular Verbs

cantar	PARTICIPLES	cantando, cantado
	PRESENT	canto, cantas, canta; cantamos, cantáis, cantan
	PRETERITE	canté, cantaste, cantó; cantamos, cantasteis, cantaron
	IMPERFECT	cantaba, cantabas, cantaba; cantábamos, cantabais, cantaban
	FUTURE	cantaré, cantarás, cantará; cantaremos, cantaréis, cantarán
	CONDITIONAL	cantaría, cantarías, cantaría; cantaríamos, cantaríais, cantarían
	PRESENT PERFECT	he cantado, has cantado, ha cantado; hemos cantado, habéis cantado, han cantado
	PLUPERFECT	había cantado, habías cantado, había cantado; habíamos cantado, habíais cantado, habían cantado
	PRESENT SUBJUNCTIVE	cante, cantes, cante; cantemos, cantéis, canten
	IMPERFECT SUBJUNCTIVE	cantara, cantaras, cantara; cantáramos, cantarais, cantaran
	COMMANDS	canta, no cantes; (no) cante Ud.; (no) canten Uds.; (no) cantemos
aprender	PARTICIPLES	aprendiendo, aprendido
	PRESENT	aprendo, aprendes, aprende; aprendemos, aprendéis, aprenden
	PRETERITE	aprendí, aprendiste, aprendió; aprendimos, aprendisteis, aprendieron
	IMPERFECT	aprendía, aprendías, aprendía; aprendíamos, aprendíais, aprendían
	FUTURE	aprenderé, aprenderás, aprenderá; aprenderemos, aprenderéis, aprenderán
	CONDITIONAL	aprendería, aprenderías, aprendería; aprenderíamos, aprenderíais, aprenderían
	PRESENT PERFECT	he aprendido, has aprendido, ha aprendido; hemos aprendido, habéis aprendido, han aprendido
	PLUPERFECT	había aprendido, habías aprendido, había aprendido; habíamos aprendido, habíais aprendido, habían aprendido
	PRESENT SUBJUNCTIVE	aprenda, aprendas, aprenda; aprendamos, aprendáis, aprendan
	IMPERFECT SUBJUNCTIVE	aprendiera, aprendieras, aprendiera; aprendiéramos, aprendierais, aprendieran
	COMMANDS	aprende, no aprendas; (no) aprenda Ud.; (no) aprendan Uds.; (no) aprendamos
vivir	PARTICIPLES	viviendo, vivido
	PRESENT	vivo, vives, vive; vivimos, vivís, viven
	PRETERITE	viví, viviste, vivió; vivimos, vivisteis, vivieron

vivir *(cont'd.)*

	IMPERFECT	vivía, vivías, vivía; vivíamos, vivíais, vivían
	FUTURE	viviré, vivirás, vivirá; viviremos, viviréis, vivirán
	CONDITIONAL	viviría, vivirías, viviría; viviríamos, viviríais, vivirían
	PRESENT PERFECT	he vivido, has vivido, ha vivido; hemos vivido, habéis vivido, han vivido
	PLUPERFECT	había vivido, habías vivido, había vivido; habíamos vivido, habíais vivido, habían vivido
	PRESENT SUBJUNCTIVE	viva, vivas, viva; vivamos, viváis, vivan
	IMPERFECT SUBJUNCTIVE	viviera, vivieras, viviera; viviéramos, vivierais, vivieran
	COMMANDS	vive, no vivas; (no) viva Ud.; (no) vivan Uds.; (no) vivamos

Reflexive Verbs

lavarse	PARTICIPLES	lavándose, lavado
	PRESENT	me lavo, te lavas, se lava; nos lavamos, os laváis, se lavan
	PRETERITE	me lavé, te lavaste, se lavó; nos lavamos, os laváis, se lavan
	IMPERFECT	me lavaba, te lavabas, se lavaba; nos lavábamos, os lavabais, se lavaban
	FUTURE	me lavaré, te lavarás, se lavará; nos lavaremos, os lavaréis, se lavarán
	CONDITIONAL	me lavaría, te lavarías, se lavaría; nos lavaríamos, os lavaríais, se lavarían
	PRESENT PERFECT	me he lavado, te has lavado, se ha lavado; nos hemos lavado, os habéis lavado, se han lavado
	PLUPERFECT	me había lavado, te habías lavado, se había lavado; nos habíamos lavado, os habíais lavado, se habían lavado
	PRESENT SUBJUNCTIVE	me lave, te laves, se lave; nos lavemos, os lavéis, se laven
	IMPERFECT SUBJUNCTIVE	me lavara, te lavaras, se lavara; nos laváramos, os lavarais, se lavaran
	COMMANDS	lávate, no te laves; lávese Ud., no se lave Ud.; lávense Uds., no se laven Uds.; lavémonos, no nos lavemos

Stem-changing Verbs

acostarse (o → ue) See *contar* and Reflexive Verbs.

advertir (e → ie)	PARTICIPLES	advirtiendo, advertido
	PRESENT	advierto, adviertes, advierte; advertimos, advertís, advierten
	PRETERITE	advertí, advertiste, advirtió; advertimos, advertisteis, advirtieron
	IMPERFECT	advertía
	FUTURE	advertiré
	CONDITIONAL	advertiría
	PRESENT PERFECT	he advertido
	PLUPERFECT	había advertido
	PRESENT SUBJUNCTIVE	advierta, adviertas, advierta; advirtamos, advirtáis, adviertan

advertir *(cont'd.)*

IMPERFECT SUBJUNCTIVE	advirtiera
COMMANDS	advierte, no adviertas; (no) advierta Ud.; (no) adviertan Uds.; (no) advirtamos

Verbs like **advertir: herir, hervir, mentir, preferir, requerir, sentir, sugerir**

almorzar (o → ue)

PARTICIPLES	almorzando, almorzado
PRESENT	almuerzo, almuerzas, almuerza; almorzamos, almorzáis, almuerzan
PRETERITE	almorcé, almorzaste, almorzó; almorzamos, almorzasteis, almorzaron
IMPERFECT	almorzaba
FUTURE	almorzaré
CONDITIONAL	almorzaría
PRESENT PERFECT	he almorzado
PLUPERFECT	había almorzado
PRESENT SUBJUNCTIVE	almuerce, almuerces, almuerce; almorcemos, almorcéis, almuercen
IMPERFECT SUBJUNCTIVE	almorzara
COMMANDS	almuerza, no almuerces; (no) almuerce Ud.; (no) almuercen Uds.; (no) almorcemos

atender (e → ie)

PARTICIPLES	atendiendo, atendido
PRESENT	atiendo, atiendes, atiende; atendemos, atendéis, atienden
PRETERITE	atendí, atendiste, atendió; atendimos, atendisteis, atendieron
IMPERFECT	atendía
FUTURE	atenderé
CONDITIONAL	atendería
PRESENT PERFECT	he atendido
PLUPERFECT	había atendido
PRESENT SUBJUNCTIVE	atienda, atiendas, atienda; atendamos, atendáis, atiendan
IMPERFECT SUBJUNCTIVE	atendiera
COMMANDS	atiende, no atiendas; (no) atienda Ud.; (no) atiendan Uds.; (no) atendamos

Verbs like **atender: encender, entender, perder**

calentar (e → ie)

PARTICIPLES	calentando, calentado
PRESENT	caliento, calientas, calienta; calentamos, calentáis, calientan
PRETERITE	calenté, calentaste, calentó; calentamos, calentasteis, calentaron
IMPERFECT	calentaba
FUTURE	calentaré
CONDITIONAL	calentaría
PRESENT PERFECT	he calentado
PLUPERFECT	había calentado
PRESENT SUBJUNCTIVE	caliente, calientes, caliente; calentemos, calentéis, calienten
IMPERFECT SUBJUNCTIVE	calentara
COMMANDS	calienta, no calientes; (no) caliente Ud.; (no) calienten Uds.; (no) calentemos

Verbs like **calentar: cerrar, despertar, pensar, recomendar**

colgar (o → ue)

PARTICIPLES	colgando, colgado
PRESENT	cuelgo, cuelgas, cuelga; colgamos, colgáis, cuelgan
PRETERITE	colgué, colgaste, colgó; colgamos, colgasteis, colgaron
IMPERFECT	colgaba
FUTURE	colgaré
CONDITIONAL	colgaría
PRESENT PERFECT	he colgado
PLUPERFECT	había colgado
PRESENT SUBJUNCTIVE	cuelgue, cuelgues, cuelgue; colguemos, colguéis, cuelguen
IMPERFECT SUBJUNCTIVE	colgara
COMMANDS	cuelga, no cuelgues; (no) cuelgue Ud.; (no) cuelguen Uds.; (no) colguemos

Verbs like **colgar: descolgar**

comenzar (e → ie)

PARTICIPLES	comenzando, comenzado
PRESENT	comienzo, comienzas, comienza; comenzamos, comenzáis, comienzan
PRETERITE	comencé, comenzaste, comenzó; comenzamos, comenzasteis, comenzaron
IMPERFECT	comenzaba
FUTURE	comenzaré
CONDITIONAL	comenzaría
PRESENT PERFECT	he comenzado
PLUPERFECT	había comenzado
PRESENT SUBJUNCTIVE	comience, comiences, comience; comencemos, comencéis, comiencen
IMPERFECT SUBJUNCTIVE	comenzara
COMMANDS	comienza, no comiences; (no) comience Ud.; (no) comiencen Uds.; (no) comencemos

Verbs like **comenzar: empezar**

contar (o → ue)

PARTICIPLES	contando, contado
PRESENT	cuento, cuentas, cuenta; contamos, contáis, cuentan
PRETERITE	conté, contaste, contó; contamos, contasteis, contaron
IMPERFECT	contaba
FUTURE	contaré
CONDITIONAL	contaría
PRESENT PERFECT	he contado
PLUPERFECT	había contado
PRESENT SUBJUNCTIVE	cuente, cuentes, cuente; contemos, contéis, cuenten
IMPERFECT SUBJUNCTIVE	contara
COMMANDS	cuenta, no cuentes; (no) cuente Ud.; (no) cuenten Uds.; (no) contemos

Verbs like **contar: acostar, comprobar, costar, demostrar, encontrar, mostrar, probar, recordar, sonar, soñar, volar**

convertirse (e → ie) See *advertir* and Reflexive Verbs.

defenderse (e → ie) See *atender* and Reflexive Verbs.

despedirse (e → i)	See *pedir* and Reflexive Verbs.	
despertarse (e → ie)	See *calentar* and Reflexive Verbs.	
divertirse (e → ie)	See *advertir* and Reflexive Verbs.	
dormir (o → ue)	PARTICIPLES	durmiendo, dormido
	PRESENT	duermo, duermes, duerme; dormimos, dormís, duermen
	PRETERITE	dormí, dormiste, durmió; dormimos, dormisteis, durmieron
	IMPERFECT	dormía
	FUTURE	dormiré
	CONDITIONAL	dormiría
	PRESENT PERFECT	he dormido
	PLUPERFECT	había dormido
	PRESENT SUBJUNCTIVE	duerma, duermas, duerma; durmamos, durmáis, duerman
	IMPERFECT SUBJUNCTIVE	durmiera
	COMMANDS	duerme, no duermas; (no) duerma Ud.; (no) duerman Uds.; (no) durmamos
dormirse (o → ue)	See *dormir* and Reflexive Verbs.	
encontrarse	See *contar* and Reflexive Verbs.	
jugar (u → ue)	PARTICIPLES	jugando, jugado
	PRESENT	juego, juegas, juega; jugamos, jugáis, juegan
	PRETERITE	jugué, jugaste, jugó; jugamos, jugasteis, jugaron
	IMPERFECT	jugaba
	FUTURE	jugaré
	CONDITIONAL	jugaría
	PRESENT PERFECT	he jugado
	PLUPERFECT	había jugado
	PRESENT SUBJUNCTIVE	juegue, juegues, juegue; juguemos, juguéis, jueguen
	IMPERFECT SUBJUNCTIVE	jugara
	COMMANDS	juega, no juegues; (no) juegue Ud.; (no) jueguen Uds.; (no) juguemos
llover (o → ue)	PARTICIPLES	lloviendo, llovido
	PRESENT	llueve
	PRETERITE	llovió
	IMPERFECT	llovía
	FUTURE	lloverá
	CONDITIONAL	llovería
	PRESENT PERFECT	ha llovido
	PLUPERFECT	había llovido
	PRESENT SUBJUNCTIVE	llueva
	IMPERFECT SUBJUNCTIVE	lloviera
morir (o → ue)	PARTICIPLES	muriendo, muerto
	PRESENT	muero, mueres, muere; morimos, morís, mueren

morir *(cont'd.)*

	PRETERITE	morí, moriste, murió; morimos, moristeis, murieron
	IMPERFECT	moría
	FUTURE	moriré
	CONDITIONAL	moriría
	PRESENT PERFECT	he muerto
	PLUPERFECT	había muerto
	PRESENT SUBJUNCTIVE	muera, mueras, muera; muramos, muráis, mueran
	IMPERFECT SUBJUNCTIVE	muriera
	COMMANDS	muera, no mueras; (no) muera Ud.; (no) mueran Uds.; (no) muramos

morirse See *morir* and Reflexive Verbs.

mover (o → ue)	PARTICIPLES	moviendo, movido
	PRESENT	muevo, mueves, mueve; movemos, movéis, mueven
	PRETERITE	moví, moviste, movió; movimos, movisteis, movieron
	IMPERFECT	movía
	FUTURE	moveré
	CONDITIONAL	movería
	PRESENT PERFECT	he movido
	PLUPERFECT	había movido
	PRESENT SUBJUNCTIVE	mueva, muevas, mueva; movamos, mováis, muevan
	IMPERFECT SUBJUNCTIVE	moviera
	COMMANDS	mueve, no muevas; (no) mueva Ud.; (no) muevan Uds.; (no) movamos

Verbs like **mover: doler**

negar (e → ie)	PARTICIPLES	negando, negado
	PRESENT	niego, niegas, niega; negamos, negáis, niegan
	PRETERITE	negué, negaste, negó; negamos, negasteis, negaron
	IMPERFECT	negaba
	FUTURE	negaré
	CONDITIONAL	negaría
	PRESENT PERFECT	he negado
	PLUPERFECT	había negado
	PRESENT SUBJUNCTIVE	niegue, niegues, niegue; neguemos, neguéis, nieguen
	IMPERFECT SUBJUNCTIVE	negara
	COMMANDS	niega, no niegues; (no) niegue Ud.; (no) nieguen Uds.; (no) neguemos

nevar (e → ie)	PARTICIPLES	nevando, nevado
	PRESENT	nieva
	PRETERITE	nevó
	IMPERFECT	nevaba
	FUTURE	nevará
	CONDITIONAL	nevaría
	PRESENT PERFECT	ha nevado
	PLUPERFECT	había nevado
	PRESENT SUBJUNCTIVE	nieve
	IMPERFECT SUBJUNCTIVE	nevara

pedir (e → i)

PARTICIPLES	pidiendo, pedido
PRESENT	pido, pides, pide; pedimos, pedís, piden
PRETERITE	pedí, pediste, pidió; pedimos, pedisteis, pidieron
IMPERFECT	pedía
FUTURE	pediré
CONDITIONAL	pediría
PRESENT PERFECT	he pedido
PLUPERFECT	había pedido
PRESENT SUBJUNCTIVE	pida, pidas, pida; pidamos, pidáis, pidan
IMPERFECT SUBJUNCTIVE	pidiera
COMMANDS	pide, no pidas; (no) pida Ud.; (no) pidan Uds.; (no) pidamos

Verbs like **pedir: competir, despedir, impedir, repetir, servir, vestir**

perderse (e → ie) See *atender* and Reflexive Verbs.

poder (o → ue) See Irregular Verbs.

probarse (o → ue) See *contar* and Reflexive Verbs.

querer (e → ie) See Irregular Verbs.

referirse (e → ie) See *advertir* and Reflexive Verbs.

reír (e → i) See Irregular Verbs.

reírse (e → i) See Irregular Verbs and Reflexive Verbs.

seguir (e → i)

PARTICIPLES	siguiendo, seguido
PRESENT	sigo, sigues, sigue; seguimos, seguís, siguen
PRETERITE	seguí, seguiste, siguió; seguimos, seguisteis, siguieron
IMPERFECT	seguía
FUTURE	seguiré
CONDITIONAL	seguiría
PRESENT PERFECT	he seguido
PLUPERFECT	había seguido
PRESENT SUBJUNCTIVE	siga, sigas, siga; sigamos, sigáis, sigan
IMPERFECT SUBJUNCTIVE	siguiera
COMMANDS	sigue, no sigas; (no) siga Ud.; (no) sigan Uds.; (no) sigamos

Verbs like **seguir: conseguir, perseguir**

sentarse (e → ie) See *calentar* and Reflexive Verbs.

sentirse (e → ie) See *advertir* and Reflexive Verbs.

sonreír (e → i) See Irregular Verbs.

vestirse (e → i) See *pedir* and Reflexive Verbs.

volver (o → ue)

PARTICIPLES	volviendo, vuelto
PRESENT	vuelvo, vuelves, vuelve; volvemos, volvéis, vuelven
PRETERITE	volví, volviste, volvió; volvimos, volvisteis, volvieron
IMPERFECT	volvía
FUTURE	volveré
CONDITIONAL	volvería
PRESENT PERFECT	he vuelto
PLUPERFECT	había vuelto
PRESENT SUBJUNCTIVE	vuelva, vuelvas, vuelva; volvamos, volváis, vuelvan
IMPERFECT SUBJUNCTIVE	volviera
COMMANDS	vuelve, no vuelvas; (no) vuelva Ud.; (no) vuelvan Uds.; (no) volvamos

Verbs like **volver: desenvolver, devolver, envolver, resolver**

Verbs with Spelling Changes

abrazar (z → c)

PARTICIPLES	abrazando, abrazado
PRESENT	abrazo, abrazas, abraza; abrazamos, abrazáis, abrazan
PRETERITE	abracé, abrazaste, abrazó; abrazamos, abrazasteis, abrazaron
IMPERFECT	abrazaba
FUTURE	abrazaré
CONDITIONAL	abrazaría
PRESENT PERFECT	he abrazado
PLUPERFECT	había abrazado
PRESENT SUBJUNCTIVE	abrace, abraces, abrace; abracemos, abracéis, abracen
IMPERFECT SUBJUNCTIVE	abrazara
COMMANDS	abraza, no abraces; (no) abrace Ud.; (no) abracen Uds.; (no) abracemos

Verbs like **abrazar: alcanzar, amenazar, aterrizar, bostezar, cruzar, gozar, lanzar, organizar, realizar, rechazar, reemplazar, utilizar**

almorzar (z → c) See Stem-Changing Verbs.

apagar (g → gu)

PARTICIPLES	apagando, apagado
PRESENT	apago, apagas, apaga; apagamos, apagáis, apagan
PRETERITE	apagué, apagaste, apagó; apagamos, apagasteis, apagaron
IMPERFECT	apagaba
FUTURE	apagaré
CONDITIONAL	apagaría
PRESENT PERFECT	he apagado
PLUPERFECT	había apagado
PRESENT SUBJUNCTIVE	apague, apagues, apague; apaguemos, apaguéis, apaguen
IMPERFECT SUBJUNCTIVE	apagara
COMMANDS	apaga, no apagues; (no) apague Ud.; (no) apaguen Uds.; (no) apaguemos

Verbs like **apagar: arriesgar, castigar, despegar, entregar, juzgar, llegar, navegar, pagar**

arrancar (c → qu)	PARTICIPLES	arrancando, arrancado
	PRESENT	arranco, arrancas, arranca; arrancamos, arrancáis, arrancan
	PRETERITE	arranqué, arrancaste, arrancó; arrancamos, arrancasteis, arrancaron
	IMPERFECT	arrancaba
	FUTURE	arrancaré
	CONDITIONAL	arrancaría
	PRESENT PERFECT	he arrancado
	PLUPERFECT	había arrancado
	PRESENT SUBJUNCTIVE	arranque, arranques, arranque; arranquemos, arranquéis, arranquen
	IMPERFECT SUBJUNCTIVE	arrancara
	COMMANDS	arranca, no arranques; (no) arranque Ud.; (no) arranquen Uds.; (no) arranquemos

Verbs like **arrancar: buscar, colocar, chocar, explicar, fabricar, indicar, marcar, mascar, practicar, sacar, secar, tocar**

averiguar (u → ü)	PARTICIPLES	averiguando, averiguado
	PRESENT	averiguo, averiguas, averigua; averiguamos, averiguáis, averiguan
	PRETERITE	averigüé, averiguaste, averiguó; averiguamos, averiguasteis, averiguaron
	IMPERFECT	averiguaba
	FUTURE	averiguaré
	CONDITIONAL	averiguaría
	PRESENT PERFECT	he averiguado
	PLUPERFECT	había averiguado
	PRESENT SUBJUNCTIVE	averigüe, averigües, averigüe; averigüemos, averigüéis, averigüen
	IMPERFECT SUBJUNCTIVE	averiguara
	COMMANDS	averigua, no averigües, (no) averigüe Ud.; (no) averigüen Uds., (no) averigüemos

colgar (g → gu) See Stem-Changing Verbs.

comenzar (z → c) See Stem-Changing Verbs.

continuar (u → ú)	PARTICIPLES	continuando, continuado
	PRESENT	continúo, continúas, continúa; continuamos, continuáis, continúan
	PRETERITE	continué, continuaste, continuó; continuamos, continuasteis, continuaron
	IMPERFECT	continuaba
	FUTURE	continuaré
	CONDITIONAL	continuaría
	PRESENT PERFECT	he continuado
	PLUPERFECT	había continuado
	PRESENT SUBJUNCTIVE	continúe, continúes, continúe; continuemos, continuéis, continúen
	IMPERFECT SUBJUNCTIVE	continuara

continuar *(cont'd.)*	COMMANDS	continúa, no continúes; (no) continúe Ud.; (no) continúen Uds.; (no) continuemos
convencer (c → z)	PARTICIPLES	convenciendo, convencido
	PRESENT	convenzo, convences, convence; convencemos, convencéis, convencen
	PRETERITE	convencí, convenciste, convenció; convencimos, convencisteis, convencieron
	IMPERFECT	convencía
	FUTURE	convenceré
	CONDITIONAL	convencería
	PRESENT PERFECT	he convencido
	PLUPERFECT	había convencido
	PRESENT SUBJUNCTIVE	convenza, convenzas, convenza; convenzamos, convenzáis, convenzan
	IMPERFECT SUBJUNCTIVE	convenciera
	COMMANDS	convence, no convenzas; (no) convenza Ud.; (no) convenzan Uds.; (no) convenzamos
creer (i → y)	PARTICIPLES	creyendo, creído
	PRESENT	creo, crees, cree; creemos, creéis, creen
	PRETERITE	creí, creíste, creyó; creímos, creísteis, creyeron
	IMPERFECT	creía
	FUTURE	creeré
	CONDITIONAL	creería
	PRESENT PERFECT	he creído
	PLUPERFECT	había creído
	PRESENT SUBJUNCTIVE	crea, creas, crea; creamos, creáis, crean
	IMPERFECT SUBJUNCTIVE	creyera
	COMMANDS	cree, no creas; (no) crea Ud.; (no) crean Uds.; (no) creamos
	Verbs like **creer: leer, poseer**	
criarse (i → í)	PARTICIPLES	criándose, criado
	PRESENT	me crío, te crías, se cría; nos criamos, os criáis, se crían
	PRETERITE	me crié, te criaste, se crió; nos criamos, os criasteis, se criaron
	IMPERFECT	me criaba
	FUTURE	me criaré
	CONDITIONAL	me criaría
	PRESENT PERFECT	me he criado
	PLUPERFECT	me había criado
	PRESENT SUBJUNCTIVE	me críe, te críes, se críe; nos criemos, os criéis, se críen
	IMPERFECT SUBJUNCTIVE	me criara
	COMMANDS	críate, no te cries; críese Ud.; no se críe Ud.; críense Uds.; no se críen Uds.; criémonos, no nos criemos
descolgar (g → gu)	See Stem-Changing Verbs.	
deslizarse (z → c)	See *abrazar* and Reflexive Verbs.	

dirigir (g → j)

PARTICIPLES	dirigiendo, dirigido
PRESENT	dirijo, diriges, dirige; dirigimos, dirigís, dirigen
PRETERITE	dirigí, dirigiste, dirigió; dirigimos, dirigisteis, dirigieron
IMPERFECT	dirigía
FUTURE	dirigiré
CONDITIONAL	dirigiría
PRESENT PERFECT	he dirigido
PLUPERFECT	había dirigido
PRESENT SUBJUNCTIVE	dirija, dirijas, dirija; dirijamos, dirijáis, dirijan
IMPERFECT SUBJUNCTIVE	dirigiera
COMMANDS	dirige, no dirijas; (no) dirija Ud.; (no) dirijan Uds.; (no) dirijamos

Verbs like **dirigir: elegir (e → i)**

dirigirse (g → j) See *dirigir* and Reflexive Verbs.

empezar (z → c) See Stem-Changing Verbs.

encargarse (g → gu) See *apagar* and Reflexive Verbs.

enviar (i → í)

PARTICIPLES	enviando, enviado
PRESENT	envío, envías, envía; enviamos, enviáis, envían
PRETERITE	envié, enviaste, envió; enviamos, enviasteis, enviaron
IMPERFECT	enviaba
FUTURE	enviaré
CONDITIONAL	enviaría
PRESENT PERFECT	he enviado
PLUPERFECT	había enviado
PRESENT SUBJUNCTIVE	envíe, envíes, envíe; enviemos, enviéis, envíen
IMPERFECT SUBJUNCTIVE	enviara
COMMANDS	envía, no envíes; (no) envíe Ud.; (no) envíen Uds.; (no) enviemos

Verbs like **enviar: esquiar**

equivocarse (c → qu) See *arrancar* and Reflexive Verbs.

escoger (g → j)

PARTICIPLES	escogiendo, escogido
PRESENT	escojo, escoges, escoge; escogemos, escogéis, escogen
PRETERITE	escogí, escogiste, escogió; escogimos, escogisteis, escogieron
IMPERFECT	escogía
FUTURE	escogeré
CONDITIONAL	escogería
PRESENT PERFECT	he escogido
PLUPERFECT	había escogido
PRESENT SUBJUNCTIVE	escoja, escojas, escoja; escojamos, escojáis, escojan
IMPERFECT SUBJUNCTIVE	escogiera
COMMANDS	escoge, no escojas; (no) escoja Ud.; (no) escojan Uds.; (no) escojamos

Verbs like **escoger: proteger, recoger**

especializarse (z → c)	Se *abrazar* and Reflexive Verbs.
graduarse (u → ú)	See *continuar* and Reflexive Verbs.
jugar (g → gu)	See Stem-Changing Verbs.
negar (g → gu)	See Stem-Changing Verbs.

reunirse (u → ú)

PARTICIPLES	reuniéndose, reunido
PRESENT	me reúno, te reúnes, se reúne; nos reunimos, os reunís, se reúnen
PRETERITE	me reuní, te reuniste, se reunió; nos reunimos, os reunisteis, se reunieron
IMPERFECT	me reunía
FUTURE	me reuniré
CONDITIONAL	me reuniría
PRESENT PERFECT	me he reunido
PLUPERFECT	me había reunido
PRESENT SUBJUNCTIVE	me reúna, te reúnas, se reúna; nos reunamos, os reunáis, se reúnan
IMPERFECT SUBJUNCTIVE	me reuniera
COMMANDS	reúnete, no te reúnas; reúnase Ud.; no se reúna Ud.; reúnanse Uds.; no se reúnan Uds.; reunámonos, no nos reunamos

Irregular Verbs

abrir

PARTICIPLES	abriendo, abierto

andar

PARTICIPLES	andando, andado
PRESENT	ando, andas, anda; andamos, andáis, andan
PRETERITE	anduve, anduviste, anduvo; anduvimos, anduvisteis, anduvieron
IMPERFECT	andaba
FUTURE	andaré
CONDITIONAL	andaría
PRESENT PERFECT	he andado
PLUPERFECT	había andado
PRESENT SUBJUNCTIVE	ande, andes, ande; andemos, andéis, anden
IMPERFECT SUBJUNCTIVE	anduviera
COMMANDS	anda, no andes; (no) ande Ud.; (no) anden Uds.; (no) andemos

caber

PARTICIPLES	cabiendo, cabido
PRESENT	quepo, cabes, cabe; cabemos, cabéis, caben
PRETERITE	cupe, cupiste, cupo; cupimos, cupisteis, cupieron
IMPERFECT	cabía
FUTURE	cabré
CONDITIONAL	cabría

caber *(cont'd.)*	PRESENT PERFECT	he cabido
	PLUPERFECT	había cabido
	PRESENT SUBJUNCTIVE	quepa, quepas, quepa; quepamos, quepáis, quepan
	IMPERFECT SUBJUNCTIVE	cupiera
	COMMANDS	cabe, no quepas; (no) quepa Ud.; (no) quepan Uds.; (no) quepamos
caer	PARTICIPLES	cayendo, caído
	PRESENT	caigo, caes, cae; caemos, caéis, caen
	PRETERITE	caí, caíste, cayó; caímos, caísteis, cayeron
	IMPERFECT	caía
	FUTURE	caeré
	CONDITIONAL	caería
	PRESENT PERFECT	he caído
	PLUPERFECT	había caído
	PRESENT SUBJUNCTIVE	caiga, caigas, caiga; caigamos, caigáis, caigan
	IMPERFECT SUBJUNCTIVE	cayera
	COMMANDS	cae, no caigas; (no) caiga Ud.; (no) caigan Uds.; (no) caigamos

caerse — See *caer* and Reflexive Verbs.

componerse — See *poner* and Reflexive Verbs.

conocer	PARTICIPLES	conociendo, conocido
	PRESENT	conozco, conoces, conoce; conocemos, conocéis, conocen
	PRETERITE	conocí, conociste, conoció; conocimos, conocisteis, conocieron
	IMPERFECT	conocía
	FUTURE	conoceré
	CONDITIONAL	conocería
	PRESENT PERFECT	he conocido
	PLUPERFECT	había conocido
	PRESENT SUBJUNCTIVE	conozca, conozcas, conozca; conozcamos, conozcáis, conozcan
	IMPERFECT SUBJUNCTIVE	conocería
	COMMANDS	conoce, no conozcas; (no) conozca Ud.; (no) conozcan Uds.; (no) conozcamos

Verbs like **conocer: agradecer, aparecer, crecer, desaparecer, merecer, nacer, obedecer, ofrecer, parecer, permanecer, pertenecer, reconocer**

construir	PARTICIPLES	construyendo, construido
	PRESENT	construyo, construyes, construye; construimos, construís, construyen
	PRETERITE	construí, construiste, construyó; construimos, construisteis, construyeron
	IMPERFECT	construía
	FUTURE	construiré
	CONDITIONAL	construiría
	PRESENT PERFECT	he construido
	PLUPERFECT	había construido
	PRESENT SUBJUNCTIVE	construya, construyas, construya; construyamos, construyáis, construyan

construir *(cont'd.)*	IMPERFECT SUBJUNCTIVE	construyera
	COMMANDS	construye, no construyas; (no) construya Ud.; (no) construyan Uds.; (no) construyamos

Verbs like **construir: contribuir, destruir, huir, incluir, influir**

dar	PARTICIPLES	dando, dado
	PRESENT	doy, das, da; damos, dais, dan
	PRETERITE	di, diste, dio; dimos, disteis, dieron
	IMPERFECT	daba
	FUTURE	daré
	CONDITIONAL	daría
	PRESENT PERFECT	he dado
	PLUPERFECT	había dado
	PRESENT SUBJUNCTIVE	dé, des, dé; demos, deis, den
	IMPERFECT SUBJUNCTIVE	diera
	COMMANDS	da, no des; (no) dé Ud.; (no) den Uds.; (no) demos
decir	PARTICIPLES	diciendo, dicho
	PRESENT	digo, dices, dice; decimos, decís, dicen
	PRETERITE	dije, dijiste, dijo; dijimos, dijisteis, dijeron
	IMPERFECT	decía
	FUTURE	diré
	CONDITIONAL	diría
	PRESENT PERFECT	he dicho
	PLUPERFECT	había dicho
	PRESENT SUBJUNCTIVE	diga, digas, diga; digamos, digáis, digan
	IMPERFECT SUBJUNCTIVE	dijera
	COMMANDS	di, no digas; (no) diga Ud.; (no) digan Uds.; (no) digamos
describir	PARTICIPLES	describiendo, descrito
descubrir	PARTICIPLES	descubriendo, descubierto
entretenerse	See *tener* and Reflexive Verbs.	
escribir	PARTICIPLES	escribiendo, escrito
estar	PARTICIPLES	estando, estado
	PRESENT	estoy, estás, está; estamos, estáis, están
	PRETERITE	estuve, estuviste, estuvo; estuvimos, estuvisteis, estuvieron
	IMPERFECT	estaba
	FUTURE	estaré
	CONDITIONAL	estaría
	PRESENT PERFECT	he estado
	PLUPERFECT	había estado
	PRESENT SUBJUNCTIVE	esté, estés, esté; estemos, estéis, estén
	IMPERFECT SUBJUNCTIVE	estuviera
	COMMANDS	está, no estés; (no) esté Ud.; (no) estén Uds.; (no) estemos

haber

PARTICIPLES	habiendo, habido
PRESENT	he, has, ha; hemos, habéis, han
PRETERITE	hube, hubiste, hubo; hubimos, hubisteis, hubieron
IMPERFECT	había
FUTURE	habré
CONDITIONAL	habría
PRESENT PERFECT	he habido
PLUPERFECT	había habido
PRESENT SUBJUNCTIVE	haya, hayas, haya; hayamos, hayáis, hayan
IMPERFECT SUBJUNCTIVE	hubiera

hacer

PARTICIPLES	haciendo, hecho
PRESENT	hago, haces, hace; hacemos, hacéis, hacen
PRETERITE	hice, hiciste, hizo; hicimos, hicisteis, hicieron
IMPERFECT	hacía
FUTURE	haré
CONDITIONAL	haría
PRESENT PERFECT	he hecho
PLUPERFECT	había hecho
PRESENT SUBJUNCTIVE	haga, hagas, haga; hagamos, hagáis, hagan
IMPERFECT SUBJUNCTIVE	hiciera
COMMANDS	haz, no hagas; (no) haga Ud.; (no) hagan Uds.; (no) hagamos

hacerse See *hacer* and Reflexive Verbs.

ir

PARTICIPLES	yendo, ido
PRESENT	voy, vas, va; vamos, vais, van
PRETERITE	fui, fuiste, fue; fuimos, fuisteis, fueron
IMPERFECT	iba, ibas, iba; íbamos, ibais, iban
FUTURE	iré
CONDITIONAL	iría
PRESENT PERFECT	he ido
PLUPERFECT	había ido
PRESENT SUBJUNCTIVE	vaya, vayas, vaya; vayamos, vayáis, vayan
IMPERFECT SUBJUNCTIVE	fuera
COMMANDS	ve, no vayas; (no) vaya Ud.; (no) vayan Uds.; vamos, no vayamos

irse See *ir* and Reflexive Verbs.

mantenerse See *tener* and Reflexive Verbs.

oír

PARTICIPLES	oyendo, oído
PRESENT	oigo, oyes, oye; oímos, oís, oyen
PRETERITE	oí, oíste, oyó; oímos, oísteis, oyeron
IMPERFECT	oía
FUTURE	oiré
CONDITIONAL	oiría
PRESENT PERFECT	he oído
PLUPERFECT	había oído

oír *(cont'd.)*	PRESENT SUBJUNCTIVE	oiga, oigas, oiga; oigamos, oigáis, oigan
	IMPERFECT SUBJUNCTIVE	oyera
	COMMANDS	oye, no oigas; (no) oiga Ud.; (no) oigan Uds.; (no) oigamos
parecerse	See *conocer* and Reflexive Verbs.	
poder	PARTICIPLES	pudiendo, podido
	PRESENT	puedo, puedes, puede; podemos, podéis, pueden
	PRETERITE	pude, pudiste, pudo; pudimos, pudisteis, pudieron
	IMPERFECT	podía
	FUTURE	podré
	CONDITIONAL	podría
	PRESENT PERFECT	he podido
	PLUPERFECT	había podido
	PRESENT SUBJUNCTIVE	pueda, puedas, pueda; podamos, podáis, puedan
	IMPERFECT SUBJUNCTIVE	pudiera
poner	PARTICIPLES	poniendo, puesto
	PRESENT	pongo, pones, pone; ponemos, ponéis, ponen
	PRETERITE	puse, pusiste, puso; pusimos, pusisteis, pusieron
	IMPERFECT	ponía
	FUTURE	pondré
	CONDITIONAL	pondría
	PRESENT PERFECT	he puesto
	PLUPERFECT	había puesto
	PRESENT SUBJUNCTIVE	ponga, pongas, ponga; pongamos, pongáis, pongan
	IMPERFECT SUBJUNCTIVE	pusiera
	COMMANDS	pon, no pongas; (no) ponga Ud.; (no) pongan Uds.; (no) pongamos
	Verbs like **poner: suponer**	
ponerse	See *poner* and Reflexive Verbs.	
predecir	PARTICIPLES	prediciendo, predicho
	PRESENT	predigo, predices, predice; predecimos, predecís, predicen
	PRETERITE	predije, predijiste, predijo; predijimos, predijisteis, predijeron
	IMPERFECT	predecía
	FUTURE	prediré (*or:* predeciré)
	CONDITIONAL	prediría (*or:* predeciría)
	PRESENT PERFECT	he predicho
	PLUPERFECT	había predicho
	PRESENT SUBJUNCTIVE	prediga, predigas, prediga; predigamos, predigáis, predigan
	IMPERFECT SUBJUNCTIVE	predijera
	COMMANDS	predice, no predigas; (no) prediga Ud.; (no) predigan Uds.; (no) predigamos
producir	PARTICIPLES	produciendo, producido
	PRESENT	produzco, produces, produce; producimos, producís, producen

producir *(cont'd.)*	PRETERITE	produje, produjiste, produjo; produjimos, produjisteis, produjeron
	IMPERFECT	producía
	FUTURE	produciré
	CONDITIONAL	produciría
	PRESENT PERFECT	he producido
	PLUPERFECT	había producido
	PRESENT SUBJUNCTIVE	produzca, produzcas, produzca; produzcamos, produzcáis, produzcan
	IMPERFECT SUBJUNCTIVE	produjera
	COMMANDS	produce, no produzcas; (no) produzca Ud.; (no) produzcan Uds.; (no) produzcamos

Verbs like **producir: reducir, traducir**

querer	PARTICIPLES	queriendo, querido
	PRESENT	quiero, quieres, quiere; queremos, queréis, quieren
	PRETERITE	quise, quisiste, quiso; quisimos, quisisteis, quisieron
	IMPERFECT	quería
	FUTURE	querré
	CONDITIONAL	querría
	PRESENT PERFECT	he querido
	PLUPERFECT	había querido
	PRESENT SUBJUNCTIVE	quiera, quieras, quiera; queramos, queráis, quieran
	IMPERFECT SUBJUNCTIVE	quisiera
	COMMANDS	quiere, no quieras; (no) quiera Ud.; (no) quieran Uds.; (no) queramos
reír	PARTICIPLES	riendo, reído
	PRESENT	río, ríes, ríe; reímos, reís, ríen
	PRETERITE	reí, reíste, rió; reímos, reísteis, rieron
	IMPERFECT	reía
	FUTURE	reiré
	CONDITIONAL	reiría
	PRESENT PERFECT	he reído
	PLUPERFECT	había reído
	PRESENT SUBJUNCTIVE	ría, rías, ría; riamos, riáis, rían
	IMPERFECT SUBJUNCTIVE	riera
	COMMANDS	ríe, no rías; (no) ría Ud.; (no) rían Uds.; (no) riamos

Verbs like **reír: sonreír**

reírse — See *reír* and Reflexive Verbs.

romper	PARTICIPLES	rompiendo, roto
saber	PARTICIPLES	sabiendo, sabido
	PRESENT	sé, sabes, sabe; sabemos, sabéis, saben
	PRETERITE	supe, supiste, supo; supimos, supisteis, supieron
	IMPERFECT	sabía
	FUTURE	sabré

saber *(cont'd.)*	CONDITIONAL	sabría
	PRESENT PERFECT	he sabido
	PLUPERFECT	había sabido
	PRESENT SUBJUNCTIVE	sepa, sepas, sepa; sepamos, sepáis, sepan
	IMPERFECT SUBJUNCTIVE	supiera
	COMMANDS	sabe, no sepas; (no) sepa Ud.; (no) sepan Uds.; (no) sepamos
salir	PARTICIPLES	saliendo, salido
	PRESENT	salgo, sales, sale; salimos, salís, salen
	PRETERITE	salí, saliste, salió; salimos, salisteis, salieron
	IMPERFECT	salía
	FUTURE	saldré
	CONDITIONAL	saldría
	PRESENT PERFECT	he salido
	PLUPERFECT	había salido
	PRESENT SUBJUNCTIVE	salga, salgas, salga; salgamos, salgáis, salgan
	IMPERFECT SUBJUNCTIVE	saliera
	COMMANDS	sal, no salgas; (no) salga Ud.; (no) salgan Uds.; (no) salgamos
ser	PARTICIPLES	siendo, sido
	PRESENT	soy, eres, es; somos, sois, son
	PRETERITE	fui, fuiste, fue; fuimos, fuisteis, fueron
	IMPERFECT	era, eras, era; éramos, erais, eran
	FUTURE	seré
	CONDITIONAL	sería
	PRESENT PERFECT	he sido
	PLUPERFECT	había sido
	PRESENT SUBJUNCTIVE	sea, seas, sea; seamos, seáis, sean
	IMPERFECT SUBJUNCTIVE	fuera
	COMMANDS	sé, no seas; (no) sea Ud.; (no) sean Uds.; (no) seamos
tener	PARTICIPLES	teniendo, tenido
	PRESENT	tengo, tienes, tiene; tenemos, tenéis, tienen
	PRETERITE	tuve, tuviste, tuvo; tuvimos, tuvisteis, tuvieron
	IMPERFECT	tenía
	FUTURE	tendré
	CONDITIONAL	tendría
	PRESENT PERFECT	he tenido
	PLUPERFECT	había tenido
	PRESENT SUBJUNCTIVE	tenga, tengas, tenga; tengamos, tengáis, tengan
	IMPERFECT SUBJUNCTIVE	tuviera
	COMMANDS	ten, no tengas; (no) tenga Ud.; (no) tengan Uds.; (no) tengamos

Verbs like **tener: contener, detener, entretener, mantener, obtener**

torcerse	PARTICIPLES	torciéndose, torcido
	PRESENT	me tuerzo, te tuerces, se tuerce; nos torcemos, os torcéis, se tuercen
	PRETERITE	me torcí, te torciste, se torció; nos torcimos, os torcisteis, se torcieron

torcerse *(cont'd.)*

IMPERFECT	me torcía
FUTURE	me torceré
CONDITIONAL	me torcería
PRESENT PERFECT	me he torcido
PLUPERFECT	me había torcido
PRESENT SUBJUNCTIVE	me tuerza, te tuerzas, se tuerza; nos torzamos, os torzáis, se tuerzan
IMPERFECT SUBJUNCTIVE	me torciera
COMMANDS	tuércete, no te tuerzas; tuérzase Ud.; no se tuerza Ud.; tuérzanse Uds., no se tuerzan Uds.; torzámonos, no nos torzamos

traer

PARTICIPLES	trayendo, traído
PRESENT	traigo, traes, trae; traemos, traéis, traen
PRETERITE	traje, trajiste, trajo; trajimos, trajisteis, trajeron
IMPERFECT	traía
FUTURE	traeré
CONDITIONAL	traería
PRESENT PERFECT	he traído
PLUPERFECT	había traído
PRESENT SUBJUNCTIVE	traiga, traigas, traiga; traigamos, traigáis, traigan
IMPERFECT SUBJUNCTIVE	trajera
COMMANDS	trae, no traigas; (no) traiga Ud.; (no) traigan Uds.; (no) traigamos

Verbs like **traer: atraer**

valer

PARTICIPLES	valiendo, valido
PRESENT	valgo, vales, vale; valemos, valéis, valen
PRETERITE	valí, valiste, valió; valimos, valisteis, valieron
IMPERFECT	valía
FUTURE	valdré
CONDITIONAL	valdría
PRESENT PERFECT	he valido
PLUPERFECT	había valido
PRESENT SUBJUNCTIVE	valga, valgas, valga; valgamos, valgáis, valgan
IMPERFECT SUBJUNCTIVE	valiera

venir

PARTICIPLES	viniendo, venido
PRESENT	vengo, vienes, viene; venimos, venís, vienen
PRETERITE	vine, viniste, vino; vinimos, vinisteis, vinieron
IMPERFECT	venía
FUTURE	vendré
CONDITIONAL	vendría
PRESENT PERFECT	he venido
PLUPERFECT	había venido
PRESENT SUBJUNCTIVE	venga, vengas, venga; vengamos, vengáis, vengan
IMPERFECT SUBJUNCTIVE	viniera

venir *(cont'd.)*	COMMANDS	ven, no vengas; (no) venga Ud.; (no) vengan Uds.; (no) vengamos

Verbs like **venir: convenir**

ver	PARTICIPLES	viendo, visto
	PRESENT	veo, ves, ve; vemos, veis, ven
	PRETERITE	vi, viste, vio; vimos, visteis, vieron
	IMPERFECT	veía, veías, veía; veíamos, veíais, veían
	FUTURE	veré
	CONDITIONAL	vería
	PRESENT PERFECT	he visto
	PLUPERFECT	había visto
	PRESENT SUBJUNCTIVE	vea, veas, vea; veamos, veáis, vean
	IMPERFECT SUBJUNCTIVE	viera
	COMMANDS	ve, no veas; (no) vea Ud.; (no) vean Uds.; (no) veamos

VOCABULARIO ESPAÑOL-INGLÉS

The *Vocabulario español-inglés* contains all active vocabulary from *ARCOS Y ALAMEDAS, PASOS Y PUENTES,* and *VOCES Y VISTAS.*

A dash (—) represents the main entry word. For example, **el — mineral** following **el agua** means **el agua mineral.**

The number following each entry indicates the chapter or book in which the word or expression was introduced. Two numbers indicate that it was introduced in one place and elaborated upon later. A Roman numeral (I) indicates that the word was presented in *VOCES Y VISTAS;* a Roman numeral (II), that it was presented in *PASOS Y PUENTES.*

The following abbreviations are used: *adj.* (adjective), *affirm.* (affirmative), *conj.* (conjunction), *dir. obj.* (direct object), *f.* (feminine), *fam.* (familiar), *ind. obj.* (indirect object), *inf.* (infinitive), *m.* (masculine), *neg.* (negative), *pl.* (plural), *prep.* (preposition), *pret.* (preterite), *pron.* (pronoun), *sing.* (singular), *subj.* (subjunctive).

a, al at; to; *as sign of dir. obj.* (I)
— + *time period* a / per + *time period* (11)
al + *inf.* when, on, upon + *verb* + -ing (1)
abierto, -a open (I)
el abogado, la abogada lawyer (II)
abrazar to embrace, to hug (II)
el abrazo hug, embrace, (4)
el abrelatas, *pl.* **abrelatas** can opener (II)
el abrigo overcoat (I)
abril April (I)
abrir to open (I)
abstracto, -a abstract (II)
el abuelo, la abuela grandfather, grandmother (I)
los abuelos grandfathers; grandparents (I)
aburrido, -a bored; boring (I)
aburrir to bore (II)
—se to be bored, to get bored (II)
acabar(se) to finish, to end (7)
— de + *inf.* to have just (*done something*) (I)
acampar: la tienda de — tent (II)
acaso: por si — just in case (4)
el accidente accident (II)
el aceite oil (II)
la aceituna olive (II)
el acelerador accelerator (II)
acelerar to speed up, to accelerate (II)
el acento accent mark (I)
aceptar to accept (II)
la acera sidewalk (3)
acerca de about (11)
el acomodador, la acomodadora usher (II)
acompañar to go / come with, to accompany (II)
acondicionado: el aire — air conditioning (II)
aconsejar to advise (II)
acostar (o → ue) to put *(someone)* to bed (I)
—se to go to bed (I)
acostumbrado, -a (a) used to, accustomed to (2)
acostumbrarse a to get / be accustomed to (4)
la actitud attitude (2)
la actividad activity (II)
activo, -a active, energetic (II)
el acto act (II)
el actor, la actriz, *f.pl.* **actrices** actor, actress (I)
actual present-day (5)
actualmente at the present time, nowadays (5)
acuerdo:
de — right! okay! all right! (II)
estar de — to agree (I)
el acusado, la acusada accused *(person)* (14)
acusar to accuse (14)
adaptarse to adapt, to adjust (8)
además (de) besides, in addition (to) (6)
adentro inside (I)
adiós good-by (I)
el admirador, la admiradora fan (II)
admirar to admire (II)
¿adónde? (to) where? (I)
la aduana customs (II)
el aduanero, la aduanera customs official (II)
advertir (e → ie) to warn, to inform (6)
aérea:
la línea — airline (II)
vía — air mail (II)
el aeropuerto airport (I)
afeitar(se) to shave (II)
la crema de — shaving cream (II)
la maquinilla de — razor (II)
el aficionado, la aficionada (a) fan (of) (I)
afortunadamente fortunately (II)
el África *f.* Africa (I)

afuera outside (I)
las afueras outskirts, suburbs (4)
la agencia de viajes travel agency (I)
el / la agente de viajes travel agent (I)
agosto August (I)
agradable pleasant (I)
agradecer (c → zc) to thank (someone) for, to appreciate (II)
el agua *f.* water (I)
el — mineral mineral water (I)
el aguacate avocado (II)
la aguja needle (9)
¡ah, sí! oh, yes! (I)
ahora now (I)
— mismo right away, right now (II)
por — for now, for the time being (4)
ahorrar to save (II)
el aire air (1)
al — libre outdoors (1)
el — acondicionado air conditioning (II)
el ajedrez chess (I)
el ajo garlic (II)
alcanzar to reach, to attain (13)
alegrarse (de) to be happy (about) (II)
alegre cheerful, joyful, happy (13)
la alegría joy, happiness (6)
¡qué —! how nice! how marvelous! (II)
alemán (*pl.* **alemanes), alemana** German (I)
el alemán German *(language)* (I)
Alemania Germany (I)
la alfombra rug (I)
el álgebra *f.* algebra (I)
algo something, anything (I)
tomar — to have something to drink (I)
el algodón cotton (II)
alguien someone, somebody, anyone (I)
algún, alguna some, any, a (I)
—a vez ever, sometimes (11)
alguno, -a, os, -as *pron.* some, any, one (I)
el alimento food (2)
alivio: ¡qué —! what a relief! (II)
el almacén, *pl.* **almacenes** department store (I)
la almohada pillow (I)
almorzar (o → ue) to eat lunch, to have lunch (II)
el almuerzo lunch (I)
¿aló? hello? *(on phone)* (I)
alquilar to rent (II)
alrededor de around, about (II)
alto, -a tall (I)
en voz alta in a loud voice, out loud (II)
la parte más —a top (1)
el altoparlante loudspeaker (5)
la altura height, altitude (1)
estar a + *measure* + **de—** to be + *measure* + high (1)
el alumno, la alumna pupil (I)
allá (over) there (I)
más — (de) beyond, past, farther (than) (3)
allí there (I)
por — around there, over there, that way (II)
amable kind, nice (I)
amarillo, -a yellow (I)
la ambición, *pl.* **ambiciones** ambition (II)
ambicioso, -a ambitious (II)
el ambiente atmosphere, environment (13)
la ambulancia ambulance (II)
amenazar to threaten (14)
la América Central / del Norte / del Sur / Latina Central / North / South / Latin America (I)
americano, -a American (I)
el amigo, la amiga friend (I)
el amor love (II)
anaranjado, -a orange (I)
el anciano, la anciana old man, old woman (II)
ancho, -a wide (II)
Andalucía Andalusia (6)
andaluz, -a, *pl.* **andaluces, -zas** Andalusian (6)
andar to walk, to go (6)
el andén *pl.* **andenes** *(railway)* platform (II)
el anillo ring (I)
animados: los dibujos — movie cartoons (I)
el animal animal (I)
el — doméstico pet (I)
anoche last night (I)
el anochecer nightfall (14)
anteayer the day before yesterday (II)
atentamente *(closing in letter)* sincerely (10)
los anteojos eyeglasses (I)
los — de sol sunglasses (I)
antes before (that), first (II)
—de before (I)
—de + *inf.* before *(doing something)* (I)
— (de) que before (10)
anticuado, -a old-fashioned (II)
antiguo, -a old, ancient (II)
antipático, -a unpleasant, not nice (I)
el antropólogo, la antropóloga anthropologist (II)
anunciar to announce (II)
el anuncio advertisement, ad (II)
el — clasificado want ad (10)
el — comercial commercial (I)
añadir to add (II)
el año year (I)
¿cuántos — tienes? how old are you? (I)
cumplir . . . —s to have a birthday, to turn (+ *age*) (II)
el — escolar school year (II)
el — que viene next year (14)
el día de fin de — Next Year's Eve (I)
los —s setenta/ochenta, etc. the '70s/'80s, etc. (13)
los quince —s fifteenth birthday (party) (I)
tener . . . —s to be . . . years old (I)
el Año Nuevo New Year's Day (I)
apagar to put out, to turn off *(a fire, light, etc.)* (II)
el aparato braces *(for teeth)* (II)
aparecer (c → zc) to appear, to show up (12)
la apariencia appearance (6)
el apartado postal post office box (II)
el apartamento apartment (I)
el apellido last name, surname (I)
apenas hardly, barely (16)
aplaudir to applaud (II)
apoyar to support, to back (14)
el apoyo support, backing (7)
aprender to learn (I)
— a + *inf.* to learn how (to) (I)
— de memoria to memorize (I)
aprovechar to take advantage of (1)

aproximadamente approximately (12)
la aptitud aptitude, ability (9)
el apunte note (II)
apurarse to hurry (1)
aquel, aquella; aquellos, aquellas *adj.* that; those (II)
aquél, aquélla; aquéllos, aquéllas *pron.* that one; those (II)
aquello *neuter pron.* that (II)
aquí here (I)
— lo (la / los / las) tiene(s) here it is, here they are (I)
— tienes / tiene Ud. here is; here are (I)
por — around here, over here, this way (II)
árabe Arab, Arabic, Arabian (6)
el / la árabe Arab (6)
la araña spider (II)
el árbol tree (I)
la arena sand (II)
el arete earring (I)
argentino, -a Argentina (II)
el argumento plot (II)
el arma *f., pl.* las armas weapon; *pl.* arms (5)
el armario closet (I)
el arqueólogo, la arqueóloga archaeologist (II)
el arquitecto, la arquitecta architect (II)
arrancar to start *(car)* (II)
arreglar to fix, to repair (I); to arrange (4)
arriesgar to risk, to endanger (14)
el arroz rice (I)
el arte art (I)
el artículo article (II)
el / la artista artist (II)
asado, -a roasted (II)
el asado barbecue (II)
hacer un — to have a barbecue (II)
asar to roast (II)
— a la parrilla to barbecue, to grill (II)
el ascensor elevator (I)
asegurar to assure (11)
asesinar to murder, to assassinate (14)
el asesino, la asesina murderer, assasin (14)
así like this / that, in this / that way (1)
así, así so-so (I)
el asiento seat (I)
asistir a to attend (I)
asombrar to astonish, to amaze (3)
asombroso, -a amazing, astonishing (II)
la aspiradora vacuum cleaner (II)
pasar la — to vacuum (II)
el / la aspirante applicant (10)
el / la astronauta astronaut (9)
el astrónomo, la astrónoma astronomer (II)
asustado, -a frightened, scared (II)
asustar to frighten, to scare (II)
atar(se) to tie (II)
la atención: prestar — to pay attention (II)
atender (e → ie) to wait on, to look after, to attend to (9)
atentamente sincerely *(closing in letter)* (10)
aterrizar to land (I)
el / la atleta athlete (I)
atlético, -a athletic (I)
la atracción, *pl.* atracciones *(amusement park)* ride,attraction (II)
atraer to attract (13)
atrevido, -a daring, adventurous (1)
aumentar to raise, to increase (11)
— de peso to gain weight (II)
el aumento (de) increase (in) (11)
aun even (3)
— así even so, all the same (3)
aunque though, although, even though (1)
ausente absent (I)
auténtico, -a real, authentic (6)
el autobús, *pl.* autobuses bus (I)
el autógrafo autograph (II)
el autor, la autora author (II)
el / la auxiliar de vuelo flight attendant (I)
avanzado, -a advanced, progressive (5)
la avenida avenue (I)
la aventura adventure (I)
averiguar to find out (II)
el avión, *pl.* aviones plane (I)
avisar to warn, to notify, to let know, to advise (6)
el aviso notice, warning (II)
ayer yesterday (I)
el / la ayudante helper, assistant (II)
ayudar (a + *inf.*) to help (I)
los aztecas Aztecs (II)
el azúcar sugar (I)
azul blue (I)

bailar to dance (I)
el bailarín *(pl.* bailarines), la bailarina dancer (II)
el baile dance (I)
bajar to come down, to go down (I)
— de to get off or out of *vehicles)* (I)
— de peso to lose weight (II)
bajo, -a short (I)
en voz—a in a soft voice, softly (II)
la planta—a ground floor (I)
la balanza scale (II)
el balcón, *pl.* balcones balcony (I)
el balón, *pl.* balones ball (I)
el banco bank (I)
la banda band *(musical)* (II)
la bandera flag (I)
el banquero, la banquera banker (9)
bañar to bathe *(someone)* (I)
—se to take a bath (I)
el baño bathroom (I)
el traje de — bathing suit (I)
barato, -a cheap, inexpensive (I)
la barba beard (II)
barbaridad: ¡que —! good grief! how awful! (II)
el barco boat (I)
barrer to sweep (II)
el barrio neighborhood (I)
basarse en to be based on (16)
la base foundation, basis (10)
el básquetbol basketball (I)
bastante rather, fairly, kind of (I); enough (II)
la basura garbage (II)
el basurero garbage can (II)
batir to beat (II)
el baúl *(car)* trunk (II)
el bautizo baptism (II)
el bebé baby (II)
beber to drink (I)
la bebida drink, beverage (I)
el béisbol baseball (I)
la belleza beauty (13)
bellísimo, -a very beautiful (I)
bello, -a beautiful (I)
besar to kiss (II)
el beso kiss (II)

la biblioteca library (I)
el bibliotecario, la bibliotecaria librarian (II)
la bicicleta bicycle (I)
montar en — to ride a bicycle (I)
bien well, good (I)
está — okay, all right (I)
bienvenido, -a welcome (I)
el bigote mustache (II)
bilingüe bilingual (I)
el billete bill *(money)* (II)
la biografía biography (II)
la biología biology (I)
el bisabuelo, la bisabuela great-grandfather, great-grandmother (II)
el bistec steak (I)
blanco, -a white (I)
la blusa blouse (I)
la boca mouth (I)
la bocacalle intersection (3)
la bocina *(car)* horn (II)
tocar la — to honk the horn (II)
la boda wedding (II)
el boleto ticket (I)
el bolígrafo (ballpoint) pen (I)
boliviano, -a Bolivian (II)
los bolos: jugar a los — to bowl (II)
la bolsa bag (II)
el bolsillo pocket (II)
el bolso purse (I)
el bombero, la bombera firefighter (II)
la bombilla lightbulb (II)
bondad: tenga la — de *+ inf.* will you . . .? (II)
bonito, -a pretty, goodlooking (I)
el borrador (blackboard) eraser (I)
borrar to erase (I)
el bosque forest, woods (1)
bostezar to yawn (II)
la bota boot (I)
la botella bottle (I)
el Brasil Brazil (I)
brasileño, -a Brazilian (II)
¡bravo! bravo! (II)
el brazo arm (I)
bucear to scuba dive (II)
bueno (buen), -a good (I)
—as noches good evening, good night (I)
—as tardes good afternoon, good evening (I)
bueno, . . . well . . . (I)
¡bueno! okay, fine (I)
—os días good morning (I)
¡buen provecho! enjoy your meal (II)
hace buen tiempo it's nice (out) (I)
¡que —! great! (I)
la bufanda scarf, muffler (I)
el burrito burrito (I)
busca: en — de in search of (7)
buscar to look for (I)
ir /venir a — to go / come get, to pick up (II)
el buzón, *pl.* **buzones** mailbox (II)

el caballero gentleman (3)
el caballo horse (I)
montar a — to ride horseback (II)
caber to fit, to have room for (15)
la cabeza head (I)
la cabina telefónica phone booth (I)
el cacahuate peanut (II)
la cacerola pan, saucepan (II)
el cacharro jalopy (II)
cada each, every (I)
— vez más more and more, increasingly (5)
la cadena chain (1)
caer to fall (II)
—se to fall down (II)
— bien / mal a to make a good / bad impression *(on someone);* to like / not like *(someone)* (II)
el café café; coffee (I)
el — con leche coffee with cream (I)
la cafetería cafeteria (I)
el caimán, *pl.* **caimanes** alligator (I)
la caja box (I); cash register (II)
el cajero, la cajera cashier (II)
el calcetín, *pl.* **calcetines** sock (I)
la calculadora calculator (II)
la calefacción heating system, heat (II)
el calendario calendar (I)
calentar (e → ie) to heat (II)
caliente hot (I)
el calor:
hace — it's hot (out) (I)
tener — to be hot *(person)* (I)
las calorías calories (II)
callarse to be quiet (15)
¡cállate! be quiet! (II)
la calle street (I)
el cruce (de —s) intersection (II)
la cama bed (I)
el coche — sleeping car (II)
la cámara camera (I)
el camarero, la camarera waiter, waitress (I)
el camarón, *pl.* **camarones** shrimp (II)
cambiar to change, to exchange (I)
— de idea to change one's mind (II)
el cambio: la casa de — currency exchange (II)
caminar to walk (I)
el camino road (I); way (3)
en — a on the way to (3)
el camión, *pl.* **camiones** truck (I)
la camisa shirt (I)
la camiseta t-shirt (I)
el campamento campground (II)
la campana bell (15)
el campeón *(pl.* **campeones), la campeona** champion (II)
el campeonato championship (II)
el campesino, la campesina farm worker (II)
camping: ir de — to go camping (II)
el campo country, countryside (I)
canadiense Canadian (I)
el canal TV channel (I)
la canasta basket (II)
la canción, *pl.* **canciones** song (I)
la cancha de tenis tennis court (II)
la canoa canoe (II)
cansado, -a tired (I)
cansarse to get tired (2)
el / la cantante singer (II)
cantar to sing (I)
capaz, *pl.* **capaces** capable, able (II)
la capital capital (I)
el capítulo chapter (I)
el capó *(car)* hood (II)
capturar to catch, to capture (II)
la cara face (I)
costar un ojo de la — to cost an arm and a leg (II)

el carácter, *pl.* **caracteres** nature, character (15)
¡caramba! gosh! gee! (I)
la cárcel jail (7)
el Caribe Caribbean (I)
el cariño affection (II)
con — affectionately (II)
cariñoso, -a (con) affectionate (with) (II)
carísimo, -a very expensive (I)
el carnaval carnival, Mardi Gras (I)
la carne meat (I)
el carné membership card, ID card (II)
la carnicería butcher shop (I)
caro, -a expensive (I)
el carpintero, la carpintera carpenter (9)
la carrera race (II); career (11)
la carretera highway (II)
el carril lane (II)
la carroza float (15)
el carrusel carrousel, merry-go-round (II)
la carta letter (I)
la — de solicitud letter of application (10)
el cartel poster (I)
la cartera wallet (I)
el cartero, la cartera mail carrier (II)
la casa house (I)
a — *(to one's)* home (I)
en — at home (I)
la — de cambio currency exchange (II)
la — de los espejos house of mirrors (II)
la — de los fantasmas house of horrors (II)
casado, -a (con) married (to) (II)
casarse (con) to marry, to get married (to) (II)
casi almost (I)
el caso:
hacerle — a uno to pay attention to (someone), to listen to (8)
un — de urgencia emergency (case) (II)
castaño, -a chestnut *(color)* (II)
castellano, -a Castilian (6)
el castellano Spanish *(language)* (6)
castigar to punish (7)
Castilla Castile (6)
el castillo castle (II)
catalán, -lana, *pl.* **catalanes, -as** Catalonian (6)
Cataluña Catalonia (6)
catorce fourteen (I)
la causa cause (II)
a — de because of (II)
la cebolla onion (I)
la cebra zebra (I)
la celebración, *pl.* **celebraciones** celebration (I)
celebrar to celebrate (I)
celos; tener — de to be jealous of (II)
la cena dinner, supper, evening meal (I)
cenar to have dinner (II)
el centavo cent (I)
el centro downtown (I); center, middle (II)
el — comercial shopping center (4)
centroamericano, -a Central American (I)
cepillar (el pelo) to brush (someone's hair) (I)
—se (los dientes, el pelo) to brush one's (teeth, hair) (I)
el cepillo de dientes toothbrush (I)
la cerámica ceramics (II)
cerca de near, close to (I)
cercano, -a near (12)
el cerdo pig (I)
la chuleta de — pork chop (I)
el cereal cereal (II)
la ceremonia ceremony (15)
la cereza cherry (II)
cero zero (I)
cerrado, -a closed (I)
cerrar (e → ie) to close (I)
certificado, -a registered (II)
el césped lawn (II)
ciego, -a blind (II)
el cielo sky (I)
cien one hundred (I)
ciencia ficción: de — *adj.* science fiction (I)
las ciencias science (I)
el científico, la científica scientist (II)
ciento uno, -a; ciento dos; etc. 101; 102; etc. (I)
cierto, -a certain (II)
es — it's true (II)
cinco five (I)
cincuenta fifty (I)
el cine movies; movie theater (I)
la estrella de — movie star (II)
la cinta tape (I)
la cintura waist (2)
el cinturón, *pl.* **cinturones** belt (I)
el— (*pl.* **cinturones) de seguridad** seatbelt (II)
la cita appointment, date (II)
la ciudad city (I)
el ciudadano, la ciudadana citizen (8)
la civilización, *pl.* **civilizaciones** civilization (II)
el clarinete clarinet (II)
claro, -a bright, clear (II)
— (que sí) of course (I)
— que no of course not (I)
la clase (de) class; kind, type (I)
el compañero, la compañera de — classmate (I)
de primera (segunda) — first- (second-) class (II)
toda — de all kinds of (II)
clásico, -a classical (I)
clasificado: el anuncio — want ad (10)
el clavo nail (9)
el / la cliente customer (I)
el clima climate (II)
la clínica clinic (II)
el club, *pl.* **clubes** club (II)
cobrar:
— un cheque to cash a check (II)
la llamada por — collect call (II)
cocido, -a: bien / medio / poco — well-done / medium / rare (II)
la cocina kitchen (I)
cocinar to cook (I)
el cocinero, la cocinera cook (9)
el coco coconut (II)
el coche car (I)
el — cama, *pl.* **—s cama** sleeping car (II)
el — comedor, *pl.* **—s comedor** dining car (II)
el — deportivo sports car (II)
el código postal zip code (II)
el codo elbow (II)
el cohete rocket (5)
la col cabbage (II)
cola: hacer — to stand in line (I)

la colección, *pl.* colecciones
collection (II)
coleccionar to collect (I)
el colegio high school (I)
el — particular private school (II)
colgar (o → ue) to hang up (II)
la colina hill (II)
colocar to put, to place (II)
colombiano, -a Colombian (II)
el color color (I)
¿de qué —? what color? (I)
de un solo — just one color, solid-colored (5)
en —es in color (I)
el collar necklace (I)
la comedia comedy (16)
el comedor dining room (I)
el coche — dining car (II)
comenzar (e → ie) (a + *inf.*) to begin, to start (II)
comer to eat (I)
dar de — a to feed (I)
comercial *see* anuncio, centro
los comestibles groceries (I)
cómico, -a comic (I)
la comida food; meal (I)
como like, as (II); since, because (6)
tanto . . . — both . . . and, as well as (14)
cómo how (I)
¿— es . . . ? what's . . . like? (I)
¡— no! of course! (I)
¿— te llamas? what's your name? (I)
la cómoda dresser (I)
cómodo, -a comfortable (I)
el compañero, la compañera de clase classmate (I)
la compañía company (II)
compartir to share (II)
competir (e → i) to compete, to play (2)
completamente completely (II)
completo: de tiempo — full-time (10)
complicado, -a complicated (II)
componerse de to consist of, to be composed / made up of (8)
el comportamiento behavior (5)
la composición, *pl.* composiciones composition (II)
el compositor, la compositora composer (II)
comprar to buy (I)
compras: de — shopping (I)
comprender to understand (I)
comprobar (o → ue) to confirm, to prove (14)
la computadora computer (I)
el programador / la programadora de —s computer programmer (II)
común: tener en — to have in common (4)
la comunidad community (8)
con with (I)
— cariño affectionately (II)
— cuidado carefully (II)
— much gusto gladly, with pleasure (I)
— permiso excuse me (I)
— (+ *time* + de) retraso late (II)
— tal (de) que provide (that), so long as (10)
el concierto concert (I)
el concurso contest, competition (II)
el programa de —s quiz show (II)
la condición, *pl.* condiciones condition (9)
el conductor, la conductora driver (II)
la confianza confidence, trust (II)
confundirse to get confused (8)
congelado, -a frozen (II)
el conjunto (musical) group, combo (15)
conmigo with me (I)
conocer (c → zc) to know, to be acquainted with (I); to meet, to get to know (II)
conocido, -a: muy — well-known (I)
los conocimientos knowledge (6)
conquistar to conquer (6)
conseguir (e → i) to get, to obtain (6)
el consejero, la consejera counselor (9)
el consejo piece of advice; *pl.* advice (II)
conservar to preserve, to keep (15)
construir to build, to construct (II)
contacto: tener — con to have contact with (8)
contado: pagar al — to pay cash (II)
el contador, la contadora accountant (9)
la contaminación pollution (3)
contar (o → ue) to count; to tell (I)
contemporáneo, -a contemporary (13)
contener to contain (13)
contento, -a happy (I)
contestar to answer (I)
contigo with you (*fam.*) (I)
continuamente continually, all the time (II)
continuar to continue (I)
contra against, versus (II)
el contrabajo bass (II)
contrario:
al — on the contrary (I)
de lo — otherwise, if not (14)
contribuir to contribute (6)
convencer (de) (c → z) to convince (11)
convenir to be fitting, to suit (11)
convertirse (e → ie) en to become (8)
el corazón heart (I)
la corbata tie (I)
el cordero lamb (I)
la chuleta de — lamb chop (I)
la cordillera mountain range (1)
el cordón, *pl.* cordones cord (II)
los — de los zapatos shoelaces (II)
el coro chorus, choir (II)
correcto, -a correct (I)
el correo post office (I); mail (II)
por — by mail (II)
correr to run (I)
la corrida (de toros) bullfight (I)
corriente common, usual, ordinary (13)
el cortacésped lawn mower (II)
cortar to cut, to mow (II)
—(se) el pelo / las uñas to cut (one's) hair / nails (II)
el corte de pelo haircut (5)
la cortina curtain (II)
corto, -a short (I)
la cosa thing (I)
otra — something else, anything else (II)
coser to sew (9)
la máquina de — sewing machine (9)

costar (o → ue) to cost (I)
—le trabajo (a uno) to be difficult (for someone) (2)
— un ojo de la cara to cost an arm and a leg (II)
costarricense Costa Rican (II)
la costumbre custom (4)
crear to create (12)
crecer (c → zc) to grow (up) (12)
el crecimiento growth (12)
el credito: la tarjeta de — credit card (II)
la creencia belief (15)
creer to think, to believe (I)
creo que no I don't think so (I)
creo que sí I think so (I)
la crema de afeitar shaving cream (II)
la criada maid (4)
criarse to be brought up, to grow up (8)
el crimen, *pl.* **crímenes** crime (14)
el / la criminal criminal (14)
el cruce (de calles) intersection (II)
cruzar to cross (II)
el cuaderno notebook (I)
la cuadra (city) block (II)
el cuadro painting (II); check *(pattern)* (5)
de —s checked *(pattern)* (5)
¿cuál, -es? what?; which one(s)? (I)
¿— es la fecha de hoy? what's the date today? (I)
la cualidad *(personal)* quality, characteristic (10)
cuando when (I)
de vez en — from time to time, occasionally (2)
¿cuándo? when? (I)
cuanto:
en — as soon as (10)
en — a as for, regarding (4)
¿cuánto? how much? (I)
¿— dura? how long does *(something)* last? (I)
¿— tiempo? how long? (I)
¿— tiempo hace que + *preterite?* how long ago? (6)
¿cuántos, -as? how many? (I)
¿— años tienes? how old are you? (I)
cuarenta forty (I)
cuarto:
menos — quarter to (I)
y — quarter after, quarter past (I)
cuarto, -a fourth (II)
el cuarto room (I)
cuatro four (I)
cuatrocientos, -as four hundred (I)
cubano, -a Cuban (I)
cubierto, -a (de) covered (with) (1)
el cubismo cubism (13)
la cuchara spoon (I)
la cucharita teaspoon (II)
el cuchillo knife (I)
el cuello neck (II)
la cuenta check *(in restaurant)* (I)
darse — de to realize (II)
el cuento story (I)
el cuero leather (II)
el cuerpo body (I)
la cuestión, *pl.* **cuestiones** matter, question (11)
cuidado:
¡—! watch out! be careful! (I)
con — carefully (II)
tener — to be careful (I)
cuidadoso, -a careful (10)
cuidar to take care of (II)
— a los niños to baby-sit (I)
culpable guilty (7)
la cultura culture (6)
el cumpleaños birthday (I)
¡feliz —! happy birthday! (II)
cumplir to fulfill (7)
— . . . años to have a birthday, to turn (+ *age*) (II)
el cuñado, la cuñada brother-in-law, sister-in-law (II)
curar to cure, to heal (9)
curioso, -a unusual, strange, odd, curious (7)
el curso course (11)
cuyo, -a, -os, -as whose (9)

el champú shampoo (I)
la chaqueta jacket (I)
el cheque check (II)
cobrar un — to cash a check (II)
el — de viajero traveler's check (II)
el chicle chewing gum (II)
el chico, la chica boy, girl (I)
el chile chili pepper (I)
el — con carne chili con carne (I)
el — relleno stuffed pepper (I)
chileno, -a Chilean (II)
el chisme piece of gossip; *pl.* gossip (II)
el chiste joke (I)
chistoso, -a funny (I)
chocar (con) to hit *(something),* to bump (into), to crash into (II)
el chocolate chocolate, hot chocolate (I)
la chuleta de cerdo / cordero pork / lamb chop (I)
los churros churros (I)

la dama lady (3)
las damas checkers (I)
daño: hacer — a to hurt, to harm (II)
dar to give (I)
— de comer a to feed (I)
— la mano a to shake hands (with) (II)
— la vuelta to turn around, to go around (II)
— miedo a to frighten, to scare (I)
— se cuenta de to realize (II)
— se prisa to hurry (II)
— un paseo to go for a walk/ ride (II)
— una película / un programa to show a movie / a program (I)
— una vuelta to take a ride (II)
me/te, etc. da igual I / you, etc. don't care, it's all the same to me / you (3)
los datos facts, information, data (9)
de (del) from; of; *possessive* — 's, —s'; about (I); by; as a(n) (II)
— + *material* made of (II)
— camping camping (II)
— compras shopping (I)
— ida one-way (II)
— ida y vuelta round-trip (II)
— manera que so, so that (11)
— moda fashionable (II)
— nada you're welcome (I)
— nuevo again (16)
— pesca fishing (II)
— postre for dessert (I)
— prisa in a hurry, quickly, fast (I)
— profesión by profession (II)

— **propina** for a tip (I)
¿— **qué color?** what color? (I)
¿— **quién(es)?** whose? (I)
— **repente** suddenly (II)
— **vacaciones** on vacation (I)
— **veras** really (I)
debajo de under (I)
deber should, ought to (I); to owe (II)
débil weak (I)
debido a (que) due to / because of (the fact that) (3)
decidir to decide (II)
décimo, -a tenth (II)
decir to say, to tell (I)
¿cómo se dice . . . ? how do you say . . . ? (I)
— **que sí / no** to say yes / no (I)
¡no me digas! you don't say! (I)
¿qué quiere — . . . ? what does . . . mean? (I)
declarar to declare *(at customs)* (II)
la decoración, *pl.* **decoraciones** decoration (I)
decorar to decorate (I)
el dedo finger (I)
defenderse (e → ie) en + *language* to get along / manage *(in a language)* (4)
dejar to leave *(behind)* (I); to let, to allow (2)
— **de** + *inf.* to stop *(doing something)* (II)
delante de in front of (I)
delgado, -a thin (I)
delicioso, -a delicious (I)
demás: los/las — the others (1)
demasiado *adv.* too; too much (I); *adj.* too much, too many (II)
la demora delay (II)
demostrar (o → ue) to demonstrate, to show, to prove (II)
dentífrica: la pasta — toothpaste (I)
el / la dentista dentist (I)
dentro de inside (of) (I); within (II)
el departamento department (II)
depender de to depend on (4)
el dependiente, la dependienta salesclerk (II)
el deporte sport (I)
deportivo, -a *adj.* sports (II)
derecha: a la — (de) to the right (of) (I)
derecho: (todo) — straight ahead (II)
el derecho law (II)
el — (de) the right (to) (5)
tener — a + *inf.* to have the right to (5)
desagradable disagreeable, unpleasant (II)
desaparecer (c → zc) to disappear (12)
el desarrollo development (9)
el desastre disaster (II)
desayunar to eat breakfast (II)
el desayuno breakfast (I)
descansar to rest (I)
descolgar (o → ue) to pick up *(phone)* (II)
descompuesto, -a *(machines)* broken, out of order (II)
desconocido, -a unknown (7)
describir to describe (I)
descubrir to discover (II)
desde from (I)
— **luego** of course (3)
— **(que)** since (4)
desear to wish, to desire (2)
¿qué desea Ud.? may I help you? (I)
el desempleo unemployment (12)
desenchufar to unplug (II)
desenvolver (o → ue) to unwrap (II)
el desfile parade (I)
el desierto desert (II)
deslizarse to slip, to slide (1)
el desodorante deodorant (I)
el desorden disorder, mess (II)
desordenado, -a messy (II)
despacio slowly (I)
despedir (e → i) to fire *(from a job)* (11)
—se (e → i) (de) to say good-by (to) (II)
despegar to take off *(planes)* (I)
el despertador alarm clock (I)
despertar (e → ie) to wake *(someone)* up (I)
—se to wake up (I)
despierto, -a awake (II)
después afterwards, later (I)
— **de** after (I)
— **de** + *inf.* after *(doing something)* (I)
— **(de) que** after (10)
el destornillador screwdriver (9)
la destreza skill (10)
destruir to destroy (II)
la desventaja disadvantage (3)
el detalle detail (10)
el / la detective detective (16)
detener to stop, to arrest (14)
el detergente detergent (II)
detrás de behind (I)
devolver (o → ue) to return *(something)*, to give back, to take back (II)
el día day (I)
el — de fiesta, *pl.* **días de fiesta** holiday (I)
el — de fin de año New Year's Eve (I)
el plato del — special of the day (II)
poner(se) al — (con) to bring (oneself) up to date (on) (14)
todos los — s every day (I)
el diablo devil (I)
la diapositiva slide, transparency (II)
diario, -a daily (4)
el diario newspaper (II)
dibujar to draw (I)
el dibujo drawing (I)
los — animados movie cartoons (I)
el diccionario dictionary (II)
diciembre December (I)
dicho: mejor — rather (4)
diecinueve nineteen (I)
dieciocho eighteen (I)
dieciséis sixteen (I)
diecisiete seventeen (I)
los dientes teeth (I)
el cepillo de — toothbrush (I)
la dieta diet (II)
estar a — to be on a diet (II)
diez ten (I)
la diferencia difference (II)
diferente different (II)
difícil hard, difficult (I)
la dificultad difficulty (4)
el dinero money (I)
el dios, la diosa god, goddess (II)
la dirección, *pl.* **direcciones** address (I); direction (1)
en — a toward, in the direction of (1)
el director, la directora (school) principal; director; conductor (II)

dirigir (j) to direct, to conduct, to lead (II); to address, to write to (10)
—(se) (j) a to write to, to apply to, to talk to (10)
el disco record (I)
discúlpeme excuse me, pardon me, I beg your pardon (I)
el discurso speech (14)
discutir (de) to argue (about), to discuss (II)
el diseñador, la diseñadora designer (9)
el disfraz, *pl.* **disfraces** costume, disguise (I)
la fiesta de disfraces costume party (I)
disfrutar de to enjoy (I)
la distancia: de larga — long-distance (II)
distinto, -a (de) different (from) (II)
distraído, -a absent-minded (II)
diversiones: el parque de — amusement park (II)
divertido, -a amusing, entertaining (I)
divertirse (e → ie) to have fun, to have a good time (I)
doblada: la película — dubbed film (II)
doblar to turn (II); to bend (2)
doble: la habitación — double room (II)
doce twelve (I)
la docena (de) dozen (I)
el doctor, la doctora doctor *(as title)* (I)
el documental documentary (II)
el documento document (II)
el dólar dollar (I)
doler (o → ue) to hurt, to ache (I)
el dolor pain (2)
doméstico: el animal — pet (I)
dominar + *language* to be fluent *(in a language)* (4)
domingo Sunday (I)
el —on Sunday (I)
dominicano, -a Dominican (II)
¿dónde? where? (I)
¿a—? (to) where? (I)
¿de —? from where? (I)
dormido, -a asleep (II)
dormir (o → ue) to sleep (I)
—se to fall asleep, to go to sleep (I)
el saco de — sleeping bag (II)
el dormitorio bedroom (I)
dos two (I)
doscientos, -as two hundred (I)
el drama drama (16)
el dramaturgo, la dramaturga dramatist, playwright (16)
la ducha shower (I)
ducharse to take a shower (I)
duda: sin — without a doubt, undoubtedly (II)
dudar to doubt (II)
el dueño, la dueña owner (II)
los dulces candy (I)
durante during (I)
durar to last (I)
el durazno peach (II)

e and (I)
ecuatoriano, -a Ecuadorian (II)
echar to toss, to throw (out) (7)
la edad age (4)
el edificio building (I)
la educación física physical education (I)
educado, -a: bien / mal — polite / impolite, rude (II)
el efecto effect (13)
ejemplo: por — for example (II)
ejercicio: hacer — to exercise (II)
el ejército army (7)
el *m. sing.* the (I)
— que the one who/that (9)
él he; him, it *after prep.* (I)
el / la electricista electrician (9)
eléctrico, -a electric (II)
el elefante elephant (I)
elegante elegant (II)
elegir (e → i) (j) to choose, to elect (6)
ella she; her, it *after prep.* (I)
ellos, ellas they; them *after prep.* (I)
la embajada embassy (14)
el embajador, la embajadora ambassador (14)
embargo: sin — however (11)
embarque: la puerta de — boarding gate (II)
emocionante exciting, thrilling (I)
la empanada meat pie (I)
el empate tie *(in a game)* (II)
empezar (e → ie) (a + *inf.)* to begin, to start (I)
el empleado, la empleada employee (9)
el empleo job, work, employment (10)
la empresa firm, company, enterprise (9)
empujar to push (II)
en in; at; on (I)
— + *vehicle* by (I)
— casa at home (I)
— cuanto as soon as (10)
— cuanto a as for, regarding (4)
— seguida right away, immediately (I)
— venta for sale (I)
— vez de instead of (1)
enamorado, -a (de) in love (with) (II)
encantar to love (I)
encarcelar to imprison, to put in jail (7)
encargarse de to be in charge of, to take charge of (10)
encender (e → ie) to light, to turn on (II)
encontrar (o → ue) to find (I)
— se (o → ue) to find oneself, to be found, to be located (5)
enchufar to plug in (II)
el enchufe plug; outlet (II)
el enemigo, la enemiga enemy (16)
enérgico, -a energetic (I)
enero January (I)
la enfermedad illness, disease (7)
el enfermero, la enfermera nurse (I)
enfermo, -a sick (I)
enfrente de across from, opposite (I)
engañar to trick, to deceive (7)
enojado, -a angry (II)
enojar (se) (con) to be / get angry (at) (II)
enorme enormous, huge (I)
la ensalada salad (I)
ensayar to rehearse (II)
el ensayo rehearsal (II); essay (16)
enseñar (a + *inf.*) to teach (I)
entender (e → ie) to understand (II)
enterarse (de) to find out, to learn (about) (10)
entero, -a whole, entire (3)
enterrado, -a buried (II)
entonces then, so (I)
la entrada ticket; entrance (I)

entrar (en) to go in, to come in, to enter (I)
entre between (I); among (1)
entregar to deliver (II)
el entrenador, la entrenadora coach (II)
entretener(se) to (be) entertain(ed), to amuse (oneself) (16)
la entrevista interview (II)
entrevistar to interview (II)
entusiasmado, -a (con / por) excited (about) (1)
enviar to send (12)
envolver (o → ue) to wrap (II)
la época epoch, age, era, time (6)
el equipaje luggage (II)
el equipo team (I)
el — local home team (II)
equivocado, -a wrong (II)
equivocarse to be wrong, to make a mistake (7)
esa *see* **ese**
la escala stopover (II)
hacer — to make a stopover *(planes)* (II)
sin — nonstop (II)
la escalera staircase (I)
la — mecánica escalator (II)
escaparse to escape, to run away (II)
la escena scene (13)
el escenario stage (16)
la escoba broom (II)
escoger (j) to choose (II)
escolar *adj.* school (1)
el año — school year (II)
esconder to hide (13)
escribir to write (I)
¿cómo se escribe . . . ? how do you spell . . . ? (I)
— a máquina to type (II)
la máquina de — typewriter (II)
el escritor, la escritora writer, author (I)
el escritorio desk (I)
escuchar to listen (to) (I)
la escuela school (I)
el escultor, la escultora sculptor (II)
la escultura sculpture (II)
ese, -a; -os, -as *adj.* that; those (I)
ése, ésa; ésos, ésas *pron.* that one; those (II)
esfuerzo: hacer un — to try hard, to make an effort (2)
el esmalte de uñas nail polish (II)
eso *neuter pron.* that (II)
por — that's why (I)
espacial: la nave — spaceship (12)
el espacio space (12)
la espalda back (II)
España Spain (I)
español, -a Spanish (I)
el español Spanish *(language)* (I)
los espárragos asparagus (II)
especial special (I)
especializarse en to specialize in, to major in (10)
especialmente especially (II)
el espectáculo show, performance (II)
el espejo mirror (I)
la casa de los —s house of mirrors (II)
espera: la sala de — waiting room (II)
esperar to wait (for); to hope, to expect (I)
¡espero que sí / no! I hope so / not! (I)
las espinacas spinach (II)
el esposo, la esposa husband, wife (I)
el esquí ski, skiing (II)
el — acuático water skiing (II)
el esquiador, la esquiadora skier (II)
esquiar to ski (I)
la esquina street corner (I)
a la vuelta de la — around the corner (I)
esta *see* **este**
la estación, *pl.* **estaciones** season; station (I)
la — (*pl.* **estaciones) de servicio** service station (II)
el estacionamiento parking lot (II)
estacionar to park (II)
el estadio stadium (I)
el estado state, nation; condition (5)
los Estados Unidos United States (I)
el estante shelf (I)
estar to be (I)
está bien okay, all right (I)
— a + *distance* + **de** to be + *distance* + from (1)
— a + *measure* + **de altura** to be + *measure* + high (1)
— de acuerdo to agree (I)
la estatua statue (II)
este, -a; -os, -as *adj.* this; these (I)
esta noche tonight (I)
éste, ésta; éstos, éstas *pron.* this one; these (II)
el este east (I)
el estilo style (5)
estimado, -a dear *(formal salutation in letters)* (10)
estirar to stretch (2)
esto *neuter pron.* this (II)
el estómago stomach (I)
estornudar to sneeze (II)
estrecho, -a narrow (II)
la estrella star (I)
la — de cine movie star (II)
estricto, -a strict (II)
el / la estudiante student (I)
el / la — de intercambio exchange student (4)
estudiar to study (I)
estudio: la sala de — study hall (II)
los estudios studies (11)
la estufa stove (I)
estupendo, -a fantastic, great (I)
la etapa phase, stage *(in a process)* (13)
etcétera etc. (II)
la etiqueta tag, price tag, label (II)
Europa Europe (I)
evitar to avoid (2)
exactamente exactly (II)
exagerado, -a excessive, exaggerated (5)
el examen, *pl.* **exámenes** test, exam (I)
examinar to examine (I)
excelente excellent (I)
la excursión: ir de — to go on a short trip or excursion (II)
la excusa excuse (I)
exigente demanding, exacting, strict (2)
existir to exist (7)
el éxito success (II)
tener — to be successful (II)
la expedición, *pl.* **expediciones** expedition (II)
hacer una — to go on an expedition (II)
la experiencia experience (11)
explicar to explain (II)
el explorador, la exploradora explorer (II)

explorar to explore (II)
la exposición, *pl.* **exposiciones** exhibit (II)
expresar(se) to express (oneself) (8)
expreso express (II)
extranjero, -a foreign (II)
extrañar to miss *(someone or something)* (1)
extraño, -a strange (II)

la fábrica factory (9)
fabricar to manufacture, to make (12)
fabuloso, -a fabulous (I)
fácil easy (I)
la falda skirt (I)
faltar to need, to be missing or lacking *(something)* (I)
la familia family (I)
famoso, -a famous (II)
el fantasma ghost (I)
la casa de los —s house of horrors (II)
fantástico, -a fantastic (I)
el farmacéutico, la farmacéutica pharmacist (II)
la farmacia pharmacy, drugstore (I)
el faro headlight (II)
favor: por — please (I)
favorito, -a favorite (I)
febrero February (I)
la fecha date (I)
¡felicidades! congratulations! (I)
¡felicitaciones! congratulations! (I)
felicitar to congratulate (II)
feliz, *pl.* **felices** happy (II)
¡— cumpleaños! happy birthday! (II)
feo, -a ugly (I)
la feria fair (II)
la rueda de — Ferris wheel (II)
el festival festival, celebration (15)
la fiebre fever (I)
la fiesta holiday; party (I)
el día de — holiday (I)
la — de disfraces costume party (I)
la figura figure (15)
fijarse en to notice, to pay attention to (II)
la fila row (II)
filmar to film (II)
el fin:
a — es de at the end of (1)
el día de — de año New Year's Eve (I)
el — (*pl.* **fines) de semana** weekend (I)
por — at last, finally (II)
finalmente finally (9)
la firma signature (II)
firmar to sign (II)
la física physics (I)
físico, -a: la educación — a physical education (I)
flaco, -a skinny (II)
el flan flan, baked custard (I)
la flauta flute (II)
flojo, -a: estar — en to be poor in (I)
la flor flower (I)
folklórico, -a *adj.* folk (I)
el fondo: en el — at the back, in the background (II)
la forma shape, form (13)
en — de in the shape / form of (13)
formidable terrific (I)
el formulario form (II)
la foto photo (I)
el fotógrafo, la fotógrafa photographer (I)
fracasar to fail (12)
el fracaso failure (II)
francamente frankly (11)
francés (*pl.* **franceses), francesa** French (I)
el francés French *(language)* (I)
Francia France (I)
la frase sentence, phrase (I)
frecuentemente frequently (II)
el fregadero sink (II)
el freno brake (II)
la fresa strawberry (II)
fresco, -a fresh (II)
el fresco: hace — it's cool (out) (I)
los frijoles beans (I)
frío, -a cold (I)
el frío:
hace — it's cold (out) (I)
tener — to be cold *(person)* (I)
frito, -a fried (I)
las papas —as French fries (I)
la frontera border (II)
la fruta fruit (I)
el fuego fire (II)
los —s artificiales fireworks (I)
la fuente fountain (I); source (13)
fuera de outside (of) (I)
fuerte strong (I); loud (II)
estar — en to be good in (I)
la fuerza strength (2)
fumar to smoke (2)
la función, *pl.* **funciones** show (II)
funcionar *(machines)* to work, to run (II)
la funda pillowcase (I)
furioso, -a furious (12)
el fútbol soccer (I)
el — americano football (I)
el futuro future (12)

la galería gallery (II)
Galicia Galicia (6)
gallego, -a Galician (6)
la galleta cracker (II)
la gallina hen (I)
el gallo rooster (I)
el ganado cattle (II)
ganador, -a winning (II)
el ganador, la ganadora winner (II)
ganar to win (I); to earn (II)
—se la vida to earn a living (II)
ganas *see* **tener**
la ganga bargain (II)
el garaje garage (I)
la garganta throat (I)
la gasolina gas (II)
gastar to spend (II)
el gato cat (I)
el gazpacho gazpacho (I)
general: por lo — generally (2)
generalmente generally, usually (I)
generoso, -a generous (I)
la gente people (I)
lleno, -a de — crowded (I)
la geometría geometry (I)
el / la gerente manager (I)
gimnasia: hacer — to do gymnastics (II)
el gimnasio gymnasium (I)
el globo balloon (II)
el gobierno government (6)
el golf golf (I)
el Golfo de México Gulf of Mexico (I)
gordo, -a fat (I)
gozar (de) to enjoy (15)
la grabadora tape recorder (I)
grabar to record (II)
gracias thank you, thanks (I)
muchas — thanks a lot (I)

gracioso, -a funny, comic (I I)
el grado degree (I I)
graduarse to graduate (I I)
el gramo gram (I)
gran, *pl.* **grandes** great (I)
grande large, big (I)
la granja farm (I)
la granjero, la granjera farmer (I)
la grapa staple (I I)
la grapadora stapler (I I)
la grasa fat, grease (2)
gratis, *pl.* **gratis** free (I I)
la gripe flu (I)
gris, *pl.* **grises** gray (I)
gritar to shout (I I)
el grupo group (I)
el guacamole guacamole (I I)
el guante glove (I)
guapo, -a handsome, good-looking (I)
guardar to keep, to save (7)
el guardián, la guardiana (de zoológico) (zoo)keeper (I)
guatemalteco, -a Guatemalan (I I)
la guerra war (5)
la guía guidebook (I)
la — telefónica phone book (I)
el / la guía guide (I)
los guisantes peas (I)
la guitarra guitar (I)
gustar to like (I)
me gustaría I'd like (I I)
gusto:
con mucho — gladly, with pleasure (I)
mucho — pleased to meet you (I)

haber (hay / había / hubo) there is / are; there was / were (I, I I)
la habitación, *pl.* **habitaciones** room (I I)
la — doble double room (I I)
la — individual single room (I I)
el / la habitante inhabitant (I I)
hablar to speak, to talk (I)
— por señas to talk in sign language (I I)
— por teléfono to talk on the phone (I)
hace:
— + *time* (+ **que**) + *pret.* ago (6)
— + *time* (+ **que**) + *present* for + *time* (I)
See also **calor, fresco, frío, sol, tiempo, viento**
hacer to do; to make (I)
— cola to stand in line (I)
— daño a to hurt, to harm (I I)
— ejercicio to exercise (I I)
— el papel de to play the role of (I I)
— la maleta to pack a suitcase (I)
—le caso a uno to pay attention to (someone), to listen to (8)
—se to become (12)
— un asado to have a barbecue (I I)
— una expedición to go on an expedition (I I)
— un esfuerzo to try hard, to make an effort (2)
— un picnic to have a picnic (I I)
— una pregunta to ask a question (I I)
— un viaje to take a trip (I)
hacia toward (7)
hallar to find (I I)
hambre: tener — to be hungry (I)
la hamburguesa hamburger (I)
hasta until (I); to, out to, as far as (I I)
— la vista see you later (I)
— luego see you later (I)
— mañana see you tomorrow (I)
— pronto see you soon (I)
— que until (10)
hay there is, there are (I)
— que + *inf.* we (you, one) must, it's necessary (I)
no — de qué you're welcome (I)
¿qué —? what's new? (I I)
hecho, -a made (I I)
el hecho fact (16)
la heladería ice cream parlor (I I)
el helado ice cream (I)
el helicóptero helicopter (I I)
herir (e → ie) to hurt, to injure (14)
el hermanito, la hermanita little brother, little sister (I)
el hermano, la hermana brother, sister (I)
los hermanos brothers; brother(s) and sister(s) (I)
hermoso, -a beautiful (I)
el héroe, la heroína hero, heroine (I I)
heroico, -a heroic (I I)
la herramienta tool (9)
hervir (e → ie) to boil (I I)
el hielo ice (I I)
la hierba grass (I)
el hijo, la hija son, daughter (I)
los hijos sons; son(s) and daughter(s) (I)
el hilo thread (9)
el hipopótamo hippopotamus (I)
hispanoamericano, -a Hispanic American, Spanish American (8)
la historia history (I); story (I I)
histórico, -a historic (I I)
la hoja leaf (I)
la — de papel, *pl.* **—s de papel** piece of paper (I)
hola hello, hi (I)
el hombre man (I)
el — de negocios businessman (I I)
el hombro shoulder (I I)
hondureño, -a Honduran (I I)
la hora hour (I)
¿a qué —? (at) what time? (I)
la media — half an hour (I)
¿qué — es? what time is it? (I)
el horario schedule (I)
la hormiga ant (I I)
el horno oven (I I)
horror: ¡qué —! how awful! (I I)
el hospital hospital (I)
el hotel hotel (I)
hoy today (I)
— no not today (I)
hubo *see* **haber**
la huelga strike (14)
el hueso bone (I I)
el huevo egg (I)
huir (de) to flee (from) (I I)
humano: el ser — human being (16)
húmedo, -a humid, damp (I I)
el humo smoke (I I)
humor:
el sentido del — sense of humor (I I)
estar de buen / mal — to be in a good / bad mood (I I)
el huracán, *pl.* **huracanes** hurricane (I I)

ida:
de — one-way (II)
de — y vuelta round-trip (II)
la idea idea (II)
cambiar de — to change one's mind (II)
la identidad identity (8)
el idioma language (II)
la iglesia church (I)
igual the same, alike (II)
— (que) just as, just like, the same as (13)
me/te, etc. da — I / you, etc. don't care, it's all the same to me / you (3)
la igualdad equality (4)
la iguana iguana (I)
la imagen, *pl.* **imágenes** image, picture (5)
la imaginación *pl.* **imaginaciones** imagination (13)
imaginarse to imagine (4)
¡imagínate! imagine! (I)
impaciente impatient (II)
impedir (e → i) to prevent (12)
el impermeable raincoat (I)
la importancia importance (16)
importante important (I)
importar to matter to, to be important to, to mind (I)
¿qué importa? so what? (I)
imposible impossible (II)
impresionante impressive (II)
impresionar to impress (1)
improbable improbable (II)
el impuesto tax (II)
los incas Incas (II)
el incendio fire (II)
incluir to include, to enclose (II)
incómodo, -a uncomfortable (I)
increíble incredible (II)
independiente independent (4)
indicar to indicate, to show (II)
el indio, la india Indian (7)
individual: la habitación — single room (II)
la influencia influence (6)
influir (en / sobre) to have an effect (on), to influence (12)
la información information (II)
informar to inform (14)
el ingeniero, la ingeniera engineer (II)
Inglaterra England (I)
inglés (*pl.* **ingleses), inglesa** English (I)
el inglés English *(language)* (I)
el / la inmigrante immigrant (8)
inocente innocent (7)
inolvidable unforgettable (II)
insistir (en) to insist (on) (2)
insoportable unbearable (2)
el inspector, la inspectora *(train)* conductor (II)
el instructor, la instructora instructor (II)
el instrumento instrument (II)
inteligente intelligent (I)
intentar to try (II)
intercambio: el/la estudiante de — exchange student (4)
interés: el punto de — point of interest (3)
interesado, -a interested (11)
interesante interesting (I)
interesar to interest (II)
el intervalo intermission (II)
inventar to invent (12)
el invento invention (12)
el invierno winter (I)
la invitación, *pl.* **invitaciones** invitation (I)
el invitado, la invitada guest (I)
invitar to invite (I)
la inyección, *pl.* **inyecciones** shot (I)
poner una — to give a shot (I)
ir to go (I)
— a + *inf.* going to + *verb* (I)
— a buscar to go get, to pick up (II)
— se to leave, to go away (II)
la isla island (II)
Italia Italy (I)
italiano, -a Italian (I)
el italiano Italian *(language)* (I)
izquierda: a la — (de) to the left (of) (I)

el jabón, *pl.* **jabones** soap (I)
el jaguar jaguar (II)
el jai alai jai alai (II)
el jamón ham (I)
el jardín, *pl.* **jardines** garden (I)
la jaula cage (I)
los jeans jeans (I)
el jefe, la jefa boss (II); chief (7)
el / la — de estado head of state (5)
la jirafa giraffe (I)
joven, *pl.* **jóvenes** young (I)
el / la joven, *pl.* **los / las jóvenes** young person (II)
las joyas jewels, jewelry (I)
el judío, la judía Jew (6)
el juego game (I)
jueves Thursday (I)
el — on Thursday (I)
el juez, la jueza judge (14)
el jugador, la jugadora player (I)
jugar (u → ue) to play (I)
— a(l) to play *(sports or games)* (I)
el jugo (de) juice (I)
julio July (I)
junio June (I)
junto a next to (II)
juntos, -as together (I)
la juventud youth (5)
juzgar to judge (13)

el kilo kilo (I)
el kilómetro kilometer (1)

la the *f.sing.;* you *f. formal,* her, it *dir. obj.* (I)
— que the one who/that (9)
el labio lip (II)
el lápiz de –s lipstick (II)
el laboratorio laboratory (I)
lado:
al — de next to, beside (I)
por un — on the one hand (3)
por (el) otro — on the other hand (3)
el ladrillo brick (9)
el ladrón, la ladrona thief (II)
el lago lake (I)
la lámpara lamp (I)
la lana wool (II)
la langosta lobster (II)
lanzar to launch, to throw (5)
el lápiz, *pl.* **lapices** pencil (I)
el — de labios lipstick (II)
largo, -a long (I)
de — a distancia long distance (II)
las the *f.pl.;* you *f.pl.,* them *f. dir. obj.* (I)
— que those who/that, the ones who/that (9)
la lástima shame, pity (II)

¡qué —! that's too bad, that's a shame (I)
lastimarse to hurt *(a part of one's body)* (II)
la lata can (II)
¡qué —! what a drag! what a bore! (II)
latinoamericano, -a Latin American (I)
la lavadora washing machine (II)
el lavaplatos dishwasher (II)
lavar to wash (I)
—se (la cara, las manos, el pelo) to wash (one's face, hands, hair) (I)
le (to / for) you *formal,* him, her *ind. obj.* (I)
la lección, *pl.* **lecciones** lesson (I)
la leche milk (I)
el café con — coffee with cream (I)
la lechuga lettuce (I)
leer to read (I)
lejano, -a distant (12)
lejos de far from (I)
la lengua language (I)
lentamente slowly (II)
lento, -a slow (I)
el león, *pl.* **leones** lion (I)
el leopardo leopard (I)
les (to / for) you *pl.,* them *ind.obj.* (I)
el letrero sign (II)
el levantador / la levantadora de pesas weightlifter (II)
levantar to lift, to raise (I)
— pesas to lift weights (II)
—se to get up (I)
la leyenda legend (16)
liberar to free (7)
la libertad freedom, liberty (5)
libre free, not busy (I)
al aire — outdoors (1)
la librería bookstore (I)
el libro book (I)
la lima de uñas nail file (II)
limar(se) las uñas to file nails (II)
el limón, *pl.* **limones** lemon (I)
la limonada lemonade (I)
limpiar to clean (I)
—(se) los zapatos / los anteojos to clean (one's) shoes / eyeglasses (II)
limpio, -a clean (I)
la línea line (I)
la — aérea airline (II)
la linterna flashlight (II)
la liquidación, *pl.* **liquidaciones** (clearance) sale (II)
listo, -a *(ser)* smart, clever (I); *(estar)* ready (1)
la literatura literature (16)
el litro liter (I)
lo you *m. formal,* him, it *dir. obj.* (I)
a — mejor perhaps, maybe (I)
— + *adj.* the *(adj.)* thing (7)
— que what (I)
— siento I'm sorry (I)
local local (II)
el equipo — home team (II)
loco, -a crazy (I)
la locura madness, crazy thing (12)
el locutor, la locutora announcer (II)
el loro parrot (II)
los the *m.pl.;* you, them *dir. obj.* (I)
— que those who / that, the ones who / that (9)
la lucha fight, battle (16)
luchar to fight, to struggle (6)
luego then, later (I)
desde — of course (3)
hasta — see you later (I)
el lugar place (II)
tener — to take place (II)
la luna moon (I)
el lunar dot (5)
de —es dotted (5)
lunes Monday (I)
el — on Monday (I)
la luz, *pl.* **luces** light (II)

la llama llama (I)
la llamada call (II)
la — por cobrar collect call (II)
llamar to call (I)
¿cómo te llamas? what's your name? (I)
— por teléfono to phone (I)
—se to be called, to be named (I)
la llanta tire (II)
la llave key (I)
la llegada arrival (II)
llegar to arrive (I)
— a ser to become (12)
llenar to fill (up); to fill out / in (II)
lleno, -a full (I)
— de gente crowded (I)
llevar to wear, to carry (I); to take (II)
—se bien (con) to get along (with) (4)
llorar to cry (II)
llover (o → ue) to rain (I)
llueve it's raining (I)
la lluvia rain (I)

la madera wood (II)
la madre mother (I)
madrileño, -a native of Madrid (6)
la madrina godmother (II)
la madrugada early morning, dawn (14)
maduro, -a mature (10)
el maestro, la maestra teacher *(elementary school)* (9)
magnífico, -a magnificent (I)
Magos: los Reyes — the Three Wise Men (15)
el maíz corn (I)
mal not well, badly (I)
menos — (que) it's a good thing (that) (6)
la maleta suitcase (I)
hacer la — to pack a suitcase (I)
malo (mal), -a bad (I)
la mamá mom (I)
mandar to send (I)
manejar to drive (II)
el permiso de — driver's license (II)
la manera way, manner (13)
de — que so, so that (11)
la manifestación, *pl.* **manifestaciones** demonstration (14)
la mano hand (I)
a — by hand (13)
dar la — a to shake hands (with) (II)
la manta blanket (I)
el mantel tablecloth (I)
mantener to maintain, to support (2)
—se en forma to keep in shape, to stay or keep fit (2)
la mantequilla butter (I)
la manzana apple (I)

mañana tomorrow (I)
hasta — see you tomorrow (I)
pasado — day after tomorrow (12)
la mañana morning (I)
de la — in the morning; A.M. (I)
por la — in the morning (I)
el mapa map (I)
el maquillaje makeup (II)
maquillar(se) to put makeup on (II)
la máquina machine (4)
escribir a — to type (II)
la — de coser sewing machine (9)
la — de escribir typewriter (II)
la maquinilla de afeitar razor (II)
el mar sea (I)
maravilla: ¡qué —! how marvelous! great! (II)
maravilloso, -a marvelous, wonderful (II)
la marca brand (II)
marcar to dial (II)
los mariscos seafood, shellfish (II)
marrón, *pl.* **marrones** brown (I)
martes Tuesday (I)
el — on Tuesday (I)
el martillo hammer (9)
marzo March (I)
más plus; more (I)
cada vez — more and more, increasingly (5)
el / la / los / las — + *adj.* the most + *adj.*, the + *adj.* + -est (I)
— allá (de) beyond, past, farther (than) (3)
— + *adj.* (+ **que**) more + *adj. adj.* + -er, (+ than) (I)
— de + *number* more than (I)
— o menos more or less (I)
— que nunca more than ever (11)
mascar to chew (II)
la máscara mask (I)
matar to kill (7)
las matemáticas mathematics (I)
la materia school subject (I)
matricularse to register (for), to enroll, to sign up (for) (10)
máximo, -a: la velocidad —a speed limit (II)
los mayas Mayans (II)
mayo May (I)
la mayonesa mayonnaise (II)
mayor older (I)
la — parte de most of (16)
los mayores grownups (II)
la mayoría de most (of), the majority of (II)
me me *dir. obj.;* (to / for) me *ind. obj.;* myself (I)
mecánico, -a: la escalera —a escalator (II)
el mecánico, la mecánica mechanic (II)
media:
la — hora half an hour (I)
y — half-past; and a half (I)
mediados: a – de in the middle of, halfway through (1)
la medianoche midnight (I)
la medicina medicine (II)
el médico, la médica doctor (I)
medio:
— cocido, -a *(meat)* medium (II)
por — de through, by means of (10)
el mediodía noon (I)
al — at noon (I)
mejor better (I)
a lo — perhaps, maybe (1)
el / la — the best (I)
— + *subj.* instead, better (3)
— dicho rather (4)
mejorar(se) to improve, to get better (II; 2)
memoria: aprender de — to memorize (I)
menor younger (I)
menos minus; + *number (in time telling)* (minutes) to (I)
a — que unless (10)
el / la / los / las — + *adj.* the least + *adj.* (I)
más o — more or less (I)
— + *adj.* **+ que** less + *adj.* + than (I)
— de + *number* less than, fewer than (I)
— mal (que) it's a good thing (that) (6)
por lo — at least (II)
el mensajero, la mensajera messenger (II)
la mente mind (16)
mentir (e → ie) to lie (II)
la mentira lie (II)
el menú menu (I)
menudo: a — often (I)
el mercado market (I)
merecer (c → zc) to deserve (13)
la merienda snack (2)
la mermelada jelly, preserves (I)
el mes month (I)
el — que viene next month (14)
la mesa table (I)
poner la — to set the table (I)
mestizo, -a of Indian and European descent (8)
meter to put in, to insert (14)
— la pata to put one's foot in it, to goof (II)
el metro subway (I); meter (1)
mexicano, -a Mexican (I)
la mezcla mixture (8)
mezclar to mix (II)
mi, mis my (I)
mí me *after prep.* (I)
el micrófono microphone (5)
el microondas, *pl.* **microondas** microwave oven (4)
miedo:
dar — a to frighten, to scare (I)
tener — (de) to be afraid (of) (I)
la miel honey (II)
el miembro member (2)
mientras while (II)
— tanto meanwhile (16)
miércoles Wednesday (I)
el — on Wednesday (I)
mil one thousand (I)
miles (de) thousands (of) (II)
el milagro miracle (II)
la milla mile (1)
el millón (de), *pl.* **millones** million (II)
el millonario, la millonaria millionaire (II)
el minuto minute (I)
mío, -a my, (of) mine (II)
el mío, la mía, los míos, las mías mine (II)
mirar to look (at), to watch (I)
la misa Mass (15)
mismo, -a same (II); myself, yourself, himself, etc. (11)
ahora — right away, right now (II)
el misterio mystery (12)
misterioso, -a mysterious (II)
la mitad half (II)
la mochila knapsack, backpack (I)

la moda fashion (II)
de — fashionable, in fashion (II)
pasado, -a de — old-fashioned, out of style (5)
el / la modelo model (II)
el modisto, la modista dressmaker (9)
el modo way, manner (3)
mojado, -a wet (II)
molestar to bother (II)
no te molestes don't bother (II)
molido, -a exhausted (2)
un momento just a moment (I)
la moneda coin (I)
el mono monkey (I)
la montaña mountain (I)
la — rusa roller coaster (II)
montar:
— a caballo to ride horseback (II)
— en bicicleta to ride a bicycle (I)
morado, -a purple (I)
moreno, -a dark, brunette (I)
morirse (o→ue) to die (II)
la mosca fly (II)
el mosquito mosquito (II)
la mostaza mustard(II)
el mostrador (display) counter (II)
mostrar (o→ue) to show (I)
la moto motorcycle (I)
el motor motor (II)
mover (o→ue) to move (2)
el muchacho, la muchacha boy, girl (I)
mucho a lot, much (I)
mucho, -a, -os, -as much, many, a lot of; very (I)
— gusto pleased to meet you (I)
mudarse to move (II)
los muebles furniture (I)
muerto, -a dead (II)
la mujer woman (I)
la — de negocios business-woman (II)
la muleta crutch (II)
la multa fine; (traffic) ticket (II)
poner una — to give a ticket (II)
el mundo world (II)
todo el — everybody, everyone (I)
la muñeca wrist (II)
el mural mural (II)
el / la muralista muralist (13)
el músculo muscle (2)
el museo museum (I)
la música music (I)
musical musical (I)
el músico, la música musician (II)
muy very (I)

nacer (c → zc) to be born (II)
el nacimiento birth (II)
nada nothing, not anything (I)
de — you're welcome (I)
no . . . — nothing, not anything (I); not . . . at all (5)
el nadador, la nadadora swimmer (II)
nadar to swim (I)
nadie no one, nobody, not anyone (I)
los naipes cards (I)
la naranja orange (I)
la naranjada orangeade (I)
la nariz nose (I)
la natación swimming (II)
natural natural, fresh (2)
la nave espacial spaceship (12)
navegar to sail (II)
la Navidad Christmas (I)
las —es Christmas (time) (15)
necesario, -a necessary (I)
necesitar to need (I)
negar (e → ie) to deny (II)
el negocio business (II)
el hombre / la mujer de —s businessman, business-woman (II)
negro, -a black (I)
nervioso, -a nervous (II)
nevar (e → ie) to snow (I)
nieva it's snowing (I)
ni:
— . . . — neither . . . nor, not . . . or (II)
— siquiera not even (16)
no . . . — not even (II)
nicaragüense Nicaraguan (II)
el nieto, la nieta grandson, grand-daughter (II)
los nietos grandchildren (II)
la nieve snow (I)
ningún, ninguna *adj.* no, not any (I)
ninguno, -a *pron.* none, (not) any (I)
el niño, la niña little boy, little girl (I)
los niños little boys; boys and girls; children (I)
cuidar a los — to baby-sit (I)
no no; not (I)
¡cómo —! of course (I)
¿—? don't you? aren't I? etc. (I)
la noche night (I)
de la —at night, in the evening; P.M. (I)
esta — tonight (I)
por la — in the evening, at night (I)
el nombre name (I)
el noreste northeast (II)
el noroeste northwest (II)
el norte north (I)
norteamericano, -a North American (I)
nos us *dir. obj.;* (to / for) us *ind. obj.;* ourselves (I); each other (II)
— vemos see you later (1)
nosotros, -as we; us *after prep.* (I)
la nota grade (I)
la noticia piece of news, news item (II); *pl.* news (I)
el noticiario news report, newscast (14)
novecientos, -as nine hundred (I)
la novela novel (I)
noveno, -a ninth (II)
noventa ninety (I)
noviembre November (I)
el novio, la novia boyfriend, girl-friend (I); bride, groom (II)
los novios bride and groom (II)
la nube cloud (I)
nublado: está — it's cloudy (I)
nuestro, -a our (I); our, (of) ours (II)
el nuestro, la nuestra, los nuestros, las nuestras ours (II)
nueve nine (I)
nuevo, -a new (I)
de — o again (16)
el número number (I); *(shoe)* size (II)
el — de teléfono phone number (I)
nunca never (I)
más que — more than ever (11)

o or (I)
— . . . — either . . . or (II)
— sea that is, that is to say (2)
obedecer (c → zc) to obey (5)
el objetivo objective, goal (9)
el objeto object (II)
obligado: estar — a to have to, to be required to (5)
el oboe oboe (II)
la obra work (II)
la — de teatro play (I)
el obrero, la obrera worker, laborer (9)
obstinado, -a obstinate, stubborn (II)
obtener to get, to obtain (II)
el océano ocean (I)
octavo, -a eighth (II)
octubre October (I)
ocupado, -a busy; occupied (I)
ocurrir to happen, to occur (II)
ochenta eighty (I)
ocho eight (I)
ochocientos, -as eight hundred (I)
odiar to hate (16)
el oeste west (I)
del — western (I)
la oficina office (I)
el oficio occupation, job, trade (9)
ofrecer (c → zc) to offer (II)
el oído (inner) ear (I)
oír to hear (I)
¡ojalá! I hope so! let's hope so! (I)
el ojo eye (I)
costar un — de la cara to cost an arm and a leg (II)
la ola wave (I)
el olor odor, smell (II)
olvidar to forget (something) (II)
— se de (+ *inf.*) to forget (to) (I)
la olla pot (II)
once eleven (I)
el operador, la operadora operator (II)
opinar to think, to have/express an opinion (14)
la opinión, *pl.* **opiniones** opinion (II)
la oportunidad (de) the chance (to), opportunity (to) (4)
optimista optimistic (I)
el orden order (II)
a sus órdenes at your service (11)
poner en — to straighten up/out (II)
ordenado, -a neat (II)
la oreja ear (I)
organizar to organize (10)
el orgullo pride (6)
orgulloso, -a proud (II)
origen: de — of . . . origin (I)
original: en version — in a foreign language (II)
el oro gold (II)
la orquesta orchestra (II)
el / la ortodoncista orthodontist (II)
oscuro, -a dark (II)
el oso bear (I)
el otoño autumn, fall (I)
otro, -a other, another (I)
otra cosa / persona something / someone else (II)
otra vez again (I)
la oveja sheep (I)
¡oye! listen! hey! (I)

la paciencia: tener — to be patient (II)
paciente patient (II)
el / la paciente patient (II)
el padre father (I)
los padres parents, mother and father (I)
el padrino godfather; *pl.* godparents (II)
la paella paella (I)
pagar to pay (for) (I)
— + *sum of money* **+ por** to pay + *sum of money* + for (I)
— al contado to pay cash (II)
la página page (I)
el país country (I)
el País Vasco Basque region (6)
el paisaje landscape (II)
el pájaro bird (I)
la palabra word (I)
pálido, -a pale (II)
las palomitas popcorn (II)
el pan bread (I)
el — tostado toast (I)
la panadería bakery (I)
panameño, -a Panamanian (II)
los pantalones pants (I)
la pantalla screen (II)
las pantimedias pantyhose (I)
el pañuelo handkerchief (I)
el papá dad (I)
la papa potato (I)
las —s fritas French fries (I)
la papaya papaya (II)
el papel paper (II)
hacer el — de to play the role of (II)
la hoja de — piece of paper (I)
la papelera wastebasket (I)
el paquete package (II)
para for (I); by + *time* (II)
— + *inf.* to, in order to (I)
— que so that (10)
servir — to be used for (4)
el parabrisas, *pl.* **parabrisas** windshield (II)
el parachoques, *pl.* **parachoques** bumper (II)
la parada (bus) stop (3)
el parador inn *(run by Spanish government)* (II)
el paraguas umbrella (I)
paraguayo, -a Paraguayan (II)
parar to stop (II)
parcial: de tiempo — part-time (10)
parecer (c→zc) to seem *(to someone)* (I); to seem to be, to look like (II)
¿no te parece? don't you think so? (II)
— se (c → zc) a to look like, to resemble (II)
¿qué te parece(n) . . . ? how do you like . . . ? what do you think of . . . ? (I)
¿qué te parece si + *verb?* how about *(doing something)?* (II)
parecido, -a (a) like, similar to (II)
la pared wall (I)
la pareja pair, couple (15)
el pariente, la parienta relative (II)
el parque park (I)
el — de diversiones amusement park (II)
el parquímetro parking meter (II)
la parrilla grill (II)
la parte part (II)
de mi — from me, for me (II)
¿de — de quién? who's calling? (II)
la mayor — de most of (16)
la — más alta top (1)
por / en todas —s everywhere (II)
participar to participate, to take part (II)
particular: el colegio — private school (II)

el partido (de + *sport)* game, match (I)
pasado, -a last; past (I)
— de moda old-fashioned, out of style (5)
— mañana day after tomorrow (12)
el pasado past (6)
el pasajero, la pasajera passenger (II)
el pasaporte passport (I)
pasar to spend *(time)* (I); to happen (II); to enter (11)
— la aspiradora to vacuum (II)
— lo bien to have fun (1)
— por to pass by / through, to stop at (3)
el pasatiempo pastime, hobby (I)
pasear to go for a walk / ride (4)
el paseo: dar un — to go for a walk / ride (II)
el pasillo hall (II)
el paso de peatones crosswalk (II)
la pasta dentífrica toothpaste (I)
el pastel cake, pastry (I)
la pastilla pill (II)
la pata: meter la — to put one's foot in it, to goof (II)
el patín, *pl.* **patines (de ruedas)** (roller) skate (II)
el patinador, la patinadora skater (II)
patinar to skate (II)
— sobre hielo to ice-skate (II)
— sobre ruedas to roller-skate (II)
el patio courtyard (I)
el pato duck (I)
patrón: el santo —, la santa patrona patron saint (15)
el pavo turkey (I)
la paz peace (5)
el peatón, *pl.* **peatones** pedestrian (II)
el paso de —s crosswalk (II)
el pecho chest (II)
pedir (e → i) to ask for, to order, to request (I)
— prestado, -a (a) to borrow (from) (I)
el peinado hairstyle, hairdo (5)
peinar to comb someone's hair (I)
—se to comb one's hair (I)
el peine comb (I)
pelearse (con) to quarrel, to fight (with) (II)
la película movie, film (I)
la — doblada dubbed film (II)
peligroso, -a dangerous (II)
pelirrojo, -a red-haired (I)
el pelo hair (I)
el corte de — haircut (5)
tomarle el — a to pull someone's leg (II)
la pelota ball (I)
la peluquería barber / beauty shop (II)
el peluquero, la peluquera barber, hairdresser (II)
la pena: valer la — to be worth the effort, to be worth it (II)
pensar (e → ie) to think (I)
— + *inf.* to plan, to intend (I)
— de to think of, to have an opinion about (I)
— en to think about (I)
la pensión, *pl.* **pensiones** boardinghouse (II)
peor worse (I)
el / la — worst (I)
pequeño, -a small, little (I)
la pera pear (II)
perdedor, -a losing (II)
perder (e → ie) to lose (I); to miss (2)
—se (e → ie) to get lost (3)
perdido, -a lost (3)
¡perdón! pardon me (I)
perdonar to excuse, to forgive, to pardon (12)
perezoso, -a lazy (I)
perfecto, -a perfect (I)
el perfume perfume (II)
el periódico newspaper (I)
el / la periodista journalist, reporter (II)
permanecer (c → zc) to remain, to stay (6)
el permiso permission, permit (5)
con — excuse me (I)
el — de manejar driver's license (II)
permitir to let, to allow, to permit (II)
pero but (I)
el perro dog (I)
el — caliente hot dog (II)
perseguir (e → i) to pursue, to chase (7)
la persona persons (I)
otra — someone else, anyone else (II)
el personaje character (II)
el personal personnel (10)
la personalidad personality (13)
pertenecer (c → zc) to belong (8)
peruano, -a Peruvian (II)
pesado, -a heavy (II)
pesar: a — de in spite of (1)
pesar(se) to weigh (oneself) (II)
las pesas weights (II)
pesca: ir de — to go fishing (II)
el pescado fish *(cooked)* (I)
la peseta peseta (I)
pesimista pessimistic (I)
el peso peso (I); weight (II)
aumentar / bajar de — to gain / lose weight (II)
el pez, *pl.* **peces** fish *(live)* (I)
el piano piano (I)
picante spicy, hot (I)
el picnic picnic (II)
hacer un — to have a picnic (II)
el pie foot (I)
a — on foot (I)
la piedra rock, stone (II)
la piel skin (2)
la pierna leg (I)
la pila *(flashlight)* battery (II)
el / la piloto pilot (I)
la pimienta pepper (II)
el pincel paintbrush (II)
pintar to paint (II)
el pintor, la pintora painter (II)
la pintura paint, painting (II)
la piña pineapple (II)
la piñata piñata (I)
la pirámide pyramid (II)
los Pirineos Pyrenees Mts. (I)
la piscina swimming pool (I)
el piso floor, story (I)
el primer (segundo, tercer) — second (third, fourth) floor (I)
la pista runway (II)
la pizarra chalkboard (I)
la placa license plate (II)
el placer pleasure (11)
el plan plan (I)
la plancha iron (II)
planchar to iron (II)
planear to plan (9)
el planeta planet (12)
el plano street map (II)

la planta baja ground floor (I)
el plástico plastic (9)
la plata silver (II)
el plátano banana (I)
el platillo saucer (I)
el plato dish; plate (I)
el — del día special of the day (II)
quitar los — to clear the table (I)
la playa beach (I)
la plaza town square, plaza (I)
el plomero, la plomera plumber (9)
la población, *pl.* **poblaciones** population (7)
pobre poor (I)
¡pobrecito, -a! poor thing! (I)
un poco (de) a little (I)
— a — little by little (12)
— cocido, -a rare *(meat)* (II)
pocos, -as a few, not many (I)
poder (o → ue) can, to be able to (I); *(affirm. pret.)* managed to, succeeded in (9); *(neg. pret.)* couldn't, didn't succeed in (9)
se puede it is allowed, you can (II)
el poder power, strength (7)
poderoso, -a powerful (14)
el poema poem (I)
la poesía poetry (16)
el / la poeta poet (I)
el / la policía police officer (I)
policíaco, -a *adj.* detective, mystery (I)
la política politics (5)
político, -a political (16)
el político, la política politician (5)
el polvo dust (1)
el pollo chicken (I)
poner to put, to place (I)
— en orden to straighten up / out (II)
— la mesa to set the table (I)
— se to put on *(clothes)* (I)
— se + *adj.* to get, to become (11)
— (se) al día (con) to bring (oneself) up to date (on) (14)
— una inyección to give a shot (I)
— una multa to give a ticket (II)
popular popular (I)
por through, across (I); for; by; along; per (II)
— ahora for now, for the time being (4)
— allí around there, over there, that way (II)
— aquí around here, over here, this way (II)
— (el) otro lado on the other hand (3)
— eso that's why (I)
— favor please (I)
— fin at last, finally (II)
— la mañana in the morning (I)
— medio de through, by means of (10)
— la noche in the evening, at night (I)
— la radio / tele on the radio / TV (II)
— la tarde in the afternoon (I)
— lo general generally (2)
— lo menos at least (II)
— lo tanto therefore (14)
¿— qué? why? (I)
— si acaso just in case (4)
¡— supuesto! of course (I)
— teléfono on the phone (I)
— un lado on (the) one hand (3)
porque because (I)
portarse bien / mal to behave well / badly (II)
portugués *(pl.* **portugueses),** **portuguesa** Portuguese (I)
el portugués Portuguese *(language)* (I)
las posadas celebration before Christmas (15)
poseer to have, to possess (11)
posible possible (II)
postal:
el apartado — post office box (II)
el código — zip code (II)
la tarjeta — post card (I)
el postre dessert (I)
de — for dessert (I)
la práctica practice (2)
practicar to practice (I)
práctico, -a practical (II)
el precio price (II)
precisamente exactly, precisely (11)
predecir to predict (12)
la predicción, *pl.* **predicciones** prediction (12)
preferible preferable (10)
preferido, -a favorite (I)
preferir (e → ie) to prefer (I)
la pregunta question (I)
hacer una — to ask a question (II)
preguntar to ask (I)
el premio prize (II)
preocupado, -a worried (I)
preocuparse (por) to worry (about) (II)
preparado, -a prepared, ready (I)
preparar to prepare (I)
—se (para) to get ready (for), to prepare (for) (1)
presentar to introduce (I)
presente *adj.* present (I)
el presente present (6)
el presidente, la presidenta president (5)
prestado, -a: pedir — (a) to borrow (from) (I)
prestar to lend (I)
— atención to pay attention (II)
la primavera spring (I)
primero (primer), -a first (I)
el — piso second floor (I)
el primo, la prima cousin (I)
principal main, leading (II)
el principio beginning (16)
al — at first (II)
a —s de at the beginning of (1)
prisa:
darse — to hurry (II)
de — in a hurry, quickly, fast (I)
tener — to be in a hurry (II)
privado, -a private (I)
probable probable (II)
probablemente probably (II)
probar (o → ue) to taste (II)
—se to try on (II)
el problema problem (I)
la procesión, *pl.* **procesiones** procession (15)
producir (c → zc) to produce (II)
la profesión, *pl.* **profesiones** profession (II)
de — by profession (II)
el profesor, la profesora teacher (I)
el programa program (I)
el — de concursos quiz show (II)
el programador / la programadora (de computadoras) (computer) programmer (II)
el progreso progress (12)

prohibir to prohibit, to forbid (2)
se prohibe it is forbidden (II)
la promesa promise (7)
prometer to promise (II)
el pronóstico del tiempo weather forecast (II)
pronto soon (I)
hasta — see you soon (I)
la propina tip (I)
de — for a tip (I)
propio, -a own (II)
el / la protagonista main character, protagonist (16)
proteger (j) to protect (7)
protestar (contra) to protest (against) (5)
provecho: ¡buen —! enjoy your meal (II)
próximo, -a next (I)
el proyecto project (14)
el proyector projector (II)
la prueba test (I)
público, -a public (II)
el público audience (II)
en — in public (II)
el pueblo town (II); the people, *pl.* peoples (15)
el puente bridge (I)
la puerta door (I)
la — de embarque boarding gate (II)
puertorriqueño, -a Puerto Rican (I)
pues well (I)
puesto que since, as (16)
el puesto booth, stand (II); position, job (10)
la pulsera bracelet (I)
el punto point (3)
el — de interés point of interest (3)
el — de vista point of view, position (13)
el pupitre student des (I)
puro, -a pure (3)

que that; who; whom; than (I); *see also* **hay, tener**
lo — what (I)
qué what?, which? (I)
no hay de — you're welcome (I)
¿por —? why? (I)
¡— + *adj.!* how + *adj.!* (I)
¡— + *noun!* what a(n) + *noun!* (I)
¿— desea Ud.? can I help you? (I)
¿— importa? so what? (I)
¿— tal? how's it going? (I)
¡— va! no way! nonsense! (3)
quedar to fit, to look good on; to be located (II); to have *(something)* left (1)
— en to agree to (3)
— se to stay, to remain (I)
— se sin to run out of, to be left without (II)
el quehacer chore (4)
quejarse (de) to complain (about) (II)
quemado, -a burned (II)
quemar to burn (II)
—se to burn up, to burn down (II)
querer (e → ie) to want (I); to love (II); *(affirm. pret.)* tried (9); *(neg. pret.)* refused (9)
¿qué quiere decir . . . ? what does . . . mean? (I)
¿quiere(n) + *inf.?* will you . . . ? (II)
quisiera I'd like (I)
querido, -a dear (II)
el queso cheese (I)
¿quién, -es? who? whom? (I)
¿a —? whom? to whom? (I)
¿de parte de —? who's calling? (II)
¿de —? whose? (I)
la química chemistry (I)
quince fifteen (I)
la quinceañera fifteen-year-old girl (I)
los quince años fifteenth birthday (party) (I)
quinientos, -as five hundred (I)
quinto, -a fifth (II)
quisiera *see* **querer**
quitar:
— los platos to clear the table (I)
—se to take off *(clothes)* (I)
quizás maybe, perhaps (II)

la radio radio *(broadcast)* (I)
por la — on the radio (II)
el radio radio *(set)* (I)
la raíz, *pl.* **raices** root (8)
la rana frog (II)
el rancho ranch (II)
rápidamente fast, rapidly (I)
rápido, -a fast (I)
la raqueta racket (II)
raro, -a strange, unusual (4)
el rato short time, while (4)
los —s libres spare time (4)
el ratón, *pl.* **ratones** mouse (II)
la raya stripe (5)
de —s striped (5)
la razón, *pl.* **razones** reason (11)
no tener — to be wrong (I)
tener — to be right (I)
reaccionar to react (16)
real real (12)
realidad: en — actually, really (5)
realista realistic (13)
realizar to accomplish, to carry out (5)
rebelde rebellious (6)
el / la rebelde rebel (14)
el recado message (II)
la recepción, *pl.* **recepciones** reception desk (II)
el / la recepcionista receptionist (9)
la receta prescription (I)
recetar to prescribe (II)
recibir to receive, to get (I)
el recibo receipt (II)
recientemente recently (8)
recoger (j) to pick up; to pick (II)
recomendar (e → ie) to recommend, to advise (II)
reconocer (c → zc) to recognize (II)
recordar (o → ue) to remember (II); to remind (13)
el recuerdo souvenir (I)
rechazar to reject, to refuse (8)
reducir (z → zc) to reduce, to decrease (12)
reemplazar to replace (12)
referirse (e → ie) a to refer to (10)
reflejar to reflect (13)
el refresco soda, pop (I)
el refrigerador refrigerator (I)
regalar to give a present (II)
el regalo present, gift (I)
la regata boat race (II)
la región, *pl.* **regiones** region, area (6)
registrar to check, to inspect (II)
el registro *(hotel)* register (II)
la regla rule, law (II)
regresar to return, to go back, to come back (I)

el / la rehén, *pl.* **rehenes** hostage (14)
tomar . . . como — to take (someone) hostage (14)
la reina queen (I)
reír (e → i) to laugh (II)
—se (de) to laugh (at) (II)
la relación, *pl.* **relaciones** relation, relationship (5)
el relámpago lightning (II)
el religión, *pl.* **religiones** religion (II)
el reloj clock (I)
relleno: el chile — stuffed pepper (I)
remar to row (II)
el remitente return address (II)
reparar to repair, to fix (1)
repasar to review (I)
el repaso review (II)
repente: de — suddenly (II)
repetir (e → i) to repeat (I)
representar to represent (15)
requerir (e → ie) to require (11)
el requisito requirement (11)
rescatar to rescue (14)
la reservación, *pl.* **reservaciones** reservation (I)
el resfriado cold (I)
resolver (o → ue) to solve (9)
respetar to respect, to obey (II)
responder (a) to answer (II)
responsable responsible (10)
la respuesta answer (I)
el restaurante restaurant (I)
el resto rest, remainder (II)
resultar to turn out, to result (1)
retraso: con (+ *time* + **de) —** late (II)
el retrato portrait (II)
reunirse to meet, to get together (II)
la revista magazine (I)
el rey king (I)
los Reyes Magos the Three Wise Men (15)
rico, -a rich (I)
el rinoceronte rhinoceros (I)
el río river (I)
la riqueza riches, wealth (7)
la risa laugh, laughter (4)
robar to steal, to rob (II)
el robo robbery (II)
el rock rock *(music)* (I)
rodeado, -a (de) surrounded (by) (II)
la rodilla knee (II)
rojo, -a red (I)
romántico, -a romantic (I)
romper to break (I)
—se to break *(a bone)* (II)
la ropa clothing, clothes (I)
rosado, -a pink (II)
roto, -a broken (II)
rubio, -a blond (I)
la rueda wheel (II)
el patín de —s, *pl.* **patines de —s** roller skate (II)
la — de feria Ferris wheel (II)
la silla de —s wheelchair (II)
patinar sobre —s to roller-skate (II)
el ruido noise (I)
las ruinas ruins (II)
rusa: la montaña — roller coaster (II)

sábado Saturday (I)
el — on Saturday (I)
la sábana sheet (I)
saber to know (I); to find out (9); *(pret.)* found out, learned (9)
— + *inf.* to know how to (I)
(no) lo sé I (don't) know that (I)
el sabor taste (II)
sabroso, -a delicious, tasty, flavorful (II)
el sacapuntas, *pl.* **sacapuntas** pencil sharpener (II)
sacar to take out, to remove (I)
— fotos to take pictures (I)
— una buena / mala nota to get a good / bad grade (I)
el saco de dormir sleeping bag (II)
la sal salt (II)
la sala living room (I)
la — de espera waiting room (II)
la — de estudio study hall (II)
la salchicha sausage (II)
la salida exit (I); departure (II)
salir (de) to leave, to go out, to come out (I)
— bien / mal en to do well/ badly on *(tests)* (I)
la salud health (II)
saludar to greet, to say hello / good-by (II)
¡saludos! greetings! (I)
salvadoreño, -a Salvadoran (II)
salvar to save (II)
el salvavidas life preserver (II)
el / la salvavidas lifeguard (II)
las sandalias sandals (I)
la sandía watermelon (II)
el sandwich sandwich (I)
la sangre blood (2)
la sangría sangria (II)
sano, -a healthy (II)
el santo saint's day (I)
el santo patrón, la santa patrona patron saint (15)
la sartén, *pl.* **sartenes** frying pan (II)
el sastre, la sastra tailor (9)
el satélite satellite (5)
satisfecho, -a satisfied (11)
el saxofón, *pl.* **saxofones** saxophone (II)
se yourself *formal,* himself, herself, itself, yourselves, themselves (I); each other (II)
sea: o — that is, that is to say (2)
el secador hair dryer (II)
la secadora (clothes) dryer (II)
secar to dry (II)
la sección, *pl.* **secciones** section (II)
seco, -a dry (II)
el secretario, la secretaria secretary (II)
secreto, -a secret (II)
secuestrar to kidnap, to hijack (14)
sed: tener — to be thirsty (I)
la seda dental dental floss (I)
seguida: en — right away, immediately (I)
seguir (e → i) to follow (II)
— + *present participle* to go on, to keep on, to continue + *verb* + -ing (II)
según according to (I)
segundo, -a second (II)
el – piso third floor (I)
el segundo second (II)
la seguridad: el cinturón de — seatbelt (II)
seguro, -a sure (I)
seis six (I)
seiscientos, -as six hundred (I)
el sello stamp (I)
la selva jungle (II)
el semáforo traffic light (II)

la semana week (I)
el fin de — weekend (I)
la — que viene next week (14)
semejante similar (12)
sencillo, -a simple (II)
el sendero path (II)
sensible sensitive (13)
sentarse (e → ie) to sit down (II)
el sentido:
el — del humor sense of humor (II)
tener — to make sense (8)
el sentimiento feeling, sentiment (5)
sentir (e → ie) to be sorry (II)
—se to feel (II)
la señal de tráfico, *pl.* **señales de tráfico** traffic sign (II)
señalar to point out / to (3)
las señas: hablar por — to talk in sign language (II)
el señor (Sr.) Mr.; sir (I)
la señora (Sra.) Mrs.; ma'am (I)
la señorita (Srta.) Miss; ma'am (I)
septiembre September (I)
séptimo, -a seventh (II)
ser to be (I)
llegar a — to become (12)
el ser humano human being (16)
la serie series (13)
serio, -a serious (I)
la serpiente snake (I)
la servilleta napkin (I)
servir (e → i) to serve (I)
— para to be used for (4)
sesenta sixty (I)
setecientos, -as seven hundred (I)
setenta seventy (I)
sexto, -a sixth (II)
si if (I)
sí yes (I)
la sidra cider (II)
siempre always (I)
siento: lo — I'm sorry (I)
la sierra saw (9)
siete seven (I)
el siglo century (II)
el significado meaning (II)
siguiente next, following (II)
¡silencio! silence! be quiet! (II)
la silla chair (I)
la — de ruedas wheelchair (II)
el sillón, *pl.* **sillones** armchair (I)
simpático, -a nice, pleasant (I)
sin without (I)
— duda without a doubt, undoubtedly (II)
— embargo however (11)
— que without + *possessive* + -ing (10)
sino (que) *(after negative)* but, but rather (II)
siquiera: ni — not even (16)
el sitio place, site (II)
situado, -a situated, located (3)
sobrar to be left over (15)
sobre on; about (I); over (II)
— todo especially (1)
el sobre envelope (II)
sobrevivir to survive (7)
el sobrino, la sobrina nephew, niece (I)
los sobrinos nephews; niece(s) and nephew(s) (I)
la sociedad society (12)
¡socorro! help! (II)
el sofá sofa (I)
el sol sun (I)
hace — it's sunny (I)
los anteojos de — sunglasses (I)
tomar el — to sunbathe (I)
el / la soldado soldier (7)
solicitar to apply for (10)
la solicitud job application (10)
la carta de — letter of application (10)
solo, -a alone (I)
sólo only (I)
soltero, -a single, unmarried (II)
la sombra shadow (13)
el sombrero hat (I)
la sombrilla beach umbrella (I)
sonar (o → ue) to ring (II)
el sonido sound (II)
son las + *number* it's . . . o'clock (I)
sonreír (e → i) to smile (II)
soñar (con) to dream about (II)
la sopa soup (I)
soportar to stand, to put up with, to tolerate (2)
sordo, -a deaf (II)
sorprender to surprise (II)
la sorpresa surprise (II)
sospechar (de) to suspect, to be suspicious (of) (14)
el sospechoso, la sospechosa suspect (14)
el sótano basement (II)
su, sus his, her, your *formal,* their (I)
suave soft (II)
subir to go up, to come up (I)
— a to get on or in *(vehicles)* (I)
el subtítulo subtitle (II)
el suceso event (7)
sucio, -a dirty (I)
sudamericano, -a South American (I)
sudar to sweat (2)
el suegro, la suegra father-in-law, mother-in-law (II)
el sueldo salary (II)
el suelo floor (II)
sueño: tener — to be sleepy (I)
el sueño dream (II)
suerte:
¡qué (mala) —! what (bad) luck! (I)
tener (mala) — to be (un)lucky (I)
el suéter sweater (I)
suficiente enough, sufficient (12)
sufrir to suffer (II)
sugerir (e → ie) to suggest (2)
el sujetapapeles, *pl.* **sujetapapeles** paper clip (II)
sumamente extremely (10)
el supermercado supermarket (I)
la superstición, *pl.* **supersticiones** superstition (II)
supersticioso, -a superstitious (II)
supervisar to supervise (9)
el supervisor, la supervisora supervisor (10)
suponer to suppose (11)
supuesto: por — of course (I)
el sur south (I)
el sureste southeast (II)
el suroeste southwest (II)
el surrealismo surrealism (13)
susto: ¡que —! what a scare! (II)
suyo, -a your, (of) yours; his, of his; her, (of) hers (II)
el suyo, la suya, los suyos, las suyas yours, his, hers, theirs (II)

tacaño, -a stingy (I)
el taco taco (I)
tal, *pl.* **tales** such (a) (13)
con — (del) que provided (that), so long as (10)

tal *(cont'd.)*
¿que —? how's it going? (I)
— vez maybe, perhaps (I)
el talento talent (II)
la talla *(garment)* size (II)
el tamaño size (12)
también too, also (I)
el tambor drum (II)
tampoco neither, not either (I; II)
tan so, as (I)
— + *adj.* / *adv.* + **como** as + *adj.* / *adv.* + as (II)
el tanque gas tank (II)
el tanteo score (II)
tanto *adv.* so much (II)
tanto, -a so much, so many (II)
mientras — meanwhile (16)
por lo — therefore (14)
— . . . como both . . . and, as well as (14)
— + *noun* + **como** as much / many + *noun* + as (II)
la taquilla box office (II)
el taquillero, la taquillera ticket seller (II)
tardar en + *inf.* to take + *time* + *verb* (II)
tarde late (I)
— o temprano sooner or later (12)
la tarde afternoon (I)
de la — in the afternoon or early evening; P.M. (I)
por la — in the afternoon (I)
la tarea homework (I)
la tarjeta:
la — de crédito credit card (II)
la — postal post card (I)
el taxi taxi (I)
la taza cup (I)
te you *fam. dir. obj.;* (to / for) you *fam. ind. obj.;* yourself *fam.* (I)
el té tea (I)
teatral theatrical (16)
el teatro theater (I)
la obra de — play (I)
telefónico, -a:
la cabina —a phone booth (I)
la guía —a phone book (I)
la tecnología technology (9)
el techo roof; ceiling (II)
la tela fabric, material, cloth (9)
el teléfono telephone (I)
el número de — phone number (I)
hablar por — to talk on the phone (I)
llamar por — to phone (I)
el telegrama telegram (II)
la telenovela soap opera (II)
la televisión (tele) television (TV) (I)
por la — on television (II)
el televisor TV set (I)
el tema topic, subject (II)
temer to fear, to be afraid (II)
el temor fear (14)
la temperatura temperature (II)
el templo temple (II)
temprano early (I)
tarde o — sooner or later (12)
el tenedor fork (I)
tener to have (I)
— fiebre / gripe to have a fever / the (I)
— ganas de + *inf.* to feel like *(doing something)* (I)
— que + *inf.* to have to (I)
— que ver con to have to do with (5)
— sentido to make sense (8)
¿qué tienes / tiene Ud.? what's wrong with you? (II)
See also **año, calor, celos, cuidado, derecho, éxito, frío, hambre, lugar, miedo, paciencia, prisa, razón, sed, sueño, suerte, vergüenza**
el tenis tennis (I)
la cancha de — tennis court (II)
los zapatos de — tennis shoes (II)
el / la tenista tennis player (II)
tercero (tercer), -a third (II)
el — piso fourth floor (I)
terminar to end, to finish (I)
el termómetro thermometer (II)
el terremoto earthquake (II)
terror: de — *adj.* horror (I)
el tesoro treasure (II)
el / la testigo witness (14)
ti you *fam. after prep.* (I)
la tía aunt (I)
el tiempo weather; time (I)
a — on time (I)
¿cuanto —? how long? (I)
¿cuánto — hace que + *pret.?* how long ago? (6)
de — completo full-time (10)
de — parcial part-time (10)
hace buen / mal — it's nice / bad (out) (I)
¿qué — hace? what's the weather like? what's it like out? (I)
la tienda store (I)
la — de acampar tent (II)
la — de (ropa, discos, etc.) (clothing, record, etc.) store (I)
la tierra earth, soil (I); land (7)
la Tierra Earth (12)
el tigre tiger (I)
las tijeras scissors (II)
tímido, -a shy, timid (II)
el tío, la tía uncle, aunt (I)
los tíos uncles; aunt(s) and uncle(s) (I)
típico, -a typical (4)
el tipo type, kind (5)
tirar to throw, to throw away (II)
— (de) to pull (II)
el titular headline (II)
el título title (I)
la tiza chalk (I)
la toalla towel (I)
el tobillo ankle (II)
el tocadiscos, *pl.* **tocadiscos** record player (I)
tocar to play *(musical instruments / records)* (I)
— la bocina to honk the horn (II)
—le (a uno) to be one's turn (4)
todavía still (I)
no . . . — not yet (II)
— no not yet (II)
todo *pron.* everything (I)
sobre — especially (1)
todo, -a, -os, -as every; all; the whole (I)
(por / en) todas partes everywhere (II)
toda clase de all kinds of (II)
(—) derecho straight ahead (II)
todo el mundo everybody, everyone (I)
todos, -as *pron.* everyone (I)
todos los días every day (I)
tomar to take; to drink (I)
— algo to have something to drink (I)
— . . . como rehén to take (someone) hostage (14)
— el sol to sunbathe (I)
—le el pelo a to pull someone's leg (II)

el tomate tomato (I)
el tono tone, dial tone (II)
tonto, -a dumb, foolish (I)
torcerse (o → ue) (c → z) to twist (2)
el torero, la torera bullfighter (I)
la tormenta storm (II)
el tornillo screw (9)
el toro bull (I)
la toronja grapefruit (II)
la tortilla tortilla (II)
la — española Spanish omelet (I)
la tortuga turtle (II)
toser to cough (II)
tostado: el pan — toast (I)
la tostadora toaster (II)
trabajador, -a hard-working (9)
el trabajador, la trabajadora worker (8)
trabajar to work (I)
el trabajo job; work (I)
costarle — (a uno) to be difficult (for someone) (2)
el — manual manual task, manual labor (9)
la tradición, *pl.* **tradiciones** tradition (15)
traducir (c → zc) to translate (II)
traer to bring (I)
el tráfico traffic (II)
la señal de —, *pl.* **señales de —** traffic sign (II)
la tragedia tragedy (16)
el traje suit (I); costume, native dress (15)
el — de baño bathing suit (I)
tranquilo, -a calm, peaceful (3)
tratar to treat (4)
— de + *inf.* to try (to) (I)
—se de to be about, to deal with (5)
través: a — de through, across (13)
trece thirteen (I)
treinta thirty (I)
— y uno (un); — y dos; etc. 31; 32; etc. (I)
el tren train (I)
tres three (I)
trescientos, -as three hundred (I)
triste unhappy, sad (I)
el trombón, *pl.* **trombones** trombone (II)
la trompeta trumpet (II)
el trueno thunder, thunderclap (II)
tu, tus your (I)
tú you *fam.* (I)
la tuba tuba (II)
el / la turista tourist (I)
tutear to address someone as *tú* (6)
tuyo, -a your, (of) yours (II)
el tuyo, la tuya, los tuyos, las tuyas yours (II)

u or (I)
¡uf! ugh! phew! (I)
último, -a last (II)
un, una a, an, one (I)
a la una at 1:00 (I)
único, -a only (I)
el hijo —, la hija — only child (I)
unido, -a close (4)
el uniforme uniform (II)
unirse to unite, to join together (6)
la universidad university (II)
uno one (I)
unos, -as some, a few (I)
la uña nail (II)
el esmalte de —s nail polish (II)
la lima de —s nail file (II)
limar(se) las —s to file nails (II)
la urgencia: un caso de — emergency (case) (II)
uruguayo, -a Uruguayan (II)
usar to use (I)
usted (Ud.) you *formal sing.* (I)
ustedes (Uds.) you *pl.* (I)
utilizar to utilize, to use (9)
las uvas grapes (II)

va: ¡qué —! no way! nonsense! (3)
la vaca cow (I)
las vacaciones vacation (I)
de — on vacation (I)
vacío, -a empty (I)
el vagón, *pl.* **vagones** train car (II)
valer to be worth, to have value, to be valid (7)
— la pena to be worth the effort, to be worth it (II)
valiente brave, courageous (II)
el valor value (8)
el valle valley (II)
vámonos let's leave, let's go (I)
vamos let's go (I); come on (II)
— a + *inf.* let's + *verb* (I)
varios, -as several (I)
vasco, -a Basque (6)
el País Vasco Basque region (6)
el vaso glass (I)
el vecino, la vecina neighbor (II)
vegetariano, -a vegetarian (2)
veinte twenty (I)
veintiuno (veintiún); veintidós; etc. 21; 22; etc. (I)
la vela candle (15)
el velero sailboat (II)
la velocidad speed (1)
la — máxima speed limit (II)
vemos: nos — see you later (1)
la venda bandage (II)
el vendedor, la vendedora salesclerk (I)
vender to sell (I)
— a + *(amount of money)* to sell for . . . (I)
venezolano, -a Venezuelan (II)
venir to come (I)
— a buscar to come get, to pick up (II)
la venta sale (I)
en — for sale (I), on sale (II)
la ventaja advantage (3)
la ventana window (I)
la ventanilla little window (I); ticket window; car window (II)
ver to see (I)
tener que — con to have to do with (5)
el verano summer (I)
veras: de — really (I)
la verdad truth (I)
es — it's true (II)
¿—? isn't that so? right? (I)
verdadero, -a real, true (II)
verde green (I)
la verdura vegetable (I)
vergüenza: tener — to be embarrassed, to be ashamed (II)
la versión: en — original in a foreign language (II)
vestido, -a de dressed as (I)
el vestido dress (I)
vestir (e → i) to dress *(someone)* (I)
—se to get dressed (I)
el veterinario, la veterinaria veterinarian (I)

la vez, *pl.* **veces** time (I)
a la — at the same time, at a time (13)
alguna — ever, sometimes (11)
a veces sometimes (I)
cada — más more and more, increasingly (5)
de — en cuando from time to time, occasionally (2)
dos veces twice (I)
en — de instead of (1)
otra — again (I)
por primera (segunda, etc.) — for the first (second time, etc.) (II)
tal — maybe, perhaps (I)
una — once (I)
la vía train track (II)
— aérea air mail (II)
viajar to travel (I)
el viaje trip (I)
la agencia de —s travel agency (I)
el/la agente de —s travel agent (I)
de — on a trip (II)
hacer un — to take a trip (I)
el viajero, la viajera traveler (II)
el cheque de — traveler's check (II)
la víctima victim (7)
la vida life (II)
ganarse la — to earn a living (II)
la videocasetera VCR (4)
la videocinta videotape (4)
viejo, -a old (I)
el viento: hace — it's windy (I)
viernes Friday (I)
el — on Friday (I)
el vinagre vinegar (II)
el vino wine (I)
la violencia violence (3)
el violín, *pl.* **violines** violin (II)
el violoncelo cello (II)
la visita visit (I)
el/la visitante visitor (II)
visitar to visit (I)
la víspera eve, night before (15)
vista:
con — a(l) with a view of (I)
el punto de — point of view (13)
hasta la — see you later (I)
la vitamina vitamin (2)
la vitrina store window (II)
vivir to live (I)
vivo, -a lively, vivid (13)
el volante steering wheel (II)
volar (o → ue) to fly (II)
el volcán, *pl.* **volcanes** volcano (II)
el volibol volleyball (I)
volver (o → ue) to return, to go back, to come back (I)
— a + *inf.* to *(do something)* again, to re- + *verb* (II)
la voz, *pl.* **voces** voice (II)
en — alta in a loud voice, out loud (II)
en — baja softly, in a soft voice (II)
el vuelo flight (I)
el / la auxiliar de — flight attendant (I)
la vuelta:
a la — de la esquina around the corner (I)
dar la — to turn around, to go around (II)
dar una — to take a ride (II)
de ida y — round-trip (II)

y and (I)
— + *number (in time telling)* (minutes) past (I)
— media half-past; and a half (I)
ya already (I); now (II)
— no not anymore (I)
el yeso cast (2)
yo I (I)
el yogur yogurt (I)

la zanahoria carrot (I)
el zapato shoe (I)
los cordones de los —s shoelaces (II)
los —s de tenis tennis shoes (II)
el zoológico zoo (I)
el guardián, la guardiana de — zookeeper (I)

ENGLISH-SPANISH VOCABULARY

The *English-Spanish Vocabulary* contains all active vocabulary from *ARCOS Y ALAMEDAS, PASOS Y PUENTES,* and *VOCES Y VISTAS.*

A dash **(—)** represents the main entry word. For example, **— from** following **across** means **across from.**

The number following each entry indicates the chapter or book in which the word was introduced. Two numbers indicate that it was introduced in one place and elaborated upon later. A Roman numeral (I) indicates that the word was presented in *VOCES Y VISTAS;* a Roman numeral (II), that it was presented in *PASOS Y PUENTES.*

a, an un, una (I); algún, alguna (I)
— + *time period* a(l) + *time period* (11)
ability la aptitud (9)
able capaz, *pl.* capaces (II)
to be — poder (o → ue) (I)
about sobre; de (I); alrededor de (II); acerca de (11)
how — *(doing something)?* ¿qué te parece si + *verb?* (II)
to be — tratarse de (5)
absent ausente (I)
absent-minded distraído, -a (II)
abstract abstracto, -a (II)
to accelerate acelerar (II)
accelerator el acelerador (II)
accent mark el acento (I)
to accept aceptar (II)
accident el accidente (II)
to accompany acompañar (II)
to accomplish realizar (5)
according to según (I)
accountant el contador, la contadora (9)
to accuse acusar (14)
accused *(person)* el acusado, la acusada (14)
accustomed to acostumbrado, -a (a) (2)
to get / be — to acostumbrarse a (4)
to ache doler (o → ue) (I)
acquainted: to be — with conocer (I)
across por (I); a través de (13)
— from enfrente de (I)
act el acto (II)
active activo, -a (II)
activity la actividad (II)
actor, actress el actor, la actriz, *f. pl.* actrices (I)
actually en realidad (5)
ad el anuncio (II)
want — el anuncio clasificado (10)
to adapt adaptarse (8)
to add añadir (II)
addition: in — (to) además (de) (6)
address la dirección, *pl.* direcciones (I)
return — el remitente (II)
to address dirigir (j) (10)
to adjust adaptarse (8)
to admire admirar (II)
advanced avanzado, -a (5)
advantage la ventaja (3)
to take — of aprovechar (1)
adventure la aventura (I)
adventurous atrevido, -a (1)
advertisement el anuncio (II)
advice los consejos (II)
piece of — el consejo (II)
to advise recomendar (e → ie); aconsejar (II); avisar (6)
affection el cariño (II)
affectionate (with) cariñoso, -a (con) (II)
affectionately con cariño (II)
afraid: to be — (of) tener miedo (de) (I); temer (II)
Africa el África *f.* (I)
after después de (+ *noun/ inf.*) (I); después (d) que (10)
day — tomorrow pasado mañana (12)
afternoon la tarde (I)
good — buenas tardes (I)
in the — de la tarde; por la tarde (I)
afterwards después (I)
again otra vez (I); de nuevo (16)
to *(do something)* **—** volver (o → ue) a + *inf.* (II)
against contra (II)
age la edad (4); la época (6)
agency: travel — la agencia de viajes (I)
agent: travel — el / la agente de viajes (I)
ago hace + *time* (+ que) + *pret.* (6)
how long —? ¿cuánto tiempo hace que + *pret.?* (6)
to agree estar de acuerdo (I)
to — to quedar en (3)
ahead: straight — (todo) derecho (II)
air el aire (1)
— conditioning el aire acondicionado (II)
— pollution la contaminación del aire (3)
airline la línea aérea (II)
air mail vía aérea (II)
airplane el avión, *pl.* aviones (I)
airport el aeropuerto (I)
alarm clock el despertador (I)
algebra el álgebra *f.* (I)
alike igual (II)
all todo, -a (I)
— the same aun así (3)
not . . . at — no . . . nada (5)
alligator el caimán *pl.* caimanes (I)
to allow permitir (II); dejar (2)
allowed: it is — se puede (II)

all right está bien (I); de acuerdo (II)
almost casi (I)
alone solo, -a (I)
along por (II)
to get — *(in a language)* defenderse (e → ie) en (4)
to get — with llevarse bien (con) (4)
already ya (I)
also también (I)
although aunque (1)
altitude la altura (1)
always siempre (I)
A.M. de la mañana (I)
to amaze asombrar (3)
amazing asombroso, -a (II)
ambassador el embajador, la embajadora (14)
ambition la ambición, *pl.* ambiciones (II)
ambitious ambicioso, -a (II)
ambulance la ambulancia (II)
American americano, -a (I)
among entre (1)
to amuse (oneself) entretener(se) (16)
amusement park el parque de diversiones (II)
amusing divertido, -a (I)
ancient antiguo, -a (II)
and y; e (I)
Andalusia Andalucía (6)
Andalusian andaluz, -a, *pl.* andaluces, -zas (6)
angry enojado, -a (II)
to be / get — (at) enojar(se) (con) (II)
animal el animal (I)
ankle el tobillo (II)
to announce anunciar (II)
announcer el locutor, la locutora (II)
another otro, -a (I)
answer la respuesta (I)
to answer contestar (I); responder (a) (II)
ant la hormiga (II)
anthropologist el antropólogo, la antropóloga (II)
any *adj.* algún, alguna; *pron.* alguno, -a, -os, -as (I)
not — *adj.* (no . . .) ningún, ninguna; *pron.* (no . . .) ninguno, -a, -os, -as (I)
anymore: not — ya no (I)
anyone alguien (I)
not — (no . . .) nadie (I)
anything algo (I)
— else (no . . .) otra cosa (II)
not — (no . . .) nada (II)
apartment el apartamento (I)
to appear aparecer (c → zc) (12)
appearance la apariencia (6)
to applaud aplaudir (II)
apple la manzana (I)
— juice el jugo de manzana (I)
applicant el / la aspirante (10)
application: job — la solicitud (10)
to apply for solicitar (10)
to — to dirigirse (j) a (10)
appointment la cita (II)
to appreciate agradecer (c → zc) (II)
approximately aproximadamente (12)
April abril (I)
aptitude la aptitud (9)
Arab el / la árabe (6)
Arab, Arabic, Arabian árabe (6)
archaeologist el arqueólogo, la arqueóloga (II)
architect el arquitecto, la arquitecta (II)
area la región, *pl.* regiones (6)
Argentina la Argentina (I)
Argentine argentino, -a (II)
to argue discutir (II)
arm brazo (I)
to cost an — and a leg costar un ojo de la cara (II)
armchair el sillón, *pl.* sillones (I)
arms las armas (5)
army el ejército (7)
around alrededor de (II)
— here / there por aquí / allí (II)
— the corner a la vuelta de la esquina (I)
to turn — dar la vuelta (II)
to arrange arreglar (4)
to arrest detener (14)
arrival la llegada (II)
to arrive llegar (I)
art el arte (I)
— exhibit la exposición de arte, *pl.* exposiciones de arte (II)
article el artículo (II)
artist el / la artista (II)
as *adv.* tan (I); como (II); *conj.* puesto que (16)
— + *adj.* / *adv.* + **—** tan + *adj.* / *adv.* + como (II)
— a(n) + *noun* de (II)
— for en cuanto a (4)
— much / many — tanto, -a + *noun* + como (II)
— soon — en cuanto (10)
— well — tanto . . . como (14)
just — igual que (13)
the same — igual que (13)
ashamed: to be — tener vergüenza (II)
to ask preguntar (I)
to — a question hacer una pregunta (II)
to — for pedir (e → i) (I)
asleep dormido, -a (II)
to fall — dormirse (o → ue) (I)
asparagus los espárragos (II)
assassin el asesino, la asesina (14)
to assassinate asesinar (14)
assistant el / la ayudante (II)
to assure asegurar (11)
to astonish asombrar (3)
astonishing asombroso, -a (II)
astronaut el / la astronauta (9)
astronomer el astrónomo, la astrónoma (II)
at a(l), en (I)
— home en casa (I)
— last por fin (II)
— least por lo menos (II)
athlete el / la atleta (I)
athletic atlético, -a (I)
atmosphere el ambiente (13)
to attain alcanzar (13)
to attend asistir a (I)
to — to atender (e → ie) (9)
attendant *see* **flight attendant**
attention: to pay — (to) prestar atención (a); fijarse (en) (II); hacerle caso a (uno) (8)
attitude la actitud (2)
to attract atraer (13)
attraction la atracción, *pl.* atracciones (II)
audience el público (II)
August agosto (I)
aunt la tía (I)
—(s) and uncle(s) los tíos (I)
authentic auténtico, -a (6)
author el escritor, la escritora (I); el autor, la autora (II)
autograph el autógrafo (II)
autumn el otoño (I)
avenue la avenida (I)
avocado el aguacate (II)
to avoid evitar (2)
awake despierto, -a (II)
away:
to go — irse (II)
to run — escaparse (II)
to throw — tirar (II)

awful: how –! ¡qué barbaridad!; ¡qué horror! (II)
Aztecs los aztecas (II)

baby el bebé (II)
to baby-sit cuidar a los niños (I)
back la espalda (II)
at the — en el fondo (II)
back:
to come / go — volver (o→ue) (I); regresar (I)
to give / take — devolver (o→ue) (II)
to back apoyar (14)
background: in the — en el fondo (II)
backing el apoyo (7)
backpack la mochila (I)
bad malo (mal), -a (I)
—ly mal (I)
it's — out hace mal tiempo (I)
that's too —! ¡qué lástima! (I)
bag la bolsa (II)
sleeping — el saco de dormir (II)
bakery la panadería (I)
balcony el balcón, *pl.* balcones (I)
ball la pelota; el balón, *pl.* balones (I)
balloon el globo (II)
banana el plátano (I)
band *(musical)* la banda (II)
bandage la venda (II)
bank el banco (I)
banker el banquero, la banquera (9)
baptism el bautizo (II)
barbecue el asado (II)
to have a — hacer un asado (II)
to barbecue asar a la parrilla (II)
barber el peluquero, la peluquera (II)
— shop la peluquería (II)
barely apenas (16)
bargain la ganga (II)
baseball el béisbol (I)
based: to be — on basarse en (16)
basement el sótano (II)
basis la base (10)
basket la canasta (II)
basketball el básquetbol (I)
Basque vasco, -a (6)
— region el País Vasco (6)
bass el contrabajo (II)
bath: to take a — bañarse (I)
to bathe (someone) bañar (I)
bathing suit el traje de baño (I)
bathroom el baño (I)
battery *(flashlight)* la pila (II)
battle la lucha (16)
to be ser; estar (I)
to — *(located)* estar (I); quedar (II)
to — about tratarse de (5)
beach la playa (I)
— umbrella la sombrilla (I)
beans los frijoles (I)
bear el oso (I)
beard la barba (II)
to beat batir (II)
beautiful hermoso, -a; bello, -a (I)
beauty la belleza (13)
— shop la peluquería (II)
because porque (I); como (6)
— of por; a causa de (II)
— of (the fact that) debido a (que) (3)
to become convertirse (e→ie) en (8); ponerse + *adj.* (11); hacerse (12); llegar a ser (12)
bed la cama (I)
to go to — acostarse (o→ue) (I)
to put (someone) to — acostar (o→ue) (I)
bedroom el dormitorio (I)
before antes de + *noun / inf.* (I); antes (de) que (10)
— (that) antes (II)
to begin empezar (e→ie) (a + *inf.*) (I); comenzar (e→ie) (a + *inf.*) (II)
beginning el principio (16)
at the — of a principios de (1)
to behave well / badly portarse bien / mal (II)
behavior el comportamiento (5)
behind detrás de (I)
being: human — el ser humano (16)
belief la creencia (15)
to believe creer (I)
bell la campana (15)
to belong pertenecer (c → zc) (8)
belt el cinturón, *pl.* cinturones (I)
to bend doblar (2)
beside al lado de (I)
besides además (de) (6)
best: the — + *noun* + in el / la mejor + *noun* + de(l) (I)
better mejor (I)
to get — mejorar(se) (II; 2)
between entre (I)
beverage la bebida (I)
beyond más allá (de) (3)
bicycle la bicicleta (I)
to ride a — montar en bicicleta (I)
big grande (I)
bilingual bilingüe (I)
bill *(money)* el billete (II)
biography la biografía (II)
biology la biología (I)
bird el pájaro (I)
birth el nacimiento (II)
birthday el cumpleaños (I)
fifteenth — los quince años (I)
happy —! ¡feliz cumpleaños! (II)
to have a — cumplir años (II)
black negro, -a (I)
blanket la manta (I)
blind ciego, -a (II)
block *(city)* la cuadra (II)
blond rubio, -a (I)
blood la sangre (2)
blouse la blusa (I)
blue azul (I)
boarding gate la puerta de embarque (II)
boardinghouse la pensión, *pl.* pensiones (II)
boat el barco (I)
— race la regata (II)
body el cuerpo (I)
to boil hervir (e → ie) (II)
Bolivian boliviano, -a (II)
bone el hueso (II)
book el libro (I)
phone — la guía telefónica (I)
bookstore la librería (I)
boot la bota (I)
booth el puesto (II)
phone — la cabina telefónica (I)
border la frontera (II)
bore: what a —! ¡qué lata! (II)
to bore aburrir (II)
bored aburrido, -a *(estar)* (I)
to be / get — aburrirse (II)
boring aburrido, -a *(ser)* (I)
born: to be — nacer (c → zc) (II)
to borrow (from) pedir prestado, -a (a) (I)
boss el jefe, la jefa (II)
both . . . and tanto . . . como (14)
to bother molestar (II)
don't — no te molestes (II)
bottle la botella (I)
to bowl jugar a los bolos (II)
box la caja (I)
— office la taquilla (II)
post office — el apartado postal (II)
boy el muchacho; el chico (I)
little — el niño (I)
boyfriend el novio (I)
bracelet la pulsera (I)
braces *(for teeth)* el aparato (II)
brake el freno (II)

brand la marca (II)
brave valiente (II)
bravo! ¡bravo! (II)
Brazil el Brasil (I)
Brazilian brasileño, -a (II)
bread el pan (I)
to break romper (I)
to — *(a bone)* romperse (II)
breakfast el desayuno (I)
to have — desayunar (II)
brick el ladrillo (9)
bride la novia (II)
— and groom los novios (II)
bridge el puente (I)
bright claro, -a (II)
to bring traer (I)
to — (oneself) up to date (on) poner(se) al día (con) (14)
broken descompuesto. -a; roto, -a (II)
broom la escoba (II)
brother el hermano (I)
—in-law el cuñado (II)
—(s) and sister(s) los hermanos (I)
little — el hermanito (I)
brought: to be — up criarse (8)
brown marrón, *pl.* marrones (I)
brunette moreno, -a (I)
brush el pincel (II)
to brush (someone's hair) cepillar (el pelo) (I)
— (one's teeth / hair) cepillarse (los dientes/el pelo) (I)
to build construir (II)
building el edificio (I)
bull el toro (I)
bullfight la corrida (de toros) (I)
bullfighter el torero, la torera (I)
to bump (into) chocar (con) (II)
bumper el parachoques, *pl.* parachoques (II)
buried enterrado, -a (II)
to burn quemar (II)
to — up / down quemarse (II)
burned quemado, -a (II)
burrito el burrito (I)
bus el autobús, *pl.* autobuses (I)
— stop la parada (3)
business el negocio (II)
businessman / businesswoman el hombre / la mujer de negocios (II)
busy ocupado, -a (I)
not — libre (I)
but pero (I); *(after negative)* sino; sino que + *verb* (II)
— rather sino; sino que + *verb (after negative)* (II)
butcher shop la carnicería (I)
butter la mantequilla (I)
to buy comprar (I)
by en + *vehicle* (I); de (I); por (II)
— + *time* para (II)
— means of por medio de (10)

cabbage la col (II)
café el café (I)
cafeteria la cafetería (I)
cage la jaula (I)
cake el pastel (I)
calculator la calculadora (II)
calendar el calendario (I)
call la llamada (II)
collect — la llamada por cobrar (II)
to call llamar (I)
to — on the phone llamar por teléfono (I)
who's —ing? ¿de parte de quién? (II)
called: to be — llamarse (I)
calm tranquilo, -a (3)
calories las calorías (II)
camera la cámara (I)
campground el campamento (II)
camping: to go — ir de camping (II)
can poder (o → ue) (I)
— I help you? ¿qué desea Ud.? (I)
you — se puede (II)
can la lata (II)
— opener la abrelatas, *pl.* abrelatas (II)
garbage — el basurero (II)
Canada el Canadá (I)
Canadian canadiense (I)
candle la vela (15)
candy los dulces (I)
canoe la canoa (II)
capable capaz, *pl.* capaces (II)
capital la capital (I)
to capture capturar (II)
car el coche (I); *(train)* el vagón, *pl.* vagones (II)
dining — el coche comedor, *pl.* coches comedor (II)
sleeping — el coche cama, *pl.* coches cama (II)
sports — el coche deportivo (II)
card:
credit — la tarjeta de crédito (II)
ID — el carné (II)
membership — el carné (II)
cards los naipes (I)
care:
I / you, etc. don't — me/te, etc. da igual (3)
to take — of cuidar (II)
career la carrera (II)
careful cuidadoso, -a (10)
be —! ¡cuidado! (I)
to be — tener cuidado (I)
carefully con cuidado (II)
Caribbean el Caribe (I)
carnival el carnaval (I)
carpenter el carpintero, la carpintera (9)
carrot la zanahoria (I)
carrousel el carrusel (II)
to carry llevar (I)
to — out realizer (5)
cartoons los dibujos animados (I)
case:
emergency — un caso de urgencia (II)
just in — por si acaso (4)
cash:
— register la caja (II)
to pay — pagar al contado (II)
to cash a check cobrar un cheque (II)
cashier el cajero, la cajera (II)
cast el yeso (2)
Castile Castilla (6)
Castilian castellano, -a (6)
castle el castillo (II)
cat el gato (I)
Catalonia Cataluña (6)
Catalonian catalán, -a *pl.* catalanes, -as (6)
to catch capturar (II)
cattle el ganado (II)
cause la causa (II)
ceiling el techo (II)
to celebrate celebrar (I)
celebration la celebración, *pl.* celebraciones (I); el festival (15)
cello el violoncelo (II)
cent(avo) el centavo (I)
center el centro (II)
shopping — el centro comercial (4)
Central America la América Central (I)
Central American centroamericano, -a (I)

century el siglo (II)
ceramics la cerámica (II)
cereal el cereal (II)
ceremony la ceremonia (15)
certain cierto, -a (II)
chain la cadena (1)
chair la silla (I)
chalk la tiza (I)
chalkboard la pizarra (I)
champion el campeón (*pl.* campeones) la campeona (II)
championship el campeonato (II)
chance (to) la oportunidad (de) (4)
to change cambiar (I)
to — one's mind cambiar de idea (II)
channel el canal (I)
chapter el capítulo (I)
character el personaje (II); el carácter, *pl.* caracteres (15)
main — el / la protagonista (16)
characteristic la cualidad (10)
charge: to be in / take — of encargarse de (10)
to chase perseguir (e → i) (7)
cheap barato, -a (I)
check *(in restaurant)* la cuenta (I); *(bank)* el cheque (II); *(pattern)* el cuadro (5)
to cash a — cobrar un cheque (II)
traveler's — el cheque de viajero (II)
to check registrar (II)
checked *(pattern)* de cuadros (5)
checkers las damas (I)
cheerful alegre (13)
cheese el queso (I)
chemistry la química (I)
cherry la cereza (II)
chess el ajedrez (I)
chest el pecho (II)
chestnut *(color)* castaño, -a (II)
to chew mascar (II)
chewing gum el chicle (II)
chicken la gallina, el pollo (I)
chief el jefe, la jefa (7)
child el niño, la niña (I)
children *(boys and girls)* los niños; *(sons and daughters)* los hijos (I)
Chilean chileno, -a (II)
chili (pepper) el chile (I)
chili con carne el chile con carne (I)
chocolate el chocolate (I)
hot — el chocolate (I)
choir el coro (II)
to choose escoger (j) (II); elegir (e → i) (j) (6)
chop la chuleta (I)
lamb / pork — la chuleta de cordero / cerdo (I)
chore el quehacer (4)
chorus el coro (II)
Christmas la Navidad (I); las Navidades (15)
— time las Navidades (15)
church la iglesia (I)
churros los churros (I)
cider la sidra (II)
citizen el ciudadano, la ciudadana (8)
city la ciudad (I)
civilization la civilización, *pl.* civilizaciones (II)
clarinet el clarinete (II)
class la clase (de) (I)
first- / second- — de primera / segunda clase (II)
classical clásico -a (I)
classmate el compañero, la compañera de clase (I)
clean limpio, -a (I)
to clean limpiar (I)
to — (one's) shoes / eyeglasses limpiar(se) los zapatos / los anteojos (II)
clear claro, -a (II)
to clear the table quitar los platos (I)
clearance sale la liquidación, *pl.* liquidaciones (II)
clever listo, -a (I)
climate el clima (II)
clinic la clínica (II)
clock el reloj (I)
alarm — el despertador (I)
close unido, -a (4)
— to cerca de (I)
to close cerrar (e → ie) (I)
closed cerrado, -a (I)
closet el armario (I)
cloth la tela (9)
clothes, clothing la ropa (I)
cloud la nube (I)
cloudy: it's — está nublado (I)
club el club, *pl.* clubes (II)
coach el entrenador, la entrenadora (II)
coat el abrigo; la chaqueta (I)
coconut el coco (II)
coffee el café (I)
— with cream el café con leche (I)
coin la moneda (I)
cold frío, -a (I)
it's — (out) hace frío (I)
to be — *(people)* tener frío (I)
cold el resfriado (I)
collect call la llamada por cobrar (II)
to collect coleccionar (I)
collection la colección, *pl.* colecciones (II)
Colombian colombiano, -a (II)
color el color (I)
in — en colores (I)
just one — de un solo color (5)
what —? ¿de qué color? (I)
comb el peine (I)
to comb someone's hair peinar (I)
to — one's hair peinarse (I)
combo el conjunto (15)
to come venir (I)
— on vamos (II)
to — back volver (o → ue); regresar (I)
to — down bajar (I)
to — get venir a buscar (II)
to — in entrar (en) (I)
to — out salir (de) (I)
to — up subir (I)
to — with acompañar (II)
comedy la comedia (16); *(film)* la película cómica (I)
comfortable cómodo, -a (I)
comic cómico, -a (I); gracioso, -a (II)
commerical el anuncio comercial (I)
common corriente (13)
to have in — tener en común (4)
community la comunidad (8)
company la compañía (II); la empresa (9)
to compete competir (e → i) (2)
competition el concurso (II)
to complain (about) quejarse (de) (II)
completely completamente (II)
complicated complicado, -a (II)
composed: to be — of componerse de (8)
composer el compositor, la compositora (II)
composition la composición, *pl.* composiciones (II)
computer la computadora (I)
— programmer el programador / la programadora de computadoras (II)
concert el concierto (I)

condition el estado (5); la condición, *pl.* condiciones (9)
to conduct dirigir (j) (II)
conductor *(train)* el inspector, la inspectora (II); *(orchestra)* el director, la directora (II)
confidence la confianza (11)
to confirm comprobar (o → ue) (14)
confused: to get — confundirse (8)
to congratulate felicitar (II)
congratulations! ¡felicidades!; ¡felicitaciones! (I)
to conquer conquistar (6)
to consist of componerse de (8)
to construct construir (II)
contact: to have — with tener contacto con (8)
to contain contener (13)
contemporary contemporáneo, -a (13)
contest el concurso (II)
continually continuamente (II)
to continue continuar (I); seguir (e → i) + *present participle* (II)
contrary: on the — al contrario (I)
to contribute contribuir (6)
to convince convencer (de) (c → z) (11)
cook el cocinero, la cocinera (9)
to cook cocinar (I)
cool: it's — (out) hace fresco (I)
cord el cordón, *pl.* cordones (II)
corn el maíz (I)
corner la esquina (I)
around the — a la vuelta de la esquina (I)
correct correcto, -a (I)
to cost costar (o → ue) (I)
to — an arm and a leg costar un ojo de la cara (II)
Costa Rican costarricense (II)
costume el disfraz, *pl.* disfraces (I); el traje (15)
— party la fiesta de disfraces (I)
cotton el algodón (II)
to cough toser (II)
counselor el consejero, la consejera (9)
to count contar (o → ue) (I)
counter el mostrador (II)
country el país (I)
country(side) el campo (I)
couple la pareja (15)
courageous valiente (II)
course el curso (11)
court: tennis — la cancha da tenis (II)
courtyard el patio (I)
cousin el primo, la prima (I)
covered (with) cubierto, -a (de) (1)
cow la vaca (I)
cracker la galleta (II)
to crash (into) chocar (con) (II)
crazy loco, -a (I)
— thing la locura (12)
cream:
coffee with — el café con leche (I)
shaving — la crema de afeitar (II)
to create crear (12)
credit card la tarjeta de crédito (II)
crime el crimen, *pl.* crímenes (14)
criminal el / la criminal (14)
to cross cruzar (II)
crosswalk el paso de peatones (II)
crowded lleno, -a de gente (I)
crutch la muleta (II)
to cry llorar (II)
Cuban cubano, -a (I)
cubism el cubismo (13)
culture la cultura (6)
cup la taza (I)
to cure curar (9)
curious curioso, -a (7)
currency exchange la casa de cambio (II)
curtain la cortina (II)
custard el flan (I)
custom la costumbre (4)
customer el / la cliente (I)
customs la aduana (II)
— official el aduanero, la aduanera (II)
to cut cortar (II)
to — (one's) hair / nails cortar(se) el pelo / las uñas (II)

dad el papá (I)
daily diario, -a (4)
damp húmedo, -a (II)
dance el baile (I)
to dance bailar (I)
dancer el bailarín (*pl.* bailarines), la bailarina (II)
dangerous peligroso, -a (II)
daring atrevido, -a (1)
dark oscuro, -a (II)
— glasses los anteojos de sol (II)
— (-haired) moreno, -a (I)
data los datos (9)
date la fecha (I); la cita (II)
what's the — today? ¿cuál es la fecha de hoy? (I)
daughter la hija (I)
dawn la madrugada (14)
day el día (I)
— after tomorrow pasado mañana (12)
— before yesterday anteayer (II)
every — todos los días (I)
special of the — el plato del día (II)
dead muerto, -a (II)
deaf sordo, -a (II)
to deal with tratarse de (5)
dear querido, -a (II); estimado, -a *(formal salutation in letter)* (10)
December diciembre (I)
to deceive engañar (7)
to decide decidir (II)
to declare *(at customs)* declarar (II)
to decorate decorar (I)
decoration la decoración, *pl.* decoraciones (I)
to decrease reducir (c → zc) (12)
degree el grado (II)
delay la demora (II)
delicious delicioso, -a (I); sabroso, -a (II)
to deliver entregar (II)
demanding exigente (2)
to demonstrate demostrar (o → ue) (II)
demonstration la manifestación, *pl.* manifestaciones (14)
dental floss la seda dental (I)
dentist el / la dentista (I)
to deny negar (e → ie) (II)
deodorant el desodorante (I)
department el departamento (II)
— store el almacén, *pl.* almacenes (I)
departure la salida (II)
to depend on depender de (4)
to describe describir (I)
desert el desierto (II)
to deserve merecer (c → zc) (13)
designer el diseñador, la diseñadora (9)
to desire desear (2)
desk el escritorio (I)
reception — la recepción. *pl.* recepciones (II)
student — el pupitre (I)
dessert el postre (I)
for — de postre (I)
to destroy destruir (II)
detail el detalle (10)
detective el / la detective (16); *adj.* policíaco, -a (I)
detergent el detergente (II)
development el desarrollo (9)

devil el diablo (I)
to dial marcar (II)
dial tone el tono (II)
dictionary el diccionario (II)
to die morirse (o → ue) (II)
diet la dieta (II)
to be on a — estar a dieta (II)
difference la diferencia (II)
different (from) distinto, -a (de) (II); diferente (II)
difficult difícil (I)
to be — (for someone) costarle trabajo (a uno) (2)
difficulty la dificultad (4)
dining car el coche comedor, *pl.* coches comedor (II)
dining room el comedor (I)
dinner la cena (I)
to have — cenar (II)
to direct dirigir (j) (II)
direction la dirección, *pl.* direcciones (1)
in the — direction of en dirección a (1)
director el director, la directora (II)
dirty sucio, -a (I)
disadvantage la desventaja (3)
disagreeable desagradable (II)
to disappear desaparecer (c → zc) (12)
disaster el desastre (II)
to discover descubrir (II)
to discuss discutir (II)
disease la enfermedad (7)
disguise el disfraz, *pl.* disfraces (I)
dish el plato (I)
dishwasher el lavaplatos (II)
disorder el desorden (II)
distant lejano, -a (12)
dive: to scuba — bucear (II)
to do hacer (I)
to — well / badly on *(tests)* salir bien / mal en (I)
to have to — with tener que ver con (5)
doctor el médico, la médica; el doctor (Dr.), la doctora (Dra.) *(as title)* (I)
document el documento (II)
documentary el documental (II)
dog el perro (I)
dollar el dólar (I)
Dominican dominicano, -a (II)
Dominican Republic la República Dominicana (I)
door la puerta (I)
dot el lunar (5)
dotted de lunares (5)
double room la habitación doble (II)
doubt: without a — sin duda (II)
to doubt dudar (II)
down:
to come / go — bajar (I)
to fall — caerse (II)
to sit — sentarse (e → ie) (II)
downtown el centro (I)
dozen la docena (de) (I)
drag: what a —! ¡qué lata! (II)
drama el drama (16)
dramatist el dramaturgo, la dramaturga (16)
to draw dibujar (I)
drawing el dibujo (I)
dream el sueño (II)
to dream (about) soñar (o → ue) (con) (II)
dress el vestido (I)
native — el traje (15)
to dress (someone) vestir (e → i) (I)
to get –ed vestirse (e → i) (I)
dressed as vestido -a de (I)
dresser la cómoda (I)
dressmaker el modisto, la modista (9)
drink la bebida (I)
to drink beber; tomar (I)
to have something to — tomar algo (I)
to drive manejar (II)
driver el conductor, la conductora (II)
—'s license el permiso de manejar (II)
drugstore la farmacia (I)
drum el tambor (II)
dry seco, -a (II)
to dry secar (II)
dryer la secadora (II)
hair — el secador (II)
dubbed film la película doblada (II)
duck el pato (I)
due to (the fact that) debido a (que) (3)
dumb tonto, -a (I)
during durante (I)
dust el polvo (1)

each cada (I)
— other nos; se (II)
ear la oreja (I)
(inner) — el oído (I)
early temprano (I)
to earn ganar (II)
to — a living ganarse la vida (II)
earring el arete (I)
earth la tierra (I)
Earth la Tierra (12)
earthquake el terremoto (II)
east el este (I)
easy fácil (I)
to eat comer (I)
to — breakfast desayunar (II)
to — dinner cenar (II)
to — lunch almorzar (o→ ue) (II)
Ecuador el Ecuador (I)
Ecuadorian ecuatoriano, -a (II)
effect el efecto (13)
to have an — (on) influir (en / sobre) (12)
effort:
to be worth the — valer la pena (II)
to make an — hacer un esfuerzo (2)
egg el huevo (I)
eight ocho (I)
— hundred ochocientos, -as (I)
eighteen dieciocho (I)
eighth octavo, -a (II)
eighty ochenta (I)
either:
— . . . or o . . . o (II)
not — (ni . . .) tampoco (I)
elbow el codo (II)
to elect elegir (e→ i) (j) (6)
electric eléctrico, -a (II)
electrician el / la electricista (9)
elegant elegante (II)
elephant el elefante (I)
elevator el ascensor (I)
eleven once (I)
else: someone / something — otra persona / cosa (II)
embarrassed: to be — tener vergüenza (II)
embassy la embajada (14)
embrace el abrazo (4)
to embrace abrazar (II)
emergency (case) un caso de urgencia (II)
employee el empleado, la empleada (9)
employment el empleo (10)
empty vacío, -a (I)
to enclose incluir (II)
end: at the — of a fines de (1)
to end terminar (I); acabar(se) (7)
to endanger arriesgar (14)
enemy el enemigo, la enemiga (16)
energetic enérgico, -a (I); activo, -a (II)

engineer el ingeniero, la ingeniera (II)
England Inglaterra (I)
English inglés *(pl.* ingleses), inglesa (I)
English *(language)* el inglés (I)
to enjoy disfrutar de (I); gozar (de) (15)
—your meal! ¡buen provecho! (II)
enormous enorme (I)
enough bastante (II); suficiente (12)
to enroll matricularse (10)
to enter entrar (en) (I); pasar (11)
enterprise la empresa (9)
to entertain entretener (16)
to be —ed entretenerse (16)
entertaining divertido, -a (I)
entire entero, -a (3)
entrance la entrada (I)
envelope el sobre (II)
environment el ambiente (13)
epoch la época (6)
equality la igualdad (4)
era la época (6)
to erase borrar (I)
eraser el borrador (I)
escalator la escalera mecánica (II)
to escape escaparse (II)
especially especialmente (II); sobre todo (1)
essay el ensayo (16)
etc. etcétera (II)
Europe Europa (I)
eve la víspera (15)
even aun (3)
— so aun así (3)
not — no . . . ni (II); ni siquiera (16)
evening: good — buenas tardes / buenas noches (I)
event el suceso (7)
ever alguna vez (11)
more than — más que nunca (11)
every todo, -a; cada (I)
—day todos los días (I)
everybody / everyone todo el mundo; todos (I)
everything todo (I)
everywhere (por / en) todas partes (II)
exacting exigente (2)
exactly exactamente (II); precisamente (11)
exaggerated exagerado, -a (5)
exam el examen, *pl.* exámenes (I)
to examine examinar (I)
example: for — por ejemplo (II)
excellent excelente (I)
excessive exagerado, -a (5)
exchange:
currency — la casa de cambio (II)
— student el / la estudiante de intercambio (4)
to exchange cambiar (I)
excited (about) entusiasmado, -a (con / por) (1)
exciting emocionante (I)
excursion: to go on an — ir de excursión (II)
excuse la excusa (I)
to excuse perdonar (12)
— me con permiso; discúlpeme (I)
to exercise hacer ejercicio (II)
exhausted molido, -a (2)
exhibit la exposición, *pl.* exposiciones (II)
to exist existir (7)
exit la salida (I)
to expect esperar (I)
expedition la expedición, *pl.* expediciones (II)
to go on an — hacer una expedición (II)
expensive caro, -a (I)
very — carísimo, -a (I)
experience la experiencia (11)
to explain explicar (II)
to explore explorar (II)
explorer el explorador, la exploradora (II)
express *(adj.)* expreso (II)
to express (oneself) expresar(se) (8)
to — an opinion opinar (14)
extremely sumamente (10)
eye el ojo (I)
eyeglasses los anteojos (I)

fabric la tela (9)
fabulous fabuloso, -a (I)
face la cara (I)
fact el hecho (16)
— s los datos (9)
factory la fábrica (9)
to fail fracasar (12)
failure el fracaso (II)
fair la feria (II)
fairly bastante (I)
fall el otoño (I)
to fall caer (II)
to — asleep dormirse (o→ ue) (I)
to — down caerse (II)
family la familia (I)
famous famoso, -a (II)
fan el admirador, la admiradora (II)
— (of) el aficionado, la aficionada (a) (I)
fantastic estupendo, -a; fantástico, -a (I)
far from lejos de (I)
farm la granja (I)
—worker el campesino, la campesina (II)
farmer el granjero, la granjera (I)
farther (than) más allá (de) (3)
fashion la moda (II)
fashionable de moda (II)
fast *adj.* rápido, -a; *adv.* rápidamente; de prisa (I)
fat gordo, -a (I)
fat la grasa (2)
father el padre (I)
—-in-law el suegro (II)
favorite favorito, -a; preferido, -a (I)
fear el temor (14)
to fear temer (II)
February febrero (I)
to feed dar de comer a (I)
to feel sentirse (e→ ie) (II)
to — like *(doing something)* tener ganas de + *inf.* (I)
feeling el sentimiento (5)
Ferris wheel la rueda de feria (II)
festival el festival (15)
fever la fiebre (I)
to have a — tener fiebre (I)
few pocos, -as (I)
a — unos, -as (I)
—er (than) menos (que / de) (I)
fifteen quince (I)
fifteenth birthday los quince años (I)
fifteen-year-old girl la quinceañera (I)
fifth quinto, -a (II)
fifty cincuenta (I)
fight la lucha (16)
to fight (with) pelearse (con) (II); luchar (6)
figure la figura (15)
to file (one's) nails limar(se) las uñas (II)
to fill (up / out / in) llenar (II)
film la película (I)
to film filmar (II)
finally por fin (II); finalmente (9)
to find encontrar (o → ue) (I); hallar (II)
to — oneself encontrarse (o → ue) (5)

to — **out** averiguar (II); *(pret.)* saber (9); enterarse (de) (10)
fine ¡bueno! (I)
fine la multa (II)
finger el dedo (I)
to finish terminar (I); acabar(se) (7)
fire el fuego (II); el incendio (II)
to fire *(from a job)* despedir (e → i) (11)
firefighter el bombero, la bombera (II)
fireworks los fuegos artificiales (I)
firm la empresa (9)
first primero (primer), -a; el primero *in dates* (I); antes (II)
at — al principio (II)
— -class de primera clase (II)
— floor la planta baja (I)
fish *(live)* el pez, *pl.* peces; *(cooked)* el pescado (I)
fishing: to go — ir de pesca (II)
fit: to stay — mantenerse en forma (2)
to fit quedar (II); caber (15)
fitting: to be — convenir (11)
five cinco (I)
— hundred quinientos, -as (I)
to fix arreglar (I); reparar (1)
flag la bandera (I)
flan el flan (I)
flashlight la linterna (II)
— battery la pila (II)
flavorful sabroso, -a (II)
to flee (from) huir (de) (II)
flight el vuelo (I)
— attendant el / la auxiliar de vuelo (I)
float la carroza (15)
floor el piso (I); el suelo (II)
ground — la planta baja (I)
second (third / fourth) — el primer (segundo / tercer) piso (I)
flower la flor (I)
flu la gripe (I)
to have the — tener gripe (I)
fluent: to be — *(in a language)* dominar (4)
flute la flauta (II)
fly la mosca (II)
to fly volar (o → ue) (II)
folk *adj.* folklórico, -a (I)
to follow seguir (e → i) (II)
following siguiente (II)
food la comida (I); el alimento (2)
foot el pie (I)
on — a pie (I)
to put one's — in it meter la pata (II)
football el fútbol americano (I)
for para (I); por (II)
as — en cuanto a (4)
— example por ejemplo (II)
— now por ahora (4)
— sale en venta (I)
— the time being por ahora (4)
to forbid prohibir (2)
forbidden: it is — se prohibe (II)
forecast: weather — el pronóstico del tiempo (II)
foreign extranjero, -a (II)
in a — language en version original (II)
forest el bosque (1)
to forget *(something)* olvidar (II)
to — (to) olvidarse de (+ *inf.*) (I)
to forgive perdonar (12)
fork el tenedor (I)
form el formulario (II); la forma (13)
in the — of en forma de (13)
fortunately afortunadamente (II)
forty cuarenta (I)
found: to be — encontrarse (o→ ue) (5)
foundation la base (10)
fountain la fuente (I)
four cuatro (I)
— hundred cuatrocientos, -as (I)
fourteen catorce (I)
fourth cuarto, -a (II)
— floor el tercer piso (I)
France Francia (I)
frankly francamente (11)
free *(not busy)* libre (I); *(no charge)* gratis, *pl.* gratis (II)
to free liberar (7)
freedom la libertad (5)
French francés *(pl.* franceses), francesa (I)
French *(language)* el francés (I)
French fries las papas fritas (I)
frequently frecuentemente (II)
fresh fresco, -a (II); natural (2)
Friday viernes (I)
on — el viernes (I)
fried frito, -a (I)
friend el amigo, la amiga (I)
to frighten dar miedo a (I); asustar (II)
frightened asustado, -a (II)
frog la rana (II)
from de(l); desde (I)
— me de mi parte (II)
to be + *distance* + — estar a + *distance* + de (I)
front: in — of delante de (I)
frozen congelado, -a (II)
fruit la fruta (I)
frying pan la sartén, *pl.* sartenes (II)
to fulfill cumplir (7)
full lleno, -a (I)
— -time de tiempo completo (10)
fun: to have — divertirse (e →ie) (I); pasarlo bien (1)
funny chistoso, -a (I); gracioso,-a (II)
furious furioso, -a (12)
furniture los muebles (I)
future el futuro (12)

to gain weight aumentar de peso (II)
Galicia Galicia (6)
Galician gallego, -a (6)
gallery la galería (II)
game el partido (de + *sport);* el juego (I)
garage el garaje (I)
garbage la basura (II)
— can el basurero (II)
garden el jardín, *pl.* jardines (I)
garlic el ajo (II)
gas la gasolina (II)
— tank el tanque (II)
gate: boarding — la puerta de embarque (II)
gazpacho el gazpacho (I)
gee! ¡caramba! (I)
generally generalmente (I); por lo general (2)
generous generoso, -a (I)
gentleman el caballero (3)
geometry la geometría (I)
German alemán *(pl.* alemanes), alemana (I)
German *(language)* el alemán (I)
Germany Alemania (I)
to get recibir (I); obtener (II); conseguir (e → i) (6); ponerse + *adj.* (11)
to come — venir a buscar (II)
to — a good / bad grade sacar una buena / mala nota (I)
to — accustomed to acostumbrarse a (4)
to — along *(in a language)* defenderse (e → ie) en (4)
to — along (with) llevarse bien (con) (4)
to — better mejorar(se) (II; 2)
to — bored aburrirse (II)
to — confused confundirse (8)

to — dressed vestirse (e → i) (I)
to — lost perderse (e → ie) (3)
to — married (to) casarse (con) (II)
to — off / out of *(vehicles)* bajar de (I)
to — on / in *(vehicles)* subir a (I)
to — ready (for) prepararse (para) (1)
to — tired cansarse (2)
to — to llegar a (I)
to — together reunirse (II)
to — to know conocer (c → zc) (II)
to — up levantarse (I)
to go — ir a buscar (II)
ghost el fantasma (I)
gift el regalo (I)
giraffe la jirafa (I)
girl la muchacha; la chica (I)
little — la niña (I)
girlfriend la novia (I)
to give dar (I)
to — a present regalar (II)
to — back devolver (o → ue) (II)
to — someone a shot poner una inyección (I)
to — a ticket poner una multa (II)
gladly con mucho gusto (I)
glass el vaso (I)
glasses los anteojos (I)
dark —es los anteojos de sol (I)
glove el guante (I)
to go ir (I); andar (6)
—ing to + *verb* ir a + *inf.* (I)
how's it —ing? ¿qué tal? (I)
to — around dar la vuelta (II)
to — away irse (II)
to — back volver (o → ue); regresar (I)
to — down bajar (I)
to — for a ride / walk dar un paseo (II); pasear (4)
to — get ir a buscar (II)
to — in(to) entrar (en) (I)
to — on + *verb* + **-ing** seguir (e → i) + *present participle* (II)
to — out salir (de) (I)
to — to bed acostarse (o → ue) (I)
to — to sleep dormirse (o → ue) (I)
to — up subir (I)
to — with acompañar (II)
what's —ing on? ¿qué pasa? (I)
goal el objetivo (9)
god, goddess el dios, la diosa (II)
godfather, godmother el padrino, la madrina (II)
godparents los padrinos (II)
gold el oro (II)
golf el golf (I)
good bien (I); *adj.* bueno (buen), -a (I)
— afternoon buenas tardes (I)
— evening buenas tardes / buenas noches (I)
— grief! ¡qué barbaridad! (II)
— morning buenos días (I)
— night buenas noches (I)
it's a — thing (that) menos mal (que) (6)
to be — in estar fuerte en (I)
to have a — time divertirse (e → ie) (I)
to look — on quedar (II)
good-by adiós (I)
to say — (to) saludar (a); despedirse (e → i) (de) (II)
good-looking bonito, -a; guapo, -a (I)
to goof meter la pata (II)
gosh! ¡caramba! (I)
gossip los chismes (II)
(piece of) — el chisme (II)
government el gobierno (6)
grade la nota (I)
to get a good / bad — sacar una buena/mala nota (I)
to graduate graduarse (II)
gram el gramo (I)
grandchildren los nietos (II)
granddaughter la nieta (II)
grandfather el abuelo (I)
grandmother la abuela (I)
grandparents los abuelos (I)
grandson el nieto (II)
grapefruit la toronja (II)
grapes las uvas (II)
grass la hierba (I)
to cut the — cortar el césped (II)
gray gris, *pl.* grises (I)
grease la grasa (2)
great gran; fantástico (I)
—! ¡qué bueno! (I); ¡qué maravilla! (II)
great-grandfather el bisabuelo (II)
great-grandmother la bisabuela (II)
great-grandparents los bisabuelos (II)
green verde (I)
to greet saludar (II)
greetings! ¡saludos! (I)
grief: good —! ¡qué barbaridad! (II)
grill la parrilla (II)
to grill asar a la parrilla (II)
groceries los comestibles (I)
groom el novio (II)
ground floor la planta baja (I)
group el grupo (I); *(musical)* el conjunto (15)
to grow crecer (c → zc) (12)
to — up criarse (8); crecer (c → zc) (12)
grownups los mayores (II)
growth el crecimiento (12)
guacamole guacamole (II)
Guatemalan guatemalteco, -a (II)
guest el invitado, la invitada (I)
guide el / la guía (I)
guidebook la guía (I)
guilty culpable (7)
guitar la guitarra (I)
Gulf of Mexico el Golfo de México (I)
gum: chewing — el chicle (II)
gym(nasium) — el gimnasio (I)
gymnastics: to do — hacer gimnasia (II)

hair el pelo (I)
— dryer el secador (II)
See also **to brush, to comb**
haircut el corte de pelo (5)
hairdo el peinado (5)
hairdresser el peluquero, la peluquera (II)
hairstyle el peinado (5)
half la mitad (II)
and a — y media (I)
— an hour la media hora (I)
—-past y media (I)
halfway through a mediados de (1)
hall el pasillo (II)
study — la sala de estudio (II)
ham el jamón (I)
hamburger la hamburguesa (I)
hammer el martillo (9)
hand la mano (I)
by — a mano (13)
on the one — por un lado (3)
on the other — por (el) otro lado (3)
to shake —s (with) dar la mano a (II)
handkerchief el pañuelo (I)
handsome guapo, -a (I)
to hang up colgar (o → ue) (II)
to happen pasar; ocurrir (II)
happiness la alegría (6)
happy contento, -a (I); feliz, *pl.* felices (II); alegre (13)
— birthday! ¡feliz cumpleaños! (II)
to be — (about) alegrarse (de) (II)

hard difícil (I)
to try — hacer un esfuerzo (2)
hardly apenas (16)
hard-working trabajador, -a (9)
to harm hacer daño a (II)
hat el sombrero (I)
to hate odiar (16)
to have tener (I); poseer (11)
to — a barbecue hacer un asado (II)
to — a birthday cumplir años (II)
to — an effect (on) influir (en / sobre) (12)
to — a fever / the flu tener fiebre / gripe (I)
to — a good time / fun divertirse (e → ie) (I); pasarlo bien (1)
to — an opinion opinar (14)
to — a picnic hacer un picnic (II)
to — dinner cenar (II)
to — *(something)* **left** quedar (1)
to — lunch almorzar (o → ue) (II)
to — just *(done something)* acabar de + *inf.* (I)
to — room for caber (15)
to — something to drink tomar algo (I)
to — the right to tener derecho a (5)
to — to tener que + *inf.* (I); estar obligado, -a a + *inf.* (5)
to — to do with tener que ver con (5)
he él (I)
head la cabeza (I)
— of state el jefe / la jefa de estado (5)
headlight el faro (II)
headline el titular (II)
to heal curar (9)
health la salud (II)
healthy sano, -a (II)
to hear oír (I)
heart el corazón (I)
heat la calefacción (II)
to heat calentar (e → ie) (II)
heating system la calefacción (II)
heavy pesado, -a (II)
height la altura (1)
helicopter el helicóptero (II)
hello ¡hola! (I); ¿aló? *(on phone)* (I)
to say — saludar (II)
help! ¡socorro! (II)
to help ayudar (a + *inf.*) (I)
may I — you? ¿qué desea Ud.? (I)
helper el / la ayudante (II)
hen la gallina (I)
her su, sus *poss. adj.*; ella *after prep.*; la *dir. obj.* (I); suyo, -a *poss. adj.* (II)
to / for — le (I)
here aquí (I)
around — por aquí (II)
— is / — are aquí tienes / tiene Ud. (I)
— it is / — they are aquí lo (la, los, las) tiene(s) (I)
over — por aquí (II)
hero, heroine el héroe, la heroína (II)
heroic heroico, -a (I)
hers *pron.* el suyo, la suya, los suyos, las suyas (II)
of — *adj.* suyo, -a (II)
herself se (I); misma (11)
hey! ¡oye! (I)
hi! ¡hola! (I)
to hide esconder (13)
high: to be + *measure* + **—** estar a + *measure* + de altura (1)
high school el colegio (I)
highway la carretera (II)
to hijack secuestrar (14)
hill la colina (II)
him él *after prep.*; lo *dir. obj.* (I)
to / for — le (I)
himself se (I); mismo (II)
hippopotamus el hipopótamo (I)
his su, sus (I); suyo, -a; *pron.* el suyo, la suya, los suyos, las suyas (II)
of — *adj.* suyo, -a (II)
Hispanic American hispanoamericano, -a (8)
historic histórico, -a (II)
history la historia (I)
to hit *(something)* chocar (con) (II)
hobby el pasatiempo (I)
holiday la fiesta; el día de fiesta, *pl.* días de fiesta (I)
home la casa (I)
at — en casa (I)
— team el equipo local (II)
(to one's) — a casa (I)
homework la tarea (I)
Honduran hondureño, -a (II)
honey la miel (II)
to honk (the horn) tocar la bocina (II)
hood *(car)* el capó (II)
to hope esperar (I)
I — not espero que no (I)
I — so ¡ojalá!; espero que sí (I)
let's — so ¡ojalá! (I)
horn la bocina (II)
to honk the — tocar la bocina (II)
horror *adj.* de terror (I)
house of —s la casa de los fantasmas (II)
horse el caballo (I)
horseback: to ride — montar a caballo (II)
hospital el hospital (I)
hostage el / la rehén, *pl.* rehenes (14)
to take (someone) — tomar . . . como rehén (14)
hot caliente; *(spicy)* picante (I)
— dog el perro caliente (II)
it's — (out) hace calor (I)
to be — *(people)* tener calor (I)
hotel el hotel (I)
hour la hora (I)
half an — la media hora (I)
house la casa (I)
— of horrors la casa de los fantasmas (II)
— of mirrors la casa de los espejos (II)
how? ¿cómo? (I)
— + *adj.!* ¡qué + *adj.!* (I)
— about *(doing something)?* ¿qué te parece si + *verb?* (II)
— are you? ¿cómo estás / está Ud.? (I)
— do you like . . .? ¿qué te parece . . .? (I)
— long? ¿cuánto tiempo? (I)
— long (does something) last? ¿cuánto dura? (I)
— many? ¿cuántos, -as? (I)
— much? ¿cuánto? (I)
— old are you? ¿cuántos años tienes? (I)
—'s it going? ¿qué tal? (I)
to know — (to) saber + *inf.* (I)
to learn — (to) aprender a + *inf.* (I)
however sin embargo (11)
hug el abrazo (4)
to hug abrazar (II)
huge enorme (I)
human being el ser humano (16)
humid húmedo, -a (II)
humor: sense of — el sentido del humor (II)
hundred cien (I); *see also* **two, three,** etc.
101; 102; etc. ciento uno, -a; ciento dos; etc. (I)
hungry: to be — tener hambre (I)
hurricane el huracán, *pl.* huracanes (II)

hurry:
in a — de prisa (I)
to be in a — tener prisa (II)
to hurry darse prisa (II); apurarse (1)
to hurt doler (o→ ue) (I); hacer daño a (II); herir (e → ie) (14)
to — (a part of one's body) lastimarse (II)
husband el esposo (I)

I yo (I)
ice el hielo (II)
ice cream el helado (I)
— parlor la heladería (II)
idea la idea (II)
identification card el carné (II)
identity la identidad (8)
if si (I)
— not de lo contrario (14)
iguana la iguana (I)
illness la enfermedad (7)
image la imagen, *pl.* imágenes (5)
imagination la imaginación, *pl.* imaginaciones (13)
to imagine imaginarse (4)
—! ¡imagínate! (I)
immediately en seguida (I)
immigrant el / la inmigrante (8)
impatient impaciente (II)
impolite mal educado, -a (II)
importance la importancia (16)
important importante (I)
to be — to importar (I)
impossible imposible (II)
to impress impresionar (1)
impression: to make a good / bad — (*on someone*) caer bien / mal a (II)
impressive impresionante (II)
to imprison encarcelar (7)
improbable improbable (II)
to improve mejorar(se) (II; 2)
in en (I)
— order to para + *inf.* (I)
— spite of a pesar de + *noun* / *inf.*
just — case por si acaso (4)
Incas los incas (II)
to include incluir (II)
increase (in) el aumento (de) (11); el crecimiento (12)
to increase aumentar (11)
increasingly cada vez más (5)
incredible increíble (II)
independent independiente (4)
Indian el indio, la india (7)
to indicate indicar (II)
inexpensive barato, -a (I)
influence la influencia (6)
to influence influir (en / sobre) (12)
to inform advertir (e → ie) (6); informar (14)
information la información (II); los datos (9)
inhabitant el / la habitante (II)
to injure herir (e → ie) (14)
in-laws los suegros (II)
inn *(run by Spanish government)* el parador (II)
innocent inocente (7)
to insert meter (14)
inside adentro (I)
— (of) dentro de (I); (II)
to insist (on) insistir (en) (2)
to inspect registrar (II)
instead mejor + *subjunctive* (3)
— of en vez de (1)
instructor el instructor, la instructora (II)
instrument el instrumento (II)
intelligent inteligente (I)
to intend to pensar (e → ie) + *inf.* (I)
interest: point of — el punto de interés (3)
to interest interesar (II)
interested interesado, -a (11)
interesting interesante (I)
intermission el intervalo (II)
intersection el cruce (de calles) (II); la bocacalle (3)
interview la entrevista (II)
to interview entrevistar (II)
into en (I)
to introduce presentar (I)
to invent inventar (12)
invention el invento (12)
invitation la invitación, *pl.* invitaciones (I)
to invite invitar (I)
iron la plancha (II)
to iron planchar (II)
island la isla (II)
it él, ella; lo, la *dir. obj.*; **to it** le (I)
Italian italiano, -a (I)
Italian *(language)* el italiano (I)
Italy Italia (I)
itself se (I)

jacket la chaqueta (I)
jaguar el jaguar (II)
jai alai el jai alai (II)
jail la cárcel (7)
to put in — encarcelar (7)
jalopy el cacharro (II)
January enero (I)
jealous: to be — of tener celos de (II)
jeans los jeans (I)
jelly la mermelada (I)
Jew el judío, la judía (6)
jewels, jewelry las joyas (I)
job el trabajo (I); el oficio (9); el empleo (10); el puesto (10)
— application la solicitud (10)
to join together unirse (6)
joke el chiste (I)
journalist el / la periodista (II)
joy la alegría (6)
joyful alegre (13)
judge el juez, la jueza (14)
to judge juzgar (13)
juice el jugo (de) (I)
July julio (I)
June junio (I)
jungle la selva (II)
just:
— as/like igual (que) (13)
— in case por si acaso (4)
to have — *(done something)* acabar de + *inf.* (I)

to keep guardar (7); conservar (15)
to — in shape / fit mantenerse en forma (2)
to — on + *verb* + -ing seguir (e → i) + *present participle* (II)
key la llave (I)
to kidnap secuestrar (14)
to kill matar (7)
kilo el kilo (I)
kilometer el kilómetro (1)
kind *adj.* amable (I)
kind la clase (de) (I); el tipo (5)
all —s of toda clase de (II)
kind of *adv.* bastante (I)
king el rey (I)
kiss el beso (II)
to kiss besar (II)
kitchen la cocina (I)
knapsack la mochila (I)
knee la rodilla (II)
knife el cuchillo (I)
to know saber; conocer (I)
I (don't) — that (no) lo sé (I)

to — **how to** saber + *inf.* (I)
to **let** — avisar (6)
knowledge los conocimientos (6)

label la etiqueta (II)
labor: manual — el trabajo manual (9)
laboratory el laboratorio (I)
laborer el obrero, la obrera (9)
to lack faltar (I)
lady la dama (3)
lake el lago (I)
lamb el cordero (I)
— **chop** la chuleta de cordero (I)
lamp la lámpara (I)
land la tierra (7)
to land aterrizar (I)
landscape el paisaje (II)
lane el carril (II)
language la lengua (I); el idioma (II)
to talk in sign — hablar por señas (II)
large grande (I)
last pasado, -a (I); último, -a (II)
at — por fin (II)
— **name** el apellido (I)
— **night** anoche (I)
to last durar (I)
late tarde (I); con (+ *time* + de) retraso (II)
later más tarde; después; luego (I)
see you — hasta luego; hasta la vista (I); nos vemos (1)
sooner or — tarde o temprano (12)
Latin America la América Latina (I)
Latin American latinoamericano, -a (I)
laugh la risa (4)
to laugh reír (e → i) (II)
to — at reírse (e → i) de (II)
laughter la risa (4)
to launch lanzar (5)
law la regla; el derecho (II)
lawn el césped (II)
— **mower** el cortacésped (II)
lawyer el abogado, la abogada (II)
lazy perezoso, -a (I)
to lead dirigir (j) (II)
leading principal (II)
leaf la hoja (I)
to learn aprender (I); *(pret.)* saber (9)
to — (about) enterarse (de) (10)
to — how (to) aprender a + *inf.* (I)
least:
at —por lo menos (II)
the — + *adj.* el / la / los / las menos + *adj.* (I)
leather el cuero (II)
to leave salir (de) (I); irse (II)
to — behind dejar (I)
left:
to be — over sobrar (15)
to be — without quedarse sin (II)
to have *(something)* — quedar (1)
to the — of a la izquierda (de) (I)
leg la pierna (I)
to cost an arm and a — costar un ojo de la cara (II)
to pull someone's — tomarle el pelo a (II)
legend la leyenda (16)
lemon el limón, *pl.* limones (I)
lemonade la limonada (I)
to lend prestar (I)
leopard el leopardo (I)
less:
— + *adj.* + **than** menos + *adj.* + que (I)
— **than** + *number* menos de + *number* (I)
more or — más o menos (I)
lesson la lección, *pl.* lecciones (I)
to let permitir (II); dejar (2)
to — know avisar (6)
let's vamos a + *inf.* (I)
— **leave!** ¡vámonos! (I)
letter la carta (I)
lettuce la lechuga (I)
liberty la libertad (5)
librarian el bibliotecario, la bibliotecaria (II)
library la biblioteca (I)
license:
driver's — el permiso de manejar (II)
— **plate** la placa (II)
lie la mentira (II)
to lie mentir (e → ie) (II)
life la vida (II)
— **preserver** el salvavidas (II)
lifeguard el / la salvavidas (II)
to lift levantar (I)
to — weights levantar pesas (II)
light la luz, *pl.* luces (II)
traffic — el semáforo (II)
to light encender (e → ie) (II)
lightbulb la bombilla (II)
lightning el relámpago (II)
like *adv. / prep.* como (II); *adj.* parecido, –a (a) (II)
just — igual (que) (13)
— **that / this** así (1)
to feel — *(doing something)* tener ganas de + *inf.* (I)
to look – parecerse (c→ zc) a (II)
what's *(someone / something)* – ? ¿cómo es. . . ? (I)
what's the weather — ? ¿qué tiempo hace? (I)
to like gustar (I)
how do you — . . .? ¿qué te parece(n) . . .? (I)
I'd — quisiera (I); me gustaría (II)
to — / not — *(someone)* caer bien / mal a (II)
limit: speed —la velocidad máxima (II)
line la línea (II)
to stand in — hacer cola (I)
lion el león, *pl.* leones (I)
lip el labio (II)
lipstick el lápiz de labios (II)
to listen (to) escuchar (I); hacerle caso a uno (8)
—**!** ¡oye! (I)
liter el litro (I)
literature la literatura (16)
little pequeño, -a (I)
a — un poco (de) (I)
— **by** — poco a poco (12)
to live vivir (I)
lively vivo, -a (13)
living:
to earn a — ganarse la vida (II)
— **room** la sala (I)
llama la llama (I)
lobster la langosta (II)
local local (II)
located situado, -a (3)
to be — estar (I); quedar (II); encontrarse (o → ue) (5)
long largo, -a (I)
how — ? ¿cuánto tiempo? (I)
— **distance** de larga distancia (I)
so — as con tal (de) que (10)
to look:
to — after atender (e → ie) (9)
to — (at) mirar (I)
to — for buscar (I)
to — good on quedar (II)
to — like parecerse (c → zc) a (II)
to lose perder (e → ie) (I)
to — weight bajar de peso (II)
losing perdedor, -a (II)

lost perdido, -a (3)
to get — perderse (e → ie) (3)
lot:
a — mucho (I)
a — of muchos, -as (I)
loud fuerte (II)
in a — voice en voz alta (II)
out — en voz alta (II)
loudspeaker el altoparlante (5)
love el amor (II)
in — (with) enamorado, -a (de) (II)
to love encantar (I); querer (II)
low: in a — voice en voz baja (II)
lucky: to be — tener suerte (I)
luggage el equipaje (II)
lunch el almuerzo (I)
to eat — almorzar (o → ue) (II)

ma'am señora / señorita (I)
machine la máquina (4)
sewing — la máquina de coser (9)
made hecho, -a (II)
— of de + *material* (II)
to be — up of componerse de (8)
madness la locura (12)
Madrid: native of — madrileño, -a (6)
magazine la revista (I)
magnificent magnífico, -a (I)
maid la criada (4)
mail el correo (II)
air — vía aérea (II)
by — por correo (II)
mailbox el buzón, *pl.* buzones (II)
mail carrier el cartero, la cartera (II)
main principal (II)
— character el/la protagonista (16)
to maintain mantener (2)
to major in especializarse en (10)
majority of la mayoría de (II)
to make hacer (I); fabricar (12)
to — an effort hacer un esfuerzo (2)
to — a mistake equivocarse (7)
to — sense tener sentido (8)
makeup el maquillaje (II)
to put on — maquillar(se) (II)
man el hombre (I)
old — el anciano (II)
to manage *(in a language)* defenderse (e→ ie) en (4)
—d to *(pret.)* poder (9)
manager el / la gerente (I)
manner el modo (3); la manera (13)
manual labor el trabajo manual (9)
to manufacture fabricar (12)

many muchos, -as (I)
as — + *noun* **+ as** tantos, -as + *noun* + como (II)
how —? ¿cuántos, -as? (I)
not — pocos, –as (I)
too — demasiado, -a (II)
map el mapa (I)
street — el plano (II)
March marzo (I)
Mardi Gras el carnaval (I)
market el mercado (I)
married:
— (to) casado, -a (con) (II)
to get — (to) casarse (con) (II)
to marry casarse (con) (II)
marvelous maravilloso, -a (II)
how —! ¡qué maravilla! (II); ¡qué alegría! (II)
mask la máscara (I)
Mass la misa (15)
match el partido (de + *sport)* (I)
material la tela (9)
mathematics las matemáticas (I)
matter la cuestión, *pl.* cuestiones (II)
to matter to importar (I)
mature maduro, -a (10)
May mayo (I)
may I help you? ¿qué desea Ud.? (I)
Mayans los mayas (II)
maybe tal vez (I); quizás (II); a lo mejor (1)
mayonnaise la mayonesa (II)
me mí *after prep.;* me (I)
from / for — de mi parte (II)
to / for — me (I)
with — conmigo (I)
meal la comida (I)
enjoy your —! ¡buen provecho! (II)
mean: what does… —? ¿qué quiere decir? (I)
meaning el significado (II)
means: by — of por medio de (10)
meanwhile mientras tanto (16)
meat la carne (I)
— pie la empanada (I)
mechanic el mecánico, la mecánica (II)
medicine la medicina (II)
medium *(meat)* medio cocido, -a (II)
to meet conocer (c → zc); reunirse (II)
pleased to — you mucho gusto (I)
member el miembro (2)
membership card el carné (II)
to memorize aprender de memoria (I)
menu el menú (I)

merry-go-round el carrusel (II)
mess el desorden (II)
message el recado (II)
messenger el mensajero, la mensajera (II)
messy desordenado, -a (II)
meter el metro (1)
parking — el parquímetro (II)
Mexican mexicano, -a (I)
Mexico México (I)
microwave oven el microondas, *pl.* microondas (4)
middle el centro (II)
in the — of a mediados de (1)
midnight la medianoche (I)
mile la milla (1)
milk la leche (I)
million millón (de), *pl.* millones (de) (II)
millionaire el millonario, la millonaria (II)
mind la mente (16)
to change one's — cambiar de idea (II)
to mind importar (I)
mine el mío, la mía, los míos, las mías (II)
of — *adj.* mío, -a (II)
mineral water el agua mineral (I)
minus menos (I)
minute el minuto (I)
miracle el milagro (II)
mirror el espejo (I)
house of —s la casa de los espejos (II)
Miss (la) señorita (Srta.) (I)
to miss perder (e → ie) (2)
to — *(someone or something)* extrañar (1)
missing: to be — something faltar (I)
mistake: to make a — equivocarse (7)
to mix mezclar (II)
mixture la mezcla (8)
model el / la modelo (II)
mom la mamá (I)
Monday lunes (I)
on — el lunes (I)
money el dinero (I)
monkey el mono (I)
month el mes (I)
mood: to be in a good / bad — estar de buen / mal humor (II)
moon la luna (I)
more más (I)
— and — cada vez más (5)

— **or less** más o menos (I)
— + *adj.* + **than** más + *adj.* + que (I)
— **than** + *number* más de + *number* (I)
— **than ever** más que nunca (11)
morning la mañana (I)
early — la madrugada (14)
good — buenos días (I)
in the — de la mañana; por la mañana (I)
yesterday — ayer por la mañana (I)
mosquito el mosquito (II)
most: the — + *adj.* el / la / los / las más + *adj.* (I)
— **(of)** la mayoría (de) (II); la mayor parte de (16)
mother la madre (I)
— **and father** los padres (I)
— **-in-law** la suegra (II)
motor el motor (II)
motorcycle la moto (I)
mountain la montaña (I)
— **range** la cordillera (1)
mouse el ratón, *pl.* ratones (II)
mouth la boca (I)
to move mudarse *(residence)* (II); mover (o → ue) (2)
movie la película (I)
—**s** el cine (I)
— **star** la estrella de cine (II)
— **theater** el cine (I)
to mow cortar (II)
Mr. (el) señor (Sr.) (I)
Mrs. (la) señora (Sra.) (I)
much mucho (I)
as — + *noun* + **as** tanto, -a + *noun* + como (II)
how —? ¿cuánto? (I)
so — *adj.* tanto, -a; *adv.* tanto (II)
too — *adv.* demasiado (I); *adj.* demasiado, -a (II)
muffler la bufanda (I)
mural el mural (II)
muralist el / la muralista (13)
to murder asesinar (14)
murderer el asesino, la asesina (14)
muscle el músculo (2)
museum el museo (I)
music la música (I)
musical *adj.* musical (I)
musician el músico, la música (II)
must: we / you / one — hay que + *inf.* (I)
mustache el bigote (II)
mustard la mostaza (II)
my mi, mis (I); mío, -a, -os, -as (II)
myself me (I); mismo, -a (11)
mysterious misterioso, -a (II)
mystery el misterio (12)

nail la uña (II); el clavo (9)
— **file** la lima de uñas (II)
— **polish** el esmalte de uñas (II)
to file —**s** limar(se) las uñas (II)
name el nombre (I)
brand — la marca (II)
last — el apellido (I)
my — **is** me llamo (I)
what's your —? ¿cómo te llamas? (I)
named: to be — llamarse (I)
napkin la servilleta (I)
narrow estrecho, -a (II)
nation el estado (5)
native dress el traje (15)
natural natural (2)
nature el carácter (15)
near *prep.* cerca de (I); *adj.* cercano, -a (12)
neat ordenado, -a (II)
necessary necesario, -a (I)
it's — **(to)** hay que + *inf.*; es necesario (I)
neck el cuello (II)
necklace el collar (I)
to need necesitar; faltar (I)
needle la aguja (9)
neighbor el vecino, la vecina (II)
neighborhood el barrio (I)
neither (ni . . .) tampoco (I, II)
— **. . . nor** (no . . .) ni . . . ni (II)
nephew el sobrino (I)
nervous nervioso, -a (II)
never (no . . .) nunca (I)
new nuevo, -a (I)
what's —? ¿qué hay? (II)
New Year's Day el Año Nuevo (I)
New Year's Eve el día de fin de año (I)
news las noticias (I)
— **item** la noticia (II)
— **report** el noticiario (14)
newscast el noticiario (14)
newspaper el periódico (I); el diario (II)
next próximo, -a (I); siguiente (II)
— **to** al lado de (I); junto a (II)
— **week/month, etc.** la semana / el mes, etc. que viene (14)
Nicaraguan nicaragüense (II)
nice simpático, -a; amable (I)
how — ! ¡qué alegría! (II)
it's — **out** hace buen tiempo (I)
not — antipático, -a (I)
niece la sobrina (I)
— **(s) and nephew(s)** los sobrinos (I)
night la noche (I)
at — de la noche; por la noche (I)
good — buenas noches (I)
last — anoche (I)
— **before** la víspera (15)
nightfall el anochecer (14)
nine nueve (I)
— **hundred** novecientos, -as (I)
nineteen diecinueve (I)
ninety noventa (I)
ninth noveno, -a (II)
no no; *adj.* (no . . .) ningún, ninguna (I)
— **one** (no . . .) nadie (I)
— **one else** (no . . .) otra persona (II)
— **way!** ¡qué va! (3)
nobody (no . . .) nadie (I)
noise el ruido (I)
none ninguno, -a (I)
nonsense! ¡qué va! (3)
nonstop sin escala (II)
noon el mediodía (I)
at — al mediodía (I)
nor: neither . . . — (no . . .) ni . . . ni (II)
north el norte (I)
North America la América del Norte (I)
North American norteamericano, -a (I)
northeast el noreste (II)
northwest el noroeste (II)
nose la nariz (I)
not no (I)
— **any** *adj.* (no . . .) ningún, ninguna; *pron.* (no . . .) ninguno, -a (I)
— **anyone** (no . . .) nadie (I)
— **. . . at all** no . . . nada (5)
— **even** no . . . ni (II); ni siquiera (16)
— **many** pocos, -as (I)
— **well** mal (I)
— **yet** todavía no; no . . . todavía (II)
note el apunte (II)
notebook el cuaderno (I)
nothing (no . . .) nada (I)
notice el aviso (II)
to notice fijarse en (II)
to notify avisar (6)

novel la novela (I)
November noviembre (I)
now ahora (I); ya (II)
for — por ahora (4)
right — ahora mismo (II)
nowadays actualmente (5)
number el número (I)
nurse el enfermero, la enfermera (I)

to obey respetar (II); obedecer (c → zc) (5)
object el objeto (II)
objective el objetivo (9)
oboe el oboe (II)
obstinate obstinado, -a (II)
to obtain obtener (II); conseguir (e → i) (6)
occasionally de vez en cuando (2)
occupation el oficio (9)
occupied ocupado, -a (I)
to occur ocurrir (II)
ocean el océano (I)
o'clock:
it's 1 — es la una (I)
it's 2 —, 3 —, etc. son las dos, tres, etc. (I)
October octubre (I)
odd extraño, -a (II); raro, -a (4); curioso, -a (7)
odor el olor (II)
of de (I)
of course ¡cómo no!; ¡por supuesto!; ¡claro (que sí)! (I); desde luego (3)
— not! ¡claro que no! (I)
off:
to get — *(vehicles)* bajar de (I)
to take — *(planes)* despegar (I); *(clothes)* quitarse (I)
to turn — apagar (II)
to offer ofrecer (c → zc) (II)
office la oficina (I)
box — la taquilla (II)
often a menudo (I)
oh! ¡ah! (I)
—, yes ¡ah, sí! (I)
oil el aceite (II)
okay ¡bueno!; está bien (I); de acuerdo (II)
old viejo, -a (I); antiguo, -a (II)
how — are you? ¿cuántos años tienes? (I)
— man / woman el anciano, la anciana (II)
older mayor (I)
old-fashioned anticuado, -a (II); pasado, -a de moda (5)
olive la aceituna (II)
omelet: Spanish — la tortilla española (I)
on en; sobre (I)
— + *verb* **+ -ing** al + *inf.* (1)
— foot a pie (I)
— the phone por teléfono (I)
— the radio / TV por la radio / la tele (II)
— time a tiempo (I)
— vacation de vacaciones (I)
to turn — encender (e → ie) (II)
once una vez (I)
one uno (I); *pron.* alguno, -a (I)
at — o'clock a la una (I)
— hundred cien (I)
— thousand mil (I)
— way de ida (II)
the —(s) who / that el / la / los / las que (9)
which —(s)? ¿cuál(es)? (I)
onion la cebolla (I)
only *adj.* único, -a; *adv.* sólo (I)
open abierto, -a (I)
to open abrir (I)
opera: soap — la telenovela (II)
operator el operador, la operadora (II)
opinion la opinión, *pl.* opiniones (II)
to have an — about pensar (e → ie) de (I); opinar (14)
opportunity (to) la oportunidad (de) (4)
opposite enfrente de (I)
optimistic optimista (I)
or o; u (I)
either . . . — o . . . o (II)
not . . . — (no . . .) ni . . . ni (II)
orange *adj.* anaranjado, -a (I)
orange la naranja (I)
— juice el jugo de naranja (I)
orangeade la naranjada (I)
orchestra la orquesta (II)
order el orden (II)
in — to para + *inf.* (I)
out of — descompuesto, -a (II)
to order pedir (e → i) (I)
ordinary corriente (13)
to organize organizar (10)
origin: of . . . — de origen . . . (I)
orthodontist el / la ortodoncista (II)
other otro, -a (I)
each — nos; se (II)
the —s los otros, las otras (I); los / las demás (1)
otherwise de lo contrario (14)
ought to deber + *inf.* (I)
our nuestro, -a (I, II)
ours el nuestro, la nuestra, los nuestros, las nuestras (II)
of — *adj.* nuestro, -a (II)
ourselves nos (I); mismos, -as (11)
out:
it's cool (cold / hot) — hace fresco (frío / calor) (I)
it's nice (bad) — hace buen (mal) tiempo (I)
— loud en voz alta (II)
— of order descompuesto, -a (II)
— of style pasado, -a de moda (5)
to come / go — salir de (I)
to get — of *(vehicles)* bajar de (I)
to put — *(fire, light, etc.)* apagar (II)
to run — of quedarse sin (II)
outdoors al aire libre (1)
outing: to go on an — ir de excursión (II)
outlet el enchufe (II)
outside afuera (I)
— (of) fuera de (I)
outskirts las afueras (4)
oven el horno (II)
microwave — el microondas (4)
over sobre (II)
— here / there por aquí / allí (II)
— there allá (I)
overcoat el abrigo (I)
to owe deber (II)
own propio, -a (II)
owner el dueño, la dueña (II)

to pack a suitcase hacer la maleta (I)
package el paquete (II)
paella la paella (I)
page la página (I)
pain el dolor (2)
paint la pintura (II)
to paint pintar (II)
paintbrush el pincel (II)
painter el pintor, la pintora (II)
painting el cuadro; la pintura (II)
pair la pareja (15)
pale pálido, -a (II)
pan la cacerola (II)
frying — la sartén, pl. sartenes (II)
Panama Panamá (I)
Panamanian panameño, -a (II)

pants los pantalones (I)
pantyhose las pantimedias (I)
papaya la papaya (II)
paper el papel (II)
— **clip** el sujetapapeles, *pl.* sujetapapeles (II)
piece of — la hoja de papel, *pl.* hojas de papel (I)
parade el desfile (I)
Paraguay el Paraguay (I)
Paraguayan paraguayo, -a (II)
to pardon perdonar (12)
— **me** perdón (I); discúlpeme (I)
parents los padres (I)
park el parque (I)
amusement — el parque de diversiones (II)
to park estacionar (II)
parking:
— **lot** el estacionamiento (II)
— **meter** el parquímetro (II)
parrot el loro (II)
part la parte (II)
to take — participar (II)
to participate participar (II)
part-time de tiempo parcial (10)
party la fiesta (I)
to pass by / through pasar por (3)
passenger el pasajero, la pasajera (II)
passport el pasaporte (I)
past *adj.* pasado, -a (I); *adv.* más allá (de) (3)
past el pasado (6)
pastime el pasatiempo (I)
pastry el pastel (I)
path el sendero (II)
patient paciente (II)
to be — tener paciencia (II)
patient el / la paciente (II)
patron saint el santo patrón / la santa patrona (15)
to pay:
to — **(for)** pagar (I)
to — **attention (to)** prestar atención (a); fijarse (en) (II); hacerle caso a uno (8)
to — + *sum of money* + **for** pagar + *sum of money* + por (I)
to — **cash** pagar al contado (II)
peace la paz (5)
peaceful tranquilo, -a (3)
peach el durazno (II)
peanut el cacahuate (II)
pear la pera (II)
peas los guisantes (I)
pedestrian el peatón, *pl.* peatones (II)
pen el bolígrafo (I)
pencil el lápiz, *pl.* lapices (I)
— **sharpener** el sacapuntas, *pl.* sacapuntas (II)
people la gente (I); el pueblo (15)
—**s** los pueblos (15)
young — los / las jóvenes (II)
pepper la pimienta (II)
chili — el chile (I)
stuffed — el chile relleno (I)
per por (II); + *time period* a(l) / a la (11)
perfect perfecto, -a (I)
performance el espectáculo (II)
perfume el perfume (II)
perhaps tal vez (I); quizás (II); a lo mejor (1)
permission el permiso (5)
permit el permiso (5)
to permit permitir (II)
person la persona (I)
young — el / la joven, *pl.* los / las jóvenes (II)
personality la personalidad (13)
personnel el personal (10)
Peru el Perú (I)
Peruvian peruano, -a (II)
peseta la peseta (I)
peso el peso (I)
pessimistic pesimista (I)
pet el animal doméstico (I)
pharmacist el farmacéutico, la farmacéutica (II)
pharmacy la farmacia (I)
phase la etapa (13)
phew! ¡uf! (I)
phone el teléfono (I)
on the — por teléfono (I)
— **book** la guía telefónica (I)
— **booth** la cabina telefónica (I)
— **number** el número de teléfono (I)
to phone llamar por teléfono (I)
photo la foto (I)
photographer el fotógrafo, la fotógrafa (I)
physical education la educación física (I)
physics la física (I)
piano el piano (I)
to pick recoger (j) (II)
to — **up** recoger (j); ir / venir a buscar; *(phone)* descolgar (o → ue) (II)
picnic el picnic (II)
to have a — hacer un picnic (II)
picture la imagen, *pl.* imágenes (5)
to take — **s** sacar fotos (I)
piece:
— **of gossip** el chisme (II)
— **of news** la noticia (II)
— **of paper** la hoja de papel, *pl.* hojas de papel (I)
pig el cerdo (I)
pill la pastilla (II)
pillow la almohada (I)
pillowcase la funda (I)
pilot el / la piloto (I)
piñata la piñata (I)
pineapple la piña (II)
pink rosado, -a (II)
pity la lástima (II)
place el lugar; el sitio (II)
to take —tener lugar (II)
to place poner (I); colocar (II)
plan el plan (I)
to plan planear (9)
to — **to** pensar (e → ie) + *inf.* (I)
plane el avión, *pl.* aviones (I)
planet el planeta (12)
plastic el plástico (9)
plate el plato (I)
license — la placa (II)
platform *(railway)* el andén, *pl.* andenes (II)
play la obra de teätro (I)
to play jugar (u → ue); tocar *(musical instruments, records)* (I)
to — **the role of** hacer el papel de (II)
to — *(sports, games)* jugar a(l) (I); competir (2)
player el jugador, la jugadora (I)
tennis — el / la tenista (II)
playwright el dramaturgo, la dramaturga (16)
plaza la plaza (I)
pleasant simpático, -a; agradable (I)
please por favor (I)
pleased to meet you mucho gusto (I)
pleasure el placer (11)
with — con mucho gusto (I)
plot el argumento (II)
plug el enchufe (II)
to plug in enchufar (II)
plumber el plomero, la plomera (9)
plus más (I)
P.M. de la tarde / noche (I)
pocket el bolsillo (II)
poem el poema (I)
poet el / la poeta (I)
poetry la poesía (16)

point el punto (3)
— **of interest** el punto de interés (3)
— **of view** el punto de vista (13)
to point out / to señalar (3)
police officer el / la policía (I)
polish: nail — el esmalte de uñas (II)
polite bien educado, -a (II)
political político, -a (16)
politician el político, la política (5)
politics la política (5)
pollution la contaminación (3)
poor pobre (I)
— **thing!** ¡pobrecito, -a! (I)
to be — in estar flojo, -a en (I)
pop el refresco (I)
popcorn las palomitas (II)
popular popular (I)
population la población, *pl.* poblaciones (7)
pork chop la chuleta de cerdo (I)
portrait el retrato (II)
Portuguese portugués (*pl.* portugueses), portuguesa (I)
Portuguese *(language)* el portugués (I)
position el puesto (10), el punto de vista (13)
to possess poseer (11)
possible posible (II)
post card la tarjeta postal (I)
post office el correo (I)
— **box** el apartado postal (II)
poster el cartel (I)
pot la olla (II)
potato la papa (I)
power el poder (7)
powerful poderoso, -a (14)
practical práctico, -a (II)
practice la práctica (2)
to practice practicar (I)
precisely precisamente (11)
to predict predecir (12)
prediction la predicción, *pl.* predicciones (12)
to prefer preferir (e → ie) (I)
preferable preferible (10)
to prepare preparar (I)
to — (for) prepararse (para) (1)
prepared preparado, -a (I)
to prescribe recetar (II)
prescription la receta (I)
present *adj.* presente (I)
at the — time actualmente (5)
present *(gift)* el regalo (I); *(time)* el presente (6)
to give a — regalar (II)
present-day actual (5)
to preserve conservar (15)
preserves la mermelada (I)
president el presidente, la presidenta (5)
pretty bonito, -a (I)
to prevent impedir (e → i) (12)
price el precio (II)
— **tag** la etiqueta (II)
pride el orgullo (6)
principal *(school)* el director, la directora (II)
private privado, -a (I)
— **school** el colegio particular (II)
prize el premio (II)
probable probable (II)
probably probablemente (II)
problem el problema (I)
procession la procesión, *pl.* procesiones (15)
to produce producir (c → zc) (II)
profession la profesión, *pl.* profesiones (II)
by — de profesión (II)
program el programa (I)
programmer el programador / la programadora de computadoras (II)
progress el progreso (12)
progressive avanzado, -a (5)
to prohibit prohibir (2)
project el proyecto (14)
projector el proyector (II)
promise la promesa (7)
to promise prometer (II)
protagonist el / la protagonista (16)
to protect proteger (j) (7)
to protest (against) protestar (contra) (5)
proud orgulloso, -a (II)
to prove demostrar (o → ue) (II); comprobar (o → ue) (14)
provided (that) con tal (de) que (10)
public público, -a (II)
in — en público (II)
Puerto Rican puertorriqueño, -a (I)
to pull tirar (de) (II)
to — someone's leg tomarle el pelo a (II)
to punish castigar (7)
pupil el alumno, la alumna (I)
pure puro, -a (3)
purple morado, -a (I)
purse el bolso (I)
to pursue perseguir (e → i) (7)
to push empujar (II)
to put poner (I), colocar (II)
to — in meter (14)
to — in jail encarcelar (7)
to — makeup on maquillar(se) (II)
to — on *(clothes)* ponerse (I)
to — one's foot in it meter la pata (II)
to — out *(fire, light, etc.)* apagar (II)
to — (someone) to bed acostar (o → ue) (I)
to — up with soportar (2)
pyramid la pirámide (II)
Pyrenees Mts. los Pirineos (I)

quality *(personal)* la cualidad (10)
to quarrel (with) pelearse (con) (II)
quarter:
— **after / past** y cuarto (I)
— **to** menos cuarto (I)
queen la reina (I)
question la pregunta (I); la cuestión, *pl.* cuestiones (11)
to ask a — hacer una pregunta (II)
quickly de prisa (I)
quiet:
be —! ¡silencio! (II); ¡cállate! (II)
to be — callarse (15)
quiz show el programa de consursos (II)

race la carrera (II)
boat — la regata (II)
racket la raqueta (II)
radio *(broadcast)* la radio; *(set)* el radio (I)
on the — por la radio (II)
rain la lluvia (I)
to rain llover (o → ue) (I)
it's —ing llueve (I)
raincoat el impermeable (I)
to raise levantar (I); aumentar (11)
ranch el rancho (II)
range: mountain — la cordillera (1)
rapidly rápidamente (I)
rare *(meat)* poco cocido, -a (II)
rather *adv.* bastante (I); *conj.* mejor dicho (4)
but — sino; sino que + *verb* (II)
razor la maquinilla de afeitar (II)
to reach alcanzar (13)
to react reaccionar (16)
to read leer (I)
ready preparado, -a (I); listo, -a (1)
to get — (for) prepararse (para) (1)
real verdadero, -a (II); auténtico, -a (6); real (12)

realistic realista (13)
to realize darse cuenta de (II)
really de veras (I); en realidad (5)
reason la razón, *pl.* razones (11)
rebel el / rebelde (14)
rebellious rebelde (6)
to receive recibir (I); obtener (II)
receipt el recibo (II)
recently recientemente (8)
reception desk la recepción, *pl.* recepciones (II)
receptionist el / la recepcionista (9)
to recognize reconocer (c → zc) (II)
to recommend recomendar (e → ie) (II)
record el disco (I)
— **player** el tocadiscos, *pl.* tocadiscos (I)
to record grabar (II)
red rojo, -a (I)
—-haired pelirrojo, -a (I)
to reduce reducir (c → zc) (12)
to refer to referirse (e → ie) a (10)
to reflect reflejar (13)
refrigerator el refrigerador (I)
to refuse rechazar (8); *(neg. pret.)* querer (9)
regarding en cuanto a (4)
region la región, *pl.* regiones (6)
register *(hotel)* el registro (II)
cash — la caja (II)
to register (for) matricularse (10)
registered certificado, -a (II)
rehearsal el ensayo (II)
to rehearse ensayar (II)
to reject rechazar (8)
relation(ship) la relación, *pl.* relaciones (5)
relative el pariente, la parienta (II)
relief: what a —! ¡qué alivio! (II)
religion la religión, *pl.* religiones (II)
to remain quedarse (I); permanecer (c → zc) (6)
remainder el resto (II)
to remember recordar (o → ue) (II)
to remind recordar (o → ue) (13)
to remove sacar (I)
to rent alquilar (II)
to repair arreglar (I); reparar (1)
to repeat repetir (e → i) (I)
to replace reemplazar (12)
report: news — el noticiario (14)
reporter el / la periodista (II)
to represent representar (15)
to request pedir (e → i) (II)
to require requerir (e → ie) (11)
to be —d to estar obligado, -a (a + *inf.*) (5)
requirement el requisito (11)
to rescue rescatar (14)
to resemble parecerse (c → zc) a (II)
reservation la reservación, *pl.* reservaciones (I)
to respect respetar (II)
responsible responsable (10)
rest el resto (II)
to rest descansar (I)
restaurant el restaurante (I)
to result resultar (1)
to return volver (o → ue); regresar (I); *(something)* devolver (o → ue) (II)
return address el remitente (II)
review el repaso (II)
to review repasar (I)
rhinoceros el rinoceronte (I)
rice el arroz (I)
rich rico, -a (I)
riches la riqueza (7)
ride *(amusement park)* la atracción, *pl.* atracciones (II)
to go for a — dar un paseo (II); pasear (4)
to take a — dar una vuelta (II)
to ride:
to — a bicycle montar en bicicleta (I)
to — horseback montar a caballo (II)
right:
all — está bien (I)
—! de acuerdo (II)
—? ¿verdad? (I)
— away en seguida (I); ahora mismo (II)
to be — tener razón (I)
to the — (of) a la derecha (de) (I)
right (to) el derecho (de) (5)
to have a — to tener derecho a + *inf.* (5)
ring el anillo (I)
to ring sonar (o → ue) (II)
to risk arriesgar (14)
river el río (I)
road el camino (I)
to roast asar (II)
roasted asado, -a (II)
to rob robar (II)
robbery el robo (II)
rock la piedra (II); *(music)* el rock (I)
rocket el cohete (5)
role: to play the — of hacer el papel de (II)
roller coaster la montaña rusa (II)
roller skate el patín de ruedas, *pl.* patines de ruedas (II)
to — patinar sobre ruedas (II)
romantic romántico, -a (I)
roof el techo (II)
room el cuarto (I); la habitación, *pl.* habitaciones (II)
single / double — la habitación individual / doble (II)
to have — for caber (15)
rooster el gallo (I)
root la raíz, *pl.* raices (8)
round-trip de ida y vuelta (II)
row la fila (II)
to row remar (II)
rude mal educado, -a (II)
rug la alfombra (I)
ruins las ruinas (II)
rule la regla (II)
to run correr (I); *(machine)* funcionar (II)
to — away escaparse (II)
to — out of quedarse sin (II)
to — the vacuum cleaner pasar la aspiradora (II)
runway la pista (II)

sad triste (I)
to sail navegar (II)
sailboat el velero (II)
saint: patron — el santo patrón, la santa patrona (15)
saint's day el santo (I)
salad la ensalada (I)
salary el sueldo (II)
sale la venta (I); *(clearance)* la liquidación, *pl.* liquidaciones (II)
for — en venta (I)
on — en venta (II)
salesclerk el vendedor, la vendedora (I); el dependiente, la dependienta (II)
salt la sal (II)
Salvadoran salvadoreño, -a (II)
same mismo, -a (II)
all the — aun así (3)
at the — time a la vez (13)
it's all the — to me / you, etc. me / te, etc. da igual (3)
the — (as) igual (que) (II; 13)
sand la arena (II)
sandals las sandalias (I)
sandwich el sandwich (I)

sangria la sangría (I)
satellite el satélite (5)
satisfied satisfecho, -a (11)
Saturday sábado (I)
  on — el sábado (I)
saucepan la cacerola (II)
saucer el platillo (I)
sausage la salchicha (II)
to save salvar (II); ahorrar (II); guardar (7)
saw la sierra (9)
saxophone el saxofón, *pl.* saxofones (II)
to say decir (I)
  how do you — . . . ? ¿cómo se dice . . . ? (I)
  that is to — o sea (2)
  to — good-by (to) saludar (a); despedirse (e → i) (de) (II)
  to — hello saludar (II)
  to — yes / no decir que sí / no (I)
  you don't —! ¡no me digas! (I)
scale la balanza (II)
scare: what a —! ¡qué susto! (II)
to scare dar miedo a (I); asustar (II)
scared asustado, -a (II)
  to be — (of) tener miedo (de) (I)
scarf la bufanda (I)
scene la escena (13)
schedule el horario (I)
school la escuela (I); *adj.* escolar (1)
  high — el colegio (I)
  private — el colegio particular (II)
  — year el año escolar (II)
science las ciencias (I)
  — fiction *adj.* de ciencia ficción (I)
scientist el científico, la científica (II)
scissors las tijeras (II)
score el tanteo (II)
screen la pantalla (II)
screw el tornillo (9)
screwdriver el destornillador (9)
to scuba dive bucear (II)
sculptor el escultor, la escultora (II)
sculpture la escultura (II)
sea el mar (I)
seafood los mariscos (II)
search: in — of en busca de (7)
season la estación, *pl.* estaciones (I)
seat el asiento (I)
seatbelt el cinturón (*pl.* cinturones) de seguridad (II)
second el segundo; segundo, -a (II)
  — -class de segunda clase (II)
  — floor el primer piso (I)
secret secreto, -a (II)
secretary el secretario, la secretaria (II)
section la sección, *pl.* secciones (II)
to see ver (I)
  — you later hasta luego; hasta la vista (I); nos vemos (1)
  — you soon hasta pronto (I)
  — you tomorrow hasta mañana (I)
to seem *(to someone)* parecer (c → cz) (I)
  to — to be parecer (c → zc) (II)
to sell vender (I)
  to — for *sum of money* vender a + *sum of money* (I)
to send mandar (I); enviar (12)
sense:
  — of humor el sentido del humor (II)
  to make — tener sentido (8)
sensitive sensible (13)
sentence la frase (I)
sentiment el sentimiento (5)
September septiembre (I)
series la serie (13)
serious serio, -a (I)
to serve servir (e → i) (I)
service:
  at your — a sus órdenes (11)
  — station la estación (*pl.* estaciones) de servicio (II)
to set the table poner la mesa (I)
seven siete (I)
  — hundred setecientos, -as (I)
seventeen diecisiete (I)
seventh séptimo, -a (II)
seventy setenta (I)
several varios, -as (I)
to sew coser (9)
sewing machine la máquina de coser (9)
shadow la sombra (13)
to shake hands (with) dar la mano a (II)
shame la lástima (II)
  that's a — ¡qué lástima! (I)
shampoo el champú (I)
shape la forma (13)
  in the — of en forma de (13)
  to keep in — mantenerse en forma (2)
to share compartir (II)
to shave afeitar(se) (II)
shaving cream la crema de afeitar (II)
she ella (I)
sheep la oveja (I)
sheet la sábana (I)
shelf el estante (I)
shellfish los mariscos (II)
shirt la camisa (I)
shoe el zapato (I)
  — laces los cordones de los zapatos (II)
  — size el número (II)
  tennis — s los zapatos de tenis (II)
shopping de compras (I)
  — center el centro comercial (4)
short bajo, -a; corto, -a (I)
shot la inyección, *pl.* inyecciones (I)
  to give someone a — poner una inyección (I)
should deber + *inf.* (I)
shoulder el hombro (II)
to shout gritar (II)
show el espectáculo (II); la función, *pl.* funciones (II)
  quiz — el programa de concursos (II)
to show mostrar (o → ue) (I); indicar; demostrar (o → ue) (II)
  to — a movie / program dar una película / un programa (I)
  to — up aparecer (c → zc) (12)
shower la ducha (I)
  to take a — ducharse (I)
shrimp el camarón, *pl.* camarones (II)
shy tímido, -a (II)
sick enfermo, -a (I)
sidewalk la acera (3)
sign el letrero (II)
  traffic — la señal de tráfico (II)
sign language: to talk in — hablar por señas (II)
to sign firmar (II)
  to — up (for) matricularse (10)
signature la firma (II)
silence! ¡silencio! (II)
silver la plata (II)
similar semejante (12)
  — (to) parecido, -a (a) (II)
simple sencillo, -a (II)
since desde (que) (4); como (6); puesto que (16)
sincerely *(closing in letter)* atentamente (10)
to sing cantar (I)
singer el / la cantante (II)
single soltero, -a (II)
  — room la habitación individual (II)
sink el fregadero (II)
sir señor (I)
sister la hermana (I)

little — la hermanita (I)
— -in-law la cuñada (II)
to sit down sentarse (e → ie) (II)
site el sitio (II)
situated situado, -a (3)
six seis (I)
— hundred seiscientos, -as (I)
sixteen dieciséis (I)
sixth sexto, -a (II)
sixty sesenta (I)
size *(garment)* la talla; *(shoes)* el número (II); el tamaño (12)
skate el patín, *pl.* patines (II)
roller — el patín de ruedas, *pl.* los patines de ruedas (II)
to skate patinar (II)
to ice- — patinar sobre hielo (II)
to roller- — patinar sobre ruedas (II)
skater el patinador, la patinadora (II)
ski el esquí (II)
to ski esquiar (I)
skier el esquiador, la esquiadora (II)
skiing el esquí (II)
water — el esquí acuático (II)
skill la destreza (10)
skin la piel (2)
skinny flaco, -a (II)
skirt la falda (I)
sky el cielo (I)
to sleep dormir (o → ue) (I)
to go to — dormirse (o → ue) (I)
sleeping bag el saco de dormir (II)
sleeping car el coche cama, *pl.* coches cama (II)
sleepy: to be — tener sueño (I)
to slide deslizarse (1)
slide transparency la diapositiva (II)
to slip deslizarse (1)
slow lento, -a (I)
—ly despacio (I); lentamente (II)
small pequeño, -a (I)
smart listo, -a (I)
smell el olor (II)
to smile sonreír (e → ie) (II)
smoke el humo (II)
to smoke fumar (2)
snack la merienda (2)
snake la serpiente (I)
to sneeze estornudar (II)
snow la nieve (I)
to snow nevar (e → ie) (I)
it's —ing nieva (I)
so *conj.* entonces; *adv.* tan (I); *conj.* de manera que (11)
don't you think —? ¿no te parece? (II)
even — aun así (3)
I don't think — creo que no (I)
I hope — ¡ojalá!; espero que sí (I)
I think — creo que sí (I)
let's hope — ¡ojalá! (I)
— long as con tal (de) que (10)
— much *adv.* tanto (II)
— much / many tanto, -a (II)
— that para que (10); de manera que (11)
— what? ¿qué importa? (I)
soap el jabón, *pl.* jabones (I)
— opera la telenovela (II)
soccer el fútbol (I)
society la sociedad (12)
sock el calcetín, *pl.* calcetines (I)
soda el refresco (I)
sofa el sofá (I)
soft suave (II)
in a — voice en voz baja (II)
—ly en voz baja (II)
soil la tierra (I)
soldier el / la soldado (7)
solid-colored de un solo color (5)
to solve resolver (o → ue) (9)
some unos, -as; algún, alguna; *pron.* alguno, -a, -os, -as (I)
somebody / someone alguien (I)
— else otra persona (II)
something algo (I)
— else otra cosa (II)
to have — to drink tomar algo (I)
sometimes a veces (I); alguna vez (11)
son el hijo (I)
—(s) and daughter(s) los hijos (I)
song la canción, *pl.* canciones (I)
soon pronto (I)
as — as en cuanto (10)
see you — hasta pronto (I)
sooner or later tarde o temprano (12)
sorry:
I'm — lo siento (I)
to be — sentir (e → ie) (II)
so-so así, así (I)
sound el sonido (II)
soup la sopa (I)
source la fuente (13)
south el sur (I)
South America la América del Sur (I)
South American sudamericano, -a (I)
southeast el sureste (II)
southwest el suroeste (II)
souvenir el recuerdo (I)
space el espacio (12)
spaceship la nave espacial (12)
Spain España (I)
Spanish español, -a (I)
— American hispanoamericano, -a (8)
Spanish *(language)* el español (I); el castellano (6)
spare time los ratos libres (4)
to speak hablar (I)
special *adj.* especial (I)
special of the day el plato del día (II)
to specialize in especializarse en (10)
speech el discurso (14)
speed la velocidad (1)
— limit la velocidad máxima (II)
to speed (up) acelerar (II)
spell: how do you — . . .? ¿cómo se escribe . . .? (I)
to spend gastar; *(time)* pasar (I)
spicy picante (I)
spider la araña (II)
spinach las espinacas (II)
spite: in — of a pesar de (1)
spoon la cuchara (I)
sport el deporte (I)
sports *adj.* deportivo, -a (II)
— car el coche deportivo (II)
spring la primavera (I)
stadium el estadio (I)
stage *(in a process)* la etapa (13); el escenario (16)
stairs la escalera (I)
stamp el sello (I)
stand el puesto (II)
to stand soportar (2)
to — in line hacer cola (I)
staple la grapa (II)
stapler la grapadora (II)
star la estrella (I)
movie — la estrella de cine (II)
to start empezar (e → ie) (a + *inf.*) (I); comenzar (e → ie) (a + *inf.*); *(car)* arrancar (II)
state el estado (5)
head of — el jefe / la jefa de estado (5)
station la estación, *pl.* estaciones (I)
statue la estatua (II)
to stay quedarse (I); permanecer (c → zc) (6)
to — fit mantenerse en forma (2)
steak el bistec (I)
to steal robar (II)

steering wheel el volante (II)
still todavía (I)
to be — + *verb* + ing seguir (e → i) + *present partciple* (II)
stingy tacaño, -a (I)
stomach el estómago (I)
stone la piedra (II)
to stop parar (II); detener *(someone)* (14)
to — at pasar por (3)
to — *(doing something)* dejar de + *inf.* (II)
stopover la escala (II)
to make a — hacer escala (II)
store la tienda (de) (I)
department — el almacén, *pl.* almacenes (I)
— window la vitrina (II)
storm la tormenta (II)
story el cuento (I); la historia (II)
stove la estufa (I)
straight ahead (todo) derecho (II)
to straighten up / out poner en orden (II)
strange extraño, -a (II); raro, -a (4); curioso, -a (7)
strawberry la fresa (II)
street la calle (I)
— corner la esquina (I)
— map el plano (II)
strength la fuerza (2); el poder (7)
to stretch estirar (2)
strict estricto, -a (II); exigente (2)
strike la huelga (14)
stripe la raya (5)
—d de rayas (5)
strong fuerte (I)
to struggle luchar (6)
stubborn obstinado, -a (II)
student el / la estudiante (I)
exchange — el / la estudiante de intercambio (4)
studies los estudios (11)
to study estudiar (I)
study hall la sala de estudio (II)
stuffed pepper el chile relleno (I)
stupid tonto, -a (I)
style el estilo (5)
out of — pasado, -a de moda (5)
subject el tema (II); *(in school)* la materia (I)
subtitle el subtítulo (II)
suburbs las afueras (4)
subway el metro (I)
succeeded *(pret.)* poder (9)
success el éxito (II)
successful: to be — tener éxito (II)
such (a) tal, *pl.* tales (13)
suddenly de repente (II)
to suffer sufrir (II)
sufficient suficiente (12)
sugar el azúcar (I)
to suggest sugerir (e → ie) (2)
suit el traje (I)
bathing — el traje de baño (I)
to suit convenir (11)
suitcase la maleta (I)
to pack a — hacer la maleta (I)
summer el verano (I)
sun el sol (I)
to sunbathe tomar el sol (I)
Sunday domingo (I)
on — el domingo (I)
sunglasses los anteojos de sol (I)
sunny: it's — hace sol (I)
supermarket el supermercado (I)
superstition la superstición, *pl.* supersticiones (II)
superstitious supersticioso, -a (II)
to supervise supervisar (9)
supervisor el supervisor, la supervisora (10)
supper la cena (I)
to have — cenar (II)
support el apoyo (7)
to support mantener (2); apoyar (14)
to suppose suponer (11)
sure seguro, -a (I)
surprise la sorpresa (II)
to surprise sorprender (II)
surrealism el surrealismo (13)
surrounded (by) rodeado, -a (de) (II)
to survive sobrevivir (7)
suspect el sospechoso, la sospechosa (14)
to suspect sospechar (de) (14)
suspicious: to be — (of) sospechar (de) (14)
to sweat sudar (2)
sweater el suéter (I)
to sweep barrer (II)
to swim nadar (I)
swimmer el nadador, la nadadora (II)
swimming la natación (II)
— pool la piscina (I)

table la mesa (I)
to clear the — quitar los platos (I)
to set the — poner la mesa (I)
tablecloth el mantel (I)
taco el taco (I)
tag la etiqueta (II)
tailor el sastre, la sastra (9)
to take tomar (I); llevar (II)
to — + *time* + *verb* tardar en + *inf.* (II)
to — a bath bañarse (I)
to — advantage of aprovechar (1)
to — a ride dar una vuelta (II)
to — a shower ducharse (I)
to — a trip hacer un viaje (I)
to — walk / ride dar un paseo (II)
to — back devolver (o → ue) (II)
to — care of cuidar (II)
to — charge of encargarse de (10)
to — off *(planes)* despegar; *(clothes)* quitarse (I)
to — out sacar (I)
to — part participar (II)
to — pictures sacar fotos (I)
to — place tener lugar (II)
talent el talento (II)
to talk hablar (I)
to — in sign language hablar por señas (II)
tall alto, -a (I)
tank el tanque (II)
tape la cinta (I)
— recorder la grabadora (I)
to tape grabar (II)
taste el sabor (II)
to taste probar (o → ue) (II)
tasty sabroso, -a (II)
tax el impuesto (II)
taxi el taxi (I)
tea el té (I)
to teach enseñar (I)
teacher el profesor, la profesora (I); *(elementary school)* el maestro, la maestra (9)
team el equipo (I)
home — el equipo local (II)
teaspoon la cucharita (II)
technology la tecnología (9)
teeth los dientes (I)
to brush one's — cepillarse los dientes (I)
telegram el telegrama (II)
telephone *see* phone
television la televisión (tele) (I)
on — por la televisión (II)
— channel el canal (I)
— set el televisor (I)
to tell decir; contar (o → ue) (I)
temperature la temperatura (II)
temple el templo (II)

ten diez (I)
tennis el tenis (I)
— **court** la cancha de tenis (II)
— **player** el / la tenista (II)
— **shoes** los zapatos de tenis (II)
tent la tienda de acampar (II)
tenth décimo, -a (II)
terrific formidable (I)
test el examen, *pl.* exámenes; la prueba (I)
than que, de (I)
to thank (someone) for agradecer (c → zc) (II)
thanks, thank you gracias (I)
— **a lot** muchas gracias (I)
that *adj.* ese, -a (I); aquel, aquella; *neuter pron.* eso; aquello; (II) *conj; rel. pron.* que (I)
in — way así (1)
like — así (1)
— **one** ése, ésa; aquél, aquélla (II)
— **is (to say)** o sea (2)
—'s why por eso (I)
— **way** por allí (II)
so — para que (10)
the el, la, los, las (I)
theater el teatro (I)
movie — el cine (I)
theatrical teatral (16)
their su, sus (I); suyo, -a (II)
theirs el suyo, la suya, los suyos, las suyas (II)
of — *adj.* suyo, -a (II)
them ellos, ellas *after prep.;* los, las *dir. obj.* (I)
to / for — les (I)
themselves se (I); mismos, -as (11)
then entonces; luego (I)
there allí (I)
around — por allí (II)
over — allá (I); por allí (II)
— **is /are** hay (I)
— **was/ were** había; hubo (II)
therefore por lo tanto (14)
thermometer el termómetro (II)
these *adj.* estos, -as (I); *pron.* éstos, éstas (II)
they ellos, ellas (I)
thief el ladrón, la ladrona (II)
thin delgado, -a (I)
thing la cosa (I)
crazy — la locura (12)
it's a good — (that) menos mal (que) (6)
the + *adj.* + **—** lo + *adj.* (7)
to think creer; pensar (e → ie) (I); opinar (14)
don't you — so? ¿no te parece? (II)
I don't — so creo que no (I)
I — so creo que sí (I)
to — about pensar en (I)
to — of pensar de (I); opinar de (14)
what do you — of . . . ? ¿qué te parece(n) . . . ? (I)
third tercero (tercer), -a (II)
— **floor** el segundo piso (I)
thirsty: to be — tener sed (I)
thirteen trece (I)
thirty treinta (I)
31; 32; etc. treinta y uno (un); treinta y dos; etc. (I)
this *adj.* este, -a (I); *neuter pron.* esto (II)
in — way así (1)
like — así (1)
— **one** *pron.* éste, ésta (II)
— **way** por aquí (II)
those *adjs.* esos, -as (I); aquellos, aquellas; *prons.* aquéllos, aquéllas; ésos, ésas (II)
— **who / what** los que, las que (9)
though aunque (1)
thousand mil (I; II)
thread el hilo (9)
to threaten amenazar (14)
three tres (I)
— **hundred** trescientos, -as (I)
Three Wise Men los Reyes Magos (15)
thrilling emocionante (I)
throat la garganta (I)
through por (I); por medio de (10); a través de (13)
to throw lanzar (5); echar (7)
to — away tirar (II)
to — out echar (7)
thunder, thunderclap el trueno (II)
Thursday jueves (I)
on — el jueves (I)
ticket *(travel)* el boleto; *(entrance)* la entrada (I); *(traffic)* la multa (II)
— **seller** el taquillero, la taquillera (II)
— **window** la ventanilla (II)
tie la corbata (I); *(in a game)* el empate (II)
to tie atar(se) (II)
tiger el tigre (I)
time el tiempo; la vez, *pl.* veces (I); la época (6)
at a — a la vez (13)
at the present — actualmente (5)
at the same — a la vez (13)
(at) what—? ¿a qué hora? (I)
for the first (second, etc.) — por primera (segunda, etc.) vez (II)
for the — being por ahora (4)
from — to — de vez en cuando (2)
on — a tiempo (I)
short — el rato (4)
spare — los ratos libres (4)
to have a good — divertirse (e → ie) (I)
what — is it? ¿qué hora es? (I)
timid tímido, -a (II)
tip la propina (I)
for a — de propina (I)
tire la llanta (II)
tired cansado, -a (I)
to get — cansarse (2)
title el título (I)
to a(l) (I); hasta (II)
(in order) — para + *inf.* (I)
minutes — *(in time-telling)* menos + *number* (I)
— **where?** ¿adónde? (I)
toast el pan tostado (I)
toaster la tostadora (II)
today hoy (I)
not — hoy no (I)
together juntos, -as (I)
to get — reunirse (II)
to join — unirse (6)
to tolerate soportar (2)
tomato el tomate (I)
tomorrow mañana (I)
day after — pasado mañana (12)
see you — hasta mañana (I)
tone el tono (II)
tonight esta noche (I)
too también; demasiado (I)
— **many** *adj.* demasiado, -a (II)
— **much** *adv.* demasiado (I); *adj.* demasiado, -a (II)
tool la herramienta (9)
toothbrush el cepillo de dientes (I)
toothpaste la pasta dentífrica (I)
top la parte más alta (1)
topic el tema (II)
tortilla la tortilla (II)
to toss echar (7)
tourist el / la turista (I)
toward en dirección a (1); hacia (7)
towel la toalla (I)
town el pueblo (II)
— **square** la plaza (I)

track *(train)* la vía (II)
trade el oficio (9)
tradition la tradición, *pl.* tradiciones (15)
traffic el tráfico (II)
— **light** el semáforo (II)
— **sign** la señal de tráfico (II)
— **ticket** la multa (II)
tragedy la tragedia (16)
train el tren (I)
— **car** el vagón, *pl.* vagones (II)
— **track** la vía (II)
to translate traducir (c → zc) (II)
transparency la diapositiva (II)
to travel viajar (I)
travel agency la agencia de viajes (I)
travel agent el / la agente de viajes (I)
traveler el viajero, la viajera (II)
—**'s check** el cheque de viajero (II)
treasure el tesoro (II)
to treat tratar (4)
tree el árbol (I)
to trick engañar (7)
trip el viaje (I)
on a — de viaje (II)
to go on a short — ir de excursión (II)
to take a — hacer un viaje (I)
trombone el trombón, *pl.* trombones (II)
truck el camión, *pl.* camiones (I)
true verdadero, -a (II)
it's — es verdad; es cierto (II)
trumpet la trompeta
trunk el baúl (II)
trust la confianza (11)
truth la verdad (I)
to try (to) tratar (de + *inf.*) (I); intentar (II); *(affirm. pret.)* querer (9)
to — on probarse (o → ue) (II)
t-shirt la camiseta (I)
tuba la tuba (II)
Tuesday martes (I)
on — el martes (I)
turkey el pavo (I)
turn: to be one's — tocarle (a uno) (4)
to turn doblar (II)
to — + *age* cumplir años (II)
to — around dar la vuelta (II)
to — off apagar (II)
to — on encender (e → ie) (II)
to — out resultar (1)
turtle la tortuga (II)
TV la tele (I); el televisor (II)
twelve doce (I)
twenty veinte (I)
21; 22, etc. veintiuno (veintiún); veintidós; etc. (I)
twice dos veces (I)
to twist torcerse (2)
two dos (I)
— **hundred** doscientos, -as (I)
type la clase (I); el tipo (5)
to type escribir a máquina (II)
typewriter la máquina de escribir (II)
typical típico, -a (4)

ugh! ¡uf! (I)
ugly feo, -a (I)
umbrella el paraguas (I)
beach — la sombrilla (I)
unbearable insoportable (2)
uncle el tío (I)
uncomfortable incómodo, -a (I)
under debajo de (I)
to understand comprender (I); entender (e → i) (II)
undoubtedly sin duda (II)
unemployment el desempleo (12)
unforgettable inolvidable (II)
uniform el uniforme (II)
to unite unirse (6)
United States los Estados Unidos (I)
university la universidad (II)
unknown desconocido, -a (7)
unless a menos que (10)
unlucky: to be — tener mala suerte (I)
unmarried soltero, -a (II)
unpleasant antipático, -a (I); desagradable (II)
to unplug desenchufar (II)
until hasta (I); hasta que (10)
unusual raro, -a (4); curioso, -a (7)
to unwrap desenvolver (o → ue) (II)
up:
to be brought — criarse (8)
to bring (oneself) — to date on poner(se) al día (con) (14)
to come / go — subir (I)
to get — levantarse (I)
to grow — criarse (8); crecer (12)
upon + *verb* + **-ing** al + *inf.* (I)
Uruguay el Uruguay (I)
Uruguayan uruguayo, -a (II)
us nosotros, -as *(after prep.)*; nos (I)
to / for — nos (I)
to use usar (I); utilizar (9)
used to acostumbrado, -a (a) (2)
used to (+ *verb*) *imperfect tense* (II)
used: to be — for servir para (4)
usher el acomodador, la acomodadora (II)
usual corriente (13)
usually generalmente (I)
to utilize utilizar (9)

vacation las vacaciones (I)
on — de vacaciones (I)
to vacuum pasar la aspiradora (II)
vacuum cleaner la aspiradora (II)
valid: to be — valer (7)
valley el valle (II)
value el valor (8)
to have — valer (7)
VCR la videocasetera (4)
vegetable la verdura (I)
vegetarian vegetariano, -a (2)
Venezuelan venezolano, -a (II)
versus contra (II)
very *adj.* mucho; *adv.* muy (I)
veterinarian el veterinario, la veterinaria (I)
victim la víctima (7)
videocassette recorder la videocasetera (4)
videotape videocinta (4)
view:
point of — el punto de vista (13)
with a — of con vista a(l) (I)
vinegar el vinagre (II)
violence la violencia (3)
violin el violín, *pl.* violines (II)
visit la visita (I)
to visit visitar (I)
visitor el / la visitante (II)
vitamin la vitamina (2)
vivid vivo, -a (13)
voice la voz, *pl.* voces (II)
volcano el volcán, *pl.* volcanes (II)
volleyball el volibol (I)

waist la cintura (2)
to wait (for) esperar (I)
to — on atender (e → ie) (9)
waiter, waitress el camarero, la camarera (I)
waiting room la sala de espera (II)
to wake up despertarse (e → ie) (I)
to — *(someone)* despertar (e → ie) (I)
walk: to go for / take a — dar un paseo (II); pasear (4)
to walk ir a pie; caminar (I); andar (6)
wall la pared (I)

wallet la cartera (I)
to want querer (e → ie) (I)
want ad el anuncio clasificado (10)
war la guerra (5)
to warn advertir (e → ie) (6); avisar (6)
warning el aviso (II)
to wash lavar (I)
to — (one's face, hands, hair) lavarse (la cara, las manos, el pelo) (I)
washing machine la lavadora (II)
wastebasket la papelera (I)
to watch mirar (I)
— out! ¡cuidado! (I)
water el agua *f.* (I)
— skiing el esquí acuático (II)
watermelon la sandía (II)
wave la ola (I)
way el camino (3); el modo (3); la manera (13)
in this / that — así (1)
no —! ¡qué va! (3)
on the — to en camino a (3)
this / that — por aquí / allí (II)
we nosotros, -as (I)
weak débil (I)
wealth la riqueza (7)
weapon el arma, *pl.* las armas (5)
to wear llevar (I)
weather el tiempo (I)
— forecast el pronóstico del tiempo (II)
what's the — like? ¿qué tiempo hace? (I)
wedding la boda (II)
Wednesday miércoles (I)
on — el miércoles (I)
week la semana (I)
weekend el fin de semana, *pl.* fines de semana (I)
to weigh (oneself) pesar(se) (II)
weight el peso (II)
to gain / lose — aumentar / bajar de peso (II)
weightlifter el levantador / la levantadora de pesas (II)
weights las pesas (II)
welcome bienvenido, -a (I)
you're — de nada; no hay de qué (I)
well bien; pues; bueno (I)
as — as tanto . . . como (14)
— done *(meat)* bien cocido, -a (II)
not — mal (I)
—-known muy conocido, -a (I)
west el oeste (I)
western *adj.* del oeste (I)
wet mojado, -a (II)
what lo que (I)
so —? ¿ qué? importa? (I)
—? ¿ qué? (I); ¿ cuál? (I)
— a(n) + *noun!*; ¡qué + *noun!* (I)
—'s *(someone / something)* **like?** ¿ cómo es . . . ? (I)
—'s your name? ¿ cómo te llamas? (I)
wheel la rueda (II)
Ferris — la rueda de feria (II)
steering — el volante (II)
wheelchair la silla de ruedas (II)
when ¿cuándo?; cuando (I)
— + *verb* + **-ing** al + *inf.* (1)
where ¿dónde? (I); donde; ¿por dónde? (II)
from —? ¿de dónde? (I)
(to) —? ¿adónde? (I)
which, which one(s)? ¿cuál(es)?; ¿qué? (I)
while *conj.* mientras (II)
while el rato (4)
white blanco, -a (I)
who que (I); ¿quién(es)? (I)
whole entero, -a (3)
the — todo, -a (I)
whom? ¿a quién(es)? (I)
for —? ¿para quién(es)? (I)
to —? ¿a quién(es)? (I)
with —? ¿con quién(es)? (I)
whose cuyo, -a, -os, -as (9)
—? ¿de quién(es)? (I)
why? ¿por qué? (I)
that's — por eso (I)
wide ancho, -a (II)
wife la esposa (I)
will you . . . ? ¿quiere(n) + *inf.?*; tenga la bondad de + *inf.* (II)
to win ganar (I)
windshield el parabrisas, *pl.* parabrisas (II)
window la ventana; (*in vehicles*) la ventanilla (I; II)
store — la vitrina (II)
ticket — la ventanilla (II)
windy: it's — hace viento (I)
wine el vino (I)
winner el ganador, la ganadora (II)
winning ganador, -a (II)
winter el invierno (I)
wise: Three — Men los Reyes Magos (15)
to wish desear (2)
with con (I)
— me conmigo (I)
— you *fam.* contigo (I)
within dentro de (II)
without sin (I); sin que (10)
— a doubt sin duda (II)
witness el / la testigo (14)
woman la mujer (I)
old — la anciana (II)
wonderful maravilloso, -a (II)
wood la madera (II)
woods el bosque (1)
wool la lana (II)
word la palabra (I)
work el trabajo (I); la obra (II); (*manual*) el trabajo manual (9); el empleo (10)
to work trabajar (I); (*machines*) funcionar (II)
worker el trabajador, la trabajadora (8) el obrero, la obrera (9)
farm — el campesino, la campesina (II)
world el mundo (II)
worried preocupado, -a (I)
to worry (about) preocuparse (por) (II)
worse peor (I)
worst: the — + *noun* + **in** el / la peor + *noun* + de(l) (I)
worth:
to be — valer (7)
to be — it / the effort valer la pena (II)
would *imperfect tense / conditional* (II)
to wrap envolver (o → ue) (II)
wrist la muñeca (II)
to write escribir (I)
writer el escritor, la escritora (I)
wrong equivocado, -a (II)
to be — no tener razón (I);equivocarse (7)
what's — with you? ¿qué tienes / tiene Ud? (II)

to yawn bostezar (II)
year el año (I)
school — el año escolar (II)
to be . . . —s old tener . . . años (I)
yellow amarillo, -a (I)
yes sí (I)
yesterday ayer (I)
the day before — anteayer (II)
— morning ayer por la mañana (I)
yogurt el yogur (I)

you *fam.* tú; *formal* usted (Ud.); *pl.* ustedes (Uds.); ti *after prep.;* lo, la *sing. formal dir. obj.;* los, las *pl. dir. obj.;* te *fam. dir. obj.* (I)
  to / for — *(formal)* le; *pl.* les; *fam.* te (I)
  with — *fam.* contigo (I)
young joven, *pl.* jóvenes (I)
younger menor (I)
your tu, tus *fam.;* su, sus *formal & pl.* (I); tuyo, -a; suyo, -a (II)
you're welcome *see* **welcome**
yours el tuyo / suyo, la tuya / suya, los tuyos / suyos, las tuyas /suyas (II)
  of — *adj.* tuyo, -a; suyo, -a (II)
yourself te (*fam.*) (I); se (*formal*) (I); mismo, -a (11)
yourselves se (I); mismos, -as (11)
youth la juventud (5)

zebra la cebra (I)
zero cero (I)
zip code el código postal (II)
zoo el zoológico (I)
zookeeper el guardián, la guardiana (de zoológico) (I)

INDEX

Most new structures are first presented in conversational contexts and explained later. Bold-face numbers refer to pages where structures are explained or highlighted. Light-face numbers refer to pages where they are initially presented, reviewed, or elaborated upon.

España
Límites internacionales
Límites de las regiones
Capitales nacionales
Otras ciudades
Golfo de Vizcaya
FRANCIA
MAR CANTÁBRICO
CANTABRIA
Santander
San Sebastián
La Coruña
Oviedo
ASTURIAS
Bilbao
PAÍS VASCO
Santiago de Compostela
Pamplona
ANDORRA
GALICIA
León
NAVARRA
Vigo
Burgos
LA RIOJA
Río Ebro
CASTILLA Y LEÓN
Valladolid
Río Duero
Zaragoza
CATALUÑA
ARAGÓN
Barcelona
Salamanca
Ávila
MADRID
Madrid
PORTUGAL
ISLAS BALEARES
MENORCA
Río Tajo
Toledo
VALENCIA
Palma de Mallorca
MALLORCA
EXTREMADURA
CASTILLA-LA MANCHA
Valencia
Lisboa
Río Guadiana
ESPAÑA
IBIZA
FORMENTERA
Alicante
MAR MEDITERRÁNEO
Murcia
Río Guadalquivir
Córdoba
MURCIA
Sevilla
ANDALUCÍA
Granada
Golfo de Cádiz
Cádiz
Málaga
Argel
Estrecho de Gibraltar
Gibraltar (Reino Unido)
OCÉANO ATLÁNTICO
ARGELIA
0 100 200
kilómetros
Un centímetro = 66 kilómetros
N
O
E
S
MARRUECOS
Rabat
© SF
OCÉANO ATLÁNTICO
ESPAÑA
ISLAS CANARIAS
ÁFRICA
0 200 400
km
ISLAS CANARIAS
ISLAS CANARIAS
LANZAROTE
LA PALMA
Santa Cruz de Tenerife
FUERTEVENTURA
GOMERA
TENERIFE
GRAN CANARIA
Las Palmas de Gran Canaria
HIERRO
OCÉANO ATLÁNTICO
ÁFRICA

San Diego
Tijuana
Mexicali
Phoenix
Tucson
El Paso
Ciudad Juárez
ESTADOS UNIDOS
Golfo de California
Baja California
Hermosillo
SIERRA MADRE OCCIDENTAL
Chihuahua
Río Conchos
Río Bravo
Río Grande
Austin
San Antonio
Houston
Mobile
Nueva Orleáns
Laredo
Nuevo Laredo
Monterrey
SIERRA MADRE ORIENTAL
Golfo de México
Trópico de Cáncer
Durango
Mazatlán
MÉXICO
Aguascalientes
San Luis Potosí
Río Panuco
Tampico
León
Guanajuato
Guadalajara
Río Grande de Santiago
Tolteca
900-1200
México D.F.
Cuernavaca
Puebla
Veracruz
AZTECA
cerca del año
1520
Río Balsas
Mérida
Uxmal
Golfo de Campeche
Península de Yucatán
MAYA
cerca del año
750
Olmeca
1200 a.C.-
100 a.C.
Río Usumacinta
Acapulco
Mixteca
900-1300
Oaxaca
Zapoteca
1-900
BELICE
Belmopan
Golfo de Tehuantepec
GUATEMALA
Guatemala
HONDUR
Tegucigalpa
San Salvador
EL SALVADOR
NICAR
Lago de Managua
Managua
OCÉANO PACÍFICO
N
O
E
S
0
300
600
kilómetros
Un centímetro = 141 kilómetros
30°
20°
10°
110°
100°
90°
© SF

México, América Central y el Caribe
Límites internacionales
Capitales
Otras ciudades
OCÉANO ATLÁNTICO
Trópico de Cáncer
San Agustín
mpa
Miami
ISLAS BAHAMAS
a Habana
CUBA
Camagüey
Taino
Santiago
Guantánamo
(1000–1300)
REPÚBLICA DOMINICANA
Santiago de los Caballeros
HAITÍ
Taino
Santo Domingo
(1000–1300)
PUERTO RICO
San Juan
Taino
Ponce
(1000–1300)
JAMAICA
MAR CARIBE
(MAR de las ANTILLAS)
lfo de los osquitos
Canal de Panamá
Colón
Panamá
Cuna
PANAMÁ
Caracas
VENEZUELA
COLOMBIA
GUYANA
30°
20°
10°
70°
60°
80°

América del Sur
Límites internacionales
Capitales nacionales
Otras ciudades
Países donde no se habla español
MAR CARIBE
OCÉANO ATLÁNTICO
OCÉANO PACÍFICO
OCÉANO ATLÁNTICO
NICARAGUA
COSTA RICA
PANAMÁ
Barranquilla
Maracaibo
Caracas
Lago de Maracaibo
Río Orinoco
VENEZUELA
Georgetown
Paramaribo
Cayena
GUYANA
SURINAM
GUAYANA FRANCESA
Medellín
Bogotá
Cali
COLOMBIA
Chibcha
ANDES
los
de
CORDILLERA
Quito
ECUADOR
Guayaquil
0° Ecuador
Arawak
Arawak
Río Amazonas
Río Marañón
Río Madeira
Río Ucayali
BRASIL
Chimú
Mochica
200 a.C.-600 A.D.
PERÚ
Lima
Cuzco
INCA
cerca del año 1525
Lago Titicaca
CORDILLERA
Aimará
de
los
ANDES
La Paz
Arequipa
BOLIVIA
Sucre
Río Mamoré
Río Paraguay
Río Paraná
Río Pilcomayo
Brasília
N
O
E
S
20°
Trópico de Capricornio
PARAGUAY
Asunción
Guaraní
Río de Janeiro
San Miguel de Tucumán
CHILE
Córdoba
Río Paraná
Rosario
URUGUAY
Montevideo
Valparaíso
Santiago
Buenos Aires
Río de la Plata
Concepción
ARGENTINA
Araucano
Mar del Plata
40°
80°
60°
40°
Estrecho de Magallanes
Tierra del Fuego
Cabo de Hornos
0
1000
2000
kilómetros
Un centímetro = 248 kilómetros
© SF

ACKNOWLEDGMENTS

Text

Pages 77–78: "Joven tenista deja su casa para conquistar el mundo," by Ricardo San Martín Z. Edited version of "Macarena rompe el cascarón," © *La Tercera* (Santiago, Chile), April 6, 1987. **Pages 141–142:** "¡Bienvenido a los Estados Unidos de América!" Excerpt from "Una afición por el agua helada," by Cornelius Lee Grove. Translated by Rolando Araya. © AFS International/Intercultural Programs, Inc., New York, NY, 1984. **Pages 201–2:** "Celebración del enlace de Colón y Miss Liberty," by Antoni Miralda. Adaptation of press releases for the Liberty Engagement Party, October, 1986, of the Honeymoon Miralda Project. © 1986 Antoni Miralda. **Page 225:** Excerpt from the song: "Todos vuelven," from the album *Buscando América,* © 1987. **Pages 263–64:** "¿Qué es el 'Spanglish'?" Edited version of "Dudan que el 'Spanglish' llegue a ser idioma," by Jorge Covarrubias. © *El Diario* (New York), January 4, 1987. **Pages 327–29:** "Empleos de corta duración y trabajos de vacaciones." Excerpt from *España para jóvenes visitantes.* © Instituto de la Juventud (Spain), 1987. **Pages 387–88:** "Apocalipsis" and "Génesis" from *Ceremonias secretas y otros cuentos* by Marco Denevi. Edited by Donald A. Yates. © 1965 Macmillan Publishing Co., Inc. Reprinted by permission of the author. **Pages 445–46:** "Tres minutos de terror," by Mauricio Carvallo, from *Perspectivas: Temas de hoy y de siempre,* third edition, by Mary Ellen Kiddle and Brenda Wegmann. © 1983 CBS College Publishing, © 1978, 1974 Holt, Rinehart and Winston. **Pages 492–93:** Excerpt from "Hablando en la calle" (from *Odas sentimentales*) from *Poetry of Pablo Neruda.* Edited by René deCosta. © 1979 Harvard University Press. **Pages 500–503:** Abridged version of "Fragmentos de un diario íntimo," by Marco Denevi, from *Cuentistas hispanoamericanos del siglo veinte.* Edited by Luis Leal. © 1972 Random House, Inc. Reprinted by pemission of the author.

Illustrations

Illustrations by Cheryl Arnemann, Franz Altschuler, Steve Boswick, Aldo Castillo, Ralph Creasman, Linda Kelen, Don Kesner, Richard Loehle, Diana Magnuson, Robert Masheris, Yoshi Miyake, Mike Muir, Eileen Mueller Neill, Rob Porazinski, Dennis Schonfield, Yoshi Sekiguchi, Dick Smythe, Suzanne Snider, Jözef Sumichrast, Ed Taber, George Ullrich, Gary Undercuffler, Justin Wager, Don Wilson, John Youssi.

Unless otherwise acknowledged, all photos are the property of Scott, Foresman and Company.
Abbreviations as follows: (t)top, (b)bottom, (l)left, (r)right, (tl)top left, (tr)top right, (bl)bottom left, (br)bottom right, (INS)inset

Photos

Cover, Berlitz/Click/Chicago Ltd.; ii–iii, The Image Bank; vi, Joseph F. Viesti; ix, Paul Dix/Reflejo; x, Norman Perman; xi, Lisl Dennis/The Image Bank; xiii, Ian Lea; xiv–xv, Stuart Cohen; xvi, Arthur Myerson; xvii, Brian Seed/Click/Chicago Ltd.; 1, 2, Stuart Cohen; 4, Peter Menzel; 5, Peter Menzel/Stock Boston; 6, Peter Menzel; 7, Victor Englebert; 11, Bob and Ira Spring; 11(INS), Stuart Cohen; 12, Joseph F. Viesti; 15, 16, Robert Frerck/Odyssey Productions, Chicago; 19, Joseph F. Viesti; 20–21, Robert Frerck/Odyssey Productions, Chicago; 21(tr), Joseph F. Viesti; 21(br), David Phillips; 24, Jackie Foryst/Bruce Coleman Inc.; 27(t), Victor Englebert for Scott, Foresman; 27 (c, b), Robert Frerck/Odyssey Productions, Chicago; 28, Wide World; 29, Robert Frerck/Odyssey Productions, Chicago; 32, © 1985 Barbara Laing/Black Star; 37, Peter Menzel; 38, David Phillips; 42, Peter Menzel; 46, Hilary Brandy/South American Pictures; 49, Alfredo Arreguín; 50, 51(tr), William Dyckes; 51(br), Stuart Cohen; 54, Peter Menzel; 57(t), Stuart Cohen; 57(bl), David Ryan/D.Donne Bryant; 59, Joseph F. Viesti; 65, 67, Robert Frerck/ Odyssey Productions, Chicago; 68, Mitchell B. Reikel/Sportschrome, Inc.; 71, Bob Daemmrich; 75, 79(l), Robert Frerck/ Odyssey Productions, Chicago; 79(tr), Stuart Cohen; 79(br), Robert Tringali/Sportschrome, Inc.; 80, Charmayne McGee; 83, Eugenia Fawcett; 84–85, 85(t, b), Robert Frerck/Odyssey Productions, Chicago; 89(t), Owen Franken; 89(b), Peter Menzel/ Stock Boston; 91, Robert Frerck/Odyssey Productions, Chicago; 92(tl), James Hackett/Leo de Wys; 92(tr), Peter Menzel; 92(b), Robert Frerck/Odyssey Productions, Chicago; 95, Owen Franken; 96, Milt & Joan Mann/Cameramann International, Ltd.; 99, 101(l), Stuart Cohen; 101(r), David R. Frazier Photolibrary; 102, Victor Englebert; 106(tl), Stuart Cohen; 106(tc), D.Donne Bryant; 106(tr), Artstreet; 106(bl), Stuart Cohen; 106(bc), Anke Van Aardenne; 106(br), Robert Frerck/Odyssey Productions, Chicago; 107(l, r), Peter Menzel; 110, Stuart Cohen; 112, Chip & Rosa Maria de la Cueva Peterson; 115, From the collection of

Maria Rosa Echeveste Franks and Gregory E. Franks; 116–117, Joseph F. Viesti; 117(t), Stuart Cohen; 117(b), Victor Englebert; 121, Robert Frerck/Odyssey Productions, Chicago; 123, Stuart Cohen; 124, 125, Owen Franken; 126, Eduardo Aparicio; 131, Don and Pat Valenti; 133, Victor Englebert; 135, 137, Stuart Cohen; 139, Paul Conklin; 141(l), Victor Englebert; 141(tr), Robert Frerck/Odyssey Productions, Chicago; 141(br), Victor Englebert; 143, Peter Menzel; 144, Don and Pat Valenti; 147, Eugenia Fawcett; 148–149, Owen Franken; 149(t), Kaluzny/Gamma–Liaison; 149(b), J.A. Pavlovsky/Sygma; 154, Larry Mangino/The Image Works; 155(l), Al Michaud/FPG; 155(r), Larry Mangino/The Image Works; 157, Bohdan Hrynewych/Stock Boston; 158, Robert Frerck/Odyssey Productions, Chicago; 160, Chip & Rosa Maria de la Cueva Peterson; 163, Peter Menzel; 164, Bob Daemmrich; 165, Stuart Cohen; 167, Scott, Foresman; 169, Bob Daemmrich; 171, Peter Menzel; 173(l), Mark Antman/The Image Works; 173(r), Eduardo Aparicio; 174, T. Campion/Sygma; 177, Courtesy: Cortland–Leyten Gallery; 178, Joseph F. Viesti; 178(t), Eric L. Ergenbright; 178(b), H. Kanus/Shostal Associates; 185, Robert Frerck/Odyssey Productions, Chicago; 188, Stuart Cohen; 190, Joseph F. Viesti; 192, Robert Frerck/Odyssey Productions, Chicago; 193, Steve Vidler/Leo de Wys; 195(l), Bernd Kappelmeyer/FPG; 195(r), Robert Frerck/Odyssey Productions, Chicago; 196, Gabriel Cavian/The Image Works; 197(l), Steve Vidler/Leo de Wys; 197(r), Sabine Weiss/Photo Researchers; 200, Antoni Miralda; 201, Robert Frerck/Odyssey Productions, Chicago; 202, © Montserrat Guillen; 203, 207, Robert Frerck/Odyssey Productions, Chicago; 208–209, The British Library; 209(t), Milt & Joan Mann/Cameramann International, Ltd.; 209(b), Eugenia Fawcett; 212, Robert Frerck/Odyssey Productions, Chicago; 214, Doris de Witt/Click/Chicago Ltd.; 215, The Fine Arts Museum of San Francisco, Gift of Mrs. Eleanor Martin; 216, 217(l, tr, br), Southern Stock Photos; 219, Milt & Joan Mann/Cameramann International, Ltd.; 222, Thomas Gilcrease Institute of American History & Art, Tulsa; 223, Joseph F. Viesti; 224, The Granger Collection, New York; 226, Biblioteca Nacional, Madrid/foto MAS; 228, Robert Frerck/Odyssey Productions, Chicago; 229, M. Freeman/Bruce Coleman Inc.; 232, David R. Frazier Photolibrary; 234, Courtesy Library of the Daughters of the Republic of Texas at the Alamo, San Antonio; 237, Collection of Margarita Name-Patmore; 238–239, Stuart Cohen; 239(l) UPI/Bettmann; 239(r), Robert Frerck/Odyssey Productions, Chicago; 243, Donald Smetzer/Click/Chicago Ltd.; 244, Stuart Cohen; 245, Hillstrom Stock Photos; 247, 249, Robert Frerck/Odyssey Productions, Chicago; 251, Peter Menzel; 253, Hillstrom Stock Photos; 254, A. Tannenbaum/Sygma; 255(t), Joe Rodriguez/Black Star; 256, Greenwood/Gamma-Liaison; 257, Stuart Cohen; 259, Donald Dietz/Stock Boston; 260, Randy Taylor/Sygma; 263(l, r), Greg Franks; 265, Owen Franken; 266, Bob Daemmrich; 270, Reynolds Photography; 271(t), Joseph F. Viesti; 271(b), Peter Menzel; 274, Bob Daemmrich; 277, Owen Franken; 278, NASA; 279, Robert Frerck/Odyssey Productions, Chicago; 281, Estudio Fotográfico Profesional; 282, Eduardo Aparicio; 284, Peter Menzel; 285, 286, Stuart Cohen; 288, Joseph F. Viesti; 291, Stuart Cohen; 293, Milt & Joan Mann/Cameramann International, Ltd.; 295, 296, Joseph F. Viesti; 299, Robert Frerck/Odyssey Productions, Chicago; 300, William Dyckes; 301, 305, Bob Daemmrich; 307, David Phillips; 309, Robert Frerck/Odyssey Productions, Chicago; 311, Peter Menzel/Stock Boston; 313, Stuart Cohen; 318, William Dyckes; 320, Stuart Cohen; 321, Peter Menzel; 325, Owen Franken; 327, William Dyckes; 330, Yoram Lehmann/Peter Arnold, Inc.; 333, Estudio Fotográfico Profesional; 334–335, 338, William Dyckes; 341, 343, 347, 349, Stuart Cohen; 357, Joseph F. Viesti; 358, William Dyckes; 361, Eugenia Fawcett; 362–363, Peter Menzel; 363(t), South American Pictures; 363(b), Joseph F. Viesti; 369, Chip & Rosa Maria de la Cueva Peterson; 370, J. Pavlovsky/Sygma; 372, M. Timothy O'Keefe/Bruce Coleman Inc.; 374, Hubertus Kanus/Shostal Associates; 375, Robert Frerck/Odyssey Productions, Chicago; 376, Luis Villota/The Stock Market; 379(l), John Elk III/Bruce Coleman Inc.; 379(r), Robert Frerck/Odyssey Productions, Chicago; 381, Peter Menzel; 383, Stuart Cohen; 385(l, r), William Dyckes; 390 Stuart Cohen; 393, William Dyckes; 394, Gjon Mili/Life Magazine © Time Inc.; 395(t), Giraudon/Art Resource, NY; 395(b), Albright Art Gallery, Buffalo, New York; 398, William Dyckes; 401, Robert Frerck/Odyssey Productions, Chicago; 403, San Francisco Museum of Modern Art, Albert M. Bender Collection, Gift of Albert M. Bender; 405, Robert Frerck/Odyssey Productions, Chicago; 408, William Dyckes; 410, Peter Menzel; 413, The Salvador Dali Museum, St. Petersburg, Florida; 415, Scala/Art Resource, NY; 416, Giraudon/Art Resource, NY; 419, Ramon Banus; 420–421, Joseph F. Viesti; 421(t), Brig Cabe/Insight Magazine; 421(b), Milt & Joan Mann/Cameramann International, Ltd.; 425, Stuart Cohen; 427, Victor Englebert; 429, Stuart Cohen; 430, 433, 434, Robert Frerck/Odyssey Productions, Chicago; 436, Milt & Joan Mann/Cameramann International, Ltd.; 441, South American Pictures; 445, Victor Englebert; 447, Peter Menzel; 448, Victor Englebert; 452–453, Eric L. Ergenbright; 453(t, b), Joseph F. Viesti; 456, 458, Robert Frerck/Odyssey Productions, Chicago; 459, Joseph F. Viesti; 460, Stuart Cohen; 461(t), Chip & Rosa Maria de la Cueva Peterson; 461(b), Beryl Goldberg; 463, Bob Daemmrich; 465(l), Larry Mangino/The Image Works; 465(r), Larry Mangino/The Image Works; 466, 468(r), Robert Frerck/Odyssey Productions, Chicago; 467(t), Collection of Pablo Cervantes; 467(b), Chip & Rosa Maria de la Cueva Peterson; 471, Robert Frerck/Mark Maclaren, Inc., 473, Robert Frerck/Odyssey Productions, Chicago; 474, Ron Sanford/Black Star; 477, Collection of Keith Fry; 478(l), Collection of William Fleig; 478(r), Scala/Art Resource, NY; 479, From the collection of Ralph Canaday; 483, Robert Frerck/Odyssey Productions, Chicago; 485(c), Joseph F. Viesti; 489, Organization of American States; 491, The Granger Collection, New York; 492, Wide World; 497, Pillitz/Impact/Picture Group; 498, Ledru/Sygma; 504, 506, 507, Robert Frerck/Odyssey Productions, Chicago.